河北大学高等教育与区域发展研究中心资助出版

ZHONGGUO JINXIANDAI JIAOKESHU SHILUN

中国近现代教科书史论

吴洪成　田谧　李晨　等◎著

知识产权出版社

全国百佳图书出版单位

图书在版编目（CIP）数据

中国近现代教科书史论/吴洪成等著. —北京：知识产权出版社，2017.9
ISBN 978 - 7 - 5130 - 4712 - 8
Ⅰ.①中… Ⅱ.①吴… Ⅲ.①教材—历史—研究—中国—近现代 Ⅳ.①G423.3 - 092

中国版本图书馆 CIP 数据核字（2016）第 321861 号

内容提要

《中国近现代教科书史论》一书主要研究自鸦片战争爆发到新中国改革开放以后一百七十余年教科书演变发展的历史进程、基本线索、阶段特点，并从社会、教育以及理论和实践等多个方面加以反思与阐述，以为当前现实教育教学质量的提升、科教兴国战略的推进提供历史资源与现实思考。

责任编辑：江宜玲　　　　　　　　　　　责任校对：潘凤越
装帧设计：张　冀　　　　　　　　　　　责任出版：刘译文

中国近现代教科书史论

吴洪成　田　谧　李　晨　等◎著

出版发行：知识产权出版社 有限责任公司		网　　址：http://www.ipph.cn	
社　　址：北京市海淀区气象路 50 号院		邮　　编：100081	
责编电话：010 - 82000860 转 8339		责编邮箱：jiangyiling@cnipr.com	
发行电话：010 - 82000860 转 8101/8102		发行传真：010 - 82000893/82005070/82000270	
印　　刷：三河市国英印务有限公司		经　　销：各大网上书店、新华书店及相关专业书店	
开　　本：720mm×1000mm　1/16		印　　张：40	
版　　次：2017 年 9 月第 1 版		印　　次：2017 年 9 月第 1 次印刷	
字　　数：690 千字		定　　价：98.00 元	

ISBN 978 -7 -5130 -4712 -8

前　言

　　《中国近现代教科书史论》一书主要研究自鸦片战争爆发到新中国改革开放以后一百七十余年教科书演变发展的历史进程、基本线索、阶段特点，并从社会、教育以及理论和实践等多个方面加以反思与阐述，以为当前现实教育教学质量的提升、科教兴国战略的推进提供历史资源与现实思考。本书内容包括：晚清、民国初期、民国后期、新中国成立直到改革开放新阶段各相关时期教科书的历史及问题分析，主要围绕学校教育制度、办学宗旨及课程的设置，对学校教科书的相关问题进行论述与建构。其中包括晚清近代新式教科书的产生与制度的建立，民国教科书的变革、发展与观念内容以及体例的更新，共产党领导革命根据地解放区教科书的编写与实践，欧美教会办学对教科书事业的影响及作用，日本侵华战争期间在中国沦陷区推行奴化教育对教科书的规划设计及歪曲，以及新中国成立以来围绕各次教育制度、教学改革与实验而开展的教科书事业建设等丰富多彩的专题研究内容及成果。本书作为中国近现代教科书历史与理论结合论述的著作，在学术界并不多见；而从社会文化历史背景、教育体制、学制、课程编制的历史变革出发，对学校教科书的转型、变动及演化的历史进程、理论阐述及现实启迪加以综合探讨，呈现近现代教育，尤其是教科书与社会影响之间的互动关系，更属于第一次创新性的尝试。综上所述，该书有重大的学术价值和社会实际意义。

　　近现代中国经历了剧烈的社会变革，从民族灾难走向新中国建立，尤其是改革开放以后的民族复兴，曾有几代中华儿女为此付出了艰辛的努力，甚至付出了惨重的代价。这一段曲折艰辛而又气象万千的社会历史，令人荡气回肠。学校教科书既是学校教育课程教学的资源与载体，同时又是社会政治、经济、文化及科技文明成就的鲜明反映。所以，教科书的发展历程，其目标、内容、体裁、管理方式等方面都与社会紧密联系，不可分割。从某种意义上说，中国教科书史是一部中国社会文明的记录。但与此同时，探讨中国近现代教科书的产生、演变、发展阶段过程并加以理论与现实的分析，又是一项极为艰难的工程。这主要表现在资料零碎，搜求不易，梳理、评述难度系数极高，等等。

考求中国近现代教科书的历史，我们感受到不同历史时期教科书的编写、使用及效果评估受制于各种因素，大体而言，有四个维度。其一为社会政治、经济的性质与发展水平。这对教科书的内容及技术实践操作、生产与生活的实际运用有直接关联。其二为社会文化和科技成绩。不同的社会阶段文化科技的内容及水平存在差异，尤其是近现代中国，从传统上以道德和经学为中心的知识内容转变为以民主和科学为核心的思想文化，是第一次史无前例的变革，教科书体现了这种变动所带来的洗礼与更新。其三为教育的育人因素。教科书是用来教人的，与学生的成长和发展休戚相关。教科书是教师和学生共同使用的，主要的影响范围汇集在校内，尤其是课堂教学。教科书的育人是有目标与效果的规范和评估的，因此，目标导向和测评技术都有教育的特定要求及价值取向。其四为教育学的思想理念。教科书的教育性和教学原理、方法的规律性是统一的，而教育学流派由古代人文主义向近现代科学主义、人本主义、实用主义以及建构主义等思想流派发展，差异之大，可谓天壤之别。与此相应，教科书在观念和设计的要求、体裁的组织、编写的方式等方面，也都会因为教育流派取向的差异而有变化。上述不同的层面或维度在本书的编写中有所涉及并尝试加以解决，但要达到完美境界，还需一番努力。假若以后还有机会和时间，诚愿百尺竿头更进一步，如王之涣在《登鹳雀楼》中所言："欲穷千里目，更上一层楼。"

在当代课程与教学论学科视野中，教科书属于课程论范畴，其上位的制约概念及原理内容是由教育的办学方针、目标所规定的。而课程和教科书是融合的，很难截然分开，尤其是对于历史上的内容搜求、探寻、回归和阐发，更增添了两者之间独立探讨的困惑，甚至可以大胆地预测，这种设计是无法实现的。因此，本书在建构体系及呈现文本内容的时候，重点在教科书，而其依托背景或支持资源是教育的方针、学校的学制及课程计划。我想这是合理的，只是应如何突显教科书的范畴、个性，还需要进一步的挖掘和努力。此时，我又想起屈原在《离骚》中所言："路漫漫其修远兮，吾将上下而求索。"虽然语带悲凉壮怀与艰辛刻苦，但其斗志与活力是蓬勃的、进取的，愿以此共勉。

吴洪成

于京畿重镇保定河北大学教育学院

2017 年 8 月 9 日

目　录

第一编

晚清时期的教科书

第一章　鸦片战争时期的教科书

1840 年 6 月，英国挑起了侵略中国的鸦片战争，两年后迫使清政府与其签订了中英《南京条约》，改变了中国独立自主封建社会的性质，使中国被迫沦为半殖民地半封建社会。自此，具有大一统超稳定社会结构的中国不断受到海外列强的侵略、冲击与挑战，在无奈之中自省、调适，出现了社会改革思潮，其中包括教育领域的变革。但客观地说，直到洋务运动拉开帷幕的二十年间，这种变革的步伐是有限的，力度也相当微弱。近代教育的观念、西方教育模式的引进及推行都停留在少数人的脑海之中及沿海五口通商口岸的局部区域中，传统教育仍以其强大的惯性及影响力居于主体地位，其教育教学的理念观念、体制模式及其相应因子仍在教育的汪洋大海中漂浮，时隐时现，蔚为壮观。中国教科书仍以传统性质为主，只是开明地主阶级改革派提出了改革传统教科书内容的主张，太平天国运动在革命教育理念下尝试改良教科书，以及一批来华传教士在沿海港口贸易城市建立的教会小学中试用教会神学教科书及翻译西书作为选用教科书。

从 19 世纪 60 年代起，洋务派把地主阶级改革派向西方学习的口号变成了实际的行动。他们创办了我国近代历史上第一批新式学堂，在"中体西用"观的指导下，编译西学教科书，对教科书进行改编。1894 年中日甲午海战失利以后，以康有为、梁启超、严复为代表的资产阶级维新派力介"维新变法"，教育成为其中一项重要的内容，改书院为学堂，建立京师大学堂，引进新式教科书成为当时的变法表率。20 世纪初，为缓和内忧外患的困境，新政府实行新政，建立了近代学制、废除了科举制，为西学大量进入学堂扫清了障碍。这些都成为近代教科书产生和发展的场域基础。

1905 年 9 月，清政府迫于内外的压力，下令废除科举，"着即自丙午科（1906）为始，所有乡会试一律停止，各省岁科考试亦即停止"。由此，在中国历史上延续一千三百年之久的科举考试制度敲响了丧钟，退出了历史舞台。科举制取消后，以往公认的读书和受教育的目标需要重新予以定位，延续自古代教育的体制需加以根本改变，以使教育符合政体改良及社会经济文化的变动态势。可是，要马上建构起新的学校系统，却非一朝一夕之事。

清末自 19 世纪 60 年代洋务学堂兴办直到新政改制的三十余年间，各地出现了参差不齐的学校制度，有的兴办了新学堂，有的则以变通的手法将原有学塾、书院改为新学堂。无论是哪一种形态，衍生的最大问题是如何定课程与教科书，亦即教学材料与新学堂的目标取向相统一的问题。于是，便产生了一个适用或匹配的教科书和相关教学资料的市场缺口。晚清时期有志之士已开始关注教科书及相关辅导资料的编译、出版，但迟至 1906 年，学部才成立专门机构，制定审查的标准和章程。

教育是中国近代社会现代化探索中的内核问题，随着私塾、书院教育内容的初步调整，早期教会学校的登陆，洋务派学堂的兴起，教育内容赖以存在的教科书格外受人关注。各地官书局、传教士兴办的书局，如美华书馆、墨海书馆、京师同文馆、上海排印局、江南制造局翻译馆等，均着手编订教科书和教学用讲义。据《第一次教育年鉴·戊编》"教科书之发刊概况"统计，选为教科书的数目多至千种（含翻译教科书）。由此可见，科举制的废除，新学制的建立，教科书市场的亟待发展，为官方和民间编辑、出版、审订及印刷发行学校教科书及教学辅助用书提出了新的挑战，也提供了历史的契机，最终建立了近代的教科书制度。

本章探讨鸦片战争时期的教科书。

第一节　传统教科书的延续，改革派批判传统教科书的主张

鸦片战争时期的时间限制大致包括 19 世纪 40 年代至 60 年代，与太平天国运动、洋务运动交错。在西方的挑战与冲击下，清政府对内政外交、文教科举只是运用"古代丹方"，而无实质性变更举措，应对模式为刺激与被动反应，变革之力远不如东瀛岛国日本。因此，当今史家惯称此二十年为"早期现代化的延误"。在教科书领域，传统古代教科书以强大惯性延续，而具有国际眼界的经世致用派则提出有限的改革设想。

一、鸦片战争时期传统教科书概述

清朝在官学中设立有专科学校，如算学馆、医学馆、俄罗斯学馆等。算学馆的课程设置有数学、天文之类，俄罗斯学馆则聘任驻京俄罗斯人教授汉满贵族子弟学习俄文。这些专科学校所采用的教科书都涉及相应专业方面的技术性知识，其内容也含有科学技术的因素。但是，这类教科书像其对应的学校一样并不占主要地位，占主要地位的依然是沿袭传统的教科书，可分为两类。

第一类是启蒙性质的蒙学教科书。这类教科书之中，识字课本有《三字经》《百家姓》《千字文》等；诗文课本有《千家诗》《唐诗三百首》《唐宋八大家文钞》《笠翁对韵》等；博物常识课本有《诗经》《名物蒙求》等；德育课本有《增广性理字训》《名贤集》等；历史课本有《蒙求》等。龙启瑞于1847年制定的《家塾课程》对此有所反映：

> 大约以看、读、写、作四字为提纲，读熟书（经类及文选、古文词类笺）以沃其义理之根，看生书（史类）以扩其通变之趣；写字以观其用心之静躁；作文以验其养气之浅深。四者具而学生之基业始立，鲜励志亦鲜遁情矣。初上学者先作读、写两字功课为要。❶

第二类是成人为参加科举考试而学习的儒家经典。中央官学国子监所学教科书有"四书""五经"、《通鉴》《性理》等。地方学校所用教科书，据《大清会典》和《皇朝文献通考》等记载，有《御纂经解》《性理》《诗》《古文辞》《十三经》《二十二史》《三通》《四子书》《五经》《通鉴纲目》《历代名臣奏议》《文章正宗》等。明清之际，程朱理学被大力提倡，理学更成为儒家的正宗。康熙："朱子注释群经，阐发道理，没有一字一句不明白精确，归于大中至正……集大成而继千百年绝传之学，开愚蒙而立亿万世一定之规。"❷因而，朱熹所注的《四书章句集注》和程朱一派所解的《五经》成为儒家经典之首，为广大士子所学习。为了钳制思想，加强对学校的控制，清政府颁布《圣谕广训》作为教育训练的标准。

此一时期，在中国广大的城乡地区，私塾及其所使用的蒙学教科书仍然具有较强的生命力。如道光年间，安徽当涂的崔学古根据他多年的从教经验写了

---

❶ 舒新城. 中国近代教育史资料（上册）［M］. 北京：人民教育出版社，1981：85.
❷ 毛礼锐. 中国教育史简编［M］. 北京：教育科学出版社，1984：412.

一本《蒙学录》，说明他自己就在开设蒙馆，招生授徒。1847 年，翰林院修撰龙启瑞著《家塾课程》。该课程专为十五岁以下童子而设，以熟读书、看生字、写字、作文四者为提纲，对每天的课业等活动也做了规定。1850 年，王筠撰《教童子法》，对当时儿童语文教育提出许多见解，如强调"蒙养之时，识字为先。不必遽读书，先取象形、指事之纯体教之"❶。能认两千字，乃可读书，亦必讲解，反对学生每日以机械记诵和呆读死记等为主的学习方式。1859 年，武训开始"行乞兴学"，在山东柳林庄兴办义塾。当时私塾的课程不外读书与习字两种。读书以《三字经》《千字文》及"四书"为教科书。《三字经》是最初入门者必读的一本书。儿童年龄稍大，或已习上述教科书后，预备将来加入士族阶层的，则加学《五经》及《千家诗》，不预备加入士族阶层的则加读《幼学琼林》及各种实用杂字。1851 年 1 月 13 日，咸丰帝以"近来邪教流传，蔓延各省"，特谕各省督抚会同学政转饬地方官及史学教官，以御纂《性理精义》《圣谕广训》等教授书院、家塾学生，并"使之家喻户晓，礼义廉耻油然而生，斯邪教不禁而自化"。同年 8 月 18 日，咸丰帝亲书《圣谕广训》，乡塾生徒咸晓然于"名教之可乐，邪说之难容"，"正道既明，群情不惑，一切诞妄之言，无从煽诱"❷。私塾的教法只有讲诵与精读两种，讲解时间很少。总之，传统的教科书及教学组织方法仍占有绝对优势。

二、开明地主阶级批判传统教科书的主张

鸦片战争以后，传统的政治、经济、文化在西方坚船利炮的轰击面前出现动摇、倾斜，传统教育在能否满足救亡图存的政治需要上受到了考验。重文轻武、以养士为宗旨的传统教科书对抵御外侮、振兴国家的时代使命是无济于事、束手无策的，由此开启了近代教科书的探索与编写历程。

（一）对传统教科书内容的抨击

科举制是与传统教科书相联系、结合的，甚至有两位一体的关系。如林则徐 1832 年在《请定乡试同考官校阅章程并预防士子剿袭诸弊折》奏章中，列举了科举的六种弊端："一是考官年老举人居多，不能振作精神，年老荒庸，

---

❶ 王筠. 教童子法 [G] //舒新城. 中国近代教育史资料（上册）. 北京：人民教育出版社，1981：92.

❷ 陈学恂. 中国近代教育大事记 [M]. 上海：上海教育出版社，1981：8.

滥行充数；二是考官极不负责任，评阅考卷时错漏百出，误分段落者有之，误读破句者有之，甚至未看完考卷就决定取舍；三是士子'夹带'作弊，弄虚作假；四是抄袭他人，千篇'雷同'；五是剿袭幸售，仍无忌惮；六是考官写批改试卷评语'泛而不切'，马虎应付。"正是这样的取士制度使国家不仅培养不出实学实用人才，更选不出解决社会危机的人才。

龚自珍对科举考试以单一的儒家经典教科书、八股作文为形式也进行了抨击。对于以儒家经典为科考内容，他在《拟厘正五事书》中指出："今世科场之文，万喙相因，词可猎而取，貌可拟而肖，坊间刻本，如山如海。四书文禄士，五百年矣；士禄于四书文，数万辈矣；既穷既极。"❶ 正是这些"四书"的教育严重脱离了实际，使士子们"疲精神耗日力于无用之学"。而对于八股的科考形式，他在《乙丙之际著议第九》中抨击道："当彼其世也，而才士与才民出，则百不才督之、缚之，以至于戮之。戮之非刀，非锯，非水火；文亦戮之，名亦戮之，声音笑貌亦戮之。"❷ 八股就像刀锯、水火一样，诱杀了大批有才之士，使他们才智遭摧残，心智被折服，终其一生"学非所用"。

魏源也对科举制进行猛烈批评。他认为："后世之养人用人也不然：其造之试之也。专以无益之画饼，无用之雕虫，不识兵农礼乐工虞士师为何事。及一旦用之也，则又一人而责以六官之职，或一岁而历四方民夷之风俗。举孔门四科所不兼，唐虞九官所不摄者，而望之科举兔册之人。始也桃李望其松柏，继也彩胜望其桃李。及事不治，则拊髀而叹天下之无才。"❸ 利用传统教科书实施教育所培养的人才与社会的实际需求相去甚远。

在《海国图志序》一文中，魏源提出"师夷长技以制夷"的口号："是书何以作？曰：为以夷攻夷而作，为师夷长技以制夷而作。"❹ "夷之长技"在魏源看来主要指军事上，"夷之长技三：一战舰，二火器，三养兵、练兵之法"❺。在这三者之中，他尤其强调战舰与火器，目的在于希望人们学习西方

❶ 陈景磐，陈学恂. 清代后期教育论著选［M］. 北京：人民教育出版社，1997：14.
❷ 龚自珍. 龚自珍全集［M］. 上海：上海古籍出版社，1975：6.
❸ 魏源. 默觚下·治篇一［G］//陈景磐，陈学恂. 清代后期教育论著选. 北京：人民教育出版社，1997：33.
❹ 魏源. 海国图志序［G］//陈景磐，陈学恂. 清代后期教育论著选. 北京：人民教育出版社，1997：19.
❺ 陈学恂. 中国近代教育文选［M］. 北京：人民教育出版社，2001：1.

先进的军事技术，能够自己制造船炮，自己使用船舰以抵御外侮，富强中国。因此，他建议学习西方制造新式武器和驾船、炮舰等军事技术，同时在科举项目中增加水师一科。魏源坚信，只要中国人民奋发图强，中国就会"风气日开，智慧日出，方见东海之民，犹西海之民"❶，与西方先进国家并驾齐驱。这就触及学校教科书内容、体例及编写逻辑的更张与转移。

（二）提倡"经世致用"之学

为改变晚清教育空疏的流弊，应对日渐变化的政局，地主阶级改革派在继承前人"经世致用"思想的基础上，力倡"经世之学"。经世之学不仅限于经学教科书，还有史学、舆地、朝政国故等内容的教科书，即"经国济世"的有用之学，学的目的便在于"用"。

龚自珍明确指出："一代之治，即一代之学；一代之学，皆一代王者开之也。"❷ 就是说，随着时代的变化，儒学不应该成为唯一的、独尊的思想，教育也不必仅以儒学教科书为主体学习内容，而应该学习一切经世致用的新知识。

魏源则把"经世致用"的观点落实到培养人才以抵抗外侮上。他认为鸦片战争失败的关键在于内政不修，而内政不修的根由则在于缺乏"经邦治国"的人才，因而须提倡经世致用之学。其一，"经世之学"的倡导和实行，是对明清以来实学思想、"经世致用"思想的继承和践行，在当时意义重大。它打破了长久以来经学独尊、儒生不谙世事的学风，使人们将关注的焦点由自身转向国计民生，并使人们去思考所学与所用的关系，可谓是一次巨大的思想解放。其二，"经世之学"是中国文化由古代向近代转变的一个过渡和桥梁，正是有了经世致用的启蒙和准备，中国文化才真正迈入近代化的进程，教科书才有希望由传统向近代转型。

（三）学习西学与西方之军事技术

鸦片战争失败后，清政府被迫签订了一系列的不平等条约，而不平等条约的最终挂单人是中国普通百姓。在外国侵略势力和国内封建统治集团的双重压迫下，农民起义不断爆发。一些开明的、爱国的、有思想的官吏和知识分子，看到国外的先进和中国的落后，提出学习西洋改革社会的主张。龚自珍、林则

---

❶ 陈学恂. 中国近代教育文选 [M]. 北京：人民教育出版社，2001：2.
❷ 龚自珍. 龚自珍全集·乙丙之际著议第六 [M]. 上海：上海人民出版社，1975：5.

徐、魏源等人便是其中的重要代表。他们是中国最早主张向西洋学习的一批人。

龚自珍主张改革传统的八股取士制度，他在揭露和批判时指出："四书文禄士，五百年矣；士禄于四书文，数万辈矣；既穷既极。"❶他坚决反对空疏无用的理学和脱离实际的训诂考据。龚自珍指出，中国的知识分子为考取功名，将学习的知识仅局限在"四书""五经"之中，整日只作一些应付考试的文章。八股取士禁锢了人们的思想，扼杀了人们的情绪和情感："戕其能忧心、能愤心、能思虑心、能作为心、能有廉耻心、能无渣滓心。"即扼杀了人们的烦忧、愤怒、思虑等情绪，以及能有所作为的进取心、节操与知耻心、不当废物的决心，由此可见科举制度、八股取士的危害性。龚自珍认为解决之道就是要改革中国传统的教育内容。他坚持教育是随着时代变迁而发展的，中国不应沿袭几千年来只独尊儒术的学术传统，而应该寻求"经世致用"的新知识，编译新教科书从而得以学习西方近代科学知识，为中国培养"经世致用"的人才。

当外国侵略者用坚船利炮打开中国的大门时，作为觉醒的中国人，龚自珍看到近代文明发展带来军事装备的进步，所以他主张要学习西洋的"奇器"，提高我方军事装备水平。在《钦差大臣侯官林公序》一文中，他与林则徐的建议是用武力来抵御外辱，效法西洋"修整军器""讲求火器"，运用西洋的武器来对付敌人，并要注意兵器的维护："火器宜讲求，京师火器营，乾隆中攻金川用之，不知施于海便否？广州有巧工能造火器否？胡宗宪《图编》，有可约略仿用者否？宜下群吏议。如带广州兵赴澳门，多带巧匠，以便修整军器。此又一旁义。"

龚自珍在晚清内忧外患的黑暗时代，率先从痛苦的麻木中惊醒，对当时重大的政治问题和思想问题提出了新的见解，谋求改变现实。他是中国近代史上一位承前启后的人物，是启蒙思想的先驱者。他提出学习西方的科学、技术、教育等方面的主张影响了后来洋务运动时期西学教科书的翻译及选用。

魏源与龚自珍齐名，世人并称二人为"龚魏"。他提出"师夷长技以制夷"的进步思想，是中国最早了解和介绍西方的先进中国人之一。

魏源认为"师夷长技"以达到"制夷"的目的，首先要熟悉敌情。当时

---

❶　龚自珍. 龚自珍全集·拟厘正五事书［M］. 上海：上海人民出版社，1975：344.

社会最突出的问题是人们对中国之外的世界知之甚少。对于已与中国通商达二百年的英国，许多人竟莫知其方位，莫悉其离合。对于西方的先进技术，故步自封的人们称其为"奇技淫巧，形器之末"。对于这样的社会现实，魏源提出若要打败外敌一定要先了解敌情，若要了解敌情先要翻译他们的书，因而他在《海国图志·筹海篇三·议战》中谈到："筹夷事必知夷情"，"欲制外夷者，必先悉夷情"，"欲悉夷情者，必先立译馆，翻夷书始"。魏源在袁德辉译编的《四洲志》基础上，结合其他资料编撰《海国图志》，其中附地图七十五幅，附船炮式样图五十七幅。用事实告诉人们，"西夷所长，不徒火炮"，而是"夷之长技有三：一为战舰，二为火炮，三为养兵练兵之法"。其次，"师夷长技"要将夷之长技变为中国之长技。在船炮问题上，魏源一开始与其他人一样认为购之外夷即可，在其思想不断成熟后，认为中国应该学习西方的技术，培养自己的军备人才，"仿钦天监用西洋历官之例，行取弥利坚（美利坚）、佛兰西（法兰西）、葡萄牙三国各遣头目一二人，赴粤司造船局，而择内地巧匠精兵以传习之"❶。同时要在沿海地区设厂建局，于广东虎门外之沙角、大角二处，建造船厂及火器局。再次，"师夷长技"还应保持有民族自尊心和自信心。虽然西方有先进的军事技术，并以此打败了中国，但我们学习西方技术时不应因暂时的落后而妄自菲薄。中国智慧无所不有，如果我们能认识到自己的不足，积极学习西方的先进技术，则将来一定会赶上西方，"风气日开，智慧日出"。

魏源在研究西方军事技术的同时，不可避免地接触到西方的政治制度，在与中国封建专治统治的腐朽没落相比之下，他在《海国图志》中谈到：美国的联邦共和制是"以部落代君长，其章程可垂奕世而无弊"；而瑞士的资产阶级共和国是"推择乡官理事，不立王侯"，是"西土之桃花源"。

魏源在中国封建社会衰落、强敌环伺的情况下，提出学习西方国家的科学技术、制服侵略者的决心，同时不忘维护广大民众的民族自尊心和激发民族自信心，这在当时的历史背景下是难能可贵的。

林则徐奉命到虎门销烟后，才了解到中国在与西方文明、军事与工业方面的差距。因与龚自珍和魏源是好友，所以三人在向西方学习的态度和做法上相互影响较大。魏源提出向西方学习的思路是"欲悉夷情者，必先立译馆，

---

❶ 魏源. 魏源集·道光洋艘征抚记上 [M]. 北京：中华书局，1976：186.

翻夷书始"，即首先建立译书馆，翻译西方的书籍，进而了解西方的情况；其次是学习西方的技术，最终打败西方。林则徐则把魏源的理论变成了现实。

林则徐组织人员翻译西方书籍，了解分析外国的政治、经济、法律、军事、文化等方面的情况，由此成为"倡西学之始，开新学之路"的第一人。他令袁德辉在 1836 年伦敦出版的慕瑞著《世界地理大全》的基础上译编了《四洲志》。这是中国近代史上第一本较为系统介绍西方的书，这本书对当时的中国人了解世界起到了开阔眼界的作用。他还组织编译了瑞士法学家瓦特尔的《国际法》等一系列著作，为虎门销烟寻找法律依据。林则徐还组织编译外国的时事政治书籍，如《澳门月报》译自《澳门新闻稿》，《华事夷言》摘译自 1836 年伦敦出版的《中国人》。"这些是近代中国系统介绍西方各国地理、历史、时事知识的最初书报"❶，它们成为当时中国人了解世界的一扇窗口，更是教科书新资源的积累。

通过不断接触西方科技，林则徐认为"制夷"的为今之计就是要"师夷长技"。而学习西方的先进技术以达到"制夷"的目的，于中国来说最重要的内容应是船炮制造技术。通过编译的西方书籍报刊，林则徐了解到西方的"坚船利炮"要比中国先进得多。因此，他在编译西方书籍的时候着意留心这方面的材料，"组织编译了有关欧式大炮瞄准发射技术的书籍，训练军队学习使用西洋大炮。此外他还积极收集西洋各式战船的图样，进行研究"❷。

龚自珍、魏源、林则徐开创了学习西方的新风气。龚自珍宣扬向西方学习的思想，林则徐组织翻译外国书报，魏源编撰介绍西方的书籍。他们广泛地吸收和利用了当时中国人所能接触到的海外知识，带动了一批开明进步分子了解世界，改变了晚明以来腐儒们"株守旧闻，遽斥西人为异学"的隔阂状况，开启了中国近代向西方学习的序幕。事实证明，这些主张是正确的，尽管学习西方的军事技术没能抵挡住列强的侵略，但启发了后来先进的中国人向西方学习的意识。鸦片战争之后晚清到民国教科书的嬗变正是在"西学东渐"，西方教育制度引进、推行的基础上依次前行的，这与这批开明地主阶级改革派的目标是一致的。

---

❶ 刘建清，李振亚. 中国近现代政治思想史［M］. 天津：南开大学出版社，1993：15.
❷ 刘建清，李振亚. 中国近现代政治思想史［M］. 天津：南开大学出版社，1993：16.

第二节 西方传教士的译书活动与教科书的更生

近代中国的教科书始终受西方教会传教士及组织机构的影响。西方力量的介入，是教科书从古代向近现代转型的重要外源力量。本节对其早期的作用表现加以叙述。

一、西方传教士的东来与译书活动

"西学东渐"是自从 15 世纪末以来东西方文化教育交流的过程，早在明朝就已开始。明朝时期意大利耶稣会传教士利玛窦（Matteo Ricci，1552—1610）和艾儒略（Giulio Aleni，1582—1649）等传教士纷纷来到中国，这一时期的传教士除宣传宗教外，也将近代初期西方一些自然科学介绍到了中国。例如，傅汎际（葡萄牙人，1621 年来华，1653 年死于澳门）所著《寰有诠》六卷和《名理探》十卷，介绍了亚里士多德的形而上学和西方的逻辑学；王丰肃（后改名为高一志，意大利人，1605 年来华，1640 年死于漳州）著有《励学古言》十卷、《童幼教育》十卷和《医学》两卷，分别介绍了西方的哲学、教育学和医学；耶稣会传教士艾儒略著有《西学凡》，较系统地介绍了西方教育制度，尤其是欧洲大学所设专业、课程大纲、教学过程、教学方法和考试等方面的知识；此外还有意大利耶稣会士利玛窦口授、徐光启笔录而介绍到中国的当时堪称欧洲历史上第一部伟大的数学典籍《几何原本》，该书由利玛窦、徐光启二人反复订正、三易其稿，被《四库全书提要》称为"西学之华冠"，并被纳入《天学初函》。以上这些对于明清之际的学术思想有一定影响，但是由于统治政策的变化，西学东渐活动时断时续。

耶稣会传教士的来华及早期翻译西书的活动，对我国近代教科书产生的影响主要在于他们的译书活动传播了西方文化、科技知识，有助于改变宋明以来空疏的学风。但明清之际，虽有资本主义萌芽，封建经济却仍旧具有压倒一切的优势，笼罩在封建士大夫群体中的文化氛围充满了愚昧和盲目自大的空气，传统的价值观念根深蒂固。社会各方面的积累还不足以对西学产生强烈的需求。所以，在浓郁的传统文化氛围之中，少许的西方科学文化的引进并不会产生太大的影响，而西学真正对传统教育内容带来冲击则是在鸦片战争之后。不过，早期传教士们以译书为手段传播"天国福音"的方式，以口授与笔录相结合译介西方书籍的尝试，都为后来的传教士们所继承。他们基于不平等条约的保护，并且在强大的军事力量保护下，以将基督福音传遍中国的崇高思想为目标，以创办新式学堂为依托，促进着中西文化的交流、碰撞，也推进着中国教科书的近代化。

1807 年，伦敦会传教士马礼逊（Robert Morrison）来华，成为晚清新教士来华的第一人。英国伦敦会给即将前来中国的传教士马礼逊的"指示"中称："你也许有幸可以编一本汉语字典，或更有幸地能翻译《圣经》。"1808 年，马礼逊根据伦敦会的指示，开始翻译《圣经》，1813 年译完《新约全书》。1814 年，马礼逊与伦敦会传教士米怜（W. Milne）合译《旧约》，前后共花五年时间，于 1818 年 11 月 25 日全部译完。全书在马六甲陆续排印，1823 年出版，取名《神天圣书》。基督教经典得以完整地介绍到中国，马礼逊是第一人。

1809 年 12 月 4 日，马礼逊在写给伦敦会的信"Memories of the Life and Labour of Robert Morrison"中说："在翻译官方文件的同时，我可以编纂字典。我希望这部字典的初衷，是给以后到中国活动的传教士提供极为重要的帮助。"经过七年的艰苦努力，马礼逊在 1815 年出版了第一卷，1819 年出版了第二卷第一部分，1820 年出版了第二卷第二部分，1822 年出版了第三卷，书名《英华字典》，内容包括单字、词汇、成语和句型的英汉对照，解释颇为详尽，例句都有汉字。整部字典于 1823 年出齐，共有六大本，合计四千五百九十五页，工程浩大，成为中国英汉字典的嚆矢。马礼逊在这部字典末的跋中声称，他主要是根据《康熙字典》编译的。这些书籍虽然主要供来华传教士和东印度公司使用，但客观上却为沟通中西文化做出了贡献，对以后新教士主持教会学校的教学工作及西学东渐热潮的到来产生了一定的作用。

明末清初第一次传教士东来持续了约二百年。以利玛窦为代表的传教士并不是以宗教叩开中国的大门，而是以新奇的西学来吸引中国的士大夫，使他们产生兴趣。19 世纪至 20 世纪的来华传教士基本上循着利玛窦的方式在中国活动。

二、教会学校的登陆与近代教科书的萌芽

1842 年中英《南京条约》签订以后，西方传教士蜂拥而至。他们初来中国，开始只是热心于采取多种形式传播"福音"，但令传教士们沮丧不已的是，中国民众对基督教根本不感兴趣，中国官员也对传教士采取抵制态度。传

教士为了更加有效地传播"福音",开始把目光转向办学校。一些传教士从街道上收容一些衣衫褴褛的穷孩子或乞丐,为他们供给食、住,教他们识字、读经。于是,最初的教会学校出现了。

鸦片战争后大约二十年间,即 1840 年至 1860 年,传教士主要在开放的通商口岸开办学校。学校设在传教士的私宅中或者附设在教堂里,层次也比较低,都是小学水平。开办学校的目的是"为传播福音开辟门路"。从 1860 年到 1875 年左右,教会学校总数增加很快,"教会学校总数约增加到八百所,学生约两万人,其中基督教传教士开办的约有三百五十所,学生约六千人,其余均为天主教开设"❶。这个阶段的教会学校仍以小学为主,占学校总数的 93%,但已有少量教会中学出现。此后,教会学校发展迅速,光绪三年初(1877),外国传教士已开设三百四十七所学校,收容学生达五千九百一十七人。❷ 特别是 19 世纪 80 年代以后,教会学校已不仅出现在五口通商口岸,而且扩展至全国各沿海、沿江商埠,及至内地。

早期教会开设学校的核心取向是为了传教,以扩展西方在华的教会势力,"推进上帝的事业",使之成为"一种直接地或间接地使每个中国人接受基督教信仰的工具"❸,并培养一批中国籍的传教助手。为此,不论是基督教还是天主教开办的教会学校,宗教成为主干课程。基督教学校必开设"圣经",要求学生选读其中的"创世论""赎罪论"和"耶稣生平"等教义。天主教学校学生必读"教义问答"或"教会问答",内容是讲述天主教的教义教规。学生若宗教课不及格就不能升级。此外,还强迫学生参加弥撒或做礼拜以及其他各种宗教集会,经过一段时间的训练和考核,让他们接受洗礼入教。尤其是天主教小学,主要属于教理学校性质,让学生背诵教理和教规,除礼拜天参加教堂弥撒外,早晚都要做功课,不是做学校的作业,而是参与宗教仪式,忏悔和祈祷,整天沉浸于宗教气氛之中。传教士通过宗教课和宗教活动,严格控制学生的思想,若有越轨活动,轻则处以体罚,重则开除教籍、学籍。

教会学校开设的课程有宗教、中文、算术、代数、几何、生理、历史、地

❶ 顾长声. 传教士与近代中国 [M]. 上海:上海人民出版社,1991:277.

❷ 朱有瓛. 中国近代教育史资料汇编·教育行政机构及教育团体 [M]. 上海:上海教育出版社,1993:652.

❸ 胡礼忠,金光耀,顾美林. 从望厦条约到克林顿访华——中美关系(1844—1996)[M]. 福州:福建人民出版社,1996:28.

理、化学、植物等，其中宗教所占的比重较大。以 1864 年登州蒙养学堂（数年后改为登州文会馆）课程为例，宗教课程贯彻始终：备斋第一年"马太六章"，第二年"以弗所哥罗西上""圣经指略下"，第三年"诗篇选读""圣经指略上"；正斋各年依次为"天道溯源（上）""天路历程""救世之妙""天道溯源书""罗马书""心灵学"。❶ 对于这些课程的知识内容，中国传统的学校教科书无法满足需要。为此，传教士一方面在各教会学堂内自行编译课本。如英华书院一扫中国封建私塾死记硬背、不求甚解、模仿作文的旧习，将学生按成绩分班，由教师根据学生的情况编辑教科书，分别讲授。他们编辑的教科书有《缀字课本》《历史》《地理》《英文讲义》等。另一方面，他们选用翻译的西方书籍充作教科书。鸦片战争后，西方的数学、医学逐渐被介绍进来。以翻译的西方书籍为例，数学方面有李善兰、伟烈亚力合译的《几何原本》《代数学》《代数积拾级》等；医学方面的译书有合信编写的《全体新论》《西医略论》，英国传教士嘉约翰译的《西医大成》《药品中西名目表》《西药略》《内科阐微》等。19 世纪 60 年代，引进的学科门类更加广泛，与工业制造有关的应用科学方面介绍了冶炼、造船、化工、开采、纺织、驾驶、军械等方面的内容，引进的基础学科包括数学、天文、物理、化学、动植物学、地质学、地理学等。此时单项学科的引进也日趋完善，如物理学中的力学、电学、声学、水学、热学等。在以上学科的引进过程中，翻译的书籍很多都成为传教士所办新式学堂的教科书。

墨海书馆曾用铅字排印《海陬冶游录》和《瀛海杂志》，当时有人为此赋诗一首："车翻墨海转轮圆，百种奇编宇内传。忙煞老牛浑未解，不耕禾陇耕书田。"李善兰到墨海书馆时，"将其书予麦先生展阅，问泰西有此学否。其时有住于墨海书馆之西士伟烈亚力，见之甚悦，因请之译西国深奥算学并天文等书"。传教士们还"设西国最深算题，请教李君，亦无不冰解"。李善兰的学识得到了传教士的赞赏，从此开始了他与外国人合作翻译西方科学著作的学术生涯。王韬在墨海书馆工作的情形，《漫游随录》中虽没有提到，但可从《郭嵩涛日记》中略窥一二，下面摘引的便是郭氏咸丰六年（1856）二月初九的日记：

---

❶ 顾长声．从马礼逊到司徒雷登——来华新传教士评传［M］．上海：上海书店出版社，2005：245－246．

一为海盐李壬叔（李善兰），一为苏州王兰卿（王韬），习勾股之学，王君语言豪迈，亦方雅士也。为觅《数学启蒙》一书，为伟烈亚力所撰，伟君状貌无他奇，专攻数学，又有艾君（艾约瑟），学问尤粹然，麦都思所请管理书籍者也。

王韬在《与英国理雅各学士书》中叙述这段因缘称：

巳酉六月，先君子见背。其时江南大水，众庶流离，砚田赤荒，居大不易。承麦都思先生遣使再至，贻书劝行，因有沪上之游。谬厕讲席，雅称契合，如石投水，八年间若一日。

西方传教士来华及译书活动的进行，早期教会学校开设西学课程并使用西方学校教科书，孕育了近代教科书的幼芽。尽管在当时的中国近代教科书还不能被广为接受，其影响面也比较有限，但它代表了一种趋势和一种方向，伴随社会变革的继续深入，终将为教育界和社会所普遍接受，从而带来教科书发展的另一番新天地。

第三节　太平天国革命时期的教科书

1851 年 1 月 11 日，广西爆发了震撼全国的太平天国农民运动；其后，建立了太平天国农民政权。太平天国重视教育，在《天朝田亩制度》和《资政新篇》中制定出一系列反封建的教育方针政策，改革了教育内容，建立了相应的制度。太平天国革命其间对教科书进行了一定程度的革新。

一、太平天国对旧教科书内容的抨击

教育在太平天国革命中占有非常重要的地位，它既是推翻清朝统治的一种有力武器，也是巩固新生政权的重要法宝。太平天国的领袖根据自己的受教育经历和当时中国社会实际、中国民众心理，将西方基督教中的某些教义引入中国，形成了一套理论化的文教政策，建立了"拜上帝教"，并以此为指导方针规划这一时期的教育。拜上帝教是洪秀全融合中国传统道德、儒家思想以及西方基督教平等观点的一种集合体，它宣扬民主、平等，在农民起义的发动、组织中起到了重要的精神鼓舞作用。

太平天国革命的目的在于推翻封建的清朝政府，而首先要摧毁的是其在思想文化领域对人民的禁锢。中国自汉代"独尊儒术"以来，以孔子为代表的儒家思想和封建纲常渐渐被强化为统治、奴役人民的思想武器和精神枷锁。儒学经典教科书一直是历代封建社会教育的主要内容，儒家典籍则被奉为学校课程与教科书的经典。封建统治者为了宣扬封建统治之神圣，大力神话孔子，使之在人们心目中树立了"圣人"的形象。太平天国革命伊始，为了宣传自己的革命理论，争取广大人民群众的参与，在教科书领域便展开了一次抨击封建道统的活动。

二、太平天国对传统教科书的改造

以洪秀全为首的一大批太平天国领袖，是中国近代最早努力向西方寻找真理的"先进的中国人"。除吸收融合基督教教义形成的一整套以宗教教育为中心的内容外，太平天国的将士们还注重科学技术的传授，渴望学习西方科技知识，其领袖曾向费士邦舰长表示，"我们将来要同你们一样"，在中国境内"可以随便使用汽船、铁路、电线及其他西洋机器而无碍"。为此，在教育内容方面，他们主张利用"火船、火车、钟表、电火表、寒暑表、风雨表、日晷表、千里镜、量天尺、连环枪、天球、地球"等近代科学成就，认为这些知识与技术"皆有夺造化之巧，足以广闻见之精，此正正堂堂之技，非妇儿掩饰之文，永古可行者也"。他们把近代科学知识引进学校教科书，"开人之蒙蔽以慰其心"，"广人之智慧以善其行"。❶ 他们还主张，"凡外国人技艺精巧者"，在不干涉中国内政的条件下，准许其传授科学知识。❷ 例如，英人吟唎就曾为太平天国服务多年，传授科学技术。他根据亲身经历，曾说过："这些自由的中国人（太平军人），则更易于教练，他们可以迅速学会英文，及其他各种技能，这种本领是实在令人感到惊讶的。"❸

（一）由否定儒学到吸收儒学，删改"四书""五经"

自汉代"独尊儒术"以来，历代封建统治都将孔子的儒家思想作为自己封建统治的思想武器。首先，他们将孔子神化，并按照实际需要将孔子思想包装成类似宗教教义。其次，设置科举考试作为全国学子的最终目标，考试的内

---

❶ 洪仁玕．资政新篇（节录）［G］//陈学恂．中国近代教育史教学参考资料（上册）．北京：人民教育出版社，1986：2．

❷ 毛礼锐，沈灌群．中国教育通史（第四卷）［M］．济南：山东教育出版社，1988：85．

❸ ［英］吟唎．太平天国革命亲历记［M］．王维周，译．北京：中华书局，1961：208．

容皆为孔子的儒家思想。这使得众多知识分子无暇顾及其他，心无旁逸地读"圣贤书"。洪秀全也曾像其他学子一样热衷于科举考试，但先后四次参加府试均名落孙山。1843年，在最后一次考试得知不中后，洪秀全公开宣称孔子为"妖魔""邪神"，抛弃了几千年来作为读书人的精神象征并在读书之处必供奉的写有"大成至圣先师"的孔子牌位。在太平天国运动之初，为推翻清朝封建统治，运动的主要领导人"朦胧意识到，欲推翻封建专制制度，必须摧毁封建统治的精神支柱"❶。同时，受到基督教排他思想的影响，太平天国对儒学开始极尽破坏之能事。洪秀全将"四书""五经"视为妖书，不许阅读，见之即毁。"洪天贵福记，洪秀全称古书为'妖书'，不准别人读，而他自己曾下令从杭州取来大量古书，看完一本，就焚烧一本。"❷ 这些书不仅包括儒学的经史子集，还包括佛家、道家甚至占卜的书籍。私藏、买卖此类书都会获罪，"凡一切孔孟诸子百家妖书邪说者尽行焚除，皆不准买卖藏读也，否则问罪也"❸，更不要说教授与学习了。"本欲废六经、四子书，故严禁不得诵读，教习者与之同罪。"❹ 在天京定都的初期，甚至发展到"凡一切妖书，如有敢念诵教习者一概皆斩"❺ 的地步，正所谓"读者斩，收者斩，买者卖者一同斩。书苟满家法必犯，昔用撑肠今破胆。"❻ 为表达对儒学的蔑视，太平天国对待这些书的处置手段很极端："搜得藏书论担挑，行过厕溷随手抛，抛之不及以火烧，烧之不及以水浇。"❼ 太平军所到之处，除了将各地搜罗得来的民间藏书全都烧掉，还烧毁私塾，砸毁孔子牌位。这些做法使得当时读书人不禁怒骂："经典书籍，弃等秽污，自古流寇之毒祸，未有如是烈者；我恐焚书坑儒之后，未有如此之大劫也。"在这场文化浩劫中，洪秀全不仅在做法上彻底与儒家决裂，在思想上也欲与儒家完全脱离。1853年发行的《原道救世歌》《原道觉世训》《原道醒世训》等书籍中，删除了原先引用的儒家经典内容。

　　1853年太平天国定都天京确立政权后，从维护政权稳定、广纳人才的需

❶ 毛礼锐，沈灌群．中国教育通史［M］．济南：山东教育出版社，1988：45.

❷ 罗尔纲，王庆成．太平天国（二）［M］．桂林：广西师范大学出版社，2004：422.

❸ 黄再兴．诏书盖玺颁行论［G］//中国史学会．中国近代史资料丛刊·太平天国（Ⅰ）．上海：神州国光社，1954：33.

❹ 张德坚．贼情汇纂（卷十二）［G］//中国史学会．中国近代史资料丛刊·太平天国（Ⅲ）．上海：神州国光社，1954：327.

❺ 简又文．太平天国典制通考（下册）［M］．香港：香港猛进书屋，1958：1829.

❻❼ 中国史学会．中国近代史资料丛刊·太平天国（Ⅴ）［M］．上海：神州国光社，1954：752.

要出发，太平天国对待儒学的态度逐步由否定儒学到吸收儒学。洪秀全等人自幼接受儒学教育，在思想上完全脱离儒学的影响想必未有可能。基督教产自国外，教义与其中的典故，中国人知之甚少，理解者更少，这对在广大民众间宣扬太平天国的思想极为不利。太平天国运动初期虽宣扬平等，但政权建立后仍无法脱离历史的局限，钱穆曾评论太平天国："他们占了南京十多年，几乎没有丝毫制度上的建树。"以上说明太平天国统治不能完全脱离孔孟儒家思想的束缚。东王杨秀清最先清楚地认识到太平天国某些方面的统治还需要借助于儒家思想。1853 年 3 月，他借天父下凡附体传旨："天命之谓性，率性之谓道……此等尚非妖话，未便一概全废"❶；"天父前降圣旨云：'孔孟之书不必废，其中有合于天情道理者亦多'。"❷

　　江南地区自古多才俊，熟读圣贤书成为当时当地自古以来遗留的风气。太平天国对儒学的态度必然会引起很多人的不满与抵触，使得许多以儒学为正统思想的优秀人才纷纷走到太平天国的对立面去。这对太平天国的发展极为不利。要想彻底推翻清朝，最终取得革命的胜利，必须广泛吸收全国各地各阶层尤其是文人志士中的大量人才加入他们的阵营中来，才有希望。因此，当时负责太平天国军政事务的杨秀清对此采取了纠正措施。1854 年 3 月，他借天父下凡附体传旨：

　　　　前曾贬一切古书为妖书。但四书、十三经其中阐发天情道理者甚多，宣扬齐家治国孝亲忠君之道，亦复不少。故而东王奏旨，请留其余他书。凡有合于正道忠孝者留之，近乎绮靡怪诞者去之。至若历代史鉴，褒善贬恶，发潜阐幽，启孝子忠臣之志，诛乱臣贼子之心，劝惩分明，大有关于人心世道。再者，自朕造成天地以后所遣降忠良俊友，皆能顶起纲常，不纯是妖。所以名载简牍，不与草木同腐，岂可将书毁弃，使之湮没不影？今又差尔主天王下凡治世，大整纲常，诛邪留正，正是英雄效命之秋。❸

　　在杨秀清和洪仁玕等人的努力下，洪秀全对儒学的态度有所缓和。太平天国设立了"删书衙"，负责删改"四书""五经"。太平天国依据"拜上帝教"教义对经书修订，删改的对象主要是涉及祖先、鬼神祭祀和偶像崇拜等内容。

---

❶　中国史学会．太平天国（三）［M］．上海：上海人民出版社，1957：327.
❷　简又文．太平天国典制通考（下册）［M］．香港：香港猛进书屋，1958：1829.
❸　王庆成．天父圣旨（卷三）［G］//天父天兄圣旨．沈阳：辽宁人民出版社，1986：103.

删除的原则是"其中一切鬼话、怪话、妖话、邪话一概删除净尽，只留真话、正话"❶，又下令"尔等静候删改镌刻颁行之后，始准读习"❷。在1861年《钦定士阶条例》中，洪秀全对自己的做法加以解释："孔孟之书不必废，其中有合于天情道理者亦多，既蒙真圣主御笔钦定，皆属开卷有益者，士果备而习焉，则焕乎有文，斐然成章。"❸

（二）引进西学、改革教科书内容

如恩格斯所说，"在当时反对封建制度的每一种斗争，都必然要披上宗教外衣"❹，我国农民起义也都是利用宗教作为发动群众的工具。从洪秀全精读《劝世良言》，打算建立拜上帝会之日起，太平天国的教育就离不开带有西方基督教色彩的宗教教育。洪秀全利用"只有上帝才是唯一的真神"这一基督教教义，来打击中国封建社会自汉代以来董仲舒为儒学增加的"君权神授"政权理论中的神权和君权。在当时的社会背景下，"基督教虽然不是科学的理论，不是救中国的真理，但作为一种异质文化，它的传播打破了中国思想界长期以来儒学一统天下的局面，动摇了正统文化的至尊地位"。敢于挑战中国传统神权、君权、儒家思想，这在中国农民起义的历史上还是史无前例的，"对中国传统的价值准则从根本上起瓦解作用，引起了封建社会关系和统治秩序的混乱"❺。因此，在拜上帝会的教育中提出只有"皇上帝"才是救世的"真神"，而中国传统的神都是奴役农民的"邪神"。通过这样的教义唤起农民向封建统治阶级进行政治斗争的目的。

另外一个被视为拜上帝会的核心理论是："在上帝面前人和人之间是平等的。"洪秀全希望用基督教的平等思想推翻清朝，建立一个人人平均、处处平等的大同社会，建立"新天、新地、新人、新世界"。首先，太平天国打破了封建社会对妇女的束缚，实行男女平等的教育。对妇女除了必要的宗教教育外，还包括政治教育、道德教育；挑战封建传统观念，公开鼓励妇女走出大

---

❶ 张德坚. 贼情汇纂（卷十二）［G］//中国史学会. 中国近代史资料丛刊·太平天国（Ⅲ）. 上海：神州国光社，1954：190.

❷ 张德坚. 贼情汇纂（卷十二）［G］//中国史学会. 中国近代史资料丛刊·太平天国（Ⅲ）. 上海：神州国光社，1954：232.

❸ 中国史学会. 中国近代史资料丛刊·太平天国（Ⅱ）［M］. 上海：神州国光社，1954：552.

❹ 中共中央马克思恩格斯列宁斯大林著作编译局. 马克思恩格斯全集（第二十二卷）［M］. 北京：人民出版社，2007：348.

❺ 苏苑. 太平天国是向西方学习的先行者［J］. 暨南学报，1998（1）：75.

门，到礼拜堂与男子一样听布道，与男子一样可以考试做官。太平天国被解放了的妇女，积极参与作战，与男子一道冲锋陷阵、奋勇杀敌。其次，废除封建等级制，出仕做官不再有门第的限制。在传统的封建科举考试中，"下九流"不能参加科举考试，一经发现严厉处罚。太平天国废除了这一门第限制，不仅鼓励广大劳动人民参加科举考试，还尽量为参加考试的人员提供便利，如按照路途远近为考生发盘费，考试时还为考生发放饭菜、烛台等。再次，在对普通大众的教育方面，洪秀全更彻底地贯彻了平等的思想，他把西方文化嫁接到旧式农民运动的思想基础上，创造出了"有田同耕、有饭同食、有衣同穿、有钱同使，无处不均匀、无人不饱暖"的理想社会。太平天国为了宣传自己的平等思想，将《原道救世歌》《原道醒世训》《原道觉世训》《天条书》作为重要教科书，动员群众与中国封建统治者和外国侵略者做斗争，争取平等的权利。以《原道觉世训》为例，它将一切美好、正义的称为"皇上帝"，把一切奴役农民的上至皇帝、下至地主称为"阎罗妖"，并号召农民应团结起来消灭这些"阎罗妖"，"天下凡间我们兄弟姊妹所当共击灭之。"

作为带有极强宗教性质的农民起义，太平天国积极宣传推广教义除了体现在日常生活中，还着重体现在其举办的科举考试中。太平天国科举考试的题目必须出自《旧遗诏圣书》《新遗诏圣书》《真命诏旨书》。考题都与拜上帝会有关，如甲寅年湖北乡试诗题为："天父下凡事因谁？耶稣舍命待何为？"为表明与传统的封建科举考试不同，太平天国的考试内容一律不得涉及"四书""五经"及子史文集的内容，一经违反严惩不贷。安庆有一主考官，因出"五经"题被降为伍卒。❶ 虽然这些教育的内容带有极强宗教色彩，但这些不同于中国以往传统封建观念的、带有浓厚西方色彩的思想，极大地丰富了教科书内容，为推翻清政府提供了有力的精神动力。

除了带有西方宗教色彩的宗教教育，太平天国还极为重视科学技术教育。洪秀全在开始学习基督教义之初就经常拜访西方传教士，在与他们不断接触过程中不但学习基督教义，还通过口授身传接触到西方先进的知识文化。太平天国的主要领导人都是通过这样的途径了解西方，这些传播过来的先进的政治、思想、文化、技术，使太平天国领导人眼界大开，在以后的十几年中一致主张向西方学习。另外，太平天国在两广地区起家，这些地区正

---

❶ 中国史学会．中国近代史资料丛书·太平天国（Ⅴ）［M］．上海：神州国光社，1954：679．

是西方势力活跃的地区，当地民众与西人不可避免接触较多。因此，与同期清政府相比，太平天国由上到下向西方学习的意识要强得多。这集中表现在如下两个方面。

（1）积极学习西方科技。当时清政府中已有以龚自珍、魏源、林则徐为代表主张向西方学习的开明地主，但大部分人还是不屑一顾的。正如王韬（1828—1897，思想家、政论家、新闻记者）所说："盖以西法为可行者不过二三人，以西法为不可行者，几于盈庭皆是。"太平军首领（如章王、干王、忠王之子及其他几位首领）为了学习西方科技在学习英文，他们学习的书是由与太平军交好的传教士提供的，干王的幼子甚至已能说几句日常英语。英国驻上海领事馆参赞富礼赐在参观干王府后称赞道："我不能不承认他是我认识的最开通的中国人，他极熟悉地理，又略识机器工程，又承认西洋文明之优越，家藏有各种参考书，对于各种题目皆有研究的资料。"（富礼赐《天京游记》）太平天国打破了儒家轻视科学技术的传统，积极提倡科技教育，认为科技乃是"以广闻见之精，此正正堂堂之技"❶，更应是教科书内容的一部分。

（2）积极推行近代化军事教育。当清朝士兵还拿着长矛大刀和开山炮镇压太平天国时，太平天国的士兵早已接受近代化军事装备的教育，使用了被清政府视为"奇技淫巧"的西洋武器。太平天国军民不仅购买使用近代化武器，而且还积极培养相关人才，学习仿造洋枪洋炮，用新式武器装备自己，率先走出了军事近代化的第一步。在技战术教育中，太平天国结合近代化武器特点与地理优势，在军中普及各类兵法和水陆战术。军事装备的变革，科学的技战术教育，大大提高了太平军的战斗力，使太平天国农民政权在中外势力的联合剿杀下仍然坚持了十四年之久，不仅打得曾国藩领导的湘军无处逃窜，还把外国的"洋枪队"打得落花流水。因同情太平军而被贬职的英国人密迪乐在《中国人及其革命》中甚至认为："如果太平军成功，休养生息数十年，建设强盛的国度，将可与英法美合力而阻遏俄国之侵略而粉碎其并吞全世界之企图。"太平天国在中国近代向西方学习的过程中起到了承上启下的作用。它继承了龚自珍、魏源、林则徐"师夷长技以制夷"的思想，也开启了以曾国藩、左宗棠、李鸿章等人为首的洋务运动的序幕。洋务派的倡导者们正是围剿太平天国的"中兴名臣"，他们在镇压太平天国的过程中逐步体会到洋枪洋炮的威力与

---

❶ 中国史学会. 中国近代史资料丛刊·太平天国（Ⅱ）［M］. 上海：神州国光社，1954：526.

作用，并触发了洋务运动引进西方军事技术知识、编译西学实用教科书的思想及作为。

（三）改革传统教科书的文字及文风

太平天国对旧教育的改革，不仅表现在内容上的否定儒学或吸收儒学、引进西学，而且也表现在教科书的载体形式上对传统文字、文风的改革。

文字的改革为民众阅读扫除了障碍。中国古代教科书是不加标点的，一般读者的困惑在于"句读"。太平天国为了使其政令、教义更易于推行到广大下层劳动人民，使稍识字者都能顺利地阅读其文告及颁行的书籍，其文书上一律加上标点符号，如逗号、句点、人名号、地名号等。

特别值得注意的是太平天国对文风的改革。文风改革的目的在于提倡"俗语"，"使人一目了然"，使文化程度低的人能阅读教科书和书写。在教科书的内容方面主张"文以纪实""言贵从心"，反对那种"博士买驴"的虚华无实。《天情道理书》作为太平天国重要的官书之一，开篇即言："语句不加藻饰，只取明白晓畅，以便人人易解。"到了太平天国后期，洪仁玕总结了太平天国这方面的经验，正式颁布了《戒浮文巧语谕》，以极其鲜明的态度提倡人民使用通俗的语言，反对"浮文巧语"。这对封建陈腐的文风是一种极大的冲击，在中国教科书的文字表述由文言向白话的过渡中起了先导作用。

三、太平天国教科书的主要内容

太平天国通过宗教凝聚力量，巩固政权，所以太平天国的教育内容以"拜上帝教"的宗教教育为主。它把政治、宗教和教育统一起来，宗教教育同时也就是政治教育。他们利用西方舶来品"上帝"与中国传统文化相结合，改造成比人们耳熟能详的各路神仙权力都大的"皇上帝"作为思想武器，用以推翻清朝的统治；并把洪秀全当作宗教的最高领袖——上帝的儿子。基督教的《圣经》——《旧约全书》和《新约全书》，经过太平天国重新翻译并对其中不合于太平天国革命利益的部分进行了大胆修改后，成为太平天国的《旧遗诏圣书》和《新遗诏圣书》。1853 年前《天父、天兄下凡诏旨》和《天王诏旨》多件，则编为《真命诏旨书》，旨在确立洪秀全、杨秀清等人的神圣地位。这三本书是太平天国最重要的官书，也是太平天国教育的主要教科书。按《天朝田亩制度》规定，这是每个儿童必读的教科书。此外，《主祷文》《赞美经》《天条书》《幼学诗》《三字经》和《御制千字诏》等政治、宗教读物也是太平天国教育的重要教科书。到了后期，经过删改的"四书""五经"也成为重要的教科书。除政治、宗教的读物外，太平天国的一些领袖也注意到了科学技术的传授，要求学习西方的文化知识。洪秀全本身就是中国近代努力向西方寻找真理的"先进的中国人"之一。太平天国后期杰出领导人之一的干王洪仁玕在《资政新篇》中也提倡学习西方的科学技术。

（一）宗教与政治类教科书

为了有效地向群众进行宗教教育和政治教育，太平天国将《原道救世歌》《原道醒世训》《原道觉世训》《天条书》作为重要教科书，传播宗教思想，宣传自己的政治主张。

《原道救世歌》创作于 1845 年，通过使用农民能听懂的通俗语言，以诗歌的形式宣传拜上帝教的教义和教育人们做人的道理。拜上帝教源于基督教，为了使人们明白什么是上帝，拜上帝教的教义与中国本土思想相结合，常常将西方的上帝与中国传统的"天""天公""天帝"通用。《原道救世歌》中指出上帝是唯一的真神，"开辟真神惟有上帝"；上帝是万事万物的创造者，"五行万物天地造化"，"一丝一缕荷上帝"，"一饮一食赖天公"；无论贫富贵贱都应信仰上帝，"天父上帝人人共"，"君民一体敬皇天"；在上帝面前人人都是平等的，"天父上帝人人共"，"普天之下皆兄弟"，"上帝视之皆赤子"。另外，文中还阐述了做人的道理，如做人要做"正人"。他以古代著名的"正人"，如夏禹、伯夷、叔齐、周公、孔子、颜回等人为例，告诉人们什么是"正人"，同时也列举了何种行为是"不正"的，如淫、忤父母、行杀害、为盗贼、为巫觋、赌博。他将吸洋烟、喝酒、看风水等视作不良行为，并予以批判；同时，积极宣传孝顺、忠厚、廉耻等中国传统美德。为宣传教义，宣扬善行，宗教都会提出因果报应，拜上帝教也不例外。文中提出"积善之家有余庆，积恶之家有余殃，顺天者存逆天者亡，尊崇上帝的荣光"等去恶从善的观点。❶

《原道醒世训》同样创作于 1845 年。与《原道救世歌》相比，《原道醒世训》在思想上有了进一步的提高，在内容上不再是通篇的宗教思想，仅仅提出皇上帝是"天下凡间大共之父也"；更多的是着眼于揭露腐朽的封建社会，提出对现实世界改造的设想，同时也对未来美好世界进行了畅想。鸦片战争之

---

❶ 罗尔纲. 太平天国文轩［M］. 上海：上海人民出版社，1956：230.

后，中国传统的小农经济走向了衰败，农民生活日益困苦。洪秀全指出由于"世道乖漓，人心浇薄，所爱所憎，一出于私"，由此出现人世间的"相夺、相斗、相杀"等。为改变上述不良现象，太平天国认为解决之道就是要信仰上帝。同时，他劝慰人们最黑暗的时期即将过去，新的社会就要诞生，"乱极则治，暗极则光，天下之道也"。他为人们描绘了一个所谓新的社会就是"天下为公"的"大同社会"。为了实现理想社会：

> 惟愿天下凡间我们兄弟姊妹跳出邪魔之鬼门，循行上帝之真道，时凛天威，力遵天诫，相与淑身淑世，相与正己正人，相与作中流之砥柱，相与挽已倒之狂澜。行见天下一家，共享太平，几何乖漓浇薄之世，其不一旦变而为公平正直之世也！❶

这个天下为公的"大同社会"，是一个"变而为强不犯弱，众不暴寡，智不诈愚，勇不苦怯之世"❷。洪秀全等人企图利用宗教信仰的力量在现实社会建立一个天下为公的"大同世界"，事实证明这是难以实现的。

在道光二十七年（1847）之前，洪秀全等人对群众的教育内容比较温和，主要通过宣传教义的方式来揭露清王朝的腐朽。而在1847年洪秀全与冯云山一起率众教友拆庙宇、毁坏神像、砸毁孔子牌位，这些做法撼动了当权者统治的精神信仰，当然会遭到坚决打击。拜上帝教经常与官兵发生冲突，或遭到毒打，或被捕入狱。残酷的现实使洪秀全等人认识到仅靠说教和宗教信仰，根本无法实现理想社会，只有通过人自身的努力才能在人间建立"太平"的"天国"。因此，在洪秀全1847年完成的《原道觉世训》中，更突出人的地位和作用："天地之中人为贵，万物之中人为灵。"❸ 而那些被供奉在庙宇之中的神像不过是"无知无识之木石、泥团、纸画各偶像"，他们是"有口不能言，有鼻不能闻，有耳不能听，有手不能持，有足不能行之蠢物"。❹ 由于与清政府斗争形势的升级，在《原道觉世训》中，洪秀全在书中将皇帝置于"皇上帝"的对立面，将皇帝与各种妖魔邪神一起归结为"阎罗妖"，"阎罗妖乃是老蛇

❶❷　中国史学会. 中国近代史资料丛刊·太平天国（Ⅰ）·原道醒世训［M］. 上海：神州国光社，1954：94.

❸　中国史学会. 中国近代史资料丛刊·太平天国（Ⅰ）·原道觉世训［M］. 上海：神州国光社，1954：93.

❹　中国史学会. 中国近代史资料丛刊·太平天国（Ⅰ）·原道觉世训［M］. 上海：神州国光社，1954：96.

妖鬼也，最作怪多变，迷惑缠捉凡间人灵魂"。因此，"阎罗妖"是斗争的对象。这时洪秀全的思想已发生根本变化，与封建统治者根本决裂，对皇帝的地位和存在的根据提出质疑："尔凡人何能识得帝乎？皇上帝乃是帝也，虽世间之主称王足矣，岂容一毫僭越于其间哉？"他对皇帝表示不屑，"他是何人，敢觑然称帝者乎！只见其妄自尊大，自甘永远地狱之灾也"。此处可见洪秀全的革命思想已经成熟，完全蔑视皇权，并对皇权予以批判，诅咒其承受"地狱之灾"。洪秀全将皇权及其拥护者比喻成中国尽人皆知的阎王小鬼，就是激发人们对当权者的仇恨，号召人们要起来反抗"阎罗妖"的压迫，憧憬建立国与国的平等、人与人的平等、男与女的平等、贫与富的平等的社会。

《天条书》于1847年在广西桂平紫荆山制定而成，初仅供抄写传习。1852年正式大量刊行，人手一册，朝夕诵读。它是拜上帝会的重要文献之一。洪秀全、冯云山仿照基督教圣经《旧约全书》中的摩西所传上帝耶和华的十诫，并结合中国传统道德信条，在传教实践中加以总结提炼。内容包括宗教仪式和十款天条两部分。宗教仪式部分仿照基督教仪式，吸取中国传统宗教某些仪式，并照顾到入会者的现世利益，要求凡会员入会受洗、朝起夜睡、食饭、七日礼拜等均有宗教仪式，其他如灾病、生日、满月、嫁娶、丧葬、作灶、做屋、堆石、动土等事，也均有祭告上帝奏章。祷文大致为"祝福有衣有食，无灾无难，今世见平安，升天见永福"，"妖魔诛灭""万事胜意"等类。"十款天条"包括：第一，崇拜皇上帝；第二，不好拜邪神；第三，不好妄题皇上帝之名；第四，七日礼拜，颂赞皇上帝恩德；第五，孝顺父母；第六，不好杀人害人；第七，不好奸邪淫乱；第八，不好偷窃劫抢；第九，不好讲谎话；第十，不好起贪心。

"十款天条"内容的前四条属于宗教信仰，后六条是《原道救世歌》所举六种不正的内容，平时当作拜上帝会会员的生活守则，战时则为军事纪律，违犯者重则立即处决，轻者枷杖，在太平天国运动中起了很大作用。1852年还规定会员入会后逾二十一日犹不能熟记者治罪，不识字者由识字者负责口授，成为太平天国军民必读课本。

（二）儿童蒙学类教科书

为加强对儿童的教育，太平王国建立起新的教育机构，如育才馆、育才书院等，收留战争孤儿和太平天国官员的子弟。《幼学诗》《御制千字诏》《三字经》等通俗读物成为"令小儿读之"的启蒙教科书。

1. 《幼学诗》

《幼学诗》共十四页，第一页有龙凤边饰"旨准"朱印，正文前冠"旨准颁行诏书总目"，列书目十三部。此书有辛开元年、壬子二年、癸好三年三个版本。《幼学诗》是五言体，共三十四首，内容十分广泛。总的来看，也是教义和做人两方面，除了《敬上帝》三首、《敬耶稣》三首，其他均为人们的生活准则和道德条规，其中包括敬肉亲（父母）、朝廷、君道、家道、父道、母道、子道、心箴、口箴、天堂等，规定了每个人的行为准则和伦理规范。如《朝廷》诗即云："天朝严肃地，咫尺凛天威，生杀由天子，诸官莫得违。"《天父》诗则云："只有媳错无爷错，只有婶错无哥错。只有人错无天错，只有臣错无主错。"虽然洪秀全等极力与儒家思想划清界限，但他们自幼受儒家思想教育，中国社会积淀了上千年的传统，于他们来说彻底摆脱是不可能的。与清朝统治者相比，太平天国的启蒙教育并未显现其进步性。因此，儿童启蒙的教科书还具有传统启蒙教科书中君君臣臣、父父子子这类思想。

2. 《御制千字诏》

《御制千字诏》共计一千一百零四字，是仿照旧体的《千字文》形式所作。四字一句，句句有义，内容包罗万象，除却宗教知识，还包括自然知识、日常生活、历史知识等。

（1）宗教信仰及知识。《御制千字诏》中宗教部分的内容主要是来源于基督教的教义，其中包括了上帝、圣母玛利亚、耶稣，利用中国人能理解的通俗语言来宣扬教义。"维皇上帝，独一无二。当初显能，造及天地。万物齐全，生人在世。分光隔暗，昼夜轮递。日月荏临，星辰协治。风偃四方，吹嘘猛厉。""怒极而怜，改祸锡祥。赦旧开新，爰差爱子。救彼寰尘，捐躯欣愿。代赎艰辛，母氏利亚，稔悉秘情，大兄耶稣，睿知慈仁，煌耀权势。担病勤殷，瘫起软企，哑说聋听，死苏瞽见。麻净跛伸，比喻宣道。牧看列民，男妇跟随，族类依瞻。""预言钉架，复活于三。得银卖师，克毒何堪。""次令门徒，辐昔诞敷。伪善必兴，甚系糊涂。谨慎操执，勿溺谎诬。现与保罗，授传愈普。"

（2）自然科学知识。《御制千字诏》中的自然常识相当丰富，并具备经过西方近代科学技术洗礼下而带来的新内容，这种新内容正是教科书内容趋向近代化所显露的特征。如描述自然界天体变化的内容："悠然作云，雨下空际"，"雷轰电掣，霜寒雪白，雾集露零，雹重霞红，烟斜雾横，斗杓所竖，节序以更，乾旋坤转，夏热冬冷。"描写地理、地貌的知识有："江带山砺，海宴河青，岸高谷深，野广原平，峰尖岳秀，波绉涛惊。"描写鸟兽鱼虫的分类："麒麟狮象、凤凰鹿麋、虎豹熊罴、獬豸犴猩、猿猴麝麢、獟貐豺狼、狐狸猃猲、狰猱獭獐、驴骡骆驼、骊马牛羊、犬豕猫鼠、雁鹏鹤鹑、雉鸡鸡鸽、翡翠鸳鸯、鹈鸠鹂鹄、鸽鹣鹈鹩、鸱鸮鹪鹩、鹊鸦鸭鸠、鸩鹘鹂鹛、鹢鸰鸧鹛、蚕蛾蝴蝶、蜂蜜螳螂、蜘蛛蜻蜓、蚯蚓蛞蝓、蟋蟀蜈蚣、鱼鳖龟蛇、鼋鼍蛟龙、鲢鳝鲤鲨、螃蟹蚌螺、蚬蚝鲍虾、鳙鳊鲫鲔、虫蚁缘爬、鳞潜羽舞、壁蝇井蛙、动走跳跃。"描写树木、植物的物种："种植树艺、禾麦豆麻、薯芋菜蔬、苋蒜蒀瓜、芸菱萝卜、松柏梨楂。"描述人体生理结构的构造："耳目舌鼻、心肝肺腑、腹背肋腋、膏肓肠肚、颈肩头顶、面脸脚手、臀肾脾胃、胯臂肱股。"

（3）生活常识。《御制千字诏》中有涉及关于生活常识的内容："油盐糖醋、槟榔蒟茶、咸酸苦辣、浓淡香臭。"

（4）历史知识。"乃始周游，唤醒英雄。跋涉险阻，前导南冯。""当阳桥浮，波竟牵连。洞庭长驱，鲸鲨沫延。皖省直进，将士扬鞭。舆驻建康，统绪延县。"与传统《千字文》不同，该文中涉及历史知识的内容主要是回顾太平天国建立时历经的大小战争，这不仅是一种革命教育，同时也是一种精神激励。

《御制千字诏》也是以宣传教义教育儿童的启蒙教科书。虽然形式取材于《千字文》，但内容与其有极大区别：《千字文》涉及自然、社会、历史、教育、伦理等多方面的知识，以民间耳熟能详的典故、故事讲道理；出自太平天国之手的《御制千字诏》，因太平天国的领导人大多出身农民，所以对自然知识极为熟悉，大部分内容皆为此。由此，也看出太平天国与传统儒家重视道德修养、轻视自然与科学知识不同，太平天国倡导儿童多亲近自然，重视科学教育。

3. 《三字经》

《三字经》共一千零五十六字，三字一句，合辙押韵，浅显易懂，采取群众喜闻乐见的传统启蒙教科书《三字经》的形式，主要是宣传拜上帝会教义和做人的道理，是儿童的重要启蒙教科书。该文开宗明义的第一句就是"皇上帝，造天地，造山海，万物备"，"盘古下，至三代，敬上帝，书册载，商有汤，周有文，敬上帝，最殷勤"。《三字经》另一个重要内容是教育如何做人："小孩子，拜上帝，守天条，莫放肆，要炼正，莫歪心，皇上帝，时鉴临。要炼好，莫炼歪，自作孽，祸之阶；慎厥终，惟其始，差毫厘，失千里。谨其小，慎其微，皇上帝，不可欺。"其中也提出一些具体的道德戒条，如"勿奸淫，勿污秽，勿说谎，勿杀害，勿偷窃，勿贪懒，皇上帝，法最严。"最后告诫儿童，"小孩子，慎莫差，皇上帝，眼恢恢，欲享福，炼正来。"❶

（三）西学科技类教学参考书

太平天国在向西方学习的过程中，占据了"天时、地利、人和"的优势。❷ 彼时，中国爆发了第一次鸦片战争，中国的国门被迫打开。跟随鸦片一起涌入中国的还有西方政治、经济、文化、教育等意识形态和非意识形态，这些对中国社会从上到下产生了前所未有的冲击。与以往农民起义反抗封建政权不同，太平天国的农民起义不仅面临着反封建和反帝的重任，还不得不更新观念，学习西方的科学技术，去寻找发动革命、巩固政权和建设独立富强国家的思想武器和改革方案。这是太平天国在向西方学习的过程中占据的"天时"优势。太平天国的起家之处在两广地区，后来又将政权建立在长江中下游地区。这些地区大多临海，尤其是长江中下游地区交通便利，经济发达，是外国人活动频繁的区域，太平天国的将领与外国传教士、商人、军人等有机会和条件频繁交往。这是太平天国的"地利"优势。另外，太平天国的主要领导人来自两广地区，这些地区对西方开放时间和程度都先于内地，因此人们的观念比起集中在北京的那些清朝官僚的闭目塞听、拒绝接见外国人和接触外国事物的愚蠢态度更开放，他们表现出渴望了解西方、积极学习西方新鲜事物的强烈愿望。他们中的多数人是出身于两广有一定文化的农村知识分子，在与外国人的交往中，他们着重交往的对象为具有西方文化知识的传教士。在与这些传教士的交往中，太平天国的主要领导们不仅进一步了解了西方宗教的内容，更是学习了西方科学技术文化，客观上推动了西学在中国的传播。这是太平天国在向西方学习过程中的"人和"优势。

随着斗争的加剧，清政府和外国势力相勾结，对太平天国进行全面的军事围剿。在这种形势下，太平天国首领更为重视西方科学技术的学习，他们在军

❶ 中国史学会．中国近代史资料丛刊·太平天国（Ⅰ）［M］．上海：神州国光社，1954：225．
❷ 卢玲．评太平天国领袖向西方学习的思想与实践［J］．毕节师范高等专科学校学报，2001（9）：4．

中建立兵工厂，仿制西方的兵器。在《李秀成自述》中曾提到："取到其炮，取到车炮架，寻好匠人，照其样式，一一制造"，"业经制造，与其一样无差，今南京城内上有此样"。1860 年，太平天国章王林绍璋会见美籍传教士霍姆士时，曾"询问外国机器等等的情况"。霍姆士说："章王对一幅据说是外国人绘制的有平行线的地图感到困惑不解，于是请我解释说明。"❶ 干王洪仁玕和章王林绍璋等对学习西方表现了极大的兴趣，他们"全都熟悉地理和机械学，还收藏有许多关于西方文化和科学的附有插图的参考书，他们是经常研读这些学问的。"❷ 不仅如此，太平天国还积极学习西方的"火船、火车、钟表、电火表、寒暑表、风雨表、日晷表、千里镜、量天尺、连环枪、天球、地球"❸等。为了培养相关人才，太平天国重视并积极提倡科学技术教育，"是以广闻见之精，此正正堂堂之技"，都应列入学校教科书内容。由此可见，当时太平天国教科书不仅有关于宗教、道德的，更有关于西方技术类的教学参考书。他们聘请国外"技艺精巧、国法宏深"之人，"教导我民"，传授科技知识。

前所未有的社会剧变、有利的地理位置以及开放的心态使得太平天国的教育内容不同以往，而教科书也配合着教育的内容、斗争的形式、主要领导人的主张具有鲜明的特性，尤其是向西方学习方面，更是为后来洋务运动时期的教科书进步提供了有益的借鉴。

---

❶ ［英］呤唎. 太平天国亲历记（上册）［M］. 王维周，译. 北京：中华书局，1961：192.

❷ ［英］呤唎. 太平天国亲历记（上册）［M］. 王维周，译. 北京：中华书局，1961：191.

❸ 中国史学会. 中国近代史料丛刊·太平天国（Ⅱ）［M］. 上海：神州国光社，1954：526.

第二章　洋务运动时期的教科书

　　清政府中的部分改革者鉴于1851—1864年横扫大半个中国的太平天国运动的惨痛教训及国内社会尖锐复杂的社会矛盾，为了求强求富、抵御外患、维护自身统治，开展了洋务运动。这些改革的先进人物在中央以恭亲王奕䜣为代表，地方势力则主要是剿抚太平天国的军事集团首脑曾国藩、李鸿章、左宗棠及后期以"清流派"自居的湖广总督张之洞，史称"洋务派"。洋务派在开展洋务运动过程中，以"中体西用"为理念，重视外国语和科学知识教育的功能及意义，创办了一批语言文字、科技实业、军事制造及医学船政等专门教育学校，从而产生了近代的新教育，这就是洋务教育思潮和与此相应的洋务教育实践。洋务运动时期的教科书正是以此期洋务教育及"西学东渐"为中心的课程引进作为依托或基础的。诚然，从全国城乡教育的总体态势来看，传统学校机构及教科书仍居优势，因为科举制并未废除，新教育制度尚未建立，其存在的空间自然是实在可靠的。然而，从近现代教科书的演进趋势来看，传统教育与教科书都将会日渐衰颓，这类教科书的类型、内容等仍以封建教育为目标，故本章不再详述。

第一节　"中体西用"的课程观与洋务学堂的西学教科书

　　"中体西用"是"中学为体，西学为用"的简称，是中国近代教育文教方针政策的灵魂。它试图综合、平衡中西、新旧两派的极端论调，从而解决近代教育发展的矛盾与冲突。这种文化教育思潮在妥协中寓有变革与开放的思想理念，对包括学校课程与教科书在内的诸多方面均有制约作用。

一、"中体西用"思想的产生

"中体西用"的命题来源于中国古代"体"与"用"关系的范畴，在近代则走向探讨"中"与"西"的关系。从19世纪60年代初开始，就已有人使用"主次""本末""体用"这些概念来表示"中学"与"西学"的关系。

1861年，冯桂芬在《校邠庐抗议·采西学议》中写道："如以中国之伦常名教为原本，辅以诸国富强之术，不更善之善者哉?"❶ 1892年，郑观应在《盛世危言·西学》篇中说："合而言之，中学其本也，西学其末也，主以中学，辅以西学，知其缓急，审其变通，操纵刚柔，洞达政体，教学之效，其在兹乎。"❷ 1896年8月，孙家鼐在《议复开办京师大学堂折》中说："今中国京师创立大学堂，自应以中学为主，西学为辅；中学为体，西学为用。中学有未备者，以西学补之，中学有失传者，以西学还之。以中学包罗西学，不能以西学凌驾中学，此是立学宗旨。"❸ 这是一次比较全面的阐述。直到1898年张之洞撰成《劝学篇》，"中学为体，西学为用"才形成一个完整的体系。

洋务派所主张的"中体西用"办学指导思想，是鸦片战争以来向西方学习的一种教育思潮，是沦为半殖民地的中国走出中世纪传统的新教育观。"中学为体，西学为用"，实际上就是在传统的经史儒学教育思想中，吸取西方近代的科学技术教学内容和教学手段，引进"西学"和"西艺"。因此，这是中国传统教育思想的一次大变动，对中国近代教育史有不可忽视的重大影响。然而，洋务派也存在共同的思想局限性，这又是必须予以正视的。这种局限性表现在：他们试图在不触动封建制度根基和不改变传统的纲常伦理的前提下，来完成这种变革。用李鸿章的话来说，便是"变器不变道"。当时大多数具有新思想的知识分子，都逐渐地接受和拥护了这种主张；并且在它的指导下，才有了西学的引进和新式学堂的创办。

二、张之洞《劝学篇》与"中学为体，西学为用"的课程观

"中学为体，西学为用"是洋务派教育活动的核心，也是其用于指导兴办新式学堂、设立课程、选编教科书的指导思想。这一思想在张之洞1898年

---

❶ 陈学恂. 中国近代教育文选［M］. 北京：人民教育出版社，2001：19.
❷ 陈学恂. 中国近代教育文选［M］. 北京：人民教育出版社，2001：54.
❸ 陈学恂. 中国近代教育史教学参考资料（上册）［M］. 北京：人民教育出版社，1986：431.

4 月完成的《劝学篇》中得到了完整的表述。

　　张之洞自幼研习旧学，步入仕途后一直致力于发展教育，创办了许多新式学堂。《劝学篇》是张之洞的代表作，成书于中日甲午战争之后、戊戌变法之前。这一时期以康有为"公车上书"为代表，在社会上形成一种风气，即要求在政治、经济、军事、教育领域内进行一系列西方化改革。面对这一社会思潮，张之洞既反对顽固派的因循守旧，又对维新派的主张惴惴不安。作为洋务派的代表，张之洞试图通过改革教育实现"救亡图存"的目的，同时又能保住国体政体不变的主旨。他认为："古来世运之明晦，人才之盛衰，其表在政，其里在学。"❶ 张之洞权衡再三，决定以《劝学篇》为名，阐述自己的观点。《劝学篇》分为内外两部分，共计二十四篇。《内篇》由九篇文章组成，主旨是教育人恪守孔孟之道，尊奉三纲五常，忠于封建统治者。《外篇》由十五篇文章构成，主旨是教育人们在维护三纲五常的前提下，变通旧制，开阔眼界，学习"西政"和"西艺"，以达到富国强兵挽救危亡之目的。内外两篇的思想，有机相连。以张之洞的话说："《内篇》务本，以正人心；《外篇》务通，以开风气。"❷ 此观点高度概括了洋务派面对近代化大潮所采取的基本对策。

　　《劝学篇》通篇贯彻的主旨就是"中学为体，西学为用"。中学即指"四书""五经"，中国的史事、政书、地图之类，应当放在首位；新学指西艺、西政、西文之类，为中学的补充。也就是说，学习的内容要先学习中学的心圣人之心、行圣人之行，然后学习西学有用的方面以弥补我之不足。对于"中学""西学""旧学""新学"，张之洞无褒贬之意。新学和旧学在"正人心""开风气"中的作用都是十分重要的，所以新式学堂要"新旧兼学"，但"旧学为体，新学为用，不使偏废"。❸ 这是张之洞积极筹办几十年的洋务教育一直采用的教育指导思想，其在《张文襄公奏稿》中也是这样阐述的："两书院分习之大旨，皆以中学为体，西学为用，既免迂陋无用之讥，亦杜离经叛道之弊。"

　　"中学为体"中的"体"，张之洞认为是立国之本。中外国情不同，根源

---

❶❷　张之洞. 劝学篇·序［G］//陈山榜. 张之洞教育文存. 北京：人民教育出版社，2008：183.

❸　张之洞. 劝学篇·外篇·设学第三［G］//陈山榜. 张之洞教育文存. 北京：人民教育出版社，2008：216.

在于立国之本不同。中国的立国之本是三纲五常的封建制度，这是"中国之所以为中国"的原因，并引用董仲舒的"天不变，道亦不变"的思想强调这一根本原则。他认为教育与政治是相通的，"盖政教相维者，古今之常经，中西之通义"❶。上至皇帝，下至教师都要遵从这一原则，"人君非此不能立国，人师非此不能立教"❷。"中学"在社会中的作用极其重要，它可以明纲纪，"固其根柢，端其识趣"。他回顾几千年来的教育与政治的关系："我圣教行于中土数千年而无改者，五帝三王明道垂法，以君兼师，汉唐及明，宗尚儒术，以教为政。我朝列圣尤尊孔、孟、程、朱，屏黜异端，纂述经义，以躬行实践者教天下。故凡有血气，咸知尊亲。盖政教相维者，古今之常经，中西之通义。"❸因此，他认为教育应该始终将崇经劝学放在首位。

"西学为用"中的"用"，张之洞认为是实现强国富民的具体做法和手段，是立人立国之器。西艺、西政、西文这些新学具有实用的功效，"此教养富强之实政也，非所谓奇技淫巧也"❹。其作用在于"益智"，"智"是救亡之道，"大抵国之智者，势虽弱，敌不能灭其国；民之智者，国虽危，人不能残其种"❺。中国学习新学是十分必要的，"智以救亡，学以益智"。但学习西学不能破坏中学的根本，"果其有益于中国，无损于圣教者，虽于古无征，为之固亦不嫌"❻。

由此可见，中学与西学的地位和作用是不一样的。他认为："今日学者，必先通经，以明我中国先圣先师立教之旨；考史，以识我中国历代之治乱、九州之风土；涉猎子、集，以通我中国之学术、文章。然后择西学之可以补吾阙者用之，西政之可以起吾疾者取之。"❼也就是说中西学要以中学为主为基础，以西学为辅为取舍标准。其真正目的就是要培养封建统治的拥护者，"如其心圣人之心，行圣人之行，以孝悌忠信为德，以尊主庇民为政，虽朝运汽机，夕

---

❶❸　张之洞．劝学篇·内篇·同心第一［G］//陈山榜．张之洞教育文存．北京：人民教育出版社，2008：187．

❷　张之洞．劝学篇·内篇·明纲第三［G］//陈山榜．张之洞教育文存．北京：人民教育出版社，2008：194．

❹❺　张之洞．劝学篇·外篇·益智第一［G］//陈山榜．张之洞教育文存．北京：人民教育出版社，2008：212．

❻　张之洞．劝学篇·外篇·会通第十三［G］//陈山榜．张之洞教育文存．北京：人民教育出版社，2008：240．

❼　张之洞．劝学篇·内篇·循序第七［G］//陈山榜．张之洞教育文存．北京：人民教育出版社，2008：202．

驰铁路，无害为圣人之徒也"❶。

对于《劝学篇》的评价，不同立场的人对其褒贬各有不同。清朝统治者认为此书"持论平正通达，于学术人心大有裨益"。而维新者认为"终足以阻新政之行者，莫若《劝学篇》"。梁启超更是讽刺道："不三十年将化为灰烬，为尘埃野马，其灰其尘，偶因风扬起，闻者犹将掩鼻而过之。"❷但是，仅从教育发展的立场来看，《劝学篇》的历史意义有三点。首先，注重西学人才的培养。《劝学篇》批判了中学在八股取士的制度下，文章空洞无物，"所解者，高头讲章之理；所读者，坊选程墨之文。于本经之义，先儒之说，概乎未有所知。近今数十年，文体日益佻薄，非惟不通古今，不切经济，并所谓时文之法度文笔俱亡之"。这样的教育培养的所谓人才并不能在关键时刻为国家扶危御侮。对此，张之洞主张变革科举考试的内容，废除八股文，将西学作为必考科目，使不通西学者无由登进。同时，他认为要更为重视士的教育，因为士的教育关系到国家兴亡，"国家之兴亡，亦存乎士而已矣"❸。士的教育成效直接影响其他阶层的教育水平，"士以导工农商兵，士不智，农工商兵不得而智也"。另外，他还认为要改变传统教育中轻视商业、忽视科技的观念，主张为农、工、商、路、矿、兵等设学，培养专门人才。其次，增加西学的教育内容。张之洞认为西学的教育内容不应该仅仅是早期洋务派提倡的西文和西艺，还应该增加西政。因为西政不仅仅是指西方的政治，还包括经济、军事、商业、文化等各个方面的内容，体现了国家综合实力，所以张之洞指出"西艺非要，西政为要"❹。在当时对外割地赔款、国内民怨载道的情况下，应首先学习西政，"大抵救时之计，谋国之方，政尤急于艺"❺。但是学习西政并不是为了改变君主专制的政治体制，而是在维护封建统治不变的前提下政治上细枝末节的改革。最后，引进西方教育制度。建立近代学制，在省、府、州、县设立层次分明的教育网络。此外，要实行分班教学，根据学生年龄和学习水平建立小学

---

❶　张之洞. 劝学篇·外篇·会通第十三［G］//陈山榜. 张之洞教育文存. 北京：人民教育出版社，2008：240.

❷　梁启超. 饮冰室合集·自由书［M］. 北京：中华书局，1936：7.

❸　张之洞. 劝学篇·外篇·设学第三［G］//陈山榜. 张之洞教育文存. 北京：人民教育出版社，2008：217.

❹　张之洞. 劝学篇·序［G］//陈山榜. 张之洞教育文存. 北京：人民教育出版社，2008：184.

❺　张之洞. 劝学篇·外篇·设学第三［G］//陈山榜. 张之洞教育文存. 北京：人民教育出版社，2008：216.

堂、中学堂、大学堂。张之洞还在《劝学篇·外篇》中对教学规范化的宗旨做了明文规定："所读有定书，所习有定事，所知有定理，日课有定程，学成有定期。"这对新式教育的发展具有积极的促进作用。

课程是教科书的依托及内容要求前提，课程观必然引领、规范教科书的编选、选择及传承活动。从洋务派办学的课程及教科书来看，"中体西用"为其灵魂，但从中西学或新旧学的比例结构上看，"体"与"用"两者都以后者领先居优势地位而宣告其博弈结果。以下叙述洋务学堂西学教科书的情形。

三、洋务学堂的西学教科书

学习西学问题，在鸦片战争时期已有一部分人注意到。只是在洋务运动时期，这种思想才成为一种潮流，并逐渐发展为一个规模宏大的运动。京师同文馆是第一个学习西方语文、科技的学校，是洋务派中的当权者恭亲王奕訢建议设立的。据《清史稿·文祥传》所记述，洋务派的另一创始人、被称为"中兴枢臣之冠"的文祥提出了"驭外之端，为国家第一要务"的施政原则，批判了敌视洋务、漠视洋务、"鄙洋务为不足言""视办理洋务为畏途"等现象，"要使天下有志之士无不明于洋务""洋务最为当务之急"，指令各地方机关对"所有新出关涉洋务各书，随时向津沪购买，刻即筹款"❶。这种对洋务讲习的重视，为以后西方科学文教方面的各种思想较大规模地输入中国奠定了思想基础，创造了条件。

洋务派开办的外国语言文学、军事技术和其他技术、军事三类学堂，是我国最早的一批新式学校。三类学堂又以外国语言文字学堂办在最先，是由于外交急需翻译人才所致；然后是军事技术和其他技术学堂得到了发展，因为需要修理、使用和制造机器、船舶、枪炮的人才，这些学堂往往附设在所属的局、厂之中，还没有完全独立出来；再次就是需要军事人才，随之兴办起很多的军事学校。可见，洋务派办的学堂是为洋务运动服务的，并随洋务运动发展需要而不断增多学堂的种类。❷

洋务学堂是培养西学人才的基地，近代西学东渐的桥头堡。新式课程的设计及教学方法的采用，不仅是教育的近代改革，而且起着转变风气、推进思想

---

❶ 张之洞. 札司局设局讲习洋务［G］//陈景磐，陈学恂. 清代后期教育论著选（上册）. 北京：人民教育出版社，1997：346.

❷ 董宝良. 中国教育史纲（近代之部）［M］. 北京：人民教育出版社，1997：75.

观念的重要作用。1866 年 6 月 25 日，左宗棠奏请在福州马尾设船政局制造船舰，以江西巡抚沈葆桢（1820—1879）为总司船政，聘宁波税务司法人日意格（Prosper Marie Giquel，1835—1886）和退伍军官德克碑（Paul. Alexandre. Neveue d'Aigwebelle，1831—1875）担任正副监督，机器设备全部由法国进口。同时筹办前后两学堂：前学堂学制造，后学堂学驾驶，初名求是堂艺局，挑选本地子弟入局学习英法两国语言文字、算法、画法。学生称为艺童。据记载，1867—1871 年，船政学堂课程有英文、算术、几何、代数、解析几何、割锥、平三角、弧三角、代积微、动静重学、水重学、电磁学、光学、音乐、热学、化学、地质学、天文学、航海术等。❶

1869 年，丁韪良担任京师同文馆总教习，随即着手建立新的课程，并拟定了两份课程表，一份是"由洋文而及诸学"的八年制课程表，另一份是"仅借译本而求诸学"的五年制课程表。前者兼修外国语文和科学课程，后者只学习汉文的科学课程，这是我国近代教育史上分年课程设置的开始。❷ 1876 年，京师同文馆公布八年课程表，内容有文字、天文、舆图、算学、化学、格致之学（力学、声学、气学、火学、光学、电学）。同年，京师同文馆建立了近代中国最早的化学实验室和博物馆。此后，又陆续建立了天文台和物理实验室。1888 年，京师同文馆在本年以前翻译西方的科学技术书籍，有的学堂曾采用为教科书，如《格致入门》（丁韪良编）、《化学阐源》（毕利干编）、《物理测算》（丁韪良编），以及《天文发轫》《星格指掌》《算学课艺》《全体通考》（人体解剖学）等。❸

在洋务运动中，由于发展工业生产、制造火器军械等方面的需要，引进了多种过去未接触过的科技知识，洋务派办的学堂比较讲求实用，都是为了满足当时外交、科技、军事等方面的急需而开设的。如京师同文馆所附设的天文算学馆的课程中，航海测算一科就是过去所没有的，其他如三角、几何、化学、格致（物理学）、微积分等，过去虽已介绍过来，但是到了洋务运动时期才得到进一步发展。福建船政学堂所设课程重视的是驾驶术、造船术。❹ 天津中西

---

❶ 王蘧常. 严几道年谱［M］. 上海：商务印书馆，1936：4－5.

❷ 朱有瓛. 中国近代学制史料·第一辑·上册［M］. 上海：华东师范大学出版社，1983：71－73.

❸ 毕乃德. 同文馆考［J］. 中华教育界，1935，23（2）.

❹ 左宗棠. 详议创设船政学堂章程折［G］//高时良，黄仁贤. 中国近代教育史资料汇编·洋务运动时期教育. 上海：上海教育出版社，2007：296.

学堂头等学堂所设的专门学中就有：①工程学，包括气水学、材料性质学、桥梁房顶学、开洞挖地学、水利机器学；②电学，包括传电力学、电报及电话学等；③矿务学，包括深奥金石学、矿务略兼机器工程学、测量矿苗等；④机器学，包括深奥重学、材料热力学、绘机器图、机器房演试等学科。有关工业生产发展方面的学科，都是在中国课程史上第一次出现的。❶ 有些学堂还是企业的附设机构，如江南制造局附设的机器学堂。1891 年 8 月，湖广总督张之洞在武昌铁路局附近专设算术学堂一所，并将方言、商务学科附列其中。各学生选修化学、矿学等事，亦可去铁路局观摩❷，这样就可以在一定程度上收到学用结合的效果。

　　洋务派非常重视学习西方的军事科学技术，包括战术以及有关制造方面的技艺。1880 年 8 月 19 日，李鸿章（1823—1901）奏请在天津设立北洋水师学堂，次年落成。以吴赞诚（1823—1884）为总办，严复（1854—1921）为总教习，设驾驶、管轮两班，课程设有英文、几何、代数、平弧三角、八线、阶数、重学、天文、推步、地舆、测量，选修操法，并课以经书及国文等。另有观星台一座，以备学习天文者登高测量。1885 年 6 月 17 日，李鸿章奏设天津武备学堂。学堂一律仿照德国陆军学校办学，教习均由德国军官担任，学生从北洋各营弁兵中挑选。堂内所设课程有：第一类，学习天文、地舆、格致、测绘、算化诸学；第二类，操习马队、步队、枪队及行军布阵分合攻守诸式；第三类，兼习经史以充根底。❸ 1887 年 8 月 3 日，两广总督张之洞奏设广东水陆师学堂。水师学英国语文，分管轮、驾驶两项。管轮堂学机轮理法、制造应用之源；驾驶堂学天文、海道、驾驶、攻战之法。其陆师则学德国语文、分马步、枪炮、营造。❹ 这种对于西方军事科学的学习，在鸦片战争时期，曾为林则徐等抗战派所注意到，但并未做较有系统的专门研究；太平天国时期也未被重视；一直到洋务运动，对于近代西方军事科学的学习，才开始付诸实践，迈开了起脚的第一步。洋务派在引进西方军事科学技术上所做出的种种努力，在一定程度上促进了中国军事教育向近代化方向发展。

---

❶ 盛宣怀．拟设天津中西学堂章程禀（附章程、功课）［G］//麦仲华．皇朝经世文新编·第三册·卷六·学校上．上海：上海大同译书局，1898．

❷ 张之洞．札铁路局饬修算学方言各学堂［G］//许同莘．张文襄公公牍稿·卷十九，1920．

❸ 李鸿章．武备学堂请奖折［G］//吴汝纶．李文忠公全书·奏稿六十，1908：48 −49．

❹ 刘锦藻．清朝续文献通考（二）·卷一〇九·学校十六［M］．杭州：浙江古籍出版社，2000：8678．

洋务学堂的西学教科书是广泛的，除了政治制度、人文艺术、宗教神学之外的广泛学科都有教科书的编译、采用，尤其是科学技术诸门类的教科书都运用于课程计划引进、编制及教学试验等教学活动之中，是学校教科书史上西化努力的一大步。

第二节　洋务派的译书机构与教科书

自鸦片战争开始，先进的中国人就谋求对西方世界的了解，他们翻译西书、报纸，扩大国人的视野。1840 年，林则徐在广州将英国人慕瑞（Hugh Murray）的《世界地理大全》（原书 1836 年于伦敦出版）译成《四洲志》。此书记载五大洲三十多个国家的历史和地理，是当时了解敌情的一部比较系统的世界地理书籍。林则徐为了抵抗外国侵略，批判闭关政策，于 1839 年年初到广州后，即"日日使人刺探西事，翻译西书，又购其新闻纸"，并组织人力集中翻译外人报刊。他认为："必须时常探访夷情，知其虚实，始可以定控制之方。"❶ 后有魏源《海国图志》中所说"欲制外夷者，必先悉夷情始。欲悉夷情者，必先立译馆，翻夷书始"❷，但这仅限于范围很小的一部分地区和先进人士。直到 19 世纪 60 年代后，翻译西书才进入一个高潮。成立于 1863 年的上海广方言馆虽然设有东文馆，但由于求学者少而被迫停办。以上种种均显示出甲午战前，译书的趋势在于泰西，而翻译日文书籍，尚未被政府与民间重视。

一、京师同文馆的译书活动与教科书

洋务派还十分重视翻译工作。李鸿章说："立学堂，习翻译为制造之根本。"❸ 曾国藩在《轮船工竣并陈机器局情形疏》中说得也很明白："翻译一事，系制造之根本。洋人制器，出于算学，其中奥妙，皆有图书可导。特以彼此文义扞格不通，故虽日习其器，究不明夫用器与制器之所以然。"洋务派设立的京师同文馆非常重视译书，除编译教科书外，还编译了西方科技、国际公

---

❶ 陈学恂. 中国近代教育大事记［M］. 上海：上海教育出版社，1981：1.

❷ 魏源. 海国图志·筹海篇三议战［G］//璩鑫圭，童富勇. 中国近代教育史资料汇编·教育思想. 上海：上海教育出版社，1997：10.

❸ 朱有瓛. 中国近代学制史料·第一辑·上册［M］. 上海：华东师范大学出版社，1983：474.

法等书籍。同文馆译书范围很广，有经济学、万国公法、地理、化学、解剖、医药、生理等方面，而且规定教习、学生译书有成就的，均有奖励。据统计，同文馆共译书三十种。❶馆内开设西文和西艺课程，所用的教科书和参考书，多系同文馆师生译著书籍。西方近代科学技术书籍的翻译和传播，冲击着陈腐的传统观念，改变着中国人的学术思想，使人们开始重新考虑科学技术的价值。

丁韪良翻译由惠顿著的《万国公法》，经总理衙门仔细校订，于1864年由京师同文馆出版。恭亲王和文祥对此书评价极高，分送三百本以供地方当局参考。作为一部国际关系法著作，该书属同文馆出版的第一部译作。梁启超介绍云：

> 案是学始于虎哥，名《平战条规》。其后又有布氏发明性理，其学始著，西人以比中国《春秋》，盖亦以空文垂教之作。专其学者名曰公师，其权在王法之上，和战与夺，定其一言。是书第一卷译义明源。第二卷论诸国自然之权。第三卷论平时往来。第四卷论交战。凡入其会者，皆得受公法管辖，判断而得其利益。中国不入其会，谓为法外之国，每谓宜法外行政权，观是书可知其大概矣。是书所论有出公法之外而为公法所许者，法外行权也。❷

西学被引入学校课程后，为适应其教学的需要，又编译或从西学译书中择用新式教科书，这一发展路向促使教学内容逐步走向近代化。京师同文馆的译书活动也反映在儿童的教育读物上，引入了大量科学的成分，促进了蒙学教育的近代化。《小孩月报》（*The Child's Paper*）1874年2月在福州创刊，1875年3月迁至上海由清心书馆出版发行，以后改为中国圣教书会出刊。该刊主编是美国纽约长老会的传教士范约翰（John Marshall Willoughby Farnham），兼有文字和图画，内容有诗歌、故事、名人传记、博物、科学等，插图是雕刻铜版，有各种鸟兽、花卉、树木等，线条精美，每月一册，每期发行一千份左右。此为中国最早的儿童画报，至1915年停刊。1876年2月，《格致汇编》创刊于

---

❶ 朱有瓛. 中国近代学制史料·第一辑·上册［M］. 上海：华东师范大学出版社，1986：153，166 - 167.

❷ 梁启超. 书目提要［G］//张静庐. 中国近现代出版史料（近代初编）. 上海：上海书店出版社，2003：插页.

上海，最初是月刊，1890 年起改为季刊，由上海格致书室发行。该刊由英国人傅兰雅创办和主编，对数学、物理、化学、生物、医学知识都有介绍，开辟了趣味性较强的"格物杂说""博物新闻"等科学栏目，介绍有贡献的中外科学家，是我国最早的通俗科学刊物，1892 年冬终刊。❶

二、江南制造局的译书活动与教科书

1867 年，江南制造局设翻译馆，聘徐寿、华蘅芳、徐建寅任笔述，英国人伟烈亚力、美国人傅兰雅、玛高温任口译，翻译格致、化学、制造等西方科学书籍。制造局翻译馆所翻译的书籍具有较高的质量、水准，并在学堂中用作教科书，将教与学紧密结合，依据学科内容及专业性质，加强了教学内容学习训练中的操作及实践环节，具有明显的现代性特征。

徐寿、华衡芳等科技人员并不能决定一切，洋务派官僚始终起着支配的作用。诚如傅兰雅所说，译馆"所有初译之书，均呈总督（指曾国藩。——笔者注）鉴赏"，"中国大宪已数次出谕，令特译紧要之书，如李中堂（李鸿章）数次谕特译某书等"❷。洋务派官僚总是从统治阶级的政治需要去决定译书的种类、范围，势必妨碍西学介绍工作的正常发展，造成了翻译内容偏重兵工技艺而忽略政教刑律，偏重应用知识而忽视基础理论的畸形状况。有的学者从中国近代物理学的嬗变过程中，指出这样一个事实："从 1862 年至 1900 年的三十八年间，中国虽然有几百人以官费或自费出国游学，学习语言、驾船、电工、架线、采掘、纺织等，却几乎无人学习物理学。"❸ 教育史家也有同样的看法："海禁洞开以后，中国屡败于外人。在几次战争中，知道西人所长者，不过技艺而已……曾、李奏请派遣子弟出外学技，都是西艺思想的表示。但最初所谓学艺，不过是军械制造；因为，几次外战失败，士大夫分子最受刺激的是见于外人军械之利，欲图自强，非整军经武，造就坚甲利兵不可。"❹

相关研究表明：虽然所翻译书籍种类数量及比例的具体数字有差异，但是，对该问题质性的结果是一致的。当代近代史专家的统计结果见表 2 - 1。

---

❶　刘英杰. 中国教育大事典（1840—1949）［M］. 杭州：浙江教育出版社，2001：524.

❷　［英］傅兰雅. 江南制造总局翻译馆事略［G］//罗新璋. 翻译论集. 北京：商务印书馆，1984：214，216.

❸　戴念祖. 物理学在近代中国的历程［J］. 中国科学技术史料，1982（2）.

❹　任时先. 中国教育思想史（下卷）［M］. 上海：商务印书馆，1937：316.

表 2-1　江南制造局译书统计表

编号	类别	种类	编号	类别	种类
1	史志	10	11	医学保健	16
2	交涉	9	12	农学	11
3	学务	2	13	矿学	10
4	国政	4	14	交通（航海、铁路）	14
5	格致	2	15	冶炼工艺、化工	22
6	物理学	11	16	兵政	22
7	化学	9	17	兵学	25
8	算学	17	18	测绘	6
9	天（文）学	6	19	杂类	2
10	地学	2		合计	200

资料来源：张增一. 江南制造局的译书活动［J］. 近代史研究，1996（3）.

又据傅兰雅对翻译馆译书的统计，译书最多的是兵法工艺、水陆兵法、造船、天文、行船、汽车零件等七类，占已刊书籍总量的 41%，占未刊书籍总量的 80%。可见，此时输入的主要是实用知识和工程技术——兵法工业。首选兵工著书，实是由于鸦片战争后，中国朝野震惊于西方的船坚炮利，以为西人胜于中国，即在于此。梁启超在《变法通议·论译书》中曾说：

> 中国官局旧译之书，兵学几居其半。中国素来未与西人相接，其相接者兵而已。于是震动于屡败之烈，怵然以西人之兵法为可惧，谓彼之所以驾我者，兵也。吾但能师此长技，他不足敌也，故其所译，专以兵学为主。

诚然，当时士大夫对西方近代科技文化的冷淡态度是很明显的。1868 年，江南制造局翻译馆建成后，所翻译的出版物销路十分有限。据估计，翻译馆卖出约一万三千部译著，公众对西方的冷淡态度与明治时代日本的情况形成鲜明的对比。如福泽谕吉的《西洋事情》，自 1886 年出版，几乎立即卖掉二十五万册（包括私印本）❶。如上面所述，译述西籍的销售市场十分疲软，《海防新论》一书出版后，十年内仅销售一千余册，《开煤要法》十年内售出不到一千

---

❶　［美］费正清，刘广京. 剑桥中国晚清史（1800—1911 年）（上卷）［M］. 北京：中国社会科学出版社，1985：315.

册，其余译书印数既不多，销售面也极为狭窄，只有用作一些洋务学堂及教会学校的教科书，增加了一些销路。英国历史学家贝奈特的《傅兰雅把西洋科学技术引入19世纪的中国》一书对此有同样的材料，可资印证，这些书是通过中国书商分销的。仅举两例：一部1872年发行的关于克虏伯炮的手册八年当中销售九百零四册，一部1873年发行的代数学论著七年当中销售了七百八十一册。但是正如负责江南制造总局翻译工作最多的傅兰雅所抱怨的那样：这些书只有包括学院和训练班在内的制造局内部几个部门才使用，而且使用的次数也很少。但尽管如此，江南制造总局翻译馆对当时中国士林风气影响颇大，《万国公报》卷四一七刊载专论评议称："自同治初年，创设机器制造局以后，凡天文、地理、格致、气化诸学，无不精益求精，愈益完备。规模日见其大，学问日见其新。"这些译著改变了传统士林风气，受其影响，一部分士大夫放弃了陈腐的八股制艺而攻西学。由于对西学的考求，许多知识分子接受了西方近代科学技术的新观念，破除了一些陈旧的传统思想和封建迷信意识，形成了新的知识观。

江南制造总局的译著与教会译书机构相较，最大的区别在于翻译内容的不同，前者绝大多数是科技性质的，由此便构成了对中国思想界的巨大冲击。中国思想家因受传统儒家伦理的熏染，偏重于抽象的综合，因袭于梁启超所称的"德成而上，艺成而下"的旧观念，不愿探究自然规则、技术实践。由于译著引进了许多西方自然科学、技术科学的内容，一些爱国知识分子就急于探索西方现代化历程以及走向富强的缘由，但使他们认识转变的却不仅是学习西方的技艺，也包括科技知识中蕴含的思想及价值观念。如维新派的思想家、维新运动的领袖康有为从事变法改良的理论基础在很大程度上便源自翻译西书中的新观念以及对香港、上海沿海城市的考察。康有为购买了江南制造局刊行的大量译书，从而获得西方的知识观念，改变了知识结构，促进了改良思想的形成。梁启超在青年时代，就曾于国学书籍之外，更购江南制造局所译之书及《星轺日记》与英人傅兰雅所编之《格致汇编》等书。

江南制造局翻译馆打破了教会的垄断地位，清政府可以在自己的翻译机构中按自己的需要选择西学著作。虽然限于认识水平，这一选择权利也未能运用得很好，但至少比鸦片战争时期基本上由传教士支配要主动，比京师同文馆的译书有更多的选择性及科技导向的特色。

"中体西用"是洋务教育的根本指导思想，这决定了洋务学堂的教科书一方面采用大量充斥着宣扬封建思想的传统旧学教科书；另一方面，新式教科书在引进西学时偏重于军事及工艺制造之学。前述京师同文馆翻译处、江南制造总局翻译馆以及传教士的编译机构的教科书都体现出这一明显的特点。另外，所译西书之中，宗教类书籍占很大比重。

京师同文馆和江南制造总局翻译馆对当时中国士林风气影响颇大，据《万国公报》卷四一七所刊专论评议称："自同治初年，创设机器制造局以后，凡天文、地理、格致、气化诸学，无不精益求精，愈益完备。规模日见其大，学问日见其新。"这些译著改变了传统士林风气，受其影响，一部分士大夫放弃了陈腐的八股制艺而攻西学。由于对西学的考求，许多知识分子接受了西方近代科学技术的新观念，破除了一些陈旧的传统思想和封建迷信意识，形成了新的知识观。

随着出版印刷的发展与数学著作数量的剧增，"数学丛书"相继出现。例如："白芙堂算学丛书"，长沙丁取忠编辑，计二十四种（1872 年长沙精舍刊本）；"中西算学"丛书初编，四明邵蕙沅编辑，计二十二种（1896 年上海鸿宝斋石印本）；"测海山房中西算学丛刻"初稿，测海山房主人编辑，计二十五种（1896 年上海石印本）；"古今算学丛书"，善化刘铎编辑，计七十七种（1898 年上海算学书局石印本）；"算学丛书"，乌程徐树勋编辑，计十八种（1899 年成都算学书局刊本）。上述诸丛书均为国人编辑。其中，既有中国传统数学著作，又有西方数学编译之作，亦有少量日本著作。其中，"白芙堂算学丛书"多次重刊重印，流行广泛。

从整体上看，此期中国传统学校制度并未彻底改变，以儒家经典，尤其是理学论著为权威的课程与教科书的主流地位未能推翻，只有些许撼动。因此，当时各地存在的大量官书局仍刻印传统典籍以服务于各类官学课程教学的实际需要。但受到中国民族危机的刺激及"西学东渐"的激荡，有些官书局也充当起了西学著作刊印发行的据点。例如，同治三年（1864）9 月，两江总督曾国藩设立金陵书局于南京，1868 年迁至江宁府学之飞霞阁。金陵官书局所刻书籍有《史记》《汉书》《后汉书》《三国志》《十三经读本》《老子章义》《楚辞》《文选李善注》《五种遗规》《养正遗规》《教女遗规》《训俗遗规》《从政遗规》《在官法戒录》《昭明文选》《读书杂志》《渔洋山人古诗选》《穀梁传》《毛诗》等五十余种，也印行过一些西学新书，如《几何原本》等。其他如江苏书局、淮南书局、浙江书局、湖北书局、广东书局、成都书局、山东书局、江西书局、湖南书局、广雅书局等，其业务内容及特色均十分类似。传教士翻译的书籍除了为教会学校选作教本外，也被当时新式学堂采为教科书。京师同文馆译书处、江南制造总局翻译馆翻译的书籍除了供同文馆和制造局工艺学堂选用外，也为洋务派所办其他新式学堂所选用，而且西学在中国的广泛传播及新式学堂开设中西学课程的态势已十分明朗。所有这些因素都为近代教科书的产生揭开了帷幕。

第三节　近代教科书的诞生

鸦片战争以后来华的西方传教士在近代中国文化教育领域有充分的表演：翻译西方书籍，创办教会学校，编译和出版教科书，并受洋务派官僚以优惠待遇聘请，跻身于中国官办新式学堂的部门管理及教习。由于传教士创办学校，除了弘扬基督福音外，还要使他们培养的人"能胜过中国旧式士大夫"，因此采取了"宗教加科学"的教育方针❶，转而成为近代教育机构对中国学生进行自然科学教育的先驱，开创了中国通过学校及教科书的编写而传播西学的先河。如上文所述，这对近代中国社会的思想变迁及社会变革带来了内隐的拉动与持续的作用。

传教士的译书活动最早可追溯到明末清初。根据典型文献材料的估计，清代道光以前，新教徒关于非宗教问题的著作总数达一百〇八种，约占他们著作总数的14%。❷ 1842年中英《南京条约》签订后，传教士在不平等条约的保护之下，纷纷来华办学校、译西书等。但是，鸦片战争时期，传教士办教育的规模并不是很大，他们的译书活动基本上是各自为之，零星地进行。西学大规模引进，早期教会学校登陆，与洋务学堂的兴办与学校教科书编译的计划性、组织化几乎同步出现的时间集中在19世纪七八十年代。洋务运动时期教会编译教科书机构在近代教科书史上具有里程碑式的意义，而这项工作却是由来华以传播基督福音并借此扩张西方殖民文化的传教士承担，西学的传播、宗教的渗透与教育的革新相互交织、彼此纠缠，在教科书编译中汇聚在了一起，发生了复杂而多元化的影响。

---

❶ ［美］狄考文. 如何使教育工作最有效地在中国推进基督教事业［G］//陈学恂. 中国近代教育史教学参考资料（下册）. 北京：人民教育出版社，1987：14-15.

❷ ［美］费正清，刘广京. 剑桥中国晚清史（1800—1911年）（上卷）［M］. 北京：中国社会科学出版社，1985：591.

一、"学校教科书委员会"成立的历史背景

随着新教传教事业发展，传教活动的某些领域中也出现了向专业化方向的重要转变，最明显的就在医学和教育方面，当它们与单一的布道目的局部偏离或在某些程度上分道扬镳以后，便具有半独立性，不论就学科教育，还是传教士本人而言，专业标准都提高了。向中国传播西方医学知识的重要媒介是医学著作，最著名的早期作者是英国传教士医生合信（Benjamin Hobson），他编辑的书籍多年来都是标准读本，解剖学著作《全体新论》（广州，1855 年版）被收入中国主要类书中，因此获得极高声誉。后来，美国传教士嘉约翰（John Glasgow Kerr）博士、英国传教士德贞（J. Dudgeon）博士及傅兰雅（John Fryer）等人都翻译了大量医学著作，其中包括诊断法、绷带包扎法、皮肤病、梅毒、眼病、炎症、医学原理和实践、药物学、热病、卫生学、外科学、解剖学和生理学。这些著作对读者的影响常常是传教士所不能相比的，它们有助于使日益增多的受过教育的中国人接受西方科学知识。

19 世纪 70 年代以前，传教士设立的学校主要录取教徒的孩子。耶稣会士管理江南的江苏、安徽教皇代牧区，1878—1879 年有三百四十五所男校和六千二百二十二名男学生，二百一十三所女学校和二千七百九十一名女学生，到 19 世纪最后几年，江南天主教学生的总数已逾一万六千名。❶ 从 19 世纪 70 年代中后期开始，带有世俗性的教育得到越来越多的传教士肯定。根据 1877 年和 1890 年在上海举行的两次"在华传教士大会"报告，教会设立的学校逐渐发展，初步统计：1876 年，男日校一百七十七所，学生二千九百九十一人，男寄宿学校三十一所，学生六百四十七人；女日校八十二所，学生一千三百零七人，女寄宿学校三十九所，学生七百九十四人，传道学校二十一所，学生二百三十六人。学校总数三百五十所，学生总数五千七百九十五人。1890 年，学生总数为一万六千三百三十六人。十三年中，学生人数增加近两倍，一万余人。❷

鸦片战争之后，传教士东来，推动了"西学东渐"浪潮，在教育领域引起了对旧式学校的非议。在中国，除了传教士办的许多教会学校外，国人也不断创设以西学为教育内容的新式学校，这些学校的课程设置并非传统儒学经典

---

❶ 朱经农. 教育大辞书 [M]. 上海：上海商务印书馆，1948：98.

❷ 陈景磐. 中国近代教育史 [M]. 北京：人民教育出版社，1985：73.

及据此而编的蒙学教科书所能满足要求。于是，国内一批具有改革思想的先进人士积极谋求教科书的革新，改造传统教科书，使之部分地适应教育改良的趋势以及新式学校教学对新知识、新思想的要求。但是，教科书建设仅靠少许改编课本并不能满足新式学校日益增加与学科课程不断细化的要求，因此需要设立专门机构以编译学校教科书。

基督教传教士创办的美华书馆、墨海书馆，是著名的早期译书机构。此后的一二十年间传教士在华继续开设了几处译书局，译书活动得到了一定的发展。此外，受当时译书风气的影响，有的西学著作译述者还从事传播发行及推销的工作，如傅兰雅于1875年成立了格致书室，主编《格致汇编》长达十五年之久，对数学、物理学、化学、生物学及医学等知识都有介绍，开辟了趣味性较强的"格物杂说""博物新闻"等科学栏目，介绍有贡献的西方科学家，成为近代最早的通俗科学刊物。格致书室同时销售发行新式教科书，并译印了若干科技书籍。

19世纪末20世纪初，受西学的影响，中国传统的蒙学教科书中增添了西学的内容，反映许多人已不满足于传统教科书的内容，而要求更新。如"三字经"类，《时务三字经》，江翰编，1902年；《增续浅说时务三字经》，汪恩绶编，1905年刊本；《西学三字经》1903年刊本。又如"蒙求"类，《时务蒙求》一卷及问答一卷，黄秋编辑，1898年石印本；《外史蒙求》，刘法曾、潘维汉编，1902年。其他如《算学歌略》，徐继高编，光绪刊本；《地理歌略》一卷，叶澜编，便蒙丛书本；《植物学歌略》《动物学歌略》，叶澜编，便蒙丛书本；《算雅》一卷，李固松编，湘学报本；《学计韵言》一卷，江衡编，1896年刻本，等等。

中国近代教科书早期发展史上最具里程碑式意义的是"学校教科书委员会"的成立，这一以西学教科书编译为职责的机构无论在文化、教育，还是在出版事业都有重要地位。与后继者中华教育会、广学会一样，它非常注重解决教会学校的实际教学困惑，编译各类学科的教科书，而且与中国教育有关的事务均在其关心范围。

二、"学校教科书委员会"的教科书编译活动

由于19世纪四五十年代两次鸦片战争的失利，中国被迫签订了一系列不平等条约，如《北京条约》《天津条约》等，不仅丧失了部分领土主权，也丧失了教育的主权。大批西方传教士涌入中国，他们以宗教传播为主，并积极推

行西学。为扩大在中国的影响和宗教势力范围，传教士们纷纷在中国开办教会学校。开办教会学校之初，招收对象为贫困子弟，且人数少，教学的内容只读书习字而已。传教士将大量的注意力放在翻译课本和学校的管理方面。教会对教科书无统一要求，一般使用的教科书是基督教书籍、基础文化科学知识教本与中国经典两者并用，前者是为了宗教教育，后者是为了培养礼仪。❶ 随着传教活动范围的扩展，教会学校的数量剧增，学生人数增加，至 1877 年，各类教会学校已达三百四十七所，在校学生已达五千九百一十七人。史地数理知识越来越成为教育之必需，教科书的统一规范问题凸显了出来。鉴于这种情况，在华基督教传教士开始谋求合作编辑供教会学校使用的教科书。

1877 年，"在华基督教传教士第一届大会"（the First General Conference of the Protestant Missionaries in China）在上海召开。会议就教育与传教孰重孰轻的问题展开讨论。以美国北长老会传教士狄考文（Calvin Wilson Mateer）为代表的一方主张教育为主，传教次之。他认为："基督教传教士不仅有权开发学校，教授科学，而且这也是上帝赋予他们的使命。"❷ 教科书与教会学校及传教有很大关系，"教科书对于教会学校有着极其重要的意义。教会学校的成功，在很大程度上依赖于是否具有好的适合的教科书。现在中国存在学习西方科学和教育方法的普遍愿望，为了对此有所帮助，第一和最必要的事物就是教科书，其次是经过教学训练的中国教师"❸。他建议传教士可以合作和分工，编辑世俗教科书。他的建议虽未得到与会代表的普遍认可，但教科书问题引起传教士的广泛关注。美国北长老会传教士丁韪良（W. A. P. Martin）提交了一份关于教会世俗出版物的报告，倡议传教士撰写有关世俗知识的教科书。英国长老会传教士韦廉臣（A. Williamson）建议设立一个组织，专门解决教科书问题。大会"文字工作委员会"（Committee on Literature）提议组织一个专门委员会，为当时各教会学校编辑出版一套初等学校教科书。最后大会决定建立学校教科书委员会（School and Textbook Series Committee）。19 世纪末，中国的教会学校还只有中小学层次，而且绝大多数是小学。1870 年，三百五十所

---

❶ 李承恩. 教会学校的历史、现状与展望［G］//陈学恂. 中国近代教育史教学参考资料（下册）. 北京：人民教育出版社，1987：36.

❷ 狄考文. 基督教会与教育的关系［G］//陈学恂. 中国近代教育史教学参考资料（下册）. 北京：人民教育出版社，1987：1，6.

❸ C. W. MATEER. School books for china［J］. The Chinese Recorder，1877（9/10）：432.

教会学校中，中学仅占7%。因此，学校教科书委员会的使命是编写"一套比较齐全的中小学教科书"。成员包括丁韪良，委员有韦廉臣、狄考文、林乐知（Y. J. Allen）、黎力基（R. Lechler）和傅兰雅（John Fryer）。丁韪良为委员会主席。委员会是教会组织的，目的不外乎通过教育在华进一步扩大基督教的势力与影响，"如果想把加之于这个国家生命之中的东西放在学校里，最有效的办法就是把它放在学校教科书里去"。因此，编印的教科书面向的对象是包括教会内外全体中国读者的，"此项课本，既能为中国人乐意采用，对未进教会学校的青年，亦可藉此获得知识"❶。

学校教科书委员会成立后，召集了几次会议，就下列各项决定取得了一致意见。

第一，议决：为筹备编写两套中文教科书，即初级教科书和高级教科书，做好准备工作，两套教科书体裁必须文理简洁；暂不翻成北京方言。

第二，决议：两套教科书必须包括下列科目：

1. 初级和高级的教义问答手册，以直观教学的形式，各分三册。

2. 算术、几何、代数、测量学、物理学、天文学。

3. 地质学、矿物学、化学、植物学、动物学、解剖学和生理学。

4. 自然地理、政治地理、宗教地理以及自然史。

5. 古代史纲要、近代史纲要、中国史、英国史、美国史。

6. 西方工业。

7. 语言、文法、逻辑、心理哲学、伦理学和政治经济学。

8. 声乐、器乐和绘画。

9. 一套学校地图和一套植物与动物图表用于教室张贴。

10. 教学艺术以及任何以后可能被认可的其他科目。

学校教科书委员会还商定初级教科书由傅兰雅负责，高级教科书由林乐知负责，并议决了教会学校教科书的编辑方针：

1. 最好是编，不是译，文字用最浅显的文理、民族语言及风俗习惯，编写出将对中华民族产生强大影响的书籍。

---

❶ 王树槐. 基督教教育会及其出版事业［G］//陈学恂. 中国近代教育史教学参考资料（下册）. 北京：人民教育出版社，1987：103.

2. 这种书不仅为学生作读本，而且教员也可用于教学。

3. 不仅教会学校使用，也着眼于让教会外学生使用。

4. 这些书籍完成后，无疑地将为中国的学者和人民使用，因此最重要的应在使这些书籍有严格的科学性的同时，抓住一切机会引导读者注意上帝、罪孽和灵魂拯救的伟大事实。

学校教科书委员会认为，"统一术语是另一种极为重要的事情"，为此要求作者：

1. 把用来表达人名、地名和科学符号的公式列为一表，尽可能在工作之初寄给委员会秘书，供委员会对照比较。

2. 对上帝、诸神、灵魂这些术语，同意每位作者自由选用，但必须在序言中加以说明。

3. 完全出自本地的书籍和出自外国而发行人又不在中国的书籍应予仔细检阅，把使用的术语与名词分别列入不同的词汇表。并希望凡愿意承担这次工作中任何一部分的人都迅速将他们制术语和专有名词者所要使用的书籍名称通知秘书。

学校教科书委员会应该做到：

1. 应将作者或译者本人提供他们所使用的中文和英文词汇表收集起来，统一划分为三类，即技术科学和制造类、地理类、传记类。然后印制成册，给参加这项工作的各寄一册。

2. 指定傅兰雅先生负责第一类词汇表的准备工作，其他二类词汇表交由林乐知牧师负责。

3. 请伟烈亚力先生提供专有名词的词汇表，并请麦加蒂博士提供外国著作的日文编译本中使用的术语和名词表。❶

学校教科书委员会编译出版的教科书有如下三个特点。

首先，编著有中国特色的教科书。无论是最初外国传教士在华开办教会学校还是洋务派创办的西式学堂，所用教科书皆来源于直接翻译西方教科书，自己编著的极少。在经过长达半个世纪的译书高潮之后，人们认识到单纯翻译西

---

❶ 韦廉臣. 学校教科书委员会的报告［G］//陈学恂. 中国近代教育史教学参考资料（下册）. 北京：人民教育出版社，1987：86 – 90.

书存在脱离中国实际的弊端，而以之作为教科书受到教学对象、内容与形式的限制，仅仅翻译现成教科书不能满足在中国办学的需要。西方传教士们反对将一本西方教科书的译本生硬施加给中国学生。西方教师要想获得中国学生的认可，要想让中国人更多更好地接受传教士们所希望的西学知识，必然应该首先有一种中国学生所乐意接受的教科书。对于怎样编著适合的教科书，狄考文在1877年10月《教务杂志》上发表文章，指出："直到我们不是仅在使用翻译学校用书，我们才能说有好的学校用书。"他认为，所有的数字图形、阐释说明都应该取自于中国人熟知的事物；而且还应注意用书的中国特性，要让中国人觉得该书就是专为他们的。编著教科书要从教学的角度出发，最好编著者自己是一名教师。因为教师清楚需要什么样的书，并有能力满足这种需求，没有什么人比教师更能编写出好的教科书。

其次，创新教科书的编写体例与表现形式。狄考文批评中国文言文有一个最大缺陷，就是中国学生必须成为学者，才能读懂学校的课本。教科书应该面向大多数中等学生，所以应该是平易朴实的。他还指出中国教师不懂教学方法，认为新式的教科书会对他们有所帮助和指导。因为新式教科书既不同于专业性论著，也不同于普及性宣传品。它是供学生学习、教师教授某一学科专门使用的书籍。因此，教科书在编排上大都采用浅显明白的文言文，内容结构由浅入深、循序渐进。狄考文在《笔算数学·序》中写道："每法之前必有详解，步步浅显，层层清楚，后以推得之理，立法设问，以作学者之阶梯。以明白语发明，致使阅者一目了然。"学生易于理解和接受。教科书依照卷、章编排，每章前有题解，后有例题习题。一部教科书成功与否就在于它能否让学生感到有趣味，能否在他们的脑海里留下印象。委员会出版的多数教科书配有插图，图片对于理解主题是必要的，尤其是那些有关科学和机械方面的学科。比如在西方，机械是随处可见的，工厂或作坊都有各种各样的机械；而在中国，这些只能听说。所以，借助于图例来解释描述相关细节是十分必要的。梁启超称赞其中的插图"精妙可嘉"。开本与江南制造局出版的图书一致。规格为每页十行，每行二十二个字。教学参考书的开本略小。教科书不能仅从理论基点出发，要在教学实践中不断修正。校教科书委员会还对其所编教科书反复修订，近三分之一的教科书都多次修订和重印。如《笔算数学》修订两次，共刊印十八次；《形学备旨》修订三次，共刊印十六次。

最后，统一术语。在近代"西学东渐"的过程中，将西方的科学介绍入中国时，每一种新科学都会创造一套新名词，大量新名词的出现不可避免。规范学术用语，将统一术语工作引入教科书，这是一个不能回避的问题。虽然傅兰雅等人在江南制造局翻译馆，丁韪良在京师同文馆已开始研究选择译名、统一译名的问题，但学校教科书委员会是第一次将统一术语引入教科书的编写工作。学校教科书委员会认为教科书的术语应该统一，并尽可能地与现有出版物的术语相一致，没有中英文词汇表的书一概不予出版。狄考文在1877年10月《教务杂志》上发表文章，提出统一术语的若干原则：①简要。好的新名词能抓住基本、首要的意义，并能衬托出全面的、完整的意义。②适用。新名词不是像在字典中那样孤立，它们以各种形式充当一定句子成分，这样就不能只从理论基点出发创造新名词，而应该是在教学或讨论中使用一段时间后，再予采用。③精确。限定到位的新名词会极大地帮助清楚表达意义，减轻教师的工作。这些观点得到委员会的赞同。

在华传教士关于宗教与教育关系何者为轻、何者为重的争论一直在持续，同样也反映在教科书的编写上。学校教科书委员会成立后的次年，总干事韦廉臣撰文认为，教科书应该具有科学性，但"不能放过每一个合适的机会宣讲上帝、罪恶、拯救等伟大真理，以便让宗教的芳泽遍布传教地区"❶。而傅兰雅反对这种将教科书与宗教用书混为一谈的意见，认为应该"把宗教性的书籍与世俗性的书籍分开，使那些反对订购宗教书籍的中国人可以只订世俗性书籍"❷。但他的意见在当时未被接受。在每次学校教科书委员会会议上，有关宗教内容的书籍总在讨论之列。不过学校教科书委员会的工作实绩几乎完全表现在科学类书籍上。据1890年傅兰雅的报告统计，从1877年至1890年，学校教科书委员会在其存在的十四年间，自行编写出版图书共有五十种七十四册及图表四十幅。另外，还审定合乎学校使用的图书四十八种一百一十五册。两项合计共九十八种一百八十九册。这些图书中教科书占绝大多数，共有七十三种，其中课本十三种，教学大纲二十八种，教学参考书三十二种，哲学宗教类书籍出版了十二种十六册，审定七种二十册，共计十九种三十六册。❸ 1890年计划出版的书籍中，除了彩色插图中有数种宗教书籍外，其余均为各种科学类书籍，计有五十种以上（见表2-2）。

---

❶ Correspondence：The Text Book Series, The Chinese Recorder, Jul – Aug, 1878：307.

❷❸ 王树槐. 基督教教育会及其出版事业［G］//陈学恂. 中国近代教育史教学参考资料（下册）. 北京：人民教育出版社，1987：103.

表 2 - 2 1890 年学校教科书委员会计划出版的中文教科书❶

类别	教科书名称	作者	卷数
初级	地理	G. L. 欧文牧师	1
	古代宗教与哲学	威廉臣博士	3
	心算	卡普（Capp）先生	1
	化学	傅兰雅先生	1
	动物	威廉臣博士	1
	俄国史	Caplin 牧师	3
	伦理哲学	Whiting 牧师	2
	眼睛及其疾病	White 博士	1
	日用化学	傅兰雅先生	4
挂图与手册	解剖学	怀特博士	1
	天文学	仓德文与赛特牧师	1
	鸟类	韦廉臣先生	1
	植物	傅兰雅先生	1
	电学	编写中	1
	水力学	编写中	1
	流体力学	编写中	1
	热学	编写中	1
	光学	编写中	1
	哺乳动物	韦廉臣夫人	1
	机械学	傅兰雅先生	1
	矿物学	编写中	1
	模型制图	编写中	1
	物质属性	编写中	1
	蒸汽机与锅炉	编写中	1
彩色插图书籍	约瑟夫传记	韦廉臣夫人	1
	摩西传记	编写中	1
	路德传记	编写中	1
	大卫传记	编写中	1
	丹尼尔传记	编写中	1

---

❶ 章开沅．鸿爪集·学堂教科书委员会报告（1890）［M］．上海：上海古籍出版社，2003：319．

类别	教科书名称	作者	卷数
彩色插图书籍	赞美诗	编写中	1
	箴言篇	编写中	1
	浪子回头	编写中	1
	名马	编写中	1
	家庭宠物	编写中	1
	名犬	编写中	1
高级	化学仪器与试剂	傅兰雅先生	1
	电镀冶金学	编写中	1
	度量衡器具	编写中	1
	摄影学	编写中	1
纲要系列（第一组）	声学	编写中	1
	天文学	编写中	1
	化学	编写中	1
	电学	编写中	1
	自然地理	编写中	1
	政治地理	编写中	1
	地质学	编写中	1
	气体力学	编写中	1
纲要系列（第二组）	代数	编写中	1
	算术	编写中	1
	热能	编写中	1
	二次曲线	编写中	1
	制图与数学工具	编写中	1
	机械	编写中	1
	测量学	编写中	1
	三角	编写中	1
纲要系列（第三组）	力学	接近完成	1
	水力学	接近完成	1
	光学	接近完成	1
	热学	接近完成	1
	矿学	接近完成	1
	生理学	接近完成	1
	物理学	接近完成	1
	植物学	接近完成	1

续表

类别	教科书名称	作者	卷数
翻译手册 （第一部分）	矿学名词	傅兰雅先生	1
	化学名词	傅兰雅先生	1
	医学名词	傅兰雅先生	1
	汽车名词	傅兰雅先生	1

学校教科书委员会出版审定的各书，科学类在量上占有绝对优势。由此可以看出，学校教科书委员会对于科学书籍，尤其是自然科学类书籍的重视。传教士积极推行西方科学技术，编著符合中国国情的教科书，其根本目的是为了教会的利益，是帝国主义文化渗透和侵略的一部分，但在客观上起到了推动中国教育近代化进程的作用。诚如历史学家所称："我国新学的机栝，实在起端在这里。讲到委员会事业的目的不过满足当时教会学校的需求罢了，但是间接贡献于我国教育和新文化的却是极大。"❶

三、中华教育会、广学会的教科书编译活动

无论从扩大教务和防止"教案"来看，传教士们都一致认为，应在上层社会中传教。那么，在上层社会中传教采取什么方法呢？他们认为："唯有广泛传播知识"，才是"医治莫名其妙的仇恨的唯一有效方法。这种仇恨集中在某些地方，使有社会影响的阶层不让外国人进入他们的城市"。所以，"需要更多的科学、更多的报纸和更多的书籍，需要更多的公共演讲和科学仪器——不但要强调宗教，而且要强调健全的政治、社会科学和自然科学的简明真理"❷。这实际上指明了传教重点转移到社会上层以后，传统"演讲福音"的传教方法应由科学布道和文化布道作先导。

随着传教士对宗教与教育看法的不断调整以及对教科书作用认识的日益宽阔，教科书的编译机构与新教育设施的长足进步相得益彰。1890年开办了四百所教会学校，包括许多专门学校和大学在内，与天主教主持的教会学校大异

❶ 程湘帆．中华基督教教育会成立之经过［G］//陈学恂．中国近代教育史教学参考资料（下册）．北京：人民教育出版社，1987：91.

❷ Alexander Willamson. Records of the General Conference of the Protestant Missionaries of China Held at Shanghai［J］. Shanghai：Appedix E，1890：580.

其趣，绝大多数新教的学校都开设有西学的教学科目。在这种背景之下，1890年，经在华基督教第二次传教士大会决定，将1877年设立的基督教学校教科书委员会改组为中华教育会（The Educational Association of China），其职能逐渐扩大。该会目标除了编辑适用的教科书以适应教学需要外，还提出"探求及研究中国教育事业，加强从事教学工作人员教授的互助"。大会推选狄考文为中华教育会首任会长。当年会员有三十五人，1893年会员有七十三人，1896年有一百三十八人，1899年有一百八十九人，会员均系从事学校工作的英美传教士，1915年改名为中华基督教教育会（The China Christian Educational Association）。据现代出版家王云五所称，中华教育会"其目的在编译教育用书，供教员学生教学之用，期使中国青年学生由本国文字得窥西学的津梁"❶。1903年一年间，售出书价一万余元，所印书籍各科齐备。出版史家又称："在革新运动时期（1842—1911），教会经营出版事业的主要组织有二：中华教育会、广学会。"❷

中华教育会除编辑出版教科书，以适应教会学校的需要外，并审定科学与史地名词，同时还对整个在华基督教教育进行指导，举办各种讲习会、交流会、演讲会，交流和推广在华基督教教育经验，制定教育方针、教育计划与具体措施。不过，从整体来看，中华教育会在教科书编译发行方面远较学校教科书委员会逊色。从1890年至1912年的二十二年间，共出书三十四种，且影响下降。甲午战争后，由于"开民智"与"兴学"热潮的出现，学堂自编教科书、留日学生翻译日本教科书，尤其是新式民营出版机构（如商务印书馆、会文学社、文明书局及中华书局等）纷纷介入教科书事业，使得教会出版物开始逐渐冷清、低落。

传教士开办教会学校、编辑教科书，与绅士阶层发生了冲突。在传教士看来，布道会的工作触犯了地方社会代言人的绅士集团，因为布道会这样做就处在老师的地位上，发行宗教或科学书籍也会使他们受辱，因为这样也就等于认定中国传统学科体系并未保有全部真理和知识。同样，如果提倡发展西方的社会事业，就会使他们感到羞愧，因为这是暗示中国并未达到文明的顶点，而西方布道会还站得比他们更高。实际的情形虽然未必如传教士描述得那样严重，

❶ 王云五．商务印书馆与新教育年谱［M］．台北：商务印书馆，1972：10.
❷ 李泽彰．三十五年来中国之出版业（1897—1931年）［G］//张静庐．中国近现代出版史料（现代编·下）．上海：上海书店出版社，2003：382－383.

但当时中国社会上流的道德或精神主角——绅士群体与中国文化之间水乳交融，更坚持中国是一切文明的中心，与传教士活动的冲突是必然的。广学会创办的目的就是想凭借西学打入中国知识分子上层。

1887 年 11 月 1 日，在华的外国传教士在上海成立"同文书会"（The Society for the Diffusion of Christian and General Knowledge Among the Chinese），创办者是韦廉臣。1892 年改称"广学会"（The Christian Literature Society for China）。该会以"以西国之学广中国之学，以西国之新学广中国之旧学"相标榜。1887 年版的《同文书会章程·职员名单·发起书和司库报告》对此做了较充分的记述。韦廉臣在《同文书会发起书》中写道："本会的目的归纳起来是，供应比较高档的书籍给中国更有才智的阶层阅读，供应附有彩色图片的书籍给中国人家庭阅读，目标是面向公众，包括知识界和商界，在向他们提供科学时，努力使之具有吸引力，达到他们能看懂的程度。"❶ 通过发行、传播西方书籍来开发民智，是为了推动社会的变革，有的历史学者这样评述：

> 广学会设立的目的：以编译新书，介绍西洋文化，启发民智为主，即将泰西之道，择其有益于中国者，潜心翻译，缮成篇帙，散布四方，使人了然于心目。倘一旦国家有所举行，不必家喻户晓，而其为弊为利，为损为益，士庶早洞悉于未告之先，而自公召之，自公令之，自不欢乐从事者乎？则于执事者亦当不无小补云。

1890 年，韦廉臣因病去世，经中国海关总税务司赫德（Robert Hart）推荐，李提摩太（Timothy Richard）继任。1891 年，精力旺盛的威尔士传教士李提摩太担任总干事之后，在他有力和富于想象力的领导下，这一组织不但大大扩展自己活动，而且采用新的方法，首先致力于劝说中国的社会精英相信西方文化的价值。而这时，中国的改良主义已逐渐兴起，他们尖锐地批评洋务派学西方的局限，提出要学习西方的自然科学，特别是政治制度。广学会以此为历史契机，一方面为了解决传教中来自上层的障碍，另一方面为顺应时局，希望他们所带来的信息，不仅可以解决中国道德和精神方面的问题，还能解决政治和经济问题，"取得中国士大夫中有势力集团，启开皇帝和政治家们的思想"。

---

❶ ［英］李提摩太 . 广学会五十周年纪念特刊［M］. 上海：上海广学会，1938：35.

可见，传教士的目标已对准上层社会。

李提摩太到任后所做的第一件事，就是调查中国上层社会究竟有多少人可以作为广学会的读者对象，他对中央和地方的高级文武官员、州府以上的礼部官员、举人以上的任职和在野的士大夫以及全国的秀才和应试的书生都做了统计，一共得出有四万四千名之众。李提摩太声称："我们提议，要把这些人作为我们的学生，我们将把有关对中国最重要的知识系统地教育他们，直到教他们懂得有必要为他们的苦难国家采用更好的方法时为止。"❶

传教士通常没有以任何公开的方式向中国各种封建制度提出挑战。1894年中日甲午海战后，中国早期的改良思潮一跃而成为呼吁全面改革的维新变法运动，传教士们在自己的著作中介绍的社会政治消息和理想，经常隐含公允激进的成分，使当时深受战争创伤的中国人，特别是要求改革的维新派思想家，如康有为、梁启超及谭嗣同等非常乐于引用和吸收。甲午战争后，教会的出版物流行更广。

1894年，广学会出版了李提摩太翻译的麦肯西著作《泰西新史揽要》，叙述了19世纪西方基督教文化史和欧美各国资本主义发展的历史，在一定程度上对中国人了解西方各国近世发展起到了启蒙作用。该书极受欢迎，中国书商一再非法翻印，据王树槐对相关文献的整理表明：

> 由于广学会的书籍销路日广，盗印之风愈来愈盛，因之林乐知于光绪二十二年（1896）冬驻上海美国总领事商请苏松太道，要求出示禁止。次年，英国总领事亦应李提摩太之请，致信苏松太道，请作同样的措施。当局自然允其所请，"出示禁止"。禁令的效果不大，盗印之风仍然不已。是年，上海英租界会曾查获盗印者罚款百元。但上海以外地区，则无人干预，盗印之风，有增无减。在杭州，《泰西新史揽要》即有六种翻版。光绪二十四年，李提摩太报告，"四川一省，翻版至有九种"。其余可想而知。❷

广学会出版物注重历史、理化、伦理及宗教等。在中日甲午战争之前，教会出版物未为一般人所欢迎，及中日甲午战争后，广学会刊行之《中东战争本末》因其持论公允，记载翔实，实为当时唯一可靠的战事读物，并且书中

---

❶ ［英］李提摩太. 广学会五十周年纪念特刊［M］. 上海：上海广学会，1938：85.

❷ 王树槐. 外人与戊戌变法［M］. 上海：上海书店出版社，1998：42.

内容清楚地表明作者所持改革派观点，因此海内外争相传诵。据明恩溥（Arthur Henderson Smith，1845—1932）称：清光绪帝曾于光绪二十四年（1898）订购该年刊行的全部《万国公报》及其他一切出版物。可见该会的书籍在当时之风行，其"出版事业在革新运动时期进步之速可以概见"❶。

广学会在维新变法时期出版编辑的西学著作在维新时期的传播及作用十分明显。海外学者对之所做的评议有声有色，颇为恳切。

1891年，李提摩太担任了出版这类著作的主要赞助机构广学会的总干事。广学会出版了他翻译麦肯西的著作（1894）和林乐知所编关于中日甲午战争的书《中东战争本末》（1896）。每年广学会从销售出版物中得到的收入从1893年的八百美元猛增到1898年的一万八千美元。1896年，傅兰雅兴高采烈地说："书籍生意正在全国迅速开张，这里的印刷商不能满足书籍生意的需要。中国终于觉醒起来了。广学会对扩大翻译和著作范围是有一定作用的。广学会所出的社会科学方面的书籍给中国维新派议论变法、改革政治以重要的依据。"❷

梁启超曾对当时出版的一些西学书刊做过如下的介绍：

> 欲知各国近今情况，则制造局所译《西国近世汇编》最可读；癸未、甲申间，西人教会始创《万国公报》；通论中国时局之书，最先者林乐知之《东方时局略论》《中西关系略论》，近李提摩太之《时事新评》《西铎》《新政策》；西史之属，其专史有《大英国志》《俄史辑译》《米利坚志》《联邦志略》等；通史有《万国史论》《万国通鉴》等；《泰西新史揽要》述百年以来欧美各国变法自强之迹，西史中最佳之书也。❸

广学会的出版物不同于早期传教士的译书，也不同于学校教科书委员会及洋务派所办的译书机构——京师同文馆译书处（1867）及江南制造总局翻译馆（1872）的译书。它侧重于编辑历史、地理、宗教等书籍，鼓吹政治理想多于介绍政治内容，对中国维新派宣传变法、改革政治的主张有重要影响。广学会出版的书籍，除纯宗教性书籍外，非宗教书籍及人文科学书籍占多数。其

---

❶ 李泽彰. 三十五年来中国之出版业（1897—1931年）［G］//张静庐. 中国近现代出版史料（现代编·下）. 上海：上海书店出版社，2003：283.

❷ ［美］费正清，刘广京. 剑桥中国晚清史（1800—1911年）（上卷）［M］. 北京：中国社会科学出版社，1985：632.

❸ 梁启超. 读西学书法［G］//中国史学会. 中国近代史料丛刊·戊戌变法（Ⅰ）. 上海：上海人民出版社，1961：455.

中，历史、传记、财经、社会改革方面占一百四十五种，教育、政治占四十种，自然科学、工程学、医学书籍占三十一种。

四、其他西方传教士编译的教科书

除了专门机构有组织地编译出版教科书外，有的传教士在学堂教学中为解决实际教学的困惑，受早期教会学校教学改革的影响，也继承了传播西学、兴办学校的传统，依然自编教科书。此类以山东文会馆与苏州博习书院为代表。山东文会馆于1867年由蒙养学堂改成，创建者是传教士狄考文。他在文会馆的教学除了采用基督教出版机构印行的图书之外，还与人共同编译教科书。1885年，狄考文与邹立文共同编译《形学备旨》十卷，1891年译《代数备旨》十三卷，1892年译《笔算数学》三册。1898年以后，各地一些学堂以此作为初等学堂数学教科书。其中《笔算数学》重印了三十次，《代数备旨》《形学备旨》也各重印了十余次。❶ 文会馆还编有《理化实验》《电学》《测绘》《微积习题》《英文字典》等讲义，供学生传阅。1893年，苏州博习书院传教士潘慎文（A. P. Parker）与谢洪赉合译《代形合参》三卷，次年又译《八线备旨》四卷。

《笔算数学》是一部算数教科书（有趣的是，当时直到20世纪30年代一般以"算学"来表示我们现在以"数学"来表示的意义，而当时所谓"数学"指的是现代"算术"所指的东西），其内容丰富，讲解清楚，且又采用了白话文解释，其例题、习题较多，是当时十分流行的教科书，为以后的算术课本打下了基础。这本书还吸收了一些中国古代数学的内容，全书共三卷，共二十四章，有二千八百七十六个问题。其目录为：上卷六章，开端、加法、减法、乘法、除法诸等；中卷六章，数目总论、命分、小数、比例、百分数、利息；下卷十二章，保险、赔赚、粮饷、税饷、乘方、开方、级数、差分、均中比例、推解、量法、总杂问。

上述种种，共同构成了以教科书编译机构为核心的19世纪下半叶西方教会传教士在华开展西学教育的一道风景。并且，教科书编译机构与教会学校的教育活动、办学实践及教学环节一起构建了西方教会教育办学模式的基本类型。它与"百足之虫，死而不僵"的传统学校教育以及由洋务派开端、维新

---

❶ 《中华教育历程》编委会. 中华教育历程［M］. 北京：光明日报出版社，1997：757.

派拓展的近代新教育之间又构成了三足鼎立之势，显示出其与古代封建传统教育体制的本质差异，并一直延续到1949年新中国成立。

五、教会编译教科书活动评价

早期教会教育的主导精神是"肩负上帝重托"，使"上帝恩泽普照"。在古老的中国，儒家思想经过上千年的文化积淀，已在中国社会各个阶层形成坚定的精神信仰。这使得早期来华传教士仅仅以"走街串巷"的方式传播基督教福音来发展信徒，是极其困难的。公理会派驻华北地区的传教士谢卫楼感叹道："尽管我们每隔一天就对大批听众布道，但结果就像把种子撒入水中。"❶由于中国长期的闭关锁国政策，中国人对西方文化知之甚少，加之后来西方对中国的侵略，使得中国人对这些来自异国的传教士普遍怀着敌对和抵触的情绪。对于这种情形，美国传教士狄考文描述道："每到一个村庄，我们的耳边就充满'洋鬼子'的喊声……我想在近两天中我们至少从上万人口中听到这个词。"❷ 在这种方法失败后，传教士们普遍认为用耶稣取代孔子的方法在中国行不通，于是美国传教士林乐知提出应该将教会教育的方针调整为"孔子加耶稣"。1877年，在华基督教传教士举行全国大会时，这一思想得到普遍认同。德国传教士花之安从"孔子加耶稣"的思想出发，于1872年出版《儒学汇纂》，1877年出版《孟子思想》（德文版），1879年在香港出版《自西徂东》。在《自西徂东》一书中，花之安提出："夫儒教言理，则归于天命之性，耶稣道理则归于上帝之命令，仁义皆全。虽用万物，而非逐物，是以物养吾之心性，而物之精妙莫能违，此耶稣道理，实与儒教之理，同条共贯者也。"❸教会学校在"孔子加耶稣"的教育方针下，课程设置东西学兼顾，神学与科学并存。东学所用教科书还是以儒家经典为主，西学的宗教教科书包括《圣经》与宗教小说，如狄考文主持的中国第一所现代高等教育机构——登州文会馆中以英国人班扬所著《天路历程》为教科书，宣扬宗教思想。科学课使用的教科书多为传教士编译的教科书，如文会馆的数学课程使用的是狄考文等人翻译的《代数备旨》，美国监理公会教士潘慎文翻译的《八线备旨》等。又如，北京贝满女校课程既包括东学的《女儿经》、"四书"等，也包括一些西

❶ 史静寰. 狄考文和司徒雷登在华的教育［M］. 台北：文津出版社，1991：31.
❷ 史静寰. 狄考文和司徒雷登在华的教育［M］. 台北：文津出版社，1991：49.
❸ 顾长声. 从马礼逊到司徒雷登［M］. 上海：上海人民出版社，1985：301.

学知识（如《科学初步》《生物》《生理学》），但最重要的科目还是《圣经》，一切其他学科都是围绕这个中心开展教学的。除了新约、旧约，其他有关基督教的书（如《真理的权衡》《基督信仰的论证》）是学生必读的。虽说是主张将儒教与基督教相融合，但最终真正的目的是借孔子之名，为基督教鸣锣开道，使基督教取代儒教在中国的地位，即"得中国君子同心合力，共往西国，真心求耶稣之理"❶。正如花之安在 1893 年中华教育会在上海举行的第一届年会时强调的，传教士必须充分利用儒家思想，最终达到基督文化战胜中国文化的目的。

教会除了利用融合中国本土文化儒学来达到自己侵占中国的目的，还将科学与宗教结合在一起。随着基督教在中国的势力范围不断扩展，教会及传教士们认为在华发展教育与传播福音是相辅相成的。虽然洋务运动和维新变法在中国接连失利，但西方科学技术给国人打开了一扇放眼望世界的窗户。随着洋务运动逐步深入将西学引入中国，人们逐步认识到学习科技的重要性。一些传教士显然也意识到这点，作为积极支持传教与教育同等重要的一派，狄考文提出基督教"应该依靠西方科学知识在人民中取得好名声与好影响"。传教士也应运用自己掌握的科学知识在中国人中获得威望："由于传教士掌握了傲慢的中国学者既无法否认又难于抵制的科学知识，因此他能获得人民的尊重和信任。"❷ 传教会试图在华通过开办新式学堂，进一步扩大教会在中国的影响。1875 年在基督教传教士大会第一次筹备会上，狄考文提出："不是要把教育提高到作为中国基督教化的一种伟大手段，而不过是要表明它的重要性并为它争取到合理的地位。"❸ 也就是说，不能仅仅将教育作为传播教义的工具，而是应该通过教育争取人们对基督教的信任，进而打开"异教邪说"的大门。1877 年的传教士大会上，狄考文针对反对派反对在华优先发展教育的论调，进一步指出，"中国与世隔绝的日子已屈指可数"，"西方文明与进步的潮流正朝她涌来"。基督教应紧抓当下之时机，用教育为基督教开路："基督徒不准备控制和指导这场变革的话，它就会被异教徒或不信教的人所控制。科学艺术和物质提高就将落入基督教的敌人手中。"❹

---

❶ 顾长声. 从马礼逊到司徒雷登 [M]. 上海：上海人民出版社，1985：300.
❷ 史静寰. 狄考文和司徒雷登在华的教育 [M]. 台北：文津出版社，1991：67.
❸ 史静寰. 狄考文和司徒雷登在华的教育 [M]. 台北：文津出版社，1991：77.
❹ 史静寰. 狄考文和司徒雷登在华的教育 [M]. 台北：文津出版社，1991：243.

1896 年在第二届中华教育会全会上，狄考文进一步强调科学与基督在中国同等重要，密不可分：

> 科学是基督教怀抱中培养出来的，是不能与基督教分离的。传教士走到哪里就把科学带到哪里。科学是基督教合法的子孙，有了它，可以使基督教在与异教做斗争中得到极大的好处……科学是善的力量，它的善恶是以教者与教的方法为转移的。如果教会是聪明的话，它应该抓住这个机会不让魔鬼在中国开动这个强大的机器。❶

在以传教为目的、科学为先导的教育思想指导下，教科书的编辑方针是将科学与上帝结合起来。在《基督教在华传教士大会记录》（1890）"威廉臣报告"中，威廉臣认为"科学与上帝分离，将是中国的灾难"，只有把"宗教和科学结合起来，才能拯救中国"。作为学校教科书委员会的委员之一，威廉臣虽然支持通过教育发展基督教，但他认为所编教科书除应符合科学原理外，还应"在适当时机表示上帝、罪孽和灵魂拯救的全部事实"。他以数学教科书为例，说明应如何将上帝贯穿于教科书之中：

> 我将指出数学是创造论的基础，依据它而形成一切事物。可以论证：一是存在一位上帝的意志；二是人类是由这个意志的形象所创造，因此能理解、表达和阐明上帝的思想。

这种观点得到很多传教士的支持，在《基督教在华传教士大会记录》（1890）中有关于美国传教士爱菲尔观点的记述：

> 中国诚然需要西方学者所能传播的哲学和科学，但它必须从基督教传教士的手里来获得哲学和科学的知识。如果哲学与科学的知识离开了基督教，那么知识就会使人自大和自信……只有哲学和科学的研究浸润于基督教教义之中，才能使人们的内心卑怯，使其在宇宙的创造主面前低头。

从这段话可以看出，基督教在华大力发展西方科学技术知识，兴办近代学校，积极编纂教科书，其根本目的不仅仅是发展信徒，推广基督教，也是想通过基督教造就中国人卑怯的奴化性格，推行西方殖民主义。

对于这种将宗教教义牵强附会地与科学教科书连在一起的做法，在传教士内部也有争议。如傅兰雅反对这种做法，认为在编印教科书时应当把宗教与科

---

❶ 陈景磐. 中国近代教育史［M］. 北京：人民教育出版社，1961：70.

学知识分开，更多地从教育的本位出发，按照教育规律来编制教科书。但持这种观点的人毕竟占少数，狄考文都不得不承认："教科书委员会出版的相当大一部分根本不是什么学校教科书，而不过是宗教传单。"❶

学校教科书委员会曾先后编印了狄考文的《笔算数学》《形学备旨》《代数备旨》，傅兰雅的《三角数理》《数理学》《代数术》《格致须知》，潘慎文的《八线备旨》，艾约瑟的《重学》等关于算学等一些自然科学方面的教科书以传授一些浅显的文化科学知识，其更重要的是编纂宗教教科书，宣传宗教思想，如《教会三字经》《耶稣事略五字经》《福音史记课本》《旧约史记课本》等都是宗教知识方面的课本。

基督教的教会与传教士为实现其宗教神学目的，在通过编纂教科书来介绍西方近代科学知识方面可谓不遗余力。著名基督教史专家程湘帆先生通过研究，曾得出这样的认识："委员会颇能供给当时的需要，所编译的教科书为量也不少。中间大半属自然科学、算学、西洋历史、地理、宗教、伦理等科，就现在眼光考量起来，这些书籍的价值似乎有限，但在五十年前，实为创作，我国新学的机栝，实在起端在这里。讲到委员会事业的目的，不过满足当时教会学校的需求罢了，但是间接贡献于我国教育和新文化的却是很大。"❷确实，传教士们打破了中国几千年来重文轻理、"独尊儒术"等不合理的知识体系，建立起一种具有近代意义的知识结构。传教士们从一开始编印教科书就重视统一新名词的工作，这在客观上加速了近代科技知识的传播速度。在编排方式和编写体例上在华开了先河，并逐渐确立近代学校教科书的编审制度。这些教科书以及教会兴办的学校确实为中国培养了一批具有近代科学知识的新式人才，在客观上为中国教育的近代化做出了积极贡献。但这些绝非他们办学的本意，也绝不能改变他们侵略他国、殖民他国的本质。然而，基督教并没有在很大程度上影响中国人对西方的看法和认识。虽然中国人从宗教的伴生物中获益良多，却没有陷入基督的罗网，甚至这些宗教学校培养出的一些人走上了革命的道路，成为帝国主义的掘墓人。诚如有的研究者所做的评述："宗教以西方的强势话语形象进入中国，但中华文化逐渐消弭了它的影响。最终，教科书是作为现代知识体系的载体进入了中国。"❸

---

❶ 顾长声. 传教士与近代中国［M］. 上海：上海人民出版社，1981：239.

❷ 程湘帆. 中华基督教教育会成立之经过［G］//朱有瓛，高时良. 中国近代学制史料（第四辑）. 上海：华东师范大学出版社，1993：51–52.

❸ 毕苑. 中国近代教科书研究［D］. 北京：北京师范大学，2004：20.

第三章　维新运动时期的教科书

　　1894 年中日甲午战争失败后，维新派变法思想蓬勃发展，并在 1895—1898 年发起了一场变法图强的维新运动。维新变法是一场政治改良主义运动，内容广泛，涉及社会各部门的相关领域，而"兴学堂、译西书、开民智、废科举"始终是其间的核心命题。维新派意识到，要达到变法图强的目的，就要有新型政治与科技人才作支撑，若要培养这些理想的人才，就必须兴办学堂。近代思想家、维新派的领袖康有为宣称："尝考泰西之所以富强，不在炮械军兵，而在穷理劝学"，"夫才智之民多则国强，才智之民少则国弱"，"今日中国之弊，人才乏也。"❶ 这一历史时期的兴学热潮高涨，牵动各方面的力量与因素。兴学倡设者总是将编译教科书放在重要地位，因为新设计或按教育理想方案规划的学校课程，其建构的学科体系、知识观念、思想内容迥异于传统学校教育，这就要求有新的教科书来适应这种教学新旧转型的态势。于是，在国家教科书体制不健全的条件下，一批具有代表性的新式学堂便挑起了编写教科书这一重任。就教科书而言，维新运动时期标志着近代教科书从无到有、从草创到发展的转折期。维新运动时期的教科书在总结洋务运动时期西方教科书翻译经验的基础上走向自主编写的方向，教科书内容进一步丰富。加之，清政府规定，"凡各省士民著有新书，及创行新法，制成新器，果系堪资实用者"，"准其专利售卖"❷。在这种背景下，新式学堂自编教科书更是获得了政策保障。

---

❶ 康有为. 公车上书［G］//舒新城. 近代中国教育史料（下册）. 北京：人民教育出版社，1981：909.

❷ 陈宝琛，等. 清德宗景皇帝实录（卷四二〇）［M］. 北京：华文书局股份有限公司，1939.

第一节　维新运动时期教科书的更新

19 世纪 60 年代至 80 年代是资产阶级改良主义教育思潮产生和初步形成时期。一批具有初步资产阶级改良主义思想的知识分子，提出了一些改革教育的主张，形成早期资产阶级改良主义教育思潮。到 19 世纪末维新变法时期，逐渐发展成资产阶级改良主义教育思想体系，并开展了一场规模空前的资产阶级改良主义的教育改革运动，标志着中国近代教育进入了一个新的发展阶段。维新运动时期，维新派为了改良封建政治，促进资本主义的发展，在文化教育方面，意图倡导"兴学堂、开民智"，并在教育实践中，广泛地开展了多种形式的学校教育活动。随着维新教育思潮的高涨，普通学堂陆续出现，开设了新的课程，采用新的方法。为配合教学的需要，有识之士着手进行自编或改编教科书的工作。留日运动中的留学生成立编译出版团体，编译日本教科书输入国内，成为近代兴学运动政府组织编写教科书之前的一个重要环节。此外，民营出版机构开始着手经营教科书市场，这些对清末新政时期教科书体制的确立起了奠基作用。

一、维新思想的高涨与西学知识的传播

19 世纪末叶，世界形势已是"大地交通，强国数十"，西方列强"兴学励士，日智其民"，而"我乃鞭一国之民以从事于八股，枯困搭截之题，斫人才而绝之，故以万里之大国，四万万之人民，而才不足立国也"。❶ 以康有为、梁启超为首的维新派，面对当时急剧变化的世界形势，对中华民族的愚昧落后万分忧虑，对于"开民智"的重要性有高度的认识。梁启超认为，在资本主义迅猛发展的 19 世纪，国家之间的竞争实质上就是智力的竞争。康有为在"公车上书"中慷慨陈词，指出我国原为"文物之邦"，而今能读书者仅"百之二十"，况真正"通古今达中西"者"几属无人"。这就是近代中国愚昧败弱的重要根源。只要开发民智，培育人才，就一定能够挽救国家于危亡。

维新派在批判"旧学"的同时，极力提倡"西学"，较之于洋务派的言论

---

❶ 舒新城. 中国近代教育史资料（上册）［M］. 北京：人民教育出版社，1961：152.

主张而言，他们理解的"西学"不仅包括西方近代文化科学知识，而且包括西方资产阶级的政治学说。严复比较系统地翻译了西方资产阶级的一些社会政治思想的学术名著，如赫胥黎的《天演论》、斯宾塞的《群学肄言》、孟德斯鸠的《法意》、亚当·斯密的《原富》、穆勒的《群己权界论》、甄克思的《社会通诠》、耶芳斯的《名学浅说》等。通过这些译著，他介绍了西方自然科学的成就和西方政治、哲学等各方面的思想。

康有为提倡广设学校，学习"新学"，开设现代自然科学和社会科学的课程。1898 年 1 月 29 日，在《上清帝第六书》中，康有为提出设立制度局是变法根本，请求光绪帝迅速决定变法，拟设法律、度支、学校、农、工、商、铁路、邮政、矿务、游会、陆军、海军十二局，以学校职能代替礼部；自京师立大学，各省立高等中学，府县立中小学及专门学；变通科举，以育人才。他还主张："广遣亲王大臣游历以通外情、译西书，游学外国以得新学。"❶ 在 1898 年 6—7 月上奏的《请开学校折》中，建议"请远法德国，近采日本，以定学制"。请光绪帝即下明诏，"遍令省、府、县、乡兴学：乡立小学，令民七岁以上皆入学；县立中学；其省、府能立专门高等大学，各量其力，皆立图书仪器馆"，"京师议立大学数年矣，宜督促早成之"。至于"设师范、分科学、撰课本，定章程，其事至繁，非专立学部，妙选人才，不能致效"❷。小学设立的课程有文、史、算、舆地、物理、歌乐等，中学阶段再加外国语和实用学科，而大学则分经学、哲学、医学、律学四种。梁启超在"百日维新"前，就辅助康有为从事各种维新运动。"百日维新"期间，他主持大学堂译书局事务，翻译西书，宣传维新。1901—1903 年，他介绍了许多西欧资产阶级上升时期的学术思想，如霍布斯、斯宾诺沙、卢梭、培根、笛卡儿、达尔文、孟德斯鸠、康德等人的思想。尤要指出的是，梁启超编纂了第一部较正规的西学书目——《西学书目表》，并于 1896 年发表在他所主持的《时务报》上，共四卷，收书三百余种，是我国当时翻译西书的总录。此书目表系统地介绍了西方的算学、重学、化学、声学等科学技术和史志、职官、学制、法律、农矿、工商各业等社科书籍。《西学书目表》的发表影响了当时进步的读者，使之成为一部向大众传播西学、鼓动变法的文献书目教科书。

---

❶ 康有为. 应诏统筹全局折［G］//沈桐生. 光绪政要（卷二十四）. 上海：上海崇义堂，1909.

❷ 陈学恂. 中国近代教育文选［M］. 北京：人民教育出版社，2001：109.

当代思想家李泽厚对此曾做了阐述：

> 康有为、谭嗣同这些当时先进人物，像冲出蒙昧争着去迎接知识的黎明一样，他们是那样欢欣和坚信地去迎接了第一次打开在他们面前的新奇而雄伟的科学图画。这些真理的追求者，以难以仿效的天真和热情，急急地来把他们一知半解的科学见闻糅杂在自己的思想里。❶

西方自然科学知识促进了维新派首领康有为变法理论体系的形成，也同样影响了梁启超、谭嗣同。作为维新运动的著名宣传家，梁启超将其吸收和了解的西方科学知识结合中国国情，以顺畅华美、急切锐利和富有情感的语言，生动、具体地贯彻和灌输到各个方面，如其所著《西学书目表》记录了几乎当时所能掌握的全部西学知识。谭嗣同虽年三十以后才"究心泰西天算格致政治历史之学"，但在戊戌捐躯前的短短两年间，却钻研了数学、物理、化学、天文学、地质学等几乎所有的学科，并写下了科学专著《以太说》《论电灯之益》，还在一些论述文字中涉及日心说、光学、气象学等知识。

二、维新派办学活动中的教科书

维新运动时期，具有维新改良思想的官僚、开明绅士或从中游离分化出来投资、兼营近代工商业买办也开始创办一些新型公立普通中学及大学，其中有影响的有：中西学堂（1895 年盛宣怀创办）、南洋公学（1896 年盛宣怀创办）、陕西格致实学书院（1895 年陕西举人邢廷英等创设）、贵州经世学堂（1896 年严修创办）、陕西游艺学塾（1896 年陕西巡抚魏光焘设立，1898 年并入陕西中学堂）、苍霞精舍（1896 年福州士绅陈璧、林纾等创办）、陕西泾阳格致实学书院（1897 年陕西督学赵维熙、巡抚魏光焘创立，后更名崇实书院）、绍郡中西学堂（1897 年浙江绍兴徐树兰创办）、广州时敏学堂（1898 年陈芝昌、邓家仁等创办）、京师大学堂（1898 年光绪帝谕孙家鼐办理）等。

中西学堂内分头等学堂（大学本科）与二等学堂（大学预科）。前者分设法律学门、土木工程学门、采矿冶金学门及机械工学门，后者设英文、数学、各国史鉴等课程。格致实学书院不限定中学西学，但求有益于实用，"如天

---

❶ 李泽厚. 中国近代思想史论［M］. 北京：人民出版社，1979：100.

文、地舆、吏治、兵法、格致等类，互相讲求"❶。贵州经世学堂教学讲授以经史、算学为主，同时还教授时务、政要，首开贵州新学风气。陕西游艺学塾课程分算学、格致、英文、课外阅读，教学分教习讲授和学生发问。福州苍霞精舍学生除学经史、时务外，兼习算学、地理专科。陕西泾阳格致实学书院开设课程有格致、英文、算学、制造等。绍郡中西学堂学习课程为国学、算学、外国文（英文和法文任选一种），1899 年由蔡元培任学堂总理，提出征集同志，编辑教科书。广州时敏学堂大学部课程有修身、国文、经史、地理、宗教、政治、格致、算学、英文、日文、体操等科，小学部暂不开设宗教、政治、格致、日文。京师大学堂课程分普通学和专门学两类，以经学、理学、中外掌故学、诸子学、初级算学、格致学、地理学、文学及体操学为普通学科；以各国语言文字学、高等算学、格致学、政治学、地理学、农学、矿学、工程学、商学、军事学、卫生学为专门学科。这些学堂采用新式西学课程，促使当时所翻译刊行的西学书籍部分选用为教科书，以实现课程的实施目标，也为进一步设计或提高教科书的编辑出版提出了客观要求。这些对我国近代教科书的改革产生了积极的影响。

学者中有一种意见认为，从 19 世纪七八十年代起，中国自己的科技人才和从外国回来的留学生，已成为翻译和介绍西方自然科学的主力。这种观点并不符合实际。近代科技名流如李善兰、华蘅芳、徐寿等人在西方自然科学的引进和传播中做出过重大的贡献。可惜他们一方面力量有限；另一方面又不懂得西方文字，而须借手于传教士。正如前面所述，近代科学译著大多是由外国人口授而中国学者笔录成文，这种明末清初形成的译书方法始终没有改变。"一直到 19 世纪末至 20 世纪初大批留学生回国后，才陆续有一些由通晓外语的中国学者自己翻译的书籍出版"，而严复所译《天演论》是"不假外人之手，由中国人自己来介绍西方先进的科学知识，这要算是第一次"❷。这就意味着，近代教科书编写队伍知识结构及素质能力的转变可以维新运动为一界标，由此教科书编写的方式及结构体裁也会变化。

1898 年 6 月 11 日，光绪帝下诏推行变法，维新运动进入高潮。"百日维新"期间光绪帝共发出了几十道改革的诏令，其中有关教育方面的有：废八

---

❶ 陈学恂. 中国近代教育大事记［M］. 上海：上海教育出版社，1981：71.

❷ 杜石然，等. 中国科学技术史稿（下册）［M］. 北京：北京大学出版社，2012：251，272.

股、改试策论，改书院为学堂，筹办高、中、小等级学堂，兼习中学与西学，筹办京师大学堂，设翻译馆及编译学堂等。之后，许多省份都奏请筹办新式学堂。

"百日维新"时期，历时虽短，但变革的步骤迅速，力度很大，节奏急迫。所颁行或倡议的教育方案中，大都涉及设学与译书、新学制的筹谋与课程教科书的建设等相关内容，既凸显其内容的价值意义，更能昭示此两者之间内在依存互动的形式逻辑关系。例如1898年6月11日，光绪帝下《定国是诏》，决定变法，"百日维新"开始。光绪帝谕略谓："嗣后中外大小诸臣，自王公以及士庶，各宜努力向上，发愤为雄，以圣贤义理之学，植其根本，又须博采西学之切于时务者，实力讲求，以救空疏迂谬之弊。"又谓："京师大学堂为各行省之倡，尤应首先举办。着军机大臣、总理各国事务大臣会同妥速议奏。"❶ 同年7月5日，光绪帝谕内阁："凡各省士民著有新书，及创行新法，制成新器，果系堪资实用者……准其专利售卖。其有能独立创建学堂，开辟地利，兴造枪炮，有裨于经国远猷，殖民大计……给予特赏。"京师及各省官绅一时闻风而起，王宗基创会文学堂，陈时利创道器学堂，王照创八旗奉直学堂，杨锐创蜀学堂，福建、江西、浙江、江苏相继"立社购书，考求实务"❷。7月10日，光绪帝谕内阁即将各省府厅州县现有之大小书院，一律改为兼习中学、西学之学堂。以省会之大书院为高等学堂，郡城之书院为中等学堂，州县之书院为小学堂，其地方自行捐办之义学、社学等，亦令一律中西兼习，并奖励绅民办学。中学、小学应读之书，由官设书局编译中外要书颁发遵行，民间祠庙之不在祀典者，由地方官晓谕民间，一律改为学堂，以节靡费而隆教育。"似此实力振兴，庶几风气遍开，人无不学，学无不实，用副朝廷爱养成才至意，将此通谕知之。"❸ 7月，康有为上《请饬各省改书院淫祠为学校折》，建议"若改诸庙为学堂，以公产为公费，上法三代，旁采泰西，责令民人子弟，年至六岁者，皆必入小学读书，而教之以图算器艺语言文学，其不入学者，罪其父母"，"其中学小学所读之书，所办之章程，皆特设书局，

---

❶ 梁启超. 戊戌政变纪事本末 [G] //陈学恂. 中国近代教育史教学参考材料（上册）. 北京：人民教育出版社，1986：420.

❷ 上谕. 能独立创设学堂予特赏 [G] //陈宝琛，等. 德宗景皇帝实录（卷四二〇）. 北京：华文书局股份有限公司，1939：2.

❸ 上谕. 能独立创设学堂予特赏 [G] //陈宝琛，等. 德宗景皇帝实录（卷四二〇）. 北京：华文书局股份有限公司，1939：9.

编辑中外要书，颁发诵读遵行"。❶ 9 月 19 日，孙家鼐奏拟顺天设立中学堂。"就顺天府，属州县中调取廪增附生四十名入堂肄业，又另设外省士子二十名，课以西国语言文字以及艺政算学各书。"光绪帝上谕照所议行。❷ 光绪帝下诏改书院为学堂以后，除湖北已设自强学堂，湖南已设长沙时务学堂外，在直隶先后有保定畿辅学堂改为中等学堂，天津集贤书院改为北洋高等学堂，江苏南京储材学堂改为江南学堂，江西南昌友教书院改为算学堂，贵州改学古、经世二书院为学堂，浙江湖州、绍兴、温州成立崇实学堂和中西学堂，广东成立时敏学堂，四川成都和奉天均成立中西学堂，山西太原成立储材馆。❸

综上所述，维新派在与洋务派的论争中认识不断提高，在引进、传播西学，改造传统旧学，建立近代教育制度，废除科举八股取士等问题上发展到了一个里程碑式的新阶段，从而有效地配合或服务于维新政治改革及工商实业的进步，教育内容及教科书含量都因之而转变。

维新运动时期创建的新式学堂，其教育内容不仅包括自然科学、工程技术科学，而且包括西方社会政治、人文科学。为适应这些课程的教学需要，维新人士继续编译西书，调整知识素材，编辑新教科书。由此，体现近代西方科学技术的学校教科书数量得以增多，知识内容日益拓展，思想观念逐渐深化，编辑体例更能体现教学原理的要求及学生的学习与认知特点。

第二节　出版机构与新式学堂编译教科书

戊戌变法前后，编译机构又有了新的发展。官书局、商务印书馆、南洋公学译书院等纷纷创建。它们受中国即将被"瓜分"危机的刺激，同时反省了前阶段译书的情况，译书的范围大大扩大，涉及西方的政治、经济、军事、文化等各个领域，为教科书的进一步编辑提供了丰富的素材，同时这些机构也直接编译、印刷教科书。与此同时，一些新办的学校教育机构——学堂，迎合社

---

❶ 康有为. 请饬各省改书院淫祠为学堂折［G］//汤志钧，陈祖恩，等. 中国近代教育史资料汇编·戊戌时期教育. 上海：上海教育出版社，2007：114－115.

❷ 孙家鼐，胡燏棻. 奏设顺天府中学堂折［G］//朱有瓛. 中国近代学制史料·第一辑·下册. 上海：华东师范大学出版社，1986：754－755.

❸ 陈学恂. 中国近代教育大事记［M］. 上海：上海教育出版社，1981：99.

会改革背景下对新教科书急需的形势，以满足自身教学需求的应急心理出发，编译教科书。

一、官书局

官书局是清末同治、光绪时期各省奉旨建立的刻书机构。最先由曾国藩、左宗棠等洋务派发起。维新运动时期，由康有为、梁启超等维新派人士加以拓展。维新时期官书局的前身是强学书局。1895 年，康有为、梁启超在京设强学会，又称强学书局，出版《中外纪闻》，发售西学书籍。后光绪帝谕令将强学书局改为官书局，"拟照八旗官学之例建立官书局。特派大臣管理，聘请通晓中西学问之人，专司选译书籍，各国新报，乃指授各种西学"❶，令孙家鼐管理。

如果说洋务运动时期的官书局重点在于刊刻中国古籍，以保存儒学，为儒家经典教科书及文史教科书的运用服务的话，那么，维新运动时期建立的官书局在刻印宗旨方面发生了变化，刊刻之内容重点向西学转移，以适应近代西式学堂课程计划推行对相应学科教科书的新挑战。

二、商务印书馆

商务印书馆是近代中国最大的一家民营出版机构，是近代乃至当代出版业的巨子大亨，受人称道。它创建于 1897 年，恰是维新变法运动如日中天的时候，出版实业的起步是教科书。

当时维新运动正在蓬勃发展，资产阶级知识分子要求变法自强，热心学习外国语文，而上海又是对外商埠，不少职业青年羡慕洋行买办，学英语风气尤为盛行。夏瑞芳毕业于教会学校（上海清心书院），当时学校里所读的英文课本一向采用英国人给印度小学生编的《Primer》，该书并无中文注释，读者与教者多感不便。商务印书馆发起人认为，如能附入中文注释，便利教学，那么销售必然畅行。于是商请谢洪赉牧师代加译注，首编命名为《华英初阶》、次编命名为《华英进阶》。两种读本几次改订，流行达十几年之久，这是商务印书馆印刷教科书之开端。

以上两本英文课本于 1898 年出版以后，"行销极广，利市三倍"，商务印

---

❶ 麦仲华. 皇朝经世文新编（卷五）［M］. 上海：上海书局铅印本，1903.

书馆获利不少。为了迎合时代潮流，它又开始大量编译其他课本。当时教科书的课文大都由日文翻译，庞杂不精，且由于多直译，难免措辞生硬。印刷发行以来，销路不广，经济亦亏多盈少，财务周转日渐困难。夏氏深感课本质量是关键问题，但馆内缺乏堪以主持编译的人才。于是，他又商请南洋公学院代为编审，却未能妥洽，始觉自设译书院的必要。夏瑞芳屡次敦请南洋公学译书院院长张元济先生来商务印书馆主持编译。对于学校采用的教科书，张元济认为办教育应有我国自己的课本，并指出当时学校教学用书的使用存在两大弊病：一是滥读"四书""五经"，二是用洋人课本。于是自 1901 年，张元济以有志于编辑出版适合"吾国之民质、风尚、宗教、政体"的新式教科书，代替传统的教科书及教会编写的教科书，到商务印书馆任职，从此开辟了商务印书馆的新局面，具体译书活动集中在清末。

三、南洋公学译书院

南洋公学译书院是我国最早的高校自办出版社之一，可称为我国高校出版社之嚆矢。戊戌维新时期，我国近代高等教育的雏形开始形成，而就在这草创阶段，南洋公学就出现了自办的出版社。可以这么说，我国近代高等教育与高校自办出版社，几乎在同一时间浮现于地平线上。从 1899 年建立到 1903 年因经费紧张被迫裁撤，南洋公学译书院共翻译出版东西方各种书籍六十九种，发行全国，产生了较大影响；内容囊括兵书、政书及教科书等。在当时著译编辑出版的条件下，能取得这样的业绩，应该说是难能可贵的。南洋公学译书院的创建与南洋公学密不可分。南洋公学是我国近代建立的首批新式学校之一，教学内容以中学的经史为基本，西学的科技为旨归。成立之初，西学无现成的中文教科书，只得采用英文原版教科书。中国人创办的学校无中文教科书，此非长久之计。然而对于中国学生来说，学好一门外语并非一朝一夕之工夫，要达到精通或熟练的程度颇费时日，难以满足当时社会近代化进程中对人才的迫切需求。而翻译原著，收效就更快、更显著，正所谓"任其难者，不过数十人；而受其益才，将千万人而未已"❶。南洋公学的创始人盛宣怀深知这一点，早在 1896 年筹备成立南洋公学时，盛宣怀便购置了大量东西学书籍，建立译书院，打算让公学学生将所买的西文教科书全部翻译成中文并刊行。《南洋公学

---

❶　黎难秋. 中国科学翻译史料［M］. 合肥：中国科学技术大学出版社，1996：331.

章程》中这样写道："师范院及中上两院学生本有翻译课程，另设译书院一所，选诸生之有学识而能文者，将图书院购藏东西各国新出之书课，令择要翻译，陆续刊行。"另外，盛宣怀在《奏为南洋公学推广翻辑政治法律诸书敬陈纲要》一文中，再三强调"变法之端在兴学，兴学之要在译书"。在《奏陈为南洋公学推广翻辑事宜》一折中，提出"近日东西人士观光中夏者，靡不以兴学为自强之急图，而译书尤为兴学之基础"。盛宣怀的这一思想，是南洋公学译书院创办的宗旨。

南洋公学译书院的著译者队伍，既包括专门聘请的中外人士，也包括南洋公学的教师、学生。早在张元济被聘为南洋公学译书院院长之前，盛宣怀经日本驻上海总领事小田切的推荐，分别聘请日本人细田谦藏和日本陆军大尉稻村新六为翻译东文事务员。这二人是南洋公学译书院的最早成员，这和所译书籍多为日文书籍有关。当时包括盛宣怀在内的清朝大员们，希望借鉴日本明治维新以后迅速致强的经验，也为中国找到一条快捷富强之路。此后，南洋公学译书院还聘请了一些中国学者参与其事。1898 年，郑孝柽及师范院学生孟森、杨志洵被聘为校订。后来，译书院业务增加以后，又将外文教员李维格、伍光建，师范院教员陈诸藻，师范院学生黄国英等人调至译书院参加译稿工作。1902 年，南洋公学历史上第一批被选送赴日留学的原师范院及外院学生雷奋、杨荫杭、杨廷栋从日本学成回国，也被介绍到译书院当译员，以加强译书院力量。参加南洋公学译书院工作的人员，先后有十余人。1899 年 3 月，在李鸿章的推荐下，盛宣怀聘请张元济为南洋公学译书院院长，主持译书事务长达四年之久。张元济主持译书院工作以后，利用其本人的名声及关系，向院外通晓西学的著名翻译界人士约稿，如严复、吴文聪、王鸿章、日本人山根虎之助等。院外人士的著译稿件，不仅仅和教学有关，还和当时的社会思潮有紧密联系，使著译选本的题材得到了拓宽及开掘，在一定程度上提高了译书院的著译水平。

张元济在上任前曾致信严复，信中请教严复在政治、法律、财经、商务等方面如何选书，译书的报酬又该如何确定等。有了通盘考虑之后，才正式出任南洋公学译书院院长。他上任以后，在翻译的规范化方面投入了大量精力，采取了不少措施，从而推动了我国翻译出版事业的发展。在张元济严格审慎的领导下，南洋公学译书院对待译书一事极为严谨，他们认为著译乃人生之大事，万万不可草率鲁莽。如果译介不当，以讹传讹，轻则误人子弟，重则贻害国家。不以规矩，不成方圆，必须对编译工作进行规范。1902 年，南洋公学译书院在以盛宣怀的名义所写的《奏为南洋公学推广翻辑政治法律诸书敬陈纲要》一文中，就译书问题向清政府提出了四条建议："先章程而后议论"；"审流别而定宗旨"；"正文字以一耳目"；"选课本以便教育"。这四条建议，为我国翻译出版事业制定了基本原则。为了使读者"视而可见，开卷了然"，译书院还就翻译中的具体问题一一做出规定，如各国的历史、地理、官职、度量衡等，应有固定译名，以免各择其意，一名重译，使读者读后如坠五里云中，不知所云。译书院还强调版权所有，不得随意翻印。这一措施，既避免翻译者劳动成果受到侵犯，又保证了译书质量。在译介国外的中小学教科书时，南洋公学译书院所选的版本十分严格，既要符合"文部所定教员所授之本"，又要符合"经文证之正本"。南洋公学译书院的这些见解及措施，是对翻译实践的总结，也是对我国出版事业的贡献。即便以今天的观点来看，对我们也颇具启迪作用。

由于当时中日甲午战争的失利，国人看到中国军队力量薄弱，急需找到解决之法，所以翻译军事书籍尤其是日本军事书籍成为当务之急。1899 年 6 月，张元济出任译书院院长仅三个月，译书院就已经译出了八种书，即《日本军政要略》《战术学》《军队内务》《作战粮食给与法》《军队给与法》《日本陆军学校章程汇编》《宪兵条例汇编》《军队教育方针》，后来又陆续翻译了《日本陆军大学情况》《步兵射击教范》《日本宪兵制》《野外要务令》《军队给与法》等，大都是日本军事书籍。1901 年，张元济在给盛宣怀的报告中称："本公学译书院历年译书共成十有四种，有关兵政者十二种，教案、商务各一种；尚有兵政八种，理财一种，商务两种，国政两种，学校三种，税法一种，均经译成，现已陆续付印。"在短短两年之内就能译成并印行三十余种书籍，南洋公学译书院的成绩斐然。

在院外译者著译出版方面，最为著名的是严复翻译的英国政治经济学家亚当·斯密的名著《原富》一书。严复自 1896 年开始翻译《原富》，至 1901 年全部脱稿，历时五年多的时间。1899 年 3 月，张元济在上海就职南洋公学译书院院长后，立即给严复写信，提出南洋公学译书院出版《原富》事宜，最后在 11 月严复同意由南洋公学译书院出版《原富》，前后历时半年多的时间。《原富》从 1901 年 5 月开始出版，《原富》部甲一册，部乙、部丙一册，先后由南洋公学译书院出版发行。为了使读者能够准确地理解《原富》一书的要旨，张元济还为此书专门制作了一张综合术语表，作为此书的附录，即"中西编年，及地名、人名、物义诸表"。严复为《原富》一书所撰《斯密亚丹传》和《译事例言》十五条先后脱稿，均寄交吴汝纶斟酌。12月13日，吴汝纶《原富》序脱稿。至1902年11月全书出齐，又历时一个半年头。严复从1896年开始翻译《原富》，至南洋公学译书院在1902年《原富》出版齐全，前后共历时六年的时间。严译《原富》在南洋公学译书院一经出版，立即引起了社会的巨大反响。该书既作为公学学生的必读教科书，在校内使用；又作为一般的学术著作，在校外发行。

出版《原富》的意义不仅体现在学术上，而且对我国稿酬和版权制度的建立，也是有益的探索和尝试。在多年国外求学经历及翻译西方书籍的过程中，严复充分了解西方法律对著作权、版权等保护以及稿酬的支付方式，并同张元济一起在中国推行这样的观念。1902年，严复为《原富》著译权的问题曾上书学部大臣张百熙，建议国家应立法保护翻译者的权利。他还多次向出版社提出付给著译者版税的要求，得到张元济的支持，张元济不仅以巨额稿酬购买严复的译稿，出版后还付给20%版税。《原富》最后一册尾页专门印有"光绪二十八年（1902）十月南洋公学译书院第一次全书出版，'书经存案、翻刻必究'之声明"，体现了版权意识。1902年，随着新学书籍需求量增多，市场盗版书籍越来越多，译书院蒙受很大损失。为保护版权，张元济分别上书盛宣怀与江苏省江南海关分巡苏松太兵备道袁海观，要求"凡译书院译印官书均不许他人翻刻"。

另外，除了严复的《原富》，南洋公学译书院还翻译有来自英美的自然科学及政治经济学、社会学及交通类等方面的著作。如徐兆熊翻译的《几何》，李维格、伍光建翻译美国韦尔生的《政群源流考》、陈昌绪翻译美国蓝得克略的《计学评议》以及转译自日本的《万国通商史》等书籍，介绍了西方资本主义国家的政治经济学说以及自然科学知识。《科学教育学讲义》《社会统计学》等译著，则是最早介绍西方教育学和社会学的著作。《法规大全》在当时汇集西方法规，堪称最为详备。南洋公学译书院建立了完整的中小学教科书课本体系，诸如国文、格致、图画、化学、几何、代数、心算、笔算、习字课本等。在废除科举之前，译书院所编译的教科书曾经垄断了新式学堂的部分教科书。

虽然译书院存在的时间仅五年，但译书的数量和质量令人刮目相看。南洋公学译书院在中国教育史上占有不可忽视的重要地位，起过不可忽视的重要作用，具有不可忽视的重要意义。首先，开办译书院解决了近代中国教科书匮乏的难题。南洋公学译书院译介西欧各国及日本的各类教科书，译出了新式学校急需的教科书，有力地支持了当时还刚刚开始的新式教学，为南洋公学的日后发展奠定了基础。其次，译书院奠定了中国翻译出版事业的基石。南洋公学译书院在短短几年的工作中，为我国翻译出版事业的发展做出了一定的贡献。南洋公学译书院虽然在1903年停办了，但是南洋公学以及后来的交通大学、上海交通大学的编辑出版事业并没有因此而停顿，而是成为整个学校事业的一个有机组成部分。最后，译书院成为介绍西方先进文化和文明的窗口。随着译书的内容、范围和数量的增加扩大，译书院所编译发行的书籍远远超出教科书的范围和需求，它译介了不少西方名著，成为当时新思想新观念的一个渊源，推动了中国文化的变革。

四、近代学堂编辑教科书

中国自编教科书是对传统教科书的一次重大突破，来之不易。在维新运动后期出现，可谓姗姗来迟，却是具有强烈的民族教育学建设策略之举，而这恰起始于新设的学堂。

（一）南洋公学

"红顶商人"、实业家盛宣怀所创办的南洋公学由上、中、外三院组成，上院相当于大学，中院为中学，外院为小学。此外还有师范院，专门为南洋公学培养师资，相当于师范教育机构。光绪二十三年（1897），南洋公学外院成立，分国文、算学、舆地、史学、体育五科。由师范生陈懋治、杜嗣程、沈叔逵等自编《蒙学课本》三编。这是我国第一次编辑的国文课本，也是我国自编教科书的开始。

《蒙学课本》共三编，仿照英美读本体例，是一套综合性课本，"集泰西读本善法，窥窃余绪，损益成书，以备小学之一格而已"，包括智力教育、语文修养教育，也有思想教育。初编为入门之书，主要目的在于识字，但它与传统字书又不完全相同。《蒙学课本》以两名相联为体例，由联字而缀句而成文，使童子能以贯串之理而加深理解。编纂者在编写过程中坚持两条原则，一是专取儿童日常见闻之物，以文字通用为原则；二是联字成句以语言习惯为依据。二编课文以片段为主，凡一百三十课，分故事六十课，物名实字三十课，浅说琐记三十课，通用便函十课。所选内容，"皆家人琐屑之谈，几席凡近之语"，以贴近社会生活、伦理道德及风俗习惯，便于儿童理解。至于德育内容，编辑者认为传统教科书"半涉迂诞，尤不足以为教，故概不登录"。对实字课文和浅说琐记的内容，编纂者以通俗常见为取向，既为多识之助，亦备学文之式，使学童达到遇物能书的目的。三编体例大致与二编相同，全书共一百三十课，包括入塾劝勉语及通用书信等内容。

这套课本已经有别于传统的蒙学教科书，是在西方近代教育理论"德、智、体"多方面协调发展的指导下，部分参照蒙学教科书形式编写而成的，显示出中西杂糅的编纂体例。具体分析，这套教科书有这样三个特点。

首先，它是一元的，既不称其为"国文""国语"，亦不名其为常识或社会、自然，而混然其名为《蒙学课本》。它所包含的内容却是修身、致知格物、卫生等多方面学科知识的综合，"于斯为备"。这里仍存留着我国传统文化教育没有严格分科的痕迹，且以《周易·蒙卦》中的古典用词来冠名，但是其中西学分科知识的冶炼、陶铸以及教育心理视域的编排，明显印证了现代综合课程或关联课程的思想观念。如《蒙学课本》第一卷第一课，课文是这样的："燕雀鸡鹅之属曰禽，牛羊犬豕之属曰兽；禽善飞，兽善步；禽有二翼故善飞，兽有四足故善走。"

其次，它虽无语文与常识科目的分野，但究其实质，在编制上大体是以常识为内容、语文为形式的统一体，可称为常识教科书或语文教科书。编辑大意称：

> 小学者，学士农工商，尽人当知之学；非学为政事家文学家义理家也；此今日泰西各国小学之公理。是编所述，皆家人琐屑之谈，几席凡近之语，于汉宋小学两有出入。❶

上述文字言论所表述的意思反映了戊戌维新时期国民教育思潮对教育目标及素质内容的调整及变革要求，也体现了该教科书在内容上大致以各类社会实用性的文化知识为主。

最后，行文虽仍为"文言体"，但文字较为通俗，而内容则与过去玄妙的

---

❶ 舒新城. 近代中国教育史料·第二册·南洋公学蒙学课本二编编辑大意（1897）[M]. 上海：中华书局，1928：249.

体现儒学经典的教科书更有所不同，比较接近日常生活的材料，"专取习见习闻之事物，演以通俗文字，要使童子由已知而达于未知而已"❶。所谓"多识之助""学文之式"也就是这个意思。

《蒙学课本》形式不佳，没有插图，无相应的教授书及具体教学课时建议，带有开创之物所惯常带有的粗糙及不完善的缺点。但是，这是我国学者自编的第一部富有现代意义的新式小学教科书。"新"就新在"合时务"和语言通俗化上。学生从这里既可学习自然知识和社会知识，也能够接受通俗语言教育，还可以通过它了解世界、接触科学。《蒙学课本》还注重教科书编写中的教育学、心理学依据及教学方法的研究与指导，各类课文依其内容、形式的不同，错综排列。例如，编者对教科书的编写体例做了如下说明："引申假借，字义滋繁，读本非字书之比。课中如遇一字数义者，但随正文解其本义，不必多引他义，转令迷闷难记。泰西之读本，为科学（天文地理之学）之管钥，亦笔札之资粮。过雅过俗，两不适用。是编于笔札通用之文字，雅俗兼采，惟俚俗不能入文者，则摒不录。"

这是对西方教科书编写研究的结果，"西国读本有错综者，有类别者。是编用错综体例，每故事两课，间以杂字一课"。如此，设计的目的在于学习过程中取得"移步换形，令童子不生厌倦"之效；课文末尾列出问题，"或问本课大意，或问余义"，授课后"令学生掩卷口答"。这种教学安排有助于取得巩固加深的学习效用，也是教师课堂教学的一个小结段落的相对终止，以免留给学生过多课业任务，增加课后负担，是符合心理学与教育学原理的。此外，教科书的编写体现"因材施教"等教学方法的指导，由于"中土文语两歧，读书之难易与西国迥别"，所以"背诵之法尚不可废"，要求教师对"背诵而不识字者"采用"默书"的办法，对"背诵而不明大义者"，采用"问答"的办法。❷

在该套课本的基础上，1901 年又有修订本《新订蒙学课本》三编，由上海商务印书馆刊行。《新订蒙学课本》初编辑大意最先言及的便是，"陵节躐等，古有明戒。瓶瓮之不知而语以钟鼎；犬马之不识，而语以麟凤，非法也。

❶ 舒新城. 近代中国教育史料·第二册·南洋公学蒙学课本二编编辑大意（1897）[M]. 上海：中华书局，1928：243.
❷ 张寅，彭泽平. 南洋公学与近代中小学教科书建设 [J]. 教育学术月刊，2010（5）：83.

是编专取习见习闻之事物，演以通俗文字，要使童子由已知而达于未知而已"❶。这种循序渐进的教学原理贯穿于整套课本的各个环节。例如，在各编书名页后，都有一段提示："初编为七八岁童子而作，二编、三编以次递进。三书首尾衔接，习二、三编者必从初编入手。"❷ 同时，以现代教学理论及学科心理的观念视察，这种设计编辑的观念是极有价值的。

在当时社会背景下，南洋公学的教科书计划十分宏大，不限于国文学科，学级程度也力图突破小学阶段。除了编辑之外，南洋公学还从事翻译教科书的活动。盛宣怀所规划的教学计划如下："师范院及中上两院学生本有翻译课程，另设译书院一所，选诸生之有学识而能文者，将图书院购藏东西各国新出之书课，令择要翻译，陆续刊行。"❸ 据不完全统计，从维新变法运动延至清末新政改革伊始的五年左右时间内，南洋公学编辑、翻译的学校教科书学科广泛，内容丰富，体裁风格多样，数量冠于新式学堂之首，特叙述如下：《格致读本》四册、《中等格致课本》八册、《小学图画范本》四册、《化学》十一册、《代数设问》七册、《心算教授法》一册、《笔算》四册、《习字范本》四册、《几何》三册、《本国中等地理》三册、《万国地理》一册、《高等小学中国历史》一册、《初等地理》三册、《小学地理教授法》一册等。南洋公学编辑的教科书还有《笔算》《地理》（张相文编），又译有《物算》，而其中供学校音乐科使用的乐理及歌唱教科书《学校唱歌集》在近代学堂乐歌教育中，乃至在音乐历史上均有重要地位。

（二）无锡三等公学堂

无锡三等公学堂创设于1898年，其发议创办者为阳湖关眺、金匮俞复、无锡丁宝书、杜嗣程等。教学工作由十余教师轮流担任，他们每日选编课文一首，令学生抄写，就本课中设问题数条，令学生笔答之，效果甚佳。"该堂所取学生，有初学者，有入学数年而字义全不晓者。自改变方法讲教之，半年而效大著。"❹于是，俞复、丁宝书等即编即教，丁宝书绘图，杜嗣程缮写润色，

❶ 舒新城. 中国近代学制史料·第二册·南洋公学蒙学课本初编编辑大意 [M]. 上海：中华书局，1928：244－251.

❷ 夏晓虹. 蒙学课本中的旧学新知 [J]. 清华大学学报：哲学社会科学版，2009（4）：43.

❸ 盛宣怀. 南洋公学章程 [G] //朱有瓛. 中国近代学制史料·第一辑·下册. 上海：华东师范大学出版社，1986：515.

❹ 舒新城. 近代中国教育史料·第二册·俞复等创办无锡三等公学堂 [M]. 上海：中华书局，1928：252.

石印成书，以实地试验其合用与否，共成七编，统称《蒙学读本》，又称《蒙学读本全编》，并附有文法书，类似于教学法，以资教师教学参考。对于该套教科书的成书过程及编辑印行的意图，编者在由上海文明书局 1907 年重印本的序中做了如下说明："开办至今，适族三载。读书一科，随编随数，本不足存。近欲录副者颇多，爰图画写稿，付之石印，略加诠次，厘为七编……窃维国家当百度振兴，学校渐次推广……但今朝廷未设文部，私学校读本尤鲜善者。出是编以课童子，无非为教育之热心所迫。同方大雅，共当谅之。"

《蒙学读本》的前三编，就眼前浅理引起儿童读书兴趣，间及地理、历史、物理各科之大端，附入启事便函，逐课配置图画，为今初小国文教科书之具体。第四编，专重德育，用论语弟子章，分纲提目，系以历史故事，每课示以旨归，并译东西前哲懿行，以示良知良能，为今修身教科书之具体。第五编，专重智育，采辑子部喻言，每课系以答问，剖理清晰，引儿童渐入思维阶段。第六编是叙事文，除一二十课选自《史记》《资治通鉴》等书（如赤壁之战），其他都是新撰的。前半部分修辞"以奥衍富丽之文，写游戏习惯之事，为儿童读《史》《汉》巨篇之引"；后半部分为达理，"即以游戏之事命题，演为议论之文，为学作论断文之引导"。第七编为议论文，"选史汉通鉴最有兴会之文，暨左国周秦诸子隽美之篇，以及唐宋迄近代名家论说"❶。

《蒙学读本》的内容十分广泛，包括修身伦理、自然科学和中外历史地理等文字，教科书的编纂依照学生的认识顺序，由浅入深，还考虑到学生形象化思维的特点，除了文字知识内容之外，还有插图，可谓图文并茂，生动有趣，能够有效地激发学生的兴趣，并能增强学生的热情。在当时的条件下，更属难能可贵，是对传统教科书体例方式的一大改革。从全书的思想内容来看，可以看出严复翻译传播的进化论思想在知识界的触动及对国人心理的刺激，还受到了以康有为为首的维新派教育思想的影响，比较强烈地反映出当时新生资产阶级和爱国人士要求国家独立和民族富强的善良愿望，得到师生的普遍好评。例如《蒙学读本》第三册第二课的内容："祝我国，固金汤，长欧美，雄东洋，陆军海军炽而昌，全球翻映龙旗光，帝国主义新膨

---

❶　舒新城. 近代中国教育史资料·第二册·无锡三等学堂蒙学课本［M］. 上海：中华书局，1928：252－253.

胀，毋庸老大徒悲伤！印度灭、波兰亡。请看我帝国，睡狮奋吼剧烈场。"

《蒙学读本》仍以多学科融合的综合课程思想理念加以设计，但从编辑体例上看，"字类备温""课后列问题""附列文法与教法"等使它更适合于教学理论所要求的复习巩固、巧设问题以增益思维等基本思想。因而，更能切合教师从事实际教学之需要，也走向了近代新式教科书的内容体系及设计形式。

由于这套教科书是教学实践的结晶，从选材到内容都经过推敲和检验，其质量高于南洋公学的《蒙学课本》，因而在当时受到普遍欢迎。1902 年，无锡三等公学堂将所编《蒙学读本》共七编同时请官厅存案，交上海文澜书局以石印发行，以后又由文明书局（1902 年创建）印刷发行，载明"寻常小学堂读书科生徒用教科书"，风行一时，当时有书画文"三绝"之称，出版不及三年，就重版十余次。至光绪三十三四年（1907—1908），因为国家、地方民间、留学生等多种力量介入教科书建设，各种教科书流行版本数量剧增，竞争压力加大，该书的销售量才开始减少。时论称："当此学堂萌芽时代，儿童发蒙用书，先只有南洋公学所编之蒙学课本，仅三四册。又其他零星课本，皆不成军者。自此书出，一时不胫而走……计此书前后占我国小学教育上一部分势力者，实有五六年也。"[1] 该书为商务印书馆 1904 年《最新国文教科书》的出版提供了借鉴。近代出版家、教育家陆费逵称："这本书写、画都好，文字简洁有趣，在那时能有此种出品，实在难得。"[2] 此外，无锡三等公学堂还编译了《中国理科教科书》两卷（无锡三等公学堂编译，1902 年文明书局印行），《蒙学理科教科书》四卷（无锡三等公学堂编译，1905 年文明书局印行）。

（三）上海三等公学堂

上海三等公学堂又称上海三等学堂、沪南三等学堂，校址设于高昌庙桂墅里经正书院旧址。开创者是受过西方近代教育，具有维新思想的教育家、开明绅士钟天纬（1840—1900），于 1896 年在盛宣怀的资助下创办。三等学堂名称源于其相当于小学的性质，设立目的是为在津沪地区设立的二等学堂（相当于中等教育）、头等学堂（相当于高等教育）提供受过新式初等教育

---

❶ 舒新城. 近代中国教育史资料·第二册·无锡三等学堂蒙学课本［M］. 上海：中华书局，1928：253.

❷ 陆费逵. 论中国教科书史［G］//舒新城. 近代中国教育史料（第二册）. 上海：中华书局，1928：254.

的生源。三等公学内分蒙馆、经馆两级，学制各三年，蒙馆"自八岁入塾至十岁为止，其习三年"，经馆"由蒙馆满期，学生选拔入馆，年则自十岁至十三岁为止，其习三年"。二者学习的内容各不相同，蒙馆以识字为第一要义，经馆以经文为重，选学英文，毕业后升入中学堂。

钟天纬早年饱读诗书，二十六岁中秀才，因变故在三十三岁时经友人介绍入上海广方言馆三年，师从美国传教士林乐知学习英语。在求学期间，中西方语言教学方法的截然不同使钟天纬感触颇多。中国教师的传统教学都是沿袭旧制，"每馆皆守其老师宿儒之教法，如金科玉律，不留余韵，生亦以为无可请益矣"。这种教学方法注重要求学生死记硬背，简单、枯燥，主要是让学生反复诵读长篇文章，而教师缺乏精确、详细的讲解。钟天纬感叹道："如是者十余年，犹不知书中是何意义。"在与西方教学方法比较后，结合自己读书经验，钟天纬得出的结论是："始知十余年徒掷光阴费精神于无用之处，然因此岁月蹉跎，究不能多读有用之书。"❶ 传教士教授英语遵循由浅入深、循序渐进的原则，给他留下了深刻的印象：先从最基础和简单的拼写、读音开始，然后由浅入深，进入词组、句型的学习，在掌握丰富词汇和复杂句型的基础上再到篇章的教授。教师注重详细地解释，学生需要反复地练习。这样的教学方法比简单的死记硬背更符合学生的认知规律，学生的学习效果更好。两种不同的学习经历让他有了吸取英语教学的良法改革语文教学的决心。在受聘为家庭教师的过程中，钟天纬将自己改良的教学方法运用到教学过程中，取得了显著效果。

在创办上海三等公学堂时，钟天纬特地撰写《学堂宜用新教授法议》和《训蒙捷诀》两篇文章，说明和推广自己的新式教学方法。文中他指出自己的教学方法与传统的方法相反，是学习西方教学由易到难、由浅入深的步骤："此法本脱胎于西人，盖西人教法，无他巧妙，不过由浅入深之一法，先讲拼法调音，次讲文法字义，比及三年，文理无不贯通者。中国读书，勤过西人，而获益适与之相反，由于先艰深而后平易，童子无知不能食古而化也。"❷ 科学的方法加上勤奋的精神定能取得事半功倍的效果。其新法教授的实践和思想

---

❶ 钟天纬. 学堂宜用新法教授议［G］//朱有瓛. 中国近代学制史料·第一辑·下册. 上海：华东师范大学出版社，1986：582.

❷ 钟天纬. 学堂宜用新法教授议［G］//朱有瓛. 中国近代学制史料·第一辑·下册. 上海：华东师范大学出版社，1986：583.

特点主要体现在《训蒙捷诀》及《小学堂功课章程》中。一是注重循序渐进的教学方法。从符合儿童具体思维的特点入手，由识字、组词到造句，最后成文。先从认字开始，"初年一字，只讲一音一义，次年方添教异音异义"；然后学习书写，"宜先学一划、一竖、一撇、一捺，数个月后，然后凑成全字，此乃由分而合之法"；进而开始默写，"不必默所读之书，只将口头言语之字，串成句语，令其默写出来，由两字而三字四字"；最终形成文章，"先由教习随口说话，令学生执笔记录，由一句渐接连至数句。初则一句一意，教习删改其错字误句；久则令学生自取日用之物，寻常之事，写成文理，由数十字扩充至数百字，成小小篇幅，立论说之基址"。二是注重调动学生学习兴趣。教学内容选取学生感兴趣的"每段有古典一件，使人动听"；教师讲解时用儿童生活的口头言语，"口头言语，则声入心通，自能认得，在童子大有乐趣，正童子之心得也"，以便于儿童理解，"如奔，走也；晨，早也；夕，晚也、夜也之类，故幼学易晓"；根据学生好胜的年龄特点采取分组教学，"每日以一寸方之纸，写一字，认时便五人围住圆台，逐一认识"，对于教师讲课内容"令学生彼此还讲，以争胜负"。三是注重知识的巩固与掌握。对于所学知识"所有旧字每日轮流温习"，"温习之法，令学生手自执持，教习但高坐观，口为进退，如有音义不符，宁剔出重读，免贻终身之误"，"数月之后，字数既多，宜抽覆之。至温字则遍行温过，一日不足，则两日温之，两日不足，则三日温之。此事以熟为主，不以多为主也"，"凡今日所授西书，明晨必须背诵无讹，方上第二课"。❶

三等公学堂的教学活动，包括课堂教学与课外活动。上海三等公学堂在课程教学中，蒙馆与经馆有所区别。蒙馆以识字为第一义，除资质鲁钝者随时黜退外，其余可造诸生务令每日识二十字。因为讲学为作文之根本，识字为讲书之根本，故以此为入手之关键。蒙馆学生已识一千余字，即可讲解文义浅近之书。已识两千余字，即可学做句子。蒙馆学生识字既多，必当日日课以写字，所有旧字每日轮流温习，初年一字，只讲一音一义，次年方添教异音异义。所讲之，每日教习讲毕后，诸生即须还讲一次。经馆以经书为重，也很重视英文。学生宜每礼拜课论一篇，凡作汉文论一篇，必将汉文译作洋文。加强语音和口语练习，因为

❶ 陈学恂. 中国近代教育史教学参考资料（上册）［M］. 北京：人民教育出版社，1986：299－303.

西人语言之间，抑扬高下，变化万端，若仅恃记诵，而不抓紧口语练习，则达不到培养目标。经馆应有一定数量图书资料的保藏，使学生功课之余，可任意浏览，以旷心胸而长识见。学期（年）考试，必须中西两学俱优，方能首列。庶学生争自磨砺，中西并进，两无轩轾。教学中，教师应建立评估、考核制度，实施严厉的奖惩措施。❶

三等公学堂的课堂教学与课外活动相结合："每晚放学，应令诸生体操，在园中或散步数百，或拍球等戏；并宜取各种浅近之歌，教以讴唱，以瀹其性灵，舒其志气。"❷

鉴于洋务派办学活动偏执于专门技术教育，以培养实用科技人才为目标的狭隘设计与舍本逐末的走向，维新派认识到其中的偏颇及局限，由关注民众素质及能力的提高（即"开民智"）推向提倡国民教育。由此，肇始了近代中国声势浩大的国民教育思潮与义务教育运动。当然，这时的基础教育绝非古代延续的蒙学教育复刻，而是从组织管理到教科书教法均在相当程度上进行改造、"换血"的近代学校教育。诚然，其中也仍残留浓厚的传统教育因素，但这不是主要因素，根本特质仍是近代思想意识与工商业文化知识的集中反映。应该说钟天纬的教育观念及活动场域正是基于此种条件展开的。

钟天纬认为国民教育为人之始基，"欲期国富兵强，人才辈出，则莫如令民间广设小学堂，使闾阎家自为学，人自读书，子弟胜衣，即勒令入塾，则于自强之道思过半矣"❸。学习西学与在欧洲游历的经验，使钟天纬有了初步的分科意识，在创办上海三等公学时他自编了中国第一部白话文小学教科书，共十二册，名称分为《字义》《歌谣》《喻言》《故事》《智慧》《格言》《女鉴》《经余》《格致》《史略》《文粹》《辞章》，统名《读书乐》，也称《蒙学镜》。这是我国近代首套用语体文编写教科书的读本。其中第二卷涉及大量寓言，如"两鸡相斗""狐骂葡萄""牧童说谎""农夫救蛇"等。他还为配合实际教学需要，编写了《教授新法》。上述两书于 1898 年由上海一新书局出版，其中《蒙学镜》一书更为著名，该书的编辑设想如下：

---

❶ 朱有瓛. 中国近代学制史料·第一辑·下册·光绪二十二年（1896）三等公学功课章程[M]. 上海：华东师范大学出版社，1986：586–587.

❷ 钟天纬. 小学堂功课章程[G]//陈学恂. 中国近代教育史教学参考资料（上册）. 北京：人民教育出版社，1986：301.

❸ 钟天纬. 公塾原启[G]//陈学恂. 中国近代教育史教学参考资料（上册）. 北京：人民教育出版社，1986：297.

分门别类，审情酌理，选词辨句，尤生平辑述所加意者也。育才者强国之嚆矢，蒙学者育才之初桄，盖蒙之义训为昧，得镜照之，昧者斯明，故先字义，次喻言智慧格致，终之以经余史约，总此六门，固井然有序，秩然不紊，非特言明且清，理纯而正，俗不伤雅，浅而易晓，为学者检束身心，启发智识之助已也。诗曰：肄成人有德，小人有造。欲使今日有造之小子为他日有德之成人，岂不赖此古镜照神哉。❶

中国传统的教学内容是经、史、子、集的所谓"四部之学"，而且文史哲不分家。数学、自然科学的知识是正统教育绝不包括的。而钟天纬在编写教科书时，有意将《史略》《智慧》单独列出，以示文史哲课程区分。他还将《格致》列入课程，摆脱了传统单纯"文字"课程的羁绊。另外，这套教科书的德育教育结合学生年龄特点以"格言""喻言""故事"等儿童喜闻乐见的形式编写，而不是简单呆板的说教。钟天纬还创造性地把"唱歌"列入学校教育内容，他认为："宜取各种浅近之歌，教以讴唱，以瀹其性灵，舒其志气。"❷此前的正蒙书院和经正书院都未设这门课，1904年1月颁布的中国第一部《奏定学堂章程》（"癸卯学制"）也未把唱歌列入正式课程。因此，这是中国教育史上的一大创举。

由钟天纬自编的这套教科书的名称《读书乐》或《蒙学镜》可以看出他的教育理念，作者是鼓励儿童快乐地读书学习，儿童只有在快乐中学习，才能学得好。因此，读这套书应该是快乐的。而所谓"蒙学镜"，钟天纬认为，读书能使人明白事理，变得聪明起来，"蒙之义训为昧，得镜照之，昧者斯明"❸。在钟天纬快乐教学的指导下，上海三等公学堂不断向南北洋两学堂输入合格生源。1897年10月，南洋公学招考外院生，三等公学堂送考者十余人，结果录取六名。1899年年初，盛宣怀在沪选送十五名学生至北洋大学堂二等学堂肄业，其中三等学堂就占五名的份额。由此可见，上海三等公学堂在当时来说是一所创办比较成功的小学堂。

洋务运动在中国19世纪60年代掀起了一场自上而下的改革，这场改革对

---

❶ 钟天纬. 字义教科书·序［G］//朱有瓛. 中国近代学制史料·第一辑·下册. 上海：华东师范大学出版社，1986：591.

❷ 钟天纬. 小学堂功课章程［G］//陈学恂. 中国近代教育史教学参考资料（上册）. 北京：人民教育出版社，1986：299－301.

❸ 周仲华. 字义教科书序［G］//钟天纬. 字义教科书. 上海：上海三等学堂，1903：1.

中国教育的触动是最大的，彻底改变了教育的格局。在"经世致用"和"中体西用"思想指导下，洋务派创办了一批洋务学堂，这些学堂以"自强"为目标，培养具有近代科学文化知识的外语人才、军事人才和技术人才。这些学校的创办，对于动摇旧教育体制，推动中国近代教育改革，无疑起到重要作用。但是，这时的教育仅是急功近利的权宜之计，而对于教育的本质、功能、定位，从上位者到开明绅士都没有清晰明确的认识。由于中国的国门被迫打开，西方资本主义直接嫁接到中国封建社会，而资本主义在中国缺乏一个生长的过程，导致中国近代教育先天不足，被动发展。这既是洋务运动局限性的体现，也是中国普通教育发展滞后的根本原因。

在上海三等公学堂成立之前创办的新式蒙学——正蒙书院和经正书院，它们否定科举及相关教育，以为国家培养有用人才为出发点，以为上一级新式学堂培养生源为目的兴办新学。而钟天纬通过教育与人的发展的关系提出"普及教育""普通教育"，他认为教育的意义不仅在于培养人才，而是提高国民素质的根本途径。他将教育从功利的作用提高到改变国民素质的高度，说明他对教育的功能和本质的理解，已远远超过了同时期的教育家，这在当时具有十分重要的意义。

（四）上海澄衷学堂

上海澄衷学堂初创于 1900 年，成立于 1901 年，创办者为浙江镇海的叶澄衷。澄衷学堂 1901 年出版由该校教员沈颐（字朵山）、刘树屏编的《澄衷蒙学堂字课图说》，简称《字课图说》，为当时小学堂所普遍采用，流传甚广。刘树屏深感传统教育有违教育规律，认为传统教科书"其施也悖，其求也佛。不责以日用行习之常，而反语以性与天道高远难行之旨，不循循焉师尼山善诱之术，而惟束缚以立之威"❶。因此，该书注重结合儿童的特点，无论从选词到注音释义，还是分类编排，都围绕其要旨而不出其左右。

《字课图说》共分四卷八册，专为小学堂教育而作，故用词崇尚浅近，不收生僻词汇。共选三千余字，多为世俗所通行，书牍所习见者。第二卷中的锌、锰、铂、钾等，因屡见于近世译本化学书，也考虑收入。

课本按名动静状虚字编排，十岁以下学生先释音、注音，次释义，次引证，举与其他字联辍的词来说明，一字有数音都附上。而对十一岁以上学生则

---

❶ 沈颐，等. 字课图说（凡例）卷一［M］. 上海：上海澄衷学堂，1901.

先注切音、次释本义，与字义相关的篆文列上，再释引申义、假借义，凡现行事例新理名词，皆随字附释。过于抽象、语义又嫌晦涩难懂的名字动字，均附以图，或描摹我国旧图，或据译本西图。

第一册中，将名、代、动、静、状、介、连、助、叹九类字词列入，一字有数类，则以最要者为正，并附录其余，而阙其不习用者。字义分详简两类，而识字顺序则分深浅二级。先浅后深，浅者定为初级，计选一千字数百字，特于检字中加圈，以为识别，深者定为次级，概不加圈。❶ 在《澄衷蒙学堂按日课程表》中具体讲了讲字、读史、舆地、习算、写字的具体课程安排及教学要求。❷

《字课图说》以书法楷体、工笔绘图印制，楷体书法与工笔绘画刚柔相济，互相匹配，或粗或细，或轻或重，效果活泼，使学生在潜移默化中受到了艺术的熏陶。它犹如一本字帖和画帖，学生日日研习，不但学习识字，还可能提高自身的书法与绘画水平，提升学生的艺术鉴赏力和对事物的审美认识。

《字课图书》根据我国语言文字的特点，按照学生的认识顺序，配以图画，确实不同于古代蒙养教科书。在知识的诠释内容的引证以及思想观念的导向等方面都明显地体现西学东渐及维新变法的时代痕迹。而有关教学方法的指引或要求，实有后来"课程标准""教学大纲"的结构设计，也具有当今教学策略或"学会学习"的精神。该套教科书的缺点在于对教科书的学科内容是循环或直线演进上升的，对学科逻辑顺序及学生的学习能力阶段水平缺少顾及，以致难度太大，难于有效掌握。《字课图书》的注解以《尔雅》、段玉裁《说文解字注》等为准。如"椅"字，告诉学生"树之梓实而桐皮者曰椅"，取的是陆机《毛诗草木鸟兽鱼虫疏》的注。以远释近，把儿童身边的浅近事物解释得深远，不择对象，使学生坠入五里雾之中，不合教学的要求，使原有的目标及设计难以获得有效性保障。

（五）京师大学堂

京师大学堂被称为中国近代第一所高等教育机构，诞生于戊戌变法时期的1897年，是效仿日本帝国大学章程建立的。1898年6月至9月的"百日维新"

---

❶ 沈颐，等. 字课图说（凡例）［G］//朱有瓛. 中国近代学制史料·第一辑·下册. 上海：华东师范大学出版社，1986：841 – 842.

❷ 澄衷蒙学堂按日课程表［G］//朱有瓛. 中国近代学制史料·第一辑·下册. 上海：华东师范大学出版社，1986：841 – 842.

失败后，各项变法措施被废止，唯有此项被保留。清末各地兴办学堂，深切感到缺乏适合学校应用的教科书。这一时期，编辑教科书除了地方有资源及影响力量的学堂以外，京师大学堂也是一个重要阵地。京师大学堂编书处是京师大学堂附设的教科书编写机构，它成立于1902年10月，同年颁布了《大学堂编书处章程》，第一次公布了编纂统一教科书的宗旨、范围、科目程度、编辑的人事组织及编纂方式等，为按计划、有序列、保质保量地编写学校教科书提供了规章依据，并且考评及管理的思想较为突出，也具有从文化知识向课程转换以及教科书教育性导向的深刻内容。

京师大学堂编书处"拟按照中小学课程门目分类编纂：一曰经学课本，二曰史学课本，三曰地理课本，四曰修身伦理课本，五曰诸子课本，六曰文章课本，七曰诗书课本"。以上七类教科书的主要内容及要求如下：经学课本除"四书""五经"分年诵习外，其诸家注释，拟编《群经通义》一书，略仿《尔雅》之例，天地人物，礼乐刑政，类别部居，依次叙列。其大义微言，师承派别，亦区分门目，略加诠次。史学课本拟以编年为主，删除烦琐，务存纲要。拟就先哲史论文集，精为择取，或逐条系明，或另卷编列。地理课本拟区分省、府、厅、州、县，凡经纬度数，山川形势，户口丁漕，驿传道路，关权税款，物产工艺，备载大略。地图一门，除参用洋图外，拟略取冯氏（桂芬）《校邠庐抗议》绘图之法，各由本地学校，谙悉测绘之人分制。修身伦理课本拟分编修身为一书，伦理为一书，均取《朱子小学》体例，分类编纂。诸子课本，周秦诸子，为后世各种学派所自出，拟提要钩元，汇为一集，使其支条流别，灿然具陈。文章课本，自秦汉以降，文学繁兴，一以理胜，一以辞胜。其所选择，一以理胜于辞为主。凡十家八家之标名，阳湖、桐城之派别，一空故见，无取苟同。诗学课本拟断代选择，自汉魏以下，取其导扬忠孝，激发性情，及寄托讽喻，有政俗人心关系者，撰为定本，以资扬揭。其中，还规定："各门课本，拟分两项办法：一最简之本，为蒙学及寻常小学之用；二较详之本，为高小及中学之用。"❶

几乎同时，京师大学堂还成立了附属机构译书局，组织翻译、印行西方书籍，其中包括各类教科书，并设计在程度深浅、高低等次上依序进行，"现在

---

　❶　朱有瓛. 中国近代学制史料·第二辑·上册·光绪二十八年大学堂谨拟编书处章程［M］. 上海：华东师范大学出版社，1987：861.

所译各书，以教科为当务之急，由总译择取外国通行本，察译者学问所长，分派深浅专科，立限付译。教科书通二分等，一为蒙学，二为小学。其深邃者俟此二等成书后，再行从事"❶。

由于京师大学堂在学校教育体系中的特殊地位，它编译教科书的行为就突破了民间组织或个人的松散方式，而使中国近代教科书编写开始走向正规化。但是由于《大学堂编书处章程》规定了编书以上述七类课本为主，突出于"中学"的优势地位，并以"端正学术，以防邪僻"为根本宗旨，对欧美近代新教育的精神并未关注。因此，大学堂编译书（局）的成效并未如愿，其主要成果体现在1902年12月，京师大学堂颁布《暂定各学堂应用书目》的记录之中。其中列出书目九十一种，按修身伦理、字词作文、经学、文学、中外史学、中外舆地、算学、名学、理财学、博物学、物理化学、地质矿产等十六个科目指定应采用的教科书，而尤以翻译的教科书居多，其中西学教科书只占三分之一强。

例如，据《第一次中国教育年鉴·戊编》记载：1903年，京师大学堂编译书局译成之书，有《罕木楞斯密算法》一卷，《洛克平三角》一卷，《斐立马格纳力学》一卷，《额伏烈特动静力学》《气水学》《热学》《光学》《电学》各一卷，《埏氏实践教育学》五册，《欧洲教育史要》三册，《中等矿物学教科书》《东西洋伦理学史》《格氏特殊教育学》《独逸教授法》各一册❷。以上各书均被列入光绪二十九年（1903）京师大学堂刊行的《暂定各学堂应用书目》一书中。

五、学堂编辑教科书活动评价

上述教科书的选用比之中国的传统教科书有了很大的进步，如自然科学成为学生必学的知识。这个书目所列自然科学方面教科书，虽有一些是中国人自己编写的，但大多数都是译自国外；还应该看到，传统的修身、伦理、经学等教科书仍放在首要的地位，如《弟子职》《曲礼》《朱子小学》《近思录》《四书集注》《五经》等仍作为法定规范内容，体现了"中体西用"的教育政策通

---

❶ 朱有瓛. 中国近代学制史料·第二辑·上册·光绪二十八年大学堂谨拟编书处章程 [M]. 上海：华东师范大学出版社，1987：860.

❷ 李桂林，等. 中国近代教育史资料汇编·普通教育·教科书之发刊概况 [M]. 上海：上海教育出版社，1995：173.

过教科书为手段渗透在办学实践之中。

相对于此前的西式教科书引入以及其后以学部编译图书局商务印书馆及中华书局等国家、出版机构编译教科书的规模及影响力而言，维新变法时期学堂编辑教科书的整体数量是有限的，但其涵盖的范围较宽，从小学识字到中学各科均有涉及，且有着承上启下的过渡作用。由于这是近代中国人对编写新式教科书的最初尝试，因此，此举还带有开辟荆棘、勇于探索的锐利勇气，以及在教科书开发征程中敢为人先的积极向上精神。从教育学的视域透视，至少有如下三方面值得关注。

（一）关注学生心理，符合教学原理

作为早期国人自行编辑教科书的代表，此期学堂编辑的教科书具有由浅入深、循序渐进、生动有趣的特点，语言形式也更通俗和多样化，较之传统的教科书更符合教学原理的思想观念。

南洋公学《蒙学课本》行文虽仍为"文言体"，但文字较为通俗，而内容则与过去体现的玄妙儒学经典的教科书更有所不同，比较接近日常生活的材料，专门采用习见习闻之事物，运用通俗文字，要使童子由已知而达于未知的认知效果。该教科书在"编辑大意"中所指出的"多识之助""学文之式"也就具备这种心理促进及学习策略引导的作用。

无锡三等公学堂《蒙学读本》的编纂依照学生的认识顺序，由浅入深，还考虑到学生形象化思维的特点，除了文字知识内容外，还有插图，可谓图文并茂、生动有趣，能够有效地激发学生的兴趣，并能增强学生的热情。这些都是教学认识论及心理论中的重要原则，也是教科书编写的教学论理念。

（二）源于教学实践，注重教学指导

学堂教科书的编辑者接受新式教育的同时积累了丰富的教学经验。无锡三等公学堂丁宝书等即编即教，以实地检验其合用与否，南洋公学更是由师范生陈懋治、杜嗣程、沈叔逵等自编蒙学课本三篇，以供外院附属小学使用。但是他们也注意到过于依赖自己的经验缺乏一定的科学性，于是开始编写专门教学指导用语及教学教法书。如南洋公学《蒙学课本》在教学中便要求："每授一课，自当先由教习指授，初编卒业，即当练习读书之法。教习先就正文讲明本意，乃令学生自讲正文教习为指误处。"无锡三等公学堂的《蒙学读本全书》

的每册扉页则印有"是书共有七编同时付印，文法书嗣出"，其《文法书》已经是单独的教学指导书了。

（三）编辑理念具有现代性

上海澄衷蒙学堂的《字课图说》作者在编排字的时候多是以图为主，引领生字，以拓展儿童的视野和思想，具有鲜明的时代性特征。就南洋公学《蒙学课本》而言，其包含的内容虽是修身、致知格物、卫生等多方面学科知识的综合，但是其中西学分科知识的冶炼、陶铸以及教育心理视域在编排设计中的运用，明显印证了现代综合课程或关联课程的思想观念。该书第二编根据"泰西教育之学，其旨万端，而以德育智育体育为三大纲。德育者，修身之事也；智育者，致知格物之事也；体育者，卫生之事也；蒙养之道，于斯为备"的编排原则。另外，《新订蒙学课本》中提到："凡他人器皿，未经告知，不可擅动；他人信札，尤不得任意拆阅。凡公用器具，最宜爱惜。公园之内花木，不得攀折。"❶ 既有对个人隐私的保护，也体现社会公德的思想观念对学生的品德教育诉求。

但是由地方兴学实践推动教学改革及教科书建设，这对于教育近代性走向的新阶段及其制度化发展的到来都是一种过渡及转换的触媒。各学堂编辑的多数课本是国文教科书，更不能满足各学堂学科新课程教学上的需要。同时，我们又看到在西学课程教科书编写方面所做的努力，而且在语文的知识教学中已经运用或交叉了广泛的西方思想及科技知识，这都是教科书近代改革的动态走向。有的学者以小学语文教科书为例对这时期学堂教科书编辑活动做了如下评述：

> 即使在晚清，当时的小学和中学堂学生所使用的教科书，也基本上是沿袭古代官学和私塾的教科书，在内容和形式上都未有大的改观。在这种情况下，要使语文教学过渡到新思想新文体上来仍然相当困难。新式蒙学教科书就是在这种情况下出现的。它采用传统蒙学教科书的形式传播新思想，用语力求通俗，以适应儿童阅读理解，为语文教育注入了新鲜血液。这些改进虽不彻底，但对语文教学内容的丰富与更新以及近代语文教科书的编写，都具有启示和推动作用。❷

---

❶ 夏晓虹. 蒙学课本中的旧学新知 [J]. 清华大学学报：哲学社会科学版，2009（4）：43.
❷ 王松泉，钱威. 中国语文教育史简编 [M]. 北京：社会科学文献出版社，2002：90.

应该说，这种评价略嫌低调，流于表面，因为知识内容的变化及所反映观念形态的因素需要深入体会。在这一层面上，笔者上文已做了探析，可以作为引证的素材。

第三节　留日学生编译教科书的活动

在 19 世纪末至 20 世纪的最初十余年，总计大约二十年光阴中，中国出现了一场留日教育运动，又称留日教育，或留日思潮。这场运动与社会包括教育在内诸多领域均构成强大作用力，其中也有教科书的重要内容。从传播学史角度考察，中国近代翻译史在维新运动直至清末发生了变化，其实是进入了新的历史阶段，其标志是译书对象由西洋转向东洋。由于对师范及教育的意义更为看重，因此，译书的直接取向便与教科书有更紧密的联系。也可以说，翻译的日本教科书填补了自编的不足，也直接推动了教科书编写的历史进程。

一、由"西书"到"东书"——译书风向的转变

1894 年爆发的中日甲午海战改变了东亚及远东太平洋地区的国际战略格局。翌年，李鸿章作为和谈代表赴日本马关被迫签订了丧权辱国的《马关条约》，日本获得了四亿五千万两白银的战争赔款及其在华的特殊利益，并由此一跃而跻身于国际政治舞台，列强因之刮目以视，中国对日本的看法亦为之一变。效法日本之声响彻于国内，译书风尚亦由泰西转而为翻译日本书籍。此时，开馆译书多以日本为借鉴，大力提倡，以日本区区小国而新设翻译局在东京、大阪、熊本、长崎各地有十处之多。❶ 当时有识之士认为，各种西学，日本都已选择翻译，取法东洋是方便简易而又有效的。学习日文比学习英文容易，中日两国同文同种、风俗习惯类似等。这些都表明译西书不如译东书。

康有为分析近代日本由弱至强的缘由时称：日本原来也闭关自守，因其及时变法，派人游学，学习泰西政治、工艺、文学等各科知识，及时翻译而善其治，乃有今日之强大。他批评江南制造局专门翻译欧美书籍，不仅途径至难，成书也少，而且所译之书，皆系农工兵等陈旧非要之书，不足以发士人之通

---

❶　黄福庆. 清末留日学生 [M]. 台北：台湾"中央研究院"近代史研究所，1975：151.

识，不但浪费岁月，而且靡费巨款。

当时梁启超等主张翻译日本书籍者，皆认为日本明治维新以后，博采泰西群书加以翻译，日文之译本充斥于市肆，中国与日本有同文之便，如间接源自日文，可得事半功倍之效。梁启超在论日本文之便利时，有这样的看法：

> 日本自维新三十年来，广求知识于寰宇，其所译所著有用之书，不下数千种，而尤详于政治学、资生学、智学、群学等，皆开民智，强国基于急务也。吾中国之治西学者固微矣。其译出各书，偏重于兵学艺学，而政治资生等本原之学，几无一书焉。夫兵学艺学等专门之学，非舍弃百学而习之，不能名家。即学成矣，而于国民之全部，无甚大益，故习之者希，而风气难开焉。使多有政治学等类之书，尽人而能读之，以中国人之聪明才力，其所成就，岂可量哉。❶

梁启超在对待学习西学的问题上主张"以政学为主义，以艺学为附庸"，反对洋务派专注于西文教育与西艺教育，是西政教育的鼓动者，这在译书倾向上有明显的表现，但他把译书与日文教育及派遣留学联系起来：

> 今者余日汲汲将译之以饷我同人，然待译而读之缓而少，不若学文而读之速而多也。此余所以普劝我国人之学日本文也……而学日本文者，数日而小成，数月而大成，日本之学，已尽为我有矣。天下之事，孰有快于此者。夫日本于最新最精之学，虽不无欠缺，然其大端固已粗具矣。中国人而得此，则其智慧固可以骤增，而人才固可以骤出。❷

梁启超进一步认为，当时中国学界的情形，治西学不如研东学收效大，其理由为：

> 欲读西文政治经济哲学等书而一一诠解之，最速非五六年之功不能，若幼童脑力未开，循小学校一定之学级以上进，则尤非十余年不可……若治东学者，苟于中国文学既已深通，则以一年之功，可以尽读其书而无隔阂。即高等专门诸科，苟好学深思者，亦常不待求师而能识其崖略，故其效甚速也。❸

---

❶❷ 梁启超. 论学日本文之益 [G] //梁启超. 清议报（第十册）. 日本横滨，1898：3.
❸ 梁启超. 东籍胆叙论 [J]. 新民丛报，1902（9）.

康有为也同样将翻译东洋书籍与派遣游学并举。早在 1898 年，他在向光绪皇帝所上奏折中称："我皇上忧国如腊，叹念人才，乞下明诏，亟开译书局并筹遣游学，其于作人成才以供国用，至大计也。"❶

晚清教育史家吴汝纶也有类似的思想观念，他在《东文学堂章程》中明确提出："东学三年、五年可望必成，不似中学之遥遥无期；东师课严，不似中学之或作或辍"，"令阅东人译之西书，即与学西文者无异。"❷

在政治上，具有强烈封建国家政体意识的张之洞与君主立宪政治理想的康有为、梁启超之间有很大的分歧，并互相攻击，但对于翻译日本书籍，则又持相同的意见。由此推论，翻译日本书籍与留学日本确实是政学各界领导者的共识。张之洞倡言翻译日本书籍之必要性，指出依赖西洋人寻求新学有两种弊端：若先从西洋教习学习，因语言不通，错误百出；又西洋教习聘请费用高，教学特别缓慢，使学期延长。他力陈翻译日文书籍的必要性：

> 大率商贾市井，英文之用多；公牍、条约，法文之用多。至各种西学书之要者，日本皆已译之，我取径于东洋，功省效速……学西文者，效迟而用博，为少年未仕者计也；译西书者，功近而效速，为中年已逝者计也。若学东洋文、译东洋书，则速而又速者也。是故，从洋师而不如通洋文，译西书不如译东书。❸

康有为、梁启超等的思想主张，受到光绪皇帝的赞同，并在"百日维新"中成为一项变法内容。1898 年 8 月 2 日，光绪帝谕军机大臣等：

> 出国游学，西洋不如东洋。东洋如近费者，文字相近，易于通晓，且一切西书均经日本择要翻译。着即拟订章程，咨催各省讯即选定学生陆续咨送；各部院如有讲求时务愿往游学人员，亦一并咨送，均毋延缓。❹

中国之转向日本具有特别重要的历史意义，因为它发生在中国对外国书籍的兴趣从纯科技转向制度和政治方面的时候。洋务运动经中日甲午海战受挫，

❶ 康有为. 请广译日本书派游学折［G］//张静庐. 中国近现代出版史料（九补编）. 上海：上海书店出版社，2003：50.

❷ 吴汝纶. 与野口多内·附东文学堂章程［G］//吴汝纶. 吴汝纶全集. 合肥：黄山书社，1994：276，417.

❸ 张之洞. 劝学篇·广译［G］//陈景磐，陈学恂. 清代后期教育论著选（上册）. 北京：人民教育出版社，1997：366 – 367.

❹ 陈宝琛，等. 德宗景皇帝实录（卷四二二）［M］. 北京：华文书局股份有限公司，1939.

使人们认识到西方不仅有先进的自然科学，而且还有先进的社会政治法律制度，有一套精细的社会科学理论。维新派思想家杨深秀称："大学士曾国藩，先识远见，开制造局，首译西书，而奉行者不通本源，徒译兵书医学之书，而政治经济之本，乃不及一二。"❶梁启超在《论译书》中则进一步认为："夫政法者，立国之本。日本变法，则先变其本，中国变法则务其末，是以虽同而效乃大异也。故今日之计，莫急于改宪法，必尽取其国民律、商律、刑律等书而译之。"维新人士提倡变法图强，力主改革内政着手，译书的类别上倾向于人文社会科学。清末新政及宪政时期，强调普及教育，实行宪政制度改革，留日学生翻译日本的教育、人文、法政书籍成了主流。诚如海外中国历史研究者的见识："随着二十世纪的来临，兴趣的变化反映在翻译作品方面，因为对过去几个世纪的自然科学的热情转到了社会科学和人文科学方面，新的着重点对以后几年中国的政治和社会发展起着重大影响。自1902—1904年，几乎一半翻译书籍与历史和制度有关。对制度改革的兴趣以及日本的影响是本世纪最初几年翻译作品中的决定性因素。"❷

如上所述，无论是知识分子或政府官员，所以提倡翻译日文书籍，大多鉴于将日本维新归功于译书、教育及留学，更由于甲午海战中国的失利，敬畏之心油然而生，又因与日本有同文之便，故翻译日本书籍蔚为风气。但是多数倡言者有一共同心理，即翻译日本书籍，只为应一时之急，应付过渡时段，久远之计仍然在于翻译西方书籍。

蔡元培、张謇同样认为翻译西书人才匮乏、费用艰难，日本则有同文之便，力主翻译日文书籍，可收事半功倍之效。他们是以教育家的身份与角色介入的，思考问题的方式更多带有教育意识，表现在将译书与学校的教科书联系起来，使译书活动成为教育建设的重要途径。因此，其思考更具典型性。

蔡元培先从学校教育内容的比较入手，然后论及译书的作用：

> 西人教法，最重童蒙，有卫生之学，有体操之法，有启悟之书。日本步武泰西，通俗教育，其书美备。近今各省学堂林立，多授幼学，宜尽译日本小学校诸书，任其购择，一洗旧习。获效既速，教法大同。不精其

---

❶ 国家档案局明清档案馆. 戊戌变法档案史料［M］. 北京：中华书局，1958：267.

❷ ［美］费正清. 剑桥中国晚清史（下卷）［M］. 北京：中国社会科学出版社，1985：400.

学，不明其义。虽善译者，理终隔阂，则有书如无书也。且传译西书，才难费钜，所得复少。日本讲求西学，年精一年，聘其通中西文明专门学者，翻译诸书，厥资较廉，各省书局盍创行之。❶

张謇主张分省设译书局，编译学校课本，并专设机构管理，他同样采择预先翻译日本书籍为选项：

> 西政专门之书，经东人列为学科者，类已愈百；而一类之中，又有新旧之本，各家之说，约计所知，大抵又五六倍焉。若西书之繁，尤不胜数。今中国为先河海之谋，宜译东书；即为同种同文之便，亦宜东书。然各省同时并立学堂，并需课书，若专倚一省，不仅供求取之殷，而各省辏兴，亦虑有复沓之弊。宜约分门类，就江南、上海、江西、湖北、湖南、山东、四川、浙江、福建、广东十处原有书局经费，各认若干门，延致通才，今年赶译……今各省普立学堂，则小学堂、中学堂、高等学堂、大学堂、大学院各科之书，必次第编纂课本……宜请特派学问赅洽、通知时事、素有声望之大臣为总裁，设局编纂……其有私家编拟课程之书，悉由总裁审勘，奏请朝廷敕定颁行。❷

张謇在此已经设想了译书走向编辑，通过消化、学习，增强自主能力的思路。而且，他明确地将设学与编教科书协调进行，官方与私家配合，由专设机构主持审定学校使用的教科书，这是相当成熟、有预见的观点。

二、留日学生编译教科书的状况

如上所述，清末教育家、思想家在制度改良、社会变法的背景下，对于西学的输入方式将直接由欧美改变为间接取道日本，并且将翻译书籍目标的重心转向学校教育的课程与教科书的资源选择方面。与此同时，留学教育风潮的国别也由欧美转向日本，高潮期大致出现在1904—1909年。留学日本运动的出现，使翻译日本书籍的活动更趋高涨。

1900年前，已经有日本人用汉文翻译日本书籍。如1878年中村正直选、

❶ 蔡元培，徐维则. 东西学书录叙例［G］//张静庐. 中国近现代出版史料（近代初编）. 上海：上海书店出版社，2003：63.

❷ 张謇. 变法平议［G］//璩鑫圭，童富勇. 中国近代教育史资料汇编·教育思想. 上海：上海教育出版社，1997：506－507.

冈本监辅翻译的十册《万国史记》，是第一本用汉文介绍世界历史的书。1898年，细田谦藏译《日本军政要略》（陆军学校教科书）由南洋公学出版，古城贞吉译《日本学校章程三种》《中国工艺商业考》由时务报馆出版。在留日学生具备翻译能力之前，这类书籍对引发新知识起了一定的作用。1897年，罗振玉、徐树兰等在上海组织农学会，出版《农学报》，并翻译、刊印农书一百余种，有不少日本学者参与其中。1898年，罗振玉在上海创办东文学社，教授日本语，聘请藤田丰八、田冈岭云、诸井六郎等任教员，招收王国维、樊炳清、沈纮为学员，以后日本历史、地理、理化、教育等教科书均由王国维、樊炳清等译成中文。随着留日学生的翻译能力渐次成熟，开始组建翻译团体，在国内参与汉译工作的除日本人士外，其他如樊炳清、吴尔昌、陈贻范、沈纮等并不是留日学生，而是上海东文学社的学生。尤其是樊炳清被认为是最早从事翻译日本书籍者，他于1899年将桑原骘藏的《东洋史要》译成四册，由东文学社出版，他还翻译了不少学校教科书类的书籍。❶

1900年以后，留日学生肩负起翻译的主体工作，译述领域所涉及的范围颇为广泛，翻译的书籍源源不断地出版，在中国传播并发行。中日的一些出版机构如广智书局、商务印书馆、文明书局、富山房、三省堂等也纷纷出版汉译日文书籍。留日学生还组织了许多翻译团体，其中著名的有译书汇编社、教科书译辑社、会文学社、国学社等。

（一）译书汇编社

译书汇编社创建于1900年，是留日学生组织的第一个翻译团体。其译书大都是东西方资产阶级政治学说，其中著者十种：

《政治学》（美国，伯盖司著）、《国法泛论》（德国，伯伦知理著）、《政治学提纲》（日本，鸟谷部铣太郎著）、《社会行政法论》（德国，海留司烈著）、《万法精理》（法国，孟德斯鸠著）、《近代政治史》（日本，有贺长雄著）、《近代外交史》（日本，有贺长雄著）、《19世纪欧洲政治史论》（日本，酒井雄三郎著）、《民约论》（法国，卢梭著）、《权利竞争论》（德国，伊耶陵著）❷。

---

❶ ［日］实藤惠秀．中国人留学日本史［M］．谭汝谦，林启彦，译．上海：上海三联书店，1983：258－259．

❷ 吕顺长．清末浙江籍留日学生之译书活动［J］．杭州大学学报：哲社版，1996（2）．

译书汇编社的译书数量增加，学科范围也逐渐扩大，《译书汇编》第二期有二十二种，到第七期增至三十四种，译书重点侧重于政治学书籍，许多为当时日本的大学教科书，与维新派注重西方社会政治学说的态度一致。这些译书宣扬了资产阶级的民主思想与政治体制，对当时教学内容的更新及新式教科书的编辑有重要影响。

（二）教科书译辑社

教科书译辑社由留日学生陆世芬联合东京的留日学生于 1902 年设立。该社以翻译欧美和日本的中等学校教科书为主要任务，在上海、南京、天津、苏州、杭州、汕头、保定、宁波等地设有代销点。教科书译辑社最早的出版计划，包括下列书籍：《伦理学》《东洋史》《中（中等）地文学》《初等几何学教科书》《平面三角学》《中等化学教科书》《中等植物学》《新式矿物学》《体操教范》《法制教科书》《中等管理教授法》《中国历史》《西洋史》《中等万国地理》《算术小教科书》《代数学》《中等物理教科书》《普通生理教科书》《中等学动物》《图画术》《国民新读本》，以及《经济教科书》等。

由江苏留学生组织编辑发行的杂志《江苏》于 1903 年 4 月第 1 期刊载有关该社编译的学校教科书书目如下：《中学地文教科书》《中学物理教科书》《中学生理教科书》《中学化学教科书》《物理易解》《社会学提纲》《青年教育》《国家教育》《教育原理》《普通经济学教科书》《中学地理教科书》《中学代数教科书》以及《中学几何教科书》等。

上述情况表明：从层次水平来看，该社所翻译的书籍以中学教科书为主，涉及学科门类较多，且侧重于国内学堂课堂计划所薄弱而又亟须的理科教科书；从名称类型考察，应是依据了清末 1902 年由张百熙所主持编制"壬寅学制"的相关内容要求，富有较明显的政府政策导向色彩。

（三）国学社

1903 年，以浙江留日学生为主发起组成国学社。该社由留日学生叶澜负责，骨干分子有秦毓鎏、汪荣宝、周逵、黄锋、张肇桐等。该社以编辑中小学教科书为主要目标，同时翻译西方和日本的名著。其中，编辑教科书的活动在该社成立之初即着手进行，编译者及编译书目如表 3 - 1 所示。

表 3-1　国学社编译书目

书　目	编译者
中学读本	秦毓鎏、嵇镜
中学文典	汪荣宝
中学国史	汪荣宝
外国史	汪荣宝
外国史	董鸿
中学本国地理志	叶澜
外国地理志	王基
法制教科书	周逵
经济教科书	周逵
小学读本	秦毓鎏、嵇镜、张肇桐
小学国字典	汪荣宝
小学国史	汪荣宝
小学地理志	叶澜

资料来源：王晓秋. 近代中日文化交流史［M］. 北京：中华书局，2000：412.

　　除此以外，他们还计划编辑出版一套中学伦理、生理、博物、唱歌及物理等科的教科书，旨在使中学生受到系统而全面的教育。

　　此外，湖南编译社、闽学会、新学会社及作新社等纷纷翻译大量的政治、经济、外交、法律、军事、社会、新闻、历史、教育、天文、地理、自然科学、生理学等各种书籍，其中也包括学校教科书。

　　湖南编译社在《游学译编》第二册（1902 年 12 月）刊登有关编译出版社中小学教科书和教学参考书的设想：①小学教员应用书和小学教师参考书，有《教育学纲要》《教育小史》《小学教授法》《儿童心理学》《学校管理法》等。②小学教科书，有修身、万国史（世界历史）、万国地理、算术、理科、图画、唱歌、体操等。③中学教科书种类更多，包括伦理、万国历史、万国地理、天文学、地文学、物理学、动物学、植物学、生理学、化学、矿物学、英文学、国家学、理财学（经济学）、算学、代数学、几何学、唱歌集、临画帖、体操教范等二十二种。④中学教科问答体，小丛书，主要是以上各种教科书的教学参考书。⑤其他还有《明治维新事业年表》《万国地理统计表》等工具书。该社有余焕东、赵缭辑译的《新译算术》三册，光绪三十二年（1906）被学部列入小学教科书暂用表中。

作新社由湖北留日学生戢翼翚与日本近代女教育家下田歌子于 1901 年合作创办。该社以启发民智相号召，出版过政治、历史、地理等方面的不少书籍。刘成禺先生在《述戢翼翚生平》一文中记载："戢翼翚，字元丞，湖北陨阳府房县人……时梁启超在横滨发行《清议报》，倡保皇君主之说，元丞与雷奋、杨廷栋、杨荫杭等，设《译书汇编》于东京，为改革中国政学之说，尚未明言革命也……元丞利用日本女子贵族学校校长下田歌子资本，欲宣传改革文化于长江。孙先生亦壮其行，乃设作新社于上海。首刊其《东语正规》《日本文字解》诸书，导中国人士能读日本书籍，沟通欧化，广译世界学术政治诸书，中国开明有大功焉。"❶

创办于 1898 年的新学会社计划自己出版教科书和各种参考书，主要是留日学生由日文翻译的，其中有多本女子学堂适用教科书。上海支那翻译会社 1902 年编辑出版《翻译世界》，同年 12 月创刊号出版，主编马君武。该刊选取日本早稻田大学各科讲义，意译刊出，作为国内大学的课本。讲义篇目有哲学、社会学、社会主义、宗教、政治学、法律、经济学和教育史等，每期刊载一部分，连载译出。❷

留学生编译的教科书一般都在日本印刷，运回国内销售，也有在国内出版，如《初等博物馆教科书》（大森干藏著，张肇熊译）、《高等小学国史教科书》（张肇桐编辑）、《简明生理学》（岩崎铁次郎著，吴治恭译）、《简明物理学》（池田、樱井、原田台著，吴治恭译）。

三、留日学生编译教科书的历史影响

在西学东渐及其近代学术文化变动的过程中，翻译与出版始终是首屈一指的要害部位。在这里，从明末清初始，直到鸦片战争时期，西方传教士是占主导地位的。对此顾长声（教会史专家）、杜石然（科技史家）均有论及。当历史演进到洋务运动时期，西方传教士在引进与传播西方自然科学方面的优势地位并没有受到多少冲击。在中国科学技术翻译史上，历史上并不曾因为有过举世瞩目的李善兰、华蘅芳、徐寿，而给中国译员方面以任何主导的北斗星座。这是因为从根本上来说，合作双方实力未曾改变，特别是中国译员的知识结构

---

❶ 刘成禺. 世载堂杂忆 [M]. 沈阳：辽宁教育出版社，1997：133.
❷ 田正平. 留学生与中国教育近代化 [M]. 广州：广东教育出版社，1996：330-331.

似乎未受到多少更新。这样的格局，以明末以来传教士主动、中方人员被动的局面，仍没有受到多少扭转。❶ 而这种情况的变化应该在留日运动时期翻译日本书籍，借以导入西方近代文化与科技知识教科书为一显著的界标。

近年来有不少学者对学科教育史十分关注，其中均有清末学科教育起步时如何接受日本教育影响的片段，这当中也有教科书引进的叙述，以地理教科书为例，邹振环先生的探讨颇能展现留日学生翻译的地理学科教科书的状况：

> 他们编译了一批日本各种不同层次的地理学教科书，如樊炳清译《万国地志》是日本在 1896 年出版的中学课本，出洋学生编辑所译《（中学）万国地志》、徐大煜编译《（最新）世界地理学》也是日本中学地理教科书，吴启孙编译《改正世界地理学》是译者据东京初译的《世界地理学》重编，后经京师大学堂审定，列为教科书颁行各省为学堂课本。朱杞编辑《地理学》编入速成师范讲义丛录，江苏师范生编辑的日本牧口常三郎讲授的《地理》，列入了江苏师范讲义第七编。日本一些质量较高的小学教科书被中国多家出版社推出，如日本地理学家横山又次郎的《地球之过去及未来》，1902 年有广智书局版冯霈译本和文明编译印书局秦毓鎏、杨我江译本；日本富山房编纂的《地文学问答》一书，1903 年就有邵羲译述的商务印书馆版、范迪吉等译的会文学社《普通百得全书》本、陈大棱译述的上海作新社三种版本。日人山上万郎所《统合地文学一》，邓毓怡译的《地文学教科书》、无锡译书公会译的《最新地文学教科书》、曾彦编译的《（普通教育）地文学教科书》，后者还参考石川成章、山崎直方、神谷市郎所著各种教科书和参考书进行编译。东京湖北法政编辑社 1905 年版刘鸿钧编译《政治地理》是译编者据日本学野村浩一等编著讲授稿，同时参考了山本信博的《政治地理学》、辻武雄的《五大洲志》、佐藤传藏的《万国新地理》、辰巳的《万国宪法比较》诸书编译的。该书共分九章，第一至第三章，泛论国家、国家之分类及政体；第四至第八章分述各国略，如亚洲各国志、欧洲各国志、美洲各国志、亚美利加洲志、大洋洲和属地；第九章论列强之属地，是据山本信博《政治地理学》译辑而成。❷

---

❶ 陈静．论传教士在近代西方自然科学传播中的主导作用 [J]．兰州大学学报：社科版，1986（3）．
❷ 邹振环．晚清西方地理学在中国 [M]．上海：上海古籍出版社，2000：166－167.

日本学者实藤惠秀在《中国人留学日本史》一书中，对《东方杂志》的创刊号广告做了分析整理，共有各类书一百五十三种，其中日本人的原著有四十种，西洋人原著有二十七种，中国人原著有八十六种。教育部审定书有《理财学精义》《西洋历史教科书》《矿质教科书》《心理学教科书》《化学教科书》《生理学教科书》《米亚利加州通史》《瀛环全志》《马氏文通》《格致教科书》《矿物学教科书》《普通珠算教科书》。这一百五十三种书中，除去英语教科书四十八种以外，余下一百零五种，约51%是日文译本或重译本，加上受日本书影响的部分，则有三分之二强。❶ 1906年，学部公布一批审定中、小学用教科书。其中，多有留日学生编译，也有少量是依据日本书籍编著。如：《欧罗巴通史》（日本，箕作元八著，胡景伊等译）、《世界地理》（日本，矢津昌永著，吴启孙译）、《中学生理教科书》（美国，斯起尔著，何燏时译）、《理财学教科书》（杨廷栋著）、《物理学》（日本，水岛久太郎著，陈榥译）、《化学探源》（美国，那尔德著，范震亚译）、《中学修身教科书》两册（蒋智由编著）、《新撰小学体操法》（李春译）、《本朝史》（汪荣宝纂）、《新编算学教科书》（余焕东、赵缭译）、《中等算术教科书》（陈榥著）、《经济学教科书》（王宰善译）、《纳尔逊传》（译书汇编社）等。

留日学生的翻译团体及留日学生个人翻译了很多学科门类的教科书，门类上几乎包括当时中小学的各种教学书目。这些教科书介绍到国内，有助于缓和当时国内学堂新式教科书紧缺的局面。但是当时的译书都是由翻译团体各自为政，缺乏周密系统的计划，而且主要是翻译介绍，很少独立研究，表现在教科书上也是如此。

将社会形势、时代背景与近代教科书史结合起来考察，或许更能表明留日学生翻译日本书籍、编译引进诸多不同学科门类教科书的角色担当与价值作用。中日甲午战争以中国的惨败而告终，由此改变了东亚及太平洋地区的世界格局。1895年，日本逼迫清政府签订《马关条约》，由此掀起了列强瓜分中国的狂潮。早期的资产阶级改良派转变为维新派，登上历史舞台，掀起了一场以君主立宪、开发民智、兴办学堂、发展实业为特征的维新改良运动。维新运动时期，由于兴学热潮的出现，近代普通教育的创建，我国近代新式教科书内容

---

❶ ［日］实藤惠秀. 中国人留学日本史［M］. 谭汝谦，林启彦，译. 上海：上海三联书店，1983：204.

更加丰富，类型及形式都明显拓展，为教科书走向制度化打下了坚实的基础。维新人士创建官书局、商务印书馆、南洋公学译书院等图书印刷、出版机构，扩大编译西方书籍范围，调整知识素材，编辑供学校使用的新教科书。维新派创建的学堂如万木草堂、时务学堂、通艺学堂等，西学教育内容受到高度重视，所使用的教科书不仅包括自然科学、工程技术科学，还有西方社会政治、人文科学等方面知识。普通教育、师范教育在各地方兴未艾，一些新设的学堂组织编写学校用书，开近代知识界自编教科书的先河。这更是由明清之际以来直到洋务运动时期中外学者合编西方书籍或教科书向国人独立完成编纂的方式上的转向，有重大而积极的意义。这一时期的译书取向由翻译西方书籍向翻译日本书籍转移，特别是留日学生组织了译书汇编社、教科书译辑社、会文学社、国学社等译书团体，翻译的日本学校教科书填补了我国此一时期学堂自编教科书的不足，直接推动了教科书编写的历史进程。

第四章 清末新政与宪政
时期的教科书（上）

1901 年，清王朝为了缓和国内外日益激化的矛盾，进行了一次自上而下的改革运动，由此开始了晚清新政（1901—1905）、宪政（1906—1911）时期。史学界往往统称为新政，而将宪政包容其间，其实两者在联系与共同之中有变化及差别。新政与宪政改革的内容涉及政治、经济、法律、军事等诸多方面，改革传统教育是其中的重要方面。废除科举制度，建立近代新学制是新政时期教育的巨大进步。新学制的颁布使学校教育有了统一的宗旨，教学内容、教科书、教学组织形式、教学方法及管理规章等也都有了较为严格的标准和要求。本章以此为逻辑起点探索教科书的相关内容。

第一节 清末新学制对教科书的规定

清末新政的一项重要成果是新学制制定。而有了学制作为教育法制基础之后，学校教科书的体系及规范就有了着落，也就迈开了近代教科书史的学科计划性及编审制步伐，至关重要。

一、《教育世界》关于编译教科书的舆论宣传

1901 年 1 月 29 日，清政府宣布新政，提出"以学堂为新政之大端"，教育各项改革势在必行：停办科举制度、制定新学制、兴办新式学校、向国外派遣留学生等，这些教育史上的重大变化为教育期刊的产生和发展创造了契机，"催生了一些教育杂志"❶。《教育世界》正是在这样的背景下产生的，它是我

---

❶ 葱秀，涂明. 中国近代文化期刊史［M］. 太原：山西教育出版社，1999：24.

国最早的教育专业杂志，也是在晚清时期出版时间最长、发行量最大、影响最大的教育期刊。该刊由罗振玉于 1901 年 5 月在上海创办，前期罗振玉任主编，后期王国维任主编，樊炳清、沈纮、高凤谦、陈毅、汪有龄、罗振常等为编译人员。它初为旬刊，每月上、中、下旬出版，从 1903 年 4 月第 69 期起改为半月刊，此后至 1908 年 1 月终刊，共发行一百六十六号。

在该刊第 1 号的《教育世界·序例》中，罗振玉指出：

> 土积而成山岳，水积而成川流，人才组合而成世界。是世界者，人才之所构成，而人才者又教育为之化导者也。无人才不成世界，无教育不得人才。方今世界，公理不出四语，曰：优胜绌败。今中国处此列雄竞争之世，欲图自存，安得不于教育亟加之意乎。爰取最近之学说书籍编译成册，颜之曰《教育世界》，以饷海内学者，虽曰壤流之细，或有裨川岳于万一乎！❶

罗振玉对此时的世界局势和教育的作用有了清晰明确的认识。各国列强各自争雄，优胜劣汰，在这样的局势下，中国若想救亡图存，就必须发展教育，通过教育培养人才，依靠人才振兴国家，这正是《教育世界》创办本意。

中国教育如何改革，本国无先例可循，只有学习西方欧美和近邻日本的经验。《教育世界》作为中国最早的专业教育杂志，主要是介绍这些国家的教育理论、教育制度和教学实践，同时刊载国内外学者的教育文论。为推广各国教科书，《教育世界》在杂志后面"后附译书"，包括"各科教科书"，"教科书分小学级中学级二者……多采自日本"。❷ 当时教育世界出版所出版翻译的教科书译成书的名目包括：❸

一、《教育丛书》

（一）第一集（1901 年）

汪有龄：

1. 《日本教育家福泽谕吉传》，日本奥村信太郎编。

2. 《学校卫生学》，日本医学士三岛通良著。

王国维：

---

❶❷ 振玉. 教育世界序例 [J]. 教育世界，1901（1）.

❸ 朱颖. 转道日本打开欧美教育之窗——清末《教育世界》（1—68 号）初探 [D]. 上海：复旦大学，2008；王强强. 樊炳清及其维新译介运动中的译书 [J]. 甘肃联合大学学报，2007（3）.

1.《教育学》，日本立花铣三郎讲述。

2.《算术条目及教授法》，日本藤泽利喜太郎著。

沈纮：

1.《国民教育资料》，日本峰是三郎著。

2.《内外教育小史》，日本原亮三郎编。

周家树：

1.《学校管理法》，日本田中敬一编。

郑守箴：

1.《法国乡学章程》。

（二）第二集（1902年）

王国维：

1.《教育学教科书》，日本牧濑五一郎著。

沈纮：

1.《社会教育法》，日本佐藤善治郎著。

2.《家庭教育法》，日本利根川著。

3.《小学教授法》，日本东基吉著。

4.《简便国民教育法》，日本清水直义著。

（三）第三集（1903年）

王国维：

1.《西洋伦理学史要》，英国西额惟克著。

罗振常：

1.《日本现时教育》，日本吉村寅太郎著。

周维新：

1.《日本高等学校规则要览》，第六高等学校教务员书记小野矶次郎编。

二、《科学丛书》

（一）第一集（1901年）

樊炳清：

1.《万国地志》三卷，日本矢津昌永著。另有1901年金粟斋本和1903年成都志古学堂刻本。

2.《伦理书》一卷，日本文部省撰。另有1903年江楚编译局本。

3. 《自理学》一卷，林吾一撰。

4. 《博物教科书》一卷，松村任三校阅，藤井健次郎统纂。

5. 《理化示教》二卷。

6. 《动物教科书》（《普通动物学》）一卷，五岛清太郎著。

7. 《植物教科书》一卷，松村任三、齐田功太郎合著。

8. 《小物理学》一卷，木村骏吉著。

（二）第二集（1901年）

樊炳清：

1. 《化学教科书》三卷，大幸勇吉著。

（三）第三集（1903年）

罗振常：

1. 《饮食卫生学》二卷，山田幸太郎译。

王国维：

1. 《势力不灭论》，德国海尔模壑尔兹著，英人额金孙英译本。

三、《农学丛书》（1896—1905年）

樊炳清：

1. 《茶事试验报告》，日本农商务省农务局本，1899年译。

2. 《森林学》，奥田贞卫著，1901年译。

3. 《日本农业书》，森要太郎著，1901年译。

4. 《寄生虫学》，生驹藤太郎著，1902年译。

5. 《学校造林法》，本多静六著，1902年译。

6. 《斐利地礼玺大王农政要略》，德国师他代尔曼著，和田维四郎译，1903年译。

四、《哲学丛书》

初集（1902年）

樊炳清：

1. 《社会学》二卷，岸本能武太著。收入《哲学丛书》初集，教育世界出版所1902年版。

《教育世界》对于中国近代教育史和中外文化交流史都具有重要的意义，它是"最早向国人较为系统地传播西方教育理论的'窗口'……在当时中国对西方教育理论的介绍寥若晨星、对西方教育思想的系统深入研究几乎一片空白之际，《教育世界》起到了开拓和先锋的作用"❶。

近代教科书之历史转型不仅在于知识内容、思想观念，更在于教育学理论的西方化。《教育世界》将教科书编译书目、内容加以宣传，更主要的是借助日本引入欧洲以德国为中心的经典科学意义上的教育学，这对于教科书的教育性与科学化提升无疑极有价值。

二、新学制有关编写教科书的条例

1902 年，清政府制定了《钦定学堂章程》，但未颁发。1904 年 1 月，清政府组织重订学堂章程，并正式颁布施行，名为《奏定学堂章程》。

《奏定学堂章程·学务纲要》规定：凡各项课本，须遵照京师大学堂编译局奏定之本，但编译局虽"专司编辑教科书，惟应编各书，浩博繁难，断非数年所能蒇事，亦断非一局所能独任"，因此提出"应令京外编译局分认何门何种，按照目录，迅速编辑"；"然官局分编，亦须时日，尤要在使私家各勤编纂，以待裁择，尤为广博而得要。如有各省文士能遵照官发目录编成合用者，亦准呈送学务大臣鉴定一体行用，予以版权，准著书人自行印售，以资鼓励"；在官编教科书未出版以前，各省中小学堂急需应用，"应准各学堂各学科教员按照详细节目，自编讲义"；亦应弃除偏执，"选外国教科书实无流弊者暂应急用"，在经审定的各类教科书内，"由各教员临时斟酌采用。其与中国不相宜之字句则节去之，务期讲习毫无流弊"❷。

该章程中包容的教科书编纂思想是广泛的，例如教科书编写根据学校类型的要求及学生程度差异的特点；发挥教师对教科书内容的实质性参与，使之灵活与多样化；教科书的实际运用应设计单元、进度及目标，依序实施，有条不紊，教科书建设既要有官方的政府主导及规范性导向，同时又要采取多种途径、方式的并行，尤其要发挥地方民间的力量，以解决教科书短期的急迫及大批量的需求状况，当然也有助于反映地方性特色及教育实践一线人员的聪明智慧及经验积累。

为了避免学堂用的教科书混乱及种种弊端，清政府对编译的教科书严格把关。《奏定学堂章程》中的各级各类学堂章程中均述及所编译的教科书应经过

---

❶　周谷平．近代西方教育理论在中国的传播［M］．广州：广东教育出版社，1996：39－56．

❷　张百熙，荣庆，张之洞．奏定学堂章程·学务纲要［G］//陈学恂．中国近代教育史教学参考资料（上册）．北京：人民教育出版社，1986：546．

审查，方准各校使用。《学务纲要》对此做了具体说明："书成后，应咨送学务大臣审定，颁行各省。"

《学务纲要》对近代的教育宗旨做了第一次规定："至子立学宗旨，无论何等学堂，均以忠孝为本，以中国经史之学为基。俾学生心术壹归于纯正，而后以西学瀹其智识，练其艺能，务期他日成材，各适实用，以仰副国家造就通才，慎防流弊之意。"❶ 教育宗旨对于教科书的编写与审定有着指导性作用，所编教科书只要"宗旨纯正，说理明显，繁简合法，善于措辞，合子讲授之用"，即"准作为暂时通行之本"。显然，"宗旨纯正"是首要条件。

清末学堂章程规定，根据国家统一的教育宗旨、课程标准，分别由国家、地方、民间个人多渠道、多层次地编辑教科书，再由国家统一审定后颁行，教员在审定的教科书范围内选择使用，这无疑适合于当时的国情，并能保证教科书编辑的质量。新学制中有关教科书编纂与审查的规定，标志着近代中国有目的、有计划、有系统的编辑、审查教科书的开始，也奠定了近代教科书编审制的基础。

第二节　京师大学堂编译书局编译的教科书

京师大学堂编译书局的历史存在甚短，对教科书的贡献常为人所忽略。其实它在近代教科书制度化进展的初期所产生的作用是不能被忽视的。

一、京师大学堂编译书局的成立

京师大学堂是清末最高学府，为高等教育史所重视。但编译书局只是其中一个部门，又是带有教辅性职能的，故向来为人所边缘化。但从教科书史角度考察，却有必要重构并加强认识。

（一）成立背景

维新派的重要主张之一就是在中国兴办新式学校，培养新式人才，以挽救国家危亡。梁启超 1912 年 10 月 31 日在北京大学的一次讲演中提到："时在乙未之岁（1895），鄙人与诸先辈，感国事之危殆，非兴学不足以救亡。

---

❶ 张百熙，荣庆，张之洞．重订学堂章程折［G］//陈学恂．中国近代教育史教学参考资料（上册）．北京：人民教育出版社，1986：545．

乃共谋设立学校，以输入欧美之学术于国中。惟当时社会嫉新学如仇，一言办学，即视同叛逆，迫害无所不至。"所以 1895 年 11 月康、梁等人发起成立京师强学会，后改为强学书局，"是以诸先辈不能公然设立正式之学校，而组织一强学会，备置图书仪器，邀人来观，冀输入世界之智识于我国民，且于讲学之外，谋政治之改革。盖强学会之性质，实兼学校与政党而一之焉"❶。这是维新派最早的政治团体。1896 年 1 月 20 日，御史杨崇伊上疏指出强学会"植党营私"，朝廷应该对其"请饬严禁"❷。京师强学会因此遭到朝廷封禁。后来御史胡孚辰上奏"书局有益人才"，建议把强学书局改为官办。清政府即下令将强学书局改设官书局，命吏部尚书孙家鼐为管理大臣。作为维新派拥护者的孙家鼐、李端棻等官员积极推进创办"京师大学堂"。孙家鼐在 1896 年 2 月 11 日的《官书局奏定章程疏》中提出"拟设学堂一所"的建议。时为刑部左侍郎的李端棻于 1896 年 6 月 12 日向光绪皇帝上了一道《时事多艰，需才孔亟，请推广学校，以励人才而资御侮折》，认为"人才之多寡，系国势之强弱也"，而人才的培养在于学校，主张"自京师以及各省府州县皆设学堂"，并首次正式提出设置"京师大学"的建议，提出"京师大学，选举贡监生年三十以下者入学，其京官愿学者听之"❸。光绪皇帝命总理衙门商议，总理衙门即认为应由孙家鼐来办理，"该侍郎所请于京师建设大学堂，系为扩充官书局起见，应请旨饬下管理书局大臣察度情形，妥筹办理"❹。孙家鼐也认为这是"官书局应办之事"，并提出了筹办京师大学堂的具体设想。最后光绪皇帝还任命官书局管理大臣孙家鼐为京师大学堂管学大臣，并把官书局并入大学堂。京师大学堂开始筹办。1898 年 2 月御史王鹏运上书，催促朝廷尽快创办京师大学堂。1898 年 2 月 15 日，光绪皇帝上谕："京师大学堂，迭经臣工奏请，准其建立，现在急须开办。其详细章程，着军机大臣会同总理各国事务衙门王大臣妥筹具奏。"❺ 1898 年 7 月，京师大学堂开始具体实施：制订章程、任命管学大臣和选址招生。后因八国联

---

❶　梁启超. 饮冰室合集·莅北京大学校欢迎会演说辞 [M]. 北京：中华书局，1936.
❷　陈宝琛，等. 德宗景皇帝实录（卷三八一）[M]. 北京：华文书局股份有限公司，1939：986–987.
❸　李端棻. 请推广学校折 [G] //北京大学史料（第一卷）. 北京：北京大学出版社，1993：20–22.
❹　陈宝琛，等. 德宗景皇帝实录（卷三九〇）[M]. 北京：华文书局股份有限公司，1939：82.
❺　陈宝琛，等. 德宗景皇帝实录（卷四一四）[M]. 北京：华文书局股份有限公司，1939：422.

军入侵北京，京师大学堂暂停一段时间。1902 年 1 月 10 日，清廷又下诏恢复京师大学堂，并派张百熙为管学大臣。梁启超在北大的演说中提到强学会、官书局与京师大学堂的关系时，说："（京师大学堂）之前身为官书局，官书局之前身为强学会。"❶ 1918 年出版的《国立北京大学二十周年纪念册》也认为"本校造端，基于清光绪二十一年之强学会"❷。

（二）机构设置

据《京师大学堂（癸卯）同学录》载，印写局总纂兼考校处李希圣（亦园）；舆地总纂兼考校处邹代钧（沅马风）；分瑜韩朴存（力畲）、孙宝瑄（仲瑜）、罗悼曧（掞东）、桂植（东原）、李稷勋（姚琴）；正校马浚年（叙五），分校陈毅（仪仲）。译书局总办兼考校处严复（几道），分译常彦（伯奇）、曾宗肇（幼固）、胡文悌（步青）、魏易（聪权）；笔述林纾（琴南）、陈希彭。可见，京师大学堂编译书局中，编书处、译书局是分设的。

（1）译书局。译书局早在京师大学堂筹备之初就被考虑在内。新式学校急需新式教科书，1898 年 6 月，京师大学堂还在筹办时，管学大臣孙家鼐在《有关京师大学堂附设编译局奏疏》中奏请于大学堂内附设编译局，集中一些懂外语的人才专门翻译、编辑西方教科书，满足新式学堂教科书需求："悉编为功课书，分为小学、中学、大学三级，量中人之才所能肄习者，每日定为一课……史学诸书，前人编辑，颇多善本，可以择用，毋庸急于编纂，惟有西学各书，应令编译局迅即编译。"❸ 7 月 3 日，光绪皇帝予以批准。京师大学堂正式建立译书局，由孙家鼐督率办理，梁启超具体操办。为尽快为新学堂提供教科书，译书局开办后，首先购买了一批美国学堂的初级教科书着手翻译。后因八国联军攻占北京，译书局与京师大学堂一起停办，直到 1902 年 10 月译书局开始恢复工作。译书局主要为大学堂翻译提供教科书，并负责大部分教科书的出版工作，于 1904 年 7 月停办。

（2）译书分局。为了不断地给新式学堂提供高质量的教科书，不仅需要高质量的原版教科书，还需要大量深谙西方文化的翻译人才。上海地理位置优

❶ 梁启超. 饮冰室合集·莅北京大学校欢迎会演说辞［M］. 上海：中华书局，1936.

❷ 北京大学校史研究室. 大学成立记［G］//北京大学史料（第一卷）（1898—1911）. 北京：北京大学出版社，1993：143.

❸ 张静庐. 中国近现代出版史料·近代二编·有关京师大学堂附设编译局诸奏疏［M］. 上海：上海书店出版社，2003：10.

越，开放口岸较早，是所需人才的聚集之地，因此京师大学堂译书局于1902年5月在上海成立译书分局，主要是从事教科书的翻译工作。在筹办奏章中，对开设上海译书分局的原因做了陈述："今宜在上海等处开一编译局，取各种普通学，尽人所当习者，悉编为功课书……局中集中西通才，专司编译。其言中学者，荟萃经子史之精要，及与时务相关者编成之，取其精华，去其糟粕。其言西学者，译西人学堂所用之书，加以润色，既勒为定本，除学堂学生每人给一份外，仍请旨颁行各省学堂，悉遵教授，庶可以一趋向而广民智。"❶上海译书分局于1904年停办。

（3）编书处。1902年，京师大学堂设立编书处。京师大学堂除了引进和翻译国外的教科书外，也开始按照西方学科分类体系，尝试自己编撰教科书。编书处编辑的教科书主要是面向初、中级学堂。各门教科书分为蒙学及寻常小学用的较简本和高等小学及中学用的提高本两种。高等学堂不编教科书，主要是由教习口授学生笔记。1902年《大学堂编书处章程》对编书处的工作内容予以说明："编纂课本，拟按照中小学课程门目分类编纂，一曰经学课本、二曰史学课本、三曰地理课本、四曰修身伦理课本、五曰诸子课本、六曰文章课本、七曰诗学课本。"并拟定编辑大纲，提出初级、中级教育课本的写作原则："各门课本，拟分两项办法：一最简之本，为蒙学及寻常小学之用；二较详之本，为高小及中学之用。"对各门教科书的编纂也做出了具体的规定，同时明确了编纂宗旨："一曰端正学术，不堕畸邪；二曰归于有用，无取泛滥；三曰取酌年限，合于程途；四曰博采群言，标注来历。"❷

这是清政府第一次有计划、有目的、有系统地编写教科书。译书局主要是为新式课堂翻译西学的外文课本，而编书处主要是编写中国传统文化的课本，二者互为补充，相得益彰。

（三）编纂宗旨及方法

光绪二十八年（1902），京师大学堂发表《编书处章程》，着手编纂两类课本，一为最简之本，为蒙学及寻常小学之用；二为较详之本，为高等小

---

❶　张静庐．中国近现代出版史料·近代二编·有关京师大学堂附设编译局诸奏疏［M］．上海：上海书店出版社，2003：10．

❷　朱有瓛．中国近代学制史料·第二辑·上册·光绪二十八年大学堂谨拟编书处章程［M］．上海：华东师范大学出版社，1987：861－863．

学及中学之用。关于编纂宗旨、编纂方法等有以下规定：

1. 编纂宗旨为：一、端正学术，不堕畸邪；二、归于有用，无取泛滥；三、取酌年限，合于程途；四、博采群言，标注来历。

2. 编纂课本，按照中小学课程门目分类编纂，一为经学课本，二为史学课本，三为地理课本，四为修身伦理课本，五为诸子课本，六为文章课本，七为诗学课本。

3. 编纂教科书应抉择精严，采揽务极宏富。

4. 编纂之外，拟兼采访。其中学经史子集诸门及蒙字小学堂各项课本，如有宿儒通识，游学高才，纂著译述之本，均拟广为甄录，籍补缺遗。其或属草创未成，亦可邮寄例言，互相商榷。务期集思广益，巨细无遗，相与有成，以臻美备。

同年设立的京师大学堂译书局也拟定有译书局章程，主要内容如下：

1. 译书局所译各书，以教科书为当务之急，由总译择取外国通行本，察译者学问所长，分派深浅专科，立限付译。

2. 教科书分为二等，一为蒙学，二为小学，深邃者俟此二等成书后，再行从事。

3. 教科分为三十五门，主要是属于自然科学方面的。

4. 编译宗旨，一为开瀹民智，不主故常，二为敦崇朴学，以救贫弱，三为借鉴他山，力求进步，四为正名定义，以杜杂庞。

（四）人员配备

《京师大学堂同学录》对京师大学堂编译机构的人员组成记载如下：

印书局总纂兼考校处李希圣；舆地总纂兼考校处邹代钧；分瑜韩朴存、孙宝暄、桂植等；正校马浚年；分校陈毅。译书局总办兼考校处严复；分译常彦、曾宗肇、胡文悌、魏易；笔述林纾、陈希彭。

由名单可见，京师大学堂编译书局聚集了当时著名的学者，有些在近代学术文化史上地位卓越。京师大学堂译书局成立较早，规模和购置较编书处相对更完备。另外，来源皆出于国外高质量的课本和名著，翻译人员如译书局总办严复、副总办林纾等都是中国近代翻译界极具影响力之人。梁启超曾对京师大学堂译书局有很高的评价："今日足系中外之望者，只此一局。"作为译书局总办的严复，凭借多年的翻译经验和对西方翻译出版的了解，亲自制定《译书局章程》，首先提出译书局当务之急便是为新式学校翻译并提供教科书，"现在所译各书，以教科为当务之急"，"各门课本，拟分两项办法，一最浅之本，为蒙学及寻常小学之用，一较深之本，为高等小学及中学之用"❶。宗旨为："一曰开瀹民智不主故常，二曰敦崇朴学以就贫弱，三曰借鉴他山力求进步，四曰正名定义以杜杂庞。"章程还对译书局的人事配备、机构设置、制度规章、职员薪酬等制定了一整套具体可行的办法和管理方案。译书局要求翻译人员统一新名词、新术语，为规范西学教科书的编译迈出了新的一步。在主持译书局工作的同时，严复亲自翻译一些有影响的译著，如《穆勒名学》《法意》《群学肄言》《社会通诠》等。

林纾于 1903 年加入京师大学堂译书局担任译书局编辑。从 1903 年到 1911 年年末京师大学堂编译工作停止，林纾翻译的作品有六十余部。其中《美洲童子万里寻亲记》《鲁宾逊漂流记》等通过学部审定被用作京师大学堂的教科书。林纾翻译西方作品不仅是介绍西方文化，更是想通过这些作品借鉴西方富强的经验寻求中国强盛之路，他曾说："欧人志在维新，非新不学，即区区小说之微，亦必从新世界中着想，斥去陈旧不言。若吾辈酸腐，嗜古如命，终身又安知有新理耶？"❷因此，他的作品不但学生喜欢，而且在社会上广为流传。

邹代钧是编书处地理总编，是中国沿革地理向近代地理科学转变过程中的重要人物。他采用统一的比例尺和投影法，复兴和推广了三角测量法与经纬度表示法的运用，推进了中国地图绘制向近代科学方法体系的迈进。他在地图出版方面也成就斐然：他创立"舆地学会"专门经营地图出版，这一举措推动了地图的普及和推广，开中国民营地图出版之先河，而被晚清地理学界称为"新化派"。他于 1903 年出版的《中外舆地全图》，是我国最早公开出版的（教学）地图集。他还撰写了《京师大学堂中国地理讲义》六卷。

二、京师大学堂编译书局的成果

京师大学堂编译局编译的不仅有面向初级、中级教育的教科书，而且其高

---

❶　王学珍，高健荣. 北京大学史料（第一卷）（1898—1911）·京师大学堂译书局章程［M］. 北京：北京大学出版社，2000：194.

❷　张俊才. 林纾评传［M］. 北京：中华书局，2007.

等教育的教科书几乎涵盖当时所有的近代课程，包括文、理、法、农、工、商、医七科，涉及四十多个门类。书成后随即刊印，并向外界刊发图书目录，以供各学堂和社会人士购买。

郑鹤声在《八十年来官办编译事业之检讨》中列举了 1903 年京师大学堂译书局的翻译成果：《罕木楞斯密算法》一卷，《威理斯形学》五卷，《洛克平三角》一卷，《斐立马格纳力学》一卷，《额伏烈特动静力学》《气水学》《热学》《光学》《电学》各一卷，《坯氏实践教育学》五册、《欧洲教育史要》三册、《中等矿物学教科书》《东西洋伦理学史》《格氏特殊教育学》《独逸教授法》各一册。

1903 年 10 月至 1904 年 7 月上海译书分局向大学堂呈送译成书籍共计六十五册，其中 1903 年 5 月十册：《实验学校行政法内之立法司法外政篇》四册、《泛论设备篇》二册、《格氏特殊教育学》二册、《西洋伦理学史》二册。1903 年 10 月译成书籍共计十六册：《美国通史》五册、《教育古典》二册、《德意志教授法》四册、《儿童矫弊论》三册、《博物学教科书植物部》两册。1904 年 1 月，共计译成书籍十六册：《财政学》六册、《地文学》四册、《矿物学教科书》一册、《博物学教科书生理部》一册、《经济统计学》上编四册。1904 年 7 月，翻译书籍共计二十二册：《今世欧洲外交史》上篇十册、《经济统计学》下篇四册、《天文浅说》四册、《博物学教科书·动物部》四册。❶

京师大学堂编书处编辑的书籍数量不多，多为讲义形式，种类少，发行量不大，所以目前存世量极少，能够从各类书刊杂志等佐证材料中找到的有讲义形式的共九种：《京师大学堂史学科讲义》《中国通史讲义》《中国史讲义》《京师大学堂掌故学讲义》《本国地理志讲义》、张鹤龄述《京师大学堂伦理学讲义》、服部宇之吉讲述《京师大学堂心理学讲义》《京师大学堂中国地理讲义》《经学讲义：二编》。其他类五种：《中国史学通论：三编》《本国中等教科地理志》《中国通史：一编》《中国史学通论续编》《中国地理学》。❷

三、京师大学堂编译书局教科书编译活动的评价

由于京师大学堂由主张教科书"国定制"的张百熙一派所掌握，所以大学堂成立之初就建立编译局，之后在上海设立分局，就是企图通过编译局确立

---

❶❷　徐国萍．京师大学堂教科书编译研究［D］．北京：北京印刷学院，2009：12.

国定教科书的统治地位，并垄断教科书的编写、出版、发行。他还提出"取各种普通学，尽人所当学者，悉编为功课书"，"各省每学堂按送一份"等措施。虽然管学大臣张百熙对国定教科书有种种设想，但从译书局和编书处成立至1904年停办，期间取得的成果与预期相去太远。其编审的教科书与民营教科书相比，无论是质量还是数量都相差甚远。1903年京师大学堂颁布了《各学堂暂用书目》，其中编书处编写的教科书一本也没有，译书局编译的教科书也较少。"修身伦理门，称修身重私德，伦理重公德，列入弟子职、曲礼、朱子小学、近思录、人谱类记及教育改良会编商务印书馆本之高等修身教科书，广智书局本日本元良勇次郎之中等教育伦理学，江楚编译局本日本井上哲次郎著、樊炳清译之伦理教科书等数种。"❶

究其原因，编译局从属于京师大学堂，而大学堂既是行政机构又是教学机构，因此直接受命于清政府。编译局编译教科书应从清政府的意图出发，编译的书籍难免束手束脚。这一时期京师大学堂对新式教科书内容的规定处处彰显出它的保守和落后。译书局章程较详细地规定了教科书各科（主要为中学）的编译原则，以经学为例，规定如下："唯六经如日中天，字字皆实，凡在学生皆当全读，既无糟粕之可言，则全体精华何劳撮录。"不难看出，清政府始终不肯放弃传统科目，将其视为维护封建统治、控制读书人思想的救命稻草。编译局既要服从服务于清政府，又要传播西学，难免顾此失彼。从编书处对教科书宗旨和内容的种种规定，可以看出当权者对传统伦理道德的思想未有丝毫触及，同时也缺乏顺应时代要求的新式教科书的规划设计。由于大学堂编译局编译的教科书难以满足市场和时代的需求，许多具有社会责任感的文人志士投身到新式教科书的出版中，从而掀起了一股民编教科书的热潮。

第三节　民营出版机构编辑教科书的活动

民营出版业崭露头角的时间在清末民初，其业务及工作范围、内容是广泛的，绝不限于教科书，而是负有教育出版、学术传承、文化产业资本运营、知识界服务、联系社会媒体等责任担当。但教科书在近代民营出版业的图书发行、行业运营中仍占据主要地位，其中含有教育意义及市场利润的双重吸引力。

---

❶ 张静庐. 中国近现代出版史料（近代二编）［M］. 上海：上海书店出版社，1954：229.

一、民营出版机构编辑教科书的历史背景

近代中国面对外力侵入，开启民智是知识分子普遍关注的课题。启蒙始于教育，故晚清以来，改革学制和编制新课程之声不绝于耳。1901 年《辛丑条约》被迫签署后，清政府实施"新政""立宪"的改革，推行废科举、兴学堂之举，各地的学堂数量大增。截至 1909 年，全国各级新式学堂已达五万八千八百九十六所，在校学生数超过十六万。"中西并重"几乎成为所有新式学堂课程设置的基本准则，即使是一些书院也陆续改章，并改造为各层次的学堂建置，统一按照清政府颁布的学制规章要求办理，如课程编制就主要分为经史、地理、天文、外政、格致、制造、算学、绘图诸科。因此，这种课程改革迫切需要相应的新式教科书。

1902 年，管学大臣张百熙拟定的《钦定学堂章程》虽然正式颁布，但没有实施。1904 年 1 月，由张百熙、张之洞、荣庆重新拟定了《奏定学堂章程》，这是一个比较完整的、由清政府正式公布并在全国实行的学制体系，发挥着教育正规化和教育法制化的作用。《奏定学堂章程·学务纲要》的有关政策条文规定：

> 令京外编译局分认何门何种，按照目录，迅速编辑……书成后，咨送学务大臣审定，颁行各省重出无妨，择其尤精善者用之。盖视此学堂之程度，以为教科书之浅深；又视此学堂之年限，以为教科书之多少。其书自然恰适于用，然后将此书分成详细节目，每年讲若干，每星期讲若干，自何处起，至何处止，共若干日讲毕。其初则各局按颁发之目录以编书，其后则各教员按颁发之书以分节目，则各学堂皆无歧出，亦无参差矣。然官局分编，亦需时日，尤要在使私家各勤编纂，以待裁择，尤为广博而得要。如有各省文士，能遵照官发目录编成合用者，亦准呈送学务大臣鉴定，一体行用，予以版权，准著书人自行印售，以资鼓励。❶

上述情况表明：在汹涌而来的教育改革潮流冲击下，清政府已然认识到了编教科书的重要性与紧迫性。1902 年，京师大学堂编书处、译书局成立，以编纂普通教育课本为重点。但面对新式学堂蓬勃兴起这一热潮，清政府对教科

---

❶ 陈学恂. 中国近代教育史教学参考资料（上册）［M］. 北京：人民教育出版社，1986：545.

书编写甚感心有余而力不足。为此，不得不大力提倡民间自编，择优选择，推荐使用。

在官、私编教科书未经出版以前，为了缓解各省中小学堂急需应用适当教科书的矛盾，作为过渡的应变策略，"应准各学堂各科学教员，按照教授详细节目，自编讲义，每一学级终，即将所编讲义汇订成册，由各省咨送学务大臣审定，择其宗旨纯正，说理明显，繁简合法，善于措辞，合于讲授之用者，即准作为暂时通行之本。其私家编纂课本，呈由学务大臣鉴定，确合教科程度者，学堂暂时亦可采用，准著书人自行刊印售卖，予以版权"。由于中小学堂课程编制及知识内容主要源于西方，所急需应用教科书，亦可"选外国教科书实无流弊者，暂应急用"。其具体措施如下：

> 各种科学书，中国尚无自纂之本，间有中国旧籍可资取用者，亦有外国人所编，华人所译，颇合中国教法者。但此类之书无几，目前不得不借用外国成书，以资讲习。现订各学堂教科门目，其中有暂用外国科学书者或名目间有难解，则酌为改易，仍注明本书名于下，俾便于依类采购。俟将来各科学书，中国均自编有定本，撰有定名，再行更正。至现所选录之外国各种科学书，及华人所译科学书，均由各教员临时斟酌采用。其与中国不相宜之字句，则节去之，务期教习毫无流弊。❶

无论是京师编译局，各地官书局、私家、学堂教员编辑教科书，都须依照新学制所设计的各级各类学堂具体课程目标，而课程目标则是教育宗旨在课程与教科书领域的反映。教育宗旨，即教育目的，是教育政策的集中体现，规范了人才培养的质量及规格。《奏定学堂章程》确立了清末的"教育宗旨"，已于上述涉及。应该说，教育宗旨对教科书的编辑与审定具有指导作用，清末学堂章程要求据国家教育宗旨、课程目标，分别由国家、地方、民间编辑教科书，又由国家统一定教科书，学堂及教员在一定范围与程度上可以选择使用教科书，这无疑是适合国情，并能保证教科书编辑质量的好办法。新学制中有关于教科书编纂和审定的内容，标志着近代有目的、有计划、有系统地审查、编纂学校教科书的开始，也奠定了学校教科书编审制的基础。

1904 年的《奏定学堂章程·学务纲要》对教科书编写进行了特别强调和

---

❶ 审定书目：学部第一次审定高等小学暂用书目凡例［J］. 学部官报，1907，5（22）：21.

具体说明，起到法制保障及实施路径的指向作用，这在一定程度上为教科书建设提供了一个相对宽松的环境。自清末兴学以来，实行教科书审定制，即民间自由编辑的教科书经政府审定后即可允许出版发行，这既调动了各书局出版教科书的积极性，又在制度上鼓励出版机构和学者文人积极投身参与到教科书编译中去。

回溯近代西学东渐及学校教科书嬗变的历程，可以丰富对论题的理解并拓展我们的识见。自洋务运动以来关注教科书编译、介绍及设计的相关活动一直进行，积累了丰富的经验。其间，基于近代教育发展需要，西方教育学在这一历史进程中的介绍、吸收及运用于教育实践，为教育的科学化及有效性增添条件及思想资源。这些都汇聚转化为教科书变革的力量。在新的历史环境下，如何编撰新式教科书，就成为教育界所关注的话题。教育是开启民智的重要手段，教科书及相关参考资料则是新教育赖以进行的主要工具，亦是最佳的教育传媒营商途径。新式教育制度化以后的推广，提供了教科书的市场条件，故此近代民营出版机构，包括商务印书馆在内，积极参与到教科书建设这一促进中国教育现代化的宏伟事业之中。

二、商务印书馆

商务印书馆创办于清光绪二十三年（1897），创办人是夏瑞芳和鲍咸恩诸人。商务印书馆开办之初，只是印刷一些商业簿册和商业报表；清末新政之前，商务印书馆翻译出版了《华英初阶》《华英进阶》以及组织编译一些教学参考资料或辅助教科书。进入20世纪以来，商务印书馆以昂扬的精神与火热的情怀，主动积极投身于学校教科书编纂、市场开发与营销的事业之中。从此，该馆进入了历史上有计划、有系统的教科书编辑与出版时期。

（一）商务印书馆教科书业务的调整

某一社会机构的发展及运行，与其决策者的能力水平、知识结构有很大关系。作为开创者之一的夏瑞芳，同时也是商务印书馆的首任决策者。他凭借自己敏锐的市场洞察力和吃苦耐劳的精神，把家庭作坊发展成为在业界小有名气的印书馆。当时正值清政府改革教育之机，传统教科书饱受诟病，新式教科书尚未成形。在这新旧交替之际，夏瑞芳不满足于承接印件。他看到与外国交往日趋频繁，很多人都在学习英文，便瞄准市场动向，翻印英国人在印度教当地人学英语的初级读本，广受初学者欢迎，销路很好。然后他灵机一动，又请谢洪赍牧师加上中文注释，与英文本对照排列，命名为《华英初阶》。然后又把高一课本译成汉文，名《华英进阶》。英汉对照课本在社会上长盛不衰，风行了十几年，商务印书馆也因此获得丰厚的市场回报。这也正是商务印书馆经营出版业的开始。其后又翻译出版了《华英亚洲课本》，并请人翻译日本新书出版，销路也很好。此时，商务印书馆虽开始涉足教科书出版，但主要是以获取经济利益为目的。为了办出版社，他采取了两项措施：首先，聘请原翰林、当时任南洋公学译书院院长的张元济前来主持编辑工作；其次，吸收日本股东投资，并引进先进印刷技术和设备。在夏瑞芳、张元济的密切合作下，商务印书馆利用世界先进的印刷技术，将中国教科书事业的发展推向了快速发展的道路。

张元济是"大变动时代的建设者"，是"通过知识启蒙来实现中国的现代化"的一个榜样。他投身商务印书馆的出发点是教育。张元济应夏瑞芳邀请进馆任编译所长时，两人便约定："我等当以扶助教育为己任。"由于决策者的理念不同，商务印书馆的教科书出版工作在这时发生改变，成为一个新的起点。商务印书馆此时以开发民智、提高民众的文化素质为出版方针。张元济从设立编译所、编纂教科书入手，不仅要把商务印书馆办成"为中国实业之模范"的近代出版机构，而且将其看作"重要的教育机关"，编辑出版中小学教科书因而成为其中最为重要的业务之一。为编写出一套高质量的教科书，张元济对编写者的选择十分严格，既要求有丰富的知识，又要求有教学经验，同时还要有相当的文字水平。参加编写教科书的杜亚泉、伍光建、黎锦熙、任鸿隽、傅东华、周予同、吴研因、丁文江、周建人等都是学有专长的专家学者。他们编出的教科书质量是很高的。正因如此，20 世纪初期，在国内教科书市场竞争激烈之际，商务印书馆出版的教科书在质量和数量方面都独占鳌头。

1902 年年初，张元济约请杜亚泉编辑了一套《文学初阶》，为蒙学堂课本。杜亚泉将自身广博的自然科学知识融入这套课本里，所以这套教科书科学知识的广度和通俗性，是当时课本所仅有的。他还在其后附了简单的教授法，为授课教师提供方便。但由于《钦定蒙学堂章程》是在《文学初阶》出版后才公布，《钦定蒙学堂章程》规定蒙学年限比《文学初阶》多一年，所以这套教科书很快被《最新国文教科书》取代。

同年，张元济请蔡元培帮助制定教科书编写计划，并约请他和蒋维乔等编写教科书。后因发生《苏报》案，蔡元培去青岛，教科书未能完成。1903 年，高梦旦继续主持国文教科书的编写工作。参加编写的有张元济、高梦旦、蒋维乔、庄俞等。编译所还邀请了有编撰教科书经验的东京师范学院的教授长尾太郎作为顾问，参加审订工作。教科书采用合议制的方法，参加教科书编写的诸位成员，认真编写教科书，"每一课成，互相研究，反复推敲，必至多数以为可而后成"。关于"最新教科书"的编辑情况，据王云五回忆：

> 在一无凭藉之下，规划之周，致力之勤，远非后出之教科书所及。据张菊生先生、高梦旦先生见告，编辑是书时，聘有一位日本学者及教育家为顾问，首先取日本的小学教科书，研究其教科书，次就我国人最常用之文字与应具有之常识，编定大体的计划。执笔人为富有教育经验之高梦旦、蒋竹庄、庄百俞诸君。每成一课，菊生先生辄亲自主持，与执笔诸君，字斟句酌，务求取材切当，浅显易解。因此，任何一册小学教科书，皆集各方面之人才，研求至当。换句话说，就是集各方面的智慧而成。所以这一套小学教科书，虽然是毫无凭藉的创作，却不失为最优良的课本。因此，风行一时。到了民国，出版教科书的家数大增，为着抢先供应，自不能像商务印书馆初期之可以不计时日，字斟句酌。而且不能像商务那时候之集体编著，往往以一人专任一科，尤须以最短之时日写成，急就工作，自不免有缺憾；一人之作，也难免有疏漏。因此，所有后出的小学教科书，包括商务印书馆编印者在内，都不如民前由商务印书馆创编之所谓最新小学教科书之完善。❶

1904 年 2 月，创中国新式学校用书之新路的《最新初小国文教科书》第一册正式问世。这本书的课文内，除了雕刻精细的插图外，还附有若干幅彩图，开启了儿童读物配插彩图的先例。为提高印刷质量，商务印书馆对引进国外先进技术和设备不遗余力。1905 年采用雕刻铜版，1909 年创制正楷铅字，1913 采用了汤姆生自动铸字机，1915 年采用胶版印刷机，还引进日本技师，传授先进工艺，使印刷质量突飞猛进。这种新颖别致、通俗易懂、印刷精美的教科书一经发行，三日即告售罄。教科书预定数量有增无减，以致一版再版，行销十余万册，为当时中国教科书发行量之冠。从 1904 年到 1912 年，商务编

---

❶ 王云五. 灿庐八十自述［M］. 台北：商务印书馆，1967：211.

译所相继编印了"最新教科书""女子教科书""简明教科书""共和国教科书"四种小学教科书，出版后十分畅销。

尤其是"最新教科书"，在当时实在是一件前无古人的创举。商务印书馆动员了全部的人力和物力，经过长时期的准备和研究始告完成。这一套教科书的出版，不仅适应了当时兴学的需要，且影响了此后学制的确立和新学风的养成，在中国教科书历史上具有划时代意义。它可以称为第一套真正的中国近代教科书。首先，它是以近代分科课程的概念统筹出版教科书，其科目包括国文、算数（笔算、珠算、代数、几何、用器画等）、格致、化学、修身、地理、历史、动物学、植物学、矿物学、生理学、英文共计十二科十八册，承担了近代中国几代人的启蒙教育，在教育界产生了极大的影响。相比此前的教科书，商务印书馆的这套教科书基本抛弃了传统教育经史子集的分类方法，具有更自觉的近代分科观念，学科建制更为健全。其次，这套"最新教科书"按照学制规程来编辑课文，根据学部章程，分别编写初等小学、高等小学和中学教科书，其所具有的近代学制观念也是前所未有的。当时有教育家即对这套教科书称赞道：最新教科书这种按学期制度编辑的方法，"实开中国学校用书之新纪录"❶。

初等小学和高等小学教科书具有代表性的有：❷

《最新修身教科书》：商务印书馆编译所编纂，蔡元培校订，1905 年；

《最新初等小学珠算入门》：杜秋孙编纂，1906 年；

《最新中国历史教科书》：姚祖义编辑，夏曾佑、张元济参阅，1904 年；

《最新地理教科书》：谢洪赉编纂，1905 年初版（以上为初等小学用）；

《最新高等小学地理教科书》：谢洪赉编纂，张元济校订，1905 年；

《最新高等小学教科书中国史》：Yao Tsu_I, M. A. 著，1904 年；

《最新中国历史教科书》：姚祖义编辑，金为校订，1904 年；

《最新理科教科书》：谢洪赉编纂，1904 年（以上为高等小学用）。

中学用最新教科书大致如下：

---

❶ 庄俞. 清季兴学与最新教科书［G］//陈学恂. 中国近代教育史教学参考资料（上册）. 北京：人民教育出版社，1986：656.

❷ 毕苑. 中国近代教科书研究［D］. 北京：北京师范大学，2004：41.

《最新中学教科书代数学》：［美］William J. Milne 著，谢洪赍译，1904 年；

《最新中学教科书地文学》：［美］忻孟原著，王建极、奚若译述，1907 年；

《最新中学教科书地质学》：［美］Joseph Conte 原著，商务印书馆译，1906 年；

《最新中学教科书动物学》：［美］Burnet 著，黄英译述，奚若校订，1905 年；

《最新中学教科书化学》：中西译社编译，谢洪赍订定，1901 年；

《最新中学教科书几何学立体部》：谢洪赍编辑，周承恩校订，1907 年；

《最新中学教科书矿物学》：杜亚泉编辑，1906 年；

《最新中学教科书三角术》：谢洪赍编译，周承恩校订，1907 年；

《最新中学教科书生理学》：谢洪赍原译，商务印书馆校阅，1904 年；

《最新中学教科书物理学》：［美］Hoadlog 著，谢洪赍译，1904 年；

《最新中学教科书西洋历史》：编著者不详，1906 年；

《最新中学教科书西洋历史地图》：［日］小川银次郎著，张元济校订，1904 年；

《最新中学教科书瀛环全志》：谢洪赍编辑，奚若校勘，1903 年；

《最新中学教科书用器画平面几何画投影画》：孙铖编纂，杜亚泉校订，1907 年；

《最新中学教科书用器画透视》：孙铖编纂，寿孝天校，1907 年；

《最新中学教科书植物学》：亚泉学馆编译，1903 年。

张元济主持乃至亲自编写的中小学教科书（最早的初小《修身》、高小《国文》就是他自己编的），影响了一代又一代国人，在建构中国人的知识和精神世界的过程中所起的作用是难以估量的。梁漱溟、叶圣陶等都曾回忆起商务教科书和其他读物对他们一生的影响，作家冰心在《我和商务印书馆》中更是深情地回忆："我启蒙的第一本书，就是商务印书馆出版的线装的《国文教科书》第一册。我从《国文教科书》的第一册，一直读了下来，每一册每一课，都有中外历史人物故事，还有与国事、家事、天下事有关的课文，我觉得每天读着，都在增长学问与知识。"

商务印书馆在短时间内能够占领教科书市场的半壁江山，得到社会的广泛认可，与张元济对中西文化兼容并包的思想有极大关系。处理两种文化，他从不趋向保守亦不趋于激进，保持了一贯的开明姿态。他曾经积极地推动新学的传播，同时又不遗余力地整理出版传统文化典籍。他始终超脱于政党、派别之争，相信只有靠文化建设，通过启发民智，才是中国走向现代化的正确途径。在他包容对待两种文化的态度下，商务印书馆的教科书"采取古人嘉言懿行，是以增进民德、改良风俗者依次编入，由浅及深，循序渐进"。此外，他还把新的西方科学技知识编入教科书中去，大大扩展了中国学生的眼界。以最著名的《最新国文教科书》为例，该书的宗旨是"务使人人皆有普通之道德知识，然后进求古圣贤之要道，世界万国之学术艺能"。针对入学儿童理解力特点，教材设置了从字词句到篇章，生字难易由简至繁的课程进度。取材以儿童身边事物为主，且每课皆附有精美的插图。教材不仅包括儿童日常须接触的居家、处世、治事等方面内容，还包括了农业、工业、商业等西方实用知识。应特别指出的是，全书还配有商务印书馆独创的供教师使用的教授法参考书。

商务印书馆版的教科书还体现了张元济的平等教育思想。在我国男尊女卑观念已存在数千年，女子教育长期不受重视。戊戌变法时期，维新人士在中国教会女学及日本教育的双重刺激下开始提倡女学。作为维新派的张元济，是这一普及教育思想的拥护者。当各地闻风响应，为配合时代之需着手编辑女子教科书时，商务印书馆已经于1904年出版了由张元济、高梦旦等主编的《女子小学教科书》。而晚清政府直到1907年颁布《女子小学堂章程》时才把女子教育正式纳入学制系统。

通过商务印书馆的不断努力，其教科书质量不仅被社会认可，出版数量同样位于同行业之首。在1906年，学部第一次审定初等小学教科书暂用书目共一百零二册，其中民营出版机构发行的有八十五册，而商务印书馆有五十四册入选其中。

商务印书馆的教科书在中国社会大变革中取得的巨大成就引起基督教教育组织机构"中华教育会"的高度关注。其机关报《中国报道》于1904年成立一个专栏，专门研究商务印书馆的教科书与中国新教育的关系。文章称赞商务印书馆为"有魄力的公司"，认为虽然在过去的几年中，初级教科书的出版量极为巨大，但商务印书馆是最为赢利的公司，它那些精美的教科书遍布全国。商务印书馆教科书的出版，是"过去几年里最重要的事件之一"，"标志着中国的儿童从传统经典的束缚下解放了出来，进入到充满趣味与知识的新的文学作品中"。商务印书馆教科书的体裁包括伦理文章、寓言、历史逸事、自然历史或科学短文等，有时还有各种报告例文或书信写作介绍，其文体"无可指摘"。文章甚至还对商务印书馆教科书的价格、版式、彩图和编辑方法等情况做了分析。文章提到了同时期的普及书局、文明书局、科学书局、作新社、湖北的昌明公司都出版过普通教科书，但这些教科书的影响都远不如商务印书馆的"最新教科书"。可以说，从文明书局的"蒙学教科书"，到商务印书馆的"最新教科书"，标志着中国近代教科书的诞生。

（二）《最新国文教科书》《最新修身教科书》

1. 《最新国文教科书》

早在 1902 年，商务印书馆即开始编辑一套蒙学课本共六册，定名为《文学初阶》，供学生三年学习之用。由杜亚泉主编的蒙学课本《文学初阶》，吸取了当时自编教科书的长处。第一册在第九课之前不用虚词，全部用儿童身边常见的浅近事物作为识字课的内容。如第一课，生字为"大、小、牛、羊"四字，课文则以"大牛、小羊、大小、牛羊"四词为题分为四课，至八十课以后才出现了简单句，如"马拉车、牛耕田、桃开花、竹生笋"。第三册，课文内容开始穿插各科浅近知识，如伦理修身、读书学艺、声光电化学、中外史地、历史人物等内容，比较广泛地将科学知识贯穿于课本之中，成为当时极富特色的一种教科书。这套教科书根据课文内容体例结构的特点，还附有简单的教授法，也为近代教科书的编写提供了新颖的范式。

在清末教育剧烈变革的场景之下，1903 年，近代著名出版家、教育家张元济正式进入商务印书馆编译所担任所长，他立即着手组织人员编写出版"最新教科书"，这套教科书无成例可言，呕心创作。"最新教科书"包括最新初、高等小教科书十六种，教授法十种，详解三种，中等学堂用书十三种。编辑体例的设计，除课文内有精美插图外，每册还配五彩图画二三幅，是国内儿童读物配彩色图的开始，也是近代以来第一套采用现代教育原理编写的系统教科书。

为了提高教科书的编写质量，增强市场经营的活力，张元济重组力量，终于在 1904 年 4 月，即新学制正式颁布的三个月之后，推出了系列新教科书。《最新国文教科书》是商务印书馆清末期间出版的最具代表性的一套教科书，自《最新国文教科书》（初等小学用）第一册出版后，立即引起了广泛反响，仅五六天时间，开印的四千册销售一空，这种强烈的社会效果和巨大的市场需求大大出乎编写者的意料。至 1906 年，《最新国文教科书》（初等小学用）全套十册出齐。书中行文以平实活泼为主，间取游戏歌曲启发儿童之兴趣，而隐喻劝戒之意。《最新国文教科书》是我国近代第一套从形式到内容都比较完善的教科书，在白话文被提倡以前，凡各书局编写教科书（甚至清"学部"国定的教科书）大多模仿此书体裁。《最新国文教科书》被视为当时能完成教科书使命者，也被看作近代教科书形式的完备标本。据主编庄俞自述：

> 我国自甲午战后，上下奋兴图存。光绪二十八年七月颁布学堂章程，是为中国规定学制之始也。有志教育之士，亟亟兴学。无如学校骤盛，教科书殊感缺乏，遂有蒙学课本诸书之试编；但不按学制，不详教法，于具体工具犹多遗憾。商务印书馆编译所首先按照学期制度编辑修身、国文、算术、历史、地理、格致诸种，每种每学期一册，复按课另编教授法，定名为"最新教科书"，此实开中国学校用书之新纪录。当时张元济、高梦旦、姜维乔、庄俞、杜亚泉诸君围坐一桌，构思属笔，每一课成，互相研究，互相删改，必至多数以为可用而后止。《最新国文》第一册出版发行，三日而罄，其需要情形可以想见。自此扩大编纂，小学而外，凡中学、师范、女子各教科书，络绎出版，教学之风，为之一变。

其中，《最新国文教科书》（初等小学用）由庄俞、蒋维乔、杨瑜统编纂，高凤谦、张元济和日本前文部省图书馆审查官司小谷重、前高等师范学校教授长尾慎太郎校订。该教科书之编辑"由浅及深，由近及远，由已知及未知，按儿童脑力体力之发达，循序渐进，务使人人皆有普通之道德知识，然后进求古圣贤之要道、世界万国之学术"。《最新国文教科书》（高等小学用）则由高凤谦、张元济、蒋维乔合编，计八册。于 1906 年丙午着手，至 12 月出版第一册，历时两年而成，教科书之外，另编教法参考书，以供教员使用。其第一二册程度与初等小学第九册、第十册衔接；以下渐渐高深，文字则自编者一半，选择古书及名家文者一半。该套教科书能反映当时国内外政治、经济、科学等方面的情况，内容颇见新意。如第一册的第一至第五课为"预备立宪""君主立宪"；第十八课为"深耕"、第五十五课为"水患"；第十二课为"声光"、第三十五课为"电热"、第四十三课为"巴津西"、第五十七课为"亚剌伯之马"等。这些课文都是编者自撰，而一变过去按现成文章选辑的做法。诚如编者在"前言"中所说："按照初学程度悉心斟酌，每一课成，必经数手易数稿，以期适用。"每册另撰教授法，按课时数量编次，其中诵读讲解、提问默写、联词造句等法无不详备；其名物训诂均细加解释，所引古籍、西籍也详细指明出处，以省教员检查之烦恼。"

1903 年之后编撰的《最新国文教科书》的成功不是偶然的，而是以张元济为首的编译所同人集思广益、民主协商的结果，从"包办制"到"合议制"，最后发展为"圆桌会议制"，就是教科书编写组织管理与观念变动的集中反映。据当事者所称，"由任何人提出一原则，共认有讨论之价值者，彼此详悉辩论"，"恒有为一原则讨论至半日或终日方决定者"。当时张元济、高梦旦、蒋维乔、庄俞、杜亚泉等围坐一桌，构成"圆桌会议"，下文描述的即是他们编定教科书时的生动情景：

> 当时之圆桌会议，惟在《最新初小国文》着手之时讨论最详悉。第一二册几于每撰一课，至讨论至无异议方定稿。至三四册后，则由各人依据原则自行起草，草成之后，再付讨论；亦有一二人先行讨论者。尔时不乏有趣味之资料。如余（蒋维乔）编及某课时，用一"釜"字，而高梦旦必欲改为"鼎"字。余曰："鼎"字太古，不普通。高曰："鼎"字乃日常听用之字，何谓不普通？……及后细细分辨，方知闽语呼"釜"为"鼎"，而不呼为"釜"，相与抚掌大笑。

《最新国文教科书》在材料选用方面涉及各个领域，不偏于一隅，择取各种资源，以生动有趣的文字加以记录。课本内容在一定程度上摒弃了封建的纲常礼教，而从居家、处世、治事等方面取材，以儿童周围事物立意，注意农业、工业、商业实用知识，涉及尺牍、契约等日常应用知识。同时，竭力宣扬中国的悠久文化和表彰古代圣贤的嘉言懿行，在某种程度上为匡正历史陋习做了努力。如《最新初小国文教科书》第三册第二课"吉凶"的内容："有鸦集庭树，引颈而鸣，儿叱之。父曰：'人之知识远胜于鸟，尚不能预知吉凶，而况鸟乎？'"

在编写方法上，它依照清末新学制的要求，按年级、学期的计划安排，分科编写，形式新鲜、活泼，考虑知识的逻辑顺序，照顾儿童的年龄心理及认识特点，各科皆附有精美的图画，以引起学生的兴趣，增强学习的效果，并注意课后练习题的设计，以及教师教学法的引导。每一册教科书均配有"讲授法"，相当于教师参考用书，按照三段教授法次序，加入练习、问答、联词造句等，指导教师讲授教科书，辅导学生做作业，深受教师的欢迎。"因出版之教科书，内地教员多不知应用方法，于是每出一册，皆按照三段教授法次序加入练习、问答、联字、造句等，编辑教授法；而教授法销行之数目，渐见发达。"这一开创性的做法，为后来各出版机构编写教科书所模仿。

1904 年 2 月商务印书馆《最新国文教科书》第一册出版。编写者一开始即着手研究当时各家已出版的教科书之优缺点，整理出十八条缺点，归纳起来大致有三个方面：①文字方面，有的课本生字多、笔画多，句子长而没有韵味，过早列入介词、助词等虚词，有的课本内容太浅，在教其他功课时困难很多；②在思想方面，讲一些一般人做不到的事，无助于学生的修养，墨守旧思想，无助于社会进步；③在材料安排上，或是搬用不合于我国国情的外国事物，或讲述不常见的事物，或春言落叶，秋述萌芽，学生不易和实际联系。针对当时教科书的缺点，编辑们讨论决定了以下原则：

> 首先发明之原则，即为第一册教科书中，采用之字，限定笔画。吾人回想启蒙时读书，遇笔画较多之字，较难记忆，故西人英文读本，其第一册必取拼音最少之字。然我国文字则无拼音，因参酌此意，第一册采用之字，笔画宜少，且规定五课之前限定六画；十课之前，限定九画；以后渐加至十五画为止。其次讨论之原则，即选用教科书采用之字，限于通常日用者，不取生僻字。又其次讨论之原则，第一册每课之生字，五课之前，每课不得超过十字。又其次讨论之原则，第一册共计六十课，前课之生字，必于以后各课中，再见两次以上，俾使复习。又其次讨论之原则，为全书各册文字规定之字数，第一册每课从八字至四十字，第二册每课从四十字至六十字；三册以下，不为严格限制，听行文之便，若文长，则分两课。第一二册，每句空格，每行必到底，适可断句；不将一句截成两段。以上为形式方面之原则。至于材料方面，则选用事项涉于多方面，不偏于一隅，杂采各种材料，以有兴味之文字记述之。各册六十课中，约计理科、历史各占十五课；地理九课；修身、实业各七课；家事、卫生、政治、杂事共七课。各课排比，以各种材料彼此又互错综，无形中前后联络，以便儿童记忆。各课皆附精美之图画，图画布置既生动而不呆板，处处与文字融合。凡图画与文字，旨同在全幅之内，不牵涉后页。❶

---

❶ 蒋维乔. 编辑小学教科书之回忆［G］//陈学恂. 中国近代教育史教学参考资料（上册）. 北京：人民教育出版社，1986：649 - 650.

2.《最新修身教科书》

商务印书馆 1904 年出版的《最新修身教科书》，由蔡元培、高梦旦、张元济三人署名合编。实际上，初等小学一至十册由张元济编写，高等小学四册由高梦旦编写，中学则由蔡元培编写。

《最新修身教科书》是一部成功的教科书。编者根据学生从入学第一天起到中学毕业的十二年，每年、每学期都设置修身课的特点，将伦理道德的每个方面，在每册修身课本中都至少出现一次。教科书的内容富有一定的民主思想，如论爱国则从养育的角度谈报效祖国，而不是从"君权神授"的角度谈忠君爱国，这从第四册第二十课、第七册第十九课、第八册第十六课、第十册第一课等都能看出。又如守法教育，全部选择王子犯法与庶民同罪的故事，课本摒弃了董仲舒"三纲五常"的神秘论证，而采取孔颖达《五经正义》的主张。第三册的"家庭"一课完整地表达了这种思想，指出家庭的每一员"人人当尽其职分，而不可苛求于人，是故父慈其子，子孝其父，兄弟相友，夫妇相敬，则一家之中太和洋溢"。强调家庭成员的相互关系，而否定那种隶属关系，"苟不以自己当尽之责为立，而专以责备于对待之人，则必至父子责善，兄弟相拢，夫妇交谪，而为之骚然不安"。有的课文通过家庭财务管理反映人伦协调的观念。如第四册第二课的内容："陆九韶制家用常合计一岁之所入，除纳税外，分为十分，贮其三以备歉年，其一以供祭祀，以其六为十二月之用。有可节者节之，别贮之以供医药馈送及周恤贫乏焉。"课本还渗透了西方博爱、平等的观念。如第一册第十六课讲肖遥欣反对以弹鸟为游戏，戒学生"生命之不可妄杀"，但紧跟着在十七课讲孙叔敖小时候杀两头蛇的故事，告诉学生"有害之物不可不杀"，使学生"既知妄杀动物不可，至害人之物，仍当杀之，庶知他人不至再受其害"。在第五册第十五课、第七册第十二课里，以平等来解释博爱，在《教授法》里说："均是人也，何分贵贱"，指出对于人"使以贵贱贤愚之别，而有所厚薄于其间，非博爱之道也"。

《最新修身教科书》还有一个符合修身教科书特点的编写方法，即不用抽象的伦理条文，全用古人的事例作为教科书，以生动的故事代替枯燥的道德说教，用榜样作手段进行潜移默化的教育，这完全符合品德教育的规律。诚如该书的编者所称："初等小学之第一年，因儿童识字无多，故第一册全用图画；二册以上，始用格言；三册则引用故事之可为模范的内容；每课附以图画，共计十册。教科书外，另编教授法。并按照书中图画，另行放大之挂图，以供教师在课堂中应用。高等小学修身教科书共四册，皆采用历史中可以身体力行之事实，并附现代之伦理。教科书外，另编详解，供教师之用。"

该课本中图画形象生动，图文并茂，为儿童少年所喜闻乐见；格言故事则更能深入人心，情感共鸣；身体力行的事例，发挥表率、人格魅力感召的作用，与儿童身心特点及认识规律相一致，从而切实发挥德育涵养德性及健全人格的效果。

（三）商务印书馆在教科书史上的地位

据商务印书馆编辑、近代教育家庄俞的统计，商务印书馆于 1902 年出版初、高等小学教科书十六种，教授法十种，详解三种，中学用书十三种，尚有师范学堂、实业学堂用教科书数十种，又外国文及杂书数十种；1904 年出版《女子教科书》初等小学用两种，高等小学用三种，《教授法》四种；1907年，商务印书馆根据"癸卯学制"关于女子教育的规定，出版了一套《女子教科书》，包括《初等小学女子修身教科书》《初等小学女子国文教科书》《高等小学女子修身教科书》和《高等小学女子国文教科书》；1910 年，商务印书馆出版《简明教科书》初等小学用五种，高等小学用一种，《教授法》五种，"详解"一种，对《最新教科书》进行改良，如国文，"简明"本将文字改得更为浅显，材料务求合于儿童心理，又多韵文、应用文及复习文。这一教科书系列包括了庄俞等编《简明初小国文教科书》《高小国文教科书》各八册，蒋维乔编《简明初小中国历史教科书》二册，寿孝天编《简明初小笔算教科书》四册，高凤谦编《简明修身教科书》八册，严葆诚编《简明高小格致教科书》一册。同年，又编辑《英文益智读本》《初学英文规范》《高小商业教科书》等数十种。

1906 年清政府学部公布"第一次审定小学教科书暂用书目表"，公布了审定学校教科书一百〇二种，民营书局印行的有八十五种。其中，商务印书馆版教科书有五十四种，占书目总数的一半以上。1909 年，商务印书馆出版高等小学用《算术》《经训》《东洋历史》《万国地理新编》《中国地理》《博物学大意》《初等物理》《珠算》《修身》《中国历史》教科书，初等小学《历史》《女子国文》教科书等。

为了培养中小学堂的合格师资，商务印书馆根据《奏定初级师范学堂章程》与《奏定高级师范学堂章程》的培养目标及课程计划所规定的内容要求留意编辑、出版各级师范课本，特别是教育、心理课本。如 1909 年 1 月，商务印书馆出版各级师范课本及参考书，主要有《教育史》《学校管理法》《教育学》《心理学》《伦理学》《学校卫生》等。众多教科书的成功出版，为商务印书馆的发展奠定了良好基础。从此，教科书一直成为民国年间商务印书馆的主要业务和主要利润来源之一。

出版家庄俞，字百俞，1903 年由蒋维乔介绍进商务印书馆，工作三十多年，大多从事学校教科书编辑和小学教育工作，经验丰富。他对商务印书馆的教科书事业及其体验心得做了如下总结，颇有见地，也能反映学校教科书编写探索的艰辛，故摘录于下：

（1）学制修改一次，教科书跟着变更一次，往往一部还未出全，又要赶编第二部，我馆对于此点向来是很注意、很敏捷的。

（2）教育研究，日新月异，最初主张日本学说，后来参以欧美学说，或又崇拜美派，又采取法派，参互错综，是否完全适合我国国民，迄无定论。我馆编辑各书，都是折中办理、舍短用长的。

（3）政治变迁，或有一己主张，命令全国，甲以为某教科材料不可不纳入教科书，乙又如是，丙又如是，不知教科书有相当之程度，成人教科书，何可以语儿童？专门教科书，何可以入普通读本？我馆并不勉强而行的。

（4）教科书的支配，前后多少有相当的分量，小学国文，更有生字关系，一经出版，修改为难，不特牵动本书，还要牵动教授书，再版改动，即与未销完的初版不同，教科书改动，又与未销完的教授书不同，我馆积三十年的经验，除随时设法外，尚未有完善方法。

（5）教科书附有图画照片表格种种，选材既甚困难，制版又极复杂，编制更不能草率，所以一本书看来极其简单，殊不知从编稿以致出版，至少要经过十多次手续，假定一种书八本，小学必修有六种至十余种之多，一套书完成，更有八十本至一百本之多，教授书再加一倍，所以一套书不能在短时间出全，外界不甚明了，徒多诘责，自己人不好不知道的。

（6）一部教科书当有一种优点特点，顾客不明了，有待经售人的说明，但是经售人大都不明白内容，不能详告顾客，更不能做相当宣传，往往一部书内容并不多见差，而不能销开，很是可惜！所以经售人遇见一部新出书，至少要把他的编辑大意看一遍，方可应付顾客。

（7）教科书的营业，要算是高尚的营业，但是一般经售人视同普通货一样，你也滥价我也减折，弄得顾客莫名其妙，结果以便宜为主，不问本身的优劣，究竟实际是埋没不了的，我馆不必随波逐流为是。

（8）教科书愈出愈多，内容则愈出愈浅，从提倡语体文以后，修辞格外不讲究，一句里面用几个"的"字几个"了"字不足为奇。还有一事，小学改为六年制，初级中学一年级，就是从前的高级小学三年级，而现在所出的初中教科书，没有不是材料丰富，文字高深，与小学第六年用书程度完全不衔接，我馆将有新书出现，已经注意改良了。

（9）一部教科书好容易销有成效，第二部又出来了，用书的大都喜新厌旧，经销的势必新旧兼备，无形损失很大，在青黄不接之际，为难极了，只有配货存货两方格外当心。

（10）推销教科书，全在平时与教育界有相当的联络，每到学期开始之前，就要分头接洽，等到开学时再去接洽便来不及了。不去接洽，静待上门，更来不及了，这是很要注意的。❶

1911 年，商务印书馆出版《平面几何画法》、查理斯密《初等代数》译本、《高等小学算术书》及《实用几何学初步》等书。此外，商务印书馆为年长失学者补习功课起见，编有《简易课本》《半日学校课本》数种。这些书可供小学补习科、半日学堂、夜校、艺徒培训、改良私塾之用。1915 年，商务印书馆出版国民学校和复式学校教科书多种。同时还出版了几本中学师范用教科书，如《女子园艺教科书》《文法要略》《烹饪教科书》《手工》《木工》等。1917 年，商务印书馆出版蚕业学校用教科书，其中有《蚕体病理生理》《养蚕法》《蚕体解剖》《桑树栽培》《制丝》等。

五四运动以后，商务印书馆出版"新法教科书"，又"得风气之先"。"新法教科书"全部采用白话文，初级小学教科书有《国语》《国文》《修身》《算术》《珠算》《绘画读本》《自然研究》《国语唱歌集》等九种，高级小学教科书有《国语》《国文》《算术》《历史》《地理》《理科》《自然研究》《会话》等共计十种，以后又出版了九种。1922 年至 1923 年，又先后编撰出版了"新法中学教科书""新学制教科书"。"新学制教科书"包括初小、初中、高中各类教科书。为适应高中选科制的需要，这套教科书含高中工用教科书十四种，高中商用教科书十九种，高中农用教科书十二种。

---

❶　庄俞. 谈谈我馆编辑教科书的变迁［G］//商务印书馆. 商务印书馆九十年——我和商务印书馆. 上海：上海商务印书馆，1987：66 – 67.

"最新教科书"出版时,张元济等人考虑到新教育制度草创,教科书初定,教师不熟悉新教科书教学法,于是编辑了教授法,随教科书一并寄给老师。教授法是按三段教学程度,加入练习、问答、联句、造句等内容,指导教师讲授教科书,辅导学生做作业。在出版教授法以后,商务印书馆又编辑了教学参考书,也随同教科书寄给教师。参考书是教科书的姊妹篇。教授法和参考书对帮助教师准确地把握教科书、扩大教师的知识面、提高教师的素质和教学质量都起了很重要的作用。

诚如出版史家李泽彰先生在《三十五年来中国之出版业》一文中曾这样评价商务印书馆对清末教育的贡献:

> 民营的出版业在革新运动的后期,不仅是在出版界居重要的地位,并且在新教育的推行上也有极大的帮助。因为在光绪三十二年学部虽然颁布了学堂章程,但藉以推行新教育的教科书却未编印。在科举初废时,教科书的编制实为创举,真是极困难的一件事。当时的出版业不避艰难,毅然负此重任,实属难能。其最早编印教科书以备采用者,当推商务印书馆。我们现在谈到科举的废除,学校的创设,不能不归功于革新运动,而革新运动有此成绩,我们都却不能不归功于当时的出版业,尤其是商务印书馆。❶

商务印书馆主要是通过对教科书的编辑、出版介入教育界,并为学校教学工作提供必要资源发挥积极作用。

三、其他出版机构

甲午战争以前,西学教科书的编译主要由政府官方少数机构和教会编译机构来进行,甲午战争以后则开始出现众多的民营编译机构。商务印书馆则是以上众多编译机构中最为著名的一个,其出版教科书的情况已如前所述。除此以外,众多的民营编辑机构在清末时期有:文明书局、中国图书公司、教科书编译社、上海编译局、河北译书社、湖北译书社、湖南译书社、开明书局、点石斋书局、广智书局、昌明公司、中国教育器械馆、启文社、新智社、会文学社、新文会社、新名支店、群学会等几十家。辛亥革命后,除了商务印书馆、

---

❶ 庄俞,贺圣鼐.最近三十五年之中国教育(下卷)[M].上海:商务印书馆,1931:264.

文明书局、中华书局等出版机构外，其他规模较小的出版机构还有广益书局、群益书局、开明书店、神州国光社等。这些民营出版机构有的是清末时期就已存在，有的则是刚刚设立。以上出版团体大都以出版教科书为专业或作为重要专业之一。他们出版了大量的新式教科书，比官方编辑教科书的声势大了许多。以上教科书编辑机构之中（商务印书馆除外），重要的有文明书局、中国图书公司、中华书局等，下面分别对以上几个编辑机构做一简单介绍。

（一）文明书局❶

文明书局创办于1902年夏季，由廉泉、丁宝书等集股金十万元创办于上海。其中，丁宝书曾为无锡三等公学堂的教员，住址在上海棋盘路。从时间上看，文明书局的成立晚于商务印书馆五年，但在其1902年广告中昭示的出版书目我们可以发现该社出版各类书多达四十九种，其中初等小学教科书三十二种，高等小学教科书十七种，涉及中外地图、理科、博物、游戏法、家事、化学、女子新读本等内容。尤其是创办之初便编著出版《蒙学读本全书》，一炮打响，声威大震。这套书封面上端写明"管学大臣鉴定"，书名后有近代教育家"吴汝纶署"字样及印鉴，以标明其权威作用。随之，又推出了一套蒙学丛书，其中有文法、经训、修身、中国历史、外国历史、中国地理、外国地理、心算、笔算、珠算、植物、动物、格致、生理、卫生、天文、地文、地质、体操、游戏、唱歌以及真书、行书、毛笔、铅笔习字帖共计二十余种，各科教科书都标以"蒙学"二字，总称为《蒙学科学全书》。在各种蒙学教科书的最末一页都附有时任办理北洋通商事务、直隶总督袁世凯的批文，规定文明书局"编译印行各书，无论官私局所概禁翻印，以保版权"。

近代出版史家、教育家陆费逵在《论中国教科书史书》一文的回忆，可以部分体现其中的情形及教科书体例：

> 丁宝书等在无锡创办三等学堂，他们因为无适用的书，就自己编辑起来，且此创办文明书局。文明书局出版的《蒙学读本全编》，就是当时他们教学生的古文读本。前三本是初小国文体裁，第一课我还记得是："天在上，地在下，人在地之上。"第四本是故事，颇像修身课本。第五本是古代寓言，多采自诸子。第六本是叙事文，多半是新撰的；有一二十篇是

---

❶ 王建军. 中国近代教科书发展研究［M］. 广州：广东教育出版社，1996：128－130.

选自《史记》《通鉴》的，如赤壁之战、淝水之战等。第七本是议论文，也是大半新撰，小半选的。这本书写、画都好，文字简洁而有趣，在那时能有此种出品，实在是难得，我曾用此书教过学生（那时我十七岁），到现在还不忘记。❶

这套教科书门类齐全，内容新颖，很有特色。张相文著《蒙学中国地理教科书》是中学堂地理学科采用率很高的教科书，在地理学科教学中很有地位。丁宝书编写的《蒙学中国历史教科书》，更是中国近代较早的一本新理念及体裁内容的历史学科教科书。其主要指导思想是"以促进文化改良社会为主"，全书洋溢着强烈的爱国主义情感。作者希望通过学习历史能达到"以识古来并合之由，以起近今丧亡之痛，长学识，雪国耻"的目的，具有强烈的时代色彩。华循著《蒙学动物教科书》（初等小学堂用）"据日本理学博士丘浅治郎所定名类及其次第"，在学习方法上强调实验，要求制作标本："吾国既无动物园水族馆等，以资实验，则动物标本之陈列，随时为之印证，此为校舍必不可少之品。"编者发现，"动物学家，分类命名，互有出入，不轨一致。至其排列次序，或先脊椎，自贵以逮贱；或始原生，由微以及著"，参合众说之后，他的编排方案是以纲目种属统筹全书，从脊椎动物、节足动物、软体动物、蠕形动物、棘皮动物、腔肠动物到原生动物，各门类之下再举出其代表动物详加说明，这种编排是个不小的突破。

文明书局的教科书在当时不仅数量多，而且具有一定的质量。1906年，清学部第一次审定小学教科书一百〇二册，其中文明书局的出版物就有三十册，占总数的29.4%。1906年清学部设立编译图书局，其所颁布的编辑大意，大半是仿效文明书局及商务印书馆的教科书体例；而且清末自编教科书也都是以这两家出版社的教科书编写模式为基础的。可见文明书局教科书的编写已具有相当水平了。后来成为中华书局创办人的陆费逵曾这样回忆说："其时我入文明书局，与俞、丁诸君编初小国文读本，修身、算术等，仅出三、四册，颇觉一新耳目。最近中华书局出版俞复、戴克敦所编新小学国文读本前五册，尚用该局作品不少。"❷ 由此，我们应该可以想见文明书局当年的教科书编写质量确实非同一般。

---

❶ 陈学恂. 中国近代教育史教学参考资料（上册）［M］. 北京：人民教育出版社，1986：652.
❷ 陈学恂. 中国近代教育史教学参考资料（上册）［M］. 北京：人民教育出版社，1986：653.

（二）中国图书公司

中国图书公司于 1906 年创办于上海，由席裕福组建，近代实业家、教育家张睿发起，江苏吴县沈恩孚任编辑长。该公司起步较晚，并于 1912 年并入商务印书馆。对此，陆费逵曾有记载："丙午丁未（1906—1907），张睿等发起中国图书公司，吴县沈恩孚任编辑长，所出各书以高小之史地为著名。惜进行太缓，书未出齐，该公司已运转不灵，不能不缩小范围，勉强支持至民国二年，盘与商务书馆。但这仅有的六年中，其对教学事业的贡献也是很大的。"

中国图书公司于 1906 年出版的自编教科书有沈羽编《算学自修》书两本、曾钧译《几何学》教科书、吴傅绂《化学理论解说》一册、张继良等编《初等小学修身》课本八册、朱树人编《初小国文》课本七册、沈羽编《初小算术》课本七册、俞述编《初小珠算》教本一册、张在恭编《初小图画范本》两册、徐傅霖编《初小手工》教本两册、沈羽编《初小唱歌》教本一册、徐傅霖编《高等小学体操范本》两册、林万里等编《高等小学修身》课本八册、华国铨编《高小国文》课本四册、石承宣编《高小算术》课本一册、赵镇铎编《高小历史》课本五册、姚明辉编《高小地理》课本五册及《高小地图》一册、吴傅绂等编《高小格致》课本四册、陆荃编《初级古文选本》十册，其门类几乎包括了小学教育的各门课程。

中国图书公司 1907 年出版《新几何学教科书·平面》和《新几何学教科书·立体》。1908 年 6 月，中国图书公司再版黄瑞履编辑、沈恩孚校订的《家事课本》，体现男主外、女主内的思想，由此反映出女子教育的重要内容便是家事。1909 年，中国图书公司出版了《心理学》《教育史》、新译《几何学》教科书、《最新化学理论解说》《小学体操范本》《简易理化》课本、《卫生新论》《幼儿保育法》《简易地理》教本等教科书。

由上可见，中国图书公司的出版面比较广，涉及的学科门类比较多，尤其是一些新式学科教科书的出版，成为有别于商务印书馆和文明书局的特色所在。新学科的引介是其特色，如《卫生新论》《幼儿保育法》等。清末《奏定学堂章程》里面提请设蒙养院一级教育机构，首次确立了学前教育的地位，但由于蒙养院保姆未识保育法及儿童心理学，所以教育质量极差。中国图书公司认识到这一点，并力求编辑教育心理科学相关领域的教科书，从而填补了其他民营机构编辑教科书的某些空白与不足，在当时具有极强的现实意义。

(三) 江楚编译书局

光绪二十七年（1901）九月，两广总督刘坤一、湖广总督张之洞设立江鄂编译书局于金陵钟山书院（今南京市太平南路）。经费主要由金陵提供，两湖只是挂名，终因湖北省"办事筹款均不相谋"，遂改名为江楚官书局，又名江楚编译书局。书局以编译教科书倡导革新为目的，并且用铅字印刷，"专购外国政务商务兵学农工及一切有用最新之书，延聘精通东文西文之人译成中国文理，俾从事新学者有所取资"（《申报》1901 年 10 月 26 日）。该局聘用缪荃孙为总编，罗振玉、王国维等编译东西洋书籍，特别是日本教科书。宣统二年（1910）四月，以"成书寥寥，糜费鲜功"（"每月尚糜千五百金之多"）被裁撤，改为江苏通志局。江楚编译书局为中国早期的教科书编译出版发行机构，相当于后来的教育出版社，出版书籍多为新式教科书及有关学堂章程、教学用书等，如《奏定学堂章程》《钦定学堂章程》《江苏师范讲义》《日本师范》《伦理教科书》《小学诗歌》等；还出版有《说文通训定声》《国朝事略》《续碑传集》《江宁金石记》《万国事略》等。该社共出版书籍七十余种，其中翻译并刻印的书籍六十余种。辛亥革命后书局中辍，所藏中西书籍归国学图书馆（今南京图书馆）。❶ 对于该局的变迁历程，现代著名历史学家、原江苏省立图书馆馆长柳诒征有过生动的描述：

> 江楚编译局者，光绪辛丑，刘坤一、张之洞会奏变法，议兴学堂，先行设局编译教科书。设局江宁，初名江鄂，后改江楚，以刘坤一自逊无学，编译之事，取裁之洞，宁任费而鄂居名，非合数省之财力为之也。是年秋九月开局，刘世布为总办，缪荃孙为总纂，陈作霖、姚佩街、陈汝恭及诒征等为分纂，作霖为礼书初编元宁乡土教科书，诒征删订字课图说，增辑支那通史为历代史略（诒征自辛丑到局，丙午即辞去）。而翻译日本书之事，则罗振玉居沪偕刘大猷、王国维等任之。自周馥督两江，主译西籍，延陈季同领局事。端方督两江时，季同已逝，聘陈庆年为坐办。前后编译之书，都若干种，而舆论少之。宣统元年，江苏谘议局决裁撤是局，而江督张人骏奏就局款改为江苏通志局，且欲志局并入江南图书馆。时庆年兼主图书馆，为书辨之甚力，遂别设志局。宣统三年，志局与图书馆同

---

❶ 高信成. 中国图书发行史 [M]. 上海：复旦大学出版社，2005：134–135.

隶一总办，以节靡费。鼎革而志局中辍，编译局之书版及所管淮南书局之书版，卒归图书馆管理，而由江南官书局发售。❶

（四）新学会社

新学会社于1903年前后创办于宁波，清末迁至上海。创办人庄景仲，浙江奉化人，早年从事农学研究，编印农业书籍，著有《农业新书》《螟虫防治法》。该社出版过不少有影响的书，如1903年的《世界十二杰》，1909年出版有黄郛翻译、日本学者樱井忠温著的《旅顺实战记》，以及《泰西人物韵编》《测绘学教程》《博物学教科书》等。另外该社还有不少有影响的教科书，如1906年有周世棠编《（初等小学）简明地理教科书》，该书分三编，上编中国本部总论，中编十八省本部地方志，下编东三省、新疆、内蒙古、青海、西藏、三藩；全书注重地势、气候、特产、人民、国政、宗教、铁路、矿产、商埠等，附有五彩地图一本，经学部审定作为高等小学地理课本。1908年出版的胡朝阳编《（第一简明）地理启蒙》，该书首先解释水陆、疆域名词，其次叙述各省形势大略，最后论及物产、人名、国政、宗教、商务、交通诸事，每课附有插图，便利教学之需，至清末已印有八次之多。该社出版的地理学译著有1908年出版的余宗农编译、庄景仲校阅《（中等农学校用）气象学》等。❷

（五）会文学社

会文学社于1903年由沈玉林、汤寿潜等创办于上海，亦称会文堂书局，后改为会文堂新记书局，是一个由留日学生组织的编译出版机构，在出版中文译书方面有一定贡献，同时编译出版了许多特色学校教科书，以供国内学堂教学之需要。

会文学社一开始就以出版学校教科书为主，如《化学探原》《中华生理学》《代数备旨》《法史揽要》《日本帝国近世史》《日清海陆战争史》等；还非常重视地理学教科书的编辑出版，如何琪编《（最新）初等小学本国地理教科书》（1905）、杜芝庭编《最新高等小学地理教科书》（1906）、沈祖绵编《（中等）本国地理教科书》（1907）、杨文询编述的《普通教育新地理·本国之部》和《普通教育新地理·外国之部》（1908）；其他学科教科书也有出版

---

❶ 刘诒征. 江楚编译官书局编译教科书状况［G］//陈学恂. 中国近代教育史教学参考资料. 北京：人民教育出版社，1986：655－656.

❷ 邹振环. 晚清西方地理学在中国［M］. 上海：上海古籍出版社，2000：191.

问世，如何琪编辑的《最新女子初等小学修身教科书》（1906）、本社编译所编辑《最新初等小学生理卫生教科书》（1907）等。上述教科书反映了新教育内容变化及要求，尤其是西方思想观念的渗透与传播，如《最新应用女子尺牍教科书》内容包括家庭、世族、外戚、学界、友谊和有关社会关系处理等内容。

也许是受当时日本编译百科全书的启发，该社也注意大型图书丛刊的编纂，曾于1903年出版留日学生范迪吉等选择之日本中等学校教科书及一般大专程度参考书，名为《普通百科全书》，石印刻本出版。《普通百科全书》的编译工作由素有"志大而才富者"之称的江苏常熟留日学生范迪吉主持。编译这套百科全书的宗旨是以"开通民智、养成世界人民的新知识"为职责，是想把"凡关于学理技术与种种科学有影响于诸科学之发达进步者，皆在是书范围内涵容无遗"。这一百科全书并非是以一家之言为中心，按词典的形式分条编译的，而是选译各种不同程度的教科书汇聚而成。这种将各类不同的西学新知识合成积聚，在中国仍有其独创之处。

《普通百科全书》共计一百种，1903年由会文学社出版。全书的原本分别是日本富山房的初级读物、中学教科书和大专程度的教学参考书，按政治、法律、哲学、地理、数学、理学、工学、农学、经济学、山林学、教育学等分类，以三个系列由浅入深地编排。每本书独立成篇，各自为目。第一系列"首编"为初级学类，共十七种，全部采用富山房编纂的问答式初级读物，按编译宗旨"全书可为小学完善之课本，不独便于学童之记忆，且由是以进则于诸学科门径，皆已了然于胸，得以渐次养成完善之教育。第二系列"中编"普通学二十一种，按编译宗旨"皆为研究普通学之必要部分，如教育学、生理学、物理学、动植矿物学、历史、地理、算数等学，靡不大备，务期科目咸具，条理井然，不敢稍许紊乱"。实际上普通学属于中学教科书。第三系列"末编"专门学六十二种，按编译宗旨"原书每册有十余万言，皆为研究专门学之资料，分级以进，有完全无缺之科目，得渐次养成专门学者之资格"。这显然属于有相当深度的大学教科书或参考书。这一系列的编译方法大部分均是节译，有的只译出了原书的一小部分。编译方法是"以务合中国人民教育界之程度为注意，所译各书不独为东西大学者最新最要之大著述，且为中国向来译书界中所未曾见"。该丛书差不多将日本的中学教科书读本尽行译出，对于解决当时各学堂教科书紧缺的困难提供了方便。如配合全国推广官话计划而编辑的《最新官话识字教科书》，促进了发展新式教育所必需的语言规范统一，这对于教育普及和文化发展均有积极意义。

纵观清末十余年间的教科书历史，参与学校教科书编写的团体与个人的数目、教科书的种类和数量难有精确统计，也很难举证周延，其中不乏影响力的教科书。而从出书地域来看同样是以上海为中心，显示了该地作为近现代新知识传媒中心及西学教育文化摇篮的前驱地位。例如，上海理科书社1902年刊行虞和寅编《博物学教科书》。此书以季节配合学期进度，第一学期为"春夏"，教授"植物及动物"三十六章；第二学期为"夏秋"，再教授"动物及植物"三十六章；第三学期为"冬"，教授"矿物及岩石"三十章。尽管在知识来源上参合了日本博物著作，但可说该书代表了中国学者对于"博物"知识的最初认识：宇宙万物分为"天造物"和"人造物"，"天造物"分"生物"和"无生物"，前者包括动物和植物，后者就是无机物又称矿物。以儿童所见之鸟兽虫鱼、花卉草木和沙砾土壤为研究对象，"知其发育功用及相互关系，为诸般之研究者，名曰博物学"。如果说这部具有标志意义的博物学教科书和以《诗经》《尔雅》《山海经》直至《本草纲目》等典籍树立的传统动植物知识系统有所不同的话，那么其最大的不同就在于教科书重视观察、实验和分类学——以近代科学方法研究博物知识。其他如上海科学会1905年版陈文编著《中学适用算数教科书》，1911年版何崇礼编著《中学教育几何学教科书——平面之部》和《中学教育几何学教科书——立体之部》、马君武译《温特渥斯平面几何学》和《温特渥斯立体几何学》，［英］郝伯森著、龚文凯译《高等数学平面三角法》；上海群益书社1907年版［日］桦正董著、仇毅译《平面三角法教科书》，1908年版［日］译田吾一著、赵缭译《微分积分学纲要》，1909年版［日］上野清著、仇毅译《中学教育几何教科书——平面之部》，1909年版言涣彩编著《代数学教科书》，1910年版［英］查理斯密著、仇毅译《解析几何教科书》；上海科学书局1905年版丁福保编著《初等代数学讲义》，1907年版［日］桦正董著、周藩译《最新中学代数教科书》；上海普及书局1906年版张修爵编著《算数教科书》，1907年版［日］长泽龟之助著、张修爵译《平面三角法教科书》；上海昌明公司1906年版梁楚布编著《平面几何教科书》，1909年版算学研究会编著《平面三角法教科书》；上海科学社1911年版郑家彬译《温特渥斯解析几何》《奥斯宾微分学》和《奥斯宾积分学》；武昌中东书社1904年版《最新代数教科书》；上海章福记书庄1908年印行《最新女子应用尺牍教本》；上海东亚公司1908年版［日］长泽龟之助著、余恒译《新代数教科书》；太原晋新书社 1911 年版陈树拭编著《普通平面三角法》。从笔者目前掌握的情况来看，清末民初学校教科书事业或流通市场中，民间自编教科书的质和量均在官方部编教科书之上。就发行的数量而言，据出版史专家的统计，晚清学部光绪三十二年（1906）第一次审定的初等小学教科书共计一百〇二册，其中由民营出版机构出版发行的计八十五册，主要由商务印书馆和文明书局出版的分别为五十四册和三十册，占总数的 82%，数量远远超过了官办出版机构的教科书。宣统二年（1910），清学部颁《第一次审定中学堂、初级师范学堂暂用书目》八十四种，其中民间机构出版的占 90% 以上。如果说量的特性中也包含了质的因子，那么就可以推知清末教科书编纂之举，民间社会的力量及成效远胜官方政府的作为。

四、民营出版机构编辑教科书活动的评价

清末时期民营出版机构编译的教科书，从总体来看无论是质量还是数量方面都超过了官方编书活动。综观各民营出版机构编译教科书的经验及贡献，可以得出上述基本认识。

（一）紧跟时代特色，立足国情，注重创新

清末时期，各民营出版机构善于抓住教育改革的新动向，以适应新式教育发展的需要，积极适应新学制变化，对教科书进行了相应的变革，又根据当时中国的实际情况，不断创造教科书的新体例。光绪三十年（1904），商务印书馆编辑了《女子小学教科书》，分修身、国文二种。光绪三十三年（1907），学部颁布《女子小学堂章程》时，这些书便适应了这一教育新形势的需要。后来，师范学校逐步开设，商务印书馆又积极编出师范用书多种。1909 年，中国图书公司出版了《心理学》《教育史》。1910 年商务印书馆出版的《英语作教科书》，按照中国人的学习习惯，用国人熟悉的内容展示各种英语文体。由此可见，各出版机构编辑的教科书内容已明显不同于传统教科书，极具时代特色。

（二）遵循教育科学原理，启发民智

从上述民营出版机构编辑出版教科书的活动可以看出，一系列学校教科书编译的一个重要特点是编译时依据教育教学科学规律，尊重儿童的心理特点及变化发展。《最新教科书》在编写方法上体现了一定的教育科学性，注意从儿童的年龄、心理及认识特点来考虑学科内容的布局，分科编写，形式新鲜、活

泼。此外，在教科书编写中还体现了教育性原则，对学生进行思想品德教育，在教科书内容上引入新兴的民主科学观念，《最新修身教科书》的内容富有一定的民主思想，以生动的故事代替枯燥的道德说教，用榜样作手段进行潜移默化的教育。文明书局丁宝书编写的《蒙学中国历史教科书》，其指导思想是"以促进文化改良社会为主"，全书洋溢着强烈的爱国主义情感。在清朝统治尚未结束的教科书中出现这些观点，实在是难能可贵的。

（三）荟萃人才，集思广益

民营出版机构在清末期间编译出了符合时代潮流的教科书，这与他们网罗了一大批热心新教育的专家学者密不可分。这一时期先后加盟商务印书馆、文明书局、中国图书公司的专家学者可谓精英荟萃。他们顺应新式教育发展趋势，积极创新，精心策划，为促进新教育的发展而呕心沥血。商务印书馆编译所的几位主要人物有我国近代著名的民主革命家和教育家蔡元培，对我国文化教育事业的发展做出了巨大贡献的张元济，国文部主任高梦旦，编译所理化数学部主任杜亚泉等。此外，文明书局的丁宝书、中国图书公司的张睿、彪蒙书室的谭彼岸等都是具有新思想的专家学者，他们负责出版机构的编译工作，坚持服务新式教育的编辑宗旨，才能编译出符合时代潮流的教科书，既推动了近代教科书的发展，同时也促进了中国近代新教育的发展。

第四节　学部对教科书的审定

清末对教科书工作的管理主要偏于控制、监督，以及国家利益至上的统一规范，这是与政体性质及民族特性有关的。1906 年开春伊始，学部自行成立图书编译局之后，重心不是编写教科书，而是对各地所编教科书依照学制规章加以审核。

一、教科书审定制的由来

在新式学堂以前，各级官学所采用的教科书，如"四书""五经"，都由封建统治者亲自选定或亲自组织编纂，以"钦定"的形式颁布使用。即使是用于启蒙教育的识字教科书，也必须得到封建统治者的默认才能流行于世。封建统治者的垄断和专制，使学校教科书发展在异常一致的轨道上运行。19 世纪末至 20 世纪初，伴随着新式教育的推广，旧教科书显然已经不能适应新需求，自编教科书开始在社会上流行。自编教科书的不仅有各地各级学堂，如南洋公学、京师大学堂、上海澄衷蒙学堂、无锡三等学堂，而且还有各种民间出版机构如商务印书馆、文澜书局、文明书局等，个人编辑者更是难以数计。❶留日学生也开始关注国内教科书问题，很多社团如会文学社、教科书译辑社、东文学社、普通学书室、作新社、镜今书局、广智书局等开始翻译大量日本教科书，以供国内学堂教学之需。民间编写的教科书相互之间能够取长补短，满足各种学堂和生源的需求。但不能忽视的是，由于编写者文化水平参差不齐，多数人员也没有教育的经验和接受相关教育的培训，这就难免造成同一学科各种版本教科书五花八门，鱼龙混杂。群谊译社曾批评时风说道："浅尝之士每未能融会书意，涂乙一二联络词，卤莽卒事，甚者且竞骛牟谋，惟速是尚，不暇问于义之安否，驯致所译之书，格格不堪卒读，不惟不足以启吾国民，即远质诸已知和文者，亦未由索解矣。"❷ 这样水平的教科书不仅不能推进中国教育的发展，反而影响了教育进度和教学质量的提高，而且更重要的是危及清政府在意识形态领域的绝对控制权。为统编教科书和加强教科书审定工作，1904年，清政府颁发《奏定学堂章程》，正式确立了教科书审定制度。

　　新学堂对教科书需求量的迅速扩大所蕴含的政治和经济意义，使一些有识之士蜂拥而至，竞相出版教科书。据1906年上海书业商会出版的《图书月报》统计，已入会的会员二十二家，其中突出的包括文明书局、商务印书馆、彪蒙书室等。这些出版团体大多是以出版教科书为主业的。另外，19世纪末20世纪初，留学生开始组织学社，出版刊物，翻译或改编国外教科书，以供国内学堂教学之需。当时影响比较大的有会文学社、教科书译辑社、东文学社、作新社等。结果是，一方面蓬勃发展的教科书事业有效地满足了新式学堂的需求；另一方面由于讲求快速，个别出版机构唯利是图，也导致教科书质量参差不齐。最重要的是，它打破了中央垄断传统教科书的局面，冲出了晚清政府对教科书的控制范围，这一问题是异常严重的。所以，如何控制自由编写教科书的局面，掌握新式教科书进而掌握新式教育的走向，防止不利于封建统治的新思想传播，是清政府急需解决的问题。这样，统一教科书就成为清政府的重要教育任务。❸1901年清政府实施新政，对由国家统一编审教科书的意识倾向更为明确：

---

❶ 中华民国教育部 . 第一次中国教育年鉴（戊编）·教科书之发刊概况［M］. 上海：开明书局，1934.

❷ 李孝迁 . 清季汉译西洋史教科书初探［J］. 东南学术，2003（6）.

❸ 石鸥，等 . 百年中国教科书图说［M］. 长沙：湖南教育出版社，2009：74.

泰西各国学校，无论蒙学、普通学、专门学，皆有国家编定之本，按时卒业，皆有定程。今学堂既须考究西政西艺，自应翻译此类课本，以为肄习西学之需……至中国"四书""五经"，为人人必读之书，自应分年计月，垂为定课。此外百家之书，浩如烟海，亦宜编为简要课本，按时计日，分授诸生。盖编年纪传诸子百家之籍，固当以兼收并蓄，使学子随意研求。然欲令教者少有依据，学者稍傍津涯，则必须有此循序渐进、由浅入深之等级。故学堂又以编辑课本为每一要事。现各处学堂皆急待国家编定，方有教法。上海南洋公学，江、鄂新设学堂，即自编课本以教生徒，亦不得已之举也。臣惟国家所以变法求才，端在一道德而同风俗，诚恐人自为学，家自为教，不特无以收风气开通之效，且转以生学术凌杂之虞。应请由臣慎选学问淹通、心术纯正之才，从事编辑，假以岁月，俾得成书。书成之后，请颁发各省府州县学堂应用，使学者因途径而可登堂奥，于详备而先得条流。事半功倍，莫切于此。❶

这是张百熙在奏请开办京师大学堂时建议慎选人才、编辑教科书以期颁发各省学堂应用的集中议论。张百熙主张教科书由国家统一编译，西学教科书由原来的以翻译为主逐渐走向自己编写、机构专业、定编定岗、有名有分、名正言顺、标准统一、人员专职，可以看出是一种典型的国家主义教育思想在教科书编辑问题上的体现。这对保证教科书的标准化、有序性及政府在思想观念方面的统一调控是十分必要的。

京师大学堂编书处的编写人员在能力素质和知识水平方面的局限，使得他们很难在短时间内编撰出一套能够适合全国各级各类学堂统一使用的教科书，仅在1903年颁布了一本《暂定各学堂应用书目》。在此书目中，内分十六个门目，列举了九十种教科书，其中京师大学堂直接编译的有十五种；传统蒙学书籍和儒家经典，如《古文辞类纂》《古诗选》《传经表》《四书集注》《朱子小学》《弟子职》《史鉴节要便读》等约十七种；其余约五十八种，都是民间的书局、学会、学社、个人编译出版的。张之洞、张百熙等面对全国学堂课程的门类众多，所需教科书种类繁多、数量巨大的现实，而要求编书处在短期内编纂教科书的做法提出了异议，在《学务纲要》中提到："查京师现设编译局，

❶　张百熙. 奏办京师大学堂情形疏［G］//璩鑫圭，童富勇. 中国近代教育史资料汇编·教育思想. 上海：上海教育出版社，1997：418.

专司编辑教科书，惟应编各书，浩博繁难，断非数年所能蒇事，亦断非一局所能独任。"❶ 为解决这一难题，他们认为在官方统编教科书未能编订发行前，应以审定民间教科书为主导。具体做法是组织各学科从事教育的人员根据学科的逻辑结构编写书目发往各省："查照各学堂年限钟点，此书共应若干日讲毕，卷叶应须若干，所讲之事孰详孰略，孰先孰后，编成目录一册，限三月内编成。由学务大臣审定，颁发各省。"❷即由各编译局按目录分别编纂，写成后交由学务大臣审定后颁布使用。编辑的教科书要"宗旨纯正，说理明显，繁简合法，善于措辞，合于讲授之用"❸。这就是审定制的由来。但这时这种制度不完备，只是一种应急权宜之举。对于包括教科书审定在内的所有政策和程序等，都没有做出相应详细的规定。同时，对于教科书自行编纂者也没有规定与送审相应的督促、鼓励或惩罚措施。

学务大臣一职是根据张之洞的建议而设的。鉴于新学初创，事情千头万绪，张之洞建议建立专门的管理机构，并设立学务大臣一职，"管学大臣既管京城大学堂，又管外省各学堂事务。当此经营创始，条绪万端，专任犹虞不给，兼综更恐难周。请于京师专设总理学务大臣，统辖全国学务。另设总监督一员，专管京师大学堂事务，受总理学务大臣节制考核，俾有专责"❹。在得到批准后，1903 年清政府颁布《学务纲要》，规定在中央应专设总理学务处取代京师大学堂成为全国教育的最高管理机构，统辖全国学务，总理学务大臣所设属官，"凡整饬各省学堂，编订学制，考察学规，审定专门、普通、实业教科书，任用教员，选录毕业学生，综核各学堂经费，及一切有关教育之事均属焉"❺。总理学务处设专门、普通、审订、实业、游学、会计六处，其中审订处负责"审定各学堂教科书，及各种图书仪器，检察私家撰述，刊布有关学务之书籍报章"❻。1904 年，京师大学堂编译局关闭，在学部成立前，教科书之审定亦由总理学务处负责。1904 年清政府颁发的《奏定学堂章程》中，规定各学堂用书应从学务大臣所审定合适者之中选用❼，清廷以法律条文的形式对"学务大臣负责教科书审定"的原则予以明确，正式确立了教科书审定制度。

❶❷❸　舒新城. 中国近代教育史资料（上册）［M］. 北京：人民教育出版社，1961：213－214.

❹　赵尔巽. 清史稿·志第八十二·选举二（卷一〇七）［M］. 北京：中华书局，1976：3135.

❺❻　朱有瓛. 中国近代学制史料·第二辑·上册［M］. 上海：华东师范大学出版社，1987：98.

❼　舒新城. 中国近代教育史资料（中册）［M］. 北京：人民教育出版社，1981：422，436.

京师大学堂、总理学务处这两个机构由于设置时间短，许多措施尚未得到实施便已发生变化，因此这两个机构对于教科书的审定在数量和质量上所发挥的作用有限。对于教科书该由谁审定、怎样审定，多数人同意建立更具行政职能的学部审核教科书，并提出了具体办法。山西学政宝熙提出在"官编教科书未出版以前，应准各学堂自编讲义，果能合法，即准作为暂时通行之本"，并"由编译处统加审定，择其善者，分别部居，暂作为各学堂应用之书，俟学部立后，人才敷用，再行详悉编纂，随时改良"❶。顺天学政陆宝忠建议加强教科书的编审工作："现在各州县蒙小学堂，需用教科书甚急，近日直隶、湖北，虽有编辑成书，呈学务大臣审定"，并认为应将各省现行的各种教科书及教授法必须由学部审定："各省有现行各种教科书及节编善本，亦可由学政选择，汇送文部审定，编入教科书目，详列提要，以期传布迅捷。至教授通法，现在奏定章程太略，尤应迅速翻译东西各国中小学堂教授法专书，参以中国现在情形，由文部酌核审定，一并通行各省，遍发州县遵办。"❷ 翰林院编修许邓起枢主张"中央应速设学部，分司办事"，并在学部设"图籍司"，"管理颁发各学堂教科书及图画仪器之事，兼检查私家撰述"❸。

1905 年 12 月，清政府终于正式批准成立学部。学部于总务司下设立审定科，专门主管审查教科图书，并对编译局已经编辑之图书详加审核颁行。审定科的常设人员包括员外郎、主事各一人，且皆为举人。审定机构除设固定人员外，尚可派遣学部其他人员或各学堂教员之熟悉科学者协助工作。1906 年，在荣庆与严修的主持下，中国历史上第一次由全国最高教育行政部门——学部，组织审定初等小学教科书的活动正式实施，从而成就了晚清学部公认的一项显著成就，并产生了重大的影响。

二、学部审定教科书的实况

学部设立不久，便开始着手审定教科书。1906 年 3 月，学部要求各省私藏私售的教科书必须由学部审定后才可发售，"该省督抚饬属晓谕官商人等，如有家藏或市肆售卖新编教科书等书，一并邮寄本部，审定后再行颁发各省，

---

❶ 朱寿朋. 光绪朝东华录［M］. 北京：中华书局，1958：5409.

❷❸ 张运君. 晚清书报检查制度研究［M］. 北京：社会科学文献出版社，2011：204 - 205.

以归画一"❶。1906年4月,学部颁布《第一次审定初等小学暂用教科书凡例》共计二十二条,对教科书审定各方面都做出规定❷:首先,提出教科书的重要性以及审核的教科书的来源,"本部为全国教育今始萌芽,学制不可不一,宗旨不可不正,故注重于教科书,凡本部所编教科书未出以前均采用各家著述先行审定以备各学堂之用"。其次,对审定的流程和结果予以规定,教科书呈送学部审定,学部认为该教科书"有应改之处",将通过《学部官报》发布"审定书目",并且编制校勘表,对各教科书需修改处提出比较详细的建议。而各发行处将拟出版发行,并业经审定之书籍,须依据审定书目和校勘意见"一律照改无误",同时寄送学部"复核无异",如此方能作为"审定之本"。再次,此规定对送审图书的内容格式、审定期限、图书价格、审定之本的改用、审定标准实施时间、假借学部审定之名出版的教科书的查禁等都做出详细规定。如教科书质量的审定标准从儿童心理、编排顺序、取材适度、语言正确等几个方面去衡量。未通过审定的教科书多有"事多假设不能证实,杂立名词无复选择,方言讹误不便通行,文意艰深索解不易"❸的原因。学部严格限定教科书的价格,"凡已定有价值者,由各发行所自行酬减报部查核。不准格外增加,致碍教育普及"❹。这时教育观念已从精英教育转变到大众的普及教育,学部要求审定的教科书以质优价廉为合格。过高的书费会阻碍教育的普及,为减少学生负担,学部限定五年的初等教育学生用书总计书价多至六元,少至四元。

1906年,学部公布的《学部第一次审定初等小学暂用书目》共计一百〇三种,其中包括商务印书馆出版的最新初等小学教科书五十三种,文明书局出版的三十种,直隶学务处出版的十一种,南洋公学出版的五种,其他书局四种,具体如表4-1所示。❺

❶ 奏定学部官职暨归并国子监改定额缺事宜折[G]//沈云龙.近代中国史料丛刊(第三编·第十辑).台北:文海出版社,1973:42.

❷❹ 学部第一次审定初等小学暂用教科书凡例[G]//李桂林,等.中国近代教育史资料汇编·普通教育.上海:上海教育出版社,1995:63.

❸ 郑鹤声.三十年来中央政府对于编审教科图书之检讨[G]//李桂林,等.中国近代教育史资料汇编·普通教育.上海:上海教育出版社,2007:200.

❺ 李桂林,等.中国近代教育史资料汇编·普通教育[M].上海:上海教育出版社,1995:39-40.

表 4－1　学部第一次审定初等小学暂用书目

科目	商务印书馆		文明书局		其他	
	学生用书	教师用书	学生用书	教师用书	学生用书	教师用书
修身	最新初等小学修身教科书（十册）	最新初等小学修身教科书教授法（十册）	初等蒙学修身书（一册）		蒙学修身书（蒋黼著本，一册）	
			蒙学经训修身书（一册）			
国文	初等小学国文教科书（十册）	初等小学国文教科书教授法（四册）			初等小学课本（南洋公学，三册）	
算学	初等小学笔算教科书（五册）	初等小学笔算教科书教授法（五册）		蒙学珠算教科书（一册）		
		最新小学珠算入门（二册）			心算教授法（直隶学务处，一册）	
历史			蒙学中国历史教科书（二册）			
地理	最新初等小学地理教科书（四册）		蒙学中国地理教科书（一册）		初等地理教科书（南洋公学，一册）	
			蒙学简明中国地图（一册）		小学地理教授法（南洋公学，一册）	
			蒙学外国地理教科书（一册）			
			蒙学简明世界地图（一册）			

科目	商务印书馆		文明书局		其他	
	学生用书	教师用书	学生用书	教师用书	学生用书	教师用书
格致					初等小学格致教科书（直隶学务处，一册）	初等小学格致教科书教授法（直隶学务处，一册）
			初等博物教科书（一册）			
生理卫生			初等生理卫生教科书（发行未知，文明局印刷，一册）			
体操						小学体操法（直隶学务处，一册）
图画			毛笔画帖（三册）	毛笔新画帖（一册）		图画临摹本（武昌图书馆发行，同文印书舍印刷，一册）
			毛笔新画帖（四册）	图画教法规则（一册）		图画教科书（固化小学发行，商务馆印刷，一册）
			初等铅笔画帖（四册）			
				小学分类简单图画(一册)		

续表

科目	商务印书馆		文明书局		其他	
	学生用书	教师用书	学生用书	教师用书	学生用书	教师用书
工学						工学（直隶学务处发行，天津官书局印刷，一册）
教授法		教授法原理（一册）		小学各科教授法（二册）		教育统论（直隶学务处，二册）
		学校管理法（一册）		小学统合新教授法（一册）		小学实验教育学(直隶学务处，三册)
		初级师范教科书教育史（一册）		最新学校管理法（一册）		普通各科教授法（时中书局，一册）
				单级小学教授管理法（一册）		初等小学教育讲习所汇览（直隶学务处，一册）

同年，学部也公布了《学部第一次审定高等小学暂用书目凡例》并附书目。与初等小学相比，高等小学增加了手工、农业、商业三科中的一科。因此，在《书目凡例》中"兼审此三科之教科书"。教科书的书目本应是按照学科科目编定的，《奏定学堂章程》中设置了中国历史一科，但此次审定的相关教科书没有合适之本，则"暂从阙如"❶。这体现了学部对教科书审定的审慎态度，宁缺毋滥。此次学部审定的书目共三十种七十九册，其中文明书局十一种二十三册，商务印书馆九种三十二册，直隶学务处两种两册，湖北官书局一种八册，南洋官书局、作新社各一种一册，其他团体及个人印行的五种十二

---

❶ 李桂林，等. 中国近代教育史资料汇编·普通教育·学部第一次审定高等小学暂用书目凡例[M]. 上海：上海教育出版社，1995：41.

册。所涉及中小学各学科科目也较为齐全，涵盖国文、修身、数学、历史、理科、图画、游戏、体操、农学、商业、英文等学科。

《学部第一次审定高等小学暂用书目》具体如表4-2所示❶：

表4-2 学部第一次审定高等小学暂用书目

科目	商务印书馆		文明书局		其他	
	学生用书	教师用书	学生用书	教师用书	学生用书	教师用书
修身					中学修身教科书(蒋智由本,两册)	
国文			国民读本（两册）			
			蒙学读本全书（两册）			
			高等小学国文读本（两册）			
算学	最近高等小学笔算教科书（四册）	最新高等小学珠算教科书教授法（两册）	小学笔算新教科书（四册）			
西洋史			蒙学西洋史教科书(两册)			
地理	最近高等小学地理教科书（四册）					
	高等小学堂万国舆图（一册）					
理科			高等小学理科教科书（四册）		小学新理科书（由宗龙等，四册）	小学新理科书（由宗龙等，四册）

---

❶ 李桂林，等. 中国近代教育史资料汇编·普通教育［M］. 上海：上海教育出版社，1995：41-43.

续表

科目	商务印书馆		文明书局		其他	
	学生用书	教师用书	学生用书	教师用书	学生用书	教师用书
图画	高等小学毛笔图画帖（八册） 高等小学堂用铅笔习画帖（八册）		高等小学堂铅笔图画帖（三册）	高等小学几何画教科书（一册）	图画临摹本（湖北官书局，八册）	图画临摹本（武昌图书馆，一册）
体育				高等小学游戏法教科书（一册） （教育必需）瑞典式体操初步（云南同乡会事务所印刷，一册） 新编小学校体操法（德国留学生会馆印刷，一册）		普通体操法教科书（作新社，一册）
农学	农话（一册）				农学（直隶学务处，一册） 农学阶梯（直隶学务处，一册）	
商业					高等小学商业教科书（南洋官书局，一册）	

科目	商务印书馆		文明书局		其他	
	学生用书	教师用书	学生用书	教师用书	学生用书	教师用书
英文	帝国英文读本（三册）				华英初学二集（一册）	
	原本英文初范（由商务馆印刷，发行未知，一册）					

光绪三十四年（1908），学部又颁布了《审定中学暂用书目表》，共五十四种八十九册，包含商务印书馆十八种二十九册，文明书局五种五册，中国图书公司、上海科学仪器馆各三种，科学会、教科书译辑社、昌明公司、金粟斋、普及书局各两种，中新书局、湖北译书社、湖南编译社、中东书社、科学书局、科学书店、京师译学馆、京师编译图书局各一种及其他七种。

据宣统元年（1909）7月间学部公布的编辑书目，学部编译图书局主持编译的教科书关于初等小学方面有董椿编《初等小学修身教科书》暨《教授书》、庄俞等编《初等小学国文教科书》暨《教授书》等；关于高等小学方面有高步瀛等编《高等小学国文教科书》，倪惟俊编《高等小学历史教科书》等；关于中等学校教科书方面有樊炳清编《中等伦理教科书》，徐潞编《中学历史教科书》，水祖培编《中等植物教科书》等；关于其他参考书籍方面，有蒋埔编《朱子要略》，王凤喈、柳诒徵编《中国教育史》，王国维译《辩学》等。

清末对于学校教科书的编审形成两种不同观点，以孙家鼐、张百熙为代表主张"国定制"，而以张之洞为代表主张"审定制"。所谓"国定制"，就是官方权威机构管理教科书的编纂和发行，统一全国教科书的使用。管理官书局大臣孙家鼐、管学大臣张百熙希望趁京师大学堂之建立来统一教科书的编纂使用，改变当时中国学堂教科书的混乱状况。孙家鼐提出"现在各处学堂，皆急待国家编定，方有教法"。张百熙建议由博学纯正之人编辑成书，中央颁发各省学堂使用。所谓"审定制"，是指教员按照现定的学制学时编成教科书，交由学务大臣审定颁行；各省若有文士编成的精良教科书，也可呈请学务大臣鉴定，予以版权准其自行印售。1902年，张之洞在上书清政府提出十五条学堂办法中，建议学习日本文部省检定教科书的方法，允许民间编译课本。

社会各界对此也持有不同见解。贵州巡抚邓华熙提出："中西普通之学，分小、中学、大学各级，编为定本，请旨颁行。各省学堂悉遵教授，庶可一道德而端趋向。"1902 年，梁启超建议"教科书无论为官纂为民间私纂，但能一依国家所定课目者，皆可行用"。1906 年，严复在《中外日报》上发表《论编审小学教科书》，指出国家审定教科书有种种缺陷，应取多种教科书而审定之，采取自然淘汰的办法。出版家陆费逵在 1906 年写文建议学部应将教科书的审定职能和编纂职能分开，着重审定职能、放开编纂职能，这样有利于教科书市场的健康发展。1907 年，学部咨议官汤寿潜主张放低教科书审查权限，由各省视学等组成图书审查会，审查全省教科用图书。

更多的人则批评教科书"国定制"的缺陷，认为国定制下教科书内容不完善、印刷质量差、供给又不足、市场不畅通，容易滋生贿赂、请托等腐败现象。1910 年《申报》呼吁"凡事以比较而有竞争，以竞争而有进步"，如果一律采用部编教科书，那将造成"民编教科书之比较竞争之机已绝，在民间固永无良好之教科书出现于世"。事实上，世人的担心并不无道理。学部编纂的教科书在很大程度上实现了清政府所期望的"国定制"与"审定制"的结合，即学部既有编辑教科书的权利，也有审查教科书的权利。因此，部编教科书也往往"书未脱稿，已订入法令，通行全国"。"国定本"教科书的质量也为人们所诟病，如 1905 年初版的《东亚普通读本》是京师大学堂主持编纂、出版的"国定本"教科书。该书以日本著名学者伊泽修二所著为基础编写，著名教育家严修为中方阅稿者，同时在日清两国发售。但该读本无序文、无编辑大意、无凡例、无章节、无目次，内容编排上不具有近代分科意识，各章主题之间缺乏逻辑，很快在教科书市场上销声匿迹了。从 1905 年年底底学部成立至 1910 年，学部编纂出版近百册的教科书，包括修身、国文、算学等学科。批评之声始终不断，《南方报》批评学部在成立次年所编两种教科书分配荒谬，程度参差，"国文、修身、史地等，经改窜后，笑话百出"。

与此相反，民间教科书的编译、出版则日渐兴旺。1903 年后文明书局陆续发行一套"蒙学教科书"，包括修身、中国历史、西洋历史、东洋历史、中国地理、外国地理、笔算、卫生、生理、天文、地质、格致、化学、动物、植物、矿物、体操等二十三种。1904 年后，商务印书馆推出的"最新教科书"，更为符合近代分科和学制规范。这些民间编纂机构具有敏锐的市场观念和良好的知识储备。它们出版的教科书不仅学科较为健全，而且根据儿童接受能力不同而设置内容进度和难易程度，符合儿童受教育心理。并注重引入较为领先的人文科学知识，如介绍民主国家的政体、解释自然科学的"观察""实验"方法和进化知识等，为儿童展示了真实丰富的外部世界图景，有助于儿童价值观念和知识体系的更新，培养近代人文和科学常识。这两套教科书标志着近代教科书诞生，开启了中国的"教科书时代"。从销售影响来看，据学者研究，最受学堂欢迎的是商务推出的"最新教科书"，"从 1904 年一直发行到 1911 年年底，发行量占全国课本份额的 80%"，晚清教科书市场无人能望其项背。"国定本"无法与民间编纂出版的教科书竞争，由此可见一斑。

学部审定学校用书籍，以求得学校教学用书程度、内容上的统一，对整个教育事业的发展有着重大作用。通过审定，教科书在内容编纂、体裁形式、甚至纸质印刷等方面都有牢靠的保证。这种统一审定教科书的制度在民国以后仍被继承并得以加强。

第五节　清末代表性的几类教科书

清末兴学运动期间教科书的状况及思想内容已于上面详述，本节再对其中几类教科书分别加以举要分析。

一、国文教科书

鸦片战争后，人们的教育观念已有所变化，传统教科书已不能适应新形势的变化，文科在中国备受重视，所以近代国文教科书的变化具有代表性。

盛宣怀于 1896 年在上海创办南洋公学，决计南洋公学从小学办起。1897年师范生陈懋治、杜嗣程、沈庆鸿等编纂出版《蒙学课本》共三编，"此套教科书是新式国文教科书的萌芽阶段"❶。这套教科书与传统课本最大差异在于生字从课文中分出并加以解释，课文后有提问和教师辅导。例如：第一编第一课"燕雀鸡鹅禽（生字），燕雀鸡鹅之属曰禽，禽善飞，禽有二翼故善飞（课文）"，其第二编第一课《四季及二分二至说》，此课除了有题目、课文外还有

---

❶ 侯卫 . 清末民初国文教科书研究［D］. 石家庄：河北师范大学，2013.

"何为四季？……西国四季与中国异同若何？（习问，向学生提问）"，"每课后附刻习问，教习可以意增损（给教师辅导）"❶ 两类内容，这与以前国文课本不加解释，以背诵为主的教学方法是有根本区别的。

1896 年，钟天纬在盛宣怀的资助下创办上海三等公学，并于 1898 年编纂新式国文教科书《字义教科书》（又名《蒙学镜》，上海一新书局刻本）❷。此套教科书与以往不同之处在于"以词教学"，"讲解字义"。例如：第一章《识字》，第一课《天文》，"宇，上天下地曰宇；宙，往来古今曰宙。昶，长日；暹，日光升也"。这样能够帮助儿童理解字义，避免死记硬背。

1899 年，叶澄衷在上海购地创办澄衷学堂。1901 年，出版了由校长刘树屏、教员沈颐编辑的《澄衷蒙学堂字课图说》共四卷八册。这是中国近代新式国文教科书的又一突破。除了"以词教学""讲解字义"外，此套国文教科书配有与课文内容相关的插图。出版以后，在社会上较为流行，多次翻刻。后被重新校订《重校蒙学堂字课图说》，1905 年冬又出现《大版字课图说》《缩印字课图说》《小学联字法》《习字图说》。❸ 此套教科书的创新影响很大，影响了后来的教科书编辑思路。1903 年彪蒙书室编的《绘图识字字课图说》和 1906 年南洋公学编的《最新绘图蒙学课本》，也模仿这套书，加入了图画。

1902 年无锡三等公学的《蒙学读本全书》共七编，由文明书局出版。该书最初是无锡三等公学教师的讲义，"诸人分任教职，每日自编国文一课，令学生抄读。经过五年，共成七编，名曰《蒙学读本》"❹。这套书具有代表性意义在于它在上海南洋公学《蒙学课本》的基础上有了进一步发展。由于脱胎于教师讲义，所以文明书局在重新编辑过程中不仅加入图画，而且还附有文法书，也就是教师的教授法，这为教师的教学提供了参考。后来陆费逵给了这套书极高的评价："这本书写、画都好，文字简洁而有趣，在那时能有此种出品，实在难得。"❺

---

❶ 宋原放. 中国出版史料（近代部分）第二卷·南洋公学蒙学课本举例两种（1897）［M］. 武汉：湖北教育出版社，2004：522.

❷ 陈学恂. 中国近代教育史教学参考资料（上册）［M］. 北京. 人民教育出版社，1986：303.

❸ 澄衷蒙学堂字课图说（卷一）［M］. 上海：澄衷蒙学堂，1905.

❹ 蒋维乔. 编辑小学教科书之回忆［G］//张静庐. 中国出版史料（补编）. 北京：中华书局，1957：139.

❺ 舒新城. 近代中国教育史料（第二册）［M］. 上海：中华书局，1928：254.

1902 年，商务印书馆出版了新式国文教科书《文学初阶》。该书一共六册，能提供蒙学三年之用。❶ 此书一经出版，备受欢迎。这套书除了继承以前新式国文教科书的优点外，课本内容以儿童为中心，关注儿童身边的事物；取材广泛，包含各科基础知识；并且不用范文，全部自行编写，带有浓厚的文学意味。由于政策的滞后性，当清政府公布"壬寅学制"时，此书已编辑出版。"壬寅学制"规定蒙学为四年，导致《文学初阶》使用年限与学制不符。虽然其发行时间不长，但因《文学初阶》编写的体例和内容而被胡愈之称为"中国最早的国文教科书"。

商务印书馆以此为戒，根据 1904 年颁布的"癸卯学制"的年级进度划编写了《最新国文教科书》，包括《最新国文教科书（初小）》十册，《最新国文教科书（高小）》八册，《女子国文（初小）》八册，《女子国文（高小）》四册。这是中国近代第一套完整的、严格意义上的新式国文教科书，以后各书局、学堂编纂的新式国文教科书基本都是仿照《最新国文教科书》的体例。

1906 年年底，学部设图书局仿效商务印书馆编纂出版第一册《初等小学国文教科书》，后陆续出版《初（高）小国文教科书》，到 1909 年基本出版完毕。但因其内容低劣，学部教科书恶劣之声不绝于耳。

1906 年，席裕福组建中国图书公司，发行由朱树人编的《初等小学国文课本》四册，《初等小学国文教授本》三册。由于市场反响不佳最终被商务印书馆收购，蒋维乔指出其失败的原因："中国图书公司所编之国文教科书，要力避商务《最新国文》之典型，别创一格，却又无从下手。又因急于出书，选材既未精审，文字又欠生动。"❷

当时新编的国文教科书中，影响较著者还有顾倬编、商务印书馆版的《高小国文读本》，江楚编译书局的《高等国文教科书》，华国铨编的《高小国文课本》，任琪编的《初等女子小学国文教科书》。这些都是以清末教育宗旨编辑新式国文教科书的样本。

二、历史教科书

梁启超流亡日本后，对西方史学有了更为深入的了解。1901 年至 1902

---

❶ 汪家熔. 民族魂——教科书变迁［M］. 上海：商务印书馆，2008：37.

❷ 蒋维乔. 创办初期之商务印书馆与中华书局［G］//张静庐. 中国现代出版史料（丁编）. 北京：中华书局，1959：397.

年，他先后在《清议报》《新民丛报》发表了《中国史绪论》和《新史学》两篇文章。文中批判中国传统史学，指出旧史学的四大弊端。第一，"知有朝廷而不知有国家"，导致二十四史成为帝王的家谱。梁启超批判了建立在这种观念之上的正统论与修史、纪年方法。第二，"知有个人而不知有群体"，导致旧史学"以历史为人物之画像"，"以时代为人物之附属"，最终成为现象的罗列和墓志铭的汇编。第三，"知有陈迹而不知有今务"，旧史学作于易代鼎革之后，丝毫不涉及当代历史与社会现实，因此毫无现实作用。第四，"知有事实而不知有理想"，即只有呆板的客观事实的叙述，无法揭示历史发展的规律与轨迹。他坚定地举起了"史学革命"的大旗。梁启超对于国人直接翻译外国人编写的中国历史提出异议，他认为中国人应该自己写本国的教科书，主要着眼于历史教育在塑造国民精神方面的特殊作用："本国人于本国历史，则所以养国民精神，发扬其爱国心者，皆于是乎在，不能以此等隔河观火之言充数也。"❶ 他还介绍了日本学者编写历史教科书时采用的体例。这些为后来中国人自己编写历史教科书提供了有益的借鉴。

为使学生通过学习各种历史的"实事之关系""文化之由来"，达到"省悟强弱兴亡之故，以振发国民之志气"的指导思想，清政府无论是颁布的"壬寅学制"，还是"癸卯学制"，都在内容中规定由蒙学阶段开始开设历史课程。随着"癸卯学制"的颁行，各种小学历史教科书也随即产生。

文明书局出版发行的历史教科书包括：❷

蒙学：

丁宝书《蒙学中国历史教科书》两册，1906 年；

秦瑞介《蒙学东洋历史教科书》两册，1906 年。

初级小学：

丁保福《中国历史教本并说明书》。

高等小学：

陈懋治《高等小学中国历史教科书》两册，1902 年；

秦瑞介《高等小学西洋历史教科书》两册，1903 年；

---

❶ 梁启超. 饮冰室合集·文集之四·东籍月旦 [M]. 上海：中华书局，1989：99.

❷ 张梅. 文明书局教科书出版研究 [D]. 天津：天津师范大学，2008：20 - 22；王双钰. 清末民初（1902—1919）高等小学历史教科书编撰研究 [D]. 福州：福建师范大学，2010：16；王友军. 清末和民国时期的中学历史教科书研究 [D]. 金华：浙江师范大学，2005：12 - 13.

丁宝书《皇朝掌故读本》，1902 年；

《高等小学国史教科书》，1902 年；

《高等小学西洋历史教科书》，1902 年；

张肇桐《高等小学国史教科书》。

中学：

秦瑞介《普通西洋历史教科书》两册，1907 年。

商务印书馆也认识到新历史教科书为社会带来的新希望，同时也看到教科书的市场价值，于是耗费大量时间、精力和延揽精通的人才编写"最新教科书"系列，于 1904 年出版发行。

小学类：

姚祖义《最新高等小学中国历史（1—4 册）》，1904 年。

中学类：

谢洪赉《最新中学教科书瀛环全志》，1903 年；

夏曾佑《最新中学中国历史教科书》，1904 年。

[日] 小川银次郎著，张元济校订《最新中学教科书西洋历史地图》，1904 年；

编著者不详《最新中学教科书西洋历史》，1906 年；

汪荣宝《中学中国历史教科书本朝史》，1909 年；

傅狱棻《西洋历史教科书·中学堂用》，1909 年；

吕瑞廷《新体中国历史》，1909 年；

陈庆年《中国历史教科书》，1911 年。

商务印书馆随后出版发行了庄俞编写的《历史》，姚祖晋编写的《历史》教科书。

除了文明书局和商务印书馆这两家之外，其他书局编写的历史教科书也较为常见：

戴克敦、钱宗翰《绘图中国白话史》，上海：彪蒙书室，1905 年，石印本；

祝震《最新中等西洋历史教科书》，上海：南洋官书局，1906 年；

祝震《最新中等中国历史教科书》，南京：南洋官书局，1906 年；

赵镇铎《高等小学历史课本（1—8 册）》，中国图书公司，1907 年；

赵懿年《中等历史教科书·中国史》，上海：科学译部，1908 年。

在这些历史教科书中，最为著名的是商务印书馆出版的由夏曾佑编写的《最新中学中国历史教科书》。1904—1906 年，夏曾佑编著的《最新中学中国历史教科书》，分三册由商务印书馆出版。这部书编辑用意为"总以发明今日社会之原为主"。编纂方法上，夏曾佑运用西方社会进化史观，将中国为分上古、中古、近古三大阶段叙述，打破了几千年来朝代断线的历史传统，将整个历史作为一个联系的过程进行考察。夏曾佑要从历史中探讨造成民族危机深重的原因，从历史的发展过程中思考民族的前途，以为救国之道。所以他编写时不带有个人感情，尊重历史发展的客观规律，强调古今历史变化的因果关系，内容上详述三个方面：关乎一代兴亡之所系的政治事件、外族交涉、社会宗教与风俗等。[1] 在编写体例上，作者采用篇章节体，按时间顺序将中国历史分为两篇四章一百七十节，为后人所推崇。这本书配有历代沿革地图、历史年表、历史插图，便于教学。

从以上一例可以看出，这一时期，由于西方史学知识移植中国本土并与中国传统史学产生交融产生"新史学"，历史教科书编写者的视野和写作手法与前人有了很大区别，形成新的特点。

首先，以时间为顺序，概述各朝代兴衰更替。以商务印书馆 1904 年版《最新中国历史教科书》（高等小学用）第一册为例，以上古时代五帝开化为始，采集历代史事对各朝兴衰进行讲述。关于夏之兴亡的讲述：

> 夏之兴亡，禹夏后氏，姒姓。鲧之子也。治水，始帝都（冀州）而次及各州，劳身焦思，居外十三年，决九川至海，濬畎浍至川，水患即平。乃定九州贡赋及五服之制（甸厚绥要荒）。摄位初，敷文德而有苗（三苗余孽）格。及舜南巡道崩，亦辞避而后践位。都安邑（今山西夏县北）禹性乐善，拜昌言，揭器以求谏，下车而泣罪，以建寅月为岁首（今历遵之）。立贡法，复九州，铸九鼎，一再会诸侯，戮后至者。初禹将举皋陶而陶薨，乃举益。及禹崩，臣民舍益而归禹子启。启立，贤明能承禹业。有扈氏（今陕西鄠县）不服，启与战于甘（在鄠县西南），灭之。

---

❶ 夏曾佑. 最新中学教科书中国历史（第二册）[M]. 上海：商务印书馆，1906：1.

启子太康，盘游无度，有穷后羿拒之于河，立其弟仲康。仲康崩，子相践位，时权归后羿。羿逐相而自立，羿臣寒促，又杀羿轼相而自立。后缗（帝相之后有仍国之女）方娠，逃归有仍（今山东济宁州），而生少康。及长，有田一成，有众一旅，能布其德，以抚夏众。夏遗臣靡，与师诛浞，少康践位，夏道复兴，历十一传至癸，号为桀，嬖有施氏女妹喜，杀谏臣关龙逢，国政大乱，遂为成汤所灭。夏后氏共四百三十九年而亡。

其次，除了各朝代的帝王将相和重大历史事件，编写者的视角开始关注政治之外的文化、宗教等方面的内容。以文明书局 1904 年版《高等小学中国历史教科书》为例，编者在末尾综述本时段宗教文化。如第二编上古史内容：

第一章三皇五帝：太古之民族、我国最初之创作、神农氏之创作、黄帝之治功、帝尧之治功、帝禹之治功、唐虞以前之大势。

第二章三代上：夏禹之治、商之兴亡。

第三章三代下：周之兴起、周公之治周、周之盛衰、春秋战国总说。

第四章春秋：春秋十二国、五霸、齐桓公、晋文公、秦穆公、楚庄王、吴王阖闾、越王勾践。

第五章战国：战国七雄、七国之形势、苏张纵横之术。

第六章上古之学术：文字、字体之变迁、儒家之学、孔子设教、孔孟儒学、荀子之学说、道家之学、诸子百家。

最后，历史教科书的编写者不仅关注本国的历史，为拓展学生视野，还编写了世界史。如文明书局的秦瑞介从小学到中学分别编写了《蒙学东洋历史教科书》《高等小学西洋历史教科书》《普通西洋历史教科书》。

另外，在编写体例上，编写者以夏曾佑编著的《最新中学中国历史教科书》为例，编写采用篇章节的方式。

清末中国近代教育与新式历史教科书产生之时，正是中国新史学兴起之时。新史学提倡书写新的国民历史，"今日欲提倡民族主义，使我四万万同胞强立于此优胜劣败之世界乎，则本国史学一科，实为无老无幼无男无女无智无愚无贤无不肖所皆当从事"[1]。此时，历史被赋予了拯救民族国家的重任，发挥光明正大之民族主义，激发爱国精神，成为编写历史教科书的一个自觉要

---

[1] 梁启超. 饮冰室合集·新史学 [M]. 上海：中华书局，1936：7.

求。人们希望运用历史来实现国家的富强，政府希望依靠历史教育来"振发爱国志气"。在晚清新思想与新教育的影响下，很多知识观念与传统意味已有了很大不同，清政府力主倡扬的道德标准，尽管在教科书中出现与讲述，但是在新式教科书中已经被赋予了新的意义。❶

三、英文教科书

商务印书馆编印英语教科书最早在 1898 年，随着时间的推移其发行种类和数量都不断增加。到清末民初究竟出版英语教科书有多少？光绪辛亥七月十五日（1911 年 9 月 7 日）《申报·学部进呈商务印书馆教科书广告》刊有"初等小学堂用书"二十八种、"高等小学堂用书"二十种、"中学堂用书"五十四种，其中含英语教科书十四种。这则广告更重要的是透露了两条重要信息：①商务印书馆编印的部分教科书是经国家有关部门——学部批准的教科书；②商务印书馆自编有"欲购者函索即寄"的《图书汇编》。从《图书汇编》中确切地了解到至宣统二年商务印书馆所编印的英语教科书其目录如下：❷

1. 英文读本

（1）《帝国英文读本》伍建光著；

（2）《英文新读本》［美］安迭生著，邝富灼校订；

（3）《新世纪英文读本》袁礼敦、李广成、邝富灼编纂；

（4）《英文益智读本》邝富灼校订；

（5）《初级英语读本》；

（6）《华英初阶》甘水龙校订；

（7）《华英进阶》甘水龙校订；

（8）《英文初阶·进阶》；

（9）《英华国学训蒙编》；

（10）《英华国学文编》；

（11）《华英亚洲启悟集课本》；

（12）《华英亚洲课本》；

---

❶　［美］Joan Judge. 改造国家——晚清的教科书与国民读本［J］. 孙慧敏，译. 新史学，2001，12 (2).

❷　张英. 商务印书馆早期编印英语教材初探［EB/OL］.［2011 - 01 - 20］. https：//www. douban. com/group/topic/17147682/？ type = lik.

(13)《英文亚洲启悟集课本》；

(14)《华英智环启蒙新编》；

(15)《英华初学》［美］施女士著，颜咏京译；

(16)《英语易通》。

2. 英文文法

(1)《英语作文教科书》邝富灼编；

(2)《初学英文轨范》邝富灼、徐铣编；

(3)《增广英文法教科书》邝富灼、徐铣译订；

(4)《简要英文法教科书》富灼译订；

(5)《英文初范》；

(6)《英文范纲要》伍建光著；

(7)《英文范详解》伍建光著；

(8)《英文典》［日］神田乃武著；

(9)《英语学初桄》；

(10)《英语作文初步》；

(11)《英华文通》；

(12)《英文汉诂》严复著；

(13)《华英文法释义》；

(14)《文规启蒙》；

(15)《司文登英文范》；

(16)《实用英语阶梯》；

(17)《英语文规》；

(18)《英语快捷方式》［日］斋藤秀三郎著。

3. 英文会话

(1)《新法英文教程》邝富灼著；

(2)《英语会话教科书》邝富灼著；

(3)《日用英语读本》葛弼著；

(4)《英语类选》；

(5)《分类英语》；

(6)《华英要语类编》；

（7）《新体英语教科书》［英］蔡博敏著；

（8）《英语锐进》［美］薛思培著。

最初的英语教科书来源有二：一是教会学校的英语用书，二是从国外传入的英语教学用书。❶ 由于内容过深，与我国习惯不符，对于初学者来说极为不适合。1905 年，商务印书馆出版了由伍光健编写的《帝国英文读本》。这套英语教科书共五册，内容专门为初学者设计，由易到难。"首先从字母发音和书写开始，然后逐步加深，直到英国文学作品选读。"❷ 这套教科书一经出版，在当时社会流传甚广。首先，内容编排符合学习者的认知规律，在书的序言中作者做出说明："该套读本努力适合那些比英国在校学生学习英语要晚几年的中国学生开始学习英语时的心智发展。但是，该套读本也考虑了一般学生们所熟悉事物的描写，比如说动物等等。"其次，内容设计还富有趣味性和知识性。每篇课文短小精炼，用诙谐的故事告诉大家一个简单的道理，如第十八课"The Bear And Fly"："曾经有一只熊和一个人是朋友，那人躺在地上休息，因为总有一只苍蝇在他脸上飞来飞去，所以他总也休息不好。这只熊想：'我应该为我的朋友帮一下忙，我要帮他杀死那只烦扰他的苍蝇。'于是，他举起他那只巨大的厚厚的手掌，一下把那只苍蝇消灭了，但是它同时也打烂了那人的脸。所以，请注意，我们应该用合适的方式来做一些善良的举动。"

1910 年，清政府学部对于该套教科书的评论为"英文读本以伍光健所编为最佳"❸。1911 年 9 月 7 日的《申报·学部审定商务印书馆教科书广告》将该书置于英语教科书之首。❹ "是书优胜之处在适合中国学生之用……取材多名人小说如《伊索寓言》《鲁宾逊漂流记》之类，其文简短平易有趣味而在英文界又为上乘文字，就中所采寓言尤能辅助修身教育所不及。"❺

清末英语教科书的编写是以"学以致用"为目的的。清政府颁发的《奏定学堂章程》中对于外国语的要求为："外国语为中学堂必需而最重要之功

❶ 石鸥. 我国最早的自编英语教科书——《华英初阶》与《华英进阶》［J］. 书屋，2008（5）：25－28.

❷ 伍蠡甫. 伍光健与商务印书馆［G］//商务印书馆. 商务印书馆九十年——我和商务印书馆. 上海：商务印书馆，1987.

❸ 李良佑，张日晟，刘梨. 中国英语教学史［M］. 上海：上海外语教育出版社，1988.

❹ 张英. 启迪民智的钥匙——商务馆前期中学英语教科书［M］. 上海：中国福利出版社，2004.

❺ 张英. 商务印书馆早期编印英语教材初探［EB/OL］.［2011－01－20］. https：//www. douban. com/group/topic/17147682/？type＝lik.

课，各国学堂皆同。习外国语之要义，在娴习普通之东语、英语，及俄、法、德语，而英语、东语为尤要；使得临事应用、增进智能。"❶ 其中，"临事应用、增进智能"就是指"学以致用"。因此，教科书的编制是以实际需要为目的，视英语为工具的观点，此时的英语教科书侧重翻译，重视语言知识。

这个阶段的英文教科书，有外国书或教会人士编的书，也有中国人自编的为中、小学使用的课本，如《华英初阶》《华英进阶》共六册，仅供高小三年之用。"初阶"一册录入门阶段的教科书，供高小一年级一学期用。该套教科书以语音为纲，由字母、拼音入手，不用音标，渐及单词、短句、短文；计划性强，每课生词六个，每个词至少重现四次，全部课文中英对照。有关历史文献对此评议认为"光绪二十四年（1898）商务印书馆出版谢洪赉《华英初阶》及《华英进阶》二书，亦有教科书意味"。"这时期每周英语教学时数很多，约相当于每周国文教学时数的六倍。"❷ 教科书比较注重读音、词法、翻译练习。这一时期各地使用英文教科书的情况，有两份资料可以参考。一是1906年9月学部颁布《学部审定中学暂用书目表》，其中列入书目表的外语类教科书有两本，即《帝国英语读本》（三册）和《应用文法教科书》（一册），均由商务印书馆发行。另一份资料是1910年2月7日，学部关于"编辑国民读本分别试行"的奏折后附有《学部第一次审定中学堂初级师范学堂暂用书目凡例并表》，其中有外语教科书的一个说明是："英文读本以伍光建所编为最佳，前已察定暂充高等小学之用，而其程度与中学为宜，仍作为中学教科书。"列入附表中的外语教科书有八本（均系清政府学部审定的中学暂用书目），即《英文普通史纲目》《初中高等英文典》《新法英文教程》《英语作文教科书》《简要英文法教科书》《英文汉诂》《英文捷径前后编》和《应用文法教科书》。这里提及的伍光建所编的英文读本，指的是商务印书馆于1904年出版的由伍光建编写的《帝国英文读本》，从英语字母发音和书写开始，逐渐加深，直到英国文学作品选读，共五册。❸

---

❶ 课程教材研究所. 20世纪中国中小学课程标准·教学大纲汇编：外国语卷（英语）［S］. 北京：人民教育出版社，2001.

❷ 李桂林，等. 中国近代教育史资料汇编·普通教育·教科书之发刊概况［M］. 上海：上海教育出版社，1995：167.

❸ 伍蠡甫. 伍光建与商务印书馆［G］//商务印书馆. 商务印书馆九十年——我和商务印书馆. 上海：商务印书馆，1987：76.

四、音乐教科书

中国古代学校教学内容包括礼、乐、射、御、书、数，即"六艺"。可惜随着科举制度的推行和强化，现实与功利使读书人的关注点局限在"四书""五经"，音乐仅是功成名就之后的消遣与娱乐。随着近代西方教学观传入中国，人们逐步认识到音乐教育的重要性，要求将音乐教育纳入学校课程体系中。1898年，康有为在《请开学校折》的上书中提出设立乐歌课的要求："远法德国，近采日本，以定学制。"1902年梁启超在《饮冰室谈话》中强调了音乐的功用及唱歌课为学校不可或缺的课程，提出："欲改造国民之品质，则诗歌音乐为精神教育之一要件……今日不从事教育则已，苟从事教育，则唱歌一科，实为学校中万万不可阙者。"

中国近代新式学堂的音乐教育约起始于1875—1908年的光绪年间。《奏定学堂章程》颁布前，一些新式学堂已先行开设了音乐教育课程。如1900年设立的烟台毓磺顶幼稚园，在幼儿学习的课程中有听钢琴演奏、依节奏做动作、图画等。1902年10月由吴馨创建于上海的务本女学堂设有"歌唱"课，曾聘日本人河原操子为音乐教习；1903年，沈心工从日本回国后也在此校兼做义务音乐教师并主办"乐歌"讲习会。1903年2月，沈心工在南洋公学附属小学创设唱歌课，他以简谱配歌谱曲，开展乐歌活动，成为我国最早正式设有音乐课程的一所学校，在全国影响很大。同年，蒙古喀喇沁亲王府内创设"毓正女学堂"，每周开设有两节音乐课，聘请日本人河原操子任堂长并兼任音乐教习。同年，美国基督教圣公会在上海创办的圣玛丽亚女校增设琴科，开设有钢琴课、风琴课。

在1904年，清政府全盘学习日本的学制，颁布《奏定学堂章程》，将"乐歌"列为学校课程，加速了乐歌教育在学堂教育中的普及进程。中国教育开始通过改良日本音乐教育，发展中国音乐教育。1909年5月15日，学部颁布的《奏请变通初等小学堂章程折》中规定初等小学课程要"附入乐歌一科"。同年，在中学也开设乐课。《学部奏变通中学堂课程分为文科实科折》中规定乐课是随意科目，学时为一周一二个小时："乐歌乃古人弦诵之遗，各国皆有此科，应列为随意科目，择五七言古诗歌词旨雅正、音节谐和，足以发舒志气、涵养性情、篇幅不甚长者，于一星期内酌加一二小时教之。"1910年12月30日，学部又规定在高等小学堂增设"乐歌"为选修科。直到1912年民国建立后，"乐歌"才从选修科改为必修科。

伴随音乐教育活动的进展，一大批留学日本和美国的中国留学生以极大的热情投入到学堂乐歌的创作中。这一时期已有数种名目各异的音乐教科书陆续出版问世。1904年4月，曾志忞在日本编著出版的《教育唱歌集》为中国近代最早出版的音乐教科书之一。同年5月，沈心工编写的《学校唱歌集》在学校音乐教育中适用甚广。这些歌曲的歌词内容丰富，有体现爱国主义思想的，有赞美祖国大好河山的，陶冶学生情操，净化学生心灵，歌词内容折射出浓浓的爱国主义色彩，也顺应了学生的身心发展规律。其他如章乃炜为高等小学编写的《小学修身唱歌书》、李叔同编《国学唱歌集》（1905）、金匮华振编《小学唱歌教科书初级》（1905）、辛汉编《唱歌教科书》（1906）、王文君编《怡情唱歌集》（1906）以及路黎元编《鄂督张宫保新制学堂唱歌》（约1905—1906）❶等。据已往所知，这些教科书歌集除了《鄂督张宫保新制学堂唱歌》一书有可能是张宫保（张之洞）身为湖北总督时刻印、带有半地方官办性质外，其余纯系民间个人自编出版，与官方无涉。

在音乐教科书出版繁荣的背后，也有不可回避的问题。首先，这一时期的乐课教学内容比较单一，以唱歌为主。此时期的音乐教科书主要为歌曲，涉及乐理内容甚少。其次，音乐教科书的曲目大多都来自学堂乐歌，学堂乐歌的曲调都带有明显的日化。此时期的音乐教科书主要由留日的学者编著，他们选用的歌曲大都是日本或欧美的曲调并填入中国歌词，钱仁康先生做了一项有关学堂乐歌的考证，结果表明目前所见有数十首学堂乐歌曲调来源于二十首日本歌曲。梁启超对这一现象不无担忧："举国无一人能谱新乐，实为社会之羞也。"❷他极力主张中国人应该有属于自己的新歌曲创作。对于西乐的采用，部分音乐人士也是迫不得已。曾志忞解释"以洋曲填国歌，明知背离不合，然而过渡时代，不得已借材以用之"❸。

---

❶ 韩国鐄. 自西徂东·早期西乐东渐佐证的发现［M］. 高雄：台湾时报出版公司，1981.

❷ 李华兴，吴嘉勋. 梁启超选集［M］. 上海：上海人民出版社，1984：60.

❸ 张静蔚. 中国近代音乐史料汇编（1840—1919）［M］. 北京：人民音乐出版社，2004：206.

第五章　清末新政与宪政时期的教科书（下）

第一节　学部编译图书局与部编教科书（一）

学部编译图书局成立的用意在统一编译、审定学校教科书，可能一开始也着眼于使学校教科书事业规范、有序、稳健推进，并产生示范效果。但其若干年努力的成效与预期设想存在较大差距，备受社会知识界人士批评，于是重心转移于审定工作，这在上文已述。而另一方面该组织的活动又凸显于国民义务教育中学校教科书的编写，以服务于"立宪"的需要，这将在下面细述。

一、学部编译图书局的成立

在正式成立中央教育行政管理机构之前，近代中国的教育行政管理主要由京师大学堂统辖。学部成立以后，作为中国近代新教育国家级行政管理的顶层机构，发挥着上层决策与引领的作用。应该说，清末新教育运动的进程及成效是与该中央教育行政机构的建立及活动开展紧密联系的。如果说京师大学堂在国家层面尝试编译学校教科书并取得了一定成效的话，那么学部编译图书局作为学部附属的关于教科书组织管理专门机构，则正式拉开了中国政府部编近代教科书的帷幕。可以认为，学部编译图书局无论从制度还是教科书的组织、编写及出版活动等方面，都在京师大学堂编译书局的基础上做了巨大的推进，甚至是质的提升。

（一）成立背景

光绪三十一年（1905），山西学政宝熙奏请设立学部，奏折中建议在官编教科书大量出版以前，对各学堂、私家、书局等编辑的教科书应"由编译处统加审定，择其善者，分别部居，暂作为各学堂应用之书，俟学部成立后，人才敷用，再行详悉编纂，随时改良"。宝熙的奏议很快获得批准。光绪三十年（1904），京师大学堂编书处、译书局先后停办，1905年学部成立后不久，即着手筹建编译书局。学部编译图书局建立之初就面临着艰巨的任务，当时中国正处于清末新政时期，人们对西学的关注已由器物技能层面深化到政治制度层面。与此相对应，对教科书的需求从自然科学领域发展到社会科学领域。随着新式教育的规模不断扩大，社会对各类教科书需求的数量和种类呈爆发性增长的态势。与社会需求不断增长相反的是，清政府对教科书的编辑、出版、发行缺乏有效的应对措施和有力的监管机制。因此，各类质量参差不齐的教科书流传于市面。一些粗制滥造、谬误百出、"树国民之标帜，达营业之目的"伪劣之作的教科书，数量之巨引起有识之士的担忧，"有昌言适用于何校而程度不能符合者，有撽拾仅三四十课而教授不敷一年者"❶。这种教科书占教科书总数"盖十之七焉"。它们不仅影响学堂的教学质量，还易将新学的学生引入歧途。加强对教科书的管理以使其规范化、科学化、系统化是社会的强烈要求。在筹建学部的规划中，大多数建议都是立足于增强教科书的规范性的，山西学政宝熙、顺天学政陆宝忠等人提议要加强学部对教科书的编写与审定。正如1905年在《南方报》中《论设学部办法》这篇文章所提到的"宜一面奖励著书之人，一面严定惩戒之令"，对于教科书编写工作，不仅要奖励卓有成效的人，还要严惩粗制滥造之人，以促进教科书质量不断提高。

（二）机构设置与人员配备

在这样的背景下，作为主持全国统一教科书的编辑工作而成立的编译图书局，当务之急就是尽快编辑出版一套能满足初级、中级、高级教育，以及涵盖各个专业学科的教科书。为此，编译图书局机构设置一应俱全：内设局长一人，副局长两人；下设总务、编书、译书、庶务四课。每课又分设若干股：总务课，有总务、总校、校定、文牍四股；编书课，有经学修身、国文、史地、法制理论、图画、音体、算术、博物理化八股；译书课，有日文、英文、俄文三股；庶务课，有会计、印刷、校对、书籍、管理书记、管理杂物六股。人员配备更是不乏博学多才之士，在首任局长袁嘉谷的主持下，主要成员如杨兆麟、夏寿田、王寿彭、王国维等。成员皆为清廷大小官员，有的是翰林、榜

---

❶ 学务刍言（节录丙午九月初七日申报）[J]. 东方杂志，1906，3（11）：10，12.

眼、探花身份，拥有进士身份的人也占了半数以上。❶

　　袁嘉谷（1872—1937），出生于云南素有"文献名邦"的石屏。袁嘉谷五岁就跟父亲学《三字经》《千字文》《千家诗》《中庸》《大学》之类的书籍。1894 年他在参加贡试时中第一名；应乡试时获第二名，中了举人。光绪二十九年（1903），他"大魁天下"被慈禧点为经济特科状元。次年，受清政府的委派赴日本考察学政。1905 年，他完成任务后回国，任学部提调。后学部设立编译图书局时，他被任命为局长，负责主持编写中小学教科书和大学参考书，翻译外文书籍等工作。由于他对教科书的重要性认识得很清楚，故在征得清政府的同意后便延揽了一批学贯中西的知名学者到著书楼中研讨编译等学术问题。如翻译家严复、金石学家罗振玉、史学家和甲骨文专家王国维等都在其领导下通力合作。仅用短短的四年时间，编译图书局便为中国的大中小学编译和出版了数十种新式教科书和参考书。他主持编写的教科书既注意吸收外国特别是日本教科书的特点，又发扬了中华传统文化，故被全国各地大中小学校广为采用。

（三）学校教科书编译宗旨与章程

　　1906 年 3 月 25 日，学部公布了编译新式教科书的根本五项宗旨："忠君、尊孔、尚公、尚武、尚实"。这五项宗旨与京师大学堂编书处提出的"端正学术，以防邪僻"相比，更加明确"中学为体，西学为用"的核心精神。学部在《宣示教育宗旨折》中要求所有教科书的编写必须要遵守这五项宗旨："令编书各员，守定宗旨，迅即编纂中小学堂教科书，进呈之后，一方颁发，各省所编教科书，亦必认定宗旨，呈由部臣核定，然后许其通行。"如何贯彻这五大宗旨，学部分别做出了明确规定，具体如下：

　　（1）"忠君"的体现。"我国夙称礼仪之邦，忠爱根于性生，感发尤易为力。欲谋普及教育，宜取开国以来列祖列宗缔造之艰难，创垂之宏远，以及近年之事变，圣主之忧劳，外患之所由乘，内政之所当亟，捐除忌讳，择要编辑，列入教科，务使全国学生每饭不忘忠义，仰先烈而思天地高厚之恩，睹时局而深风雨飘摇之惧，则一切犯名干义之邪说皆无自而萌，臣等所谓忠君者此也。"

　　（2）"尊孔"的体现。"孔子生于中国，历代尊崇，较之日本之敬奉，尤

---

❶　中华民国教育部 . 第一次中国教育年鉴［M］. 上海：开明书局，1934.

为亲切。无论大学学堂，宜以经学为必修之课目，作赞扬孔子之歌，以化末俗浇漓之习；春秋释菜及孔子诞日，必在学堂致祭作乐以表欢欣鼓舞之忱。其精义之贯彻中外，洞达天人，经注经说之足资羽翼者，必条分缕析，编为教科，颁之学堂以为圭臬。"

（3）"尚公"的体现。"今欲举支离涣散者而凝结之，尽自私自利者而涤除之，则必于各种教科书之中，于公德之旨，团体之效，条分缕析，辑为成书，总以尚公为一定不移之标准，务使人人皆能视人犹己，爱国如家；盖道德教育莫切于此也。"

（4）"尚武"的体现。"凡中小学堂各种教科书，必寓军国民主义，俾儿童熟见而习闻之，国文，历史，地理等科，宜详述海陆战争之事迹，绘画炮台兵舰旗帜之图形，叙列戍穷边使绝域之勋业；于音乐一科，则恭辑国朝之武功战事演为诗歌，其后先死绥诸臣宜鼓吹扬，以励其百折不回视死如归之志；体操一科，幼稚者以游戏体操发育其身体，稍长者以兵式体操严整其纪律。"

（5）"尚实"的体现。"今欲推行普通教育，凡中小学所用之教科书，宜取浅近之理与切实可行之事以训谕生徒，修身、国文、算术等科皆举其易知易从者勖之易实行，课之以实行；其他格致、图画、手工皆当视为重要科目，以期发达实科学派。"❶

可见，无论教育行政机构如何变化，即便在新政时期，清政府也没有放弃对维护封建统治的思想教育的管理。虽然允许民营编写学校教科书，但学部要求所有编书机构必须遵守这五项宗旨，"守定宗旨，迅即编纂中小学堂教科书，进呈之后，一律颁发。至各省所编教科书，亦必须认定宗旨，呈由部臣核定，然后许其通行，庶几一道同风，而邦基永固矣"❷，以达"以定划一"的目的。

1906 年 6 月，编译图书局制定了编译章程，具体如下：

> 编译教科书，初等小学最先，高等小学次之，中学与初级师范又次之；

> 编纂教科书，宜恪遵忠君、尊孔、尚公、尚武、尚实之宗旨，以实行国民教育；

---

❶ 朱有瓛. 中国近代学制史料·第二辑·上册·学部奏请宣示教育宗旨折［M］. 上海：华东师范大学出版社，1987：152－155.

❷ 朱有瓛. 中国近代学制史料·第二辑·上册·学部奏请宣示教育宗旨折［M］. 上海：华东师范大学出版社，1987：569.

凡编一种教科书，兼编教授书；

凡编一本，预先须议定年限钟点；

译书先择英、日二国书籍，余俟聘定妥员再行翻译；

成书之后，由学部审定科审定，再通行各省学堂，提倡学堂提意见；

各科说明书编成后，一面本局自行编纂，一面由本局悬赏募集编纂，以补本局之不逮。❶

从章程看，编译图书局与洋务运动时期的教育观念有很大不同。洋务运动时期，由于急需各类专门技术人才，兴办教育主要是集中到中等及专科教育水平，新式人才的后备教育（初级教育），以及人才进一步深造（高等教育）是无暇考虑的，教科书主要是直接翻译外文原版教科书或直接使用。而学部成立这一时期，初等教育和师范教育受到重视，初等教科书优先编译，师范教育特别提出；教科书编辑的体例抛弃了旧制，借鉴了文明书局和商务印书馆的科学化努力，无疑是一种进步。

二、学部编译图书局编辑的教科书

光绪三十年（1905），山西学政宝熙奏请设立学部。政务处的奏折再次确定在官编教科书的基础上，对各学堂、私学、书局等编辑教科书，应予鼓励或提倡：

诚以课本需要甚亟，一时官力恐未有逮者也。窃谓课本未定，学生将无业可执，以致毕业之说迄无期限，此今日所最当研究者也。查直隶学校司近编之各种科学书，及湖北官立学堂所出各门讲义，颇足以资采用；下至上海文明、商务等书局，发行新辑中、小学各教科书，亦多宗旨不诡，繁简合宜之本，宜先荟萃此等讲义、课本，由编译处统加审定，择其善者，分别部居，暂作为各学堂应用之书，俟学部成立后，人才覆用，再行详悉编纂，随时改良。若此时专待官编课本一律完备，恐三五年所能竣事，此不得不略为变通，以免旷日持久之虞。❷

1907 年春季，学部编译图书局《初等小学国文教科书》出版，随后又推

---

❶ 学部. 附录编译各书章程三［J］. 学部官报, 1906（68）.

❷ 政务处. 奏请特设学部折［G］//朱寿朋. 光绪朝东华录（五）. 北京：中华书局, 1958：5409 - 5410.

出《修身教科书》第一册。这是我国部编教科书的开端。秋季，又出版了第二册。至 1909 年，初等小学各科课本已全部颁行。1910 年，高等小学教科书全部编成，主要有：《初等小学修身教科书》《初等小学堂五年完全科修身教科书》《初等小学堂五年完全科国文教科书》《初等小学堂四年完全科修身教科书》《初等小学堂四年简易科图画教科书》《初等小学珠算教科书》《初等小学堂五年完全科珠算教科书》《初等小学体操教授书》《高等小学修身教科书》《高等小学算术教科书》《高等小学地理教科书》《高等小学图画教科书》《高等小学课本地理志略（本国之部）》《博物学动物篇》《女子初等小学修身教科书》等。

据 1910 年 1 月 27 日学部《奏陈初等小学堂教科书编辑情形折》中所述的内容可知学部编写的教科书状况：初等小学完全科修身教科教授书十二册，简易科修身教科教授书六册，完全科国文教科教授书二十册，算学教授书教授细则十册，珠算教科教授书八册，手工、图画、体操三种教科书共三十七册，共成书九十三册。由于小学即为古人所称道的蒙养之基，而近世之立宪国家所谓国民教育，视之尤为重要，因此小学教科书的编辑应放在首位。

《初等小学国文教科书》共十册，大约收入三千字。由庄俞、蒋维乔、杨瑜统编纂，高凤谦、张元济和日本前文部省图书馆审查官小谷重、前高等师范学校教授长尾木真太郎校订。该教科书之编辑原则为"由浅及深，由近及远，由已知及未知，按儿童脑力体力之发达，循序渐进，务使人人皆有普通之道德知识，然后进而求古圣贤之要道、世界万国之学术"。书中行文以平实活泼为主，间取游戏歌曲启发儿童之兴趣，而隐喻劝解之意。

该书于 1907 年出版第一册，1907 年出版齐全。后经学部审定列入教科书书目名录，公布推荐各地学堂选用。据袁嘉谷著《卧雪堂文集》卷八所载资料，现摘录其中的"序言"如下：

> 近世教育日兴，研究儿童心理者日进。教授儿童之书宜简不宜繁，宜实不宜虚，宜变换不宜故常，又必就其习见习闻之事，引其推究事物之兴趣，且副于智育、德育、体育之宗旨，切于今日国民之应用。执此求中国古书，颇其难选，此国文教科一书，所为不得而作也……中国文字以形为主，字画稍多，每为儿童所苦，则字体之分配难；虚实之字，相副为用，实字尚易于理解，虚字多窘于名言，则字类之分配难；……雅训之文字，或不通用，通用之语言或不雅训，则言文一致难；文不一

义，字不一音，元始之义，古代之音，今不复用，所用者或非其本来，则音义之区别难。以至新字递加，旧字之复习，文句之长短，教科书之选择，他科之联络，时序之排列，聚二十三省之人才，择三四千字之适用，几经讨论，几经弃取，其以培养，斯加商量……执笔之余，动多牵掣，若心绌力，勉勉皇皇。然则是书之成，安敢自信而共信。

该序言中所提到的字体的辨析、词类的分配、言文的一致、音义的区别、新字的递加、旧字的复习、文句的长短、教科书的选材、与他科的联系、时序的安排等编辑中碰到的困惑都是编辑教科书过程中带有普遍性的问题，涉及了教育心理学的原理及方法，尤其是学科教学的思想观念。

然而，当时学堂使用学部编译图书局组织编写教科书的实际效果及评议与学部编译图书局组织运行及编纂旨意的设想之间颇有差别，如舆论对《初等小学国文教科书》的评价颇为低调，甚至有批评之处。诸如"取材多不合儿童心理""词句多不合伦理""图画恶劣，图与文间有不符之处""数字与算数不相联络""时令节气不相应"云云，为南方各报纸所攻击。

这种评价观点十分尖锐，也不乏对新式教科书高标准、严要求的期待。但平心而论，却有些偏激，乃至于不够客观公正了。

近代出版家、教育家陆费逵曾于1925年12月在答复近代教育史家舒新城询问教科书的信中回忆说，学部编译图书局所出教科书有些选文不合儿童心理的古董教科书，受到外间批评，但他断言："在光复以前，最占优势者，为商务之最新教科书、学部之教科书。"应该说这一议论判断是公正的。笔者认为，作为具有政府官方力量代表的学部组成专门机构参与教科书工程，并在引导管理方面予以掌控，本身是对教科书事业的促进，在起始之初，其面对的是一项从观念到内容、体例都是全新的工作，其角色身份受到体制所限，存在不足是十分自然，或难以避免的。

学部组织编纂"学部第一次编纂"《初等小学修身教科书》，又有配套的教学参考书"学部第一次编纂"《初等小学修身教授书》专供教师使用，便于教师设计、组织教学，编撰立意宏阔、旨意幽深，图美文精，印刷讲究，显示了国家统一的豪迈气概。

为了提高教科书编写质量，学部编译图书局专设研究所，研究教科书编写问题。研究所除研究之外，还经常举办业务培训班性质的讲座，聘请精通教育学、教育心理学及教科书编纂法的学者为"讲演员"，规定局长以下均须入室听讲，上下课礼节一如学堂学规。同时，各种教科书的编写中自然会遇到"新名词"该怎么处理的问题。1909 年，编译图书局设立了一个新机构统一规范教科书中的名词术语。袁嘉谷亲自参加了该项工作，主持规定了很多统一的名称。在编纂方式上照顾学生年龄特点：一年级尚未识字，故均以图为课文，看图说话；每一课占据两版，上端为该课的标题，其余全部为图画，有的为一幅图（左右分开），有的为两至三幅图（左右各一幅或某一边上下两幅），如此编排的课文让师生具有自由发挥的充分空间。如何讲课，对当时的教师来讲，既是一个大挑战，也是发挥创造性的机缘；以后则从图文并茂，到文字篇幅日渐增多，宣示一些新旧道德思想、人伦关系、气节操守及行为规范。如第三册第六课"遵守约束"："商君立木于市南门，有能徙置北门者，予五十金。一人徙之，商君予舍如约。"第十二课"父母二"课文："子路曰：由昔事二亲，为亲负米百里之外。亲殁后，虽欲为亲负米，何可得也。"第十五课"救火"的内容："邻人争救火，火熄。主人置酒为谢，焦头烂额者上座，余各以功次坐，无德不报。"

学部编译图书局编译学校教科书的范围已经扩展到师范和大学参考书，并且按照年级程度的递进，拟定编辑学校教科书的先后顺序。除编辑学校教科书之外，为使教科书有效地为教师所理解运用，取得相应的教学效果，又编写指导教师教学或学生理解的教学参考书。以《初等小学修身教科书》第一册为例，每册课本都编有教授法，教授法规定每课体例为"要旨、教科书、教法、备考"四项，其中"要旨"标明一小时教授之宗旨，以备教者提示之用；"教科书"即抄录教科书各课原文，以省教者翻阅之劳；"教法"详示教授之次序及法则，分预备、教授、练习及应用三段；"备考"专备教员参考之用，但不必每课皆有，遇课中有须持特别注意之事，及讲授有未尽之处，则增入之。此外，在教科书在内容上，非常强调基础性和民族性，关注民族文化的传承，对西方新的知识观念也有较多的汲取。如《初等小学修身教科书》第一册各课是："学堂、敬师、容体、整洁、恪守时刻、勤学、讲堂与体操场、游戏、父母、孝顺、兄弟、家庭之乐、交友、戒争论、戒讳过、戒恶言、礼貌、戒搅扰人、卫生、好儿童。"所有这些在学校教科书建设中都是富有远见而有意义的，是近代西方教育学思想引领教科书建设的深刻反映和集中体现。

《高等小学国文教科书》由高步瀛等编。该教科书能反映当时国内外政治、经济及科学等方面的情况，内容颇见新意。如第一册的第一至五课为预备立宪"君主立宪"；第十八课为"深耕"、第十五课为"水患"；第十二课为"声光"、第三十五课为"电热"；第四十三课为"巴津西"、第五十七课为"亚剌伯之马"等。这些教科书都是编者自写，而一变过去按现成文章选辑的做法。诚如编者所说："按照初学程度悉心斟酌，每一课成，必经数手易其稿，以期适用。"这套书的每页还都令撰教授法，按课数编次。凡诵读讲解、习问默写、联字造句等法无不详备；其名物训诂皆细加诠释，所引古籍、西籍亦详其出处，以省教员检查之烦。

三、学部编译图书局编辑教科书受到的批评

随着新思潮在中国不断推进，各阶层民主意识不断增强。对于学部及学部编译书局不合时宜的做法，人们敢于在公开媒体发表不满。

（一）学部偏袒编译图书局

编译图书局编写的教科书无论是质量还是数量都难与民营教科书相比，但其直接归属的行政部门——学部既有教科书审定权又有编写权。在学部颁布教科书书目时，为了压制民间编写教科书的发展，"更定初等学堂课程，将部编各教科书目，注于各科目之下，俨有采定国定制之意"。而这些部编所列书目大部分还未脱稿。学部这种"书未脱稿，已定入法令，通行全国"的做法❶带有明显的垄断、袒护之意，中华书局的发起人陆费逵对此事曾撰文进行批评：❷

> 此次变通章程所列应用之书，皆部编者，其良不具论。惟除第一年外，多未出版。而第一年各书，出版已经数年，人事变迁，情势不合，供给机关，又未妥协，将令人何以遵循。若不须遵循，则此书目毫无效用之可言，徒乱办学务者之耳目，阻民间之编辑而已。不宁惟是，修身、国文两科教科书，须于卒业期内，自成结构，首尾完具，则紧要知识不致遗漏，且无程度不合之忧。故完全科五年用十册者，四年简易科必另编八册，知识备具，不能即用完全科之前八册也。三年简易科必另

---

❶　陆费逵．小学堂章程改正私议［G］//李桂林．中国近代教育史资料汇编·普通教育．上海：上海教育出版社，1995：249．

❷　陆费逵．小学堂章程改正私议［G］//李桂林．中国近代教育史资料汇编·普通教育．上海：上海教育出版社，1995：248．

编六册，不能即用完全科之前六册也。而一书之中，前册、后册亦当衔接，不能用若干册，不用若干册也。故教科书而当用部编耶，则必速编精美适用者，分配于各科各学年；教科书而不必用部编耶，则章程中不当列书目，况书未脱稿，已订入法令通行全国，似亦非所宜也。

（二）学部过于偏向部编教科书

宣统元年（1909）二月一日、二日《申报》连续发表长篇论说，对学部限定使用的部编教科书进行抨击，认为以目前编译图书局编写的教科书质量不足为全国通行之"善本"。以现在部编教科书作为全国统一教科书不仅会打击民间优秀教科书的出版，还会使全国的教育质量下滑，"划一教科书之令若实行于今日，则各地学堂不能按其特别情形择用合宜之教科书，必致全国教育界毫无活动之气象，且既专用部编教科书，则民间已编者归诸无用，续编者阒焉不闻，既乏比较竞争之机，安有改良进步之望？我国教科书将从此然无生色矣"❶。虽然外界批评之声不绝于耳，但清政府一直努力推行教科书"国定制"。宣统元年（1909）年底，学部编译图书局编辑的初等小学教科书经过"悉心校阅，几经签改"，然后陆续付印，"十二月初五、十二月十五两次颁布各省"❷。学部还札饬各省提学使司翻印各种部编教科书，限期将翻印样本送呈学部查验，学部还把各省翻印部编教科书的执行情况"列入学司考成"。❸宣统二年、三年学部要求各省学堂原则上皆须一律使用部编教科书。允许新办之初等小学堂在部审教科书未到之前，"准其暂用从前之本以资教授"，但部编教科书到后，"应即从速翻印，按照学期一律改用"❹。1910年江苏学务司限定全省中小学堂使用部编教科书，《申报》于3月11日、12日连续两天发表文章，指责这种有碍教育进步的行为"各地学堂不能按其特别情形择用合宜之教科书，必致全国教育界毫无活动之气象，且既专用部编教科书，则民编已编者归诸无用，续编者阒焉不闻，既乏比较竞争之机，安有进步改良之望"，同时还对部编教科书的质量予以怀疑："然学部从前出版小学教科书，颇受人摘驳，记者曾浏览一过，觉期间之编辑宗旨各有所为，虽非无

---

❶❷❹　张运君. 晚清书报检查制度研究［M］. 北京：社会科学文献出版社，2011：224 – 225.
❸　［日］多贺秋五郎. 近代中国教育史资料·宣统二年学部札饬各省提学司翻印部编各种教科书文［M］. 台北：文海出版社，1976：675.

意识者之所谓，然必谓其毫无缺点，堪称善本也，则未之敢信。"❶

（三）部编教科书质量不理想

尽管编译图书局汇聚了一批文化精英，耗费巨大人力、物力、财力，但所编纂学校教科书社会声誉极其不佳，每出一书便遭世人诟病。江梦梅《前清学部编书之状况》中曾说："学部自光绪三十二年设立图书局，编辑教科用书。次春颁布初等小学《国文教科书》第一册、《修身教科书》第一册、《教授书》第一册，《南方报》即著论攻之，为一时所传诵。是秋第二册出版，时报又起纠弹之。于是学部教科书恶劣之声，不绝于教育社会。部编之书亦迟迟未出。宣统元年，变通初小课程，将部编各书注于科目之下……然其书目除第一年外，十九皆系已经编成正在编辑之本，分配之荒谬，程度之参差，大为教育界所诟病，学部亦自知其然。二年冬，改定小学课程，不复列之矣。是年因为筹备宪政清单所限制，前此三四年所仅出一二册者，是时则以数日之力悉数出版，草率讹误，所不计也。"由于部编教科书的质量令人担忧，被人批评为"教人不足、害人有余"❷，便有给事中张世培也上奏提出："新出小学教科书荒谬芜杂，如戈登劝李鸿章谋反，俾司麦与李鸿章言恢复祖国，及修身之谓教，牵及释迦牟尼，巧言令色，附会留声机，并学部所设图书局编纂之书，亦无善本，应请饬部严行厘定，慎编善本。"❸

陆费逵在文明书局供职期间，他与教科书编写者接触颇多，精通教科书出版发行，并对西方教育有所了解，他对部编教科书的编纂问题，有着深刻的认识。他在《南方报》发表文章《论学部编纂之教科书》，指出部编《初等小学国文教科书》在内容上的八项缺点：①教科书多不合儿童心理；②词句多不合论理；③间有局于一隅之处，不合普及之意；④图画恶劣，图与文词，且间有不符之处；⑤数字与算术不相联络；⑥时令节气不相应；⑦抄袭近出各书，有碍私家编著；⑧教授书失之高深，教员生徒皆受困苦。每一项不足还皆有例证，以第一点"教科书多不合儿童心理者"为例，他首先指出儿童心智的特点："儿童见闻狭隘，智识简单。"教育对儿童的作用是"教育之道，当就其

---

❶ 李桂林，等.中国近代教育史资料汇编·普通教育·论限用部编教科书有防教育之进步［M］.上海：上海教育出版社，1995：193.

❷ 江梦梅.前清学部编书之状况［G］//朱有瓛，等.中国近代教育史资料汇编·教育行政机构及教育团体.上海：上海教育出版社，1993：28.

❸ 陈文新.清实录科举史料汇编［M］.武汉：武汉大学出版社，2009：1149.

旧观念，引起新观念"。虽然原书的序言提出写书的目的和要实现的教育目标："本册择用之教科书，期合儿童心理发达之程度，其德育以家庭伦理及学校规则为要。使得切深实践，其智育以日用器物及天然动植物为要，使得实验。"然而内容则是完全违背儿童心理特征和知识结构的，"如五十三课《一唱忠君，再唱爱国》，六岁儿童，其能解此而实践之乎？岂家庭伦理及学校规则所有乎？（六十四课）儿童于十进之理，尚未明晰，丈、尺、升、斗、斛之比例，其能解乎？""第七十八课'江南可采莲，莲叶何田田'。此种文字，虽老师宿儒，亦不常用，何必以之课儿童也。"❶

（四）编译图书局机构运作混乱

编译图书局在其编写教科书的数量和质量上不尽如人意，有人提出部分原因在于编译书局的机构设置不合理。1910 年，赵炳麟奏陈整顿财政学务事宜，提出"学部图书局不作功课挂名人员，应予裁汰"❷。编译图书局的主要成员多接受旧学教育，对西学以及西学知识结构框架知之甚少，因此编书效果难以令人满意。江梦梅对图书局的机构设置对编写教科书的不利影响予以分析："吾国官场办事，毫无心肝，毫无条理。学部编书局非无人材，然在外间或可编出适用之书，在部则决无其事，一则应酬甚繁，安能全力办公。堂官又不知甘苦，平日任其稽延，一旦期迫，尽力催促，但求不误宪政之筹备。何为教育？何为教科书？皆非彼所注意也。二则局员分编辑、校勘二种，编辑者尚有明教育之人，校勘者大概词林中人，不知教育为何物，持笔乱改；每有原稿尚佳，一经校勘，反不适用者矣。校勘之后，尚须呈堂官，较校勘者辈分愈老，顽固愈甚，一经动笔，更不知与教育原理如何悖谬。然以堂官之威严，何人敢与对抗。彼所改者，无论如何，皆必颁行。科学为彼辈所不解，不敢轻于下笔，故笑柄尚鲜。修身、国文、历史、地理，彼辈自命高明，最喜改窜，故笑柄最多。"❸ 这一论述一针见血地指出学部机构运作之不力是导致部编教科书质量不高的原因，并将末世王朝官场恶习对新学的阻碍揭露无遗。从一个侧面我们也清晰地看到在清末新政时期，封建官员对待改革的敷衍态度。清王朝走

---

❶ 周其厚. 陆费逵与学部编纂之教科书［J］. 出版史料，2010（3）：125.

❷ 赵炳麟. 奏财政学务亟须整顿［G］//清实录·宣统政纪（卷二十六）. 北京：中华书局，1987：486 – 487.

❸ 陈学恂. 中国近代教育史教学参考资料（上册）·中华教育界（1914 年 1 月号）［M］. 北京：人民教育出版社，1986：655.

向灭亡不仅是历史洪流的必然趋势，也源自于其自身内部官场腐朽没落。

（五）编译图书局工作效率低下

编译图书局制定了一份看似详细的教科书编纂的分年筹备计划：宣统元年（1909），颁布简易识字课本、国民必读课本、初等小学各科教科书，编定各种学科中外名词对照表（先择要选编，以后按年接续）；宣统二年（1910），颁布高等小学教科书，编辑中学教科书、初级师范教科书、女子小学教科书、女子师范教科书，编订官话课本，改正各种已发行的教科书；宣统三年（1911），颁布中学教科书、初级师范教科书、女子师范教科书、女子小学教科书、官话课本。学部编译图书局自成立后，在长达六年的时间内，共编译各种教科书一百三十余种，但所见只有《近世物理学教科书》通过了学部的审定，作为中学堂教科用书。

对于这样一份类似于官样文章式的筹备计划，江梦梅批评道："行政方面，握全国教育之最高权者，非教育部乎，问学部此一年中所为何事……其某编纂已成，尚须审校，某也已行京师督学局及各省提学使，编订送部，以备采择，某也已经审定，某也粗具草案，当详细厘定，某也已通行各省，切实办理，某也粗具大致，尚须详细调查。观其罗列清疏，不已举本年筹备清单所列者，一一及乎，然按其实际，其所谓告竣者，独非如往者之灭裂出之乎。其所切实办理者，独非如往者之空言了之乎。"[1] 虽然为了配合立宪和加紧垄断教科书市场，学部加快了编译速度，"是时则以数日之力悉数出版，草率讹误，所不计也"[2]。

四、学部编译图书局对教科书编辑的整顿及其成效

面对朝野内外的指责，图书编译局也曾想提高教科书的编纂水平。但编译图书局编辑教科书与民营书局不同，顾虑颇多：既要带头坚持并积极体现统治者教育宗旨的要求，又要接受各方批评应对新式教育的发展，在执笔编写教科书时难免战战兢兢。在《初小国文教科书》序言中作者写道"所为不得而作"的苦衷："建设儿童之书宜简不宜繁，宜实不宜虚，宜变换不宜故常，又必就

---

❶　蒋维乔. 论宣统二年之教育［G］//李桂林，等. 中国近代教育史资料汇编·普通教育. 上海：上海教育出版社，1995：262.

❷　江梦梅. 前清学部编书状况［G］//张静庐. 中国近代出版史料（初编）. 上海：群联出版社，1954：210.

其习见习闻推就事物之兴趣，且副于智育、德育、体育之宗旨，切于今日国民之应用。执此求中国古书，颇难其选。"❶ 而身为局长的袁嘉谷也在《卧雪堂文集》卷八中感叹："执笔之余，动多牵掣，苦心细力，勉勉皇皇。然则是书之成，安敢自信而共信。"

不过，图书编译局还是想方设法改进提高教科书的编纂水平。首先，提高自身业务水平。为了提高教科书编写质量，编译图书局还专设研究所，研究教科书编写问题。研究所除研究之外，还经常举办业务培训班性质的讲座，聘请精通教育学、教育心理学及教科书编纂法的学者为"讲演员"，规定局长以下均须入班听课，上下课礼节一如学堂学规。其次，听取教师对所编教科书的意见和建议。1910 年 11 月，《申报》发表题为《学部渐知注意教育矣》的报道："学部唐尚书以本局所编教科书已有多种，惟各省情形不同，所颁布各书未必一律适合教授之用，因饬司通行各省提学使转饬各学堂教员，将教授困难之处详细签注明晰，汇送本部，以便饬局修订。"❷

客观地说，学部编译图书局在存续的几年间在教科书编写工作中做出了一些成绩。

首先，编写扫盲教科书。鉴于日本的成功经验和受到国民教育思潮的影响，以农家幼童和穷困失学的年长之人为对象，以扫盲为目的，将普及教育与社会教育相结合，以"旨在使人人皆知人伦道德及应用之知识为主，宗旨必须纯正，事理亦期通达，要在简而不陋，质而不俚，始为合用"❸ 为宗旨，编写出版《简易识字课本》《国民必读课本》。

其次，编写官话教科书。为配合全国推广官话的计划，学部编译图书局编辑了《官话课本》。《奏定章程》中即规定："各国言语，全国皆归一致，故同国之人，其情易洽，实由小学堂教字母拼音始……自师范以及高等小学，均于中国文一科内附入官话一门。其练习官话，各学堂皆应用《圣谕广训直解》一书为准。"❹ 这促进了发展新式教育所必需的语言规范统一。

最后，统一名词术语。为统一规范教科书中的名词术语，1909 年编译图书

❶ 王建军. 中国近代教科书发展研究［M］. 广州：广东教育出版社，1996：152.
❷ 学部渐知注意教育矣［N］. 申报，1910 – 11 – 15.
❸ 李桂林. 中国近代教育史资料汇编·普通教育·学部奏编《国民必读课本》《简易识字课本》大概情形折［M］. 上海：上海教育出版社，1995：43.
❹ 张百熙，荣庆，张之洞. 学务纲要［G］//朱有瓛. 中国近代学制史料·第二辑·上册. 上海：华东师范大学出版社，1987：92 – 93.

局附设编订名词馆。1909 年第 11 期《教育杂志》中写道："由总纂严复督率。分门编辑。将来奏定颁行之后，所有教科书及参考书，无论官编民辑，其中所用名词，有与所颁对照表歧异者，均应一律遵改，以昭划一。"至 1910 年，名词馆"于算学一门，已编笔算及几何、代数三项；博物一门，已编生理及草木等项；理化、史学、地学、教育、法政各门，已编物理、化学、历史、舆地及心理、宪法等项"。这对于教育普及和文化发展具有积极的促进意义。

第二节　学部编译图书局与部编教科书（二）

　　清政府在 1906 年，曾下令各省督抚："现在预备立宪，非教育之普及不能养成国民之资格。"❶ 宣统元年（1909），学部为了普及教育，提倡改良私塾，曾通令各地："所设私塾均应按照本部奏定初等小学简易科课程切实教授。其各处省视学，劝学所总董及县视学宜就本地私塾善为劝导，设法改良。"❷ 1907 年，学部颁布第一个女学堂章程，分为《女子小学堂章程》和《女子师范学堂章程》两部分，为女子教育取得合法地位的开始，由此女学在学制上的地位正式确立。在这种形势下，学部编译图书局的教科书事业有了进一步的发展。

一、清末宪政与学部编译图书局的教科书编审活动

　　1909 年，学部规定："宣统元年，预备立宪第二年。颁布初等小学各科教科书，颁布中等学堂初级师范学堂教科书审定书目，编定各种学科中外名词对照表。宣统三年，预备立宪第三年，颁布高等小学教科书，审定各高等专门学堂所选讲义，编辑中学堂教科书，编辑初级师范教科书，编订官话课本……编辑女子小学教科书，编辑女子师范教科书，改正已发行之各种教科书（以后年年照行），编辑各种辞典（以后逐年续编）。宣统三年，预备立宪第四年，颁布中学教科书，颁布初级师范教科书……颁布女子师范教科书，颁布女子小

---

　　❶　舒新城．近代中国教育史资料・第二册・学部咨行各省强迫教育章程［M］．上海：中华书局，1928：148.

　　❷　学部奏京师试办私塾改良办法情形折；学部通谘各省查择京师及河南省改良私塾章程切实办理文；大清法规大全（续编卷十二）［G］∥［日］多贺秋五郎．近代中国教育史资料．台北：文海出版社，1976：661.

学教科书……颁布官话课本，编译高等专门以上学堂各种科学用书。宣统五年，预备立宪第六年，编订中学堂法制课本。"小学、中学、师范、女子学堂，甚至高等学堂的教科书均在分年编写的计划之内，中小学教科书占主要地位，官话课本也试图编成，表明白话文与教育普及的关系已为人们有所认识。在当时，这堪称是一部编写教科书的宏伟计划。

计划颁布后，学部即从图书局中择其宗旨纯正、深明教育者，分任编纂各类教科书，立限定程，一经脱稿，先由图书局长审阅，再送学部复校，赓续编译，循序渐行，以期早日奏效。

1909 年年末，初等小学各项课本全部颁行，高等小学编成十之七八，小学、中学教授细目即将完成。到 1910 年年初，中学教科书、初级师范教科书、女子小学教科书、官话课本及各种辞典，有的已经脱稿，有的正在校正，有的尚在编辑中。已经颁布的初等小学教科书经过重新厘定，已改正过半，女子小学教科书已经提前颁布。是年底，中学及初级师范、女子师范教科书编辑将竣，初级师范、女子小学教授要目共三十余册，陆续颁行，单级小学教科书，成稿十之七八，国语课本，正征集国语音标意见。1911 年年初，中学堂教科书、初级师范学堂教科书，女子师范教科书、官话课本，均已成稿，各高等专门学堂讲义，江苏、江西两省已经呈送审查，其他各省正在编纂之中。这一组材料充分证明学部编译图书局对教科书编写的重视，编辑进程非常迅速。

学部编译图书局对所编教科书，特别是普通教育教科书的推行是很重视的："……教科无应用之书，则一切要政如推广小学、改良私塾，将欲实行，何从着手。即已设各小学堂虽已报部存案，但书且不具，遑问其它，俱于教育前途有碍。本部现遵立宪筹备年限，克期编印谷书，依次颁发。倘各省未能一律翻印，则教育安望进行。"对于教科书的建设在整个教学工作中的地位做了精辟的论述。学部在《札发高等、初等小学各种教科书教授书通饬翻印遵用文》《札发初等小学教科书教授书续行各省提学司翻印文》《札发续出初等小学各种教科书通饬翻印文》内，对陆续编印的初等小学、高等小学、简易科、完全科的各类课本，如初、高等小学修身教科书、教授书，初、高等小学国文教科书、教授书，初、高等小学算术教科书、教授书，初、高等小学图画教科书、教授书，初、高等小学手工教科书、教授书，初、高等小学图画教科书、教授书等，要求各省提学使"迅速翻印或委私局承印"并"转饬各学堂一体遵用"。

学部编译图书局适应时代的潮流，编辑了各级各类普通学校教科书，同时对高等专门学校教科书的编纂也开始注意，又通过审定选用各书局、学堂、私人编辑的教科书。通过部编及审定的教科书可供各地翻印使用，以求得推广使用，避免全国学堂教科书使用上的混乱状况，在新教育制度的施行过程中有着积极的作用。

据初步统计，宣统元年（1909）年底即已编成教科书计七十余种，二百余册，图一百余幅。内容上"亦尚无词句不顺，文理不通之处。是其成效尚属可观，章程亦称严密"。取得这些成就的原因，部分是由于"详议章程，严定按人计功之法，每月每员必须编出课本若干册，方发薪水，挂名人员立予裁撤，编辑不佳者酌加惩罚……编译书籍须先按照书帙之繁简难易酌计参考，编辑时日开列预计期限表由局长考核"。这些措施对我们今天的编辑出版部门仍有参考价值。

这时期由于简易识字学塾、半日学堂、夜校等初等教育辅助性机构的大量设立，学部编译图书局为了适应国民教育以提高国民素质的形势需要，着手编纂了一系列简易识字课本、国民必读课本。

二、简易识字学塾的设立与教科书编写

清中叶以后，清政府面临内忧外患，国势岌岌可危。自鸦片战争开始，历次与各国列强交手，清政府皆以失败告终，割地赔款屈辱求和。在一次次的失败中，人们在不断思索救亡图存的出路和手段。最初人们认为战事失败应加强中国的军事实力，随着西方工业文明、经济体制、价值观念的不断涌入，国人逐步认识到"兵战不如商战，商战不如学战"。提高一国综合实力，首先要提高国民的文化水平。在此背景下，清末新政时期，政府开展了旨在扫除文盲，提高民众识字率的简易识字学塾运动。

（一）简易识字学塾的设立背景

中国传统理念认为，只有少数精英才能接受文化教育，所以社会之中识字者只占人口的极少比例。国门洞开之后，国人发现中国与西方列国之间的差距甚大。后经多方寻求救国之途径，自强之良方，才发现识字人口的比例是强国的一个重要因素。为此，康有为、黄绍第等人先后上书朝廷陈述西方普及教育的理念。康有为在研究西方教育后上书光绪帝指出："尝考泰西之所以富强，不在炮械军兵，而在穷理劝学。彼自七八岁，人皆入学，有不入学者责其父

母，故乡塾甚多。其各国读书识字者，百人中率有七十人。"❶ 1898 年，黄绍第上书朝廷："泰西各国识字人数以英国为最，计有义塾一万二千七百余所，自五岁至十三岁，无论贫富，悉令至塾，是以商业、工艺甲于寰球。"❷ 还有更多的有识之士在各类报刊中列举、对比西方各国的识字率，大家达成的共识就是普通民众识字率的高低与一国的实力有直接的关系。

与西方各国重视普通民众的教育、具有高识字率相比，我国教育长期受封建统治阶级的严格把控，识字人口数量与比例极少。由于长期处于农业社会，从国家的层面对普通民众的教育和识字率难以有正确的认识和精确的统计，即便是晚清学部"视其为无关国家得失，向未详列其数，以供人稽考。故欲知不识人数难矣"❸。1904 年 4 月，《万国公报》发表梁启超所撰论文，虽无精确的数字，但对当时中国受教育人口情况有大致估算：

> 四万万人中，其能识字者，殆不满五千万人也。此五千万人中，其能通文意阅书报者，殆不满二千万人也。此二千万人中，其能解文法执笔成文者，殆不满五百万人也。此五百万人中，其能读经史、略知中国古今之事故者，殆不满十万人也。此十万人中，略知外国语言文字、知有地球五大洲之事故者，殆不满五千人也。此五千人中，其能知政学之本源、考人情之条理而求所以富强、于国进化、吾种之道者，殆不满百数十人也。❹

后据专家考证，认为清末识字人口仅为四千万左右，以当时人口四亿计，识字率仅为百分之十左右。❺

针对成人扫盲教育意识只在清末才刚刚兴起，更勿论针对成人的识字课本了。当时的识字课本都是针对儿童的蒙学课本，能符合成人年龄和心理特点的扫盲性质的识字课本在市场上一片空白。

（二）学塾设立与教科书编纂

在清末推行"预备立宪"时期，人们认识到国民的选举权与选举资格都以识字为基础来实现。因此，国民识字成为事关宪政实行的重点。1908 年，

---

❶ 康有为. 上清帝第二书 [G] //康有为全集（二）. 上海：上海古籍出版社，1990：95.

❷ 孙延钊. 孙延钊集·瑞安五黄先生系年合谱 [M]. 上海：上海社会科学院出版社，2006：304.

❸ 叶道胜. 中国不识字人数考 [J]. 协和报，1911（18）.

❹ 梁启超. 饮冰室合集·文集之十六·中国积弱溯源论 [M]. 北京：中华书局，1996：16–17.

❺ 章开沅，马敏，朱英. 中国近代史上的官绅商学 [M]. 武汉：湖北人民出版社，2000：660.

劳乃宣上书朝廷，言明识字与立宪的关系："立宪之国，必识字者乃得为公民"，而在当时中国乡村之中识字之人为极少数，反而成为异类，"适为其村败类，而良民转不识字"，所以有公民资格的乡民可能一个乡都无一人，"比里连乡无一人能及公民资格"，故"何以为立宪之始基乎"？立宪又是势在必行的，因此"今日欲救中国，非教育普及不可。欲教育普及，非有易识之字不可"❶。识字与否成为实现国民身份的关键，为此民政部特别规定不识字者不得为选民。❷

为推行立宪，提高国民识字率，清政府着力推行简易识字学塾这一项社会教育措施。为此，清政府制定了详细的推行计划。第一步，编写教科书。1908年，学部负责为简易识字学塾编写《简易识字课本》和《国民必读课本》。第二步，创设简易识字学塾，1909年正式颁布《简易识字课本》和《国民必读课本》。建立厅、州、县级别的简易识字学塾，次年推广之。第三步，1911年创设乡镇简易识字学塾，次年推广之。最终实现1914年、1915年、1916年全国人民识字人数分别达到百分之一、五十分之一和二十分之一。❸ 1909年，由于光绪帝去世，这一计划未能付诸实施。

为尽快提高国民识字率，在宣统即位之初，学部立即上书《分年筹备事宜折》，计划于当年颁布《简易识字课本》和《国民必读课本》，并以京师为试点首先设立简易识字学堂，后逐步在各省设立。为掌握实时数据，了解学塾的效果，学部拟于宣统五年，要求各省督抚饬提学使司调查全省人民识字人数，并计划以后每年清查一次。❹ 这一计划争取实现六年以后识字者达二十分之一，十年后全国无不识字之人。这样逐步提高国人识字率最终达到立宪所要求的国民标准。从后续发展来看，这一计划符合历史发展的趋势，部分计划得以实现。

为保障这一计划得以顺利实施，清政府还制定了具体办法。1910年学部拟定的《简易识字学塾章程》和1911年的《改订简易识字学塾章程》，对设

---

❶ 劳乃宣．桐乡劳先生遗稿［G］//沈云龙．近代中国史料丛刊（第三十六辑）．台北：文海出版社，1969：336－339．

❷ 城镇乡地方自治章程［N］．政治官报，光绪三十四年十二月二十八日，第445号：10－15．

❸ 俞庆棠．民众教育［M］．南京：正中书局，1946：3，58－59．

❹ 商务印书馆编译所．大清宣统新法令（第三册）［M］．上海：商务印书馆，清宣统元年（1909）铅印本：49．

立简易识字学塾的办法做了具体规定。

（1）入学资格。规定凡年长失学及家贫年幼无力就学者，都可入简易识字学塾学习。因简易识字学塾不仅免除教育费用，还发放书籍和学习用品，"铅笔纸本俱由塾内备办，不收学生分文"，许多初等小学的学生纷纷入学塾学习，阻碍了初等小学的发展，遭到各方不满。为革除这种流弊，1911年学部要求各省学塾只许招收年长失学者。

（2）教学内容。简易识字学塾教授国文、国民道德、算术三个科目。《章程》对教学目标以及学时都有明确的规定：国文，以《简易识字课本》为教科书，学员最终要达到识字、讲读、习字的程度，每周学时为六小时；国民道德，以《国民必读课本》为教科书，学员最终能达到能讲演、知义理的程度，每周学时为三小时；算术，开始未规定是珠算还是笔算，后为实用起见，专教珠算，学员最终能达到会加减乘除的程度，每周学时为三小时。简易识字学塾一周共十二节课程。《章程》还规定了毕业年限：初为三年以下一年以上，教授完毕国民必读课本和简易识字课本即可毕业；后来又规定一年或二年毕业。

（3）教科书。为配合成人识字教育，学部特意编写并出版了《简易识字课本》与《国民必读课本》。《简易识字课本》有三种：一种三年毕业，共收三千二百字；一种两年毕业，收二千四百字；一种一年毕业，收一千六百字。《国民必读课本》分成两类，有较难理解和较易理解两种。具体用哪种，各学塾根据学员的实际情况自己选择。❶

（4）授课时间。关于教授时限，《章程》起初规定每日教授三小时或二小时，后一律定为二小时。有专门授课场所的，授课时间可在上午或下午，也可在晚上。而附设于其他学堂的，以不妨碍学堂功课为准，授课时间为晚上七点到九点，或下午四点到六点。星期天、年假、暑假、讲堂空闲时都可以酌加授课时间。

（5）授课地点。为节省经费或附设于其他学堂，或借祠庙等公共场所兴办。

（6）经费来源。简易识字学塾的全部经费主要来自政府拨款和富绅捐款两部分。政府拨款由地方官责成劝学所筹集，学部不另行拨付。

---

❶ 刘锦藻. 清朝续文献通考（卷一〇一）·学校［M］. 杭州：浙江古籍出版社，1988：8601.

（7）考核督察。章程还规定以设立简易识字学塾的多寡来评定地方学务绩效，"由劝学所总董认真经理，每三个月应将境内学塾数目及每期学生增减之比较，在京呈报督学局，在各省呈报提学司查核"❶。由于简易识字学塾的开设数量增多，考核时间从最初规定的三个月，后来改为一学期。

（三）各地实施情况

社会教育是利国利民的大事，全国上下都极为重视。学部不仅制定了简易识字学塾的长远计划和具体实施的办法，而且还将其作为各地政绩考核的依据，因而各地方政府纷纷积极设立简易识字学塾。

山东省、河南省等积极筹办简易识字学塾，先于省城设立数十处，然后在偏僻地方进行推广。官方教科书颁布之前，先自行编写教科书，暂用教授，等待学部颁行《简易识字课本》和《国民必读课本》后再改用。江苏鉴于简易识字学塾教师匮乏，不仅在省城开设模范学塾十所，还特别设塾师补习所一处，为简易识字学塾培养师资力量。为保证简易识字学塾开办质量，还制定了《开办简易识字学塾暂行章程》和《设立塾师补习所章程》。课本先采用山东编写本。

1909 年 12 月，学部终于编成《简易识字课本》和《国民必读课本》两种课本。学部对这两本书采取比较审慎的态度，在全国通用之前，先以京师为试点，检验课本实用程度和编写质量。在京城简易识字学塾，学部要求教员将每次授课情况，如教授方法，学生领悟情况，课本难易情况，及修改意见及时记录下来，每周向督学局和编辑课本的人汇报，再由他们将实情上报给学部。后来学部还将课本试点扩大到直隶、山东、河南、山西、奉天等省，并征集对《简易识字课本》的意见和建议。至 1909 年年底，山东、河南、江苏、直隶、山西、奉天等省及京师都已兴办了简易识字学塾。

此时，既有学部不断努力推动，又有其他先行省为榜样，1910 年在全国范围内掀起了创办简易识字学塾的热潮。1910 年年底，全国共计有二十一省开设了简易识字学塾。根据统计数据，四川设立二千六百余所，直隶、湖北已设千余所，浙江、山东已设七百余所。其中浙江省超额完成任务，实际设立的简易识字学塾数量比议案规划的计划数要超过一百余所。直隶、浙江、湖北三地，属学生人数较多的省份，每个省的学生人数已达二万余名。广西已设六百

---

❶　严定简易识字学塾之考成［J］．教育杂志，1910（6）．

余所，河南、江西、福建、广东、湖南、陕西、甘肃均设简易识字学塾三百至四百所以上。其中，福建、广东、广西三地，每省学生人数达一万余名，陕西达七千余名，河南、江西、湖南达四五千名。奉天、吉林、黑龙江、江苏、山西均设立百余所以上。❶

简易识字学塾迅猛发展的势头延续到 1911 年。据统计，该年全国有简易识字学塾数量达到二万九千余所，学生约五十万人。其中，四川最多，有简易识字学塾一万六千三百四十四所，学生二十四万五千四百八十七人。其次是直隶，有简易识字学塾约四千一百六十所。河南二千五百所以上。浙江一千六百五十五所，学生四万七千二百九十人。广西九百五十所，学生一万一千四百六十人。云南二百三十二所，学生五千五百八十人。湖北一千所以上。山东九百所以上。广东七百所以上。甘肃五百四十八所。福建、湖南、陕西五百所以上。黑龙江、吉林三百所以上。奉天、江西二百所以上。安徽近二百所。❷

1910 年至 1911 年，中国总人口是五点六亿多，而简易识字学塾从 1909 年筹备到 1911 年发展，短短三年的时间人数就达到约五十万，这一速度是惊人的。这一成绩的取得离不开清政府的特别重视，而且在推行过程中有计划、有步骤，所以简易识字学塾的发展速度也是其他社会教育设施所望尘莫及的。它为当时及以后的扫盲工作做出了重要贡献。对于简易识字学塾一类的社会教育在当时社会发挥的作用，时人是这样评价的："简易识字……于教育有益无损，故吾愿揭简易之旗，以奔告全国人民曰：识字者，世界人民所必要也；识字者，吾国宪政之代价，人民应尽之义务也。又揭简易识字之旗以奔告全国之教育界曰：此非教育，而教育之始基也，此与现行之教育比不相妨，而以相成也。"❸

三、学部编译图书局编辑的国民教育教科书

新旧教育的重要区别之一，是教育普及的范围和程度。清政府在筹备宪政基础上，鉴于日本的成功经验和受到国民教育思潮的影响，学部积极推广普通教育和扫盲教育。张之洞将普及教育列为中国最要之政，表示决心"办有成

---

❶❷ 裴文玲. 清末新政社会教育述论 ［D］. 济南：山东师范大学，2000：19-20.
❸ 陆尔奎. 论简易识字宜先定为义务教育 ［J］. 教育杂志，1909（5）.

效方为满意"❶。在他的主持下，从湖北调学务议长吴兆泰来京筹划普及教育课本❷，这是中国官方第一次以农家幼童和穷困失学的年长之人为对象编辑教科书，学部编译图书局编辑了《简易识字课本》和《国民必读课本》。这是近代中国首次进行的扫盲教育尝试，将普及教育与社会教育相结合，意义重大。为此，他对教科书制定极为严格，令学部审定教科书"非我审定不算数"❸。

编译图书局首先明确了编辑宗旨："窃维编定此项课本，其宗旨在使人人皆知人伦道德及应用之知识为主，宗旨必须纯正，事理亦期通达，要在简而不陋，质而不俚，始为合用。"❹ 在编写《简易识字课本》和《国民必读课本》之前，编译局先考察研究了市场同类教科书的情况，在《学部奏编〈简易识字课本〉〈国民必读课本〉大概情形折》中，历数了这些教科书的五大弊端："事多假设，不能征实，其一弊也；杂列名词，无复抉择，其弊二也；方言讹语，不便通行，其弊三也；文义艰深，索解不易，其弊四也；卮言异说，惑乱人心，其弊五也。"❺ 由此可见学部对教科书编写的认真谨慎的态度，"审筹熟计，至于再三"。考虑到学习教科书的对象是不识字的成年人和贫寒子弟，《简易识字课本》设计的内容要与初等小学堂的教科书有所区别，内容要"日用寻常以应用"，即使以后无力深造，也能够用所学内容"借以谋生"。同时内容不能太难，"即就伦常日用易知易行之事物教授之"。教科书采取由学字词到学短语、短文的循序渐进的编纂方式。考虑到生源由于自身情况不同，学部拟编三种《简易识字课本》：第一种识字课本，共计六册，对象为家贫年幼的儿童，教学内容"凡道德知能之要，象数名物之繁，详征约取，备著于篇"，约三千二百字，期以三年毕业。第二种识字课本，共计四册，对象为年长失学之子弟，教学内容"则于第一种课本中，去其理解稍高深，事物非见者"，约减为二千四百字，期以二年毕业。第三种识字课本，共计二册，对象为年长失学，粗能识字之人，教学内容"但取日用寻常之字，目前通行之文"定为一千六百字，实属无可再减，期以一年毕业。简易识字课本于宣统元年春开始编辑，于夏季告成。九月间先行印制，由京师督

❶ 张中堂之壮志 [N]. 大公报，1908 - 3 - 10.

❷ 调员参预学务 [N]. 大公报，1907 - 10 - 13.

❸ 张运君. 晚清书报检查制度研究 [M]. 北京：社会科学文献出版社，2011：292.

❹❺ 李桂林，等. 中国近代教育史资料汇编·普通教育·学部奏编《国民必读课本》《简易识字课本》大概情形折 [M]. 上海：上海教育出版社，1995：43.

学局设立学校实验，其中前两种于 12 月 20 日颁行各省，第三种尚待重新修订。后随着简易识字学塾章程的改订，《简易识字课本》改为两编四册，一年毕业者只读第一编两册，两年毕业者续读第二编两册，可分可合，视具体情况而定。

《简易识字课本》的文字深浅次序，大致由单字进于短句、短文，所选素材无取精深，即取伦常日用易知易行之事物。该书在注重识字基础上，注意到日用知识、文法知识、数理知识的传授，用圆周式编排，以备随年就业。这样的教科书内容及编纂形式很适合于普及教育的需要。

《国民必读课本》较《简易识字课本》来说更为重要，有谓"此项课本，关系极重，为人心风俗之本原，教育普及之枢纽，实不可稍缓之举"。《国民必读课本》内容以"列圣谕旨及圣贤经传"为主，分为二种，第一种较为浅显，分上下册，学制一年至一年半。第二种较为深奥，分上下册，学制为二年或三年。上卷选取经传正文，兼采历代儒者经训，并附以按语，以点明涉世处事之宜。"以大义显明者为主，兼采秦汉唐宋诸儒之说以证明之，正义之下，附以按语。凡群经大义切于修身之要者，前史名论益于涉世应事之宜者，以及诸子文集外国新书，于今日国家法政世界大局有相关合者，皆为今日应用之知识，均可择要采取，推阐发挥，以瀹其智虑，拓其心胸。"❶ 下卷选取列圣谕旨，附以解释。"敬辑列圣谕旨，凡有关典章制度之大者，慎为辑录，仿《圣谕广训》直解之例，敬附解释，俾易领会，盖有圣训及传经大义，以坚定其德性，复有解释发明，以开浚其知识，既含古人正德厚生之教，更符近世智育之法。"❷ 后《国民必读课本》改为用"圆周编辑法"，第一年只讲解义理，不涉及文字，第二年仍用原书讲解兼学文字。《国民必读课本》由于宗旨未定屡屡拖延，后由审定科员陈曾寿在广化寺主持编修。在学部和编辑人员不断努力下终于在 1909 年年底，与《简易识字课本》同年编成颁布。

《简易识字课本》和《国民必读课本》的使用对象是贫寒子弟及年长失学者。因此，这两类教科书的内容简易而实用，除陈述有关社会科学、自然科学、技术、工艺等方面的基础知识及实际操作过程外，论述封建伦理道德、风俗民情的内容仍占相当比重，这在《国民必读课本》中更为突出。在编辑方

---

❶ 舒新城. 近代中国教育史料［M］. 北京：中国人民大学出版社，2012：334－335.
❷ 李桂林，等. 中国近代教育史资料汇编·普通教育·学部奏编《国民必读课本》《简易识字课本》大概情形折［M］. 上海：上海教育出版社，1995：43.

法上，由简到繁，由易到难，由具体到抽象；在体例安排上，编辑多种教科书以供选用，采用圆周式编排，以适应教学对象随时就业的需要，这样编写的教科书融合教学原理与社会要求于一炉之中了。

学部编译图书局对《简易识字课本》和《国民必读课本》的编写工作是卓有成效的。社会教育的对象年龄阶段不同，文化水平也各不相同，在短时间内，编写一套符合各方面要求的课本，而教科书编写者又没有这方面经验，在这种情况下，他们能够编辑成这些教科书，已经是难能可贵的了。学部在编写教科书时一直小心谨慎，《学部奏编辑〈简易识字课本〉〈国民必读课本〉大概情形折》特别提到："古无其书，采诸异方，未适于用，深恐稍有疏舛，贻误全国人民。"书成之后，对教科书效果还有担心，在学部《奏编〈国民必读课本〉分别试行折》中写道："此项课本前无所因，悺心贵常，所不敢自信。"在这种惴惴不安下，学部决定在教育较发达省份先行试用，在教学人员提出修改意见后，再行颁布全国。学部对此态度相对稳健，其实是少了几分好大喜功，多了一点实事求是，从而使得普及教育在极其艰难的情况下迈出了关键的第一步。

社会教育开展后，不仅清政府各级行政部门对此项工作认真执行、逐步推进，百姓也是十分支持。"百姓们于农、工、商外余暇之时，约定钟点，群集学堂，专讲识字。"对于普通百姓们来说，识字这一课程是最重要的，每日只三两钟点，即已足了，不误百姓营业，为农的仍然为农，为工的仍然为工，为商的仍然为商。这样学习即使"极愚的人每日也能识得五六个字，每月可识百五十字，每岁除过耽误，就十个月算起，也可识千五百字，世上应用要字三千数即足"。如此算来，"二年即可识完"。而我们中国民众"非甚愚笨，也不止日识五六个字，一半年即可将要字识完"❶。

现存的于山东聊城发现的《聊城公立简字义塾课本》是简易识字课本，其在功能上大体与宣统元年学部编订刊行的《简易识字课本》类似，在卷首凡例中指出此书是"专为简字学塾而作"，字数"共二千一百有奇"，但"皆世俗通行日用必需"，教学目标是"以期认一字获一字之益"。教授内容包括"新知识，传达新思想"，字义的解释皆用新知识解释。如"球"字解释为"地球内实外圆，其形如橘，上面分五道：北寒道、温道、热道、南温道、寒

---

❶　佚名. 识字学堂之紧要［J］. 丽泽随笔，1910（1）.

道"。"人"字解释为"全球人分五种：黄、白、红、棕、黑"。"民"字解释为"民，百姓也，礼云民以君为心，君以民为体，义取君民一体，立宪政体即本乎此"❶。由于教学安排简单实用，"许多不识字的妇女村民通过短期学习，就具备了看报写信的能力"❷。

中国从封建社会向工业化社会发展过程中，由于缺乏内部先天自发的推动力，因而缺乏相应的近代工业化思想和国民意识。作为一个外生型的国家，政府在推进经济发展、政治改革、社会进步方面的改革举步维艰，正是缺乏思想和国民的支持。"开启民智"成为当时人们的普遍认识，"虽今日变一法，明日易一人。东涂西抹，学步效颦，吾未见其能济也。夫吾国言新法数十年，而效不睹者何也？则于新民之道未有留意焉者也"❸。为开启民智，作为社会精英的封建知识分子努力促使文化下移，最主要的措施是推行白话文和切音字。学部编写的《简易识字课本》和《国民必读课本》，语言就是采用白话文，字体采用切音字，这对知识普及、文化推广起到了重要作用。从现代眼光看当时《简易识字课本》和《国民必读课本》，其中内容难免有忠君的封建思想，也有对新文化新知识不准确的表达。但以这样的方式评论当时的教科书有失公允。我们应当还原到当时历史背景下，教科书的编写者都为社会之精英，他们能从失学之愚民、寒酸之子弟的角度出发，编写《简易识字课本》和《国民必读课本》，使社会底层人接触教育、了解新知，这本身是就是历史的进步。

清末"立宪"运动尽管存在不够全面彻底，实际中的形式化及流于表面现象等诸多问题，而使设计、理想与实践成效之间差距明显，受到了来自以孙中山、章太炎、陶成章、蔡元培等民主革命派的猛烈批判，也引发以康有为为首保皇党的不满、非议及抵制。但是，客观地说，它对教育制度的调整、教育观念的转变有积极的意义，尤其是国民教育的实施及教科书的编写，立宪分年设计及议论者最为集中与丰富，甚至包括了教科书的内容选择及编写方式都提供部分设想及意见。这时期由于简易识字学塾、半日学堂、夜校等的大量设置，学部编译图书局为了适应当时教学需要，开始编纂了一系列的《简易识字课本》及《国民必读课本》，取得了一定的成效，在近代学校教科书史上也有独特意义。

---

❶ 李付兴.《聊城公立简字义塾课本》考略［J］. 兰台世界，2012（4）.

❷ 戴昭明. 切音字（简字）运动始末［J］. 语文建设，1992（12）.

❸ 梁启超. 饮冰室合集·第六卷·专集四·新民说［M］. 北京：中华书局，1996：2.

第二编

民国时期的教科书

第六章 民国早期的教科书

1911 年 10 月的辛亥革命推翻了中国两千多年来的封建专制统治，建立了具有资产阶级性质的共和政体——民国政府。民国建立之初，其内部就存在民主共和与专制复辟两大派别的尖锐斗争。由于资产阶级民主派的软弱与妥协而终于导致了袁世凯的复辟。袁世凯复辟失败后，在其统治的基础上建立了北洋军阀政府。政治形势的动荡一直影响着此时期教育宗旨的厘定及教科书的编审。总的来说，尽管由于袁世凯复辟在教科书领域内掀起了一股复古逆流，但教科书仍是朝科学化、民主化的方向发展。此时期，教育行政的重心已放在审定和发行教科书上，审定制度更加完备。众多的民营出版社适应社会的需要大量编辑教科书。教科书种类进一步增多，内容也更趋丰富和多样化。尤其是在新文化运动的推动之下，白话文运动迅速展开，以语体文为象征的白话文教科书开始出现，并且在极短的时间内完成了教科书由文言体到白话文体的转变。所有这些都表明，中国教科书的发展已经进入了一个新时期。

第一节 新教育宗旨的颁布与教科书

教育宗旨的内容实质上是政体的性质在教育上的集中反映。民国初期的教育宗旨较之于清末发生了根本变化，政治上从封建专制到民主共和，教育宗旨也相应发生变化，影响教科书的编辑方向、体裁、内容等。

一、新教育宗旨的制定对教科书的影响

1912 年 1 月 1 日，中华民国宣告成立，孙中山领导的辛亥革命推翻了中国几千年的封建政权。南京临时政府开始在政治、经济、文化教育等领域开展一系列具有资产阶级性质的改革。1912 年 1 月，南京临时政府改学部为教育

部，任命蔡元培为首任教育总长。蔡元培上任后致力于贯彻南京临时政府的共和思想，倡导民主平等、全面和谐发展的教育，并发表《对于教育方针之意见》一文，文中提出民国教育应包括军国民教育、实利主义教育、公民道德教育、世界观教育和美育五个组成部分的指导思想。该文发表后，教育界乃至社会各界人士纷纷著文发表看法，开展对民国教育方针的讨论。蔡元培"五育教育"的思想表述如下。

军国民教育，包括体育或军事体育，就是通过对学生和全体民众进行尚武精神的培养。要求通过军操、军训等途径，达到增强体质和军事技能、"行举国皆兵之制"抵御外侮、寓兵于民的目的。这是对德国教育的借鉴，是与富国强兵的时代主题相关联的，它与清末的"尚武"一脉相承。蔡元培提出的军国民教育是受到中国当时所处国际国内环境所制约的权宜之计，他说："夫军国民教育者，与社会主义僢驰，在他国已有道消之兆。"而在我国之所以"今日所不能不采者"，原因是"强邻交逼，亟图自卫，而历年丧失之国权，非凭借武力，势难恢复。且军人革命后，难保无军人执政之一时期，非行举国皆兵之制，将使军人社会永为全国中特别之阶级，而无以平均其势力"❶。蔡元培提倡的军国民教育，内外兼顾，对外是强兵防止侵略以自卫，以恢复丧失的国权；对内则是为了反对军人强权统治，以防止形成"军人特别阶级"。更重要的是，这种军国民教育是养成完全人格所必需的教育，"先有健全的身体，然后有健全的思想和事业，这句话无论何人都是承认的，所以学生体力的增进实在是办教育的生死关键"❷，而只有通过对学生进行军事体育训练，才能改变其旧文人孱弱的形象，使他们有"狮子样的体力"，进而"成为明日的社会中坚、国家的柱石"❸。

实利主义教育即智育，属于智育范畴，是传授知识技能、训练思维态度和增进国计民生的教育。蔡元培认为"普通学术悉寓于树艺、烹饪、裁缝及金、木、土工之中"❹。就是对学生授以历史、地理、算学、化学、手工、博物等与人民生计密切相关的文化科学知识和技能，训练其严谨务实的科学思维和态

---

❶ 高平叔．蔡元培全集（第二卷）［M］．北京：中华书局，1984．

❷ 蔡元培．怎样才配做一个现代学生［G］//高平叔．蔡元培教育论集．长沙：湖南教育出版社，1987：427．

❸ 蔡元培．怎样才配做一个现代学生［G］//高平叔．蔡元培教育论集．长沙：湖南教育出版社，1987：478．

❹ 蔡元培．蔡元培全集·第二卷·对于新教育之意见［M］．杭州：浙江教育出版社，1997：9．

度的教育。它与军国民教育是并举的，"所谓强兵富国之主义也"。"今之世界，所恃以竞争者，不仅在武力，而尤在财力，且武力之半，亦由财力而孳乳"，而"我国地宝不发，实业界之组织尚幼稚，人民失业者至多，而国甚贫"。因此，蔡元培强调："实利主义教育，固亦当务之急者也。"❶ 实利主义教育对个人对国家都有重要作用："实利主义教育思想，就个人言，为补自存力之不足；就国家言，在求国家的富裕。"❷

公民道德教育，属于德育范畴，要旨为自由、平等、亲爱。这是典型的资产阶级的道德精神，是一种完善人格之本的教育，亦是完全人格教育的核心。蔡元培造传统道德教育的内容，而使之具有新的意义："自由者，富贵不能淫，贫贱不能移，威武不能屈，是也，古者盖谓之义。平等者，己所不欲，勿施于人，是也，古者盖谓之恕。友爱者，己欲立而立人，己欲达而达人，是也，古者盖谓之仁。"❸ 蔡元培所提倡的这种道德观念及其德育思想，努力融中西文化于一体，在我国传统的伦理道德中注入资产阶级的自由、平等、博爱思想，或者说是用传统的伦理道德教育来充实佐证资产阶级的自由、平等、博爱思想，进而以资产阶级的新道德作为公民道德教育的内容。蔡元培很重视道德教育，他认为军国民教育、实利主义教育虽然能强兵富国、"补自卫自存力之不足"，但兵强"然或溢而为私斗、为侵略"，国富"然或不免智欺愚、强欺弱"❹，因此必须提倡公民道德，以求互相卫、互相存，军国民教育和实利主义教育都要从道德出发，以道德为根本，而进行公民道德教育。

世界观教育是一种哲理教育，意在使培养对象具有远大眼光和高深见解。蔡元培在《我在教育界的经验》一文中说："至提出世界观教育，就是哲学的课程，意在兼采周秦诸子、印度哲学及欧洲哲学，以打破两千年来墨守孔学的旧习。"❺ 蔡元培认为世界观教育才是教育的终极目标。他要求人们遵循思想自由、言论自由的原则，不要束缚于某一流派、某一学说的思想，而应打破几千年思想专制统治的桎梏。这种既是理性又高于理性、既是信仰又绝非宗教的教育观，在当时起到了解放思想的作用的，是难能可贵的。

美感教育又称美育，是蔡元培特别提倡的。他认为，美感是美丽与尊严的

❶❹ 陈学恂. 中国近代教育文选［M］. 北京：人民教育出版社，1983：322.
❷ 陈学恂. 中国近代教育文选［M］. 北京：人民教育出版社，1983：325.
❸ 高平叔. 蔡元培全集（第三卷）［M］. 北京：中华书局，1984：328.
❺ 陈学恂. 中国近代教育文选［M］. 北京：人民教育出版社，1983：331.

统一，人类美感具有普遍性和超然性，美育亦具有特殊的意义，它可以引人进入一种"自美感以外一无杂念"的意境，可以化掉偏私欲和利害感，从而达到世界观教育的最高境界：乐观、高超、进取。美育可通过舞蹈、唱歌、手工、图画等美育课程实现，也可通过建筑美术馆、博物馆、动植物园，举办美术展、音乐会等途径实现，进而达到净化心灵、陶冶人格的目的。

1912年7月至8月，教育部在北京召开临时教育会议，研究确定新政府的教育宗旨。蔡元培向大会提交了以军国民教育、实利主义教育、公民道德教育、世界观教育、美育"五育并举"作为民国教育宗旨的提案，并就提案内容向大会做了进一步说明。但该提案在大会上没有获得大多数代表的认同，表决时也只通过了"五育并举"的部分内容，作为"五育并举"核心的"世界观教育"没能获得通过。最后，会议议决，仍沿袭清末教育宗旨旧称，废除清末以"忠君、尊孔、尚公、尚武、尚实"为核心的教育宗旨，提出中华民国新的教育宗旨为："注重道德教育，以实利教育、军国民教育辅之，更以美感教育完成其道德。"❶ 概言之，这个宗旨要求德智体美四育并重，而以道德教育为中心。1912年9月2日，教育部正式公布实施。作为资产阶级首次提出的教育宗旨，它彻底否定了几千年来封建教育思想中"忠君""尊孔"的腐朽思想，批判了君权主导的绝对地位，瓦解了儒术独尊的教育基础。同时，新政权的教育宗旨极力突出资产阶级民主的政治原则，反映出教育的相对独立性，体现了教育自身的特点。新的教育宗旨更多地体现了关于人的德智体美和谐发展的教育理念。与清末"忠君、尊孔、尚公、尚武、尚实"的教育宗旨相比，最大不同在于它首倡美育，表现出近代文明对作为生产力"三要素"之中最活跃的要素"劳动力"——人的关怀与重视，这是中国封建社会中前所未有的教育理念。该教育宗旨的确定，表明封建主义专制教育被资本主义民主教育取代，民主革命教育思潮得以发扬光大。

1912年这次教育会议以新教育宗旨为指导，随后教育部实行一系列改革措施。改革实行学制，即"壬子学制"，在次年修改颁布"壬子癸丑学制"；先后颁布《普通教育暂行办法》《普通教育暂行课程》和《学校系统令》，形成民初学制的基本框架；更新课程内容，取消课本中"忠君""尊孔"内容，

---

❶ 宋荐戈. 中华近古通鉴·教育专卷［M］. 北京：中国广播电视出版社，2000.

增加了"民主""自由""平等"等具有资产阶级思想的内容；课程设置增加了自然科学和实业技能的课程等。这些改革内容在民国初期产生了极其深刻的影响。

社会制度鼎新必然要求新教育与之相应，教育变革直接影响着学校教科书的命运。1912年1月，南京临时政府教育部颁发《普通教育暂行办法规定》，要求："凡各种教科书，务合乎共和国宗旨，清学部颁行之教科书，一律禁用。"这表明，教育部认为清学部颁行的教科书是为封建政权服务的，内容不适用资产阶级政治、经济、文化的需要。因此，教育部特别要求教科书务必"合乎共和国宗旨"❶。

除却中华书局，包括商务印书馆在内的民营印书馆都没有料到清朝会被辛亥革命推翻，因此大部分教科书的内容中含有封建思想的成分。只有中华书局的创立者陆费逵"预料革命定能成功，教科书应有大改革"❷，于是私下与人秘密编制适应革命需要的教科书。革命成功后"中华书局教科书"因符合中华民国政治的要求，借势而上，几乎独占了当时的教科书市场。中华书局在创立之初以"民国行共和政体，须养成共和国民"的出版理念，首次出版"中华书局教科书"。它"本最新之学说，遵教育部通令，以独立、自尊、自由、平等之精神，采人道、实业、政治、军国民之主义程度适合，内容完善，期养成完全共和国民以植我国基"❸。因其适合共和政体，吻合教育宗旨，"不仅开十余年来教科书的新纪元，也是推翻了几千年的封建统治、建立共和后的第一套教科书。""中华书局教科书"一经出版就被各地学校采用，因其特色有五："程度较旧本略浅，适合学龄儿童之用，一也。各科联络，初高小衔接，二也。各科不重复，不冲突，三也。修身用德目主义也，尤注重共和国民教育，四也。高小各科略分二循环，有直进之益，无直进之损，五也。"❹可见，其在编写上的独具匠心。以此为起点，中华书局奠定了立足书业的根基。教育宗旨正式颁布后，中华书局于1913年推出"新制教科书"，并在其《新制教科书编辑缘起》一文中指出："甲、遵守教育部所定教育宗旨，注重道德教

---

❶ 陈学恂. 中国近代教育史教学参考资料（中册）［M］. 北京：人民教育出版社，1987：167.

❷ 吴永贵. 陆费逵与中华书局对中国文化的贡献［G］//陆筱尧，刘彦捷. 陆费逵与中华书局（上册）. 北京：中华书局，2002：169.

❸ 吕达，等. 陆费逵教育论著选［M］. 北京：人民教育出版社，2000：100.

❹ 陈寅. 中华书局一年之回顾［J］. 中华教育界，1913（1）.

育，以实利教育军国民教育辅之，更以美感教育完成其道德。乙、开发共和及自由平等之真义，以端儿童之趋向。丙、提倡国粹，以启发国民之爱国心。丁、兼采欧化，以灌输国民之世界知识。戊、注意国民常识，以立国民参政之基础。己、表章汉满蒙回藏之特色，以示五族平等。庚、所选材料，关于时令者，悉按阳历编次，以引起儿童直观之感觉。辛、各科彼此联络，期收教授统一之功。并兼采女子材料，以便男女同校。壬、初高两等各科教科书，俱按照学期之数，每学年分编三册，并照学期之长短，分配课数，无过多过少难以支配之弊。癸、各科均编有教授书，与教科书同时并出，以供教员使用。"从总体上来看，这套教科书更为突出宗旨，选材也更加注重时代和学生心理。如《国文》，"本书之宗旨，务令儿童知普通之文字，养成其发表正确思想之能力，兼以启发其智德"。为实现这个目的，使儿童易于理解，选材力求简明，文字力求浅显，"第一学年选字，兼以笔画为主，第一册笔画务取简单，二三册日渐增加，至多亦不逾二十画"❶。

　　商务印书馆领导人与中华书局前期草创者们的积极态度截然不同，在辛亥革命前夕"提及革命，总是摇首，遂肯定地下断语，以为革命必不能成功，教科书不必改"❷。革命胜利后，商务印书馆也紧跟时代潮流，依据新形势变化及时革新教科书。由于其资本充足，实力雄厚，又有多年编制教科书的经验，不久即推出了"共和国教科书"，该套教科书是依据教育部召开的临时教育会议颁布的各级学校修业年限新学制编制的，在迎合教育部命令方面抢占了先机。1912年4月《教育杂志》第一卷第一期刊载了商务印书馆《编辑共和国小学教科书的缘起》一文，文章明确表示："新编共和国小学教科书，注意于实际上的革新，非仅仅更张面目，以求适合政体而已。"

　　1916年，教育部改初等小学为国民学校，商务印书馆推出"实用教科书"，中华书局出版"新式教科书"。由于受新文化运动的影响，教育部于1920年通令各学校旧教科书分期作废，改用语体文，教科书要求以白话为工。商务印书馆先后推出"新体国语教科书"和"新法国语教科书"，中华书局则先后出版"新教科书"和"新教育教科书"。1923年，广东会议决定"六三

---

　　❶ 新制中华国文教科书编辑大意［G］//新制中华国文教科书（初等小学校）（第一册）. 上海：中华书局，1913.

　　❷ 蒋维乔. 创办初期之商务印书馆与中华书局［G］//张静庐. 中国现代出版史料（现代丁编）. 北京：中华书局，1959.

三"新学制，商务印书馆推出"新学制教科书"，中华书局出版"新小学新中学教科书"。❶

这些教科书编辑者不是草率肤浅追求时髦，而是力求从根本上理解共和政体下的教育实质，争取教科书从形式和内容两个方面适合新的时代。由于中华书局和商务印书馆是民国初期最具有影响力的出版集团，它们编印的教科书无疑最具有权威性和代表性，能够反映民国初期教科书发展水平。

二、修订清末教科书

辛亥革命后，"我中国改建共和政体，开四千年以来东亚未有之创局。政体变更以后，事事物物，均当乘机革新，教科书尤其先务也"❷。1912 年 1 月，南京临时政府教育部颁发《普通教育暂行办法规定》，还规定教科书中有尊崇前朝清廷等类似的字样必须去掉，"凡民间通行之教科书，其中如有尊崇满洲朝廷，及旧时官制、军制等科，并避讳，抬头字样，应由各该书局自行修改，呈送样本于本部，及本省民政司、教育总会存查。如学校教员遇有教科书中不合共和国宗旨者，可随时删改，亦可指出，呈请民政司或教育会，通知该书局改正"❸。中华书局率先出版的"中华书局教科书"在国文教科书中，提倡爱国旗、爱中华民国，称赞临时大总统孙文"为共和奔走二十余年，是中国第一伟人"。其他出版机构的教科书，因含有封建思想的内容来不及修改，又适逢春季开学用书，因此中华书局的教科书暂时占据了教科书的大部分市场。

虽然商务印书馆对辛亥革命这一剧变的政治形势缺乏思想准备，其所准备的教科书还是适应清朝统治者的内容，但是面对教科书市场急剧的变化，商务印书馆奋起直追，采取两条措施：一、"将旧有各书遵照教育部通令大加改订，凡与满清有关系者，悉数删除，并于封面上特加订正为中华民国字样，先行出版，以应今年各校开学之用"❹；二、"更联合十数同志"，着手编辑"共和国新教科书"，以适应新时代教育改革的需要。由于国文和历史教科书最能体现当局者的政治意图和教育宗旨，所以商务印书馆主要是对这两种教科书的内容做出改变。商务印书馆版《共和国教科书新国文》与其清末所编的语文教科书相比做了一些改进。他们在总结十余年编辑和教学经验的基础上，"博

---

❶ 周秋丽. 民国三大书局的教科书之争［J］. 中国编辑，2003（4）.
❷ 陈学恂. 中国近代教育史教学参考资料（中册）［M］. 北京：人民教育出版社，1987：421.
❸❹ 陈学恂. 中国近代教育史教学参考资料（中册）［M］. 北京：人民教育出版社，1987：167.

采世界最新主义，以期养成共和国民之人格"。其编辑方法从四个方面加以改进："（甲）各科互相联络，期教授之统一。（乙）力求浅显活泼，期合儿童心理，不以好高骛远，致贻躐等之弊。（丙）初等小学之教科书，男女并重，以便男女同校之用。（丁）关于节候之事物，依阳历编次。至于文字图画之内容，纸张印订之形式，成书具在，久为学界所深悉，无待赘言也。"❶ 这时的教科书在内容上更注重儿童的认知水平、男女平等、现代科学的内容。

历史教科书的编写不再以政治事件及政治人物作为历史叙述主体，而是一再强调注重民主与实用。商务印书馆的历史教科书深深体现着新史观的烙印，原先所谓"正统"的史学观念也随着时代的变迁而变化。清政府时期的《最新历史教科书》，还包含着"尊君""保大清"的内容。如《最新中国历史教科书》中《本朝兵制及学术》课文有如下描述："本朝既以武功定海内，康熙乾隆间，文治复兴，二帝皆好学，购求遗书，两开博学鸿词科，集海内名士，使典大著述，诠次四库书，石刻十三经于国学，运藏书阁于江浙等处，由是海内向风，人文辈出。"随着清王朝土崩瓦解，教科书对其评价也渐趋客观。民国出版的《共和国历史教科书》第六册《近代之文化》一文即对清政府的专制提出批判："专制之制度，至明代而极。盖明太祖崇尚刑法，钳制臣民，清人入关，因明制而益密。加以宋明诸儒以忠君为大义，国人益视君上如帝天，无敢非抗。迨清之季室，共和民权之说输入，民志一变，卒推翻数千年专制之政体而建中华民国，洵国史之光荣也。"这样观点鲜明，义正词严，并且切中时弊的立论实在是前所未有。这种变化折射出时代变迁对史学家观念的影响。

受政治和学制等各方面的影响，商务印书馆组织编辑出版的适合共和民国宗旨的"共和国教科书"，同"最新教科书""简明教科书"相比，不仅文字更为精练浅显，图画美观，而且增加了中学用书。"共和国教科书"包括初等小学用十种，高等小学用六种，教员用十六种，中学用二十三种，教员用评注及参考书等九种。该套教科书出版至1929年，"重版已三百余次，销售至七千余万册"。其中以各类国文教科书编得最好，出版后数年之内便印了两千五百六十多个版次，印次之多可谓空前绝后。❷

清末修订后的教科书颁行全国，择需采用，其效果如何？我们可以从各省

---

❶ 陈学恂. 中国近代教育史教学参考资料（中册）［M］. 北京：人民教育出版社，1987：423.

❷ 肖东发. 中国编辑出版史［M］. 沈阳. 辽宁教育出版社，2000：418.

使用该书的批词中略见一斑。《教育杂志》记载有广东、安徽、直隶、江苏、福建、黑龙江、四川、广西等十一个省份对此发表的相关评论。其中，广东教育司的批词为："该馆将从前出版各书悉心修改以应新国民之用，热心公益殊属可嘉，应准一律沿用以应急需而恤商艰。"江苏都督的批词为："该馆将旧行小学各种教科书详加修订以应需要，殊堪嘉许。"广西教育司的批词为："该公司将高初两等各书详加修改期合共和政体以应国民之用，宏愿热心良堪佩慰。"❶ 从来自各地肯定嘉奖的批文中，我们可以感到商务印书馆在修订旧教科书方面所具有的才华和肩负的责任，这也是商务印书馆长期执教科书出版界牛耳地位的关键所在。

清末学校教科书的修订只是民初的一种应急之计、权宜之计。此后各书坊便陆续推出了符合共和政体的新式学校教科书。

三、审查教科书

南京临时政府成立以后，在教科书的管理体制上依然延续清末的"国定制"与"审定制"相结合的教科书运行模式，只是对教育目标、学制年限、课程编制及要求做了必要调整，同时更加突出"审定制"在教科书事业中的权重比例，鼓励民间出版业参与教科书建设工程，引入市场竞争的机制，反映了工商业及企业管理的思想方法融入教育的办学活动之中。1912 年 9 月 3 日，教育部要求各书局按章编定春秋两季入学儿童教科书，送呈教育部审查。9 月13 日，教育部颁布《审定教科用图书规程》十四条，主要内容有：初、高等小学校，中学校教科用图书，"任人自行编辑，惟须呈请教育部审定"。所编教科用书，"应依据小学教育令、中学教育令"。"图书发行人应于图书出版前，将印本或稿本呈请教育部审定"，所送样本"由教育部将应修正者签于该图书上，发行人应即照改，并呈验核定，方作为审定图书"。凡已经审定认为合用之图书，"每册书面准载明某年月日经教育部审定字样"，并要求各省"组织图书审查会，就教育部审定图书内择定适宜之本，通告各校采用"❷。

从这个规程中我们可以看到临时政府教育部采取民间自由编辑教科图书的方针，但并非肆意编辑，在总体上有教育宗旨、教育法令为旨归，而且编写后

---

❶ 广告［J］. 教育杂志，1913，4（4）.

❷ 张静庐. 中国近现代出版史料（近代二编）［M］. 上海：上海书店出版社，2003：410 - 413.

必须由教育部做出审定，才能进入流通领域为市场所采择。这就体现了教科书编写的灵活性与严肃性的统一。编审制的确立，将民间力量编辑教科书合法化、规范化，从而保证了大批高质量教科书的问世，同时也将竞争机制引入了教科书出版，这于公于私都具有积极意义。

各省图书审查会在运行过程中，也遇到了种种困难。1914年1月28日，袁世凯政府教育部训令撤销各省图书审查会，并公布《修正审定教科书用书规程》十八条，取消省图书审查会审查图书的职权，已经审定的图书"得由各校长自行择用，但须先呈报省行政长官"❶。至此昙花一现的省图书审查会便退出了历史舞台。

第二节　民营出版机构教科书的编辑活动

中华民国临时政府的成立，使"民主""共和""科学"观念深入人心，成为指导各项改革与建设工作的灵魂所系。作为教育事业最直接的物质承担者——教科书，也正是在这样的指导思想下迈入了一个新时期，各书局相继将关注的焦点放在教科书。对清末教科书的修订只是民初的一种应急之计、权宜之计。此后各书局便陆续推出了符合共和政体的教科书。

最先做出动作的是与中华民国临时政府同时成立的中华书局，它以"中华教科书"为先锋抢占了民初的教科书市场。久负盛名的商务印书馆也不甘落后，马上推出"共和国教科书"与其展开竞争。1921年，世界书局也加入编辑学校教科书的行列，此后又有大东书局、开明书店、民智书局、北新书局等多家书局开始关注中小学用书的出版，然而影响最远、贡献最大的当属商务印书馆、中华书局和世界书局三家，并称为"民国三大书局"。

一、中华书局

1911年，资产阶级领导的辛亥革命推翻了封建专制的清朝政府，建立了民主共和的中华民国临时政府。政权的更迭、社会的巨变对教科书的出版走向产生了重大的影响。商务印书馆自1897年创立以来一直是教科书出版界的代表，然而民国伊始，最先推出适合民主共和政体教科书的是与临时政府同时成

---

❶ 记事·学事一束［J］. 教育杂志，1913，5（12）.

立的中华书局，而不是久负盛名的商务印书馆。这并不奇怪。1911 年秋，革命风潮涌起，陆费逵"预料革命定能成功，教科书应有大的改革"，于是表面上仍然在商务印书馆上班，私下里却与人秘密编制适合新时代需要的教科书。1912 年元旦，临时政府宣告成立，中华书局也于同一天宣告诞生。关于创办中华书局的经过，蒋维乔在《创办初期之商务印书馆与中华书局》一文中有比较详细的记载：

> 是时革命声势，日增月盛，商务同人有远见者，均劝菊生，应预备一套适用于革命后之教科书。菊生向来精明强干，一切措施，罔不中肯。然圣人千虑，必有一失，彼本有保皇党臭味，提及革命，总是摇首。遂肯定地下断语，以为革命必不能成功，教科书不必改。而伯鸿却暗中预备全套适用之教科书，秘密组织书局。于民国元年，中华书局突然宣告成立，中华书局之各种教科书，同时出版。商务措手不及，其教科书仅适用于帝制时代者，遂被一律打倒。伯鸿亦脱离商务，一跃而为中华书局总经理。❶

1912 年 2 月，中华书局赶在春季开学之前，编写出版了"中华教科书"，这套教科书包括小学全套国文、算术、历史、地理、理科等科目，其中小学课本四十四种，中学和师范课本二十七种，被中华书局誉为"教科书革命"的先导。其中，有现代教育家顾树森编辑《中华初等小学算术教科书》，汪楷、华绍昌、潘武编辑《中华高等小学历史教科书》，近代书画家何维朴编辑《中华初等小学习字帖》，李廷翰编辑、史礼绶参订《中华中学地理教科书》，刘法曾、姚汉章评辑《中华中学国文教科书》等。在《中华书局宣言书》中，陆费逵就宣称："立国根本在乎教育，教育根本实在教科书。教育不革命，国基终无由巩固；教科书不革命，教育目的终不能达也。往者，异族当国，政体专制，束缚抑压，不遗余力，教科图书钳制弥甚。自由真理、共和大义莫由灌输，即国家界说亦不得明，最近史事亦忌直书。哀我未来之国民究有何辜，而受此精神上之惨虐也。"他认为"民国成立，即在目前。非有适宜之教科书，则革命最后之胜利仍不可得。爰集同志，从事编辑。半载以来，稍有成就。小学用书业已蒇事，中学、师范正在进行。"《中华书局宣言书》还明确宣布中华书局的创办和出版宗旨为："一、养成中华共和国国民；二、并采取人道主

---

❶ 张静庐. 中国近现代出版史料（现代丁编）［M］. 上海：上海书店出版社，2003：398 - 399.

义、政治主义、军国民主义；三、注重实际教育；四、融合国粹欧化。"❶ 由此可见，陆费逵对革命胜利、建立民国抱有很大的希望，但没有忘记一贯倡导的以教育为根本的主张，以及注重实际教育和融合国粹欧化的思想，隐含着对"中华教科书"的期待，也体现着改革旧教科书、编辑新教科书的决心。该丛书一经上市就给人耳目一新的感觉，立即受到社会的欢迎，几乎独占了学校教科书市场。各省纷纷向中华书局函购中华版教科书，顾客上门坐索，供不应求，"架上恒无隔宿之书"。这样，"中华教科书"一炮走红，为中华书局日后的发展打开了局面。

中华书局推出的"中华教科书"之所以能在当时独领风骚，最主要的原因就在于教科书的编写顺应了辛亥革命成功所开创的时代潮流，注重民主与科学内容的选择，也适应了民主共和政体的需要。在当时的教科书中，毫无疑问它最早宣传了反对清朝专制的观点，也有各科知识内容的结合、渗透。在《中华初等小学国文教科书》（华鸿年、何振武编）第一册就有"我国旗，分五色，红黄蓝白黑，我等爱中华"等强烈宣传热爱资产阶级共和国的观点。第五册第十课介绍了学生校外郊游及田园农业的景致风光："天气晴明，风和日暖。先生率学生旅行，排队出校门，经街市至田中。麦穗已黄，禾方插秧，农家最忙之时也。游览尽兴，归校已暮色苍茫。"《中华中学历史教科书》的编纂旨意："以共和国民眼光编辑，务发挥民族精神，民权君权之消长"，"注重进化，于生活之进步，科学之发明尤所注意"。陈懋功、汪寿编撰的《中华初等小学修身教科书》体现了近代西方民主政治及工商业经济条件下的新道德观，如信用、诚实、博爱及民主等思想内容。第四册第二课"戒作伪"："鸦饰孔雀之羽，混入其群，为孔雀所觉，啄其羽，并伤鸦背。"第五册第十一课"仁慈"："林肯行路，见一豚陷沟中，哀号甚急，为之惨然，及觅得木板一方，投沟中，援豚出，泥污满衣。"该册第十七课"公益"："大庾岭下，路途辽远，夏时日光醒热，冬时狂风暴烈，行人苦之。蔡挺乃令民夹道树松柏以蔽风日，行者便之。"从这些可以看出"中华教科书"在内容编写方面的特点。

1912年1月19日，《教育部公布普通教育暂行课程标准》规定，高等小学教学科目分必修和随意两类，"视地方情形，得加设唱歌、外国语、农、

---

❶ 陆费逵. 中华书局宣言书［J］. 中华教育界，1912，1（1）.

工、商之一科目或数科目……宜在第三第四学年。外国语每周得四课时间"。可见，外国语作为小学课程未做强行要求。在近代新式小学教科书中首次出现英语教科书，真是破天荒的事件，有国际化及前驱性意义。1912 年 3 月，中华书局出版冯曦、吴元枚编辑的《中华高等小学英文教科书》便具有首创性的意义。

当然由于时间仓促，也无现成经验可供参考，所以"中华教科书"在编辑的体例方面无多少新颖之处，显得略为粗糙。

1913 年，范源廉出任中华书局编辑部长，依据 1912 年南京临时政府教育部颁布的新学制（改清末学制中春季始业为秋季始业）着手组织编写了秋季始业三学期用书"新制中华教科书"。其中包括李登辉编写的《英文》、华文祺编写的《动物学》及《新学制修身课本》等。"新制教科书"最大的特点在于比较全面地贯彻了南京临时政府的教育宗旨。这一点从《新制中华初等小学国文教科书》的编纂宗旨中可以得到体现，如"遵守教育部所定教育宗旨，注重道德教育，以实利教育军国民教育辅之，更以美感教育完成其道德"，"阐发共和及自由平等之真义，以端儿童之趋向"，"所选材料关于时令者悉按阳历编次，以引起儿童直观之感觉"等。❶

此外，为了照顾当时许多学校一时难以改变清末学制春季始业的习惯，中华书局同时又编写了一套"新编中华教科书"。该丛书按每学年两学期编制，分初小和高小两类。初小课本有修身、图文、算术三种，高小课本有修身、国文、算术、历史、地理、理科六种。民国初年小学教育的发展遇到四大难题，即师资缺乏，经济困难，学生不足，校舍有限。由此单级小学呈增长趋势。中华书局于 1914 年又编写了一套"单级小学教科书"，分修身、国文、算术三科。同年还出版了《新制高小农业教科书》《新制家事教本》等各类学校教科书数十种。1915 年开始着手编辑"新式教科书"，目的明确地提出该套丛书的编纂目的在于使国民"无愧为本国之国民，无愧为生存于今世之国民"，1916 年正式出版。《新式国文教科书》中曾编进《国会》《宪法》等反封建的资产阶级课文，为了培养学生爱国御侮的精神，也编入《文天祥》《鸦片战争》《中日之战》等课文，都是为了培养具有新时代精神的国民而做的尝试。该部教科书在每册课文后均附有四篇白话课文，当时正值新文化运动早期，"言文一致"的白话文运

---

❶ 《新制中华初等小学国文教科书》之编辑旨趣［J］. 中华教育界，1913，2（9）.

动正处酝酿、萌发时期，此举便有文体革新及思想变迁的时代意义。《中华教育界》第5卷第1期刊登教育部的审定意见："查该书最新颖处，在每册后各附有四课。其附课系用官话演成，间有于本册各课相对者。将来学校添设国语，此可为先导，开通风俗，于教育前途殊有裨益。至各册所用文句，其次序大致均与口语相同，令教员易于讲授，儿童易于领悟。在最近教科书中洵推善本。"

二、商务印书馆

1912年4月，《教育杂志》刊文认为："立国之本在于教育，教育之良否，教科书关系最巨"，"今际此教育大革新之机会，同人应时势之需要，本其年来编辑上之经验及教授上之心得，别编共和国小学教科书。注意于实际上之革新，非仅仅更张面目，以求适合于政体而已"。文中还提到了编辑新教科书的要点：总体上注重"自由、平等之精神"，以期"养成共和国民之人格"；编写要求各科教科书相联络，"以期获教授上之统一"；并要求各科均按照学生程度编辑，以求"循序渐进，无躐等"；教科书形式则要求图文并茂，"引起学生兴趣而启发其审美之观念"；对女子教科书也做了规定，"初等科兼收女子材料，以便男女同校之用"❶。

这些编辑要点紧扣南京临时政府教育部颁布的教育方针，成为商务印书馆在民国新时期教科书出版上的总编辑方针。在此方针指引下，1912年秋"共和国新教科书"问世，这是商务印书馆出版的第一套适合民主共和政体的最完全的教科书。该丛书分初小、高小、中学、女子师范及半日制学校用书五类共计五十余种，其中适用于初等小学的有十一种，适用于高等小学的有六种，初等高等小学教员用书十六种；适用于中学的有二十三种，中学教员用书九种。这套丛书尤以国文教科书的编辑成就最大，出版后数年之内有二千五百六十多个版次，版次之多可谓空前绝后。

自1914年开始，商务印书馆相继出版了一系列实用教科书，如《商业历史》《商业地理》《商业算术》《商品学》《女子园艺教科书》《烹饪教科书》《手工》《木工》《蚕体病理生理》《养蚕法》《制丝》等。

五四运动以后，白话文渐渐取得合法地位，商务印书馆出版了《新法教科书》得风气之先。该丛书全部采用白话文，初级小学有国语、国文、修身、

---

❶ 蒋维乔. 编辑共和国小学教科书缘起［J］. 教育杂志，1912，4（1）.

算术、珠算、绘画、读本、自然研究、国语唱歌集九种，高级小学有国语、国文、算术、珠算、自然研究、历史、地理、理科、会话等十种。1922年"六三三"学制颁布，新一轮的教科书编写又成为自然之事，此时商务印书馆出版了"新法中学教科书""新学制教科书"等。其中，"新学制教科书"包括初小、高小、初中、高中各类教科书。为了适应高中选科制的需要，这套教科书中也包含了高中工用教科书十四种，商用教科书十九种，农用教科书十二种（见表6-1）。

表6-1　商务印书馆历年中、小学教科书一览表

级别	项目	出版时间（年）
小学程度	最新教科书	1903
	女子教科书	1904
	简明教科书	1910
	共和国教科书	1912
	单级教科书	1913
	实用教科书	1916
	新法教科书	1920
	新学制教科书	1923
	新撰教科书	1924
	新时代教科书	1928—1930
	基本教科书	1931
	复兴教科书	1934
	更新教科书	1939
中学程度	最新教科书	1905
	共和国教科书	1912
	新体教科书	1919
	新学制教科书	1923
	新时代教科书	1928
	基本教科书	1931
	复兴教科书	1934
	职业学校教科书	1937
	更新教科书	1939

资料来源：李家驹．商务印书馆与近代知识文化的传播［M］．北京：商务印书馆，2005：216．

三、开明书店❶

1926 年 7 月，章锡琛、孙伏园等在上海创建了开明书店。次年，章锡琛邀请夏丏尊主持开明书店的编务，开明出版方向逐渐明确以中等学校为主要服务对象。《开明活页文选》即在开明成立之初，由章锡琛主持出版，这是满足教师需求的一大创举。章锡琛回忆称："回想起开明书店的《开明活页文选》似乎有点创造性，可以提出来做大家茶余酒后的谈资。开始在 1927 年，上海有几位在大学教语文的朋友，嫌讲授的油印讲义太坏，抄写又多错误，希望开明书店替他们排印，认为各学校都有此需要，不妨多印点可以出卖。我们接受了这个建议，请他们选文章、分段、标点，我们担任校对。以后我们自己选文章，逐渐扩充，改用报纸印，开始发售。到了 1937 年抗日战争时期，已有两千篇选文，成为大中学校普遍采用的国文教科书。"

《开明活页文选》选择教师们乐于选用的古今范文，加以标点分段，精心校对，用四号字排印出来，不论文章长短，每篇自成一体，不致散尽。读者可以任意选购，如果需要，开明也可以代为把选好的多篇文章装订成册。这种文选既方便，又比自己油印的文章字迹清楚、整齐，差错较少，价格还便宜，所以很受欢迎。大中学校都选购去作为讲义，甚至直接作为教科书使用。十年之中，选用的文章陆续增多，达到了一千六百多种，还编印了注释，提供授课和自习时参考。立达学园的教师刘薰宇、周为群等在教学中积累了丰富的经验，自己编写了一套初中数学教科书，这套教科书容易为学生接受，使用效果很好。开明就以《开明算术教本》《开明代数教本》《开明几何教本》的名称出版。这些教科书从中学生的实际出发，很受欢迎，可以说是对教科书出版的一个革新。

叶圣陶亲自编写了一部小学国语课本——《开明小学国语课本》。因此，从 1931 年起到 1932 年夏，他每天的生活内容，除了看稿、校排样以外，就是写作或改编这套课本中的文章。这套教科书共十二册，其中初小八册，高小四册，总计四百八十篇文章，内容生动活泼，紧密联系儿童生活，课本中的手写体文字与插图都是由著名漫画家丰子恺负责的。前八册和后四册分别于 1932 年和 1934 年由开明书店出版。一经出版就深受师生欢迎，十余年中竟印行四

十多版次。此后，叶圣陶等人又编写出版了《初中国文教本》（夏丏尊、叶绍钧合编）、《开明新编国文读本（甲、乙两种）》（叶圣陶、郭绍虞、周予同、覃必陶编）、《少年国语读本》（四册）、《开明新编高级国文读本》（朱自清、吕叔湘、叶圣陶编）、《开明文言读本》（朱自清、吕叔湘、叶圣陶编）、《儿童国语读本》（四册）、《幼儿国语读本》（四册）、《开明国文讲义》和一套台湾临时教科书（包括《小学国语教本》《初中国语教本》），以及《小学生诗选》（与田泽芝合编，1941 年）、《中学生精读文选》等。另外，叶圣陶还相继审编、修润了大量他人编撰的教科书稿，如《初中本国地理》（田世英）、《渡船》（龙志霍）、《中国文学欣赏举隅》（傅庚生）等数十种教科书及辅导读物。叶圣陶在选编教科书时，非常注意保留传统文化的精华部分，大量选取了那些具有民族特色的古今中外的经典作品；同时，还注意加强国文与其他学科间的横向联系，以及各学科知识的融合。因此，经叶圣陶等人编辑出版的教科书，除了注意按照不同年级对国文教学大纲的要求外，还结合不同年龄青少年的特点，让学生在学习文学知识的基础上，涉及更广泛的知识领域，如卫生、体育、社会、自然、美术、音乐等。他们的这些做法使开明书店出版的教科书具有更强的实用性、普及性和通俗性。

第三节　复古主义教育思潮与教科书的回归

1912 年 3 月，袁世凯刚刚上任就下令"尊崇伦常""提倡国教"，同年 9 月发布《尊崇伦常文》，宣称"中华立国，以孝悌忠信礼义廉耻为人道之大经"，强令"全国人民遵循礼法共济时艰"，用以对抗资产阶级革命派提出的民主共和自由平等的思想。1913 年，袁世凯创办《不忍》杂志，专门开辟"教说"一栏，宣传尊孔，反对革命。6 月发布《尊孔祀孔令》谓："天生孔子为万世师表"应"根据古义，将祀孔典礼，折衷至当，详细规定，以表尊崇，而垂久远"[1]。同年 10 月，在《天坛宪法草案》十九条附文中列入尊孔条文"国民教育，以孔子之道为修身大本"[2]。这一列入使得尊孔读经在法律上拥有了合法地位。1914 年，袁世凯公开发布《祭孔告令》说：

---

❶　陈学恂. 中国近代教育大事记［M］. 上海：上海教育出版社，1981：241.

❷　陈学恂. 中国近代教育大事记［M］. 上海：上海教育出版社，1981：247.

孔子之道，亘古常新，与天无极。经明于汉，祀定于唐，俎豆馨香，为万世师表，国纪民彝，赖以不坠。隋唐以后，科举取士，人习空言，不求实践，濡染酝酿，道德浸衰。近自国体变更，无识之徒，误解平等自由，逾越范围，荡然无守，纲常沦斁，人欲横流，几成为土匪禽兽之国。幸天心厌乱，大难削平，而黉舍鞠为荆榛，鼓钟委于草莽，使数千年崇拜孔子之心理缺而弗修，其何以固道德之藩篱而维持不敝！本大总统躬膺重任，早作夜思，以为政体虽取革新，而礼俗要当保守。环球各国，各有所以立国之精神，秉诸先民，蒸为特性。中国服循圣道，自齐家、治国、平天下，无不本于修身。语其小者，不过庸德之行，庸言之谨，皆日用伦常所莫能外，如布帛菽粟之不可离。语其大者，则可以位天地育万物，为往圣继绝学，为万世开太平。苟有心知血气之伦，胥在范围曲成之内。故尊崇至圣，出于亿兆景仰之诚，绝非提倡宗教可比。❶

随着袁世凯提倡"孝悌忠信""礼义廉耻"等封建道统，鼓吹尊孔读经，许多封建遗老纷纷成立"孔教会""经学会""环球尊孔总教会"等。他们大肆叫嚣"今欲大拯中国，唯有举辛亥以来之新法令尽火之，而复其旧"。❷ 在教育上把矛头直接指向民国成立时关于中小学废除读经、讲经的改革。1914年2月，教育部发布第10号训令，对民国的缔造者孙中山、黄兴大肆诋毁，说他们"倡乱湖口，糜烂长沙，残害生灵，实为民国罪人"。命令各学校商店将过去编纂教科书中刊有孙中山、黄兴肖像和对孙、黄奖饰之词立即删除净尽。❸ 1914年5月，教育总长汤化龙上书袁世凯："兹拟宣明宗旨，于中小学校修身或就国文课程中采取经训，一以孔子之言为旨归；其有不足者，兼采与孔子同源之说为辅"。❹ 同年6月，安徽都督及民政长倪嗣冲呈大总统请注重经学以正人心，认为学堂应以读经为本。次年12月，湖南教育会长叶德辉呈文袁世凯，主张初等小学读《论语》《诗经》，高等小学读《大学》《孟子》，中学必读《尚书》《左传》。同年，政事堂奉袁世凯令，"教育部，初级小学，

❶ 袁世凯．祭孔告令［G］//陈学恂．中国近代教育史教材参考资料．北京：人民教育出版社，1987：206.

❷ 康有为．中国还魂论［G］//汤志均．康有为政论集．北京：中华书局，1981：930.

❸ 教育杂志，1914，5（12）.

❹ 汤化龙．上大总统言教育书［G］//庸言，1914，2（5）.

须读《孟子》一书，高级小学，须读《论语》一书"❶。一时之间中小学校充斥着尊孔读经的声浪，可以说是民国教育的第一次反复和倒退。1915 年 12月，袁世凯颁布教育宗旨，共七项："爱国、尚武、崇实、法孔孟、重自治、戒贪争、戒躁进。"这一教育宗旨明显地突出尊孔读经的内容，体现了袁世凯反对共和、回归封建专制的实质。接着，袁世凯统辖下的教育部下令：按照教育宗旨编辑小学、中学教科书，以确定全国教育的基础；教科书宜采辑学案，以明尊孔尚孟的渊源，如历史、国文等科，宜将宋明学案选择，撮要编入；中小学修身科、国文科应将诚心、爱国、尽责任、重阅历的积极行为与勿破坏、勿躁进、勿贪事的消极行为，编入此二科中教授。

　　1915 年，袁世凯在国外帝国主义和国内封建势力的拥戴下登上了皇帝宝座，其实行独裁专制的愿望更为明显，在教科书管理方面，试图改变民国初年确立的"编审制"，改为"审定制"与"国定制"并行，并且增强"国定制"的力量，提高国家政府对学校教科书的管控力度。1915 年 2 月，袁世凯颁布《特定教育纲领》，在教科书一项中规定："中小学教科书于一定期限内编定颁发，国定制与审定制并行"；"应就现在部设之编审处，按照学生迅速编纂中小学教科书。其教科书内容，务与国家教育宗旨相合……由部编辑小学、中学教科书，以确定全国教育之基础。"❷ 从而以法令的形式正式确立了"审定制"与"国定制"并行的中小学教科书编审制度。在这之前，袁世凯于 1914 年年初便成立了教科书编纂处，教育部于同年 5 月 25 日公布了《教科书编纂纲要审查会规则》《教授要目编纂会规程》，用以编纂初小、高小、中学、师范各级学校，从修身、国文到理化、农商及家事、缝纫等十七科的纲目，该规程在很大程度上类似于今天的教学大纲。该规程还明确标明编纂目的在于"以资编定教科书者之参考，并示各学校以施教之正鹄。"随后政府拨款两万元，在部内另设教科书编纂处，每月经费三千元，搜罗十八位编纂员从初小入手，编各科纲目，共编各教科书、教科书纲要、教科书调查表等一百二十三册草本。❸ 1916 年 6 月袁世凯帝制倒台，编纂处也宣告解散，以"国定制"为主的教科书运营模式也难以持续。1916 年 7 月，时任教育总长的范源廉表示要

---

❶　政府公报·公文（1914 年 5 月 29 日，1915 年 12 月 21 日）[J]. 教育杂志，1915，7（3）.

❷　璩鑫圭，唐良炎. 中国近代教育史资料汇编·学制演变 [M]. 上海：上海教育出版社，1991：748－751.

❸　杨禾丰. 北京政府时期教科书制度与出版 [J]. 兰州学刊，2006（6）：42.

"切实实行元年所发表的教育方针"❶。同年 9 月，教育部通令各省区撤销 1915 年袁世凯颁行的教育纲要。10 月，教育部又修订了些有关政策法令，小学"读经"科再次被取消，基本恢复了 1912 年制定的教育政策和教育制定。学校教科书方面，在此以后的北洋政府大都延续了 1914 年教育部颁布的《修正审定教科用图书规程》，但政府对于民间的约束力与袁世凯时期相比有所下降。民间力量又开始成为学校教科书编写出版的生力军。

从 1912 年 4 月袁世凯窃取革命胜利果实到 1916 年 6 月袁氏帝制失败、袁氏政权倒闭的四年时间里，中国教育在民初的短暂进步后经历了反复，学校教科书也出现以"尊孔读经"为特征的传统回归。但在国内进步人士和教育界人士的极力抨击下，中国学校教科书的近代化进程已经不是袁世凯等复古主义思潮所能阻挡的，随后掀起的新文化运动更是加速了这一历史的进程。

第四节　五四运动与教科书

辛亥革命虽然把皇帝赶下了台，但没有触动以儒学为代表的封建思想体系，中国还存在帝制复辟的土壤。陈独秀在 1916 年 11 月发表的《宪法与孔教》中说："盖伦理问题不解决，则政治学术，皆枝叶问题，纵一时舍旧谋新，而根本思想，未尝变更，不旋踵而仍复旧观者，此自然必然之事也。"❷所以，新文化运动的旗手们认为，不仅要有政治上的民主革命，还要深入思想的深层之中，进行思想上的民主革命。于是，他们举起"民主"与"科学"两面大旗，积极倡导以民主和科学为中心的新教育。

陈独秀在《近代西洋教育》一文中揭示："我们中国，模仿西洋创办学校已经数十年，而成效毫无，学校处数固属过少，不能普及；是已成的学校，所教的非是中国腐旧的经史文学，就是死读几本外国文和理科教科书，也是去近代西洋教育真相真精神尚远，此等教育，有不如无，因为教的人和受教的人，都不懂得教育是什么，不过把学校毕业当作出身地步，这和从前科举有何分别呢？"西洋欧美教育的特点是：第一，是自动的而非被动的，是启发的而非灌输的；第二，是世俗的而非神圣的，是直观的而非幻想的；第三，是全身的而

---

❶ 璩鑫圭，唐良炎．中国近代教育史资料汇编·学制演变［M］．上海：上海教育出版社，1991：739.

❷ 陈独秀．独秀文存［M］．合肥：安徽人民出版社，1987：73.

非单独脑部的。中国要真正学到西洋的教育，关键在于弃神而重人，弃神圣的经典幻想，而重自然科学知识和日常生活的技能，日常生活的知识技能为"教课"内容，使学生得到些"吃饭穿衣走路的知识本领"，而不是"记忆先贤先圣的遗文"，也不是"专门天天想做大学者、大书箱、大圣贤、大仙、大佛"。❶

蔡元培认为中国虽然设立了学校，采用了与西方相类似的西学教科书及教学组织形式，但还是守着被动灌输的老方法，教师盲教，学生误学，教育中重那些神圣无用的幻想，不讲全身的教育，使学生体弱多病。所以，其时的中国教育与真正的近代西洋教育存在很大的差距，必须彻底改造。而纠正旧教育、建设新教育，就必须使教师具备从事教学近代西方科学知识技能的素养及实验操作的方法。"第一，须设实验教育之研究所；第二，教员须有充分之知识，足以应儿童之请益与模范而不匮；第三，则供给教育品者，亦当有种种参考之图画与仪器，以供教员之取资。如此，则始足语于新教育矣。"❷ 蒋梦麟也指出"新事业需要灵活之弟子，吾国教育则重循规蹈矩；事业需思力，吾国教育则重记忆；新事业需适应力，吾国教育则重胶固之格式；新事业需技能，吾国教育则重纸上谈兵"。❸ 封建传统教育的学校教科书、教育的方式方法等与正在发展的资本主义工商业极不适合。

陶行知对封建传统的教科书内容及教学方法做了尖锐的批判，并以科学的方法加以重新探讨。1919 年，他在《时报·教育周刊》发表《教学合一》一文，主张改变教师只教书的情况，把教科书与学生的生活经验及学习方法联系起来，提出"先生的责任在教学生学；先生教的法子必须根据学生学的法子；先生须一面教一面学"的教学合一的三条理由❹。同年 10 月陶行知在《新教育》发表《学生自治问题之研究》一文，指出："近世所倡的自动主义有三部分：一、智育，注重自学；二、体育，注重自强；三、德育，注重自治，所以学生自治这个问题，是自动主义贯彻德育的结果，是我们数千年以来保育主义、干涉主义、严格主义的反映，是现在教育界一个极重要的问题。"❺

❶　陈独秀. 独秀文存 [M]. 合肥：安徽人民出版社，1987：107 – 109.
❷　高平叔. 蔡元培全集（第三卷）[M]. 北京：中华书局，1981：175.
❸　蒋梦麟. 职业界之人才问题为教育界所当主义者 [J]. 教育与职业，1917（2）.
❹　华中师范学院教育科学研究所. 陶行知全集（第一卷）[M]. 长沙：湖南教育出版社，1984：87.
❺　华中师范学院教育科学研究所. 陶行知全集（第一卷）[M]. 长沙：湖南教育出版社，1984：132.

五四运动在教科书的变革中所起的作用主要表现在民主思想与科学内容的强化、结构体例的变化以及科学教育学、心理学专业性提升等方面。这在民国后期，乃至于现当代教科书中都有深刻而持续的力量。这些本书下文将做讨论。此处集中就两个影响维度加以描述：一方面，伴随国内新文化运动的高涨，美国实用主义理论在中国盛行，1922年"壬戌学制"制定并以法律的形式推行，影响教科书编辑的平民性、生活性及实用化倾向；另一方面，五四运动使以"新文学"战胜"旧文学"为号召的国语运动达到顶峰，白话文日渐取代文言文，并登上教科书的大雅之堂。

一、美国实用主义教育理论冲击下的教科书

中国现代思想史上有三大潮流，依序而言为：实用主义、国粹主义、马克思主义。实用主义哲学之作用社会领域最为典型当属教育，影响波及教育、教学之诸多问题，教科书自然不能例外。

（一）实用主义教育思潮的形成

19世纪末20世纪初在欧洲各国兴起的教育改革运动，即"新教育运动"，是向传统古典教育挑战的宣言书，其中成立了"国际新教育协会"，制定了"新教育原则"，主张废除古典的传统课程体系，开设近代语、农艺、手工劳动等课程，并创办各种类型的新学校，实行教育改革，成为当时资产阶级广泛的社会改革运动的一个重要组成部分，以适应当时资本主义国家经济和政治的需要。几乎同时，美国兴起了"进步教育运动"，尤以杜威实用主义教育为核心。大约在1910年以后，二者开始合作和交流，并嬗变成为一个既呈现各种各样表现形式，又具有共同基础，而被视为统一的国际性教育革新运动。

1915年后兴起的五四运动为杜威教育理论在国内的广泛传播提供了契机。从1840年西方列强用炮舰打开国门至五四运动爆发，中国经历了由开始效仿西方资本主义的船坚炮利，进而学习西方资产阶级的民主政治制度，到最后在思想领域向西方学习而清算封建传统思想文化三个阶段。从这个意义上讲，新文化运动的发生，在客观上启迪人们的思想，鼓励人们思考，为引进新的武器，寻求新的救国方案、政治主张开辟了道路，并因此造成了五四时期国内政治思想异常活跃、繁荣的局面。五四运动成为近代中国新旧革命转折之际的一次伟大的思想启蒙运动。这一时期，国内社会思想政治领域汇聚成的思想潮流，来势之猛、内容之丰富是前所未有的。这当中有资产阶级的民主科学思

想，也有以美国实用主义为代表的改良主义思潮；有产生自我国的复古主义"国粹"派的政治主张，也有外来打着社会主义招牌的各种政治思想；同时还有马克思主义的科学社会主义思想和"教育救国"等各种救国方案。所有这些，除少数为维护帝国主义和封建主义的反动统治外，大都对当时的国内社会产生过程度不同的积极影响。杜威实用主义教育理论，作为其对实用主义哲学的实践，正是在这种社会政治思想背景下输入国内并产生影响的。并且在以后的若干年间形成了一股声势浩大的实用主义教育思潮，标志着美国教育理论和制度对中国近现代教育发生的深刻而持久的影响。教科书是在学制学校教育目标和课程的依托下编写与使用的，就自然成为这种影响的一个组成部分。

（二）1922 年"壬戌学制"的制定

由于民国初年颁行的"壬子癸丑"学制在新的历史背景下难以适应社会对知识技术、工商业发展和人才质量的需求，学制改革的呼声不断出现。1917年以后，数年间以全国教育会联合会为代表，各省教育会以及教育家参与讨论的学制改革方案受到社会各界的关注。其间，以杜威为代表的现代实用主义教育理论传播中国。杜威、孟禄与克伯屈等实用主义教育大师联翩来华，发表演讲，考察指导中国教育的新走向，出现了 20 世纪 20 年代以学制改革为中心的新教育运动。在这种背景下，北洋政府教育部感到学制改革已是大势所趋，"旧制之必不能保全"，故于 1992 年 9 月，赶在第八届全国教育联合会于 10 月10 日在济南召开之前，召开了学制会议。出席的有省区代表、省教育厅代表、高等专科以上学校校长，以及教育部聘请的教育专家等共七十八人。会议对全国教育会联合所提出的学制系统草案稍做修改，又提交给同年 10 月在济南召开的联合会第八届年会讨论。最后，于 11 月 1 日以大总统徐世昌令公布了《学校系统改革案》。这是 1992 年"新学制"，也叫"壬戌学制"。

清末以 1904 年"癸卯学制"为标志的近代学制形成后，虽经民国初年教育改革，仍存在不少问题，如小学年限过长，中学学制过短，中等教育又太偏于普通教育，以升学为主要目标，而忽视职业技术教育。"学校的教育不完成……以攫取生计。"过于强调整齐划一而灵活性不够，"学校之种类太单简，不足谋教育多方之发展"❶；同时，其模仿日本和德国的痕迹较深，没有从本

---

❶ 湖南省教育会. 改革学校系统案［G］//璩鑫圭，唐良炎. 中国近代教育史资料汇编·学制演变. 上海：上海教育出版社，1991：836.

国实际出发，课程、教法等方面也存在诸多问题，已不适应日益发展的社会政治经济生活和生产的需要，因而孕育着一场新的改革。1919 年以后，实用主义教育思潮在中国的传播与影响逐渐达到了高潮，美国的教育模式已基本被中国教育界所接受。加上"壬子癸丑学制"存在弊端，教育界改革学制的呼声渐起。教育部于 1922 年 9 月 20 日通过了《学制系统改革案》，并于 11 月 1 日公布实施，这就是 1922 年"新学制"或称"壬戌学制"。该学制采用"六三三"制，提出了学校教育要适应社会变革的需要，以"七项标准"作为指导新教育发展的总纲，不仅反映了我国教育界对教育问题认识的深化，而且直接引领着教育实践。余家菊认为："此次新案之创制，有两点颇值吾人之牢记，可视为吾国民新精神之觉醒，即一为从儿童身心发育阶段划分学制之大体标准；一为顾虑各方情形而采富有弹性制方案。"❶

该学制规定：初级小学四年，高级小学二年。初级中学三年，高级中学三年。与中学平行的还有师范学校和职业学校。大学四至六年。对初等、中等（包括职业和师范）、高等教育都分别做了细则说明及相应规定。另有附则二：一是天才教育（智能优异者），一是特种教育（心身缺陷者）。

新学制对小学教育的修业年限、学校类型做了如下规定。①小学校修业年限六年，依地方情形得延长一年。②小学校得分初、高两级。前四年为初级，得单设之。③义务教育年限，暂以四年为准，各地方至适当时期得延长之。义务教育入学年龄，各省区得依地方情况自定之。④小学课程，得于较高年级，斟酌地方情形，增设职业准备的学科。⑤初级小学毕业后，得予以相当年期之补习教育。⑥对于年长失学者，宜设补习学校。中学教育年限由四年增至六年，可相应提高并保证毕业生的知识水平；中学分为三、三两个时段，加强了办学的灵活性；实行选科制和学分制，适应不同个性和水平学生的需要，有利于学生学习的主动性和创造性。新学制的建立，体现出五四新教育的基本精神，也更加适合中国社会现状及教育自身的发展规律。它既考虑当时经济、政治及文化的变迁对学制提出的新要求，也承认青少年儿童身心发展的固有特点，同时设置选修学科供学生自由选学的教学制度。它是学分制的伴生物。它诞生于德国，风行于 19 世纪 70 年代的美国高校，20 世纪初叶风行全球，并开始在中学风行。此制将学校课程分为三类：必修科、指定选修科和任意选修

---

❶ 余家菊 . 评教育联合会之学制改革案［J］. 时事新报，1921（12）.

科。每类课程均须修满一定的学分，并达到学分总数后方能毕业。此制增加了教学的弹性，尊重了学生的自主意识，但对于基本的系统的知识教学和学科结构的把握，也存在某些缺陷。以下以课程的编制与教科书的革新为视角，对新学制及与此相关的教育规程内容加以分析。

1. 课程的编制

学制改革与课程改革是相辅相成、密不可分的。课程的变化往往引起并促使学制发生相应的变化；而学制的改革也必然影响到课程改革，并通过课程得以体现和落实。早在新学制讨论酝酿时期，人们就提出了课程改革问题。1921年10月全国教育会联合会议决案中就提出：大致以儿童身心发达时期为根据，采取纵横活动主义，教育以儿童为中心，顾及学生个性及智能，等等，中等教育之编制采用选科制，初等教育之升级采用弹性制。该届议会于同年10月30日通过《学制系统草案》之后，各地教育界人士纷纷开会讨论，许多专家撰写的讨论文章不同程度上涉及课程设计问题。如廖世承言："中学科目太笼统，学生毕业后，升学既困难，就业又不易，不能适应社会需要……初级中学之功课，大致可分为升学与不升学两种，入学抱定不升学宗旨者，可就习纯粹之职业科目，其余无论其志愿升学何科，可一律习普通科目。"❶ 舒新城评述新学制云："初等教育段虽属平凡，但本身的冲突甚少，升级采用弹性制颇足以救从前之弊，中等教育采用选科制与设校分科取纵横活动主义，是本案的特殊优点。"❷ 1922年11月1日公布的新学制规定：小学课程，得于较高年级，斟酌地方情形，增置职业准备的学科，中等教育得用选科制，师范学校后三年，得酌行分组选修制，大学校用选科制。在"附则"中提到"注重天才教育"，得变通修业年限及课程，使优异之智能尽量发展。❸

上述新学制中有关课程改革的措施在1923年6月由"新学制课程标准起草委员会"确定的《中小学课程标准纲要》得到具体落实并有所拓展，就其具体内容看，受杜威的实用主义教育思潮影响很深，这在课程的规定中更为明显。

（1）中学与师范采用学分制和选修制。《中小学课程标准纲要》规定小学设国语（包括语文、读文、作文、写字）、算术、卫生、公民、地理、历史、

---

❶ 廖世承. 新学制与中学教育［J］. 新教育, 1922, 4（2）.

❷ 舒新城. 对于新学制草案本身的讨论［J］. 教育杂志, 1922（14）.

❸ 中华民国北洋政府. 学校系统改革案［J］. 新教育, 1922, 5（5）.

自然、园艺、工用艺术、形象艺术、音乐、体育十一科目。

初中授课以学分计，每半年每周上课一小时为一学分，满一百八十学分始得毕业。除必修科一百六十四学分外，余为选修他种科目或补习必修科目。高中分为以升学为目的普通科和以就业为目的职业科，普通科又分两组，第一组注重文学和社会科学，第二组注重数学和自然科学；各科各组的课程又分为公共必修课、分科选修课、纯粹选修课三种；各种课程以学分计算，满一百五十学分为毕业。公共必修科目占总学分之43%，纯粹选修科目不超过总学分20%，公共必修科目占总学分42%。师范学校分为公共必修课、师范专业课、纯粹选修课三种，公共必修课与高中普通科相同，只是增加了音乐科四学分，共计六十八学分。师范专业课又分必修课和选修课两部分，必修四十八学分；选修再分为分组选修课和教育选修课两类；分组选修课的第一组是文科，第二组为理科，第三组为艺术科；每组课程至少要选修二十学分，教育选修课共计三十二学分，各组均须至少选修其中八学分。纯粹选修课由各校自定，学分不限，但学生毕业总学分至少与高中普通科相等，即不得少于一百五十学分。

中学和师范采用学分制，让学生根据自己身心发展、学业程度及能力水平的不同情况和个性差异，灵活掌握学习年限和进度，这样除有利于各类课程和授课时间的安排上有一定的伸缩余地，在一定程度上还可以克服学校课程整齐划一、重视整体、忽视个体的缺陷。采用选科制，有利于学生根据自己的兴趣、爱好、特长和能力，因人而异选择所学科目，能够切实发挥学生的学习主动性和积极性。

（2）综合课程的编制。"课程标准纲要"把初中课程分为六大门类，即社会科、言文科、算学科、自然科、艺术科和体育科，颇有"综合课程"的意味（综合课程是指把性质相同或相近的几门学科合并为一个范围较大的学科，体现了杜威"活动中心""儿童中心"的课程理论），如其中的社会科由公民、历史、地理三科组成，艺术科由图画、手工、音乐组成，自然科则包容了所有的理科知识。

（3）"分科制"的设计。高级中学采用综合中学制度，或称"分科制"，分设普通科和职业科。普通科分两组，第一组注重文学和社会科学，第二组注重数学和自然科学。职业科主要为就业做准备，分农、工、商、师范和家事诸门学科，设科之多少和增减，均依各地实际酌定。分科中又设有选修课，使分科制与选科制相结合。这样可以使学校根据当时情形和社会需要，因地制宜；

又给学生以选择的自主权，满足青少年的不同需要和个性，使课程和教学富有弹性。

2. 教科书的革新

杜威强烈反对传统教育以既有知识为中心的教学内容，认为把这种"早已准备好的教科书强加给儿童"，是违反儿童的天性的；而多种多样的学科课程只会把儿童自己的统一的生活经验加以割裂和肢解，必将阻滞儿童的生长。因此，他强调教学内容并不取决于教科书，而取决于儿童。然而，儿童不是像传统的哲学、宗教所理解的那种不完整的儿童，而是像生物学、心理学及社会学等各种科目解释的那种实际的完整的儿童，是由多方面因素构成的有机体，是已有经验和新增经验的统合。因此，教学内容的源泉是儿童自己的活动所形成的直接经验。"儿童需要学什么，想学什么，应根据儿童的兴趣来判定，教学内容的选择应以儿童的需要和兴趣为出发点。"❶ 杜威在华讲演中反复强调这一点，当时的教科书革新深受其影响，并与正处于热潮中的国语运动相汇合，在中国学校教科书史上呈现新的特征。

（1）儿童用书受到重视。受实用主义教育思潮的影响，文化教育界对儿童作品的撰写和研究甚为重视。1920 年 8 月 23 日，儿童用书研究会成立，会员六十六名，其中南高师教员三十二名。俞子夷在会上以《儿童用书问题》为题发表讲演，提出儿童用书的编写应该注意如下方面：按心理顺序、生字适当、改用语体文、儿童的语言、中心思想、注意文学、有插图。该会"以研究并编译儿童用书改造全国小学教育为宗旨"，"凡有志研究小学教育或从事小学教育者"，经教育机关或会员介绍均可为会员。总干事为邰爽秋、王克仁，1920 年 12 月改选为唐钺、夏承枫。❷ 次年，上海大量出版儿童课外读本，计有：儿童小说、世界童话、少年杂志、中华故事、中华童话、小小说、学生丛书、少年丛书、日本神话等。1922 年 1 月，《中华教育界》出版"儿童用书研究号"。陈启天为该刊撰文，希望全国教育界"把儿童用书研究当作一个专门事业"，编辑、试验"适合中国社会的实际需要与中国儿童的实际需要"之儿童用书，勿使"毫无研究的儿童用书贻毒教育界"；希望全国教育界"对现有各种儿童用书加以具体批评"，以促进儿童用书之革新。希望全国教育界对

---

❶ 崔相录. 二十世纪教育哲学［M］. 哈尔滨：黑龙江人民出版社，1989：124.

❷ 中华教育界，1922，11（6）.

儿童用书研究会"随时加以援助及指导"❶。沈百英先生 1921 年进入商务印书馆，工作了三十五年，他回忆说：

> 我在商务工作，主要是编小学教科书。但因教科书与一般儿童用书息息相关，主持人在准备出版整套儿童读物时，常常邀我参与其事。我对编辑儿童用书有如下几点意见：
>
> 1. 编辑儿童读物虽不像编教科书那样严格，但内容的深浅必须顾到儿童的接受能力，太深太浅都不相宜；
>
> 2. 书的取材，除了顾到思想品德外，必须顾到儿童的学习兴趣，才能培养他们的自学能力；
>
> 3. 写作方面，必依照儿童用字规定，注意语句通俗，笔致生动，才能逐步提高儿童的说话能力与写作能力；
>
> 4. 书中插图，多多益善，风格必须多种多样，并能适合儿童的欣赏能力，从而使他们受到美感的教育，售价必须尽量压低，采取薄利多卖主义。商务连续不断地出了几套儿童读物，如《幼童文库》《小学生文库》《儿童分年读本》。书虽越出越多，总起来说，还是供不应求。❷

应该说，这些主张论及了儿童读物的编纂原则，许多符合教育学、心理学原理。

（2）儿童文学作品编入小学教科书。近代教育家吴研因是小学教育专家，曾参与编写或主编大量适应新课程编制要求的教科书，他说：

> 民十左右又有人提倡儿童文学，他们以为儿童一样爱好文学，需要文学，我们应当把儿童文学给予儿童，因此儿童文学的高潮就大涨起来。所谓新学制的小学国语课程就把儿童文学做了中心。各书坊的国语教科书，例如商务的新学制、中华的新教科书、新教育、世界的新学制……就也拿儿童文学作标榜，采入了物话、寓言、笑话、自然故事、生活故事、传说历史故事、儿歌、民歌等。民十以后的教科书，采用了和儿童生活比较接近的故事诗歌，好比是比较有趣的画报、电影刊物，要看的人，也当然多起来了。儿童文学在教科书中抬头，一直到现在，并没有改变。这几年

---

❶ 中华教育界，1922，11（6）.

❷ 沈百英. 我与商务印书馆［G］//商务印书馆九十年. 上海：商务印书馆，1987：291.

来，虽然因为有人反对所谓有鸟言兽语，反对整个的儿童文学（"鸟言兽语"不能代表整个的儿童文学），恨不得把儿童文学撵出小学教科书去，可是据教育部去年拟了问题发交各省市小学教育界研究的结果，小学教育界仍旧全国一致地主张国语课程应当把儿童文学做中心。❶

吴研因的论述大体符合当时小学教科书的变化特点。如商务印书馆1922年开始出版《新学制教科书》，该套教科书"初小、高小、初中、高中、分别编纂，宗旨方法，无不从新。科目种类，无不全备。这是我馆第二套最完善最进步之本"❷。其中的《新学制国语教科书》初小课本，采用儿歌、童话、民族、寓言等作材料编辑，经北洋政府教育部审定出版。第一册第一课一改历来的"天地日月"为"狗、大狗、小狗"，第二课是："大狗叫、小狗跳，大狗小狗叫一叫，跳两跳"，第三十课是："两只脚，踏踏踏。嘴里喝，拉拉拉。路上看见好姐姐，头点点，手拉拉。转过身来，走到花树下。眼睛看看花，耳朵听说话。"第四十课是："猫欢喜，一只老鼠到嘴里。狗欢喜，两根骨头丢下地。鸡欢喜，三个小虫一把米。羊欢喜，四面都是青草地。人欢喜，五个朋友在一起。"这套教科书被守旧派称为"猫狗教育"。整套教科书的特点为：①以儿童文学为主，打破传统的以识字为主的编辑方法，并依韵文的多少、课文的长短、文体的繁简排列；②增加物话故事借以扩充儿童的想象，唤起儿童的兴趣；③编排长篇选文，以增强儿童的阅读能力；④依据日常生活的需要选字，不常用的即使笔画简单，也不选用，反之，尽量采用。

（3）教科书内容及编辑体例发生变化。受实用主义教育思潮的影响，当时教科书的编辑，强调儿童本位，"兴趣中心"被推崇首要地位，"鸟言、兽语、神话"成为小学教科书的主要资料源泉，语文教科书中表现出文学化与趣味化。同时，注意从儿童的身心发展特点及其实际生活需要出发，注重与社会现实和人生的密切联系，倾向于实用知识的传授等，如中华书局于1923年发行的"新中学教科书"，其《初级国语读本》第一册（冼星一编，黎锦熙、沈颐校）的编辑大意指出："本书选材，注重下列两点：内容务求于现实的人生；文章务求富于艺术的价值。"全册课文四十二篇，作者为当时名家，入选课文大多为较典型的白话文，并以文学作品（小说、散文等）为主，课文内

---

❶　吴研因.清末以来我国小学教科书概观［J］.中华教育界, 1936, 23（11）.

❷　庄俞.谈谈我馆编辑教科书的变迁［G］//商务印书馆九十年.上海：商务印书馆, 1987：65.

容比较健康、进步，与现实和人生密切联系，并且清新活泼而富有情趣，适合儿童的需要和兴趣。其中，冰心一人的儿童文学作品即选入七篇，教科书中无语法、修辞等知识性短文，体现了以培养和提高学生阅读能力为主的教学目标。又如商务印书馆编的《复式学校国文教科书》明确提出，注重实用与职业教科书，"凡属浅近之农工商以及个人谋生之术配置特多，说明特详"。整个教科书明显注重应用文，"将各种应用文一律编入正课，俾便正式接受"，以体现"切于实用为主"的目的。❶

显然，教科书的编写设计充分体现了现代实用主义教育理念，对于批判传统的封建教育忽视儿童、轻视实际的社会生活的做法，无疑具有一定的进步意义。但这种过分偏重儿童的需要和兴趣，必然会影响教科书传播知识的系统性和整体性。

二、国语运动与白话文教科书的诞生

文言文是中国传统教育的书面语言，也是以儒学经典及科举考试为核心传统教科书的表达语体。民国建立后编辑的教科书虽已注意文字的浅显化问题，但文言语体依旧占有主导地位。当时中华书局的"中华教科书"、商务印书馆的"共和国教科书"大都是采用文言来编写的，只是在程度上较前代更为浅显。文言以其"言简意赅"而富有特色，但随着时代的发展，这种情况已经不利于国民之间的交流、国民教育的推行，尤其是教育的平民化与实用化发展，更是阻碍着科学技术的进步与传播。所以改革文言文教科书就成了最为迫切的事情。

白话文运动（国语运动）可以追溯到戊戌变法时期。19世纪末，面对帝国主义的瓜分和掠夺，在开明的士大夫和爱国知识分子中间，激发起一股"法师西洋""自求富强"的维新思想。以"文言一致""国语统一"为宗旨，以拼音方案的研制、共同语标准的探索、书面语的改革等为内容的国语运动则是这股思潮在语言文字界的产物，卢戆章则是推行国语运动之第一人。同时，康有为也是国语运动的积极推行者。

卢戆章胸怀"改造汉字之宏愿"，历时十余年，于光绪十八年（1892）制成了一套罗马字式的字母，被称为"中国第一快切音新字"。他编著了一种新

---

❶ 陈必祥. 中国现代语文教育发展史 [M]. 昆明：云南教育出版社，1987：56 – 66.

字课本《一目了然初阶》。在此书原序中，他阐述其宗旨为："窃谓国之富强，基于格致；格致之兴，基于男女老幼皆好学识理，其所以能好学识理者，基于切音为字，则字母与切法习完，凡字无师能自读；基于字画一律，则读于口遂即达于心，又基于字画简易，则易于习认，亦即易于著笔，省费十余载之光阴，将此光阴专攻于算学、格致、化学以及种种之实学，何患国不富强也载！"❶

卢戆章的首创及著述拉开了国语运动之序幕，对维新派人士影响极大。梁启超在上海《时务报》上曾著文云：

> 去岁从《万国公报》中，获见厦门卢戆章所自述，凡数千言者，又从达县吴君铁樵见蔡毅若之快字，凡四十六母，二十六韵，一母一韵相属成字，声分方向，画别粗细，盖西国报馆用以记听议院之言者，即此物也……然窃窃私喜，此后吾中土文字，于文质两统，不可偏废，文与言合，而读书识字之智民可以日多矣。❷

以后他更醒目地提出："国恶乎强？民智，斯国强也。民恶乎智？尽天下人而读书，而识字，斯民智矣。"在他看来，欲"开民智"，主要手段应当是推行白话文体，使"读书、识字之智民日多"。

1898年8月，"百日维新"正处于高潮，裘廷梁在《苏报》上发表《论白话为维新之本》一文，文中全面阐述了维新派的白话文理论，成为该运动的指导纲领。文中提出："愚天下之具，莫如文言；智天下之具，莫如白话……吾今一言以蔽之曰：文言兴而后实学废，白话兴而后实学兴。"因此力主编辑白话书籍，尤其是教科书。他主张："便幼学，一切学堂功课书，皆用白话编辑，逐日讲解，积三四年之力，必能通中外古今。"

在这一思潮之推动下，白话文教科书开始出现。1897年南洋公学外院编辑的《蒙学课本》开白话文语文体教科书之先声，该教科书"专取习闻见习文之事物，演以通俗文字，要使童子由已知而达于未知"。该书课文尽管仍为浅显文言，却开启了教科书以通俗文体编辑的方向。以后，部分或全部采用白话文的教科书不断问世，其中上海彪蒙书室编辑的教科书最为著名，如《绘

---

❶ 陈立中．近代国语运动的急先锋卢戆章［J］．文史知识，1994（9）．

❷ 黎锦熙．三十五年来之国语运动［G］//庄俞，贺圣鼐．最近三十五年之中国教育．上海：商务印书馆，1931：62．

图识字在易》《速通虚字法》《绘画蒙学造句实在易》《论说入门》《四书新体速成读本》等。

清末立宪运动时期，对学习官话屡有倡议。清学部在 1902 年颁布的《钦定小学堂章程》中就规定作文首先从"口语"联句开始。1904 年更明确指示初等小学堂的"中国文字"一科，"其要义在使日用常见之字，解日用浅近之文理，以为听讲能领悟，读书能自解之助；并当使之以俗语叙事，及日用简短书信，以开他日自己作文之先路，供谋生应世之要需"。❶ 1909 年，《奏定分年筹备事宜》规定，宣统元年，各省学司所有省城初级师范学堂兼习官话。次年，学部重申"中小学堂一律添课官话"，文称："至师范学堂官话一科，所关尤为重要，应由提学使切实督率办理，将来毕业生日多，小学各科皆可用官音教授，俾收统一语言之效。"❷

第一位实行宣讲官话字母的，是天津的严修，其次是桐城吴汝纶，他们都偏重于"国语统一"。那时候，赞成这种字母，大都是因为"目不识丁"之妇孺，兼旬即能完成，即能彼此通信，甚至可望天下语音一律。

总之，在救亡运动、国民教育思潮的影响下，国语教育的呼声已愈来愈高，从中央到地方无不如此，大有"山雨欲来风满楼"之势，但不久因辛亥革命而暂时停顿。

可以说，对于白话文代替文言文一事，清末教育界先进人士有了一些尝试，但并未形成大的气候，于是人们将希望寄托在辛亥革命上，希望辛亥革命的成功会为国语的畅行开辟道路。1912 年庚冰在《教育杂志》第 4 卷第 3 期上发表《言文教授论》，认为语言与文字紧密相关，"故教授文字，莫不由语言入手。"文章认为，"欲普及教育，当先统一国语；欲统一国语当先编定言文一致之字母，行之数十年，则言文教授成效自见。"同年，潘树声也在《教育杂志》第 4 卷第 8 期上撰文《论教授国文当以语言为标准》。作者明确提出："定义语言者，顺乎语言之自然，而利用之以习文字也。"当时担任南京临时政府教育总长的蔡元培在《全国临时教育会议开会词》中说："其中有一大问题，是国语统一办法。现在有人提议：初等小学宜教国语，不宜教国文。

---

❶ 舒新城. 中国近代教育史资料・中册・奏定初等小学堂章程［M］. 北京：人民教育出版社，1981：415.

❷ 中小学堂一律添课官话［J］. 教育杂志，1909，2（12）.

既要教国文，非先统一国语不可。"❶ 蔡元培肯定了国语教学的地位。后来制定的民初"壬子癸丑学制"针对国文课程称："国文要旨，在使儿童学习普通语言文字，养成发表思想之能力，兼以启发其智能。"❷ 民国临时政府成立后仅三个月，袁世凯就篡夺了革命成果，大肆复辟，国语运动暂时归于沉寂。

国语运动的真正兴起得益于五四运动。该运动提倡文学革命，主张创造一种国民的、写实的、通俗的新文学。而改革文学，最基本的就是要改革文字，提倡白话文无疑成为教科书形式改革的直接推动力量。

1916 年，俞子夷在江苏省立第一师范附小私自采用白话文编辑教科书，自行油印。继而中华书局推出了"新式教科书"，每册后均附有四篇白话文。中华书局的以上举措得到教育部默许，并做如下批示：

> 查该书最新颖处，在每册后各附四课，其附课采用官话演戏，间有与本册各课相对者。将来学校添设国语，此可为其先导，开通风气，于教育前途裨益。至各册所用的文句，其次序大致均与口语相同。令教员易于讲授，儿童易于领悟。在最近教科书中的洵推善本。❸

在这一时期，平民主义教育思潮开始出现，新文学运动渐趋高潮。1917 年胡适在《文学改良刍议》中提出，文学改良应"不摹仿古人"，"务去滥调套语"，"不讲对仗"。陈独秀于 1917 年 2 月 1 日发表《文学革命论》，提出文学革命的三大主义："推倒雕琢的阿谀贵族文学，建设平易的抒情的国民文学"，"推倒陈腐的铺张的古典文学，建立平易的抒情的写实文学"，"推倒过于迂晦的艰涩的山林文学，建设明了的通俗的社会文学。"并指出，"今欲革新政治，势不得不革新盘踞于运用此政治者精神界之文学"❹。同时，钱玄同、刘半农也相继发表文章，鼓吹文学革命，在这些人的推动下，白话文运动渐趋高潮。

全国教育会联合会受国语运动的影响，于 1917 年在杭州召开第三次大会，议请"教育部速定国语标准，并设法将注音字母推行各省区，以为将来小学国文科改国语之预备"。此时江苏省教育会也议决了一个《各学校用国语教授

---

❶ 陈学恂. 中国近代教育史教学参考资料（中册）［M］. 北京：人民教育出版社，1987：142－143.

❷ 舒新城. 中国近代教育史资料·中册·教育部订定小学校教则及课程表［M］. 北京：人民教育出版社，1981：452.

❸ 中华教育界，1916，5（1）.

❹ 新教育，1919，2（5）；新青年，1919，2（6）.

案》，不待教育部的命令就随即执行起来。1918 年春季，蔡元培召集孔德学校教员举行教育研究会，讨论修改教科书、采用白话文的问题。同年 1 月 17 日，他又发表了《国文之将来》的演说，明确宣布："国文的问题，最重要的，就是白话和文言的竞争，我想将来白话派一定占优胜的。"以上情况说明，此时采用国语，以白话文代替文言文已是大势所趋、不可逆转。对此形势，教育部于 1918 年 6 月，召集高等师范学校校长来京举行会议，议决高师附中设国文讲习科，专教注音字母及国语。同年 11 月 23 日，正式公布注音字母。

清末时期，《蒙学课本》用浅显文言编写，已是非常突出。而 1918 年后，报纸杂志论政言学之文多用白话，胡适用白话编著《中国哲学史》，有些大学讲义也开始采用白话。小学教科书改用白话更是大势所趋，北京的孔德学校，首先采用注音字母并自编国语课本；江南的小学教育界更是开风气之先，也有几所学校自编活页教科书。1919 年，教育部召开"国语统一筹备会"第一次大会时，刘复、周作人、胡适、朱希祖、钱玄同、马裕藻等提出国语统一进行方法的决议案，其第三件为"改编小学课本"。决议称：统一国语既然要从小学校开始，就应该把小学校所用的各种课本看作传布国语的大本营；其中国文一项，尤为重要，如今打算把"国文课本"改为"国语读本"，国民学校全用国语，不杂文言，高等小学酌加文言，仍以国语为主体；"国语"科外，别种科目的教科书，也该一致采用国语编辑。1920 年 1 月，教育部批准了这个议案。

1918 年 5 月，鲁迅的白话文小说《狂人日记》在《新青年》发表，以此为标志，结束了文白之争在理论层面的较量，开启了在实践层面的革新潮流。此后，白话文学作品如雨后春笋般涌现。同年 11 月，教育部正式公布了注音字母。同时，全国一些进步学校率先编写使用新的国语教科书，如北京孔德学校自编了国语读本，江苏省自行通过了《各学校用国语教授案》，开始用自编国语教科书，接着，中华书局出版了一套用白话文编写的"新式教科书"，向全国发行。

但是，当时坊间所出的小学教科书，还没有一本用语体文的。教育部要让语体文教科书有所发展，就必须将已审定的文言教科书分期作废，禁止采用，逐渐改用语体文。为此教育部又发了一个通告：

　　查本部《审查教科图书章程》第二条："审定图书，系认为合于部令学科程度及教则之旨趣，堪供教科之用者"，现在坊间出版国民学校所用各种教科书，曾经本部审定者，自经此次部令公布以后，其教科书程度，即不免多所不符。兹特依据部令，酌定办法如下：凡照旧制编辑之国民学校国文教科书，其供第一第二两学期用者，一律作废。第三学年用书，秋季始业者，准用至民国十年（1921）秋季为止；春季始业者，准用至民国十一年（1922）冬季为止。至于修身算术唱歌等科，所有学生用书，其文体自应与国语科之程度相应：凡照旧制编辑之修身教科书，其第一学年全用图画者，暂准通用。第二学年所用文体，与国语科程度不合者，应即作废。算术教科书，在未改编以前，准就现行之本，于教授时将例题说明等修改为语体文，一律用至民国十一年（1922）冬季为止。唱歌教本，均应一律参改为语体文。❶

1922年，北洋政府教育部颁行新的学制，即"1922年学制"。同年12月新学制课程标准起草委员会制定《新学制课程纲要草案》，成为我国历史上第一部课程纲要，使教科书的编写有据可循，国民学校的国文教科书一律改用国语。"国语"的出现打破了文言文一统天下的局面，现代白话文开始正式登上中学国文教科书的舞台。自此之后，"国语运动"使语体文在基础教育阶段成为主导。

相对来说，小学语体文进行得较早，中学较晚。1916年，国语运动刚刚兴起，商务印书馆已经开始准备《国语体文教科书》的编辑。1920年1月12日，北洋政府教育部向全国各省发布训令，要求全国各校自本年秋季起，先将一、二年级的国语课本改为语体文（白话文），"以其收言文一致之效"，这是民国初期教育部第一个废弃文言、采用国语的法令。随即教育部又通告：国民学校文言教科书分期作废，逐渐改用语体文。从此小学阶段开始运用白话文来编辑国文教科书，并逐渐向别的教科书推进。

最早以现代白话文编写的中学国文教科书是洪北平编、1920年商务印书馆出版的《中等学校用白话文范》。丛书共四册，提供给四年制中学使用。以后出版的以现代白话文编写的教科书还有孙良工等编写、1922年由上海民智书局出版的《初级中学国语文读本》。白话文占领国文教科书阵地并不意味着全盘否定文言文。当时，语文教科书编写者力图把白话文与文言文混编，进行了文言、白话分开编写或文言、白话混合编写的尝试。比如沈星一、黎锦熙编

---

❶　黎锦熙. 改学校国文科为国语科［G］//国语运动史纲. 上海：商务印书馆，2011.

的《新中华教科书初级古文读本》（1923），顾颉刚、叶绍钧编的《新学制高级中学国语读本》（1924），穆济波编的《新中学教科书高级国语读本》（1926）。

上述教科书在选文方面焕然一新，反映五四新文化、新思想的现代白话文作品和白话议论文大量被选用。当时名噪文坛的作品如鲁迅的小说、郭沫若的新诗、周作人的散文等都洋溢着时代气息，不仅给语文教坛上吹来了一股春风，而且为新文化运动推波助澜起到了重要的社会宣传作用。

在新文化运动的推动下，商务印书馆推出了一系列语体文教科书。最早的当属 1920 年春出版的《新体国语教科书》八册，同年 7 月出版的《新法国语教科书》，那一年还出版了中等学校适用的《中等学校用白话文范》四册，这是一套采用语体文和新式标点符号并提行分段的中学教科书。其他还有 1920年 12 月中华书局出版的《新教育国语读本》，1922 年上海民智书局出版的《初级中学国语文读本》等。1922 年叶圣陶等编写、商务印书馆出版的《初中国语教科书》三百六十篇，白话文的比例占到了 37%，共计九十五篇；文言文一百六十五篇，占 63%。其中，文言文的比重还很大。到 1923 年中华书局出版冼星一编、黎锦熙与沈颐校的新中学教科书《初级国语读本》三册时，教科书内容的选编，不仅体现学科体系或演绎逻辑，而且反映了一定的培养目标及教育理念。当时对国文、国语的材料及体裁讨论最为集中、典型。1925年，上海大东书局印行《初级古文读本》（张廷华、沈镕编著），其"凡例"中称："小学毕业，升入初级中学，则国文一科，已由语体文而进于文言文，第文言文必以古文为准则，庶乎用笔可免于粗俗……"该教科书中的课文只有旧式圈点，没有新式标点。当然，对于中学国文教学中是否采用文言文，以及如何采用文言文的相关问题，仍存在学术性的争论。有人主张文言、白话分教，初中教授白话，高中教文言；另于初中设文言选科，高中开设白话选修科，以为调剂之用。有人则反对初中兼采文言，朱自清本人"是承认文言有时代的价值的"，初中的学生懂得"一点本国古代思潮，也未尝不是有益的事"，"现在的书报还有许多是用文言的"，"白话的词类、成语等甚是贫乏，势不得不借助于文言；阅读些文言，于了解别人文字与自己作文都有帮助"。❶ 这种观点及认识上的分野一直存在，直到今天。但其影响范围逐渐转向学术或专业相关问题讨论。

---

❶ 李杏保，顾黄初. 中国现代语文教育史［M］. 成都：四川教育出版社，2000：85.

综上所述，五四运动使中国教育，尤其是以语文教育为突破口开始真正走向田野、走向民间。语文教育是当时新教育中走在最前列的，所以语文教育走向平民，也就预示着中国教育真正步入了一个新时期。语言文字的符号形式由语文教科书逐渐推广使用遍及其他各类教科书，由此中国的学校教科书体裁及表述方式发生了根本的变化，传统顽固势力的"鸟言兽语"之论被彻底粉碎，教科书的历史进入一个新的历史时期。

第七章　民国后期的教科书（上）

首先应说明的是，此处的"民国后期"是指南京国民政府在大陆统治的二十二年历史时期。此间中国共产党领导的革命根据地政权及日本在侵华战争中所扶持建立的伪政权、傀儡政府，并非统辖于南京国民政府的麾下，因此不包括在内，将另立专题。教科书领域的历史评述也做如此设计。以此对应于上一章民国早期的教科书问题史，本章集中探讨南京国民政府统治时期的教科书。

南京国民政府时期指国民党新军阀在中国统治的二十二年历史。1927 年 4 月，蒋介石发动以上海"清党"为代表的反革命政变，到本年年底，武汉国民政府汪精卫集团倒向蒋介石，实现了"宁汉合流"，从此轰轰烈烈的国民大革命失败，第一次国共合作葬送在蒋介石为代表的帝国主义、封建官僚主义新的代表人手里。蒋介石在南京建立了国民政府新政权，通过军事征伐及政治、经济拉拢，结束军阀混战。此期又以 1937 年 7 月 7 日日本发动全面侵华战争为标志，分为前后两个阶段。前一阶段社会相对安定、民族资本主义有了进一步的发展，教科书的发展也进入了一个新时期。后一阶段因日本侵华，烧杀掳掠，无恶不作，中国社会受到全面摧残，尤以教育事业为重，教科书一度出现"书荒"，在艰难的抗战条件下进展缓慢。抗战胜利后，国民政府政权处于风雨飘摇之中，学校教育秩序混乱，难以维系，教科书事业也自然难以摆脱夕阳衰象。

以蒋介石为首的官僚买办资产阶级控制下的国民党叛变革命之后，在政治上一个突出的特点就是打着孙中山"总理遗训"的招牌，在"三民主义"的旗帜下实行封建买办法西斯的统治。因此，在教育上提出"三民主义教育"宗旨，并制约着课程设计及教科书的编写。各大书局编写的教科书种类繁多，层次不一，大多依照教育宗旨的内容及精神加以组织、编写，国民政府对教科书的审查，偏向"国定制"的统一与控制。但与此同时，抗战前十年，五四运动的教育改革仍发挥持续的影响，科学教育思潮与实用主义教育思潮甚为流行。杜威的实用主义教育理论及美国的现代教育办学体制尽管在反思与调整中其热度有所下降，欧洲工业化国家的教育理论及体制，尤其是德国和法国的教育有所抬头，但教育的总基调趋向美国化的格局并未改变。在教科书领域，国语运动与白话文教科书互相促进，使教科书的文体方式及思想内容进一步向平民化、实用化及生活化运行。在广大教育工作者和进步教育家的艰苦努力下，教育学科与心理学科的科学化水平提高，教科书的内容及体例也同样反映出科学和现代的明显特征。

第一节　"三民主义教育"方针的确立与教科书

"三民主义教育"可以视为南京国民政府办理教育的思想灵魂，充分贯彻在教科书的编写意旨、内容及教学要求之中。同时，与此直接相关的课程及教学理念同样受其支配，致使以教科书为主要文体材料的学校教学也反映出国民政府一党专制的政治性。

一、"三民主义教育"方针对教科书的规范

南京国民政府首先将确立教育方针与教育宗旨视作教育工作的重中之重。然而，南京国民政府对教育方针和教育宗旨的认识却有一个渐进的过程。学校教育课程设计及教科书编写主要据此实施。

（一）从"党化教育"到"三民主义教育"

1924 年 3 月，中国国民党第一次代表大会在广州召开，孙中山仿效苏俄"以党治国"的经验，建立了以国民党为核心的国民政府。根据国民党"以党领政"的理念，在教育领域也就有了"党化教育"的提法。因时间短促，广东革命政府提出的"党化教育"方针还没来得及实行，就因第一次国共合作的失败而宣告破产。1927 年南京国民政府成立后便化用了广东革命政府的"党化教育"方针，借以掩盖其反共的本质。

1928 年 8 月，南京国民政府发布《各级学校增加党义课程暂行通则》，规定各级学校党义课程如下。①小学校：民权初步、孙文学说浅释、"三民主义"浅说。②中等学校：建国方略概要、建国大纲浅释、五权宪法浅释。

③专门大学：建国方略、建国大纲、"三民主义"、本党重要宣言、五权宪法之原理运用。❶ 该通则还要求"各级学校党义课程之教授时间，每周至少以两小时为限"。1929 年 8 月，教育部颁布的《中小学暂行课程标准》，取消公民科，以党义科代之。以"三民主义"和"党义"命名的教科书开篇及插图突出孙中山形象及"国旗""党旗"符号标志，采用故事浅说、原著节录等突出"三民主义"为中心的政治认知。为了维护国民党的"一党专政"正统地位，国民党在中小学大力实施党化教育，控制与利用教科书作为"党化教育"的有力工具。学生必须以国民党的思想作为自己的思想，学校要以国民党的纪律为学校的纪律，用管党的办法来管理教育，其目的就是强化国民党对教育的控制。

1928 年 5 月 15—28 日，南京国民政府大学院在南京举行第一次全国教育会议。会议决议废止党化教育名称，改称"三民主义教育"。提出："此后中华民国的教育宗旨，就是'三民主义'的教育"，"就是各级行政机关的设施，各种教育机关的设备和各种教学科目，就是以实现'三民主义'为目的的教育。"❷

1929 年 3 月召开的国民党第三次全国代表大会，把制定教育宗旨和教育政策作为会议的重要议题，正式提出了"三民主义教育宗旨"。4 月，国民政府通令公布的"三民主义教育宗旨"的全文是：

> 中华民国之教育，根据"三民主义"，以充实人民生活，扶植社会生存，发展国民生计，延续民族生命为目的，务期民族独立，民权普遍，民生发展，以促进世界大同。❸

1931 年 6 月 1 日，南京国民政府颁布《中华民国训政时期约法》，规定："三民主义为中华民国教育之根本原则"，"全国公私立之教育机关，一律受国家之监督"。❹ 各级学校必须依照国民政府教育宗旨及其实施方针办理，并把"三民主义教育宗旨"贯穿于学校教育的各个环节。1931 年 9 月 3 日，国民党中央第 157 次会议通过《三民主义教育实施原则》。9 月 25 日，行政院将该文

---

❶　南京国民政府公布各级学校增加党义课程暂行条例［G］//中国第二历史档案馆. 中华民国史档案资料汇编·第五辑第一编·教育（二）. 南京：江苏古籍出版社，1994：1074.

❷　司琦. 中国国民教育发展史［M］. 台北："国立"教育资料馆，1981：211.

❸　李桂林，等. 中国现代教育史教学参考资料［M］. 北京：人民教育出版社，1989：289.

❹　"教育部"教育年鉴编纂委员会. 第二次中国教育年鉴（一）［M］. 台北：文海出版社，1986：2，426.

令发教育部。这一文件，全文分初等教育、中等教育、高等教育、师范教育、社会教育、蒙藏教育、华侨教育、留学生八章，每章分"目标""实施纲要"两节。"实施纲要"分课程、训育、设备等项。课程、教科书作为构成学校教学工作的重要因素，直接受制于教育方针政策。

为了进一步控制学校教育，国民党对学校课程及教科书的管理更趋于严格。1928年教育部成立之后，公布了《中小学课程暂行标准》。1931年4月公布《中小学课程及设备标准编订委员会章程》，这个委员会成立的主要任务在于编制幼儿园、小学、中学各种课程标准。1932年10月公布《幼稚园及小学课程标准》，同年11月又公布《中学课程标准》。

"三民主义教育宗旨"充分体现在课程设置上，最为突出的是1932年公布的课程标准。其中，《小学课程标准》对国文教科书的编选提出的几点注意中，第一点就是"依据本党的主义，尽量使教科书富有牺牲及互动的精神。凡含有自私、自利、攘夺、斗争、消极退缩、悲观、束缚、封建思想、贵族化、资本主义化等的教科书，一律避免"❶。《中学课程标准》对高中公民课规定的教学目标为："1. 使学生习得社会生活必须之知识，为服务社会之准备。2. 使学生认识中国国民党之主义政纲政策，为建国及解决社会问题唯一之途径。3. 使学生明了人生之意义，启发其自觉心，以确其人生观，并养成其对民族之责任心。"❷

（二）教育宗旨影响下的教科书

为了加强国民党政权的专制统治，并有效而切实地推行"三民主义"的教育政策，教育部门对于教科书的编写与审定更为严格。1929年1月22日，教育部颁布了《教科图书审查规程》，规定："学校所用之教科图书，未经国民政府行政院审定或已失审定效力者，不得发行或采定。"❸

由于国民党当局对教育的管理规章及中小学课程、教科书的严格控制，各大书局不得不迅速推出了以"党化教育"为宗旨的教科书。1929年始，世界书局出版中学党义教科书，其中《初中党义》六册，《高中党义》三册。党义教科书的目的就是通过教学造就符合国民党统治需要的"能知能行的健全公

---

❶　刘英杰. 中国教育大事典［M］. 杭州：浙江教育出版社，2001：231.
❷　刘英杰. 中国教育大事典［M］. 杭州：浙江教育出版社，2001：211.
❸　教育部. 公布教科图书审查规程［G］//中国第二历史档案馆. 中华民国史档案资料汇编·第五辑第一编·教育（一）. 南京：江苏古籍出版社，1994：89.

民"，教学"以党治下的公民为立足点，以三民主义为中心材料"，达到两个目的，"第一个目的是知，第二个目的是行"。❶ 也就是说，既要灌输知识，又要指导实践。《高中党义》则是根据孙中山遗嘱中之建国方略、建国大纲、"三民主义"及第一次全国代表大会宣言编辑，"学生读毕全书，不但可以确切认识整个的党义，就是个人在党治下的地位及其所负的责任，也有深刻的了解"❷。

1930年，上海大东书局出版了由曾任香港《国民日报》社长及南京《中央日报》总社社长的陶百川编著、蔡元培校订的《初中党义》六册。这套书经教育部审查准予发行后名为《初中党义教本》。

当时，一些知名中学也加入了编撰行列。如1929年8月，广州知用中学编写由曾任广州大学校长、广东教育厅厅长的金曾澄等人编述的《党义教本》，封面由三任中山大学校长的著名教育学家许崇清题名。1931年8月，广州大学附属中学出版了陈景农等编辑、金曾澄校订的中学用《党义辑要课本》（初中与高中各三册）。每册书的第一页是孙科的题词"根据事实，宣扬主义，实行党化教育、陶冶活泼青年，是真救国的源泉、树人的大计"，第二页则是邓泽如、谢瀛洲的题词。

对于国民党来说，学生是否理解"三民主义"的真谛并非其真正目的，它们只是通过教育这个途径来来实现"党化"教育的目的。故此，不论是党义课还是公民课，"三民主义"始终被规定为出版社编写教科书的主导思想，在南京政府国立编译馆编的《公民》课本中就明言："中华民国的国魂就是国父所创立的三民主义。"❸ 大部分的学生不是无法理解"三民主义"，就是对之提不起任何兴趣，因而导致国民党的"党化教育"成效不彰，其意识形态霸权亦因而日益衰弱了。

从1928年到抗日战争全面爆发，南京国民政府的政治、军事、科技及文化教育均不同程度地受德国影响，在教育领域典型的以赫尔巴特为代表的近代传统经典教育学之后，高等教育家洪堡开创的学术研究型大学教育办学模式为中国教育家所推崇，心理测验及实验教育学与美国的科学研究实验主义工具论相结合，一时成为教育实验的理论支撑及采用素材，德国国家主义教育流派代表教育家凯

---

❶ 魏冰心，徐映川. 初中党义（第一册）［M］. 上海：世界书局，1929：1.

❷ 郭伯棠，魏冰心. 新主义教科书（高中党义）（第一册）［M］. 上海：世界书局，1929：2.

❸ 国立编译馆. 公民（初中用）（第三册）［M］. 国定中小学教科书七家联合供应处，1946：49.

兴斯泰纳的公民教育、性格陶冶及职业教育更是进入了决策者事业，成为政策规章内容，并通过教学的诸多方面得以实现。这是与"三民主义教育"强调教育管理、学生行为规范及道德训练的本质是一致的。如国民政府重视公民训练，拟定中学训育制度，力图使学生按照国民政府所规范的思想、道德和行为标准而生活，成为忠于国民政府的"健全公民"。《模范公民》（初级小学学生用，共八册）每册封面上有这样一段语录："我愿遵守中国公民规律，使我身体强健，道德完全，做一个中国的好公民，准备为社会国家服务。"在每册书的最后，都有一个"自省表"，让小朋友看了后面的问题，把自己平日的行为想一想，如果平时的行为是这样的，就在空格里画一个"〇"，以后的行为仍要这样；如果不是这样的，就在空格里画一个"×"，以后对于这种行为，就要改过，类似于今天的学生自我评价。❶ 国民政府在 20 世纪 30 年代高谈乡村复兴，在村治运动中推广"管、教、养、卫"的系列举措，究其精神核心而言，与上述设计方案一脉相承，表明了学校的社会化影响，乡村教育与社会行政管理、民众思想行为训练的一致性。此时，民众学校的教科书也有如此表征。

二、出版机构编辑的教科书

教科书的发展是依托并受制于当时中国社会的政治变动和经济运行的。在民国时期，教科书随政治的变动而体现的变化更直接和明显。

1912 年，南京临时政府教育部于 1 月 19 日颁布《普通教育暂行办法》，规定教科书必须合乎共和国民宗旨，禁止采用清朝学部组织编写的各种教科书，限定修改清末民间通行教本中尊崇清朝政府和官僚制度的内容，废止了中小学读经科，还规定所有不合乎共和国宗旨的制度和内容，都必须删除和修改。此令一经颁布，商务印书馆一方面依照办法修订"最新教科书"，一方面着手编辑适合共和民主新教育宗旨的教科书。诚如商务印书馆自己所言：

> 溯我国新教育在过去三十八年中，自萌芽而滋长而改进，本馆始终效其忠实之忱，竭其绵薄之力，许为先驱。试就各期整部小学教科书而论：清季兴学时，则出版《最新教科书》；民国成立时，则出版《共和国教科书》；国语运动兴起时，则出版《新法教科书》；学制改革时，则出版《新学制教科书》；北伐告成国民政府成立时，则出版《新时代教科书》；

---

❶ 石鸥，吴小鸥. 百年中国教科书图说（1897—1949）［M］. 长沙：湖南教育出版社，2009：246.

国民政府颁布暂行课程标准时，则出版《基本教科书》；最近教育部正式颁布课程标准，则又出版《复兴教科书》；其他应时地之需要而另编特种之教科书，更不计其数。每书编辑，无不力求适应潮流需要，以符提倡协助教育之初衷。❶

中华书局则得益于对时局的把握，抢占时机推出"中华教科书"，领一时之风骚。

至 1914 年袁世凯登上"洪宪帝制"的宝座，下令尊孔读经，掀起复古主义的逆流，商务印书馆和中华书局在此时期的教科书编写上也做了一些调整。中华书局的《新编教科书》在编辑大意中就写道："孔子之道德学术为吾图文化中心，兹择圣经贤传之切于日用浅显易解者，分别采入修身国文二科，以便诵习而资服膺。"❷《中华女子教科书》则有"修身国文并采经训，以期阐扬孔学、端学者之趋向"❸ 的编辑原则。

有学者在谈到这个问题时认为："这种现象，是当时教科书编写对政治动向的一种附和。它或许是出于无奈，但从中也可以看到在新旧交替时代教科书编写之特色。"❹ 1927 年南京国民政府成立，党义和三民主义成为教育宗旨。此一时期的教科书中便充满了党义和三民主义的内容。至 1937 年，抗日战争全面爆发后，有人认为"今后各科教科书的价值，当以它是否有助于达到'抗战必胜、建国必成'这个大目标为前提"。抗战期间，一些语文教科书的选文宗旨就是"表现中国文化，发扬民族精神"，有的教科书是专为抗敌救亡而选编的。

由上可知，每当政权更迭一次，教科书便跟着变化一次，因为教育从来都不是完全独立的社会子系统，而是受到一定社会政治、经济和文化的制约，必须为一定社会的政治、经济、文化而服务。

民国后期崛起的出版机构更为众多，教科书市场竞争活跃，许多著名文化学者、教育家参与编写教科书活动。要想罗列介绍殊非易事，也非本书所求。此处以例证方式加以呈现，以取"弱水三千，只取一瓢"之成效，期冀达到"一叶知秋"之感悟。

---

❶ 宋军令. 略论商务印书馆对近代中国教科书出版的贡献 ［J］. 乐山师范学院学报，2003（8）.

❷ 中华教育界，1913，2（11）.

❸ 中华教育界，1915，4（1）.

❹ 王建军. 中国近代教科书发展研究 ［M］. 广州：广东教育出版社，1996：222.

（一）商务印书馆

1929 年至 1932 年上海"一·二八"抗战之前，教育部对教育宗旨加以调整，改革课程纲要或课程标准，商务印书馆在新的历史条件下，组织强大编辑阵容出版"基本教科书"。这套教科书共十三种，包括初级小学用五种，高级小学用六种，初级中学用两种，其中著名的有：计志中编纂、何炳松校订《社会教科书》（1931 年版）；韦息予编辑，杨铨、吴研因校对的基本教科书《社会》（小学校高级用）；王志成、马精武编《初小社会教学法》；计志中编、何炳松校订基本教科书《常识》（小学校初级用）；沈百英编辑、蔡元培、吴研因校订基本教科书《国语》（小学校初级用）。

1932 年 9 月，商务印书馆在横遭淞沪战争期间日机轰炸厂房被毁，所属东方图书馆遭劫难的痛苦之中崛起，以教育部新订《学校课程标准》为依托，编印出版"复兴教科书"。

上述两套学校教科书编辑出版的年代恰处于战争乌云笼罩，国内社会矛盾尖锐，国际民族矛盾急剧上升的特殊时期，商务印书馆依然高度重视教科书编写质量，严格编辑队伍水平、能力及社会声望。"基本教科书"编辑责任者名家荟萃，群星灿烂，如国语一科，初级小学用书由沈百英编写，蔡元培和吴研因审阅；初级中学用书则由傅东华、陈望道编辑。复兴初级中学教科书《本国史》由傅纬平等编著，复兴高级中学教科书《本国史》则由吕思勉编著，复兴高级中学教科书《外国史》由何炳松编著。由此可看出商务印书馆的大手笔，真可谓高手云集。❶

（二）中华书局

中华书局于 1933—1935 年出版"新课程标准教科书"，这是依据 1932 年颁布的《小学暂行课程标准》《中学暂行课程标准》而编写的一套教科书，主要包括：1933 年版王志瑞、韦息予编，吕伯攸、葛绥成、张相校《小学社会课本》（高级）；赵侣青、徐迥千、黄铁崖、胡怀天编，舒新城、朱文叔校订《小学公民课本》（高级）；朱文叔、吕伯攸、凌瑞堂等编《小学国语读本》（初级）；赵侣青、钱选青等编，雷琛、金兆梓等校《小学算术课本》（初级）；韦息予、孙伯才编，糜赞治、杨卿鸿校《小学自然课本》（高级）；蒋镜芙、

---

❶　石鸥，吴小鸥．百年中国教科书图说（1897—1949）［M］．长沙：湖南教育出版社，2009：273．

吴桂仙编，孙世庆、白涤州、张相校《小学常识课本》（初级）；徐允昭等编、华文祺等校《小学卫生课本》（初级）；徐允昭等编、华文祺等校《小学卫生课本》（高级）；姚绍华编、金兆梓校《初中本国史》《小学历史课本》（高级）；喻璞编、葛绥成校《小学地理课本》（高级）四册；陆子芬、孙振宁、石濂水编，余介石校《初中算术》；丘侃编、徐子豪校《高中解析几何学习题详解》；徐小涛编，朱稣典、姜丹书校《初中劳作土工》《初中劳作木工》。1934年版盛叙功主编《高中外国地理》；葛绥成编、金兆梓校《初中本国地理》。1935年版钱选青、潘江编著，舒新城、朱文叔校《新公民》（小学初级）。

中华书局出版的"新课程标准教科书"深受南京国民政府"三民主义教育"方针的影响，不同学科门类教科书均能看到其思想成分或踪影痕迹。如《小学公民课本》（高级）第一册讲述公民的意义和公民所应注意的时事研究。第二册以民族主义为纲，第三册以民权主义为纲，第四册以民主主义为纲，将公民知识的要项，按其性质分别编入，使儿童得以了解"三民主义"的精神，以期养成"三民主义"共和国的良好公民。❶

（三）世界书局

世界书局在1927—1930年陆续出版了一套"新主义教科书"，其中主要的教科书包括：魏冰心、范祥善以及于右任等编《三民主义课本》；朱翊新编辑《新主义历史课本》（小学高级学生用）；朱翊新、叶楚伧及魏冰心等编《社会课本》（前期小学）；魏冰心、吕伯攸、王剑星、殷叔平、朱亮基、范祥善以及于右任等编纂的《新主义国语读本》（前期小学）全套八册；戴渭清、谢季超、赵宗、何恭甫、朱建侯及盛志良等编辑《新主义算术课本》（小学初级学生用）；江效唐、朱翊新编辑，魏冰心、范祥善校订《新主义卫生教科书》；董文、朱翊新编辑，于右任校阅《新主义常识课本》（前期小学）一套八册；董文、朱翊新、魏冰心、范祥善以及于右任等编撰《新主义自然课本》（前期小学）。该套学校教科书在编纂旨意上强化国民党的党性精神，以期满足国民党的党化教育效用。

世界书局"新课程"系列学校教科书是依据1929年、1932年课程标准的内容及要求组织编写的，服务于国家或社会对教育培养方案、质量目标的设计及规范，同时也体现编写者的思想观念及所处时代的教育理论特色。主要的教

---

❶ 石鸥，吴小鸥.百年中国教科书图说（1897—1949）[M].长沙：湖南教育出版社，2009：277.

科书包括：1931 年 1 月版顾诗灵、朱翊新编辑，范祥善校订《新课程社会课本》（小学初级学生用）；3 月版魏冰心等与小学教科书改进社编辑的"世界第二种"《国语读本》（初小）；8 月版魏冰心、苏兆骧编辑，薛天汉、范祥善校订《新课程国语读本》（小学初级学生用）；9 月版朱宇新编辑、陆光宇校订新课程标准世界中学教本《朱氏初中本国史》（初级中学学生用）；10 月版朱翊新、宋子俊、范祥善编《社会课本·历史编》；同年还出版陆伯羽编辑，范祥善校订《模范公民》（公民训练小册）八册；陆伯羽编辑，供给初级小学教师实践公民训练教学的指导性读本《模范公民实施法》八册；余逊编辑《余氏高中本国史》（高级中学学生用）；1934 年 1 月版吴研因编著、陈履坦缮写、陈丹旭等绘图《国语新读本》（初小）第 53 版；3 月版刘崇佑编辑、王志鸿校订《农业课本》（小学高级学生用）；4 月版宋子俊编辑，董文、范祥善校订的《社会课本·地理编》（小学高级学生用）；11 月版王剑星编辑、董文等校订《常识课本》（初小）第 100 版；1935 年版魏冰心、苏兆骧编辑，朱翊新改编的"世界第一种"《国语读本》（初小）第 122 版；同年版吴元涤新课程标准世界中学教本《吴氏高中生物学》；1936 年 6 月版王剑星编辑、冀昂云校订《自然课本》（小学高级学生用）第 51 版；同年 6 月版钱选青、赵侣倩、徐迥千编辑，陆高谊校订社会课本《高小新公民》；1937 年 1 月版骆师曾编辑、陆高谊校订《初小新常识》；2 月版蔡研深编著、李煜瀛校订《初中新代数》；3 月版骆师曾、赵吕倩、钱选青编辑《初小新算术》；同年 3 月版朱翊新编辑、陆高谊校订《高小新历史》，1938 年 10 月再版朱翊新编辑"世界第一种"《高校国语读本》；1939 年再版魏冰心等编辑"世界第一种"《初小国语读本》。

（四）北新书局

北新书局的创办人是李志云和李小峰兄弟，1925 年 4 月成立于北京。当时兄弟两人都在北京大学读书，书局就开在北京大学的附近，北京大学的教授鲁迅、周作人、刘半农、林语堂、孙伏园等人便成了书局的供稿者。据说当时共有十六人为北新书局撰稿，除上述五人外，还有钱玄同、江绍原、章衣萍、王品青、韦素园、冯沅君、俞平伯、顾颉刚、李霁野、张定璜、章矛尘。鲁迅最初的一些著作，如《中国小说史略》《小说旧闻钞》等，陆续由北新书局出版发行。在众多著名作家的支持下，北新书局的营业渐有起色，得到了一定的发展。1925 年夏，北新书局从北京迁至上海，在上海设立了总局，把北京的书局改为分局。该书局在 20 世纪 30 年代也加入了教科书的出版和发行行列。

1931 年 8 月，北新书局出版吕冕南编的《北新化学》。该书内容的组织和当时的初中教科书不同，不以原来的类别为次序，而以寻常事物为出发点，然后触类旁通，涉及有关系的物质，使学生明了化学对于日常生活的重要，而引起其求知的兴趣。该书对于实用物质的制造和性质，特加详细的说明，并附精美的图表，以引起学生的注意，帮助其理解和记忆，书中图表多至一百三十余幅。北新书局还组织编辑出版了其他学校教科书，著名者如 1931 年版姜亮夫、赵景深选编一套六册《北新文选》（初级中学），杨人楩编《初中本国史》（上、下册）、《高中外国史》等。

第二节　实用主义教育思潮的余波与教科书

受五四运动"民主"与"科学"思想的影响，新教育改革运动与现代教育思潮彼此促进，共生共存，互相激荡，发生非线性的多角联系。尽管国民政府以"党化教育"政策、"三民主义"政策对教育加以控制与监督管理，但现代思想观念日渐流行，浩浩荡荡不可阻挡。爱国教育家与先进教师群体以各种方式抵制教育的集权控制，从事教育现代化的探索和实验，从而表现出教育活动及内容方式的自身相对独立性和规律的作用。在这些教育思潮及教育实验活动中，尤以杜威的实用主义教育思潮最为突出。尽管相对于北洋军阀统治的 20 世纪 20 年代初期而言，此种思潮有所退缩，但余波的威力仍然存在。以下从学校教科书的视角对此加以考察。

众所周知，20 世纪二三十年代中国，在实用主义教育思潮冲击下，教育家及一些热心教育事业的教师投身教育改革与实验，教育理念、课程编制及教学方法均有不同程度的变动，也会在教科书编写中反映出来。例如，为了便于学生学习知识与实际运用结合，以社会事件或实际问题为中心的单元组织，就是实用主义教育新构思，而有的教科书就贯穿了这样的思想。《小学社会课本》（高级）编制是每册各立一中心：第一册以史地知识的整理为中心，第二册以民族研究为中心，第三册以政治研究为中心，第四册以民生研究为中心，每册十八课，每课分为学习纲要及课文两部分。❶ 其设计用意很显然在于促进学生自主性学习。教学要避免被动、机械接受及"填鸭式"灌输，就必须激

---

❶ 石鸥，吴小鸥. 百年中国教科书图说（1897—1949）［M］. 长沙：湖南教育出版社，2009：278.

发学生的兴趣，发挥学习者学习的主动性及积极性，这在教学过程及组合要素方方面面都应加以调整，确立学生的主体地位，同时注重练习、操作及活动的组织方法，以"活动"代替"静听"。如《小学算术课本》（初级）一共八册，由赵侣青等编写。一、二册突出以图说话，以图教学。如果没有具体的教学指导，对一般教师来讲，上好这门课确实是一个不小的挑战，当然也为教师提供了良好的创造性教学的空间。❶《小学卫生课本》的编制，每课附加问题作业各若干条，以便儿童自动参考。此外每册课本之末附温习纲要若干条，以便儿童自动复习，形成系统的观念。许多内容今天看来都不失其科学性，颇有价值。如初级第八册第十五课《看护病人须知》，涉及心理看护的内容："人在害病时，最易感到烦闷和悲伤，看护的人，须多方安慰他，或者讲些有趣的故事，或者唱歌给他听，使他快乐起来。"❷ 清末学制就规定开设手工课，出现过手工教科书。1932 年后统一改称劳作课，编写劳作教科书。《初中劳作》的编制，依照课程标准，知识和技能并重，每册内容涉及劳动、职业和材料工具等，充分留有自由实践活动的余地。鼓励根据实物，随时创作新样，动手制造日常需用的物品。❸

立于儿童本位、基于学生角色地位的中心认识，教学素材也应改换表述形式，尤其国语课本课文呈现方式可谓儿童化的"童心""童趣"。如《小学国语读本》（初级）第四册的课文《月夜》："仰视天无星，俯视月如霜。月正人影短，月斜人影长。"《落花》："园中开遍桃花和李花，红的鲜红，白的雪白。东风来了，一瓣一瓣的落花遍地都是。姐姐说这样美丽的花沾了污泥，很是可惜。他拾起落花，洗去污泥，一瓣一瓣用针串在线上，做成一条两尺长的花串。小妹妹来了，姐姐把花串挂在他的颈项上，拍手说道：妈，你看小妹妹多么美丽。"❹ 有这样的课文："嘻嘻哈哈，哈哈嘻嘻，揩门窗，揩桌椅，桌椅门窗，门窗桌椅，样样皆得清洁，大家心里欢喜。"❺ 这一历史时期科学主义教育运动如火如荼，尤其是在实用主义科学思维术与实验工具主义路线引导下，科学教育与现代工商业、农业及其他行业的联系作用日渐受人关注及青睐，小

❶　石鸥，吴小鸥．百年中国教科书图说（1897—1949）［M］．长沙：湖南教育出版社，2009：284.

❷　石鸥，吴小鸥．百年中国教科书图说（1897—1949）［M］．长沙：湖南教育出版社，2009：290.

❸　石鸥，吴小鸥．百年中国教科书图说（1897—1949）［M］．长沙：湖南教育出版社，2009：293.

❹　石鸥，吴小鸥．百年中国教科书图说（1897—1949）［M］．长沙：湖南教育出版社，2009：281.

❺　石鸥，吴小鸥．百年中国教科书图说（1897—1949）［M］．长沙：湖南教育出版社，2009：280.

学常识教科书偏向于自然常识的设计，科学知识地位显著上升，内容范围也日渐拓展。如《小学自然课本》第三册《灯》："晚上天黑了，要有了灯光，才看得见东西。"❶《燕》："燕的身体很轻，翅膀很大，飞起来极快。喙虽短，张开口来却很阔大，捉起飞虫来极方便。"❷

新课程教科书着眼儿童兴趣及个体经验的基础，体现自然、社会知识内容及存在法则，生活性及场景化的选材有助于学生的学习及成长，并在知识教学中融入思想道德、价值观念的教育，现代教育理念因素及价值反映其中，是一代教育家努力的明证。以国语教科书为例加以说明：《新课程标准教科书国语新读本》第三册第十九课《和暖的春风》："和暖的春风吹到园里，杨柳说'春风啊，你来了，我好长叶子了。'桃树说：'春风呀，你来了，我好开花了。'黄莺说：'春风呀，你来了，我做什么游戏呢？'春风说：'好宝宝，你好放纸风筝了。'"❸ 课文由春天植物、生物的季节变化，描绘春景的秀丽以及儿童的情趣游乐、生动自然。第二〇课《他呀》："杨柳枝，软绵绵，种在池塘边。他呀，他是小黄莺的秋千。红菱叶，一片片，浮在清水面。他呀，他是小青蛙的摇篮。油菜花，多么黄，开在田中央。他呀，他是小蜜蜂的工厂。"❹自然景物春天的生长与生物、动物的活动协调，相映成趣，情趣中蕴涵自然知识。

世界书局出版的新课程标准教科书，分编乡村用、中小城市用、大都市用，春季始业用、秋季始业用等各套，以适应不同地区、不同时令之应用。例如国语一科，同时有四种版本发行；朱翊新等编的称"世界第一种国语"，多行销于小城市和农村；魏冰心等编的称"世界第二种国语"，多行销于中小城市；吴研因等的称"世界第三种国语"，多行销于大中城市和海外。另有朱翊新、杨振华等的春、秋季试用《国语》，多行销于农村。❺ 这种编写设计及内容组织方式是以前所缺乏的，或许是顺应了杜威实用主义教育思潮中的儿童选择性及地区差异弹性特点。当然，流行一时的"乡村教育运动"无疑推动农村教育的地位及人们的认识，提高了农村教育的比重及其所持的意义导向。

---

❶ 石鸥，吴小鸥．百年中国教科书图说（1897—1949）[M]．长沙：湖南教育出版社，2009：283.

❷ 石鸥，吴小鸥．百年中国教科书图说（1897—1949）[M]．长沙：湖南教育出版社，2009：286.

❸❹ 石鸥，吴小鸥．百年中国教科书图说（1897—1949）[M]．长沙：湖南教育出版社，2009：250.

❺ 石鸥，吴小鸥．百年中国教科书图说（1897—1949）[M]．长沙：湖南教育出版社，2009：249.

第三节　白话文教科书的推进

自古以来，书面语言和口头语言的分离，使教科书与社会生活严重脱节。延续几千年的封建王朝一直将文言文作为书面语言，各种书籍典章的颁行几乎都是用文言体，这种情况一直持续到清末。清朝末年尽管近代教科书正处于孕育之中，课程门类、教科书内容逐渐走向科学化和实用化，但教科书的编纂仍然使用文言，学生学习也都是文言文，文言文艰深难懂，与口语脱节，不易学习。它只能为少数学有专长的文人学士及统治阶级作为特种书面语言工具来接受与使用。如果说文言体在小农经济占主体的封建社会，作为统治阶级垄断知识和推行等级教育的工具还有其存在的理由和根据的话，那么，随着社会的进步和科学技术的发展，其局限性越来越明显，并成为普及文化科学知识的严重障碍。

白话文取代文言文是一个漫长的过程，但对这一改变做出最大影响的则在于五四运动。五四时期的文体改革揭开了文学革命的帷幕，也掀开了学校语文体改革的新篇章。"提倡白话文，反对文言文"的呼声使得白话文作品凭借新文化运动的强劲风势，并以其清新的面目、活泼多样的形式涌入语文教育的阵地，使语文教育的面貌为之一新，并为其他学科的近代化开辟了道路。

新文化运动时期，学术界开始提倡文学革命，主张创造通俗的、实用的、全民的新文学，正式拉开了白话文运动的序幕。在五四新文化人的不懈努力下，白话文逐渐被民众广泛接受并使用。但真正能够稳固地确立白话文地位的，还要归功于白话文在学校教育中的使用和推广。白话文运动反映在教科书上，为弘扬民主共和，采用白话文体书写。

1917 年，胡适发表《文学改良刍议》，首先呼吁文学革命，并对文学革命提出了"言之有物""讲求文法"等要求。随后，陈独秀发表响应文章《文学革命论》，批评传统文学的繁复、呆板和艰涩难懂，提倡使用平易、写实和通俗的文学。刘半农、钱玄同等学者也相继发文，声援这一观点。其中，刘半农认为判定文学好坏的根据应是所蕴含的内容和思想，而不是虚浮的形式，明确提倡"废文言而用白话"。胡适游学归国后，也对文学革命的方向做了调整，由之前片面地废除旧文学到转而创立新文学，在全国范围内推广白话文。

1920 年 1 月，北洋政府发布训令，从秋季起国民学校一、二年级的国文教科书改用白话文:"兹定自本年秋季起,凡国民学校一二年级,先改用国文为语体文,以期收言文一致之效。"小学教育也是国民政府教育部发展的重点,因为教育系统是上下贯通、彼此衔接的,白话文在小学的率先使用,所衔接的上端初中、高中,甚至师范教育就概莫能外。后教育部通令小学校教科书一律用语体文(白话文)编辑,高级小学校语体文与文体文(文言文)参用,并宣布文体文教科书分期作废,逐步改用语体文,教科书编辑由文言文阶段进入白话文阶段。"新文化运动以著名学者为领袖,以全国学生为中心,其传播之主要媒介则为出版物。自光绪三十年以来,出版业的主要书籍是教科书、法政书、小说书,道路这个时候,风气一变,莫不以发行新文化书籍为急务。"❶训令一经发布,各大出版机构争相组织编纂白话文体教科书,掀起了一股教科书出版发行的高潮。这是第一个提倡白话取代文言文的官方文件,从此,白话文作为一种书面语开始以制度的形式固定下来。到1929年以后的南京国民政府教育部重订中小学课程标准时期,从小学到初中、高中,白话文普遍进入教科书内容,而且比重不断加大,可见通过学校推广和使用白话文是最有力的手段。尽管教科书史上的这一重大事件已经逝去近一个世纪,百年来"文白之争"从未间断,但事实是通过学校教育的推动,文言文就开始处于劣势地位,逐渐走出国人的生活,白话文得以普及和流行。

白话文历史教科书是1920年由商务印书馆出版的吕思勉著《自修适用白话本国史》教科书,全书共四册,共六十多万字。书中通篇使用白话文,语言生动、通俗,而且在内容选择、体例以及叙述方法上有所创造,深受时人赞誉,顾颉刚赞扬其"不失为一部极好的著作"。由此开端,后来中学历史教科书大部分均以白话文为主要文体书写。

为适应教科书文体改革的需要,1920年,商务印书馆编辑出版了白话文的《新体国语教科书》。《新体国语教科书》一至四册,被国语统一筹备会审查称之"为国语教科书首先出版之作,椎轮大辂,实开国语教科书之先声"❷。商务印书馆在国语教科书出版中的创新领先意识在客观上对20世纪20年代的国语运动影响甚大。接着商务印书馆又出版了《新法国语教科书》。《新法国语教科书》全部采用白话文,包括初级小学用六种,高级小学用十四种,教师

---

❶ 李泽彭.三十五年来中国之出版业〔G〕//张静庐.中国现代出版史料(现代丁编).北京:中华书局,1959:387.

❷ 顾颉刚.当代中国史学〔M〕.上海:上海古籍出版社,2002:77.

用书二十五种。❶ 同年又出版了第一部中学国语教科书《白话文范》。尽管这部书"内容欠精，但总算是第一部纯采语体文，全用新式标点符号并提行分段的中学教科书了"❷。黎锦熙在《三十五年来之国语运动》一文中指出："出版界是真能得风气之先的，第一部小学国语教科书竟赶在这个教育部通告之前出版了，就是商务印书馆的国民学校用《新体国语教科书》八册。跟着七月间又出了一种《新法国语教科书》……当然，出版界总是得风气之先的，第一部中学国语教科书也赶在民九那一年出版了，就是商务印书馆的中等学校用《白话文范》四册。"1924 年 2 月，商务印书馆又将著名语言学家黎锦熙的著作《新著国语文法》选为"新编教科书"出版，初版后即行销全国，被全国许多大、中学校采用，之后又多次再版，到 1933 年时已出十版。《新著国语文法》的重大意义不仅在于向人们科学地、系统地阐明了白话文有足以指导为文的"文法"，驳斥国粹派对白话文的攻击，而且有力地捍卫了五四时期的新文化运动，并且还促进了我国现代汉语的规范化，为现代汉语书面语的最后形成和发展奠定了基础。

1932 年，国民政府教育部再次修订颁布《中小学课程正式标准》，详细规定了语文教学目的和教科书排列之顺序。规定初中"语体文与文言文并选，语体文递减，文言文递增，各学年的分量约为七与三、六与四、五与五之比例"。"各种文体之排列。第一年偏重记叙文、抒情文，第二年偏重说明文、抒情文，第三年偏重议论文及应用文。"高中"阅读材料的选择上除要适用七项标准之外，其排列之程序应语体文言分授。语体文但选纯文艺及有关学术思想之文字。文言文第一学年以体制为纲，第二学年以文学源流为纲。第三学年以学术思想为纲"❸。

这是正规的语文课程标准，比 20 世纪 20 年代末的课程标准迈进了一大步。在此标准的指导下，语文教科书迎来了百花齐放、百家争鸣的新气象。编写者"八仙过海，各显神通"，探索以单元组合方法编选教科书的新思路，大批语文教科书如雨后春笋般涌现。据不完全统计，1930 年出书十种，1931 年十一种，1932 年十四种，1933 年八种，1934 年十五种，1935 年八种。六年共出六十六种。如此辉煌的成就，称其盛况空前当之无愧。它开创了我国语文教

---

❶ 庄俞．谈谈我馆编辑教科书的变迁［G］//商务印书馆九十年．上海：商务印书馆，1987：70.

❷ 王绍曾．近代出版家张元济［M］．上海：商务印书馆，1995：24.

❸ 刘英杰．中国教育大事典［M］．杭州：浙江教育出版社，2001：239.

科书"一纲多本"的新局面。

其中，最成熟、最有特色的语文教科书要数夏丏尊、叶圣陶合编的《国文百八课》（初中）。开明书店从1935年到1938年先后印出四册，第五、第六册因抗日战争爆发而未能继续编印。全套教科书共六册，每册十八课，合计一百〇八课。在编辑大意中目标明确："本书每课为一单元，有一定的目标，内含文话、文选、文法或修辞、习问四项，各项打成一片。文话以一般文章理法为题材，按程度配置；次选列古今文章两篇为范例，再次列文法或修辞，就文选中取例。一方面仍求保持其固有的系统，最后附列习问，根据文选，对于本课的文话、文法或修辞提举复习考验的事项。"主要特色在于：文言、语体混合编制，而以语体文为主；打破了历来课文选文各不相关，毫无系统可言的传统编辑模式，创制了一种尽可能体现语文教学程序的编辑体例。❶ 这套教科书是编者长期教学经验和个人信念付诸实践的结晶，一扫从来玄妙笼统的观念，给予国文科教学以科学性。"国文教学科学性"是这套教科书的创举。❷

20世纪二三十年代编写的教科书，除少量的古典诗歌外，一律采用白话写作，教科书意欲弘扬民族的历史、文化，其中的一些经典历史故事、传说、典故、神话都被改写成韵语或白话文，如《愚公移山》《晏子使楚》等。远离文言的更大原因是社会转型，为了追求民主共和的新生活，崇尚和学习西方的经验，从根本上杜绝读经和复古，因而讳言传统与传承，用教科书来割裂语言文化的传承无疑是最有效和最极端的做法。从教科书发展史的角度来考虑，白话文代替文言文，只是语言文字形式上的一种改变，可在近代教科书的发展中却是很重大的一个转变。从此之后，"言为心声""我手写我心"真正地走进了普通大众，加快了普及教育思潮的步伐，也正日益提高着国民的素质，因此意义重大。

"白话文"取代"文言文"不仅仅是语言文字形式上的胜利，它更适应了近代科学知识猛增、教育逐渐走向平民化的趋势，同时"言为心声"使白话文教科书与儿童的生活更为贴近，适应了儿童的心理特点和学习规律，使儿童在学习过程中兴趣盎然，提高了学习效率和质量。

---

❶ 李杏保，顾黄初. 中国现代语文教育史［M］. 成都：四川教育出版社，2004：141.

❷ 陈玉秋. 试论社会变迁与中学语文教材的改革［J］. 桂林市教育学院学报，2003（1）.

"白话文"取代"文言文"并不是一帆风顺的，20 世纪 20 年代商务印书馆也曾特别为一些地区和学校编写出版过文言教科书就是一个明证。而且民国时期毕竟处于教育现代化的转型时期，语言形式正由文言向白话转变，使得语文教科书在编辑方面毫无经验可循。也有研究者提出："当时白话文发展尚不成熟，作品有限，对语文教科书而言，能适合于现代思潮和实际生活的取材是很少的。当时的语体文除欧化和文言化的文风外，内容上真实平易且学生可以理解、可作范本的近人文字实在不多。直到民国末期，还有学者深有感触地说，由于语体文的历史还短，发展到现在尚未有定型，所以很难选得到适合于给学生作写作范本的好文章。"❶ 然而这些都无法阻挡"文言文"被"白话文"所取代的历史趋势。"文言"让位于"白话"，解放了教科书编写形式上的束缚，使白话教科书在普及教育运动中发挥了很大的作用，可视为民国时期教科书科学化、大众化的一种尝试和贡献。

第四节　教科书的管理体制

保证一国教育稳定发展的物质载体就是社会提供适合的教科书。如何保证更多更好的教科书的编写与市场流通则是教育行政中最为关切的问题。国民政府的教科书在不同时期对"审定制"与"国定制"的采用有所侧重。

从教科书编辑出版的情况看，"审定制"与"国定制"各有其利弊。采用"国定制"一定程度上限制了教科书的发展，如清末"审定凡例"公布后，许多比较进步的教科图书，因不合"一学制、正宗旨"的原则，被列入"批斥及无庸审定表"之中，不予审定或遭查禁。但在抗战的特殊条件下，又便于集中国家的人力、物力和财力，共同推进教科书的发行。采用"审定制"由于政策较宽松，任人编辑，出现了多元的版本，但同时也造成了一定程度的混乱。

1912 年新生的共和国为推行民主、共和的教育宗旨，对教科书的编审偏重于"审定制"，即由民间各书坊自由编辑教科书，按照一定的规定将所编教科书送教育部审定，并经教育部的颁发，为各学校所采用，其运行比较良好。据当时商务印书馆在《教育杂志》上刊登的关于教育部对商务版教科书的评

---

❶ 黄小燕．民国时期语文教育的现代化研究［J］．华东师范大学学报：教育科学版，1998（3）.

价及各省的采用情况的广告可知，商务人用自己的心智编辑的教科书不仅得到了教育部的承认，而且为各省市所采用。"审定制"在民国初期保证了教科书的供给。据《教科书发刊概况》所载，1913 年 1 月 15 日，教育部第一次公布审定教科图书二十一种，至同年 4 月 28 日，教育部第十三次公布审定教科图书九种，短短三个月时间，教育部便公布了十三次审定结果，一方面凸显出编审处工作效率之高，审定速度之快，另一方面也凸显出各出版机构在短时间内推出新教科书之快、之多。

然而，辛亥革命的胜利果实很快为袁世凯所篡夺。袁世凯力图恢复封建帝制，在教育界则掀起了一股复古逆流，对教科书又转向"国定制"，但限于人力、物力、财力及时势的发展，"国定制"随着袁世凯的垮台而宣告破产。随后继起的北洋政府在教科书的编审上则延续了 1914 年公布的《修正教科图书用规程》，政府对民间编辑教科书的约束力比起袁世凯时期有了很大的放松。

南京国民政府成立后，为了贯彻"党化教育"和"三民主义教育"的宗旨，在教科书的编审上一方面部分继承了前一时期的"审定制"为主的做法，即令民间各书局依据国家的教育方针和各级各类学校的课程标准自由编辑适用的学校教科书，编成之后送教育部备案，经教育部审定后颁行为各学校所采用。但同时为了使"一个政党""一个主义"得到全面的落实，并有助于缓解民国时期教科书的供给不足，遂加强"国定制"的力量，并试图编印全国统一的国定教科书。以下就其具体过程及方式加以简述。

南京国民政府成立伊始，在教科书的编审上除有"国定制"的试图外，也在某种程度上沿用了前期的"审定制"。1929 年 1 月 22 日，国民政府教育部颁布了《教科图书审查规程》《暂行教科图书审查办法》《审查教科图书共同标准》三个教育法令，"审查图书以不违背本党主义、党纲及精神，其一为三民主义与五权宪法，其次则为本党的历史与革命的意义"。又规定"学校教科书未经教育部审定或已失审定效力者，不得发行或采用"❶，语气和内涵较之民国初期都有所不同。民初南京临时政府只是规定"任人自行编辑，惟须呈请教育部审定"。北洋政府虽然口气生硬，但也规定"须经教育部审定"；

---

❶ 教育部. 公布教科图书审查规程［G］//中国第二历史档案馆. 中华民国史档案资料汇编·第五辑第一编·教育（一）. 南京：江苏古籍出版社，1994：89-90.

而到了南京国民政府就成了"未经教育部审定或已失审定效力者不得发行或采用"，强制性在逐步增加，并规定"送审图书，由部签示应修改之处，送审人应遵照修改呈核，以半年为限，逾期不予审查；已经审定者，应于书面上记明年月日教育部审定字样；审定之图书，有效期为两年"❶。与1912年的规程相比，审定的有效期有所减少，由六年减为两年，变相加强了对教科书的控制。据史料记载，当时审查教科书不仅有各科课程标准，还有一个共同标准，即《审查教科图书共同标准》。该标准详细规定：关于教科书精神，必须"适合党义、适合国情、适合时代性"；关于教科书实质，要求"内容充实、事理正确、切合实用"；关于教科书组织，要求"全书分量适宜、程度深浅有序、各部轻重适量、条理分明、标题醒目确切、有相当之问题研究或举例说明、有相当之注释插图索引等、适合学习心理、能顾及程度之衔接、能顾及各科之连络"；关于教科书所用文字，需"适合程度、流畅通达、方言俚语屏弃不用"；甚至对教科书的形式也做了规定，要求"字体大小适宜、纸质无碍目力、校对准确、印刷鲜明、装订坚固美观"❷。南京国民政府在教科书审查上不仅呈现出审查标准的严格化特点，也呈现出审查程序的规范化。《暂行教科图书审查办法》中依据送审图书的性质，将其分为六股进行审核，即本国语文股、外国语文股、社会科学股、自然科学股、职业学科股、技艺各科股等，并规定了审核的程序有三，即初审、复审、终审。初审及复审每次每本书俱经一人以上之审查，终审以审查会决定之。❸ 这样一来就从学科的角度将教科书进行了分类审核，三阶段审核程序不仅严谨，而且强化了审核的规范性，教育部对教科书的审核更为严格了。

1929年1月22日颁布的这三个法令，在微观层面对教科书内容科学性的关注、教科书结构合理性的思考，以及编写方法循序渐进性的重视是值得肯定的。但它是建立在以"党义"为灵魂基础上的，对教科书的科学化进程是一种阻碍。据1936年的一则史料记载，"近一二年来，教育部考察日严，已没有未经审定而使用的教科书，全国各校所用教本皆为本部最近精密

❶　教育部. 公布教科图书审查规程［G］//中国第二历史档案馆. 中华民国史档案资料汇编·第五辑第一编·教育（一）. 南京：江苏古籍出版社，1994：89 - 90.

❷　国民党中央民族训练部档案［G］//中国第二历史档案馆. 中华民国史档案资料汇编·第五辑第一编·教育（一）. 南京：江苏古籍出版社，1994：92.

❸　教育部订定暂行教科图书审查办法［G］//中国第二历史档案馆. 中华民国史档案资料汇编·第五辑第一编·教育（一）. 南京：江苏古籍出版社，1994：90 - 91.

审定之本"❶。

"国定本"初中《国文》一出来，就被指定为全国各中学统一用书。当时的教育部明令各省市：小学各科技中学公民、国文、历史、地理四科各校必须采用部编课本，不得歧异；各出版家必须将原有同科旧本的纸型封存销毁，不再印售。国民党政府企图用这种高压政策来推行教科书统一，进而达到思想统一的目的。不料，这种倒行逆施激起了教育界普遍的不满和抵制。❷

虽然教科书管理并未废除"审定制"，但政府对学校教科书的约束较之从前显然有了增加。"国定制"的采行有其客观的历史背景，很明显在于国民党"党义"需要教育来培养全国统一的民众。但在抗战以后也有实际的考虑，在当时特定的历史条件下，尤其是抗日战争全面爆发之后，教育文化事业遭到了巨大的摧残，各大书局都不同程度地遭到了炮火的攻击，并一度停业。一时之间教科书出现"书荒"的现象。为了集中力量解决"书荒"问题，国民党教育部力图采取"国定制"，用以集中人力、物力、财力来编印统一印行的学校教科书，但即使是这样，在抗战的特殊条件下，依然不能满足需要。

此时，教科书的编审管理体制变动是与民国时期新出现的教科书编审机构——南京政府国立编译馆发生多线性联系的。南京政府国立编译馆成立于1932年6月，它的前身是国民政府教育部图书编审处和教育部编译馆，馆址在南京山西路。它隶属教育部，负责"总领译事"并"负责编审中小学教科书"等。在抗战以前的五年多时间里，一共收入审查教科图书三千二百余部，完成各种名词十余万则，同时还编译出版了大批图书，整理了众多文献资料。它编辑出版的图书一般都交商务印书馆印行。1933年，教育部组织教科书编辑委员会，开始统一编印中小学教科书。1937年，所谓"国定教科书"有一部分编辑完成，但因抗日战争爆发，没有来得及发行。国民政府迁都重庆后，1938年陈立夫接任教育部部长职务，在国民政府国立编译馆下成立中小学教科书编辑委员会，编辑各种中小学教科书，作为"固定本"统一发行。

---

❶ 教育部. 关于我国中小学教科图书编审情形节略 [G] //中国第二历史档案馆. 中华民国史档案资料汇编·第五辑第一编·南京：江苏古籍出版社，1994：95.

❷ 李杏保，顾黄初. 中国现代语文教育史 [M]. 成都：四川教育出版社，2000：181－182.

第五节　教科书编写的特点

国民党政府控制了教科书，社会的新形势又给教科书的编写提出新的要求，而教育界一些进步、爱国人士又为教科书的编写积极努力。上述种种，使得此期的教科书呈现一些显著特点。

一、强烈的社会时代性

纵览民国时期教科书的发展，我们可以看到：每一次政权的更迭、意识形态的变化都会使各书局受其影响，并以此为宗旨迅速调整编辑方针。这在某种程度上可以说是教科书编写对政治的一种依附。当然，教育作为一个独立的学科，它也有自身的独立性，即依据教育规律而发展。后者在民国时期的教科书发展中则集中表现为：依据学制精神和课程标准规范从科学性与艺术性两方面对教科书近代化所做的探讨。前后两者的博弈反映了教育既依赖政治又具有相对独立的特点。

（一）政府及社会场域下的教科书

教科书是社会与教育关系的微观层面反映，教育宗旨及政策规程是社会对教育的需求，同时社会形势的变化必然反映在教科书问题上。

1926 年，广东国民革命政府成立教育行政委员会之初，即提出"党化教育"的口号。1926 年 5 月，广东第六次教育大会召开，会议通过了《党化教育决议案》，规定：学校增设政治训育部，施行政治训育，使学生有明确的政治观念，全省中上学校全由中国国民党党部介绍训育人员；组织中国国民党童子军；举行总理纪念周与政治报告；规定三民主义为必修课，每周时数至少要占五十分钟，高级小学以上学校加授政治教育、社会科学及三民主义，每星期共需一百五十分钟以上；并提出请教育行政委员会即行审查各校现行教科书，有悖于中国国民党的党义及政策者，应令抽出，不准讲授，此后新编教科书，应以中国国民党的党义和政策为中心。❶

1927 年 5 月，南京国民政府一成立，蒋介石正式发出实行"党化教育"的号召。此后，"党化教育"开始向全国推行。《教育杂志》第 18 卷中提到教

---

❶　全省教育大会通过党化教育决议案［J］. 广州民国日报，1926（5）：10.

育行政委员会规定："要把学校的课程重新改组，使之与党义不违背又与教育学和科学相符合，并发扬党义和党的政策"，"应赶促审查和编著教科用图书，使与党义及教育宗旨适合"。

党化教育强调从小学阶段开始，延伸至大学阶段，但重点却在中小学教育活动中表现，教科书固然是汇集之处。党义教科书在内容上，小学一般根据孙中山先生之史实、学说、主义及民权初步等编辑而成。教科书将优秀的品质集中表现在青少年孙中山身上，以树立"一个领袖"的形象。如：

> 皇帝欺侮百姓，孙中山帮助百姓，一起去反抗他。❶

> 孙中山最恨迷信。他十多岁时，在檀香山读书，因为那边的华侨，信佛入迷，他就把佛像毁去，说道：就是有佛，他们这样迷信，恐怕佛也不高兴的。❷

> 孙中山最喜欢读书，连打仗的时候，也带着书本。❸

随着学生年级的增长，教科书内容从孙中山也上升到党旗、国旗、国民革命歌曲等，以及大量的国民党发展的历史、政纲等完全政治性的内容。如《新时代党义教科书》第七册的全部内容是：

> 中山再任大元帅、改组中国国民党、中国国民党第一次全国代表大会、中国国民党政纲（一）、中国国民党政纲（二）、力争广州关余（一）、力争广州关余（二）、解散广州商团、不平等条约（一）、不平等条约（二）、编练党军（一）、编练党军（二）、解放农工（一）、解放农工（二）、廖仲恺召集国民会议、离广后行踪、抵京津情形。❹

20 世纪 30 年代之后，"三民主义教育宗旨"确立，并加以推行，更强调教科书编写要符合三民主义的教育宗旨，把"三民主义教育宗旨"与"全体课程及课外作业相关联，以史地教科书阐明民族之真谛，以集团生活，训练民族之运用；以各种生产劳动的实习，培养实行民生主义之基础；务使知识道

---

❶ 赵景源. 新时代党义教科书（小学校初级用）第二册［M］. 上海：商务印书馆，1929：3.

❷ 吕伯攸，郑昶. 新中华党义教课本（小学校初级用）第六册［M］. 上海：新国民图书社，1931：7.

❸ 吕伯攸，郑昶. 新中华党义教课本（小学校初级用）第三册［M］. 上海：新国民图书社，1931：8.

❹ 赵景源. 新时代党义教科书（小学校初级用）第七册［M］. 上海：商务印书馆，1929.

德，融会贯通于三民主义之下，以收笃信力行之效"❶。

各个书局皆围绕"三民主义教育宗旨"为中心开展编辑教科书的工作。1927 年商务印书馆陆续出版"新时代"系列教科书，包括"三民主义"教科书等，教科书完全根据"三民主义教育宗旨"编纂而成。蔡元培、朱经农、王云五、吴稚晖、竺可桢、胡适等参与了这套教科书的编撰工作，同时又有一批耀眼的人物进入教科书编校队伍。如初中《三民主义教科书》即由著名学者社会活动家胡愈之编著。教科书在内容上，提倡党义及"三民主义"，政治色彩显著加强。1927 年，中华书局的"新中华教科书"系列也开始出版。其中，"三民主义"课本由国民党中宣部审定。这套教科书的编撰审校队伍也是新老结合，除了中华书局的资深编作者外，新加入了几个重量级的国民党元老文人，如叶楚伧、陈立夫等。小学《三民主义教科书》都由国民党宣传部长、重要笔杆子叶楚伧亲自校阅；初中《三民主义教科书》则由国民党另一位重要人物陈立夫亲自校阅。世界书局也于 1927 年陆续出版了一套适应"三民主义"要求的教科书，干脆就叫"新主义教科书"。该套教科书在内容上，强调"三民主义教育宗旨"，适应国民党党化教育的需要。实际上早在北伐革命尚未成功之前，世界书局就以广州共和书局的名义出版了由戴季虞编写的《小学三民主义教科书》（1926 年初版），在全国发行。强控制下的教科书，不仅仅表现在专门的"三民主义"课本，其实各科皆强调"党化教育"宗旨。如世界书局《国语读本》的编撰意图是："教育的目的，是在促进社会进化；中国国民党是现代中国社会环境中的产物，是适合社会的进化法则而生的产物，且负改造中国的责任。我们相信要养成适合于改造中国的人才，唯有以中国国民党的主义，做训练的标准。故本书采用中国国民党的党义编辑，以期切合三民主义教育的主张"，"在思想方面，积极地尽力灌输革命思想"。❷

（二）社会思想及特定形势影响下的教科书

20 世纪 20 年代到 30 年代，民国后期抗战之前的教育受美国影响颇多，教科书作为落实教育目标、实现教育宗旨的有力机制，自然是这一系统中的支点力量，对外来因素有所展现。首先，受杜威儿童中心主义思想的影响，在胡

---

❶ 李华兴. 民国教育史［M］. 上海：上海教育出版社，1997：461.
❷ 魏冰心，吕伯攸，王剑星，殷叔平，朱亮基. 新主义国语读本（前期小学）第一册·编辑纲要［M］. 上海：世界书局，1932：403.

适、周作人等人的大力推动下，涌现了一大批儿童文学作品，这些文学作品很多入选小学国语教科书。由于很多内容都讲述的是动物故事，所以这一时期的教科书也有人戏称是"猫狗教科书"。1938 年以后，国民政府教育部以行政的手段排除教科书编写的儿童文学化倾向，强调国语教科书要紧紧围绕"三民主义"选材。其次，许多学者受美国识字实验研究的影响，用实证的方法研究国语教科书的用字。从儿童杂志、日记、作文、人名的字词使用频率中筛选出常用字，教育部在研究的基础上于 1935 年推出首部《小学初级分级暂用字汇》，作为教科书字词的采用标准。学者们甚至对不同年级每篇课文的识字量都有研究，强调生字在一句话中的分布要均匀，不给学生增加阅读的难度，重视生字的重复组织，这在民国教科书的编写中体现得非常鲜明。

1931 年 9 月 18 日，在"九一八事变"后，日本侵华先锋队占领东北，扶持清末逊帝溥仪为伪满洲国皇帝，建立伪满洲国。举国上下群起愤慨，一致声讨。一些学校教科书中出现反映抗日主题的材料及课文。1932 年 3 月，国民党四届二中全会的党务工作纲要规定国民党的一项重要工作是"复兴民族精神"，"唤起民族意识"，"御侮自卫，共赴国难"。❶ 1932 年 5 月，蒋介石发表《革命哲学的重要》，提出"三民主义""是我们中国唯一的救国主义"❷。

1932 年 10 月，教育部公布实施《中小学课程标准》，取消"党义"课程，重设"公民"课，各书坊迅速推出一系列相关教科书"复兴教科书""新课程标准教科书""新生活教科书""开明课本"等。这些外在包装，使得抗战御侮形势下教科书的内容及精神被冠之以"三民主义教育宗旨"的武装及实践。以蒋介石为首的国民政府高唱以此信念为统帅的学校教科书有助于提高整个民族的抗战凝聚力和文化认同感，鼓舞中华民族共赴国难、抗敌御侮，但实际的效果及作用不能说是微乎其微，也只能是雷声大、雨点小。

二、教科书内容体例的科学性与现代性

清末，在"保存圣教"和"巩固国本"思想的指导下，一些经学、史学、修身教科书要用很大的篇幅选录儒家经典，而教科书的内容则主要是宣扬封建

---

❶ 荣孟源. 中国国民党历次代表大会及中央全会资料（下）［M］. 北京：光明日报出版社，1985：150.

❷ 蒋介石. 革命哲学的重要［G］//张其昀. 先总统蒋公全集（第一册）. 台北：台湾文化大学出版部，1984：633.

文化，充满了浓厚的封建意识。这些教科书大多为应科举而选编，内容陈旧，教法死板，落后于时代的发展。20 世纪初，清政府进行了一场旨在挽救灭亡命运的"新政"和"宪政"运动，以此开始了清王朝最后十年的"回光返照"。废科举、兴学堂使新式学堂对新式教科书的需求增加，但部编教科书的速度和质量都无法满足新式学堂日益增长的需要。1912 年，南京临时政府成立。2 月 19 日，教育部颁布了《普通教育暂行办法》，明令"清学部颁行之教科书，一律禁用"，"小学读经科一律废止"。在此办法指引下，前清学部颁行的经书都不得采用，小学也废止了读经科。各书局依据"民主共和"的建国宗旨编辑新教科书。尽管此一时间"经学"的内容依然处处可见，但毕竟有了松动，在总量和编辑的篇幅以及文体的选编上都依据民国初期教育宗旨做了一定的调整。

到了五四运动以后，"民主"与"科学"成为新思想观念的旗帜。而在教育领域则体现为此时涌现出了两股强劲的教育思潮：民主主义与科学主义教育思潮，这两种教育思潮开始渐渐成为教科书编辑的新导向。

辛亥革命以来，中国由封建帝国一变而为民主共和的国家政体。旧的经学为导向的传统价值观念与思想观念正经历着艰难的蜕变，面临着沉重的挑战，但时势所需培养"民主共和"的新价值观。"科学"战胜"经学"已成为时势所趋。教科书作为培养新型国民的物质载体就备受关注，以商务为代表的民营出版机构勇挑时代重担，在民国教育转型中做出了很大贡献。

以商务印书馆编辑的语文教科书为例，其选编就明显增加了弘扬近代新型价值观的内容，如《共和国国文教科书》第四册《民主国》："我国数千年来，国家大事，皆由皇帝治理之。民国成立，由人民公举贤能，治理全国大事，谓之民主国。"第八册《法律》："共和国之法律，由国会制定之。国会议员，为人民之代表。故国会之所定，无异人民之自定。吾人民对于自定之法律，必不可不谨守之也。"该册课本中另有行政、司法、选举权等内容。此外《人民的权利与义务》《三权》《自治》（《新法国语教科书》第八册）、《三民主义演说词》（《基本教科书》第七册）等也在课文中出现。历史教科书中也有类似的进步，清王朝刚刚覆灭后出版的《共和国历史教科书》第六册《近代之文化》一文即对清政府的专制提出批判："专制之制度，至明代而极。盖明太祖崇尚刑法，嵌制臣民，清人入关，因明制而益密。加以宋明诸儒以忠君为大义，国人益视君上如帝天，无敢非抗。迨清之季室，共和民权之说输入，民志一变，卒推翻数千年专制之政体而建中华民国，洵国史之光荣也。"❶ 反对专制，主张民主共和，不仅成为商务教科书的一大特点，而且成为那一时代的必然走向。

尽管民国初期出现了袁世凯复辟，复古主义逆流横行，一定程度上影响了教科书科学化的历史进程，但在教育界人士的努力下，北洋政府最终延续了科学主义教育的主潮下的教科书取向，即使在以后抗日战争非常艰难困苦的条件下，教科书科学化的进程和趋势也没有反复。从这个意义上说，教科书科学化是教科书在民国教育近代化进程中的一大特点。

1933 年由中华书局出版的《小学自然课本》也体现了对"科学"内容的关注。该书由韦息予、孙伯才编著，全书分四册，每册各十八课。第一册介绍气候的观察和研究、农业与食物、饮食的处理和功用。第二册介绍音和光、印刷和纸笔、衣服和人生、几种兵器的研究。第三册介绍建筑材料、日常用品、地理和天体。第四册介绍关于行的事物、电的应用、进化和优生。这在以往的教科书中是很少涉及的。

学校教科书的科学化是分科课程计划出现及内容科学化的反映。中国传统的学校教科书大都与儒家经典"四书""五经"相关。"四书""五经"的内容包罗万象，包括政治、哲学、伦理、典章制度、文学、历史、艺术、音乐等方方面面。其编排体例也都是综合性的"大语文"式的编排，直至"经、史、子、集"四部分类法的诞生，又将社会学科的知识归于这四类编排。而现代的教科书除了内容上科学性成分增加外，最重要的则在于课程理念的引进和分科编辑的出现。同传统教科书"综合性"包罗万象的特点相区别，现代教科书则侧重分科。古代士子大多只需读经书便可，而现代的学生则要读依据一定科学规律编辑的各科教科书。

1912 年 1 月，南京临时政府教育部公布《普通教育暂行课程标准》，规定："初等小学校之学科目为修身、国文、算术、游戏、体操。视地方情形，得加设图画、手工、唱歌之一科目，或数科目。女子加课以裁缝"；"高等小学校之学科目为修身、国文、算术、中华历史、地理、博物、理化、图画、手

---

❶ 史春风. 商务印书馆近代教科书出版探略——从国文（语）和历史教科书谈起 ［J］. 北京师范大学学报：哲学社会科学版，2003（6）.

工、体操（兼游戏）。女子加课裁缝。视地方情形，得加设唱歌、外国语、农工商业之一科目，或数科目。"这是民国伊始颁布的第一个全国性的课程标准，该课程标准的颁布使教科书的编写有了指导纲要，遂适应各课程标准的教科书也相继涌现。"中学校之学科目为修身、国文、外国语、历史、地理、数学、博物、理化、法制、经济、音乐、体操。女子加家政、裁缝。"❶ 到 1948年，对初级中学的课程设置变为"国文、英语、公民、历史、地理、数学、理化、博物、生理及卫生、体育、音乐、美术、劳作、童子军"等，对高级中学课程的设置为"国文、英语（其他语种）、公民、历史、地理、数学、物理、化学、生物、体育、音乐、美术、劳作"等科。❷ 由中小学课程的演变可以看到学科发展的历程。在教学活动中每一课程科目的设定都要求有相应教科书的编写。

民国时期学校课程的设置和相关教科书的编写已形成了基本的范式，各科已基本上定型。有些课程的设置和教科书的编写指导思想就是在今天也是有用的。

20 世纪 20 年代以来，伴随着杜威"实用主义课程论"的传播，教科书中关注儿童、尊重儿童的成分大为增加。如前所述 1922 年商务版《新学制国语教科书》的初小教科书几乎全是儿歌、童话、民谣、寓言等。如第一册第三十课："两只脚，踏踏踏，嘴里喝，拉拉拉。路上看见好姐姐，头点点，手拉拉。转过身来，走到花树下，眼睛看看花，耳朵听听话。"试图以儿童文学为手段，增加物话故事，采用拟人、押韵的方式唤起儿童的兴趣等。这一思想也体现在小学数学教科书的编辑中。当时，多数人主张选择教科书材料的标准是"使儿童自己能建造发表的"，能在社会生活中觉得需要的，学得的知识在社会协作活动中要常用的；要使城市、乡村的环境都能通行的，并要求使那些最低限度的学校的设备也能充分利用；多采用儿童所喜欢的游戏形式的教学内容。代表性的教科书有商务版的《复兴算术课本》，被誉为"学用图画及故事，从直观欣赏引起儿童习算的动机"。该教科书的一大特点就在于在教学内容的编排上重视儿童的心理特征。低年级教科书每一课大多从形象直观、富有情节的图画引入，使儿童喜闻乐见。如第二册第十八课"铜币和铜圆的认识"

❶ 陈学恂. 中国近代教育史教学参考资料·中册·教育部呈报并咨行普通教育暂行办法及课程标准［M］. 北京：人民教育出版社，1987：168－169.

❷ 刘英杰. 中国教育大事典［M］. 杭州：浙江教育出版社，2001：178－179.

便以母亲领着孩子在商店里买东西来设计。贴近儿童生活，使儿童在实践参与中学得知识。

三、民营出版机构对教科书的突出贡献

自近现代教科书制度确立以来，教科书就一直是出版业发展的主要支柱之一，庞大的学生读者群构成了教科书永不枯竭的广阔市场，成为书业界角逐竞争的主要目标。在民国教育史上，教科书由政府制定标准，实际编写则由各书坊的情形大约持续了几十年，这为一些出版机构参与其中提供了契机。

创办于1897年的商务印书馆一直是教科书出版界的领军人。然而民国成立伊始，最先推出适合民主共和宗旨的教科书却是与民国临时政府同时成立的中华书局。1911年秋，革命风潮涌起，陆费逵"预料革命定能成功，教科书应有大的改革"，于是表面上仍在商务上班，而私下在家里与人秘密编制适应革命需要的教科书。商务领导人则"圣人千虑，必有一失……提及革命，总是摇首，遂肯定地下断语，以为革命必不能成功，教科书不必改"❶。1912年1月19日，新成立未久的南京临时政府教育部就颁布了《普通教育暂行办法》，其中涉及教科书的有如下规定："凡各种教科书，务合乎共和国民宗旨。清学部颁行之教科书，一律禁用。"按照这一规定，当时符合共和国民宗旨的新教科书，只有中华书局的"中华教科书"。1912年2月，适合共和体制的《中华初等小学国文教科书》第一册抢先上市，并打出了"教科书革命"的口号："立国根本在乎教育，教育根本，实在教科书。教育不革命，国基终无由巩固；教科书不革命，教育目的终不能达也。"❷ 中华书局教科书以其内容上的标新立异、合乎共和，使得商务印书馆的旧教科书顿时黯然失色。

当然商务印书馆也不甘示弱，一方面积极修订"最新教科书"以迎合时势变化，另一方面也积极筹措编辑"共和国教科书"。而且商务印书馆推出的"共和国教科书"是依据教育部召开的临时教育会议颁布的各级学校修业年限新学制编制的，在迎合教育部命令方面又抢占了先机。尽管商务印书馆当时积极地亡羊补牢，但无论是部分修补，还是另编重排，都不是短时间所能奏效

---

❶ 蒋维乔. 创办初期之商务印书馆与中华书局 [G] //张静庐. 中国近现代出版史料（现代丁编）. 上海：上海书店出版社，2003：398.

❷ 陆费逵. 中华书局宣言书 [J]. 中华教育界，1912（1）.

的。于是在这段无可奈何的时间差中，商务印书馆的大片教科书市场被新起的中华书局占领。

1916 年，教育部改初等小学为国民学校，1920 年教育部通令学校，旧教科书分期作废，改用语体文。1922 年颁布"壬戌学制"即"六三三"新学制，商务与中华两家书局又各自适应形势分别推出了"实用教科书""新法教科书""新学制教科书"和"新式教科书""新编教科书""新小学新中学教科书"等。从 1912 年到 1924 年，全国中小学教科书市场，几乎被商务印书馆和中华书局两家垄断。

1921 年，原本在中华书局担任副局长的沈知方创设世界书局。两年后，开始编印中小学教科书。最初，商务印书馆曾与中华联合成立国民书局共同抵制世界书局的竞争，但终因各种因素联合宣告破产。这样一来造成了教科书出版业三分天下的局面。陆费逵在 1932 年写的《六十年来中国之出版业印刷业》一文中说："全国所用教科书，商务供给十六、中华供给十三，近年世界书局教科书亦占一部分。"❶ 世界书局之所以能成为后起之秀，原因在于世界书局的教科书不仅价格比较便宜，而且适应性强。它出的新课程标准教科书，分别编有乡村用、中小城市用、大都市用，以适应不同地区，而且根据过去教科书的弊病有针对性地加以改善，这是其他书局所不及的。

继三大书局之后，开明、大东等书局也开始加入到教科书的编写出版中来，教科书的竞争变得越来越激烈。尽管各机构间也曾有过一段广告战、价格战等的恶性竞争，但毕竟持续不久，良性竞争以质量取胜才是它们赢得读者的关键所在。民营出版机构的良性竞争不仅为时代提供了多样的教科书，而且也促进了近代教科书体系的形成与完备。民国时期的民营出版机构参与教科书编辑的主要有七家，又以商务印书馆、中华书局、世界书局规模最大，发行份额最多。

据统计，1912 年到 1921 年各科教科书的出版种数为六百零五种，其中国文为一百九十六种，政治七十七种，历史地理九十九种，数学一百四十三种，理化五十种，其他四十种。1922 年到 1928 年共出版中小学教科书四百九十五种，其中语文一百〇五种，政治五十一种，历史地理八十三种，数学七十六种，理化五十九种，其他一百二十一种。从 1929 年到 1948 年共出版中小学教

---

❶ 庞学栋. 解放前教科书出版的竞争及其影响［J］. 出版发行研究，2003（1）.

科书二千四百五十四种，其中语文四百一十六种，政治二百〇二种，历史地理三百五十七种，数学四百八十七种，理化四百〇四种，其他五百八十八种。总计出版中小学各科教科书三千五百五十四种，其中语文七百一十七种，政治三百三十种，历史地理五百三十九种，数学七百零六种，理化五百一十三种，其他七百四十九种。❶ 大多为"三大书局"出版，现分述如下。

商务印书馆编辑教科书经过了"个人负责""分别编印"，到"圆桌会议"已经形成了自己的编辑风格。在不同时期推出了不同的教科书，显示了强大的编辑阵营和编辑动力，长期执教科书界之牛耳。我们仅考察民国时期商务印书馆出版的有影响力的小学国文教科书就可以看出商务人编辑教科书的多样性（见表7-1）。

表7-1 商务印书馆出版小学国文教科书一览表

出版时间	教科书名称	编纂者	附注
1912	共和国教科书（新国文）	庄俞、沈颐	春秋两季始业各八册，国民学校春秋两季亦各八册
1913	单级国文教科书	庄适、郑朝熙	共十二册
1915	实用教科书	王凤岐	国民学校用八册，春秋两季始业各八册
1919	新体国语教科书	庄适	国民学校春秋两季始业各八册
1921	新法国语教科书	庄适	八册
1923	新学制国语教科书	庄适、吴研因、沈圻	包括国民学校春秋两季始业各八册
1925	新撰国文教科书	胡怀琛、庄适	八册
1927	新时代国语教科书	胡贞惠	八册
1931	基本教科书	沈百英	八册
1933	复兴国语教科书	沈百英、沈秉廉	八册

资料来源：史春风. 商务印书馆近代教科书出版探略——从国文（语）和历史教科书谈起［J］. 北京师范大学学报：哲学社会科学版，2003（6）.

中华书局也在创始人陆费逵的带领下，在民国时期也一直保持着"十之三"的份额。在不同历史时期也出版了不同的教科书，仅民国时期较具影响

---

❶ 刘英杰. 中国教育大事典［M］. 杭州：浙江教育出版社，2001：198-199.

力的中学国文（语）教科书就有四个版本，如表 7 - 2 所示。❶

表 7 - 2　民国时期较有影响力的中学国文（语）教科书

出版年份	书　名	编纂者	册　数
1915	国文教本评注	谢无量	四册
1923	新中学教科书； 初级古文读本、初级国语读本	冼星一	各三册
1925	新中学教科书； 高级古文读本、高级国语读本	穆济波	各三册
1935—1936	新编初中国文、新编高中国文	宋文翰	各六册

　　世界书局虽然进军教科书出版界稍晚，但它也给出版界带来了新鲜的因子，其提出的农村、城市的双标准在当今我国教育"因地制宜"方面仍有借鉴意义。民国时期世界书局出版的小学教科书较具代表的如表 7 - 3 所示。❷

表 7 - 3　民国时期世界书局版小学教科书

出版年份	书　名	编者	册数	备注
1933	模范公民	陆伯羽	1 ~ 8	小学公民用
1924	新学制初级国语读本	魏冰心	4	小学国语用
1925	新学制高级国文读本	秦同培等	4	
1934	国语新读本	吴研因	12	
1930	初中标准英语读本	林汉达		中学英语教科书
1932	国民英语读本	陆步清		
1923	新学制小学教科书初级算术课本	戴渭清	8	初小算术教科书
1933	新课程标准教科书世界第一种算术课本	张　匡 骆师曾	8	
1925	新学制小学教科书初级算术课本	杨逸群	4	高小算术教科书
1928	新主义教科书算术课本	杨逸群 唐数躬	4	
1933	算术课本	陈邦彦	4	
1937	高小新算术	骆师曾	4	

资料来源：刘英杰. 中国教育大事典［M］. 杭州：浙江教育出版社，2001：245.

---

❶　刘英杰. 中国教育大事典［M］. 杭州：浙江教育出版社，2001：245.

❷　刘英杰. 中国教育大事典［M］. 杭州：浙江教育出版社，2001：208 - 267.

从表7－1至表7－3可以看出，民营出版机构在民国教科书的编辑舞台上发挥了重要的作用，为教科书的多元化发展提供了时代的智慧和样本。

综上所述，民国时期的教科书在民主化、科学化进程中迈出了重要的一步。其中，政府与民间的协作、国家意志与科学依据的制衡、教科书编审制的保障都为这一时期教科书的发展做出了贡献。今天在新一轮课程改革和教科书改革的时代背景下，我们仍然能从历史的发展中汲取时代的营养。"鉴古可以知今""知今可以通古"，只有古今相通才能更好地处理继承与创新的关系，更好地为当下服务。

四、文、理科教科书编写比例的失衡

文、理科教科书编写比例的失衡是民国教科书编辑中一个突出的问题。文科教科书中尤以语文教科书和历史教科书的编写最多。几乎每一次政权的更迭、学制的演变、课程标准的颁布和调整都会有与之相适应的教科书的出版。以各书局出版的小学国语（文）教科书为例，如表7－4所示。

表7－4　民国时期各书局出版小学国语（文）教科书一览表

年份	书目	出版社	备注
1912	中华初等小学国文教科书	中华书局	中华民国成立，政权更迭
1912	共和国初等小学校新国文	商务印书馆	
1920—1921	国民学校新法国语教科书；高等小学新法国语教科书	商务印书馆	小学校试行国语教科书
1923	新学制国语教科书	商务印书馆	以1922年新学制的颁布为指导
1924	新学制初级国语读本	世界书局	
1925	新学制初级国文读本	中华书局	
1933	新课程标准适用小学国语读本	中华书局	以1932年新课程标准的颁布为指导
1936	高级小学实验国语教科书	商务印书馆等六大书局	联合供书机制的形成

资料来源：刘英杰. 中国教育大事典［M］. 杭州：浙江教育出版社，2001：229－230.

理科教科书的比例则相对较小，据栗新在《我国中学物理教科书的沿革》一文中所说："旧中国的中学物理教科书，实行'自由竞争'机制，人人可编教科书，各书店都可出版或经营教科书，任各学校自由挑选。经过多年实践，在全国范围内采用率较高、影响较大的物理教科书有两种，高中物理由寿望斗编著，商务印书馆出版发行；初中物理由严济慈编著，由开明书店出版发行。"❶

化学教科书相对而言有一定的发展。民国时期除了翻译国外教科书之外，张江树教授等根据当时国情以及抗日要求，自编了部分中学化学教科书。如《中学化学》《初中化学》（上下册）、《高中化学》等。另外，王鹤清、阎玉振也编了高中化学课本和化学实验课本等。据不完全统计，1937—1942 年出版的化学书籍近八十余种。❷尽管如此，其比例与文科教科书相比仍有差距。

造成这一现象的原因，一方面与中国的历史传统有关，另一方面也与当时中国科学的欠发达相关。中国历史传统上就是一个文史大国。以"四书""五经"为代表的儒教典籍经历千年风雨，仍成为众多士子学习的唯一素材和心中理想的典范与向往。该类典籍大多记载着文史常识，科学性内容很少，且多杂糅在文史类知识中。历经千年而积淀的民族文化传统深深地影响着民国时期教科书的编辑走向。再加上民国时期我国科学事业不发达，科学人才欠缺，这些在一定程度上也制约着理科教科书的发展。另外编辑者大多以文史见长，编写理科教科书缺乏经验和参考，也在一定程度上导致了教科书编写比例的失衡。

除此之外，中学教科书的编写成就也远远落后于小学教科书，据周予同在《中国现代教育史》一文中的记载："至于中学校的教本及教具问题，也没有小学校的能引起一般社会的严重注意。"除此之外，在教育部编审制的鼓励下，"自由采定教科书也出现了过于自由的缺点，各学科教授的内容由教育最高行政机关制定，教授要旨及学程标准任各校教师按照标准选择教科书。但实际上如国文一科，教科书选择的混乱与教授方法的无标准几令人无法形容"❸。

综上所述，抗战前十年，教科书的编写自内容到形式都紧跟社会形势，凸显出强烈的时代意识。当然，国民党政府的政治专制、"党化教育"意识及"三民主义"主张仍束缚了学校教科书的健康发展。与此同时，还能看到，在教育界人士的努力和推动下，学校教科书向科学化进一步迈进。但 1937 年 7 月 7 日抗日战争的全面爆发，使各项事业遭到严重破坏，教科书的供给也不能得到保证，并发生"书荒"现象。

---

❶ 栗新. 我国中学物理教材的沿革［J］. 周口师范高等专科学校学报，1999（5）.

❷ 谭勤余. 抗战期间我国科学出版物［J］. 东方杂志（复刊号），1943（39）.

❸ 周予同. 中国现代教育史［M］. 上海：上海良友图书公司，1934：167.

第八章　民国后期的教科书（下）

　　1937 年 7 月 7 日，日本帝国主义为了实现占领中国并独霸亚洲的目的，诡称他们在北平近郊卢沟桥的驻军中一名士兵失踪，并以此为借口悍然发动了对中国守军的进攻，这就是"卢沟桥事变"。中国守军奋起抵抗，揭开了抗日战争的序幕。抗战胜利后，经过战争浩劫的中国民众，面对百废待举、百业待兴的局势，渴望有一个安定、和平的环境从而重建自己的家园，恢复和发展各级各类教育为和平建国服务，成为摆在中国人民面前的最为迫切的任务。然而，以蒋介石为首的国民政府在美国的支持下悍然挑起内战，内战违反民意，丧失人心，经过三年的解放战争，国民党政府遭到彻底失败。在国共内战的历史时期，学校教育受战火的波及，教学秩序及质量难以稳定，教科书事业在艰难维系中呈现出混乱与失衡的状况。

　　此章内容依次展示抗日战争时期与"复员时期"（国民政府在大陆败亡时期）国统区的教科书现实及问题，初步总结其中呈现的主要特点。

第一节　抗日战争时期的教科书

　　抗日战争爆发后的 1937 年 8 月，国民党政府提出了"战时须作平时看"的教育方针，颁布了"一切仍以维持正常教育"为主旨的《总动员时督导教育工作办法纲领》。他们一方面采取一些战时的教育应急措施，另一方面强调维持正常的教育和管理秩序。对于该教育政策的认识学界一直以来存在分歧。以往论者视此为国民政府所推行片面抗战路线在教育领域的反映，压制了教育战线广大师生，尤其是进步青年的积极抗战热情。但当今的研究又对此有所调整，认为教育活动的周期长，影响因素复杂，教育又有自身的内在规律，需要有相对的独立性和办学的稳定状态，才能使教育活动取得预设的期待目标。人才的成长和培养并非一蹴而就，而是需要阶段和过程逐渐实现。抗战时期是特殊的战争岁月，但战后仍需要和平建国，实现国家的现代化。如此，教育与人才的问题应着眼于长远，而不能只是应急和短暂的行为效果，这也符合古谚所称的"十年树木，百年树人"。这样看来，"战时须作平时看"的教育政策是有其合理性或战略眼光的。在这一教育政策的引领下，国民政府对抗战教育做了有序的调整与规划，例如：高校及专门技术教育机构的内迁，战时国立中学的兴办，战时教育师资服务团的教育资源共享等，都发挥了一定的成效。抗战时期的学校教科书是在上述背景下发生的，国民政府的"党化教育"和"三民主义教育"在学校课程和教科书中有所强化，出于对战争状态下教育统一规划管理的考虑，教科书的"国定制"模式处于主流支配地位。但与此同时，抗战的资源、思想和精神尤其是民族主义的内涵及思想通过学校教科书加以传播，培植青少年的精神与情怀，增强民众同仇敌忾、共同御侮抗击外来侵略的力量。因此，教科书成为抗日战争的教育媒介，也是抗战力量的重要支撑，也确实发挥了一定的作用。

一、"战时须作平时看"的教育方针与教科书

"战时须作平时看"的教育方针对抗日战争时期国统区的各级各类学校教育办学活动、教育理论及实验研究都有广泛而深刻的影响。教科书作为其中的一个组成部分及发挥核心作用的重要因素，同样也贯穿着这一教育政策的思想引领。

（一）"战时须作平时看"教育方针的确立

抗日战争的爆发，引发了全国各界对青年读书与抗战，求学或救国问题的大讨论。教育界讨论的核心问题是如何处理教育与战争关系。当时许多人提出学校应服务于抗战，主张废弃正规教育，实行战时教育，调整学科，开设军事课。还有人提出以短期培训的方式，迅速造就为战争服务的人才，认为教育应"以民众为对象，以本地社会情形为教科书，以国家民族复兴为目标"。更有甚者要求"高中以上学校除个别与战事有关者外，为配合抗战，均应予以改组和停办，俾员生应征服役，捍卫祖国。即初中以下学生未及兵役年龄，亦可变更课程，缩短年限"❶。

---

❶　"教育部"教育年鉴编纂委员会. 第二次中国教育年鉴（一）·抗战时期教育. 台北：文海出版社，1986：10.

也有人主张战时教育应维持平时教育的原状，不能进行根本的改革，原有各科课程不应任意改变。现代战争是参战国整个民族知识的比赛和科学的测验，中、小学校的职责是缔造健全、合格的国民，大学的使命是高深学问研究和专门人才培养。如果把多年培养的教育从业者送去参战，不如将其留在后方作为储备人才。

还有人主张不必大动干戈，只需加以调整，以适应当时环境需要即可。如教育部高教司司长吴俊升认为教育是百年大计，只可因战争做若干临时调整，而不能全盘改弦更张，使有关百年大计的正规教育中断。最具代表性的，则莫过于胡适向蒋介石的进言：“国防教育不是非常时期的教育，是常态教育。”❶甚至军事将领陈诚也发表演讲，指出：“国家虽在危难之中，但青年完成学业，极为重要。因为十年后，国家的命运全在他们手里。”一时间教育界关于战时教育何去何从的问题，展开了激烈的论战。

围绕战时教育政策问题，教育部门确定“战时需作平时看”的教育政策。教育部认为：“抗战既属长期，各方面人才，直接间接均为战时所需要。我国大学本不甚发达，每一万国民中仅有大学生一人，与英美教育发达国家，相差甚远。为自力更生抗战建国之计，原有教育必得维持，否则后果将更不堪。至就兵源而言，以我国人口之众，尚无立即征调此类大学生之必要。”❷ 1938 年 3 月上任的教育部部长陈立夫也认为：“在理论上无所谓战时教育，因为平时教育实际上包含着战时准备。今后之教育根本方针，须德智兼顾，文武合一，农工并重，教育与政治设施、经济计划及社会生活尤需贯通，并与其他有关机关密切联系。”❸ 蒋介石对于陈立夫的观点也深表赞同，他认为战时教育不仅仅需要满足抗战救国，更需要满足战后建设。1939 年 3 月，蒋介石在第三次全国教育会议上说道：“我们切不可忘记战时应作平时看，切勿为应急之故而丢弃了基本。我们这一战，一方面是争取民族生存，一方面就要于此时期中改造我们的民族，复兴我们的国家，所以我们教育上的着眼点，不仅在战时，还应该看到战后。”❹“战时需作平时看”的办学方

❶ 中国社会科学院近代史研究所. 胡适的日记（下册）[M]. 北京：中华书局，1985：571.

❷ “教育部”教育年鉴编纂委员会. 第二次中国教育年鉴（一）·抗战时期教育. 台北：文海出版社，1986：10.

❸ 吴惠龄，李壑. 北京高等教育史料 [M]. 北京：北京师范大学出版社，1992：458.

❹ 委员长言论类编·教育文化言论集 [M]. 重庆：正中书局，1941：213.

针的确定终止了关于战时教育方针的论争，明确了教育的目标，稳定了战争所导致的慌乱局势，安抚了师生的情绪。在这一方针的指导下，国民政府为适应抗战需要，采取了一系列措施，对课程也做了许多调整。教育部在后方重新编订了新的教科书课程标准。

（二）教科书编辑工作的调整

1937 年 8 月至次年 10 月抗日战争前期，抗战形势的不断恶化，国民政府被迫西迁重庆，教育饱受战火的洗礼，书籍仪器设备被毁、各项资金短缺。在太平洋战事爆发以后，东南沿海一带全被日寇侵占，运输线被卡断。而此时民营的各大书局无论是整体西迁，抑或把教科书从东南沿海运输至重庆都成了问题。由此导致后方学校形成"书荒"的局面，学生用书处于十万火急的形势。"凡大学、中学、小学以及其他一切专科学校、职业学校、民众学校等，皆缺乏教本。"❶ 虽然此次课程标准已颁布多时，但由于条件限制各书局并未着手修订教科书内容，而是继续抛售存货。即便这样，自 1942 年东南沿海一带被日寇侵占以后，"书价虽然如此高涨，假设尚能源源而来则问题或者不至十分严重，可是现在的情形，即使愿出高价，书店仍然无法供应"❷，故一些学校不得不采用油印本或手抄本来勉强维持。社会各界人士对国统区中小学教科书版本芜杂、印制不良深为不满，要求改善教科书供应的呼声也很高。1943 年，冯玉祥在给陈立夫的信函中就曾指出，后方教科书"纸张印刷多不清晰，且易磨损，儿童目力实多伤害"，教育部宜饬令印刷书店多加改善。❸ 为此，教科书编写工作全面调整。

（1）为统一思想，加强对学校教科书管理，国家负责编辑教科书。遵照《抗战建国纲领》《战时教育实施纲要》《战时教育实施方案》的规定，教育部成立"各级学校各科教科书编订委员会"，同时规定"中小学及师范学校所用之公民、国文、历史、地理教科书，应由国家编辑，颁发应用"❹。考选中小学教科书编审人员，修订中小学课程标准，扩充国民政府国立编译馆，决定小学教科书及中学部分学科教科书由国家编辑，"国定制"由此确立。国民党高

---

❶ 孙科. 今后文化工作应有之方针 [J]. 东方杂志, 1943, 39（1）.

❷ 陈剑恒. 书价高涨与严重的书荒 [J]. 教育通讯周刊, 1940（7）: 3-16.

❸ 沈岚. 冯玉祥关于改善小学教科书现状与陈立夫往来函 [J]. 民国档案, 2002（3）.

❹ 中国第二历史档案馆. 中华民国史档案资料汇编·第五辑第二编·教育（一）·教育部订定之战时各级教育实施方案 [M]. 南京: 江苏古籍出版社, 1997: 28.

层对此非常关切，蒋介石曾多次致函教育部部长陈立夫，要求更易供应方法。他在 1942 年 5 月给陈氏的信函中建议："以后凡中小学教科书应一律限期由部自编，并禁止各书局自由编订。"❶

抗战自 1939 年年底进入相持阶段后，国定本教科书，也即所谓"标准本"教科书开始出现，如 1945 年出版的《国语常识课本》（初级小学）共八册。该教科书适应抗战需要，把语文和常识合编在一起，由国民政府国立编译馆主编，汇集了一批优秀的编撰人员，如陈伯吹、俞子夷、潘公展、吴俊升、朱家骅、孟宪承、梁秋实、艾伟、胡颜立、陈布雷、陈果夫、黎锦熙等。可见当时教育部确实邀集了许多名家参与国定本教科书的编写。❷

（2）教科书编写内容体现爱国观念。爱国主义是中华民族争取独立解放的伟大旗帜，反击外来侵略需要高举这面旗帜。因此，1937 年 8 月 16 日，国立编译馆《关于编辑中小学课本注意发扬国家民族意识道德以配合抗战军事呈》中提出对战时教科书要体现强烈的民族精神和爱国热情："查部颁现行之中小学国语国文课程标准中，关于我国含有道德教训或国家民族意识等历史故事及凡是代表民族人物之传记及其作品唤起民族意识并发扬民族精神者均有详尽之规定。编译馆于审查该项课本时，亦需特别注意，凡属原报告所提民族精神文学如文天祥之'正气歌'、史可法之'答多尔衮书'等作品，均令行编入。"另外，这些读本还应在"序言"中写明："一、本书以唤醒我国固有民族精神为宗旨。二、本书选材标准：①对于民族发展上有关系的先民著述及传记。②含有抵抗外侮、不屈不挠的精神的论述及抒情文。③当代革命先辈之论著及诗歌。④国外富于爱国思想之文艺作品。"❸ 1938 年在武昌召开的国民党临时全国代表大会上通过的《战时各级教育实施方案纲要》提出："对于各级学校各科教科书须彻底加以整顿，使之成为一贯之体系而应抗战与建国之需要，尤宜尽先编辑中小学公民、国文、史地等教科书及各地乡土教科书，以坚

---

❶　军事委员会委员长侍从室奉发蒋介石关于编订中小学教科书应注意事项等手令及教育部办理情形涵呈［G］//中国第二历史档案馆. 中华民国史档案资料汇编·教育（一）. 第五辑第二编. 南京：江苏古籍出版社，1997：485.

❷　石鸥，吴小鸥. 百年中国教科书图说（1897—1949）［M］. 长沙：湖南教育出版社，2009：325.

❸　国立编译馆关于编辑中小学课本注意发扬国家民族意识道德以配合抗战军事呈［G］//中国第二历史档案馆. 中华民国史档案资料汇编·教育（一）. 第五辑第二编. 南京：江苏古籍出版社，1997：458.

定爱国爱乡之观念。"❶

　　《战时公民常识补充教科书》讲述了从日本建国，到日本如何与中国建立往来，到中日关系的发展，直到近代日本怎么样侵略中国，认为日本侵略我国是："日本帝国主义作祟，是日本军阀财团的野心！日本自从明治维新以后大规模的机械工业便逐渐地发展起来，股份公司和银行资本也很快地成长起来。生产的膨胀使得一般财阀要求海外的市场，投资地和原料生产地。同时日本军阀也要求侵略，好来升官发财！中国便是他们最好的侵略对象，气候温和，土地肥美，人口众多又有丰富的原料，正是日本进行大陆政策的最好地方（也可以说大陆政策便是以侵略中国为主的政策）。此外，日本政客的野心恶意，浪人的推波助澜，也是促使日本侵略我国的原因。"❷ 这本教科书不仅使国民了解了日本侵华的原因，而且通过原因分析加深了民众对日本侵华战争的仇恨，增加保家卫国的决心。

　　抗战开始后，为动员民众进行抗日战争，各地不仅在学校教科书中加入抗战的内容，而且也编辑出版了一批供普通民众阅读的抗战读本。其中，供小学使用的有：1937 年商务印书馆编辑出版的《战时常识》《国防算术》《国民防空必读》；1938 年生活书店出版的《战时读本》。供中学使用的有：商务印书馆在社会、自然等科目中编入的战时补充教科书。这些课本在学校为学生使用，流传到社会便为民众学习。

　　（3）教科书编写水平及层次提高。初等教育学校教科书改革最为突出的是国语、常识综合课程体例，课程类型—综合课程编制出现，迅速贯穿于教科书编写活动之中，并受到高度审视。如国定本的《小学国语常识课本》依照1941 年 11 月教育部公布的小学国语常识两科课程标准编辑，属于"既分又合"的分科合编教科书，体例上为单元制，行文为白话文，采用国语与常识的综合性的大单元混合编制法，打破了学科的界限。将常识与国语配合编辑，以常识教科书为经，以国语教科书联络之。常识教科书以图表为主，附以简要之注释，国语教科书以儿童文学为主。教科书分量根据课程标准所定两科教学时间为比例来确定。❸ 这是近百年语文教科书在编辑方面史无前例的创新。这

---

❶　国民党临时全国代表大会通过之战时各级教育实施方案纲要［G］//中国第二历史档案馆. 中华民国史档案资料汇编·教育（一）·第五辑第二编. 南京：江苏古籍出版社，1997：14.
❷　汉朋. 战时公民常识补充教材［J］. 教育通讯周刊，1938（3）：16.
❸　石鸥，吴小鸥. 百年中国教科书图说（1897—1949）［M］. 长沙：湖南教育出版社，2009：324.

些综合性的教科书有效地避免以往国语与常识两科在教科书内容编选方面存在的雷同问题。同时，由于战时人力、物力、财力匮乏，综合教科书的出现既节约了纸张，也减轻了学校多开设一门课程所需支付的人力、财力，间接地还减轻了家长的经济负担。抗战前职业学校教科书由"职业学校教科用书审查委员会"审查合格，陆续付印发行的有一百零三种，其中有农业学科四十种，工业学科二十九种，商业学科十二种，家事学科六种，普通学科十二种。凡没有教科书的学科，由任课老师自编讲义。抗战时期职业学校教科书尤为缺乏，为应急需，教育部曾指定或委托某些学校，或商请有关机构负责编写。1942年5月公布《奖励编译职业技术教科书暂行办法》，规定凡经教育部审查认为优良可用之教科书，视其内容及需要情形分别给予甲、乙、丙三种数目不等的奖金。职业学校的课程除各专业科目外，也有党义（后改为公民）、军训、体育等科目，其教科书与一般中学相同。

北洋军阀统治时期，各大学及专科学校课程完全由学校自行订定。1928年起国民党政府开始制定统一标准、科目分配、精神训练要义等。总体来看，战前的大学教科书，大多直接选用外国成书，各学校自选的教科书更是优劣不齐。1938年陈立夫出任教育部部长，狠抓大学课程"再度整理"，先从规定大学必修科目入手，特别把党义、军训、体育列为大学共同必修科目，而党义科就包括：三民主义、建国大纲、孙文学说、民权初步、实业计划、国民党历史宣言、唯生论、民生史观、国民党史、抗战建国纲领等。学生除必读这十大类参考书外，还要做读书笔记。教育部于1939年专门设立大学教科书编辑委员会。编辑方法一是采选成书，二是公开征稿，三是特约编著。各种书稿，须经初审、复审、校订手续，并经该会常委会会议通过，由教育部核定付印，作为大学用书。编辑的先后顺序按轻重缓急编写，先编辑各大学共同必修科目用书，再编写各系必修科目用书，最后编辑专业选修科目用书。

关于高校各科所用的教科书，国民党政府自始就是严格审查的，所有教科书必须符合其"一个党一个主义"的独裁精神，必须时刻反对它所叫喊的"不适合中国国情"的共产主义。1939年成立了大学用书编辑委员会。1940年该会在重庆北碚开会决定先编写各学院共同必修教科书，然后再编写各科必修课和选修的教科书。教育部对部分已印行的大学用书加以甄选，经审查合格后，征得原书作者的同意，略加修订，作为部定大学用书。如此反复审查，截至1947年，送审书稿共三百三十一种，被否定了一百九十二种，约占送审书稿的五分之三。其中较著名的有钱穆的《国史大纲》、王凤喈的《中国教育史》、曹绍濂的《近代欧洲政治社会史》、蔡翘的《人类生理学》等。

二、抗日战争时期教科书的供给

抗日战争爆发后，国民政府为了应付急剧变化的形势，在教育方面先后颁布了《总动员时督导教育工作办法纲领》《战时各级教育实施方案纲要》，以及《各级教育设施之目标及施教对象》等法令，确定了抗日战争时期的教育政策和教育实施方案。在这种历史背景下教科书的供给问题十分突出，呈现出非常时期的特定情形或状态。

（一）战争状态下教科书的应急方略

据《第二次中国教育年鉴》第五编中所载："1937 年 8 月 27 日，国民政府教育部颁布《总动员时督导教育工作办法纲领》，规定：'在战迫近时，各级教育务持镇静，以就地维持课务为原则；较安全地区的学校，设法收容战区学生；学校训练要切合国防需要，课程更须规定范围。'"该纲领主要以"战时须作平时看"为办理教育的宗旨。考诸历史，当时教育界对"平时教育与战时教育"做了讨论，有两种观点，一是主张发展学校制度以外的教育形态作为推行战时教育的主体；二是主张将学校的内容及方式做一定的调整，但仍以学校制度作为战时教育的主体。

1938 年 4 月 1 日，国民党在武汉召开的临时全国代表大会制定《抗战建国纲领》。《教育部公报》第 10 卷第 8 期刊登了这一纲领，提出："一、改订教育制度及教科书，推行战时教程，注重于国民道德之修养，提高科学之研究与扩充其设备。二、训练各种专门技术人员予以适当之分配以应抗战需要。三、训练青年，俾能服务于战区及农村。四、训练妇女，俾能服务于社会事业，以增加抗战力量。"同月，国民政府教育部根据《战时各级教育实施方案纲要》制定幼稚教育、小学教育、中学教育、职业教育、师范教育、专科学校教育、大学教育、社会教育、家庭教育等设施目标及施政对象十条。内容多是以"维持正常教育为宗旨"，"实施起来却仍然多是老套子"。但是，其中也有一些抗战精神的及时体现，与教科书密切相关者。如"对于各级学校各科教科书，应彻底加以整理，使之成为一贯之体系，而应抗战与建国之需要，尤其先编辑中小学公民、国文、史地等教科书及各地乡土教科书，以坚定爱国爱乡之观念。对于中、小学教学科目，应加以整理，毋使过于繁重，致损及学生身心之健康。对于各大学、各院科系，应从经济及需要之观点设法调整，使学校教学力求切实，不事铺陈。对于学校及社会体育应普遍设施，整理体育教科书，使与军训童训取得连贯，以矫正过去之缺点；强迫课外运动，以锻炼在学青年之体魄，并注意学生卫生方法之指导及食物营养之充足。"❶

1942 年 1 月教育部又公布了《小学课程修订标准》，规定初小科目为团体训练、音乐、体育、国语、算术、常识、图画、劳作八种。高小科目为团体训练、音乐、体育、国语、算术、社会、自然、劳作、图画九科。这一标准中把以前公民训练改为团体训练，作为实施训育及训练卫生习惯的科目；美术改为图画，一、二年级音乐、体育、图画与劳作又改为分科教学。高小社会包括公民（知识部分）、历史、地理三科，亦以分科教学为原则。

各类小学（包括改良私塾）根据课程标准所设各科，都必须用教育部审定的教科书。1933 年教育部组织教科用书编辑委员会，开始统一编印中小学教科书，不过在抗战前各大书局经审定印行的教科书较之部编的教科书更多地流行于各地。抗战开始后，除正中书局外许多大书局最初均未迁往后方，教科书的印刷运输均感困难。教育部马上大规模组织编印，并由正中、商务、中华等七大书局联合供应。所有部编教科书无不尽可能地灌输一些封建伦理思想和国民党统治的说教。

1938 年颁布的《国立中学课程纲要》中将战时国立中学课程分为精神训练、体格训练、学科训练、生产劳动训练及特殊教学与战时后方服务训练五项。1939 年教育部通令专科以上学校增设战时课程。原则是：删去不重要科目，在现有科目中增加特殊教科书，增置特种教学科目及特种研究项目。各校增设战时科目的有理、工、医、农、文、法、商、教育七类共二十八科。1942年教育部还要求中小学增加开设兵役课程，小学讲"兵役常识"，中学讲"兵役浅说"。1940 年教育部为适应抗战时期后方对人才的需要和学生就业的需要，修订初高中课程标准，主要是增设选修课并将英文改为选修。修订后的课程初高中均分为甲、乙两组，以英语为分组标准。初中甲组选修国文、历史、公民及职业科目，自第二学年起增加两小时的职业选修课。乙组三年中都需要选修英语。高中自第二学年起分组，甲组侧重理科，乙组侧重文科，各校视地

---

❶ 中华民国"教育部"教育年鉴编纂委员会. 第二次中国教育年鉴·第一编·第二章 [M]. 台北：文海出版社，1986：9.

方情形自第三年起酌情开设简易职业科目（如商业簿记、会计、统计、应用文书、打字、农艺、合作社等）。女生第二年起酌情开设家政科，各年级每周须有两小时为战时后方服务和训练。

关于中学以及其他中等学校教科用书，在抗日战争以前，均由各书局依教育部公布的各科课程标准组稿编辑，送呈国民政府编译馆审查，并由编译馆转送教育部审定后始得付印发行。抗日战争爆发后，许多大书局未及西迁，后方各地普遍发生教科书"书荒"。有些学校高价购买多年不用的陈旧教科书，有些学校连旧课本也买不到，就只有印点讲义。但印制讲义不仅油墨和纸张劣质价昂贵，而且又常冒风险，因为油印的东西往往被当局视为违禁物品。

1942年以后，教科用书编写组积极着手编订，同时督促商务、中华、正中、开明等七大书局组织教科书联合供应处，负责印刷发行。虽然如此，在当时有些中学也还是先生讲学生听，读书三年也很少有教科书。各科教科书都是根据教育部最新课程标准教科书大纲编辑的，其中不少是向学生灌输封建伦理道德，要学生绝对服从所谓"一个党、一个主义、一个领袖"为目的的。

（二）部编教科书制度的确立

受战时政局及经济风潮的影响，教科书的问题十分突出，不仅学科种类、数量匮乏，而且价格极不稳定。如1937年2月17日，国民政府教育部要求各书局减低中小学教科书定价。中学减至原定价七折，小学减至原定价五折为原则。普通书价亦应酌量减少。[1] 而到了1942年1月9日，国民政府教育部提高教科书售价。以成渝区为例，1月9日以粗糙纸张印制的课本涨价八倍，7月1日再次涨价十二点五倍，白报纸课本涨价二十五倍。[2] 1943年2月15日，国民政府教育部公布《中小学教科书售价办法》，规定教科书分区按照纸质不同调价。成渝区土报纸课本按原价十三点五倍出售，嘉乐粉纸课本按二十九倍出售，白报纸课本按二十六倍出售；湘赣区土报纸课本按原价十一倍出售，嘉乐粉纸课本按十九倍出售，白报纸课本按二十一倍出售。[3]

为解决战时教科书短缺及价格不稳定的问题，教育部开始推行战前曾尝试过的部编教科书的做法，制定了具体的实施方案，成立"各级学校各科教科

---

[1] 中央日报，1937，2（17）.

[2] 教育部公报，1942，14（1，2，13，14）.

[3] 教育部公报，1943，15（2）.

书编订委员会"。在蒋介石的建议与社会各界人士的呼吁推动下，自 1942 年年底开始，教育部将部编初小国语常识课本暂行本八册及教学指引交给正中书局出版供应，解决了部分教科书供应的困难。随着编定的稿本陆续增多，正中书局出版能力有限，逐渐无力独自承担全国教科书供给之责。1943 年 4 月，教育部将部编教科书，以及由正中等书局自愿交出，并经南京政府国立编译馆审定通过教科书的发行权，交由"国定中小学教科书七家联合供应处"（简称"七联处"）统筹供应，这个机构包括了正中书局、商务印书馆、中华书局、世界书局、大东书局、开明书局、文通书局七家书局。这些书局因资金有厚薄，分局有多有少，可能负责供应的区域数量也各有不同。在教育部的协调之下，最终核定各家书局分配成销的比例分别是：正中书局、商务印书馆、中华书局各占 23%，世界书局、大东书局、开明书店、文通书局依次占据 12%，8%，7%，4%。

教育部限令从 1943 年秋起，各级学校开始采用部编统一教本。根据教育部与"七联处"达成的协议，所有小学各科及中学公民、国文、历史、地理各科之教科书均由"七联处"负责供应，其余各科仍由各校自行选用审定本。为了使部编教科书得以顺利行销，同年 11 月教育部重申："所有各书局编印同类教科书之版本，不论其尚在审定有效期间，或已通过审定有效期限，或曾经核准发行，或尚未经审定者，均一律停止发行。"❶ 中小学教科书的供应体制经历了由"审定制"为主到"国定制"为主、兼及"审定制"，再到"国定""审定"主辅结合体制的转变。

为推行国定本教科书，首先需要解决战前的各家书局大量囤积的审定本教科书。1943 年 11 月 22 日，"七联处"举行了 1944 年春季国定本教科书发行谈话会。各书局代表首先报告了所存中小学教科书的情形，各家书局约有库存书籍一千万册，大部分为初小国语、常识两种。谈话会最终商定处置库存书籍的办法如下：

1. 各书局按照报告数量，将存书一律交七联处统筹分配销售。

2. 中小学各科教科书已有国定本供应者，各书局应将存在各地印刷机构同类教科书之纸型，汇交七联处，由部方派员监视封存或销毁。

3. 1944 年春季，七联处应将国定教科书先行分配于印刷地点附近交

---

❶ 教育部训令（1943 年 11 月 8 日）［J］. 教育部公报，1943，15（11）.

通便利之县市，以销售九百万册为度（旧存一百万册及新印八百万册）。其他地点区域范围由七联处迅速拟定后，呈报教育部审核，经教育部核定后，通令各省市在指定县市内应绝对改用国定本，不准沿用各书局编行之版本。

4. 在交通不便之区域，可全部推销各书局编印经审定或核准发行之存书，但以1944年春季一学期为限。

5. 各书局依照现课程标准新编之各科教科书尚未经审定或核准发行者，国立编译馆应就已送审之版本，迅即审核，如内容尚无不合，其已印存之书，亦得照上项规定办法处置。❶

然而，随着日寇在华军事占领区扩大，沦陷区增加，国民政府统治区域缩小。于是，受各家书局资金困难与各出版利益集团之间利益冲突等诸多因素的影响，国定本教科书供应状况却并不令人满意，各种版本的教科书与翻版的国定本教科书充斥其间。"七联处"成立后并未从根本上解决各地教科书供应紧张的问题。从"七联处"与教育部的来往文书中可以看出，在"七联处"发行体制推行一年之后的1944年，"七联处"的供应范围仅限于全国的十三个省二百五十一个县市，未能依照合约满足全国各省市的需要❷，特别是在那些敌我争夺激烈的战区，由于"七联处"没有完善的销售网络，因此它根本无法满足这些地区对部编教科书的需要。这一新的教科书发行体制自出台之日起便陷入了困境。

1939年，民国教育部开始编辑全国统一的大学用书即"部定大学用书"，民国教育部规定，各大学必须采用"部定大学用书"用作教科书。但实际上，由于当时的特殊国势，"部定大学用书"的原定出书计划也绝大部分没有完成，各大学并没有完全采用"部定大学用书"。许多大学和书局要么另外编有自己的"大学丛书"和"大学用书"，要么沿用战前的外国教科书或本大学教师上课的讲义。抗战期间，中国大学教科书建设几乎没有进展，主要是重版了二三十年代的教科书，如王凤喈的《中国教育史》，就是其在1925年《中国教育史大纲》的基础上修订而成的，1945年由国民政府国立编译馆出版，重

---

❶ 国定中小学教科书编辑印制供应及存书问题谈话会：1943 – 11 – 22［M］. 南京：中国第二历史档案馆，5 – 1305 – 29 – 30.

❷ 教育部司函（1944年2月17日）［M］. 南京：中国第二历史档案馆藏档，5 – 1300 – 10.

庆正中书局印行，并入选"部定大学用书"。

（三）编写讲义，抄写课本

由于日寇对华文化教育事业大肆摧残，致使教科书奇缺。为此，必得临时补救，以解燃眉之困。1939 年 6 月 8 日，国民政府教育部训令各省教育厅在暑假前备齐油印用具、纸张、油墨等分发给各中小学校，教科书不能如期购到时，准许先油印讲义应用。6 月 22 日，又颁发《暂定下年度小学教科书补充办法》五条，规定各省可自行筹款印刷教科书或油印自选教科书，小学高年级写字作业可抄写课本分发缺书学校，可转借或出售旧课本。❶ 1940 年 1 月 17 日，国民政府教育部训令：战区学校教科书异常缺乏，学校停顿，各省、市应详细统计，指定专款，就地翻印。4 月 17 日，教育部制定《中等以下学校抄写民众学校课本办法》八条，要求把中等学校学生抄好的课本分发民众学校使用。❷

日本侵华战争急剧推进，至 1937 年后的一年多时间里，侵略者的铁蹄践踏中国半壁大好河山，战火燃烧至中国内陆的热河、察哈尔、山西、河南、湖北、湖南、贵州等省区，人民流离失所，物资大量被摧毁，教育等文化机构设施未能幸免。这是对五千年中华文明史的一场浩劫，对中国自洋务运动以来教育现代化努力及其成效而言更是一次灾难，同时也是对人类文明的亵渎。战争状态下中国学校被狂轰滥炸或强行封闭，日本又按照侵略占领的意图加以改造，迫使中国教育机构内迁，以维系办学的力量。但这种努力相对应于广大的中小学教育而言，可以说是杯水车薪。大量的学校支离破碎，师生流徙，教育的秩序和质量根本无法得到管理和评估。数量有限的师生办学及开展的教学活动中，条件、设施以及图书资源、仪器设备都十分脆弱、稀少。在这种教育惨状的现实面前，爱国的教育家和师生克服困难，坚持办学，写下了可亲可敬的教育篇章。教科书是办学活动最不可少的资源材料，也是重要的教学行为条件。为此，教师边教边写讲义，笔耕不辍，披星戴月，"焚膏油以继晷，恒兀兀以穷年"，备尝艰辛，其间的辛酸和劳苦，可以想见。学生则身负时代的责任，学习也是报国的一个方面，艰苦求学、抄写课本，笔录课堂讲授内容，整理笔记，一方面克服了教科书资源的困乏，另一方面也是一种带有自主性的探

---

❶ 教育部公报，1939，11（4 - 6）.

❷ 教育部. 教育法令汇编·中等以下学校学生抄写民众学校课本办法［M］. 南京：正中书局，1940：253.

求学习，有助于加深学习中的理解、巩固和记忆的学习效果。

三、战时教科书编写的特点

南京国民革命政府时期的中国教育经过三民主义、实用主义、新文化运动等的洗礼有了深刻的时代烙印。随着猝不及防的日本全面侵华战争的打响，在中华大地上展开了可歌可泣的八年艰苦抗战。在战争这个特殊的历史时期，中国的战时教科书又呈现出新的特点。

（一）教科书内容的科学与守旧并存

这一时期教科书编写学科比例偏向自然学科，许多学科门类教科书内容体现较强的科学性。1937年10月抗战伊始，国民政府教育部编辑的"非常时期民众丛书"十二种出版。商务印书馆编辑的小学适用的《战时常识》《国防算术》《游戏教科书》《国民防空必读》及中学适用的社会、自然等科目战时补充教科书出版。[1] 这些教科书内容都充分体现了近代教育的科学性。而社会科学则有封建守旧观念出现。1939年4月，《中国国民党抗战建国纲领》提出，"改订教育制度及教科书，推行战时教程，注重国民道德之修养，提高科学之研究与扩充其设备"[2]。相继颁布的《战时各级教育实施方案纲要》提出发展教育的九大方针和十七要点："德、智、体三育并进"，"文武合一"，"教育目的与政治目的之一贯"，"对于我国文化固有精神所寄之文学哲艺，以科学方法加以整理发扬，以立民族之自信"。[3] 1944年5月2日，教育部《关于中学小学教科书编辑主旨与方法问题致蒋介石呈》中对中小学教科书的修订原则中提到："《春秋》《礼记》教科书，除高中国文科可选读原文外，初中及小学公民、国语、历史、地理等科，应编辑适合《春秋》《礼记》等经训精神之教科书。"依此推断社会科学的教科书中充斥着封建的说教。同时也提道："自然科学浅说与机械原理常识，应在初小常识科、高小自然科、初高中博物、物理、化学等科中，分别编述，并加重其分量，为有系统之编排。"[4] 由

---

[1] 教育杂志，1937，29（10）.

[2] 吴慧龄，李壑. 北京高等教育史料（近现代部分）[M]. 北京：北京师范大学出版社，1992：458－460.

[3] 李华兴. 民国教育史 [M]. 上海：上海教育出版社，1997：465.

[4] 教育部关于中小学教科书编辑主旨与方法问题致蒋介石呈 [G]//中国第二历史档案馆. 中华民国史档案资料汇编·第五辑第二编·教育（一）. 南京：江苏古籍出版社，1997：501.

此可见，这一时期的教科书编排既有封建守旧的思想，也有科学常识的内容。

抗战期间，社会各界逐步认识到中日两国在科学技术和人才培养上的差距。国内各级教育对提高教科书质量的呼声不断，各出版局克服重重困难编订教科书时力求努力提高质量。但是，国民党政府即使在抗战期间也一直未放弃"三民主义教育"，而且借抗战的机会部分地收回了教科书的编订权以此为"三民主义教育"的深化铺平道路。中国传统教育中的忠君爱国的思想恰逢其时，借此等思想在抵御外辱、保家卫国的口号中，促使学生忠于国民党一党专政的领导。例如，1944年3月5日蒋介石曾手谕："编审中小学教科书时最应注意之要旨：一、伦理科目应以《论语》《春秋》《礼记》材料为中心；二、自然科学之浅学与注重机械之原理与常识。"❶ 这体现出守旧的伦理观。由此可见，科学性与政治意向之间的错综复杂关系，同样反映在教科书的内容及体例结构之中。

（二）教科书内容上的战时烙印

随着战事的扩大，各书局都不同程度地受到损失。抗战的全面爆发使战前教科书供给量最大的北京、上海等各大书局一时显得无所适从。限于器械、运输等方面的原因，除正中书局外，绝大部分书局均没有及时迁往后方。1933年教育部开始组织教科用书编辑委员会，试图统一印行中小学教科书，但在当时市场上流通量最大的仍为战前各书局编印并经教育部审定的教科书。为了保证战区及后方的教科书供给，1938年4月，国民政府召开临时全国代表大会，会议通过了《战时各级教育实施方案纲要》。该纲要对教科书的规定为"对于各级学校各科教科书，应彻底加以整理，使之成为一贯之体系，而应抗战与建国之需要，尤以优先编辑中小学公民、国文、史地等教科书及各地乡土教科书，以坚定爱国爱乡之观念"❷。限于当时条件下的人力、物力、财力，再加上国民党"一个主义"的教育方针，抗战全面爆发后，为了增强国人对于世界的认识，唤起抗战的意识，有些书局侧重编辑公民、国文、历史等教科书不是没有道理的。

《战时各级教育实施方案纲要》还提出"对于自然科学，依据需要迎头赶上，以应国防与生产之急需"，"对于社会科学，取人之长，补己之短，对其

---

❶ 陈宝. 中小学教科书编审问题［J］. 教育通讯（复刊），1947，3（4）.

❷ "教育部"教育年鉴编纂委员会. 第二次中国教育年鉴［M］. 上海：商务印书馆，1948：11.

原则整理，对于制度应谋创造，以求一切适合于国情"，"对于各级学校教育，力求目标之明显，并谋各地平均之发展"，"对于各级学校各科教科书，应彻底加以整理，使之成为一贯体系，而应抗战与建国需要"。❶ 因此，在教科书编写内容上体现出战时这一特殊时期的特殊烙印。

1938 年商务印书馆编辑出版的《战时民众学校课本》一书开宗明义："本书一册，供战时民众学校四个月教学之用"。陈仪在跋中所述，编辑该书目的，旨在"促进民众的觉悟，使民众有国家的意识、民族之气节，救国的实力"，"使民众有统一的意志"，"民众能觉悟才能抵御外侮而贡献个人所有所能，实现牺牲的崇高道德。民众能组织才能合四万万五千万人为一体，同心合力，发挥整个民族力量。有如此民众，抗战未有不胜，除非世界毁灭，中国永不亡。"全书共七十页，"本书内容包含四个单元，共计六十八课"。该书内容言简意赅、通俗易懂。每课少则数十字，多则不上二百字。体裁形式多样，"课文体裁，采用叙述、问答、书信、韵文、剧本等种"，适合广大民众口味的需要，"俾能引起民众阅读兴趣"。课本内容虽简单，但充分揭露了日本法西斯在中国犯下的罪行，如在第 20 课《中华民族苦难》中，叙述了"近百年来，中华民族渐渐被人轻视、受人欺侮，尤其是日本军阀，时时刻刻想分裂我民族，奴化我民族。近七年来，他侵占了我们东北四省，现在又在其他各省，不停地攻击和屠杀，简直要亡我们的国、灭我们的种，这是整个中华民族空前的苦难"。从第 44 课至第 49 课中，分别叙述了"九一八"与"一·二八""卢沟桥事件""日本军阀的暴行""全面抗战""团结御侮""全民总动员"诸内容，特别是第 66 课《保卫福建与全面抗战》一文中指出："金门已经落入敌人的手里，厦门也已经被敌人占领，日本军阀决不会放过我们福建。福建是中国的一省，为着实行全面抗战的国策，我们要保卫福建；福建是我们的家乡，为了拥护自身生存的权利，我们要保卫福建……我们要保卫福建支持全面抗战，同时又要支持全面抗战，来达到保卫福建的目的。"

同时，课本还不忘激发国人抵御外辱的决心和斗志。如第 21 课《复兴中华民族》课文中提到："中华民族有着聪明的头脑，勤劳的习惯，本是世界上优越的民族。目前虽然碰到空前的苦难，只要我们发扬民族的气节，无论敌人

---

❶ 李华兴. 民国教育史［M］. 上海：上海教育出版社，1997：465.

怎样威逼、利诱，我们不屈服，不妥协。那么，我们不但不会灭亡，一定还可利用对日战争的机会，发愤图强，复兴中华民族。"第67课《日本必败》、第68课《中国必胜》分析原因之所在，鼓舞士气，"共同来抵抗日本军阀的侵略，那么，我们一定可以得到最后的胜利"。该课本充分体现了当时教科书编写的战时特点和时代特征。❶

（三）教科书编写指导思想上对儿童本位论的理性思考

美国实用主义教育思想为代表的现代教育理论盛行于20世纪20年代，以北洋军阀政府颁布的"壬戌学制"及《中小学课程标准纲要》为标志进入高潮，风起云涌，不仅为教育界人士所热衷和推崇，也为一些政界、思想界的名流所青睐。如作为共产党早期领袖的陈独秀在上海、广州等地活动中就畅谈欧美现代新教育的思想及意义。实用主义教育思潮在中国实验的中心在江南以南京、苏州、上海、杭州为代表。在一些文学作品，如陶行知《古庙敲钟录》、叶圣陶《倪焕之》《恳亲会》及柔石《早春二月》等作品中都有丰富而生动的情节和事件的记载。杜威的"教育无目的""教育即生长""教育即经验的改造""教育本能论""儿童中心论""活动课程""学校即社会""教育即生活""做中学""儿童本位""思维与教学"等观点主张，风靡一时，成为教育界新派人士的口头禅。这一切所带来的课程、教科书、教学方法的转移和变化，是带有里程碑式的，极富现代性，上一章的许多内容对此已有叙述。

然而，这股强劲的现代教育浪潮到了国民党统治以后，经历教育家和教师的实验及反思，也由于国民党政府受德国和法国政治、思想文化和教育的影响加深，又为了自身的统治，强化党国集权的利益，此期发生了一些变化，其影响与推行程度明显下降。例如，儿童化的学校教科书编写手法此时就有所更改。20世纪20年代受西方新教育思潮，特别是杜威儿童主义中心理论的影响，教科书编写上充满了儿童化、趣味化的内容，体现了童心、童趣的特色。这种内容和体例在20世纪30年代末以后明显改变。究其缘由，一方面是出于教育界人士对盲从实用主义教育理论在教育实践中出现如零碎、涣散、随意等新流弊的反思；另一方面是社会政局的更动。在抗日战争期间，学校教科书或新编的教科书，忽然删除了童话、物语。何键、陈果夫、陈立夫等"要人"

---

❶ 邱荣洲．读《战时民众学校课本》［EB/OL］．［2015 – 7 – 11］．http：//world．huanqiu．com/hot/2015 –07/6972995．html．

诬之为"鸟言兽语"，横加反对，甚至认为这类内容的教科书还不如《三字经》。教科书的内容增加了宣扬民族本位主义文化和固有道德以及"三民主义""党化教育"的材料。

作为教育理论和制度的重要基础和背景力量，实用主义教育在抗战时期的国民党统治区教育领域中依然以一种惯性力量，继续向前滑行。教育的科学化和实验研究是欧美现代新教育实验教育学、行动教育学及进步主义教育所主张的重要内容，这也在教学活动和教科书的使用中有所体现。

1928 年提出的《整理中华民国学校系统案》，即"戊辰学制"的学制改革活动中不仅对学科做了调整，而且教科书内容受到西方实用主义教育的影响，尤其是对西方教育和心理学知识的纳入，使人们开始思考儿童在教育中的地位和作用。以《初级小学国语常识课本》为例，学制变革之后，国文教育和常识教育分开，在不断的发展过程中，国文教育强调向儿童文学的方向发展。与之相伴的是国文教育吸收了大量外国文化，这些知识引发了国文教育家对儿童学习心理的尊重，从更加符合儿童的欣赏和阅读的角度出发，增加国文教科书趣味性。国文作为语文教育的重要环节，其文学意义的承担，也使国文教育不断发展变化。抗战时期，小学国文教科书重新采用混合编排，对儿童关怀的发展更加深入其中。《初级小学国语常识课本》的第一册主要针对的学习群体是刚开始系统识字的儿童，所以语言浅显，形式简单，内容贴近儿童日常生活。如在第十七课中，国语部分采用的是带有歌谣性质的《摇到外婆桥》，这种形式课文对培养学生的兴趣和加深学生的记忆有明显作用。对于儿童不熟悉的文字如"外婆桥""宝宝""问""听""迷"等字的下面标注了读音。对应常识部分学习的是"我的亲戚"，用图表的方式教初入学儿童辨别亲属之间的关系。这种方式更加直观，有利于学生的记忆，便于将相关知识运用到现实生活之中。而且常识部分和国文部分有很强的内容承接性，这种联系记忆法对学生的学习和记忆更加有效。❶

实验教学在战争的动荡、艰难状态下并未停止或销声匿迹，而是艰难生存，犹如"弦歌之音不绝"。由于教科书的变动很快，客观上提出了实验后推行的要求，而同时受美国实验教育新思潮的影响，一些教育家努力提倡教育实验，有的还身体力行，积极实践。这样也会影响当时的教育，尽管是被动的、

---

❶ 张素宵. 抗战时期国统区国文教育研究［D］. 武汉：华中师范大学，2015：5-6.

消极的。如 1944 年 4 月 13 日，国民政府教育部颁发《初小国定教科书实验教学 33 年度实施计划》，指定坐落于重庆北碚的重庆师范第一附属小学、第二附属小学等校按照部颁教科书、教具对初小国语、常识进行实验教学。同时，令各省指定优良小学按实验教学计划实施。❶

（四）华侨教科书编写受到关注

抗战期间，南京国民政府出于争取海外华侨政治和经济支持的考虑，加强了对华侨教育的工作。太平洋战争爆发后，许多华侨回到祖国，由于海外文化环境与国内有所不同，这些归国华侨和海外侨校直接使用国内现行教科书是不现实的。为华侨编写一套适合其特点的教科书迫在眉睫。1940 年国民党五届七次全会上通过的《推进侨民教育方案》中对于华侨教科书的编写有如下要求："组织侨民中小学课程编订委员会，根据教育部颁中小学课程标准，斟酌海外侨民集中地方情形，分别编订适用于各地侨校之课程。"❷ 另外教科书编写水平要与国内同等学校的教科书相一致，以"确保全体国民陶冶内容之统一性与完整性"❸。否则教科书质量的参差不齐会造成日后回国升学的华侨学生不能马上适应国内的学习环境，影响他们的成绩。

1935 年，南京国民政府成立侨校教科书编辑委员会，设立编辑室，重新编订海外侨校所用教本和课外读物，在抗战爆发后这项工作暂告停顿。1939 年，编委会恢复工作，所编订的教科书统称为"南洋小学教科书"。南洋研究所成立后，将编辑室合并，接管编修教科书的工作，一面继续编修小学教科书，一面开始中学各科教科书的编订工作。华侨小学教科书和教学法，共有八十六册，1941 年编印完毕。本来对于各级教科书有完整的编写计划，在当年还将完成侨民初级中学公民、历史、地理、国文、博物教科书，完成华侨民众学校教科书的编修，编订高级中学教科书。可是由于战争的关系，南洋大部分侨校因战争被迫关闭，已完成的新编订教科书销售十分困难，后续编订工作也因此遂告暂停。❹

抗战期间，国民政府尽管时时表现出消极抗日、积极反共的政策导向及做法，但也不可否认，在国统区广大爱国民主人士及人民群众的要求及推动下，在教育上基本没有偏离抗战的轨道，从教育政策的制定、各级教育的实施、教

---

❶ 熊明安. 中国近现代教学改革史 [M]. 重庆：重庆出版社，1999：544.

❷ 郁汉良. 华侨教育发展史 [M]. 台北：台北"国立"编译馆，2001：314.

❸ 常道直. 侨民教育问题蠡测 [J]. 侨民教育季刊，1941 (1)：8.

❹ 王宁宁. 抗战时期的华侨教育 [D]. 济南：山东师范大学，2010：41－42.

科书的编写和选用都表现出这一点。国统区的教育通过广大教育界进步人士，尤其是爱国教育家的努力有力地支援了抗战，时时激发着人们的民族情感与爱国热情，肃清了敌伪奴化教育及宣传的毒素，打破了日本帝国主义妄图在思想上愚弄中国人民进而征服中国的险恶用心，教科书也成了推动抗日战争胜利的不可或缺的坚实力量。

第二节　国民政府"复员时期"的教科书

经过浴血奋战，中国人民终于取得了抗日战争的伟大胜利。1945 年 8 月 14 日，日本天皇宣布无条件投降，9 月 2 日正式签署投降书。中国共产党顺应人民要求，提出并坚持实行和平、民主和团结、统一的建国方针，主张由国共两党及其他民主党派和民主人士组成政治协商会议共同协商建立联合政府。可惜，历史没有完全按照中国人民的意志发展。国民党蒋介石一意孤行，在美帝国主义的支持下，于 1946 年 6 月 26 日撕毁停战协定，围攻中原解放区，发动对解放区的全面进攻，挑起了中国历史上空前规模的全面大内战。1949 年 4 月 23 日，中国人民解放军占领南京，蒋家王朝覆灭，国民政府统治下的教育及设施也随之终结。此一期，国民政府基本上沿袭了战前以及部分战时的教育政策与学校教科书策略，不过也随着形势的发展制定了一些新的政策和临时措施。

一、教育政策与教科书

随着世界反法西斯战争的节节胜利，战争形势已日趋明朗，日本在中国的败局已定，抗日战争取得了胜利。南京国民政府开始准备接收收复区和光复区，召开一系列会议准备战后复员，并给予教育复员高度重视。在日本宣布投降之前，教育部已开始着手制定复员计划，"曾拟具复员计划十二项，对内迁各级文化机关之复员，边疆教育及侨民教育之复员，并光复区、收复区专科以上学校及其他文化事业之如何接收改组，教职员学生如何甄别审定，敌伪奴化教育暨所有不正确思想如何清除矫正，均有详细规定"。❶ 只是抗战胜利突然到来，而该计划还在讨论中，国民政府教育部不得不采取一系列应急措施。"教育部部长朱家骅在日本宣布投降的次日，向收复区教育界广播告以暂维现

---

❶ "教育部"教育年鉴编纂委员会 . 第二次中国教育年鉴（一）［M］. 台北：文海出版社，1986：14.

状听候接收。"❶ 此举在一定程度上稳定了收复区教育秩序。同时教育部还向各地颁发了《战区各省市教育复员紧急办理事项》十四条。其中对于一律销毁敌伪教科书及宣传品，根除奴化教育思想，以及教科书应恢复战前审定本等方面做出相关规定："各级学校教科书与各大书店印刷所接洽印行国定本，并可采用战前审定本。对于收复区学生正确思想之训练，并销毁敌伪教科书及一切宣传品，应保存作史料的除外。"❷

在战争期间，国民政府没有放松对基础教育的管理。为解决六至十二岁的学龄儿童的基础教育和因战争已逾学龄未受基本教育的民众补习教育，教育部公布《国民学校法》。其中第十一条对教科书规定："国民学校及中心学校之教学科目及课程标准，由教育部定之。"❸ 根据此法，抗战胜利后的 1946 年 9 月 19 日，教育部颁布了《国民学校及中心国民学校规则》，共计二十二条，关于教科书的规定为：

第六条　国民学校及中心国民学校之教科书，应照左列之规定：

（一）国民学校及中心国民学校之儿童班、成人班、妇女班之各科教科书，应用国定本教科书或教育部审定之课本；

（二）各地地方性教科书及补充读物，应由省市主管教育行政机关或当地主管教育行政机关编辑，呈请上级教育行政机关核定；

（三）国民学校及中心国民学校幼稚园之教科书，得由学校或当地主管行政机关，依照部颁幼稚园课程标准编送。❹

由上述规定看出，各级学校的教科书内容已全部由教育部决定。国民党政府教育部为了进一步控制学校的教学内容，继续实行严格的教科书审查制度，并于 1947 年 2 月 12 日公布《教科图书标本仪器审查规则》，规定：学校用教科图书及标本仪器未经审定发给执照，或经审定已逾有效期间者不得发售或采用。❺

---

❶ "教育部"教育年鉴编纂委员会. 第二次中国教育年鉴（一）[M]. 台北：文海出版社，1986：14.

❷ "教育部"教育年鉴编纂委员会. 第二次中国教育年鉴（一）[M]. 台北：文海出版社，1986：14.

❸ 国民政府公布之国民学校法 [G] //中国第二历史档案馆. 中华民国史档案资料汇编·第五辑第二编·教育（一）. 南京：江苏古籍出版社，1994：442.

❹ 教育部公布之国民学校及中心国民学校规则 [G] //中国第二历史档案馆. 中华民国史档案资料汇编·第五辑第二编·教育（一）. 南京：江苏古籍出版社，1997：448.

❺ 教育部. 教育法令 [M]. 上海：中华书局，1947：112－113.

经历了十四年抗战，人们还在回味着日本投降的喜悦，国共两党长达三年的国内战争又已打响。虽然 1945—1949 年这一时期学校教科书编印出版工作仍在持续进行，但多数教科书属于修订后重印。1946 年，商务印书馆出版王成祖编著复兴高级中学教科书《本国地理》；中华书局印行任美锷等编著《小学地理》《初级中学地理》（1946 年 7 月修订版）、华汝成编《新编初中生理卫生》（1947 年 2 月第 80 版）、高季可编《新编初中代数》（1949 年 7 月第 48 版）；大东书局印行薛元鹤编著的《初中代数》，1947 年 1 月第 6 版。1947 年，国民政府国立编译馆出版余焕斗、张超编辑（高级小学）《公民课本》四册；聂家裕编辑，顾颉刚、钱穆、邓广铭等校《历史课本》；任美锷、陈大年、李旭旦等编辑（初级中学）《地理》六册；胡彦立、徐允昭等编撰（高级小学）《自然课本》四册。

二、教科书编写的新特点

解放战争时期的三年历史波澜壮阔，根据地与解放区急剧扩大和推进，各项事业蓬勃发展。而与此形成鲜明对比的是国民党统治区在一片风声鹤唳、社会动荡不安的场景下，呈现腐朽、黑暗及衰亡的惨象。教科书在清除日伪奴化教育影响方面做出了努力，同时教育家与各界先进爱国人士积极工作，也取得了局部的成绩，但整体而言仍然难以挽回教育衰退与政局危机的困境。

（一）禁用日伪教科书

日本侵华期间，无论是在东北沦陷区推行"伪满教育"还是在华北、华中、华南等地推行"汪伪教育"，其实质都是推行奴化教育。其目的是通过教育对中国人进行"洗脑"，消除其对日本侵略者的仇恨，使人们不能认识到日本侵华事实的真相。以华北为例，伪政权教育部颁布的《审查教科图书共同标准》中，"关于教科书之精神"一项特别强调，教科书要"适合国情""适合时代性"。这里所谓的"适合国情""适合时代性"，就是要求在教科书中凸显华北伪政权成立的必要性、合法性，体现"中日亲善""建设东亚新秩序""复兴东方文化"等反动精神。新编教科书竭力鼓吹日本炮制的"新民主义""中日满亲善""共存共荣""王道乐土"等谬论，妄图泯灭中国人民的祖国观念和民族意识，把中国人民尤其是青少年塑造成服从日本殖民统治的"新民"。

这些明显具有歪曲历史、奴化国人的日伪教科书，在抗日战争胜利后，立即被禁用。1946 年 1 月 22 日，教育部在"战后教育复员紧急办法"中提出严令取缔敌伪教科用书，令各省市中小学一律采用国定本教科书。"对于收复区学生，予以正确思想之训练，并销毁敌伪教科书及一切宣传品。"❶ 对于秘密抛售伪教科书者，应封闭发行书局；中小学采用伪教科书为教科书者，也应严予惩处。教育部通令各省市主管教育行政机关严密调查，以期肃清日伪教科书奴化教育的遗毒。

1895 年《马关条约》签署后，台湾沦为日本殖民地，被迫推行日本的奴化教育，教科书中充满了亲日、媚日的内容。1945 年 10 月 25 日，日本"台湾总署"在台北签署投降书，之后日本教科书被逐渐清理。1946 年 1 月 8 日，台湾行政长官公署教育处令全省各国民学校废除日本统治时期之一号、二号、三号课程表，试行新课程表，增加国语、历史、公民等科教学时数。6 月，全省教育行政会议议决：自 9 月开始的新学期始，全省国民学校统一用"教育部"颁发的国民学校课程标准，统一用"教育部"审编的教科书。❷ 但在此后数年间，教育上清理奴化思想因素及汉奸文人的工作做得并不彻底，以致日占时期殖民毒害成分始终存在，直到当今台湾岛内不时泛起亲日沉渣，散布媚日言论，当与此有关。

（二）注重编写边疆民族教科书

1912 年民国政府成立后，限于南京临时政府和北洋军阀政府当时对边疆民族地区尚没有建立起有效的政权统治体系，致使边疆民族地区现代教育事业长期以来一直处于停滞状态。1927 年，南京国民革命政府上台后，在形式上统一全国。中央政府开始逐步推进边疆民族地区的教育发展，边疆民族地区的现代教育事业才逐渐趋于普及和推广。1929 年，国民政府教育部设立主管边疆教育的行政机构——蒙藏教育司。因此，边疆少数民族教育这时官方用词是"蒙藏教育"，而"边疆教育"一词在民国初期从未从政策层次上提出，仅仅出现在文献中。但蒙藏教育的学校教科书的编写已有所关注。如"三民主义教育"实施原则中，关于"蒙藏教育"一章，所规定的内容有，小学教科书，用蒙、汉文及蒙藏文合编本，中等以上学校的教科书，以用汉文编订为原则。各级学校的教科书应特别注意以下各点：①中华民族之融合的历史；②边疆和内地地理上的关系；③帝国主义侵略蒙、藏的历史和史实；④蒙、藏人民地方

---

❶ "教育部"教育年鉴编纂委员会. 第二次中国教育年鉴（一）[M]. 台北：文海出版社，1986：14.

❷ 中央教育科学研究所. 中国现代教育大事记 [M]. 北京：教育科学出版社，1988：561.

自治和民权主义的关系；⑤蒙、藏人民和国民革命的关系；⑥蒙、藏人民经济事业和民生主义的关系，以及其他有关蒙、藏人民特殊环境的教科书。❶

　　20世纪三四十年代，西方列强的侵略和扩张日益加剧，中国面临着严峻的边疆形势。一是边疆分裂倾向加剧。在西方列强的鼓动和支持下，蒙古、新疆、西藏、云南等边疆地区均存在分裂活动。二是日本帝国主义侵华。随着日本帝国主义在华势力范围不断增加，中国面临着生死存亡的民族危机。边疆危机对国家的安全构成了严重的威胁，民族危机加深，边疆问题的重要性由此得到了政府及民众的重视。政府由教育入手开发边疆，归拢人心。国内各界有识之士提出"蒙藏教育"概念过于狭隘，且自从蒙藏教育司设立以来，其"所辖事业已广达十一省之边区，对各边疆民族教育，向无轩轾之分，因未尝以蒙藏地域为限。然司名冠以蒙藏易滋其他边疆民族之误会❷。因此，教育部用"边疆教育"一词代替"蒙藏教育"，以抵制各帝国主义势力的文化殖民政策。教育部部长朱家骅提出："边疆教育为艰难繁重之工作，对内关乎文化之交融、民族之团结，对外关乎国防之建设、国际关系之调协。"❸ 1931年，教育部颁布的《边疆教育实施原则》中第一次正式在官方文件中使用了"边疆教育"一词。❹ 但有时也常常将两者统称，这无论在政府文告或规程中，还是在地方、民间的书面正式及非正式用词中都有所表现。

　　1935年，教育部公布了《推进蒙藏回苗教育计划》，开始着手编印汉蒙、汉藏、汉回对照的小学课本，为各边疆小学提供教科书。抗战时期，因受战争影响，编写进程有所减缓。抗战胜利后，边疆学校的教科书问题再次受到重视。1946年10月，蒙、藏、维三族小学教科书编辑委员会，下设蒙、藏、维三族编辑小组，分别编辑蒙文、藏文、维文小学教科书各一种。三套教科书均以国定本小学教科书为底本，增加编写各族乡土教科书，以适合地方情形。这三套书成于1947年，对边疆民族教育的进步奠定了基础。

　　由于国民政府边疆教育政策的制定完全是出于国家政治目的，以此来实现边疆地区的巩固和发展。即通过普及科学知识，增强边疆人民的爱国观念，

---

❶ 中华民国教育部. 第一次中国教育年鉴·乙编第一章 [M]. 上海：开明书店，1934：21.

❷ "教育部"教育年鉴编纂委员会. 第二次中国教育年鉴（四）[M]. 台北：文海出版社，1986：1212 – 1213.

❸ 朱家骅. 代序[G] //教育部边疆教育司. 边疆教育概况续编，1947：1.

❹ 张琳. 南京国民政府时期边疆教育立法研究 [D]. 北京：中央民族大学，2013：2.

"灌输科学智识，并兼以政治材料，捍卫国家之历史人物，以启迪知识，养成国家观念之鹄的"❶，在当时曾受到各边疆地方政府的拥护和支持。1939 年贵州省主席吴鼎昌亲自审定了《贵州省民众学校课本》，强化了对国家、民族观念的灌输，以及抗战实际和公民义务的了解。

为解决边疆地区各民族"语言文字，各不相同，生活方式，彼此互异，文化水准，参差不齐"的问题，语言首先要达到统一，"书不同文，不能表意于大众，正犹车不同轨，不能通行于天下"。教科书的编写原则要求"故'求同'一点，实为中华民族任何一员自动追求之目标"❷。而"语文之沟通，可使内外文化交流，各宗（族）感情融洽，吾人实施边疆教育，亦可因此而减少困难，不必专靠他人通译失真，而增加教学上之效率"❸。因此，政府要求边疆地区教科书，"当提供两套，一为边文（指各少数民族的语言文字）译本，一为国文译本，边地学生，如以边文为便利者可选用边文译本，如以国文为善者可选用国文教本"；中等教育以上的学生，"为深造之便利，开始必修国语国文"。❹通过学习，统一语言文字消除各民族间相互交流的困难，但完全推行统一文化则意味着要消除少数民族文化，这是极不合适的。根据国民党八中全会《设置西南西北文化研究所》及十中全会《设置研究边政机构》两大决议案的内容，国民政府教育部于 1945 年 3 月开始筹设国立边疆文化教育馆，该馆还编译了多种"边文小学教科书"等，分发各边地学校使用，获得好评。❺

边疆教科书还应注重切合边疆学生文化习俗及生活方式。为此，教育部在1945 年 9 月颁布《边疆初等教育设施办法》，对小学教科书的编订原则做了以下规定："边疆小学各科教科书内容，须力谋切合边地情形，并依据中华民族为一整个国族之理论，激发爱国精神，泯除地域观念与狭义的宗族观念所生之隔阂。"❻ 为更好地使所编译的边疆学校教科书适合边疆民众的生活需要，

---

❶ 教育部二十四年度推广边疆教育实施办法案的文件［G］//中国第二历史档案馆．中华民国史档案资料汇编·第五辑第二编·教育（二）．南京：江苏古籍出版社，1997：868．

❷❹ 朱家骅．代序［G］//教育部边疆教育司．边疆教育概况续编，1947：2．

❸ 余书麟．战后我国边疆教育建设途径网［J］．教育杂志，1947（2）．

❺ 国立边疆文化教育馆组织条例［G］//"教育部"教育年鉴编纂委员会．第二次中国教育年鉴·第十章第二章．上海：商务印书馆，1948：1219．

❻ 教育部公布边疆初等教育设施办法令［G］//中国第二历史档案馆．中华民国档案资料汇编·第五辑第三编·教育（一）．南京：凤凰出版社，2000：116．

1946 年，教育部又"另行编译蒙藏维初小语文、常识教科书一套，由国立边疆文化教育馆董其事，经该馆聘请专家分别组织编译委员会，仍以国定本小学教科书为蓝本，分区插编地方性、民族性教科书，译成蒙藏维文。注重边疆文字之拼音与读法；课文插图，亦以边地事物为主，借使学生易于辨识"。❶

国民政府成立伊始就把少数民族教育列入民国教育全盘发展的规划之中，伊斯兰教教育学校教科书是其中的项目之一。常德回教教育辅助会是湖南省伊斯兰教民间教育组织，1920 年由常德的伊斯兰教上层人士发起成立。该会经过一个时期的工作，在改革经堂教育、促进伊斯兰教文化的传播与学校教科书建设方面做出了一定成绩，并编辑出版了阿、汉文对照的初、高级《回语读本》，由四川万县（今重庆直辖市万州区）伊斯兰师范学校印行。该会设有总务股、教育辅助股、翻译编辑股、筹募基金股等机构开展日常工作，后因经费困难而解散，其中翻译编辑股及其人员移交四川万县伊斯兰师范学校，后继续编辑出版了阿、汉文对照的《回语读本》。万县伊斯兰师范学校是现代中国伊斯兰教新式学校之一。1928 年由四川工商界穆斯林人士周级三发起创建并任校长，校址设在万县清真寺后山坡。它是在当时中国穆斯林知识界"振兴宗教，提倡新式教育"思潮影响下创办的。其办学宗旨是：提高穆斯林科学文化水平，培养经学和汉学兼通的宗教师资和其他人才，传播伊斯兰文化知识。学校开设的课程有《古兰经》、教义与教学法、阿拉伯语及语法与修辞学、汉语文、数学、历史、地理，后还增设了《孟子》《论语》等课程。该校在培养具有相当宗教学识和文化知识的人才方面做出了积极贡献，在中国伊斯兰教育史上有一定影响。1935 年，因经费拮据而停办。❷

（三）提高教科书装帧设计的要求

民国时期，书籍装帧设计开始受到整个社会的重视。同时，中国教科书装帧设计也有了大的发展，既有传统文化的传承，也有西方装帧设计风格的融合。教科书的装帧首先直观体现在封面设计上。教科书封面主要体现书名、作者名、出版社名等信息。对这些文字信息的排版主要有竖排、横排及横竖混排形式。为体现美观和学科特点，一般教科书都配有图画。民国中后

---

❶ "教育部"教育年鉴编纂委员会. 第二次中国教育年鉴·第十编第二章 [M]. 上海：商务印书馆，1948：1218.

❷ 石鸥，吴小鸥. 百年中国教科书图说（1897—1949）[M]. 长沙：湖南教育出版社，2009：319.

期，在封面方面逐渐形成一些规律，如同一套系的教科书绘制相同或相近的封面插图，以形成完整的书系。低年级的教科书封面多为比较具体生动的画面，高年级多为比较抽象的图案、图形。

由于受儿童中心及学生本位等现代实用主义教学理念影响，学校教科书的装帧设计也注重从儿童学习与成长的生理卫生角度出发加以设计。教科书的纸张、字体、装订等皆从便于学生角度设计。考虑到儿童经常使用携带教科书对封皮磨损最大，所以封皮选材皆为厚实坚韧的纸张。课本内的纸张要求极为严格，民国儿童教育家认为，"纸张的光泽不调和，有反光，足以危害儿童的视觉，日久容易变成近视眼，所以纸张的颜色以白而无光者为最佳，白而有光者为最劣"❶。南京市低级教学研究会明确规定了教科书字体的大小，如一年级至少九耗见方（头号铅字大小），二、三年级须七耗见方（二号铅字的大小），四年级须五耗见方（三号铅字大小），五年级以上须四耗见方（四号铅字大小），遇必要时，可于正文内加特号字。儿童教育家竺在勤认为教科书的行间距离亦应科学、标准，"行间的距离，一年级四点四耗，二、三年级四耗，四年级三点六耗，五年级以上二点五耗；字间的距离，至少限度须一耗半；行列的长度，以九十耗至一百耗为最合宜，各行长短应一律，以便眼动"❷。教科书的装订也有明确的要求，当时书籍装订有三种形式：双线、单线和铁丝订。单线装订易造成图书脱落散失，铁丝装订易对儿童的健康造成危害，因此当时教科书多为双线装订。

抗战胜利后，教科书的装帧主要还延续之前的方法，但一些方面有了新的要求。1947年2月教育部公布的《印行国定本教科书暂行办法》中规定：一切公私印刷机关印行国定本教科书在版面、装订、纸质、字体、插图等方面之最低标准，如小学低年级各册课本用正楷手写体，每字不得小于四平方厘米，插图不得少于课文之三分之一等。这比之前的要求更符合儿童阅读心理。还有一些体现了时代的特征。当时教科书的版权已经放开，任何书局都可申请印行国定本教科书，教育部予以审核批准，并发放执照。为防止非法翻印教科书在市场流通，教育部在《印行国定本教科书暂行办法》中规定，通过教育部批准的公私印刷机关印行国定本教科书时，应将该书之许可执照用照相版印于封底页。这一做法使人们很容易区分正版书和盗版书，直接打击了盗版行为。在

---

❶❷　竺在勤. 怎样的儿童读物才算适用［J］. 进修半月刊，1936（10）.

《印行国定本教科书暂行办法施行细则》中又重申：教科书经印刷全部送审且审核合格后，每组合发许可执照一张。所有执照由各印刷机构在印行国定本教科书时影印于各册课本之封底页。

随着国民党内战阴谋的破产，国统区的文化教育事业，则陷入了严重的危机。蒋介石通过《中美友好通商航海条约》和《中国国家教育计划》等规章条例，把中国文化教育事业直接交给美国国务院控制，使中国教育成为美国在远东太平洋地区的教育试验场。国统区军警特务遍布校园，言论思想受到禁锢。学校教科书也夹杂着国民党政府宣扬的腐朽思想言论。1947 年元旦国民党以《中华民国宪法》的形式规定：教育应发展国民之民族精神，自治精神，国民道德，健全体格，科学及生活智能；国民受教育机会一律平等；六至十二岁学龄儿童一律受免费的基本教育，逾龄未受教育者一律免费学习；各级政府光设奖学金资助品学兼优无力升学之学生；全国公私立文化教育机构均受国家监督；国家注重各地区教育的平衡发展，边远及贫困地区教育经费由国库补助；教育科学文化经费，中央不低于总预算的 15%，省不低于 25%，市县不低于 35%；国家保障教育科学文化艺术工作者的生活，并随经济发展随时提高待遇；国家奖励科学发明创造，保护文物古迹；国家对从事私立教育和侨民教育成绩优良者、有学术和技术贡献者、长期从事教育而有贡献者，予以奖励和补助。❶ 从宪法的实际实施情况来看，效果低下，大多流于形式主义。该宪法正式实施前的 1947 年 7 月，国民政府通过《戡乱建国总动员方案》，并公布《戡乱总动员令》，发动了一场用武力消灭共产党的全面内战。在这种形势下，国民党既无心也无力按照宪法实施教育，宪法的教育规定也只能是一纸空文，学校教科书的编写与使用成效低微，徒有形式，无从谈起。

综上所述，抗战前十年是中国现代史上相对比较稳定的时期，政治、经济、文化教育事业都有了长足发展。但 1937 年 7 月 7 日抗日战争的全面爆发阻碍了这一进程的顺利进行。抗战十四年是中国现代历史上历时最久的一次对外抗击，十四年间中国的各项事业都遭受了沉重打击，其中尤以教育事业遭到的摧残最大而又难于在短期内恢复。为了维护教育的统一性和持续性，在"战时当作平时看"的方针指引下，学校教科书在此阶段一方面延续前期的成

---

❶ "教育部"教育年鉴编纂委员会. 第二次中国教育年鉴（一）［M］. 台北：文海出版社，1986：20－21.

果，另一方面也开始关注战事。在国难当头的时刻，国共两党不计前嫌，共同结成"抗日民族统一战线"，共御外侮，在最大的可能内，力图维护和发展中国的教育事业。在发生教科书"书荒"的条件下，国民政府教育部采取新举措保证中小学教科书的供给，虽然历尽艰辛，但毕竟做出了一定努力，并有所成就。抗战结束后的"复员时期"形势复杂，对教科书的审查控制强化，注重对日伪在沦陷区、殖民地使用教科书的清理，反映出社会复杂变动背景下教科书的多层色调。尤其需要指出的是，在爱国教育界人士、进步教育家的不懈努力下，教育及出版业对教科书的质量意识有所增强，不仅关注教科书内容的科学化，更对教科书形式的艺术性也做了一定的探究。通过对抗战前后两个时期教科书情形加以对比，能够更深刻地体现稳定的国际国内环境对一国教育发展的重要保障作用，尤其对教科书传承与效果的生态环境是必要而有益的。

第三编

日本侵华时期沦陷区
奴化教育的教科书

第九章　日本侵华时期沦陷区奴化教育的教科书概述

　　所谓"沦陷区"，一般指 1937 年 7 月 7 日日本对华发动全面侵略后，在中国境内所占领的地区。自甲午战争后即成为日本殖民地的台湾，以及 1931 年"九一八事变"后逐步被日本占领的东北，往往不包括在内。不过在学者的论述中，也将后面这两个地区列入讨论的范围，或作为比较的对象。本书讨论的主要是前者所包括区域的日本奴化教育的教科书问题。

　　由于国民党政府的片面抗战路线，"七七事变"后一年多的时间里，大片国土沦于敌手，日军侵占了大半个中国。在被日军占领的地区，建立了由日军一手操纵的伪政权组织机构，其中包括推行奴化教育的教育管理机构及由其统辖的各级各类学校教育和社会教育。日本侵华战争全面爆发时期，是中国近现代教育史上非常独特的一页。在抗日民主根据地，中国共产党领导人民反对日本殖民侵略及其奴化教育，并实行根据地的新民主主义教育；而在大后方地区，国民政府迫于压力以及亲英美派的自身利益，在不同阶段曾经在一定程度上推行以抗日和民族解放为核心的教育；在日军占领的地区，日伪政权则推行以反共、亲日为核心的殖民奴化教育。日本侵华战争严重破坏了中国沦陷区的文化教育，使中国的教育直到 20 世纪 50 年代中期尚未完全恢复元气。日本侵华战争及其实施的殖民奴化教育也给一代人的心灵造成了严重的创伤。

　　实施亲日、反共教育是日伪政权在沦陷区推行殖民奴化教育的精神实质，为了达到奴化沦陷区人民的目的，日伪政权采取了一系列措施加强教育的殖民特性，其中以课程、学校教科书的"设计"与"编选"为中心。因为从课程论的视角来看，教育目的及培养目标的实现正是借助于课程及教育内容才能达到或完成的。

　　教科书是教育内容的载体，集中体现了教育的宗旨以及人才培养的目标取向。可以说，学校教育的育人活动是通过教科书的实施及教学活动而实现的。日本帝国主义及其扶持下建立起来的伪政权极为重视奴化教育的推行，因而，在制定奴化教育方针政策，并构建起奴化教育管理体系的同时，又为各级各类的学校设置课程，编定教科书，开始了实施奴化教育的微观、具体而实质性的操作。

第一节　沦陷区奴化教育方针与教科书

日本侵略军在其占领区利用所扶持的中国傀儡政权——汪伪政权，推行奴化教育。奴化教育是其殖民统治的组成部分，同时又是有力的途径及手段。奴化教育是非正常状态下教育的特殊类型，是一种不对等甚至是扭曲的教育，但是作为一种教育活动，它仍有教育方针制约下的课程编订及教科书编写、选用行为，也还有其他的教育环节和因素存在。

一、沦陷区奴化教育的方针

教育的本质主要体现在教育的目的上，而教育目的则体现在教育方针之中。教育目的，即要把受教育者培养成什么样的人。教育目的是教育的出发点和归宿。这是由教育掌权者的阶级利益、民族利益、国家利益所决定的。教育制度是为了保证教育宗旨、方针的贯彻执行，为了教育目的实现而制定的。学校设置、教科书、管理、教育教学过程以及社会教育活动等都是在教育宗旨、方针的指导下围绕培养目的而进行的。

"皇民化教育""奴化教育""同化教育"都是从日本对殖民地的教育方针、宗旨和实施的基本事实中形成的，它们的依据是相同的，不同之处仅仅在于："皇民化"直接见于教育宗旨原文，也是殖民统治者直接宣示的理念；"奴化"则是站在被占领国的立场上对殖民地教育宗旨的内涵经过一次次"提炼""概括"出来的。"皇民化教育"侧重于指出要把教育对象培养成什么人，"奴化教育"侧重于揭露对被占领国人民的国家观念、民族精神的抹杀和改变，"同化教育"着重于指明教育的文化功能。三者虽然角度不同，切入点、强调点不同，但其基本含义、内容实质是相容、相通、相合的。它们只有程度上的轻重差别，而没有方向原则上的相悖。从汉语构词法考察，"皇民化""同化""奴化"中的"化"是动词性词缀，附着在名词后面，表示"使……

变成……"，有转变、趋向、演化之意。前面的名词表示变化的目的、结果。这三个概念都是揭示日本殖民地教育的价值取向和主流方向的，都是揭示教育当权者的意志、理念意图、目的的。❶

伪南京维新政府于 1938 年 3 月 28 日成立以后，按照日本帝国主义 1938 年 7 月制定的《从内部指导中国政权的大纲》中提出的关于文化教育的有关内容，如尊重汉民族固有文化，"特别尊重日华共通的文化"，恢复东方"精神文明"，彻底禁止抗日言论，"促进日华合作""对共产党应绝对加以排除打击"，对国民党则应修正三民主义，"使之逐渐适应新政权的政策"，以及"振兴儒教"等，"汪伪政府"在教育上开始步入媚外的道路。虽然文字上仍以所谓的"三民主义"为教育宗旨，在学制上维持"六三三制"的原状，但在课程内容上则大有变动。如规定沦陷区的学校一律不准读中国历史、地理，凡是教科书上有爱国思想之处，一律删去，而以"中国日本化"为其课程内容的原则，以日语代替其他外国语。在进行所谓知识教育、健康教育、政治教育、家庭教育、科学教育、艺术教育、社会教育、品格教育时，完全依照"建国精神""和平建国""共荣共存""日汪提携"等卖国主义理论为原则。

在侵华战争中，日本帝国主义非常注意在思想文化领域推行"以华治华"政策。1940 年 12 月 10 日，在侵华派遣军制定的《关于打持久战第一期现在政务、战略指导》中，分别列有"政务指导""经济指导""思想指导"等各项，其中"思想指导"的基本方针为："解决这次事变之指导精神在于以日满华亲善合作为直接目标，以从道义上复兴东亚为终极目标"，要求务必实现使"中国方面的思想统一于东亚联盟思想，击破敌方抗战思想，驱逐共产思想"。这一指导方针要求从策略上在中国内部制造分裂，发挥投降派傀儡政权的作用，"对敌方的抗战思想，使（汪）新政权以其自己的立场同他们在法则上产生对抗，以造成敌人失败的心理"❷。1941 年 1 月 25 日，由"军部"制定的《对华长期战争施策要领》中，"对华思想指导纲要"规定其方针为："应展开思想攻势，对反动派势力展开积极的斗争，有效地对敌方进行渗透，瓦解敌之军、政、民抗日意志，以促进事变的解决。"❸ 可见，在华制造分裂，强制推行殖民思想文化亦是日本"以华治华"的重要内容。汪伪傀儡政权的文化教

---

❶ 齐红深. 日本侵华教育史［M］. 北京：人民教育出版社，2005：10–11.

❷ ［日］堀场一雄. 日本对华战争指导史［M］. 北京：军事科学出版社，1982：527.

❸ ［日］堀场一雄. 日本对华战争指导史［M］. 北京：军事科学出版社，1982：542.

育方针，无疑正与日寇推行的思想文化宣传政策一脉相承。为日本帝国主义的侵略战争服务，是日寇在思想文化领域推行"以华治华"的必然结果。沦陷区的初等教育、中等教育特别重视向儿童和青少年灌输奴化教育思想，在师资、课程、教科书内容上严加控制，而且每所中学都派有日本教官进行监视。

1941年，日本侵略者欲把华北作为战争的战略基地，故更加注重其对占领区的巩固，企图以思想的麻醉来强化殖民统治。从1941年3月开始，日伪在华北多次实行"治安强化运动"。此后，伪华北教育总署教育方针中就明确规定以"肃正思想"为中心，其训育方针也同样规定"根绝容共思想，以亲仁善邻之旨，谋东亚及全世界之和平"，乡村教育也以"培养和平反共建国与中日亲善之思想"❶为目的。1941年4月1日，伪华北政务委员会的伪教育总署在北京成立伪华北编译馆，着手编印服务于日伪统治的"现代知识丛书""大学丛书"等书籍，选为教科书或作为教辅参考资料。❷

1942年3月20日，周作人主持召开伪华北教育会议，会期两日。参加会议的有伪教育署长张心沛，及伪华北各省市教育厅局长。会上由周作人致训词并颁布指示事项："1. 教育方针，以协力东亚之建设为目的，增加中日文化交流；2. 肃正思想，务使一般国民咸具善邻防共，协力建设东亚新秩序之理念。"等等，共十一条。❸1942年12月18日，伪华北政务委员会教育总署为适应"大东亚战争"之形势，以"力谋教育之刷新"为名，成立了学术文化审议会，该组织首次会议讨论了所谓的《实施中日文化交流之具体推进案》等。❹同年12月底，伪华北政务委员会教育总署命令颁发《教育刷新实施纲要》。《教育刷新实施纲要》共八条，要求专科以上学校：研究中国固有之道德文化；调整学系、学科，以适应时代需要；使学生振奋兴亚精神，教职员尤当以身作则等。❺这些条款其实质就是封建主义与投降主义相结合，实施反共、亲日、卖国的汉奸教育，以适应日寇殖民奴役的需要。

同时，伪南京维新政府教育部声称："近年上无道揆，下无法守，要由于教育宗旨之不良，际此政府肇建，与民更始，亟宜重加厘定。"这里所谓不良

---

❶ 张磊. 华北敌寇奴化教育的破产 [C] //王谦. 晋察冀边区教育资料选编（教育方针政策·上）. 石家庄：河北教育出版社，1990：335.

❷ 中央教育科学研究所. 中国现代教育大事记 [M]. 北京：教育科学出版社，1988：465.

❸ 张菊香. 周作人年谱 [M]. 天津：南开大学出版社，1985：464.

❹ 中央教育科学研究所. 中国现代教育大事记 [M]. 北京：教育科学出版社，1988：502.

❺ 中央教育科学研究所. 中国现代教育大事记 [M]. 北京：教育科学出版社，1988：503.

之教育宗旨，即 1929 年 3 月国民党第三次全体代表大会上的"三民主义"的教育宗旨。因其中有"务期民族独立"字样，这当然是为伪南京维新政府汉奸们所忌讳的，故称"不良"，而"重新厘定"为"维新政府之教育，以恢宏中华固有之道德文化，吸收世界之科学知识，养成理智精粹，体格健全之国民为宗旨"。

　　这一宗旨公布以后，1938 年 8 月间，伪南京维新政府又公布了《教育宗旨实施方针草案》七条。①大学教育注重纯粹科学提高研究对象，高等专门教育注重实用科学，养成专门知识技能并切实陶融为国家社会服务之健全品格；②普通教育根据我国历代圣贤之言行，以立国民道德之基础，并培养国民之生活技能，以增进其生产能力为主要目的；③师范教育为国民教育之本，必须以最适宜之科学教育及最严格之身心训练，养成一般国民道德上学术上最健全之师资为主要之任务，于可能范围内应使其独立设置；④社会教育为学校教育之辅，必须使人民认识国际情况，深知亲仁善邻之道，并具备近代都市及农村生活之常识，家庭经济改善之技能，公民自治必备之资格，保护公共事业及森林园地之习惯，养老恤贫防灾互助之美德；⑤男女教育机会平等，女子教育须注重陶冶健全之德性，保持良母贤妻之特质，并图建设良好之家庭生活及社会生活；⑥各级学校及社会教育应一体注重发展国民之体育，其目的在增进民族之体力，必须以锻炼强健之精神，养成服从规律之习惯为主要任务；⑦中国以农业立国，推广农业由农业教育机关与产业界取得切实联络，以谋其积极设施。凡农业生产方法之改进，农民技能之增高，农村组织与农民生活之改善，农业科学知识之普及，以及农民生产消费合作之促进，均须以全力图其推行。❶ 以继承国民党"法统"自居的汪精卫集团深知孙中山"三民主义"招牌的奥妙，并将之歪曲和篡改，以作为自己的理论旗帜。所以在 1941 年 12 月，以汪精卫国民党南京市党部提案的形式，提出应明令奉行原国民党通过的"三民主义"的教育宗旨及其实施方针、实施原则。"党外人士对于凡冠有三民主义字样之法令条例，往往予以曲解。甚至认为不合时代需要……可知总理之主要遗教，胥为贯彻中华民国建设之典型，今本党代表大会，既系继承以前法统，则原有之教育宗旨及实施原则等，似应继续有效。"❷ 上述条款作为提

---

❶　伪维新政府一九三九年度之傀儡剧［A］. 国民政府教育部档案，五（2）/635，1940 年 3 月，中国第二历史档案馆馆藏.

❷　毛礼锐，沈灌群. 中国教育通史：第五卷［M］. 济南：山东教育出版社，1988：418.

案内容在汪精卫国民党的"四中全会"通过后,由汪精卫签署,令汪伪教育部转饬所属切实奉行。

早在 1938 年年底,汪精卫在发表的投敌《艳电》中即表示,为"确立中日永久和平",要"以善邻友好为教育方针"。1939 年 8 月,汪精卫组织召开中国国民党第六次全国代表大会,修订了《中国国民党政纲·教育部分》,对奴化教育方针规定为:①发扬固有之民族文化及道德,吸收适于国情之外国文化;②铲除狭隘之排外思想,贯彻睦邻政策之精神;③厉行纪律训练及科学研究,以养成健全公民及建国人才;④改订教育制度,重编教科书,以适应新中国之建设。❶ 显然,这是实施反共、亲日、卖国的奴化教育,以适应日本殖民统治的需要。浙江的伪教育厅成立后曾公开宣称:"浙教育厅为整饬学风,指示学生坦途,特标三义:1. 信赖政府;2. 中日提携;3. 协力防共",并称这三点"为一切教育之基本精神"。❷ 汪伪杭州自治会也曾提出办学的四项宗旨,即日中亲善、反共产主义、拥护新政府(伪政府)、复兴治安产业。这都充分表明日伪新政府办学的目的是将奴化思想灌输到中国儿童和青年的脑子里去,试图泯灭他们的国家观念和民族意识,进而消灭他们的复仇心理。

在日本帝国主义发动侵华战争的十几年间,侵略者始终把"思想战"摆在战略高度,提出了"欲先征服中国,必先征服中华民族的心理"的政策,而教育机构是渗透其奴化思想的重要阵地。因此,为使奴化教育政策得到切实执行,日军通过在沦陷区大力扶植傀儡政权,企图实现其"以华制华"的侵略策略,汪伪政权就在这样的背景下粉墨登场了。作为日军奴化教育政策的实际执行者,汪伪国民政府从中央到地方设立了专门管理教育的机构。在中央设立伪教育部,作为主管教育的最高行政机关,伪教育部下设大学管理委员会、中小学训育实施委员会、义务教育委员会、社会教育实施委员会等十三个委员会,各省市则设立伪教育厅或特别市教育局作为相应的教育机构。伪教育部是汪伪政权实施奴化教育的核心机构,自然引起汪伪各界的高度重视,也成为汪伪内部权利纷争的重要基地。此外,为加强对高校的控制,汪伪集团的要员都亲自兼任要职,如中央大学先由"公馆派"亲信樊仲云执掌,后由伪教育部长李圣五署理;上海大学则由原教育部长赵正平任校长;浙江大学筹委会主任

---

❶ 申报年鉴社. 申报年鉴·[伪]国民党政纲·教育部分 [M]. 上海:申报馆售书科,1944:94.

❷ 浙西教育现状鸟瞰 [J]. 浙江教育,2006(1):598-599.

由伪江苏省省长傅式说兼任。而且教育机构从上到下多由日方派员"督导"，很多大众学校都由日本人充当校董事或教员，如上海大学校董会十一人中有三名日籍人员，常务董事三人中也有一名日本人。由日本侵华机构"兴亚院"控制的所谓"维新学院"，教师则全部选用日本人。除官方教育机构外，日伪政府还成立了名目繁多的民间教育团体，并出版各种教育杂志，如中国教育建设协会出版的《教育建设》，教育总会出版的《教育学报》，师资月刊出版的《师资月刊》。其中，规模及影响最大的是戴英夫组织的中国教育协会和它出版的《教育建设》月刊，是沦陷区最有影响的敌伪杂志之一，也是宣传奴化教育的带头刊物。

　　汪伪政权成立以后，为了适应日本军事侵略政治谋略的需要，迫不及待地制定了一系列的奴化教育方针，在沦陷区进一步推行卖国主义的奴化欺骗宣传。1940 年 1 月 19 日，汪精卫在回答日本记者有关汪伪国民政府将如何教育民众，"新政府"的教育方针如何时，汪精卫再次宣称以确立中日永久和平和以善邻友好为教育方针。1940 年 3 月通过的《国民政府政纲》第十条进一步明确指出："以反共和平建国为教育方针，并提倡科学教育，扫除浮嚣空泛之学风。"❶ 汪伪宣传部宣传事业司司长杨鸿烈解释得更加清楚："教育的目的，是要达成反共和平建国，而所养成的人才，也必须负起反共和平建国的责任。……忠诚谋国，应有切实苦干的精神，则往日浮嚣空泛的学风，不得不为之扫除。"❷ 3 月 23 日，汪精卫在南京发表《国民政府还都的重大使命》讲话，声称"和平运动，已到了一个新阶段"，提出"要统一起来做和平运动，完成实现和平、实施宪政两大使命"，强调要把"对国民心理进行根本的改造"确定为文化宣传的基本方针。1940 年 4 月 20 日，汪伪国民政府教育部部长赵正平通令其辖区各中、小学校，每周实行一小时贯穿"亲日""反共"思想内容的"精神训话"，以加强对沦陷区中、小学生的亲日奴化教育。❸ 汪精卫于 1940 年 8 月在《对中央大学教职员训词》一文中对所谓"浮嚣空泛的学风"的理解是"喜欢参加政治活动，把学校当作个人活动的场所……以为读书没有出息的纷纷来干组织，作活动"，这"实在是大学教育上的重大危机"；要扫除这种学风，必须"纠正青年的思想行动""要切切实实地去求知""埋头读书，认识和平反共建国的真意义，养成和平建国的真本领"。据此，汪伪

---

❶ 申报社. 申报年鉴·[伪]国民政府政纲 [M]. 上海：申报馆售书科，1944：941.

❷ 杨鸿烈. 国民政府还都后的"文化"政策 [J]. 中日文化（月刊），1941：2 (2).

❸ 中央教育科学研究所. 中国现代教育大事记 [M]. 北京：教育科学出版社，1988：440.

的宣传喉舌《中华日报》发表《坚忍迈进》的社论，提出加强"心理、军事、经济"三方面"建设"，并将"心理建设"作为第一要务。所谓的"心理建设"，汪精卫于1943年3月发表的《今后施政方针》一文中明确指出，就是要加强"亲日和平教育"。

1940年6月20—22日，汪伪国民政府在南京召开教育行政会议。沦陷区的伪江苏、浙江、安徽、湖北四省教育厅长及伪上海、汉口两市教育局长参加。会议结束后汪精卫在接见与会人员时讲话说："和平、反共、建国，为一切施政方针，也即教育方针。教育部门要加强对青少年的奴化教育，使青少年的思想与日本建设东亚新秩序意识吻合一致。"❶据《申报》社1944年印行《申报年鉴》登载：1940年11月30日，《中日基本关系条约》第1条内容称："两国政府为永久维持两国间善邻友好之关系，应互相尊重其主权及领土，并于政治、经济、文化等各方面，讲求互助敦睦之手段。"次年6月3—5日，汪伪国民政府教育部在南京召开伪教育行政会议，陈春圃代表汪精卫致训词，大力鼓吹"在教育上要特别注意肃清共产思想"。6月16日，汪伪清乡委员会特种教育委员会成立伪特种教育师资培训班，强行招收清乡地区各县小学教师一百九十人进行集训。❷6月28日，汪伪清乡委员会特种教育委员会第一次会议拟定《特种教育实施计划纲要》，规定在清乡地区实行"以教养卫兼顾之特种教育"，宣传和平反共建国的理论，试图以此来强化民众对汪伪国民政府的认可。❸1941年2月1日，在侵华日军中国派遣军总参谋长板垣征四郎等的推动下，汪伪政权成立了"东亚联盟中国总会"，由汪精卫任会长。据该年颁行的《东亚联盟中国总会章程》刊载其会章总要为："东亚联盟中国总会"是"为谋实现孙先生之大亚洲主义，期与邻邦各本于自由独立之立场，依最近共同宣言之精神，建设以道义为基础之新秩序，互相尊重其主权及领土，并于政治、经济、文化等各方面请求互相敦睦之手段，以达到共存共荣复兴东亚之共同目的"。

1941年12月，太平洋战争爆发后，汪伪集团将自己紧紧绑上了日本军国主义的战车，出台了新的对内政策。其基本内容是打击、瓦解英美力量，制造东亚接近的政治理由，宣扬中日同种、同洲、同文、同道，冲破所谓"中国

---

❶ 中央教育科学研究所. 中国现代教育大事记［M］. 北京：教育科学出版社，1988：445.

❷❸ 中央教育科学研究所. 中国现代教育大事记［M］. 北京：教育科学出版社，1988：470.

民族意志之界限，而觉醒于大东亚民族意识"。这就是汪伪政权为配合"中日一体""发扬东方文化之真髓"的所谓新政策。1943 年 1 月汪伪宣布对英美"参战"，从此进一步将社会生活的各个方面都纳入战时轨道，在政治、军事、经济、文化、教育等各个领域，统统实行战时体制。1943 年 6 月 10 日，汪伪最高国防会议第十七次会议决议通过《战时文化宣传政策基本纲要》，规定战时文化宣传政策的方针是："动员文化宣传之总力，担负大东亚战争中文化、思想战之任务。"为贯彻这一方针，"须激扬举国一致之战时意识……适应战时需要，从事于体制之创立，力量之集中，思想之清厘，观念之肃整"。在《纲要》中，汪伪集团提出了战时文化宣传政策的七个要点，对文化歪曲及思想渗透做进一步规定。

日本帝国主义在沦陷区推行奴化教育的课程设置及其教科书内容，完全是与其奴化教育的方针政策相一致的。日伪奴化教育的方针政策核心思想又可做如下理解：第一，打着尊重中国固有文化的旗号，愚弄中国人民，也就是所谓的"尊重汉民族固有的文化，特别尊重日华共通的文化，恢复东方精神文明，彻底禁止抗日言论，促进日华合作"；第二，打击抗日力量，"对共产党，应绝对加以排除、打击"，"对国民党，则应修正三民主义，使之逐渐适应新政权的政策"。❶ 沦陷区奴化教育的课程及教科书内容都体现了以上要求。

二、沦陷区奴化教育的课程与教科书

日本侵华时期沦陷区的奴化教育是完全适应日本奴化教育方针政策的需要而设计的。高等教育是为培养各级傀儡官吏和高级奴才服务的，如蒙疆学院、新民学院和建国青年学院无不如此。中等教育，主要是所谓的"务实"教育，即以培养为其效劳的基层技术人员和推行奴化教育的师资为目的。初级教育，最为日寇重视，向儿童灌输奴化教育内容，这是日寇妄图从根本上灭亡中国的最毒辣的手段。为此，他们在课程设置及教学内容上都严格设计和精心安排。初级小学原来的课程计划主要开设修身、国语、算术、作文、体操、音乐、图画七科。随着战时教育体制确立，日伪政府教育当局将初级小学课程科目统一起来，一律改成建国精神、国语、日语、实务、自然、数学、艺能图画、"书道"及音乐，并增加实务实习，训练"勤劳奉仕"。初中开设修身、经学、国

---

❶ 日本内阁五相会议：从内部指导中国政权的大纲［G］∥复旦大学历史系．日本帝国主义对外侵略史料选编（1931—1945）．上海：上海人民出版社，1975：272－273.

文、日语、英语、数学、历史、地理、博物、理化、图画、作业、音乐、体育等科。高中开设理论、经学、伦理学、国文、国文法、国学概论、文字学、日文、外国文、数术、地理、物理、化学、生物学、文学史、文学概论、人生哲学、哲学大意。

单就这些课程而言不可谓不全面。问题在于这些科目的真正内容和课程设计安排比例或结构上的偏颇，如小学的日语课每周八课时，课时最多；中学的日语课每周增加到六课时，而汉语减少到每周三课时。再如国民道德科原来占总学时的 5%，改成"建国精神科"后竟增加到 12.5%。而所谓的"建国精神科"，不过讲些"日满一德一心""民族协和""日本亲邦""王道乐土""大东亚共荣"之类的内容。日本侵略者就曾说过："亲邦就是父母之国的意思。"增加该科的课时，显然是想让中国儿童把日本当成"父国""母国"来对待。实务课和"勤劳奉仕"大大增加，而文化课却因此锐减。如"勤劳奉仕"和军训，开始每学期三十五天，后增加到三个月，又增加到半年。日本语教学是一种地地道道的奴化教育途径，姑且不论语言的民族性及文化性问题，单就课程内容看，以历代天皇、将相、武士的所谓"丰功伟绩"和法西斯军人、刽子手的传记、故事等为内容，如《乃木大将》《东方之师》《广赖中佐》等。特别是很多课程的教科书内容完全以日本侵略者的主观意志进行任意篡改和编造。至于那些自然学科，也紧紧地为经济掠夺和侵略战争服务，这种战争实用主义的课程安排，早已使原课程里的内容面目全非了。

与课程运行相应的是教科书的使用问题。原来的教科书也一律禁用，代之以贯彻奴化教育的方针而删改修订或重新编写的教科书。

（一）沦陷区奴化教育的课程与教科书案例

"九一八事变"后的两年，即 1933 年，日军侵占了热河省。没多久，日本人在小镇办起国民初级小学。张峻先生在纪念中国抗日战争暨世界反法西斯战争胜利五十周年之际，对所经历的奴化教育采用的教科书、开展教学活动的情形做了亲身回忆。兹摘录如下：

> 我八岁那年，被送进这所神秘兮兮的洋学堂。开头，双脚一踏进神棚，心就收得紧绷绷的，脚跟也禁不住麻胀。因为我们班级教室，曾作过临时的"阎王殿"，而我的座位处，就是青脸红发、索命小鬼站立过的地

方。脑子里总闪现着它那龇牙咧嘴、手提锁链的凶恶怪象。可是，没过多久，这种对神鬼的畏惧就被对"人"的恐惧所代替。

学校规定，一年级的学生就学背日语，同时，开学不久，就限期学会唱日满《国歌》，背会《国民训》和《诏书》。因为每天早晨太阳升起时，各班学生都到操场集合，升日满"国旗"，上"朝会"。由姓吴的训导主任带领，先是面朝正东，分别给"天照大神"和日本天皇三鞠躬，然后再侧身转向东北，给"满洲皇帝"三鞠躬。这些仪式尚可应承；要命的是，须默想着"天照大神"背诵《国民训》和《诏书》，而这些东西文字很长，又是文言文，什么"国民须念建国渊源发于惟神之道，致崇敬于天照大神……""仰赖天照大神之神圣，天皇陛下之保佑……"刚开蒙的小学生，根本不懂其中的意思，很难记住。当大家背诵时，老师们提着棍子串队监督，发现谁背不过或背得不认真，立马拉出队伍，严厉打罚。他们打学生的方法也洋味十足。常是抽冷子当胸一拳，将你打倒；或脚下猛地一个绊子，把你狠摔在地。无论打倒或绊倒，你必须马上直直地站起，口喊"哈伊（是）！"任他反复打倒你，直至他不想打了，才命你归队。挨了打还不许哭，所谓磨炼"武士道"精神。我们忍受苦难中，暗骂他们是"活阎王"。后来，我们还真的按神棚里的各路神鬼给他们起了绰号。比如，对打人最凶的、姓吴的训导主任，叫他"吴小鬼"，另一个排名第五的教员，叫他"五阎王"；但对一向和善的徐化民校长，我们则称他"土地爷"。吴小鬼是伪"国高"毕业的"优等生"。日本话说得相当流利，举手投足全是鬼子那一套。为炫耀他的日语水平，惯用日语向学生提问，当然也要学生用日语回答，是个典型的洋奴，他在学校里的实际地位，似比老校长还高，经常穿着和服，出入伪村公所和警察分署。吴小鬼就像神棚里的一个幽灵，谁都怕他。他那套法西斯式的"训导"，也十分特别。譬如，班里某同学有了"不轨"行为，他喝令全班同学立马到操场站队集合。按他的口令，后排不动前排向后转，自然地形成了每两个学生相对面。这时，他严令学生们相互对打嘴巴，他从旁监督。谁若不用劲打，他就把你拉出队去，由他亲手打。还美其名为"培养学生整体意识"❶

河北省龙关县（后改名赤城县）1937 年沦陷以后，日伪政权于 1938 年

---

❶　张峻. 日寇的奴化教育［N］. 光明日报，1995 - 7 - 25.

开设了中小学校，而将原有学校捣毁、改造，在新设学校中实行的是奴化的愚民教育，"课程设置以亲日为核心，日语是必修课，每天第一节是日语课，把国语改为汉语，其次是算术。使青少年从小就忘记中华民族固有反抗的革命精神，不学中国历史而学日本史，特别宣扬明治维新以来逐渐走向侵略的扩张史。地理课也是其为侵略服务的内容，为了迎合封建士大夫的思想，大搞尊孔活动，五年级以上设论语课。春秋时祭孔学生教师和相关人员都参加"。❶

1937年7月29日，日寇侵入北平后，按照伪华北政权教育部修改的课程计划选用教科书，教科书一时无法更换，于是他们便采用商务出版的"复兴教科书"，把里面所有反侵略、抗日以及一切有关民族意识、爱国思想的教学内容一律删去。其方法是：全张的撕去，一面的贴上，一课里面认为只有几句或几段不妥的，则用浓墨涂掉。用了一学期，汉奸们便加工编造出一套教科书，内容多是东拼西凑来的，有的是商务复兴教科书里的，也有的是中华新课程标准教科书里的。此外，还有一部分亲日教科书大谈什么"中日亲善""经济提携"及大亚洲的同盟等，地理教科书里竟把东北三省划归外国地理内，音乐也是一律普及奴化音乐教育，各级学校音乐课程教科书一律以"和运歌曲"为教科书，借以宣传"和运国策"等。

1937年11月19日，日军侵入浙江省湖州市南浔镇。接着分水陆两路侵犯湖州，11月24日，湖州城失陷。至12月，湖州所辖的长兴、德清、安吉诸县相继被日军占领。从此，湖州成为敌占区。日寇为了消除湖州人民的民族意识，大力推行奴化教育，派日本教员去中小学任教，大肆宣传什么"八纮一宇"（就是一切根源于日本）、"同文同种""大东亚共荣圈"等奴化思想。学校教科书强行按照殖民侵略的需要改编。如小学语文教科书第一册第一课题目为"太阳，雪人"，内容为太阳一出，雪人融化了，他们把太阳比作日本，把雪人比作中国，妄图让青少年心甘情愿做日本侵略者的奴隶。

1938年9月，北平新民学院本科开学后课程变为东亚政治、中日文化交流史、历史学、经济学、财政学、民法、刑法及日语、军训等课；预科是以日语、东亚政治、日本发展史等课程为主，只有有限的时间用于讲《大学》《公

---

❶ 刘秋松. 解放前后龙关教育事业的对比［G］//王用斌，刘茗，赵俊杰. 晋察冀边区教育资料选编（续集）. 北京：北京师范大学出版社，1991：623.

文程式》等教科书；特科仍沿用前两期以思想教育为主的课程，只是增加了东亚政治和中日文化交流史等课程。❶

1939 年 1 月，敌伪在豫西为奴化我国儿童，培养忠诚之奴隶计，命令社会事业团体组织所谓"邻邦孤儿爱护会"，派代表到北平，与"军部"接洽，并征募自满五岁至十五岁之孤儿男女共计一百人，保姆五人，送往日本大阪施以十年培养训练，而后再使之回国，为其所用，在各部门活动。同时，敌伪在郑州设中原自治学院，挑选各县青年，强迫入院受训，训练三个月后，就分发各县担任教育、宣传等汉奸工作，实行奴化教育，企图实行"以华制华"的诡计。并推行每天一次的"朝会"，其节目是：①向五色旗以及新民旗行礼；②唱新民歌；③做新民操；④讲解新民主义。总之，不放弃任何机会对少年儿童实行形式多样的奴化教育。

有的学者在当时就对日伪学校的教科书内容进行了深刻的分析与揭露，指出日寇汉奸奴化教育的方针在于如下几个方面。

第一，他不让我们有国家民族思想，伪学校里一律不准读中国历史、地理。凡是教科书上有爱国思想的地方，一律涂改掉。最近敌伪编辑新的中小学教科书，内容只有"中日共存共荣""中日同文、同种""建立东亚新秩序"一类的荒谬邪说。诸位要知道中国儿童在敌人所设学校内受一种什么教育，只要看新公民教科书的目录便知一二。

新中国的诞生，欧洲的不安，苏俄赤化世界，中国、日本的政策，日本对华的援助，和平的维持，难民的救济。

新中国政府。

新人民党。

新中国国民党，新环境的认识，新中国缔造。

中国事变的意义。

敌人还高唱新民主义，设新民会、办新民学校，唱新民歌，练新民操，把大中小学的中国课本完全改编，敌人所高唱的"新民"，其实就是"奴隶"，所谓新民教育就是奴隶教育的别称。为加速消灭我人民的国家意识和民族文化，敌人在沦陷区开办大量日语学校，造就日语师资，并派

---

❶ 政协北京市委员会文史资料研究委员会．日伪统治下的北平 [M]．北京：北京出版社，1987：296.

大批日本孤妇到中国学校里来教授日语。现在连乡村的小学生也读日语了。第二，敌人提倡尊孔忠君的复古思想，提倡所谓中国旧道德，强迫一般学生读《三字经》《孝经》《论语》《孟子》……竭力想把中国人的思想，拉回到腐烂的封建时代去，来巩固他的统治。他简直不许中国人有一点点进步的思想。第三，敌人为达到统治目的，巩固地盘，不惜提倡封建迷信，尽力使中国人民退化到迷信时代去。❶

学校教科书作为教育材料，是教育的核心要素之一，成为教师或教育者向学生或学习者实施教育活动的中介或媒体，而这两者之间是互相联系并相互贯通的。课程与教科书的设计不仅是纯粹内容问题，还体现了教育观念及组织管理的因素。日本侵略者联合中国沦陷区伪政权规定课程与教科书，实施教学组织控制，与侵略者本身国内的体制及教育集权思想有极大的关系，不过运用、实践于占领地，便有奴化、毒害及野蛮的性质。19世纪80年代，日本统治阶级用宪法形式确立了一套天皇军国主义国家制度即1898年颁布的《帝国宪法》，其中规定主权属于天皇，天皇神圣不可侵犯；天皇有权解散议会，制定法律；内阁大臣对天皇负责。日本统治者还利用神权统治，向军队灌输天皇是"神"的思想，实行"皮鞭纪律"，使士兵成为天皇拿枪的奴隶。明治政府还向社会、学校、家庭灌输"尊皇""武国""神国"的思想；规定人民必须"肝脑涂地"作天皇的"忠臣"；规定学校各科教科书都要以"大和魂""大日本帝国精神"为基础。❷这哪里是在教育培养学生，简直是对学生身心的全面摧残，使学生丧失自主、自尊的心理，成为日本侵略者手中的木偶或工具。日伪对中国儿童少年的教育是一种残忍的、机械的、畸形的训练，其严重违背了现代教育教学的客观规律。

在日军占领的地区，不论是天主教办的或基督教办的教会学校，实际上学生们都在受着双重的殖民教育，学生既要受到宗教的灌输及欧美文明中心论的精神渗透，又要被迫接受日寇的亡国奴教育。所有教会学校，除宗教课本外，一律采用日伪编印的教科书，还要开设日语课，聘请日籍教师到校教课和进行监视，以达到所谓"发扬道义，建设乐土"，实质上是"亡我中华"的侵略目的。其实，日伪在华整个沦陷区的课程设置及教科书编写及规定都是为了这一

---

❶ 白桃. 抗战三年来的中国教育 [J]. 中苏文化抗战三周年纪念特刊，1940（7）.
❷ 新华通讯社摄影部. 日本侵华图片史料集 [M]. 北京：新华出版社，1984：4.

殖民教育的根本目的服务的。

（二）沦陷区奴化教育课程与教科书特点

日伪统治者在沦陷区进行奴化教育所开设的课程及使用的教科书有如下三个特点。

1. 日语成了各级各类学校的主课及主要教科书

"语言是人生活在其中的精神家园"——分析哲学家维特根斯坦如是说。既然语言和人的精神生活如此重要，那么我们就没有任何理由去漠视语言教育中的问题。正如水能载舟亦能覆舟一样，好的语言教育能够开启人的心灵，提升人的精神世界。但如果思想与权力以语言教育为媒介结合在一起，就可能形成支配性的话语霸权，奴役人们的思想，进而成为人类集体暴力活动的温床，这是人类的语言教育所面临的一种最为悲哀的境况。

民族的文化之根源是语言。日寇在沦陷区推进奴化教育，规定日语为所有学生的必修课，强化日语教学，淡化汉语，废除英语，妄图灭绝中华文化。日伪占领时期教育工作的特点，就是为推行日语教育倾注全力。1940 年，日本派遣军总司令部致函汪精卫，要求汪伪教育部将日语列为中、小学必修课，并称此举是对日本亲善程度与真诚的重要标志，汪精卫批准在初中以上学校开设日语课，并列为必修课。❶ 1940 年 7 月，汪伪政府颁布《关于中小学课程调整之意见》实际上承认了日语在中、小学课程中的地位。日语在课程分配上也多半居于首位，许多学校每周日语课多达六小时，甚至小学每周也安排五小时。各地亲日的汉奸们，不仅把日语当作中、小学必修课，还纷纷出台了一些鼓励的办法：学期、学年考试，日语不及格者不得升级；毕业考试时，日语不及格者不准毕业；升学考试时，日语不及格者不得录取。评判学生操行分数时，学校里的日本顾问、教官先查看被评学生的日语成绩。如果日语学得好，就认为是思想端正、品学兼优，别的学科成绩差一些，问题不大；反之，如果日语不及格或成绩过差的，就会被指控为思想不良，甚至面临危险。学校对教职员学习日语也有严格要求，规模较大的学校，都设有日语夜校，年龄在四十岁以下的教职员必须入夜校学习；四十岁以上的教职员，号召自由参加。每年考绩晋级加薪，以日语学习成绩为重要条件。伪江苏省教育厅附设有日语鉴定委员会，定期进行考试，成绩分为五等，入等的按月支给学习津贴：位列五等

---

❶ 中央教育科学研究所. 中国现代教育大事记［M］. 北京：教育科学出版社，1988：446.

的月五元，每升一等增加五元；列入一等的还准予进入各单位任翻译人员，不愿调动职务的，除按规定支给学习津贴外，并予晋升职别一级。伪江苏省教育厅的当权者为推动日语教育，不惜一切人力物力。各伪县署每月例行报表，把推进日语教育情况列表统计。日语成绩如何被作为伪县长、教育局长政绩考核的标准之一。

在日语课程分配方面，以苏北第一师范为例，该校 1941 年 11 月共有师范四个班，一年级一个班五十人，二年级三个班一百一十六人，初中一个班三十九人。其课程分配如下：每周日语六小时，修身三小时，国文四小时，生物两小时，劳作三小时，生理卫生一小时，矿物一小时，珠算一小时，历史两小时，国术一小时，地理两小时，农业两小时，音乐两小时，美术两小时，体育两小时。如此一来，日语教科书在学生课桌及书包中肯定占据极大空间及负荷。

透过历史我们不难看出，日本帝国主义是在用强权施淫威来粗暴地简化汉语，加强日语。这不能不令人想起德国作家都德在《最后的一课》中所描述的情景。在此，我们再一次看到了权力的阴影，再次看到了权力阴影下的世界历史。

2. 利用封建文化，恢复传统课程及教科书

在沦陷区的学校中，更多地开设复古课程，选编传统守旧教科书。《民众报》也以"防共"和"恢复东亚固有文化道德"为中心内容。日伪殖民统治者把中国封建社会的"王道主义"与日本的"惟神之道"（皇道）结合起来，向学生灌输服从殖民侵略者、崇拜日本天皇的思想，以及听天由命、麻木不仁的思想意识。他们曲解中国史地，提倡复古倒退，企图消除我国人民抗敌爱国的民族主义精神，泯灭中华民族意识。

日本侵略者规定沦陷区的中、小学课程及教科书，要"偏重于古代的课程，但要以六经为主，因为惟其六经才能使他们成圣人"。也就是说，要用培养封建士大夫的那一套来教育沦陷区的青少年。这样，沦陷区的学校都无一例外地将"涵养国民道德，修炼国民精神"放在教育的首位。他们在初等学校设置综合的"国民科"，在中等及以上学校设"国民道德科"，把历史、地理、自然等课，"共期归于国民道德"，其主要内容有驯服中国人民的《学生之本分》《报恩感谢》；有美化日本侵略中国东北的所谓《我国之建国》《友邦之仗义援助》；有美化傀儡政权的《皇帝即位》《天壤无穷之固本》，以及宣扬"民

族协和"的《日满一德一心》等。后期，为了适应战时体制，更将"国民道德"改为"建国精神科"。这样，在沦陷区的学校课程设置中，出现了一股严重的"复古"逆流，把初中学校的历史、地理合并于综合性的"修身"，列为重要学科，占总课时的二分之一，以向学生进行"皇国之道"的教育。如伪山东省公署决议，自 1941 年秋季起，中、小学一律于修身、国文科目外添设经学教科书，五六年级读《论语》；初中读《孟子》《大学》《中庸》；高中读《诗经》《书经》《左传》。❶

汪伪政权在学校课程设置方面遵从主子旨意，声称在学校提倡"王道文化"，在学校内部掀起了一股"尊孔热"，日本顾问中山久四郎著文称"孔子所怀有的理想是和日本的道德同流一轨"的，要提倡"孔子的学说"，从历史的、传统的、文化的关系上"促进中日精神的提携"。汪精卫在祭拜孔子的演讲词中，一唱一和，宣称孔子"是整个中国同胞和整个东亚同胞的先师"，要继承孔子的"忠恕"之道。汪伪国民政府训令恢复每年 9 月 28 日为孔子诞辰纪念典礼，并明令各教育机关及学校即时举行各种活动，以示纪念。

1943 年 2 月，汪伪国民政府又规定："三民主义、大亚洲主义、领袖言论、新国民运动纲要，为公民教育的主要内容。"日伪统治者认为，青年脑力简单，如不彻底加以灌输，一旦为邪说所蒙蔽，误入歧途，则影响国家前途为大，又将所谓"党义"的内容指定为"必修课程"。同时，为灌输"仁爱""王道"的思想，日伪反复借用《三字经》《孝经》《论语》《孟子》等儒家经典教科书的封建糟粕，束缚沦陷区青少年学生的头脑。

3. 奴化青少年的其他课程及教科书

为了对青少年进行奴化教育，沦陷区的一些学校还开设了其他一些课程，编写并使用相应教科书，如伪北平教育局就曾规定，学校除了开设体育课外，每周又开设两节"青训课"，派专人来学校对学生进行军事训练。在有的学校把宣传殖民主义的政治和语文混合在一起，成为所谓的"国势"课。另有一些课程如"公民"课，就是更为直接地进行奴化教育的学科，明确地把"公民"课的目标定为："使学生认识中国国民党之主义、政纲、各项政策……使

---

❶ 张磊．华北敌寇奴化教育的破产［G］//王谦．晋察冀边区教育资料选编（教育方针政策分册·上）．石家庄：河北教育出版社，1990：336．

学生了解和平反共建国为善邻友好，树立东亚永久和平及新秩序建设之基础。"❶ 所用的教科书均包括"新中国的诞生""日本对华的援助"等内容。在河北沦陷区一些日伪开办的学校中，将原来的国民道德、历史、地理、自然等课取消，变为综合性"国民课程"，主要宣传"东北非中国领土""满族非中华民族，日本和满族是父子的从属关系"，以消除学生的国家观念，抹杀民族意识。另外，在课外作业方面，除日常各科作业之外，尚有"孔道"课外研究、日语课外研究、事实研究、"新民主义"研究及反共治安征文等。

汪伪政权也在学校设"青训课"，并在南京等地举办了"青少年训练班"，该训练班以"东亚联盟"和"新国民运动"理论作为训导的基本内容。此外还通过了《新国民运动青年训练纲要》《中国青年模范团组织原则》等文件，并决定在沦陷区普遍设立"青年团"与"童子军"。日伪学校开设的"青训课"，其内容无非是向学生进行武士道精神的训练及宣扬亲日卖国的汉奸内容。"青训课"教师一般由日本人担任，上课时，日本教师可以任意打骂学生，培养学生绝对服从的精神，并且要达到规定的要求。如浙江省建德中学规定，如果学生"青训课"成绩不及格，那么其他功课成绩无论多么好，都不能升级。❷

课外活动是配合课堂教学以完成奴化教育目标为指针的。1940 年 4 月 20 日，汪伪国民政府教育部部长赵正平通令各中、小学校，每周实行一小时精神训话（团体训话），实施集团训练，以培养所谓"建设新中国之基本人才"。各地"新民会"附属的教育机构强迫学生做"新民操"、读《新民报》，每当学校开会时，必须举行升日本国旗仪式，并要唱日本国歌《君之代》；伪浙江省公署教育厅还要求各学校教唱伪国歌《卿云歌》；还有"新民操"大表演、青少年团集合训练，参加带有奴化性质的文体活动，"勤劳奉仕"等。所谓"勤劳奉仕"，即提供日伪驱使奴役的义务劳动，这是大、中、小学学生均不得幸免的。在北平，中、小学生的"勤劳奉仕"劳动，从 1940 年就大范围地展开了。在"大东亚战争纪念日"，全体师生要整队前往所在地日军建立的"神社"，"悼念"被中国抗日军民击毙的日军将士，祈祷"圣战必胜"。朝拜"神社"，本来是日本军国主义在其国内提倡穷兵黩武，鼓吹"武士道精神"，

---

❶ 上海市档案馆. 日伪时期上海特别市教育局档案［A］. R048 – 01 – 17.
❷ 周章森. 日本在侵华期间对浙江沦陷区的奴化教育［J］. 浙江学刊, 1997（1）.

愚弄日本人民的一种反动手段，这时也被日军和汉奸搬来作为奴化中国青少年的手段。另外，日本教官还在学校搞什么"东方遥拜"等奴化师生的活动。所谓"东方遥拜"，就是要师生面对东方——日本国土所在方向——向日本天皇叩拜，表示对日本统治者效忠。其罪恶目的就是要把中国青少年培养成忠于日本天皇，没有反抗思想和反抗行为的"忠良臣民"。1939 年 1 月，"新民会"北平指导部通知伪北平教育局派学生参加集合训练，文称："本部拟于二月十日起至二月十五日止，举办第一级新民少年团集合训练，务希贵局饬令各市、私立初级中学及小学，每校派已申请登记之少年团员十三名或派优秀之男学生十三名参加受训是荷。"❶ 同时，又加强对少年团指导员的培训与检阅，以推进检阅、考核少年团的活动，前者在于"集合全体指导员实际指导训练，并关于一般少年团教育而谋少年团运动发展向上为目的"；后者的旨意为"发扬新民精神之意义荷热心普及全部少年团员，故实施检阅共负东亚新秩序建设之一部分"。❷ 检阅的内容有考查、答词、合唱"新民歌"、"新民体操"行进、欢呼"日日新"等。1939 年 4 月，伪华北临时政府教育局长王养怡通令学校师生组织参加日军演奏会，从中受到日本军国主义的文化熏陶，内称："饬各中小学，令爱好艺术师生尽量参加聆奏，俾得观摩机会以资借镜。事关敦睦友邻，即希查照办理，至纫公谊。"❸ 亲日奴化的心态溢于言表。以此为教育导向，必定会损害学生的爱国主义情感，并消磨其反抗侵略的斗志或精神。

　　一些学校还重视军事训练课程的开设，以适应日本侵略者殖民占领的需要。"新民学院"第一期和第二期，重点是奴化思想教育，每天的课程不过是日语、军事训练等。"新民会"下属的"新民学校"以"收容贫苦失学或超过学龄的儿童为主"，开设日语、经学和军训等课程。军训是"新民学校"的重头课，大部分被"收容"来的青少年经过一段时间的"训练"后，被强制送到日伪军队，"新民学校"实际上成了日伪后备兵员的养成所。

---

❶　首指部函知教育局派学生参加第一级新民少年团集合训练［G］//北京市档案馆．日伪北京新民会．北京：档案出版社，1989：124.

❷　新民会北京特别市少年团为检阅事致市教育局函［G］//北京市档案馆．日伪北京新民会．北京：档案出版社，1989：125 – 126.

❸　新民会北京特别市少年团为检阅事致市教育局函［G］//北京市档案馆．日伪北京新民会．北京：档案出版社，1989：124.

第二节　沦陷区奴化教育教科书的编写与审定

日伪将扩张侵略的殖民理论与中国传统以儒家思想为核心的思想文化统一起来，以寻找在沦陷区实施奴化教育的生存空间。当然，日伪所利用的是固有传统文化中的糟粕部分，或者是根据其自身意图需要对儒学文化思想的歪曲及篡改。有的学者评议说：

> 本来法西斯在今天，已到了最后挣扎的阶段，唯其无路可走，才敢于横冲直撞，"铤而走险"。犹之乎人身的疗毒恶疮，专是吸收腐败的血液一样。敌占区的汉奸集团，无疑是丧尽天良的民族败类，不然便不会和他们处在一起。下流所归，又不得不寻个坚固的堡垒去藏身，于是旧伦理道德观念，和敌寇标榜的"东亚文化"，一拍即合。这样才觉得是扑灭民主自由思想最合用的工具。他们要维持封建半封建的奴隶道德，他们便要尽全力去训练忠实奴隶；他们要掠夺殖民地半殖民地的资源、人力，也必须要尽全力去训练忠实奴隶，这是很简单的目的，却是极繁杂的工作。因为敌寇还要变化个花样，找个借口，所以奴化教育就成为敌寇多方面的工作了。❶

日伪在沦陷区设计服务于殖民统治及侵略战争需要的学校课程、审定并篡改教科书，是为了殖民奴化教育真正得到贯彻，并达到险恶的效果。为此，教科书自然贯彻其殖民侵略扩张中利用传统儒学文化中消极的部分，吹嘘夸大日本文化历史及思想习尚，强化法西斯军事化训练以及职业技术教育。

一、日伪政权对教科书的删改及编纂

为了贯彻奴化教育的方针，日伪对教学内容的取舍及教科书的审定与编写也确定了具体的标准与措施。"七七事变"爆发后，日本侵略者把整顿教育、恢复学校教学秩序放在重要地位。为此，在敌伪还未能来得及编写教科书的情况下，他们把原来学校使用的教科书进行全面删改后付诸使用，作为权宜之计和当务之急。

---

❶ 于力. 敌占区儿童所受的奴化教育［G］//王谦. 晋察冀边区教育资料选编（初等教育分册·上）. 石家庄：河北教育出版社，1990：224.

　　删改原有课本，是日伪解决教科书问题的举措之一。此外，他们还从伪满洲国运来课本，后来也开始自行出版。据孙金铭回忆：“当时由日伪接管的学校所使用的课本多由伪满洲国运来，有的则由（伪）华北教育总署编辑出版。此外，还有的大学使用日文课本，强迫学生学习日语。”❶ 伪满洲国运来的教科书处处体现着“复兴礼教，振兴东洋道德”的思想。如其编写的所谓“国定”教科书中就有如下课文：《靖国神社》《仁德皇帝》《山田长政》《佐木间大佐事略》《游日本五浦记》《日本濑三景》《濑户内海》《孝子故事》《忠孝一本》等；在日本语教科书中更有《桃太郎》《乃木大将》，等等。另外，在铁杆汉奸缪斌任“新民会”中央指导部部长期间，想利用“亲日反共”的“新民主义”来代替“三民主义”，深得日本人的赏识。日本人坚持将“新民主义”编入中、小学教科书中。

　　对删改课本，日寇曾用了极大精力来进行此项工作。据《新民报》载其编审方针是“扫除一切抗日思想，排除三民主义”，“从历史来证明日满支共存共荣的连环关系”。从内容上规定，小学读《孝经》，初中读《诗经》，高中读《孟子》，大肆宣扬“恢复东方固有的文化教育道德”“提倡中国固有的自治精神”，假借中国的旧道德来反对一切新的、进步的、抗日的思想。

　　1938 年，日伪在北平成立了“中小学教科书编审局”，主持事务的是日本人藤水葛治，该局的唯一任务是“修订”中小学教科书，所有关于三民主义和爱国思想的材料，都以“有碍邦交”和“荒谬”的借口予以删除。同时，伪南京维新政府的教育当局定日文为必修课，英文改为选修课，取消国文和体育课。❷ 从 1938 年起，伪南京维新政府教育部及伪上海市公署教育局先后设立编审委员会，专门审查和篡改中小学教科书及其他教育类书籍，用“中日共存共荣”“建立东亚新秩序”等侵略思想，来取代原用课本中的爱国主义思想。日伪强令沦陷区各校把宣讲封建道德的修身科作为重要学科，迫使学生读《三字经》《孝经》《论语》《孟子》等，如伪北平地方维持会提出的《各级学校教科书改订案》中规定：修身科用书，初中有《大学》《中庸》《诗经》；高中有《礼记》《左传》；专门学校以上有《书经》《易经》《周礼》。❸

---

❶　政协北京市委员会文史资料研究委员会．日伪统治下的北平北京［M］．北京：北京出版社，1987：359－361．

❷　金戈．铁蹄下的华北奴化教育［J］．教育通讯，1938（15）．

❸　邓菊英，高莹．北京近代教育行政史料·北京教育工作报告［M］．北京：北京教育出版社，1995：274．

日寇唆使汉奸文人编辑出版了"新民教科书"，强迫沦陷区学校使用。其中算术、自然等课的教科书，内容大体上是由商务印书馆或中华书局读本改头换面而来。其他课本内容肆意编造、歪曲，有的学者愤慨地评议说：

> 这些"新民教科书"的主要材料，关于东亚方面的，乃是宣传日本的国家怎样神圣，日本的三岛怎样伟大，日本的军人怎样忠勇，日本的人民怎样仁义；关于东北方面的是"满洲国"怎样安居乐业，民众怎样快活；关于中国方面的是国民政府如何如何残虐可恨，中国共产党又是如何如何凶残可畏的；孔孟思想是可贵的，欧美思想是该破除的。够了，我无须多写了。总之，都是可耻的谎言，和发疯的浑话。可怜我们的儿童，天天要念这些可耻的谎言，教员也必须天天忍心教给儿童学习这类发疯的浑话，或是唱他们编出来的反动的歌词。教科书是进行教学重要的文字工具，这对于实现教学宗旨，关系太大了。在我们没有进入军事反攻的阶段以前，让幼稚的儿童，日日受这样思想的熏染，多一日，便使这毒害加深一日，这是多么可怕的事。❶

各地通过这些教科书，大量宣扬"恢复东方固有的文化道德"，假借传统的旧道德来反对一切新的、进步的、抗日的思想。日伪还强迫沦陷区各校增设直接灌输奴化思想的学科，如所谓的"新公民教科书"的内容有："新中国的诞生""日本对华的援助""新中国政府""新人民党""新中国国民党""新环境的认识""新中国的缔造""中国事变的意义"等。其中，所高唱的"新民主义"、设"新民会"、办"新民学校"、唱"新民歌"、练"新民操"，把大中小学的中国课本完全改编，所要造就的"新民"，其实就是他们推行殖民统治所需要的驯服的奴隶，所谓新民教育就是奴隶教育的别称。

除对原有的教科书进行删改外，汪伪国民政府教育部又根据删除原来所谓的排日的文字、文章，改为希求"中日提携"的原则来重新编订教科书。中小学各科是最早开始重新编订的，并从1941年第一学期开始陆续出版，分发各地使用，包括初小之《国语》《算术》《常识》及高小之《历史》《国语》《地理》《算术》《公民》《自然》等。此外，"中国教育建设协会"聘请初等教育专家编辑了《小学和平反共建国中心教育实施大纲》，分"和平，反共，

---

❶ 于力.敌占区儿童所受的奴化教育［G］//王谦.晋察冀边区教育资料选编（初等教育分册·上）.石家庄：河北教育出版社，1990：224.

建国"三单元，该大纲对小学的教育计划、教学要点，各科教学纲要、课外活动等做了具体规定。中学各科教科书的重新编纂虽然进度缓慢，但教科书大纲上也突出强调了"和平反共"部分，内容包括："对和平反共国策之认识""总理大亚洲主义之真谛""中日和平条约之内容""东亚联盟之意义""中日和平与世界和平"等。到 1943 年年初，新印初中的《公民》《中外史地》及修订初中第四版各教科书，总计十五种三十二册，分别为《国文》一至六册、《英语》一至三册、《本国地理》一至四册、《外国地理》（上、下）两册、《本国历史》一至四册、《外国历史》（上、下）两册、《公民》一至三册、《植物》上册、《动物》上册、《物理》上册、《算术》上册、《化学》上册、《代数》上册、《几何》（三）、《生理卫生》全册。❶

　　无论是小学还是中学，汪伪教科书的编辑要旨均为：①将"三民主义"中之"民族主义"演绎为"大亚洲主义"；②鼓吹"和平，反共，建国主义"；③鼓吹"东亚联盟四大纲要"——以政治独立、军事同盟、经济合作、文化沟通为东亚民族"共存共荣"之基本原则，各级学校都要以日语代替其他外国语。教科书的内容也极尽颠倒是非之能事，以灭绝中国人民的爱国意识。汪伪教育部就据此方针编写统一教科书，或者直接使用日本文部省编印的课本，其中充斥着大量"中日亲善""和平反共""圣战必胜""帝国万岁"等美化日本帝国主义、反对共产主义运动、消除抗日思想的内容。

二、华北伪政权、汪伪政权审定、篡改教科书

　　早在 1937 年 8 月 31 日，伪北平市维持会就要求，所有各中、小学教科书中，凡有关爱国教育的内容均要删除。《世界日报》1937 年 9 月 12、14 日分别发布消息，对中小学教科书审定过程做了报道：❷

地方维持会文化组复审中小学教科书竣事

　　（本市消息）社会局局长李景铭，北平市中小学已定十九日一律开学，二十日正式上课。关于开学后所用课本，现已由北平地方维持会复核

---

❶　教育部编审委员会致国立编译馆函（1943 年 2 月 9 日）. 中国第二历史档案馆藏汪伪国立编译馆档案，二〇九五／七六.

❷　邓菊英，高莹. 北京近代教育行政史料［M］. 北京：北京教育出版社，1995：688 − 689.

竣事，并将审定标准及各种课本有妨碍邦交的文字，转录成册，于前日转交社会局中小学教科书审定委员会，分发付印。该会小学组特于昨日上午十时在社会局会议室召开全体审定委员会，届时出席北平维持文化组顾问武田熙、局长李景铭、第三科科长袁祚庠、小学股股长耆臣、委员赵伯英等二十余人。首届主席李景铭报告开会意义后，即开始讨论。议案如下：（一）审定删改课本已由北平地方维持会文化组复核竣事，并另拟具每课中有妨碍邦交文字另编成册，以便印时删除，有何意见案。决议：全文通过。（二）课本审定后，何日付印案，决议：即日付印。又该会中学组亦决定日内召开全体委员会议，讨论课本付印一切事宜。

中学课本审委会昨开审查会议
决议要案两项

（本市消息）北平市社会局以各中小学定于二十日开学上课，对于课本问题，曾由中小学教科书审定委员会积极进行。小学组业于日前开会通过付印，中学组亦于昨日上午十一日在该局局长室召开全体审查委员会议。计出席局长李景铭，第三科科长袁祚庠，中学股股长乐永年，督学孙世庆、萧述宗、邵俊文，委员计市立第四中学齐树芸，市立女二中李昆源（俞大茜代），平民中学马慰青，市立第一中学杨阴庆等二十三人，主席李景铭，首先报告开会意义，即由袁祚庠报告中学教科书审查之经过，及地方维持会函复审之希望。旋即议决：（一）各组依照审查标准及原审查之结果，重行复审，于本月十五日以前送回。（二）定本月十六日再开会作最后之决定。

1937年10月中旬，又要求凡大、中、小学开学，学校课本均需修改，增加日语及"四书""五经"等课程。至11月21日，伪北平地方维持会与天津市地方治安维持会联合成立了"京津教科书审订委员会"，开始全面修改中学和小学教科书。据当时报刊所登载的消息❶：

---

❶ 邓菊英，高莹. 北京近代教育行政史料 [M]. 北京：北京教育出版社，1995：694.

中小学教科书将增添睦邻意识，扫除一切赤化思想
京审委日内开始审查

京津中小学教科书审查委员会，前为便利审查起见，曾决定小学及民众学校课本由津方担任，中学课本由京方担任，京方审委会委员名单，昨已公布，兹闻审定之内容以扫除赤化思想，及树立华北新政权为标准，并增添睦邻意识，其删审时期，规定自明年二月起至八月底止，在此时期内对各校所用之课本，一律加以删改，自八月以后，则为编审时期，亦即为施用新课本时期云。

（又讯）京津中小学教科书审查委员会，现已着手准备一切，俾早日审查完后，交书局印刷，以便明春各级学校开学时购用，京市方面全市审查委员会，均已推定公布，社会局现正购集学校教科书。俟完竣后，将召开会议，分与各该审查委员会核定云。

日伪政权除了删改利用中国原有学校教科书之外，还对其他途径来源的教科书加以审查，以符合奴化教育的旨意，实现其通过教育加强殖民统治的意图。1938 年 5 月，伪华北临时政府教育部又颁布了《教科图书审查规程》，规定教科书未经伪教育部审定不得发行或采用。据伪华北临时政府《市政公报》1938 年第 10 期颁发《训令市、私立各中小学补习、民众、聋哑学校为奉教育部令各中小学教科用书不得再用未审定之各项课本》文称：❶

案奉教育部本年二月第八九号训令内开："为令行事，查中小各校学生应用各级教科书现经新民书局修正承印发售，业将修正教科书目录暨中等教科书目录于二月十一日函送在案，刻值开学伊始，正各校选择用书之时，和亟令行遵照，仰即转饬所属各学校务必按照目录内所列书名分别采择购用，不得再行沿用未经修正审定之各项教科书，是为至要，此令"等因，奉此，除分令外合行，令仰该校遵照为止，此令。

中华民国二十七年三月九日

局长 张水淇

同年 9 月 8 日，又公布了《修正教科图书审定规程》。其中规定："学校用之教科图书依本规程须经临时政府教育部之审定。其未经审定者不得发行或

---

❶ 邓菊英，高莹. 北京近代教育行政史料［M］. 北京：北京教育出版社，1995：695.

采用，但小学教科书应完全采用编审会自行编纂之课本。"❶ 关于教科书的精神要做到"适合国情、适合时代性"。所谓当时的"国情""时代性"，就是向学生灌输"大东亚新秩序""中日亲善""东方固有文化"等反动谬论。

汪伪国民政府统辖的学校教科书编纂任务由伪教育部下设的编审委员会来完成，主要负责各级各类学校的图书编辑及审定事项。教育编审委员会于1940年8月附设汪伪国立编译馆，作为编审委员会的附设机构，主要协同编审委员会编辑审定"国定"教科书。但从编审机构的设置来看，汪伪政府并没有设置专门的教科书审查机构，编纂、审查事宜均由编审委员会负责完成，编审合一，体现了汪伪政府对学生思想的严厉控制，甚至在不少地区还增设或新办所谓"新民""兴国"等奴化学校，直接由日方派人督导。这些"督导"在编审委员会里的身份是特约编审，他们从事编辑或审定工作不受编审委员会的委托，也不必每日按时办公。这些充分体现出在日本统治预谋下的汪伪政权沐猴而冠的特点。

采取"亲日"的奴化教育是沦陷区伪政权实施教科书管理的惯用伎俩。例如，伪华北临时政府教育部于1938年4月15日即训令所辖各省市教育厅（局）、各学校：严加取缔党化排日之教育。并规定学校之恢复从小学着手，次及中学，大学之开办应事先向政府申请。学制仍按中学三三、小学四二之旧制办理；中学以男女分校为原则；童子军改称少年团；教科书一律采用改正本；中小学教职员应重新加以训练。❷ 同年5月，北平伪临时政府教育部公布《教科图书审查规程》，规定教科书未经教育部审定不得发行或采用。❸

为适应奴化教育的需要，汪伪国民政府伪教育部对原有的教科书进行了篡改，删除了所谓不适当之内容。在其颁布的《审定教科书标准》中，提出要排除"共产主义及不纯正之三民主义"，坚持东方道德精神，一扫排日精神，打破欧美残留的痕迹，期待中日"共存共荣"。同时提出了教科书删除的原则是："教育方针既应确定在于反共，则凡各级学校的教科书上含有阶级斗争，或有足以引起阶级斗争的一切思想，皆当全部删除"，"又教育方针既确定在于和平，则凡各级学校的教科书上，含有民族国家间的仇恨思想或足以引起将

---

❶　河北省公报.1939年9月8日第15号，河北省档案馆藏，卷宗号654-1-56.

❷❸　中央教育科学研究所.中国现代教育大事记［M］.北京：教育科学出版社，1988：390.

来的民族国家间的仇恨思想，当加以适当修正"。❶

　　汪伪集团为了实施汉奸奴化教育，不惜篡改历史，不仅将宣传爱国主义的内容删除，就是王冕少年时代刻苦读书的故事也不准载入教科书，其亲日媚外的丑恶嘴脸可见一斑。而且汪伪政权下令不准使用国民政府时期的参考书，要求各师范学院原来的教育课本一律禁止使用，并于1941年编成"新教育课本"来代替，强制沦陷区的各公私小学使用。

　　汪伪集团为贯彻执行"和平反共建国"的教育方针，曾以伪国民政府"行政院"和"教育部"的名义，多次发布训令，强制规定教育内容。1940年7月，经汪伪行政院批准，汪伪政府教育部"规定初中以上学校将日语列为必修科"；1943年2月，汪伪国民政府又规定"以三民主义、大亚洲主义、领袖言论、新国民运动纲要，为公民教育主要内容"，把所谓"党义"内容指定为"必修课程"。为灌输"仁爱""王道"思想，中小学课程偏重于古代的内容，以培养封建士大夫的伦理道德来教育青少年，使他们对日伪政权"尽忠"，或强迫学生读《三字经》《孝经》《论语》《孟子》等儒家著述。这些关于学校教科书领域的种种行为是与沦陷区奴化教育方针相呼应，并取得一致的，而且上述有关沦陷区学校课程与教科书特点的分析也与此吻合、统一。

三、沦陷区推行奴化教育教科书举例

　　日伪政权对沦陷区学校所用的教科书施以高压控制，强令在教学中使用其奴化教育教科书，并定期不定期地加以监督、检查，学校中专设的日本顾问或监督，也常常要到课堂管束师生的教学活动。这里以华北伪政权统治下的河北与汪伪政权控制下的浙江为例，简略描述沦陷区学校教科书的推行情况。

　　伪河北省公署教育厅通令全省学校一律采用日伪当局统编的教科书，并组织检查，令其不得违背。各级学校教科书由伪教育部编订，更多地编写"防共"教科书，并增编"兴亚"课本。如冀东各小学课本都是经"东亚文化协会"审定，由伪满洲国印刷。他们将原商务印书馆印制的课本中一切带民族意识的内容统统删去，并由伪政府专门销售。在热河、冀东等地各类学校的教

室内不准悬挂中国地图，只能挂伪满洲国地图和日本地图。在热河，各类教科书完全按照伪满洲建国思想，以"日满一德一心""大和民族精神"为基调新编教科书。在沦陷区的各级学校中都有修身课，主要用来灌输封建礼教和"愚忠"思想。所以，修身课的教科书是日伪精心编纂的，以《高初中女子修身教科书》的编纂为例，编纂宗旨以"实践固有的道德，适应时代趋势，造就新中国健全女子"为目的，编纂原则：①对于合于时代而应保存的固有道德，尤其是有关女子的东方旧有道德须特别加以阐述，使学生有明确的理解而增加其信念。②在思想方面，不标新奇、不过陈腐、力求现代化、以适东方道德为标准，并示以正确的思想，以免为邪说所误，借以纠正思想的功效。❶ 修身课是日伪列为"重要"的学科，所以经常下发一些补充教科书，以适于"时代"的特征。1942 年，伪河北省公署令各校一律购置"兴亚"课本和"剿共"课本，作为修身课的补充教科书。

浙江的日伪学校开办之初，所用课本虽为商务印书馆出版，但有关民族意识和国家观念的内容已被删改，并经日本特务机关及宪兵队部审查。此后，使用的汪伪教育部规定的统一教科书及日本文部省编印的课本，无不充斥着"中日亲善，和平反共""圣战必胜""帝国万岁"等内容。1940 年 8 月，汪伪教育部公布了对幼稚园、初小、高小、初中等各类教科书审查表。凡有所谓"妨碍中日邦交之点应删除"，如《高小国文读本》第一册"报国仇"字句，《初中新国语》第二册《王冕少年时代》《战地一日》《抗战受伤的追忆》《济南城上》四篇课文，该书第五册《川原中尉战毙记》，第六册《戚继光传》《南口喋血记》等都一律删除。属于修正的，如《初中新本国史》第四册"济南惨案"，《初中本国历史》第四册"五卅惨案""新生活"，《初中新国文》第五册"一·二八事变"，《初中外国史》下册"九一八事变"，《初中国文》第二册"五四事件"等内容，通通都要加以修正。

以上征引的只是沦陷区学校教科书状况的片断，在学校具体教育实践过程中或许会受到爱国进步师生抵制，在根据地"反清乡""反扫荡"拉锯式及游击式中存在有"两面小学"使用不同的教科书，但总的来说，这些情形尚不足以改变沦陷区学校教科书的性质及根本态势。

---

❶ 教育时报［N］. 1941, 11, 1（3）. 原件存于北京国家图书馆.

第三节　沦陷区奴化教育教科书的内容分析

日伪在中国沦陷区推行的奴化教育是一种恶性发展的殖民教育，这种教育必须有相应的内容、组织及方法为保障，其中教学内容是以教科书的媒介形式出现的，最能体现殖民主义教育侵略的本质。

一、教科书的设计以殖民者的利益为中心

日伪在课程设置中非常重视日语的教授，把它作为必修课和主课来看待，在教学时间安排上也有很大的倾斜。在日伪的"新国民运动""治安强化运动"中，特别将日语列为奴化教育的主要科目。如简易师范新的教学时间表，日语比任何科目的时数都多，日语在每个小学都被列为必修课，各级伪政府人员均须参加日语讲习班，经常举行日语考试。并为鼓励学生学习日语起见，举办日语作文比赛、日语学会等。日伪妄图依靠日语的推行来打下同化中华民族的基础。在强化日语教学的前提下，就不可避免地会极力压缩其他学科——特别是国语和史地学科的课时，降低教学要求。如青岛市立中学特别师范科国语被压缩至每周四课时，普通中、小学的课程经常被日语挤占。伪湖北省公署汉口教育局规定，中等以上学校每日上午一二节都是日语课，每周多达六小时，国文只有四个课时，课堂上一律不讲中国话，课外组织的比赛、演讲会，都要用日语的形式来表达，有意忽视汉语的存在。国文课尽量少安排课时，即使是安排课时，也都是用《古文观止》、"四书"一类深奥的文言文著作作为教科书，使学生不感兴趣，从而达到淡化国语教育的目的。为了防止由于文字引起祸端，作文课也被缩减，学生每学期只需写作文三至四篇。他们还篡改国语课本，使学生读到的课文都是"桃太郎""乃木大将""御防日""拜受大诏"之类，充满军国主义色彩。

从世界殖民主义文化侵略的共性来看，一个国家或者一个民族，一旦被他国殖民地化或是军事占领，一个共同的问题便会出现，那就是通过教育，支配者的语言被强制性地根植于被支配者。其方法有时是怀柔的，有时是强制的，甚至是暴力的，同时，被支配者学习母语，使用母语的权利也被限制或禁止。支配者用强制与根植自己语言的手段，将自己的语言定为新的公用语，或者置于国语的地位，并且通过教育来普及它。同时，被支配者的语言被排斥，被无

价值化，进而从教育对象中被删除。

被支配者若是使用自己的语言则被视为"违章"，作为惩罚规则，"言语惩罚"曾经被实行。这主要指的是学校教育中，殖民地的儿童若是讲母语，会受到教员的警告，有时会受到体罚。母语本是从母亲或是地域社会中很自然地付之于自身的民族属性，使用母语会成为惩罚对象，这种非人性的事情在殖民地与占领区总是出现。而在中国沦陷区，日伪所实施的教育中，这种民族文化帝国主义的侵略行径更到了无法复加的地步。

对于史地教科书，日本侵略者名义上是放任中国沦陷区伪政府自行处理，但实际上是完全按日本模式编写。中国地理、历史教科书一概不涉及，而是大讲特讲日本的地理、历史，在沦陷区的学校连张中国地图都不允许挂。日寇还成立儿童读物审议会，销毁抗日进步书刊和与其谎言不一致的书刊，编撰以奴化教育为主要内容的儿童读物。他们篡改历史，混淆是非，完全按殖民统治的需要杜撰历史。在《历史》教科书中，中日战争是如此介绍的：

> 日本自明治维新以后，国势渐渐强大，因人口众多，占地狭隘，不得不谋向外发展。光绪二十年，朝鲜新旧党内讧，中日两国各派军队去镇压，乱事平定。为撤兵问题，两国意见不合，遂至开战。两国初战于平壤，清军大败，日军乘胜进逼，清廷大震，知道战争无法支持，于光绪二十一年派李鸿章在日本议和，赔偿兵费，割地台湾、澎湖及辽东半岛与日本。这次条约在日本的马关签订，所以叫《马关条约》。

这完全是强盗逻辑！侵略者蓄意将抢占别国国土，掳掠别国财富，解释为侵略者"求生存""徐图发展"的行为，袒护日寇侵略成性的罪恶行径，恃强狡辩，蒙骗中国幼童。日寇还假手汉奸肆意篡改历史教科书，删去书中爱国主义和民族主权的内容，换上"中日亲善，共存共荣""同文同种""日本皇军来解救中国人民"之类的鬼话，把伪满洲国说成是合法的独立国家，中国人是"侵略者"。其中，关于"国家"的内容竟然是：建国精神、万寿节、满洲国民、国运等；宣扬的都是"日满一德一心""五族协和"等。

二、教科书的内容具有浓厚的封建道德伦理性及日本文化色彩

日寇还利用封建伦理道德对学生进行奴化教育。在沦陷区开设的学校中，通过设《修身》教科书对学生进行封建道德教育，养成他们逆来顺受、绝对

服的性格；大肆鼓吹儒学发源于中国，"发扬光大"于日本。他们通过汉奸之口叫嚷要从根本上铲除共产主义和"三民主义"，就要学习日本实行"王道"，恢复中国"固有的伦理道德"。无数历史事实证明，日寇极力宣扬的"发扬光大"于日本的儒学和"王道"，最终披上了"忠君"和"爱国"的外衣，是为受其要挟控制的伪政权的殖民统治制造政治依据，寻找统治基础，而实质却为其对外侵略扩张的军国主义野心服务。

体育课合班上课，校运动会停止举行，武术课也停止上课，日本教官禁止学生舞刀弄枪。卫生科则做些防止结核病讲演、接种牛痘及结核检查注射等。

无论中学或师范，课表上还规定每周有一小时的团体训话以便进行专门的奴化教育。在课外作业方面，除日常各科作业外，尚有孔道课外研究、日语课外研究、时事研究、"新民主义"研究及反共治安征文等。伪江苏省公署教育厅"为鼓励青年学子勇于自动学习，乐于比竞"，还制定了《江苏省中等学校学生课外阅读指导颁发》，规定学生课外读物的内容须符合下列之标准："甲、灌输和平反共建国思想者；乙、培养爱国观念者；丙、裨益人格修养者；丁、鼓励勇敢进取者；戊、叙述中外大事者；巳、名人传记足资取法者。"❶ 体育课教日本的广播体操、日本人的鞠躬姿势；课外活动中还有供日伪驱使奴役的义务劳动的课程"勤劳奉仕"，这是大、中、小学学生均不得免的，这种强化的苦力劳动，对广大青少年的身心健康造成了严重摧残。

在学校的作息安排上，中国的传统节日、国庆节照常上课，日本的"天长节"等民俗节日便放假庆祝。武汉各学校连作息时间也改为日本东京的标准时间，原武汉正午十二时，一律提前一小时，改为东九区东京时间，即十三时。教职员和学生一律穿日伪规定的校服，悬挂校牌，佩戴领章。学生在学校见到的尽是"万世一系，大和一魂"一类的东西。

日寇在中国沦陷区的奴化教育实践中，强迫青少年学习日语及其他服务于其军事侵略和殖民占领所需的课程，压缩其他学科课程，注重宣传"王道精神"，忽视基础知识学习，并根据占领者意图，肆意删除、篡改教科书。所有这些行径，一方面是为了淡化中国青少年的民族意识，使他们逐渐淡忘自己祖国的语言和历史，降低他们的文化科学素质；另一方面欲使他们从语言、习惯、感情上尽快日本化，成为其二等臣民，以达到其最终灭亡中国，同化中华

---

❶ 伪江苏省政府秘书处. 中华民国三十年度江苏省政年刊［J］. 1941（12）：243.

民族的险恶目的。而从课程板块组合上看，这是一种典型的"日本化"畸形结构的课程设置，这种课程结构体现了殖民地教育的课程文化变异性本质，是培养目标及教育取向上奴化教育性质的必然反映，违背了学生发展的规律及课程设计中的客观性、均衡性与科学性，企图消解中国人民反抗日本军国主义侵略的精神和民族意识。

第十章　蒙疆沦陷区奴化教育的教科书

　　抗战时期，日军为实现对蒙疆地区奴化教育需要，积极推行亲日媚外、民族协和、"分而治之"的殖民奴化教育政策，设置教科书编审机构，肆意删除、篡改教科书内容，编纂奴化教育所需的教科书，使教科书受到严重的扭曲，从而为毒害青少年学生的精神、实现殖民统治服务。

　　近代以来，中国的边疆地区，尤其是边疆少数民族地区，一直是帝国主义列强侵华行动中的重要棋子，蒙疆地区亦不例外。"蒙疆"这个地理名词是抗战以后日本炮制出来的专有名词。1931 年"九一八事变"后，随着东北三省全境和内蒙古东部地区完全划入其殖民地版图，日军为迅速实现"全面灭亡中国"和"反共"的目的，先后分别建立察（察哈尔）南、晋北与蒙古三个"自治政府"。1939 年 9 月，日军为发挥蒙疆地区"反共"特区的作用，又将三个自治伪政权合并为以德王（德穆楚克栋鲁普）为主席的"蒙疆联合自治政府"的傀儡政权。在政权组成上，当时的"蒙疆"包括"两厅五盟"。"两厅"包括察南政厅，管辖原属十县和张家口市，人口约二百万；晋北政厅，管辖原属十二县和大同市，人口约一百五十万。内蒙古西部五盟包括锡林郭勒盟，管辖原属十旗；察哈尔盟，管辖原属八旗八县；巴彦塔拉盟，管辖原属五旗十一县和厚和、包头两市；乌兰察布盟（今乌兰察布市），管辖原属六旗和固阳县；伊克昭盟（今鄂尔多斯市），管辖原属七旗和五原、临河、东胜、沃野四县（实际其政令仅及黄河以北乌加河以东的准格尔、达拉特二旗部分地区），人口约二百七十万（蒙古人占二十五万六千）人。❶ 这就是后来所称的"蒙疆"地区。继苏联扶植蒙古国"独立""自治"之后，日本在内蒙古地区制造了两次"满蒙独立运动"，并建立了由日军一手操纵的伪蒙疆政权组织机

---

❶ 宋恩荣，余子侠.日本侵华教育全史（第二卷）［M］.北京：人民教育出版社，2005：508.

构，制定"反共亲日""分而治之"的奴化教育方针政策，构建奴化教育管理体系，改革各级各类学校教育和社会教育，以推行反共、亲日为核心的殖民奴化教育。

众所周知，课程、教科书是教育内容的主要载体，集中体现了教育的宗旨以及人才培养的目标取向。教育目的及培养目标的实现也正是借助于课程及教学内容才能达到或完成的。可以说，学校教育的育人活动是通过课程、教科书的实施及教学活动而实现的。日本帝国主义及其扶持下建立起来的蒙疆伪政权极为重视奴化教育的推行，因而，在制定奴化教育方针政策，并建构起奴化教育管理体系的同时，又为各级各类的学校设置课程，编定教科书，实施奴化教育的微观、具体而实质性的操作。

依据教学论的原理，课程与教科书在教学活动中是既相互联系，又有各自独立性的两个教学要素，而教科书是课程的精髓或核心。本书主要在分析日本侵华时期蒙疆沦陷区的课程编制基础上，探讨教科书的相关问题。

第一节　蒙疆伪政权奴化教育方针及课程设置

蒙疆沦陷区的奴化教育是受日本侵略者支配，在蒙疆伪政权的设计和推行中实施的，伪政权所辖的教育行政部门直接控制其中的相关因素与环节，课程的编制是其中的重要举措，它又直接影响教科书的编写和使用。

一、蒙疆伪政权的建立

1931 年"九一八事变"后，日本侵略者迅速侵占东北三省和内蒙古东部地区，随之操纵成立了伪满洲国，并于 1932 年 3 月间，在内蒙古东部地区（今之呼伦贝尔市、兴安盟、通辽市以及赤峰市等地）设置了伪兴安省，强行将我国内蒙古地区分割为东、西两部。1933 年 5 月，日寇通过《塘沽协定》，迫使国民政府正式承认日本对内蒙古东部地区的占领，并将绥远东部和察哈尔北部等地划成日本人可以自由行动的"非武装区"，从而打开了日寇侵占内蒙古西部地区的大门。

1936 年 5 月，日本侵略者在当时的察哈尔盟化德县策划成立"蒙古军政府"，随后日军占领内蒙古西部地区的绥远省大部分地区。1937 年 10 月，日本侵略者在当时的绥远省省会归绥（今呼和浩特市）将蒙古军政府改组成立蒙古联盟自治政府，云王（云端旺楚克）任伪自治政府主席，德王（德穆楚克栋鲁普）任副主席。由于云王称病，德王总揽政权一切事物。通过了《自治政府组织大纲》，规定"以蒙古固有之疆土为领域，暂以乌兰察布盟、锡林郭勒盟、察哈尔盟、巴彦塔拉盟、伊克昭盟及厚和市、包头市为统治区域"；"以防止共产、协和民族为基本方针"；以"生、聚、教、兴、养、卫"为纲领；以成吉思汗纪元为年号，定都于归绥市。❶ 伪政府下设政务院，德王兼任院长。并于同年 11 月在张家口由德王为主成立统辖蒙古联盟自治政府和察南自治政府、晋北自治政府的伪蒙疆联合委员会；1939 年 9 月，撤销上述三个政权，并将"察南自治政府"改为"察南政厅""晋北自治政府"改为"晋北政厅"。至此，伪蒙古联盟自治政府寿终正寝，同时以德王为首的内蒙古分裂势力的"蒙古帝国"梦也宣告破灭。在伪蒙疆联合委员会基础上于 1940 年正式成立了蒙古联合自治政府，确定以张家口为"首都"，用成吉思汗元年号，并特别制订了从上而下横条黄、蓝、白、红四色七条的伪政府旗帜。1941 年 8 月又改称伪蒙古自治邦。

自此，蒙古、察南、晋北三个伪政权合流为"蒙疆联合自治政府"，摒弃中华民国年号改用成吉思汗纪元，不用中国国旗改悬四色七条的伪政府旗帜，并且在组织上有伪政务院和七部的编制，俨然是一个"独立王国"，脱离了中国的版图。❷ 但在实际上，它不过是对日本军部俯首帖耳的"忠顺傀儡"。日本帝国主义严格控制其政治、军事、经济、文化，其实质已沦为日本的殖民地。合并后的伪政权的建立，进一步加深了上述地区的殖民地化。

蒙疆沦陷区奴化教育由伪政权所辖各级教育行政机构负责，形成了一个殖民教育的体系。伪政府内部主管机构先后有总务部教育处、民政部教育科、伪盟教育厅、民政厅文教科，旗县有文教股。1941 年伪蒙疆政府机构改革，设立"兴蒙委员会"，教育上也职权分开，蒙古族的教育由伪兴蒙委员会教育处掌管，汉族和回族的教育由伪民政厅文教科掌管。实际上，蒙疆的教育完全由日本人控制，不仅在各级教育行政机关的日本人顾问、参与官员拥有决策权，就连各个学校的日本人校长、副校长、甚至普通教师都握有实权。如日本人直接掌管的总务部，就对其直属的蒙疆学院拥有很大的管辖权力。1939 年 9 月 1

❶ 中央档案馆，中国第二历史档案馆，吉林省社会科学院. 日本帝国主义侵华档案资料选编——汪伪政权［M］. 北京：中华书局，2004：83.

❷ 宋恩荣，余子侠. 日本侵华教育全史（第二卷）［M］. 北京：人民教育出版社，2005：508.

日发布的《蒙疆学院官制》规定："第十四条　蒙疆学院之编制、教育科目及其他必要事项，通过总务部部长经政务院长认可后由院长定之。第十五条　蒙疆学院之分科规程，通过总务部长经政务院长认可后，由院长定之。"❶ 可见，蒙疆地区的教育管理权掌握在日本人的手中，民国政府基本丧失了蒙疆地区的教育主权。

蒙疆奴化教育组织管理工作，还受一个带有民间组织形式的"蒙疆教育会"干预或影响。该会于 1939 年 11 月成立，以"改进蒙疆教育和加强文化教育界人士的团结为目的"。在伪蒙疆政府民政厅设立会务机构，由伪民政厅部长担任会长，各政厅、盟具体设立分会。1941 年伪政府机构改革后，该会改组为"蒙古教育会"。后与日本人的教育组织合并，变成了一个以日本人为主的组织。所从事的活动主要包括："一、调查与研究有关教育事项；二、编纂刊行有关当地教育的图书杂志；三、召开有关教育的研究会、讲演会；四、培训教员及讲习；五、普及日语、蒙语、汉语；六、介绍教育事业及教育团体的国际联络；七、与各种文化事业团体的联络和协作；八、教育视察；九、表彰教育功劳者；十、日语教育用图书及其教科书、教具之斡旋；十一、当地学生用品的输入和配给。"该会于 1942 年 4 月 18 日曾召开该年度第一次理事会，确定举行蒙疆教育状况报告会、时事讲演会、展览会、演剧，征集日语作文，绘制"大东亚共荣圈"地图及中学地理附图等工作计划。1943 年春，又编纂出版《日本语教科书集》，作为中等学校高年级学生及其他日语教育机关研究班学员的日语教科书。当时日本驻张家口公使馆出资购得全部教科书，转赠伪蒙古自治邦政府，并配送给有关学校及机关使用。

由此可见，"蒙古教育会"虽以民间组织形式出现，但其从事的业务不仅有调查、研究教育事业和举办有关教育的各种活动，而且还出版教科书、经营学生学习用具等，事实上已经具有半官方机构性质，成为日本在蒙疆地区确立的殖民地教育行政体系的一个重要组成部分。所谓"蒙古教育会"在为日伪统治制造舆论氛围、宣传奴化教育思想及推行殖民教育政策方面起到了其他组织机构所起不到的作用。❷ 实际上，"蒙疆教育会"也是日寇推行奴化或殖民

---

❶ 《内蒙古教育志》编委会. 内蒙古教育史志资料（第一辑·上卷）[M]. 呼和浩特：内蒙古大学出版社，1995：193.

❷ 金海. 日本殖民统治下的内蒙古西部地区教育体系 [G] // 中国蒙古史学会. 蒙古史研究第八辑特布信教授八十寿辰纪念专集，呼和浩特：内蒙古大学出版社，2005：351.

化教育的一个重要工具。

二、蒙疆沦陷区的奴化教育方针

1931 年 9 月 18 日，"九一八事变"爆发，日本占领了中国东北。1937 年 7 月 7 日"卢沟桥事变"后，日本帝国主义发动了全面的侵华战争，占领中华大片河山。在沦陷区，日伪在进行残暴的政治统治和疯狂的经济掠夺的同时，在文化教育上也实行野蛮侵略，实行奴化教育的欺骗宣传。从一开始，日本帝国主义就注意在思想上推行"以华制华"政策。在战争爆发后，为了使中国沦陷区彻底殖民地化，在其残暴政策之外，又实施软化教育，强调宣传教育。宣传教育在大本营秘密颁发《对支宣传策略纲要》中甚至被提到"战略"位置，该宣传教育的基本方针如下：

1. 消灭民族意识，毁灭中华民族文化，彻底铲除中华民族优秀传统，排除一切抗日思想；

2. 制造奴化"文化"在日满华共存共荣，共同防共和建立东亚协同新秩序的原则下，进行文化工作；

3. 恢复固有的文化道德，扑灭一切毁灭固有文化道德的欧化思想及普罗文学；

4. "使国政党军与共产党分裂反目"。❶

"反共亲日""建立东亚协同新秩序""共荣共存"是日寇宣传教育的主要目的，在日寇宣传方针的指引下，蒙疆沦陷区敌伪政权纷纷建立起专制的教育行政机构，制定奴化教育政策，精心设计与删除课程、教育内容，删改、编写教科书，从而切实实施奴化教育。

伪蒙古联盟自治政府建立之初，于《蒙古联盟自治政府组织大纲》第三条中就明确宣示："以防止共产、协和民族为基本方针"，"以生、聚、教、兴、养、卫六事为纲领"。这里的所谓的"民族协和"，除了其浅层所表示的蒙疆地区蒙、汉、回诸民族之间的"协和"外，还有其深层次的与日本"协和"的含义。这在《蒙古联合自治政府成立宣言》中对"蒙古联盟政府"的"民族融合、一致合作之精神"也有体现："以蒙古固有疆土为领域，

---

❶ 魏宏运. 中国现代史稿（下）[M]. 哈尔滨：黑龙江人民出版社，1981：79.

以严防共产、民族协和为基本方针，以生、聚、教、兴、养、卫六事为施政纲领，本互惠互助、共存共荣之精神，敦睦友邦，以其确立东亚和平，实现伟大理想。"❶ 1939 年伪蒙疆联合委员会的《教育纲领》就是这些大政方针产物，纲领明确指出：

第一，方针：基于蒙疆政权创建宗旨，发扬民族协和精神。协和东洋道义之精华，陶冶德性，授以实际技能，养成坚实人物。

第二，要领：根据儒家思想弘扬东方精神；着重劳作教育振作勤劳风气；重点置于初等教育，中等教育着眼实业教育，高等教育将来伺机建立所需设施并施行之；普及日语；奖励体育，涵养健全之精神；指导训练一般青少年，振作朴实刚健风气；妇女教育着眼于培养妇德和实务性训练；学校以观公立为原则，与社会保持紧密联系，使之成为教化之中心；教育与实际方法适应民情和地方实态；教师的培养和鉴定由政府行之。❷

由此可知，任何政权教育政策的制定，都是该政权大政方针的重要组成部分，这种教育政策的实施则是该政权性质外在而具体的反映。"反共""协和"日本并最终将蒙疆地区纳入日本"东亚新秩序"之中，是伪蒙疆政权一以贯之的大政方针。在这种大政方针之下，其教育政策的制定和实施，必然以实现日寇分裂并占领蒙疆地区的根本目的为其指导原则，因此，教育政策也就具有明显的"防共""反共"特征和殖民地化的特征，以及为了实现将蒙疆地区建成日本的"防共回廊"和殖民地的双重目的而"分而治之"的统治精神。❸

日本一手扶植起来的伪蒙疆政权，其实质也不过是日本实现"全面灭亡中国"和"反共"的工具而已。日本通过这一政权，在蒙疆地区实行"分而治之"的教育方针，即日本侵略者对蒙、汉、回采取不同的奴化政策。

伪蒙疆政权的教育方针是："基于蒙古联盟自治政府成立的宗旨，发扬民族协和东洋道义的精华，陶冶德行，传授实际知识技能，培养有用的人才。"实施

---

❶ 宋恩荣，余子侠. 日本侵华教育全史（第二卷）[M]. 北京：人民教育出版社，2005：515.

❷ 中央档案馆，中国第二历史档案馆，吉林省社会科学院. 日本帝国主义侵华档案资料选编——汪伪政权 [M]. 北京：中华书局，2004：108.

❸ 宋恩荣，余子侠. 日本侵华教育全史（第二卷）[M]. 北京：人民教育出版社，2005：516.

要领是："拒绝共产主义、抗日思想，确认东亚民族团结的必要性。"具体指导方针如下。其对蒙族之方针有四：一、彻底实施产业实务教育；二、彻底推行体育、卫生及宗教教育；三、日本语及其文化之彻底吸收；四、常识之养成及生活之改善。其对汉族之方针有三：一、彻底实施日本教育之精神；二、日、满、支协同体之精神培植；三、彻底恢复礼教并实施产业教育之训练。其对回族之方针有二：一、除前述外，彻底实施道德教育；二、树立亲日思想，逐渐陶冶于日本教育之训练。❶

综上，日本侵略者在蒙疆地区实行"分而治之"的教育方针的根本目的在于使蒙疆人民成为日本的附庸。这一教育方针，决定了亲日、反共、民族"协和"的奴化教育和实务教育的殖民化教育成为以后蒙疆教育的主题，而蒙疆沦陷区的课程设置与教科书编写及审定也是为此目的服务的。

三、蒙疆沦陷区奴化教育的学校课程设置

伪蒙古联盟自治政府成立之初，伪总务部教育处长陶布新曾主持召开过蒙古教育会议，讨论教育宗旨和学制问题。参加会议的有各盟的伪文教科长、厚和市（今呼和浩特市）和包头市的文教股长、蒙古学院的教导主任和顾问，还有蒙古文化馆的代表。因为提交会议讨论的草案是参照原来国民政府教育部的学制制定的，这显然与蒙疆联合委员会提出的"民族协和""亲日媚外"的教育宗旨和"奴化""分化"教育政策有所不符，所以遭到伪教育处日本顾问岸川兼辅等人的强烈反对，会议没有形成任何决议。当蒙古学院教务主任那苏图提出学生应当学习英文时，更惹起日本人的反对，因而学制暂时没有确定。❷

1939 年 9 月伪蒙古联盟自治政府成立，由主持教育的日本人在伪蒙疆联合委员会制定的《教育纲领》的基础上，重新制定了《学制纲要》，规定了各级各类学校的学制。新学制规定，蒙疆沦陷区的教育分初等教育、中等教育两个阶段，还有特殊教育及留学生教育、官吏培养教育等几个门类。初等教育分为初级小学、高级小学两种。初等小学学制为四年，高级小学学制为二年；初级小学入学者应为七岁以上，高级小学入学者应为十一岁以上者并具有初级学

❶ 中央档案馆，中国第二历史档案馆，吉林省社会科学院．日本帝国主义侵华档案资料选编——汪伪政权［M］．北京：中华书局，2004：117．

❷ 任其怿．日本帝国主义对内蒙古的文化侵略活动［M］．呼和浩特：内蒙古大学出版社，2006：43．

校毕业或同等学力者；设置初级、高级小学的主体为市、县、旗、乡、村、地方团体组织的教育机关或个人；成立或废止学校需通过盟长（政厅为政厅长官）之同意；对于公立小学的监督由各级教育行政主管部门负责，对于私立小学则由旗扎萨克、总管及市长、县长监督。学校名称大部分称之为初级小学、高级小学、两级小学并冠以政区名称或地名；一部分小学则称作国民学校。蒙、汉、回各民族以民族分别设立小学为原则。

小学学习科目为修身、国语、日语、算术、自然作业、体育、音乐、图画、实务、地理等十一个科目，使用伪蒙古联盟自治政府编纂的教科书；初级小学一、二年级一周学习时间为二十三学时，三、四年级为二十六学时；高级小学一、二年级每周学习时间为三十学时；每学年从 1 月 1 日开始，12 月 31 日结束，寒假通常为四十天左右。❶ 在初级小学、高级小学阶段大部分为男女合校，也有相当部分是男女分校。1941 年 6 月伪蒙古联合自治政府行政机构改革后，蒙、汉、回族教育分别由伪兴蒙委员会民政厅负责实施。这样，蒙旗小学大多称之为兴蒙学校。

中等教育包括普通中学、师范学校、女子中学、实业学校及实务学校。中学分初级中学和高级中学两种。1939 年伪蒙古联合自治政府曾制定公布了《公立中等学校官制》，1940 年 5 月又修正公布了《官立中等学校官制》，规定各种中等学校设校长、副校长、教谕（一般学校）、主事（设有附属国民学校及高级国民学校的师范学校）、教导、书记等职员。官立中等学校归民政部部长管理，具体管理职责则由伪民政部部长委托盟长及政厅长官负责。❷ 1941 年 6 月以后由伪兴蒙委员会负责管理蒙古族中等学校，内政部负责管理汉族中等学校。有一些蒙汉杂居地带不懂蒙古语的蒙古族学生到汉族中学就读。回族中等学校只有一所回族青年学校，由内政部管理。❸

普通中等学校学制为四年，入学资格为高级小学毕业生或同等学力年满十三岁以上者；招收蒙古族学生的中等学校设修业年限为二年的实务科及修业年限为一年的师范科。中等学校学习科目为国民道德、国语、日语、历史、地理、数学、理科、图画、音乐、体育、作业工十一科。每周授课时间三十六小

---

❶ ［日］铃木清干. 蒙疆年鉴［M］. 蒙疆新闻社，1941：315－316.

❷ ［日］铃木清干. 蒙疆年鉴［M］. 蒙疆新闻社，1941：235.

❸ 金海. 日本在内蒙古殖民统治政策研究［M］. 北京：社会科学文献出版社，2009：272－273.

时，日本语授课七小时以上。❶ 使用伪蒙古联合自治政府编纂和检定的教科书；女子中学入学资格、修业年限与男子中学无异，学习科目中增设女子所必要的家事、实业、裁缝、手艺等；师范学校则以培养初等教育所需之师资为目的，其学习年限、入学资格等与普通学校没有多大差别；实业学校及实务学校则以接受实业、实务所需的知识、技能、养成勤劳的习惯为目的，入学资格与普通中学相同，实业学校学习年限为四年，实务学校为二至三年。❷

蒙疆沦陷区的学制完全适应日本奴化政策的需要，将"亲日""防共""反共"的原则精神贯穿到学校教育中，高等教育是为培养各级傀儡官吏和高级奴才服务的，如在蒙疆学院中"让学生认识本地区历史、地理上的特殊性，整备反共第一的总动员体制"，并认定"共产主义思想是产生抗日思想及运动的温床"，"不仅是蒙疆政权的课题，而且是世界性的课题"❸，把如何克服这一思想当成学校教学任务的中心任务。中等教育，主要是所谓的"务实"教育，即以培养为其效劳的基层技术人员和推行奴化教育的师资为目的。初等教育，最为日寇重视，向儿童灌输奴化教育内容，这是日寇妄图从根本上灭亡中国的最毒辣手段。

课程方面要求"自改制以来，旧时课程标准，完全废除，而另制新制度，于是课目亦因改易"。具体课程有国语、算术、修身、理科、音乐、体育、手工、图画、习字等，"并有添授四书者，而处处均以抑制民族观念，革除反动行为，及发扬尊君思想为原则"❹。由此可见，日寇对旧学制进行改革，废除旧的课程标准，改变原有的教学科目，为达到殖民侵略目的，他们在课程设置及教学内容上都做出严格的设计和精心的安排。

（一）日语成为各级各类学校的主课

从表面上看，日伪在蒙疆沦陷区开设的中小学均设有国文、数学、历史、地理、修身、音乐、体育、美术、劳作等普通课程，但在课时安排上和实际教学中却把日语放到主要位置，日语成为各级各类学校的主课。如1938年，巴彦塔拉盟制定的教育计划，在促进各县小学开学、开设师范学校、开设教员讲

---

❶❷ ［日］铃木清干. 蒙疆年鉴［M］. 蒙疆新闻社，1941：315–316.
❸ 齐红深. 日本侵华教育史［M］. 北京：人民教育出版社，2001：322.
❹ 张建军. 伪蒙疆时期蒙古学校教科书编辑与使用情况浅述［J］. 内蒙古师范大学学报，2009（1）.

习所和开设盟立蒙旗青年学校各项计划中，均有日本语教育的内容。❶ 并且在 1940 年 1 月，伪蒙疆政府民政部教育科规定，日本语的授课时数，小学每周为六课时，中学每周为七课时以上。1943 年 2 月，伪蒙疆政府内政部发布训令第 50 号《视学及特别市视学学事视察指导规程》，其中第十七条规定，视学的任务包括调查"日语之普及情况"❷。"蒙疆教育会"也把普及日本语教育当作该组织的主要任务之一。要求所有学校必须开设日本语。日本语授课时间之长，甚至超过汉语、蒙语，连日常用语、体操口令都使用日语。

兴和县实验小学的课程设置包括汉语、日语、修身、自然、算术、图画、体操、音乐等。此学校从一年级就进行日语学习，每天至少一节课，甚至把日语列为"国语"之一。另外，校长到县公署请示汇报工作、领取薪水等，都要用日语向日本籍教育顾问、参事官问好。托克托县第一完全小学，1941 年后"取消了历史、地理、公民等科，增加了日语"。在包头的铁路职工子弟学校——扶轮学校，日本教师规定，学生见到教师要用日语问候，进出办公室要用日语喊报告。❸

中学的日本语教育比小学更甚。巴彦塔拉盟师范学校的日语课，授课时数从最初每周的六节增加到八节、十节，最多甚至增加到十二节，而且还要课外组织教学。在日本分化教育的政策方针下，蒙古学院、厚和蒙古中学、包头蒙古中学等从事蒙古族教育的学校，禁止学生学习汉语，除蒙文、日语课外，即使一般的中学课程，只能是蒙古老师上课用蒙语讲，日本老师上课用日语讲。对此，蒙古学院的学生指出："学习任何一种语言都是有益无害的，但在日本帝国主义的殖民政策下，专设日文课和军训、做操用日语口令等，赤裸裸地展示了伪蒙疆政府无耻的要求蒙古族学生践行'日本话及其日本文化之彻底吸收'的教育方针。"❹

厚和农科实业学校的情况也是如此。据在该校任教的日本人回忆：该校日本语的授课，比现在日本国内学校学习英语的时间还长。学校的校歌用中文和日文两种语言创作，学校集会的场合经常合唱校歌，毕业典礼等场合还特别用两种语言合唱校歌的方式，为即将离开的年轻人振作士气，鼓励他们的活动。校歌为该校教谕前田实则作词，由副校长上原锻助翻译成中文。校歌中有这样

---

❶ 北支那经济通讯社. 北支·蒙疆现势［M］. 北支那经济通讯社，1938：639 – 640.

❷ 蒙古联合自治政府总务部. 蒙古法令辑览（第一卷）［M］. 蒙古行政学会，1941：16.

❸❹ 任其怪. 日伪时期内蒙古西部的日本语教育［J］. 内蒙古师范大学学报，2006（6）.

的词句："地上和平溢欢喜，民族协和旗下立。新生东亚欲黎明，我们立志作先驱。""岿然不动我决意，新生蒙疆之丕基。将于东亚放光辉，大家携手志向立。"在包头蒙古中学日本教师用日语写作校歌然后教给学生。歌词中充斥着反共反苏、大亚细亚的内容。❶ 让学生用日语合唱校歌，既普及了日本语学习，又向学生灌输了"民族协和""东亚共荣"的奴化思想，对学生毒害之深，可想而知。

为强制开展日语教育，在教科书方面，蒙疆地区使用过日本国内、伪满、善邻协会和伪蒙疆政府编审室编纂的各种教科书，也有教师自己编写的讲义。1943 年春，"蒙古教育会"发行了《日本语新教科书集》，含有决战时局、日本精神的认识等奴化内容，是日本强制日语教育的教科书之一，在各级机关和学校中供学习日语使用。❷

日本侵略者强制推行日本语教育，造成恶劣的后果。有些中学毕业生，不能用蒙、汉文写通顺的文章，却能说流利的日语，甚至有的说汉语也夹杂着一些日语名词，变成不伦不类协和式语言。

（二）设置各种奴化学生思想课程

日本帝国主义针对蒙疆制定的教育方针、政策和进行的教育活动，以奴化、殖民化教育为主题，向师生灌输日满蒙亲善、亲日反共反英美的奴化思想，其具体表现为：通过课堂教学与精神讲话、朝会与遥拜、武士道与军事训练、休学旅行、"勤劳奉仕"等方法，向师生灌输反共反苏、民族协和、日满蒙亲善、反英美的思想；培养学生的服从意识和尚武精神；在学生中煽动民族仇恨，制造民族分裂。

蒙疆的小学设有修身课，中学设有国民道德课（类似伪满的建国精神课程）。伪蒙疆民政部颁布的《中等学校用认可教科书之件》规定："国民道德（或修身）之教科书以修养人格为基础，由齐家之德进而达及对于社会之人任务，以宣扬东亚之道义、防共、民族协和之精神为原则，给予以迈进建设东亚新秩序之自觉。"❸ 修身课和国民道德课，成为日寇对蒙疆地区学生进行思想教育的主课。

---

❶ 任其怿. 日伪时期内蒙古西部的日本语教育 [J]. 内蒙古师范大学学报，2006（6）.

❷ [日] 福岛义澄. 蒙疆年鉴 [M]. 蒙疆新闻社，1943：381.

❸ 内蒙古教育志编委会. 内蒙古教育史志资料（第一辑·上卷）[M]. 呼和浩特：内蒙古大学出版社，1995：296－297.

朝会和遥拜，是日寇向学生灌输奴化教育思想，实施奴化教育的常用手段。日本侵略者强迫各级学校每天早晨集合全体师生，举行升旗仪式，向日蒙国旗敬礼，向东方的日本天皇遥拜。如伪安北县公署于 1939 年建了一所小学，设在县公署院内。招收学生五十多名，有教师五名。采用"蒙古联合自治政府"统编教科书，开设日语、汉语、算术、唱歌、图画、体操等课程。灌输"天皇至上"的思想和武士道精神及法西斯的服从观念，每天向东方遥拜。❶

（三）开设弱化工业的职业教育课程

日伪在蒙疆的中等学校教育中加强职业教育。这是日寇实行"工业日本，农业蒙疆"政策的具体体现。蒙疆的职业教育以实业学校与实务学校为主，实业学校学制四年，实务学校二至三年。从表面上看，日本推行实业教育的目的，是以教授从事农牧业生产所必需的知识技能、培养勤劳的习惯为目的，以掌握实务为重点。实业教育与基础教育相配合，适当地推行是有益的，但日伪单纯地推行实业教育可见其用心险恶。❷ 日本帝国主义"为了实行'工业日本，农牧业蒙疆'的侵略政策，仅准设立农牧业中等学校，禁止设立工业中等学校"。❸ 此举亦表明日本将蒙疆地区变为日本殖民地的不轨意图。

1938 年，巴彦塔拉盟师范学校在师范部、临教部之外，成立了实业中学部，招收实业班。翌年该部改称为巴彦塔拉盟立农科实业学校，也称厚和农科实业学校，招收农科班，1941 年学校迁到新城的关帝庙街。该校的课程设置分为文化课、基础课和专业课，基础课有植物学、动物学和生理卫生课，专业课有农业泛论、畜牧泛论、农业课、畜业课、商业簿记、商业算术等科目。学校还设有农场、气象观测站。该校从第六期又开始办土木工程专业班，但学生未及毕业日本就投降了，学校由原绥远农科职业学校接收。❹ 日本侵略者的"工业日本，农业蒙疆"政策，虽然没有以文件的形式公开出现，但在课程设置上所体现的"轻工业、重农业"特征证实了此政策确实是客观存在的，这也是日寇在华推行奴化教育活动的重要手段。

---

❶ 《乌拉特前旗志》编委会. 乌拉特前旗志 [M]. 呼和浩特：内蒙古人民出版社，1994：821.

❷❹ 任其怪. 日本帝国主义对内蒙古的文化侵略活动（1931—1945 年）[D]. 呼和浩特：内蒙古大学，2006.

❸ 德穆楚克栋鲁普. 蒙疆联合自治政府的成立与瓦解 [G] //内蒙古文史资料（第七辑）. 呼和浩特：内蒙古人民出版社，1984：45.

第二节　蒙疆沦陷区奴化教育教科书的编审活动

蒙疆沦陷区的奴化教育深受伪满洲国奴化教育的影响，又有与关内沦陷区奴化教育更多的一致性，只是日本侵略者有意制造蒙古民族的历史文化及族性问题，以达到分裂中国、侵占蒙古的目标。这在教科书中有明显反映。

一、蒙疆沦陷区原教科书的禁用与新教科书的编写

教科书是实施教学的主要工具，它对实现教学目标关系极大，因而得到日伪当局的特别重视。伪蒙疆政权成立伊始，日寇便极力摧毁原有教育设施，禁止学校使用原有教科书，并将"各校所有书籍，尽数查封，不允阅读"，下令"家有藏书，限 10 日内，如有抗命不交者，一旦查获，严惩不贷！"对已查获管制的旧日各种教科书及参考书"全部焚毁"，对于各地教会所办中小学和村镇私塾，"伪官方初不限制，仍照常上课，教科书亦未限制，惟迩来伪政府拟调查私塾用书，必将加以严格之统制矣"❶。

1936 年 3 月后，日寇在强化奴化教育的政策宗旨下，着手整顿教育内容，重点放在教科书方面。"为达到麻木儿童脑筋，灌输亲日思想之目的，故对已往课本及教科书，一律摒弃不用。唯伪组织甫定，凡应兴应革之事，正在草拟，故迄今尚无适当课本颁发。只颁教科书大纲一纸，令教员以此自编教科书，印发儿童。因而一般奸人，为博日人之欢心，则所编教科书，不曰'解民倒悬者，为友邦志士'；便云'中国政府，为政不仁'。类此言语，竟为彼辈教科书之中心。"❷

然而，编纂符合日寇奴化教育目的的教科书一时并未完成。1936 年 5 月，伪蒙古军政府成立后，当局只好在其辖区内的小学暂时采用伪满洲国编纂出版的教科书，直至 1937 年 10 月，伪蒙古联盟自治政府成立后，在继续采用伪满所颁教科书的同时，还对其中一些内容进行了特别处理。把小学教科书国语一科中某些不适合伪蒙疆政权的内容删除，加入一些具有地方和民族色彩而同时适合政治需要的内容，供各地小学使用。

---

❶❷　张建军. 伪蒙疆时期蒙古学校教科书编辑与使用情况浅述［J］. 内蒙古师范大学学报，2009（1）.

1937 年 11 月 22 日，日伪在张家口组建"蒙疆联合委员会"，其内部附属的编纂委员会着手编纂适用于"蒙疆区域"之教本，"其主要内容，不外以'亲日媚外''民族协和'造成亡国奴的思想为目的"。❶ 而此时的察哈尔省沦陷区中等教育所用课本，亦"皆由伪满洲国学校课本脱胎"。❷ 伪兴蒙委员会教育处辅佐官中村勇在编纂教科书上仿照伪满洲国教科书，使得国文教科书出现"歼灭元寇日本纪念日"的文字，这无异于"等于当着蒙古人的面骂蒙古人的祖先是强盗，对于蒙古民族是奇耻大辱"❸。

1940 年，伪蒙古联合自治政府确定了民政部教育科制定的教科书修订编写计划，准备全面实施伪蒙疆沦陷区中小学教科书的编纂工作。为了保证在教科书中贯彻奴化教育的思想内容，使教育更好地为殖民统治服务，日本侵略者特制定了教科书《编纂要领》：①为了建设作为东亚新秩序一翼的蒙疆，强调团结一致的精神；②发扬东洋道义的精华；③针对各民族的特点，突出其特征；④特别强调民族协和、反共、厚生；⑤认识到本地区的特殊性；⑥适应时代的趋势；⑦顺应高度国防政权的完成。❹ 当时，教育科编审室共配备了九名教科书专业编审人员，计划编写小学日语、汉语、蒙语教科书和与思想教育有关的如国民道德、地理、历史、汉语和日语等中学教科书，而中小学其他学科科目编写则委托给相关部门。上述教科书的编纂工作大约历经一年时间便初步完成了。到 1941 年 6 月，准备印刷、制本小学的汉语教科书十八种二十五万册，蒙语教科书六种一万册；到 1941 年年底，准备完成小学的汉语教科书三十四种一百万册，蒙语教科书六种一万三千册，中学的汉语教科书二十七种两万七千册。三年内，计划总共发行六十余种一百三十万册。❺

因伪蒙疆政权境内蒙古、汉、回等民族交互聚居，各民族都有自己的语言，日本为进行奴化教育，意图通过语言侵略来养成亲日的氛围。日本侵略者强制把日语作为蒙疆境内民众的共同语，各民族间不能相互学习对方语言，严禁蒙古人学习汉语。"日本善邻协会"（专门对蒙古人进行教育的机关）在编撰教科书时就指出："蒙人的汉化毫无益处，如有固有名词，用日本假名代

---

❶ Y. C. 日寇宰割下的察哈尔 [J]. 察省青年，1941（4）.
❷ 建设厅. 察哈尔省现状调查 [J]. 察省青年，1942（2）.
❸ 刘敬忠. 华北日伪政权研究 [M]. 北京：人民出版社，2007：223.
❹ ［日］福岛义澄. 蒙疆年鉴 [M]. 蒙疆新闻社，1943：374.
❺ ［日］铃木清干. 蒙疆年鉴 [M]. 蒙疆新闻社，1941：318.

替，在括号内添上蒙古文字。"在日本授意下，伪蒙疆政权各学校中，"科学的书都是日文的，为日本人做事都靠日文吃饭"，这就"使得蒙文、蒙语实用不大"。❶

"日本善邻协会"还极力强调教科书编纂中的思想性，表现在"由本协会编写的蒙古儿童用小学教科书，不只在本协会，应在所有从事于对蒙文化工作的机关使用，而且由于是规定皇国对蒙古国策的根本和数十年后的日蒙关系，具有重大的教化意义，有必要将以下各点作为重心：①唤起蒙古人的自豪；②认识乌拉尔、阿尔泰人种的蒙古人的世界历史地位；③使其关心蒙古国运的重大问题；④使其了解日蒙亲善的必然缘由；⑤重视产业教育；⑥使其认识教育的重要性。"❷

为强化对在校学生的思想渗透，伪蒙疆当局在小学《历史》《地理》教科书中，特别强调日本和满洲国，"而反无中国字样"。《暂行初等学校规程》第八条规定："历史以使知我蒙疆地区，友邦大日本帝国，'满洲帝国'，及东亚之史实大要，阐明政府并蒙疆政权创建之意义，及东洋精神，以涵养蒙疆精神为要旨。"第九条规定："地理以使知我蒙疆地区之地势、气候、区划、都会、物产、交通之概要，并邻接各国及日本国势大要，并与我蒙疆区及日本有重要关系之各外国国势之简单知识，更进而及于地文之初步，养成爱蒙疆心为要旨。"在教授课程表内，历史程度为"蒙疆地域日本及东亚史之大要"，地理程度为"蒙疆地域日本及东亚地理之大要"，而对中国的历史地理知识毫无关注。在《教科规程》第二条中又有如下规定："确认与友邦日本大帝国、'满洲帝国'之亲善不可分之关系，并体认防共民族协和之精神，因教育上最重要务期于在全学科目及凡设施之机会彻底之。"第三条规定："修身以咸使体会友邦大日本及'满洲帝国'之亲善不可分之关系，并防共民族协和陶冶德性与指导道德之实践为宗旨。"以上各点，充分反映了伪蒙疆政权所谓"树立亲日思想"及培植"日满支协同体"的奴化教育的精神实质。❸而该思想指导下所编制的一系列教科书内容中与中国民族国家政治及文化之间

---

❶　云泽．关于蒙地工作问题的报告 1946 年 7 月［G］//内蒙古自治运动联合会档案史料选编．档案出版社，1988：104.

❷　张建军．伪蒙疆时期蒙古学校教科书编辑与使用情况浅述［J］．内蒙古师范大学学报，2009（1）.

❸　察哈尔蒙旗特派员公署．伪蒙政治经济概况［M］．台北：中正书局，1943：40－41.

的联系消失得无影无踪，以此来麻痹学生，泯灭蒙疆地区儿童的民族性，充分暴露出日伪侵略者的险恶用心。

二、蒙疆伪政权对教科书的审定

伪蒙古联合自治政府成立后，在政务院民政部下设教科书编审室。编审室作为专门机构，主要负责以下事务："1. 关于教科书的编纂、审定及检查事项；2. 关于教科书之发行事项。"❶ 但其具体内容由日本顾问全权决定和直接掌握。日本顾问在其制定的《蒙古国史教科书》"要领"中明确规定，要求教授蒙古史课程主要反映以下内容："1. 带来蒙古人的自觉及自豪；2. 知道民族的产生过程；3. 对成吉思汗个人及其伟业的强调；4. 元及其他蒙古帝国的大概情况；5. 明代以后雄踞北方及其地位；6. 援助清朝君临中国的史实；7. 中华民国与蒙古——汉人移民；8. 外蒙古和赤化；9. 满洲蒙古；10. 蒙古的地位和使命。"❷到 1939 年年底，该编审室编审了全部高级小学用的日本语读本，初级小学用的蒙古语读本四册、蒙古语算术教科书四册。当时在蒙疆地区的中、小学校使用的主要教科书有算术、日语、自然、国（汉）文、修身、日本史、地理等四十余种。1941 年，伪蒙疆政府机构改革后，原来的民政部编审室分别属于内政部文教科和兴蒙委员会教育处，前者编写汉回教科书，后者编写蒙文教科书。1942 年 12 月，上述两个机构又合并为总务厅临时编审室。❸

为了对教科书的编写与发行实施更有效的管理，伪蒙疆政府还专门颁布了一些法令。如 1940 年 4 月 17 日，"民政部"以第 54 号训令《中等学校认可教科书之件》，规定了 1940 年度认可中学教科书的注意事项："办理本年度认可的教科书之教科书时应严守下记事项：应适于本政府成立的意义及使命；阐明本政府之特质；合于当地区的特殊性。"并对国民道德（或修身）、历史、地理等有关思想教育的教科书，提出了特别注意事项。❹ 其主要内容为："国民道德（或修身）之教科书以修养人格为基础，由齐家之德进而达到对于社会

❶ 蒙汉联合自治政府. 蒙古联合自治政府官制集（汉日对照）［M］. 蒙古联合自治政府，1939：39.

❷ 张建军. 伪蒙疆时期蒙古学校教科书编辑与使用情况浅述［J］. 内蒙古师范大学学报，2009（1）.

❸ ［日］福岛义澄. 蒙疆年鉴［M］. 蒙疆新闻社，1943：374.

❹ 内蒙古教育志编委会. 内蒙古教育史志资料（第一辑·上卷）［M］. 呼和浩特：内蒙古大学出版社，1995：296 – 297.

之任务，以宣扬东亚之道义、防共、民族协和之精神为原则，给予以迈进建设东亚新秩序之自觉。"其中，关于历史教科书："历史之教科书使明了历史上之重要事迹，理会社会变迁文化发展之过程、并阐明本政府成立之意义，以养成蒙疆人民之信念；东亚史以蒙疆为中心而研究各国历史之发展；关于民族争斗史实应以民族协和精神为原则留意办理。"地理教科书："地理之教科书使理会地球及人类及生活状态，并阐明两者之关系，尤须使知蒙疆之现势，而促进蒙疆人民之自觉；关于蒙疆之地理，使知自然状态政治、经济、产业、交通之状态和其关系，并授以自然地理及人文地理之概要。"❶

伪蒙疆政府还仿照伪满的做法，于 1940 年 8 月 20 日成立了"教育用图书审议会"，颁布了《教育用图书审议会管制》，规定"教育用图书审议会属于政务院长监督，而应其咨问审议关于教育用图书编纂重要事项。"❷ 同年 12 月 18 日，"民政部"又颁布《教育用图书采定规程》，其规定"初等学校、中等学校及临时地方教员训练所、青年训练所等此类训练机关，须有民政部长著作权之教育用图书或经民政部长检定或审查之教育用图书，经监督官厅之认可方可使用"❸。

从这些法令中即可看出，蒙疆伪政府严格控制教科书的编审与使用，各科教科书的审定内容都以围绕"建立大东亚新秩序""亲日反共""中日亲善""蒙疆中心论"展开，其中有关民族意识和国家观念的内容已被删改，以此制造民族分裂，以灭绝中国人民的爱国意识。

日本势力为便于教育分化，还积极劝诱内蒙古王公一心向日，此举反映在学校历史教科书中便十分明显："学校所教的历史，都是明治维新的故事，对于三皇五帝的盛绩，则一字不提。唯有提到成吉思汗，则竭力恭维赞扬"，甚至不惜"矮化"本民族，篡改历史，向内蒙古百姓撒下弥天大谎，声称"成吉思汗是日本人的祖先辈""把蒙古人的元太祖，假说成日本人"。❹这种谬论对蒙疆儿童产生相当严重的思想毒害。

❶❹　张建军. 伪蒙疆时期蒙古学校教科书编辑与使用情况浅述［J］. 内蒙古师范大学学报，2009（1）.

❷　蒙古联合自治政府总务部. 蒙古法令辑览（第一卷）［M］. 蒙古行政学会，1941：24 – 25.

❸　内蒙古教育志编委会. 内蒙古教育史志资料（第一辑·上卷）［M］. 呼和浩特：内蒙古大学出版社，1995：294 – 295.

三、蒙疆沦陷区教科书的发行

为适应培养忠于日本"良民"的奴化教育的需要，伪蒙疆政权指使民政厅发行系列教科书，供应沦陷区中小学校采用，这些教科书有些采用伪满洲国编纂的，有些由伪满组织人员对原来商务印书馆、中华书局等机构出版教科书加以篡改后印刷发行的，有些教科书编纂和发行都由伪满洲国机构负责，直接输入蒙疆沦陷区供学校教学使用，甚至有些学校还直接选用翻译日本学校教科书。这些教科书的封面设计主要有三种：第一种是封面有"蒙古联合自治政府""国民学校用"，或"高级国民学校用""中等学校用"字样；第二种是封面有"蒙古自治邦""国民学校用""初级国民学校用"的字样；第三种则是封面有"满洲图书株式会发行"字样（此书多为中等教科书）。各种教科书版权页信息则用"成纪"年（成吉思汗纪元），说明使用地区；编著者一般都署名"民政部"或"蒙古联合自治政府民政部"，也有"蒙古联合自治邦政府"的，同时多有"民政部检查"字样，一般是标注"成纪"735—738年发行（成吉思汗元年为1206年，"成纪"735—738年为公元1941—1944年）。

在1939年之前（含1939年），伪蒙疆联盟自治政府、伪察南自治政府及伪晋北自治政府都编写出版和发行教科书。1939年9月，上述三个政权被撤销，伪蒙疆联合自治政府成立，所以教科书编辑出版的署名就是"蒙古联合自治政府"，1941年8月改为伪蒙古自治邦，教科书署名就改为"蒙古自治邦政府"，在出版时间上对此也有一定的体现。

日伪统治初期，为使沦陷区中小学教育适合形势需要，在查禁原政权通行教科书同时，一一制定各学校教学用书。绥远抗战前，日军控制下的百灵庙小学的"教科书和教本都是东洋方面预定好的"。厚和蒙古中学成立后，对于用蒙文讲授的课程，因学校"当时根本没有现成的蒙文数理科课本"，故而所需教科书全都是由教职员自己用蒙文编成后再"油印发给学生"。例如，蒙文教师额尔恒毕勒格所编辑的油印课本内容"都是他从汉文书上选译来的"，在该校女子部，学生文化程度参差不齐，有些教师"只好根据大家的文化程度自编教科书，进行分组教学辅导"。在包头蒙古中学，除蒙语课外，日语、数学、历史等"所有课本都是日本国内用的课本"❶。

---

❶ 张建军. 伪蒙疆时期蒙古学校教科书编辑与使用情况浅述［J］. 内蒙古师范大学学报, 2009 (1).

在初等学校教育用图书的汉、蒙语文选择方面，日伪当局进行了明确划分，"施行市县制之地域内采定汉语，其他之地域内采定蒙古语，县旗并置及市旗并置之地域内，须依管辖该地盟长之规定而采定或蒙古语"。"对于蒙古中学校得使用日本语、蒙古语，对于其他中等学校得使用日本语、汉语图书。但关于语学之教授不在此限。"关于各类教育用图书的使用，日伪当局规定，经伪民政部检定或审查的教育用图书及中、初等学校用教育用图书，须经市（县）长、札萨克或总管认可；"中等学校、临时地方教员训练所用教育用书，须经过政厅长官、盟长受民政部长之认可，由校长或所长采定之；青年教练所及类此训练机关教育用图书，由政厅长官、盟长或市县长札萨克或总管采定之。"如果上述规定实施有特别困难时，"由民政部长决定之"。同时，当局如发现某学校"不法采用""有民政部长之著作权教育用图书或经民政部长之检定审查教育用图书以外之书籍""或令采用为初等学校、中等学校并临时地方教员训练所、青年训练所及类此训练机关之教育用图书者"等擅自行为，或者某些学校对"有民政部长之著作权教育用图书或经民政部长之检定审查教育用图书"随意增加书价，仍然让师生采用，"或令其采用为初等学校、中等学校并临时地方教员训练所、青年训练所及类此训练机关之教育用图书者"等行为，明令处以"二百元以下之罚金"。❶

到1943年年初，鉴于战争局势的紧张，侵华日军加紧了对伪蒙疆的教育文化渗透。7月14日，伪蒙疆组织所属各盟旗兴蒙学校、喇嘛寺院义务教育部教师及有关人员参加了在锡林郭勒盟西苏尼特旗兴蒙学校举办的兴蒙教育练成会，后转到张家口召开文教人士报告会。会议就"大东亚地理教育"和"配置教科书"等问题进行了讨论，关于"大东亚地理教育"问题，会议认为"在大东亚共荣圈体制下激发蒙古人的气势，所以僻处草原一隅的学校也应让他们了解大东亚全境的地理、历史及其他，以增强其热情。倘利用挂图、照片、图片等参考用品讲解，便能充分理解，现在西苏尼特家政女子学校女学生关于大东亚地理问题的解答已达到惊人的程度，她们对日本地理也特别明了"。关于"配置教科书"，会议认为："最近草原教育热骤然兴起，教科书的配给无法保证。现拟以行政力量解决对符合蒙疆特殊条件的新教科书等学习用

---

❶　内蒙古教育志编委会. 内蒙古教育史志资料·第一辑·上卷［M］. 呼和浩特：内蒙古大学出版社，1995：294－295.

品的妥善配给，同时开拓些新的学问领域。随着一些新词汇的引进，需编纂日蒙新辞典，否则会出现诸多不便。"❶ 日伪政权对教育教科书的使用规定之严格，并以此来控制蒙疆沦陷区中小学所受教育的内容和范围都在"反共亲日""分而治之"的奴化教育之下。

第三节　蒙疆沦陷区奴化教育教科书的特点

日伪在蒙疆沦陷区推行的奴化教育是一种典型的殖民教育，这种教育必须有相应的内容、组织及方法为保障，其中教学内容是以课程编制及教科书的媒介形式出现的，尤其是学校师生教学中使用的教科书最能体现殖民主义教育侵略的特色。

一、教科书的设计以殖民者的需要为中心

伪蒙疆政府所编写发行教科书的目的旨在为日本侵略者培养"良民"，为了体现侵略者意图，在教科书的封二，都刊有所谓"政府施政纲领"五条，包括："昂扬东亚教育以期其实践""大同协和各民族以国民之总意为宗旨""与友邦同盟相结合""同志相契以参翼建设东亚新秩序"。在部分教科书的扉页，则印有"蒙古联合自治政府宣言"。教科书在形式上却力求图文并茂，旨在更有效地感染学生，传播奴化思想。❷

蒙疆沦陷区中小学在课程设置中非常重视日语的教学，把它作为必修课和主课来看待，在教学时间安排上也有很大的倾斜。如小学三年级课程表规定：每周总计教学时间为三十四学时，其中，日语占十二学时，蒙语占六学时，算术占六学时，还有修身、地理、讲话、时事常识也多讲日语。各级伪政府人员均需参加日语讲习班，经常举行日语考试。并为鼓励学生学习日语起见，举办日语作文比赛、日语学会等。日伪甚至在学校之外的社会教育机构中也将日语列为奴化教育的主要科目，如通过开办日本语学校、讲习班、夜校、青年训练所，推行日本语教育。日本语学校及其场所，有的是伪蒙疆地方政府开设，有的是日本人团体开设；学习期限不等，学员年龄、性别也没有限制，大部分免

---

❶ 张建军. 伪蒙疆时期蒙古学校教科书编辑与使用情况浅述［J］. 内蒙古师范大学学报, 2009（1）.

❷ 石鸥，吴小鸥，方成智. 中国近现代教科书史［M］. 长沙：湖南教育出版社, 2012：483 – 484.

费。日伪妄图依靠日语的推行来打下同化蒙疆地区人民的基础。强化日语教学的同时，弱化、甚至限制学生学习汉语。与此相应，教科书的种类及编写设计也明显遵循这种计划方案。

关于史地教科书，蒙疆沦陷区实际上是完全按日本意图编写的。《中国地理》《历史》大讲特讲日本、蒙疆的地理、历史，在沦陷区的学校连张中国地图都不许挂。日寇还成立儿童读物审议会，销毁抗日进步书刊和与其谎言不一致的书刊，编撰以奴化教育为主要内容的儿童用书。他们篡改历史，混淆是非，完全按殖民统治的需要杜撰历史，蒙骗中国幼童，同时又假手汉奸、文人或媚日知识者肆意篡改《历史》教科书，删去书中爱国主义和民族主权的内容，换上"中日亲善，共荣共存""同文同种""日本皇军来解救中国人民"之类的鬼话，把伪满洲国说成是合法的独立国家，中国人民是"侵略者"。其中，关于"国家"的内容竟然是：建国精神、万寿节、满洲国民、国运、皇道等；宣扬的都是"日满一德一心""五族协和"等。

二、教科书内容渗透宗主国殖民奴化思想

日伪统治者还利用封建伦理道德对学生进行奴化教育。在蒙疆沦陷区开设的学校中，通过"修身""国民道德"课程对学生进行封建道德教育，养成他们逆来顺受、绝对服从的性格；他们通过教科书传播从根本上铲除共产主义和三民主义，就要学习日本实行"王道"的意识。

小学《修身》教科书中，重点向小学生灌输"礼义廉耻"等封建思想，并加以歪曲，给以奴化解释。其中，对"礼义廉耻"是这样讲授的："中国人对日本人要有礼貌，出入城要向日本士兵行礼，这就是'礼'的具体表现与行动。"所谓"义"，解释为："日本并没有占领中国领土的要求，皇军是用来帮助中国驱逐欧洲白种人，以建立王道乐土，所以中国人不应当敌视日本人。"所谓"廉"，就是要中国人吞糠咽菜，勒紧裤带向日军提供各种的物资，任其掠夺。所谓"耻"，解释为对日本不"义"不"礼"，对自己不"廉"即为"耻"。❶ 这实际上是要蒙疆青少年忘掉国耻，心悦诚服地接受日本奴役。

《体育》教科书主要是法西斯训练，向学生进行武士道教育。《历史》教科书则向学生宣传日本的"天照大神""三件神器""日俄战争的胜利"。《地

---

❶ 张理明，张静娴. 日本侵华期间对山西沦陷区的奴化教育［J］. 教育史研究，2001（1）.

理》教科书的项目内容及知识技能则向学生描绘日本东京、大阪等城市景象和建设成就。

作为课堂组织教学中使用上述教科书的延伸与补充，日伪在蒙疆沦陷区还做出许多强制性命令：各级各类学校每日清晨必须举行升旗典礼，集合全体师生向日本太阳旗敬礼，并向东方遥拜；经过日本神社时，必须鞠躬致敬；每逢"天长节"等日本节日来临，各机关、团体、学校必须举行放假纪念仪式，悬挂日本国旗致庆。甚至还强迫广大师生经常参加为被抗日军民打死的日军将领举行的慰灵祭，参加为日军攻陷我南京、武汉等大城市而召开的"庆祝"仪式和游行。总之，利用一切手段营造日式社会、学校的环境气氛，以潜移默化影响学生。❶

日伪强迫蒙疆沦陷区青少年通过学校教科书学习日语及其他服务于军事侵略和殖民占领所需的课程，压缩其他学科课程，注重宣传"王道精神"，忽视基础知识学习，所有这些一方面是为了淡化中国青少年的民族意识，使他们逐渐淡忘自己祖国的语言和历史，降低他们的文化科学素质；另一方面欲使他们从语言、习惯、感情上尽快日本化，成为其二等臣民，以达到其最终灭亡中国，同化中华民族的险恶目的。

今天，部分正直的日本学者通过深刻反省，对此也深有认识，如日本宫城学院女子大学宫胁弘幸先生就认为：

> 殖民地的居民，在被迫要求与宗主国一体化后，无意识地同化于支配者文化，渐渐地失去了固有的民族性，民族意识和共同体意识（国家意识）。另外，原有的传统习惯，文化生活方式也有所改变。这样，在所有的文化领域，支配者与被支配着这两种文化形态的混在，以及两种文化的变种形态出现了。特别是情报，教育领域，因为支配者的语言变成了主流。被支配者的文化开始被侵蚀、被侵略、被同化。报纸、广播、教育均使用支配者的语言进行的。殖民地原居民对原有文化归属意识丧失，民族自豪感脱落，民族意识也变得淡薄。这就所说的"自我认识"与"归属意识"丧失现象，也是原日本殖民地与被占领区中汉奸身上所见到的现象。❷

---

❶ 宋恩荣，余子侠. 日本侵华教育全史（第二卷）[M]. 北京：人民教育出版社，2005：549.

❷ 齐红深. 日本侵华殖民地教育研究——第三次国际学术研讨文集 [M]. 沈阳：辽宁人民出版社，2000：68.

　　教科书作为教育材料的核心，是教学的要素之一，成为教师或教育者向学生或学习者实施教学活动的中介或媒体，教科书是课程向教学活动工具性的转化，这之间是相互联系并相互贯通的。课程与教科书的设计不仅是纯粹内容问题，还体现了教育观念及组织管理的因素。日本侵略者联合中国沦陷区伪政权规定课程与教科书，实施教学组织控制，在蒙疆沦陷区学校中强制使用合乎其殖民统治利益的教科书，恶意篡改中国原有教科书，加入"反共亲日""民族协和""共建大东亚"等奴化的思想内容，强化日本教学，企图淡化蒙疆沦陷区学生的民族国家意识，对其进行精神毒害，日伪对蒙疆少年儿童进行的殖民奴化教育严重违背了现代教育教学的客观规律。

　　与此同时，日本帝国主义的野蛮殖民侵略，激起了人民的强烈反抗。在国家危亡之际，蒙疆沦陷区的人民前赴后继地与日寇进行斗争，形成了一股强大的反奴化教育洪流。日伪时期，在中国共产党的宣传、教育、领导下建立起一批群众性的抗日爱国团体组织，如绥蒙各界抗日救国会（简称"抗救会"）。他们曾以"蒙疆道教会"作掩护进行各种抗日斗争。到1940年年初，"抗救会"已拥有会员二百余人，会员们大力宣扬抗日救亡思想，揭露日本的侵华暴行，反对日伪的奴化教育，号召各阶层人士团结一致，共同抗日。同时，收集政治、军事情报，筹集粮款，购买军需物资，支援大青山抗日游击根据地的斗争等，他们为蒙疆地区的抗日救国事业做出巨大贡献。作为抗救会的主要负责人刘洪雄就是其中典型榜样，他在生死危亡时刻，不畏敌人威逼利诱，坚决与日寇做斗争，为了表达自己的心志，鼓励难友们坚持斗争，他举起戴着镣铐的手，咬破中指，在狱中的墙壁上写下了明代爱国将领于谦的著名诗句："千锤万击出深山，烈火焚烧若等闲；粉身碎骨全不怕，要留清白在人间。"这种抗日爱国的大无畏精神深深地感动蒙疆人民，并激励蒙疆人民在抗日救国、反日本帝国主义殖民侵略的斗争道路上不断前进。这种反奴化教育的英勇斗争，为瓦解日伪通过教科书实施奴化教育的阴谋，并促进整个抗日战争的胜利做出了杰出贡献。他们的功绩彪炳史册，他们的精神值得我们永远铭记。

第十一章　华北沦陷区奴化教育的教科书

日本侵略华北由来已久。1931年，侵华日军发动"九一八事变"后，由于国民党蒋介石政府采取"不抵抗"政策，日军仅用四个多月的时间就占领了中国东北三省，完全侵占中国东北，并成立伪满洲国。随后，日本又把侵略矛头指向华北，侵占热河，不断逼近北平、天津，策动"华北事变"，为全面侵华作准备。将华北置于羽翼之下，是日本侵略者占领东北后，实施"大陆政策"的关键平台，也是日本为尽快摆脱当时国内危机、争夺世界市场和东亚霸权所采取的新的侵略步骤。为此，1937年7月7日，日军在北平附近制造"卢沟桥事变"，揭开全面侵华的序幕。之后日以重兵三路进向华北进攻，华北沦陷。至此，华北大部分领土沦为日军的殖民地，华北民众成为日本奴化统治之下的受害者。扶植傀儡政权，是日本帝国主义对中国沦陷区实行殖民统治的主要策略。因而，日军不断在中国领土上建立由其操纵的伪政权组织机构。这样，不但可以进一步扩大日本在中国的控制区，也可以实现"以战养战""以华治华"的总体战略目标。在教育方面，日伪政权为了达到奴化沦陷区人民的教育目的，推行以"亲日""反共"为核心的殖民奴化教育，采取了一系列措施加强教育的殖民特性。日本侵略者及其扶植的华北伪政权在华北沦陷区推行的奴化教育是一种典型的殖民教育，这种教育必须有相应的内容、组织及方法作为保障，其中教学内容是以课程编制及教科书的媒介形式出现的，最能体现殖民主义教育侵略的特色。

第一节　华北伪政权的建立与奴化教育方针的制定

一、华北伪政权的建立

言及华北地区，从自然地理上一般指秦岭—淮河线以北、长城以南的中国广大区域，从政治上包括当时的冀、察❶、绥❷、晋、鲁五省和平、津两市。
由于当时日寇所侵占的华北地区在实际军事行动与政治运动中，也将旧黄河以
北的河南省大部分地区划入华北的统治。因此，日寇统治下的华北沦陷区实际
包括当时的"六省二市"，即今日的河北、河南、山西、山东四省，内蒙古自
治区以及北京、天津二市。华北地区在政治、军事和经济方面都占有极其重要
的地位。特别是，华北地区有日本垂涎已久的丰富物产资源和广阔市场。日本
设在各沦陷地区的特务机关，是他们指导各地伪政权的组织。当时日本驻北平
特务机关长松室孝良在给关东军的秘密报告中曾直言不讳地说："帝国货物之
向华走私，为帝国对华之断然手段，其用意在促进华北特殊政治体系之成立，
而隶属于帝国独立之下，届时政、经、军诸般问题，均可依帝国之意志而实践
的解决"，"故华北诚我帝国之最好新殖民地也"❸。在"以战养战""以华治
华"的总体战略指导下，日本在对华北进行侵占时采用了"华北分离"的具
体策略。1933 年 11 月，日本内阁在《帝国外交政策》最后修正案中明确提出
要"支持中国大陆之分治活动，驱逐国民党势力于华北之外"。❹ 这一政策的
实施方法，则和炮制伪满洲国的手法如出一辙，即收买小部分汉奸，不顾民
意，凭空捏造出"地方自治"的假象，在刺刀威胁下实现"自治"，进而在刺
刀控制下完成"独立"。因此，日本关东军认为："在华北可以很容易地建树
起第二个满洲国。"❺ 为加紧侵略步伐，日本一边继续进攻华北地区，一边策
划了一系列的"华北五省自治运动"。

　　最早建立的冀东伪政权，便是适应日本当局"华北自治运动"的产物。
1935 年 11 月 24 日，日本指使殷汝耕发动"冀东事变"，在通州成立"冀东防
共自治委员会"，策划华北各省的自治运动，提倡华北特殊化，将冀东二十二
个县独立于南京国民政府管治之外，由日本幕后操控。12 月 25 日，又改名

---

❶　察哈尔，一般指民国时期的察哈尔省，简称"察"，以察哈尔蒙古族命名。1952 年，察哈尔省
被撤销，辖区并入内蒙古自治区、河北省和山西省，其中延庆县划给北京市。

❷　绥远省为中华民国时的塞北四省（热河省、察哈尔省、绥远省、宁夏省）之一，简称绥，省
会归绥（今呼和浩特市），在今内蒙古自治区中部。1954 年并入内蒙古自治区.

❸　延安时事问题研究会. 日本帝国主义在中国沦陷区的文化教育 [M]. 上海：上海人民出版社，
1958：46.

❹　张篷舟. 近五十年中国与日本（第一卷）[M]. 成都：四川人民出版社，1985：224.

❺　J·波义耳. 中日战争时期的通敌内幕（1937—1945）（上）[M]. 上海：商务印书馆，
1978：145.

"冀东防共自治政府"。这是日本在华北建立伪政权的第一步。在日本步步紧逼下，国民政府仍采取长期妥协退让政策，于 1935 年 12 月 18 日成立变相自治的"冀察政务委员会"。1935 年 12 月 12 日的《大公报》第三版头条所载：由于日本的压力，在冀察政委会中，后来华北伪政权的核心人物王克敏、王揖唐、高凌霄、门正中等都被国民党政权明令任命为委员。"冀察政务委员会"在日本人眼里是华北自治政权，在南京政府眼里是地方政府，算是对日本和南京两方面都有了一个交代。然而，河北、察哈尔两省部分自治，实际却是日本无形中占领了华北地区。

1937 年的"七七事变"之后，随着日军军事势力侵入，华北地区不断沦陷，华北各地伪政权亦相继成立。1937 年 7 月 29 日，日本攻陷北平。当天，经特务今井武夫等密谋策划，成立了"北平治安委员会"。7 月 30 日，天津失陷，8 月 1 日伪"天津治安维持会"成立。此后，日本侵略者加紧在华北冀、察、晋、鲁等拼凑一个日伪政权的统治网络，妄想在华北建立一个能够"取代南京政府的中央政府，使之中国的新生由华北而波及全中国"的重任，成为"中国的真正中央政权"。❶ 于是在 1937 年 12 月 14 日，伪"中华民国临时政府"（后改称"华北政务委员会"）在北平粉墨登场，其统治的辖区包括河北、山东、山西三省和北平、天津、青岛三个特别市。由于华北临时政府权力所及，还因军事行动的连带进而侵占了旧黄河以北属于河南部分。因此，"华北临时政府"实际管辖四省三市，占整个华北三分之二，是日本在发动全面侵华战争初期在关内扶植建立的最大伪政权。尽管在日寇的扶植和操纵下，华北沦陷区各伪政府建立起一套颇为严密系统的统治网络，但由于日本人一直未能寻觅到"可以充任总统一流人物参加"，所以"中华民国临时政府"从其建立到解散，"始终是一个所谓虚位元首的政权"❷。这种由日军建立并操纵的伪政权组织，完全是其一手制造的自欺欺人的荒诞闹剧，让人鄙夷。华北沦陷区的奴化教育就是在华北伪政权的操控下建立并实际推行的。

二、奴化教育方针的制定

为了使中国沦陷区彻底殖民地化，日本在积极制造傀儡政权的同时，还推

---

❶ 中国社会科学院近代史. 日本侵华七十年［M］. 北京：中国社会科学出版社，1992：450.

❷ 张炳如. 华北敌伪政权的建立和解体［G］//政协全国委员会文史资料研究委员会. 文史资料选辑，1999：141.

行其他政策。他们在考虑其残暴政策的效用之后，认识到"欲征服中国，必先征服中华民族的心理"，因而又制定"思想战"上的"软化"政策，其中尤为强调"宣传教育"基本方针。"宣传教育"是指以"日满华共存共荣、共同防共和建立东亚协同新秩序"为原则，消灭中华民族意识，排除一切反日思想，并利用中国固有的封建伦理道德，灌输亲日奴化思想。❶ 华北伪政权在协助日军巩固殖民统治秩序和扩大侵略等方面曾起过极为恶劣的作用。在思想意识和教育方面，作为日本"以华制华"的刽子手，华北沦陷区的日伪政权高度重视"宣传教育"，提出"教育界应为思想战之主力军，教育界应负起思想战之全责"❷。

华北日伪当局以"宣传教育"为标尺，规定了以"亲日""复古"为核心的奴化教育方针。早在"冀东防共自治委员会"成立之时，日伪就严禁抗日思想及国共两党的思想，并将学校教育的教学内容中"有碍日本"的成分悉数删除或销毁。1936 年 9 月间，伪冀东政权即颁布了《冀东教育宗旨及实施方针》，规定其辖区内的学校教育，"强调东洋精神，鼓吹防共思想"，尤为注重与日本之间"以亲仁善邻之主张为方针"。❸ 在"七七事变"后，伪冀东政府的这种教育方针纷纷为华北各地伪政权袭用和继承。伪山东公署泰安道在第一次道区县政会议的决议中对学校教育提出了十条原则和要求，其中第一、二条要求明了"现在教育的趋向以建设东亚新秩序为主旨，中日务须一心一体阐发兴亚理论，实行兴亚教育"，要求"学校应利用讲授及训话机会令学生切实明了新思想，引起亚东民族协和感情，以实现亲善提携"。❹这是日伪对学校教育最主要的原则和要求，它直接道出了日伪奴化教育的实质和目的。1938年 7 月日本制定《从内部指导中国政权的大纲》，对华北地区日伪政权的文化教育方面做出进一步规定："尊重汉民族固有的文化，特别尊重日华共通的文化，恢复东方精神文明，彻底禁止抗日言论，促进日华合作。""对共产党，应绝对加以排除、打击"；"对国民党，则应修正三民主义，使之逐渐适应新

❶ 余子侠，宋恩荣. 日本侵华教育全史（第二卷）［M］. 北京：人民出版社，2011：217.

❷ 王谦. 晋察冀边区教育资料选编·教育方针政策·上［M］. 石家庄：河北教育出版社，1990：7.

❸ 赵捷民. 冀东沦陷区奴化教育的实况［J］. 教育杂志，1940（1）；冀东防共自治政府之全貌，内政改善之现状［N］. 盛京时报，1937 - 7 - 10.

❹ 中国人民政治协商会议山东省泰安市委员会. 泰安文史资料（第三辑）［M］. 山东：山东人民印刷厂，1988：89 - 90.

政权的政策"。❶ 后来，日本侵略者为了进一步控制华北各地的伪政权，又秘密制定了《对支宣传策略纲要》，提出教育方面的基本方针：消灭民族意识，制造奴隶"文化"，提倡复古，强调反共。❷ 1938 年，伪华北"临时政府"据此方针制定了教育方针，主要内容有：①根绝党化及排外（指抗日）容共等思想；②依据东亚民族集团的精神，发扬中国传统美德，以完成新中国的使命。❸ 之后，当时的伪华北教育总署又重申这一教育方针，大呼"提倡我国固有之美德以领导学生思想趋于正轨而为建设东亚新秩序之始基"❹。很显然，这就是要求运用教育功能排除一切抗日思想，利用日本的侵略文化和中国旧有的封建文化，向受教育者灌输奴化思想。

日伪政权积极贯彻"奴化教育"政策，依此制定的"养成品格高尚、思想纯正、崇礼守法、以身作则教育者之人格"的教育宗旨。实际上，这种教育的目的是为了消除中国人民的反日思想，使中国人民心甘情愿地成为日伪统治下的"顺民"。为积极配合、响应奴化教育的教育策略与教育宗旨，华北日伪政权构建起了奴化教育管理体系。为进一步加强教育的殖民特性，又为各级各类学校设置课程，编定教科书，开始了实施奴化教育的微观、具体而实质性的操作。

第二节　华北沦陷区奴化教育的学校课程设置

华北日伪政权推行奴化教育的课程设置及其体现的教育内容，完全是与其奴化教育的方针政策相一致的，尤其在对各级各类学校的课程设置上，重点强化日语、训育等奴化课程。此外，日伪政权还设置复古课程，故意曲解中国历史，企图以封建复古思想消除人民抗敌爱国精神，泯灭中华民族意识。

---

❶ 日本内阁五相会议. 从内部指导中国政权的大纲 ［G］//复旦大学历史系. 日本帝国主义对外侵略史料选编（1931—1945）. 上海：上海人民出版社，1975：272 - 273.

❷ 南开大学，湖南师院，等. 中国现代史（下）［M］. 哈尔滨：黑龙江人民出版社，1981：79 - 80.

❸ 毛礼锐，沈灌群. 中国教育通史（第五卷）［M］. 济南：山东教育出版社，1988：417 - 418.

❹ 政协天津市西青区委员会文史研究委员会、中共天津市西青区委党史资料征集委员会. 西青文史（第七辑）［J］. 纪念抗日战争胜利 50 周年专辑，1995（8）：108.

一、日语课程

民族的文化之根源是语言。日寇在沦陷区推进奴化教育，规定日语为所有学生的必修课，强化日语教学，淡化汉语，降低英语，妄图使中华文化逐渐异化乃至灭绝。日伪占领时期教育工作的特点，就是为推行日语教育倾注全力。

从课程的学科安排上看，日伪在华北沦陷区开设的中小学虽然均设有国文、数学、生物、化学、物理、生理、卫生、音乐、体育、美术、劳作等普通课程，但在实际的课程安排上却差别很大。日语不仅被定为必修课，而且在课程分配上也多半居于首位。华北伪临时政府表面上规定每周日语课时分别是：小学三、四年级一小时，五、六年级一个半小时，中学三小时，师范二小时。但在具体实施中，日语课程的教学时间远超其规定课时。例如，河北涿州从小学四年级开始设日语课，每周上三个小时；良乡县从小学三年级设日语课，每周也是三小时；而同属宛平县的小学虽都从小学三年级开日语课，但每周上课时数却不同：长辛店小学与县立卢沟桥小学是两小时，丰台镇立小学是三小时。❶诸如此类，华北其他地区的许多学校每周日语课甚至多达五六个小时。如此一来，日语成了华北沦陷区各级各类学校的主课，尤其是在"七七事变"后，日伪在华北沦陷区大肆宣传奴化教育，紧接着伪临时政府教育部做出规定，饬令各中小学将日语改为必修课，把日语成绩好坏作为衡量学生学业成绩的最重要标准。"七七事变"前华北各地学校的原有课程设置体系和评估标准全被打乱。❷

作为华北地区沦陷最早的冀东境内的各中小学，在伪冀东政权上台之后对其进行教育"变革"和课程调整，取消党义课程，继之添加日文课程。之后的整个华北沦陷区的中小学教育，基本沿袭伪冀东政权在教育上的老套路。❸譬如，河北冀中地区各中小学一律加入日语课程，华北沦陷区的天津市一中大量增设日文课，从初一到高三周课时三节，英文课时大为减少，除高三三节外，其余各年级均为两节。到1944年秋季，高中日文增至四节，英文减

---

❶ ［日］兴亚院华北联络部. 华北日语普及状况［G］//兴亚院·大东亚省. 调查月报（第六卷）（昭和十五年八月）. 龙溪书舍，1987：275－283.

❷ 中共中央党史研究室科研管理部. 纪念中国人民抗日战争暨世界反法西斯战争胜利60周年学术研讨会论文集（下）［M］. 北京：中共党史出版社，2006：1080.

❸ 余子侠，宋恩荣. 日本侵华教育全史（第二卷）［M］. 北京：人民出版社，2011：315－316.

至两节。修身各年级每周两节，团体训话每周一节。其他国文、数学、历史、地理、动物、植物、矿物、生物、物理、化学、体育、武术、音乐、劳作、图画各科虽然照常设置，但每年级周总课时仍为初一三十一节，初二、三各三十四节，高一三十三节，高二、三各三十五节。总课时不变，却提升日语和训育等奴化课程的课时，使其他课程的课时就不得不压缩，甚至是形同虚设。教学中把日语列为主科，学期考试、毕业考试均有日语。为配合日语教学，学校设日语研究会，学生中增设日语研究组，每学期还组织日文竞赛活动。又如 1939 年，伪新民会所属的北京新民会规定北平沦陷区小学校的日语课，每学期上五六次，不考核。中学校的日语课则纳入正课，有正式教科书。❶ 再如河南沦陷区境内，日军侵占河南辉县后在各级学校强制推行日语教学，把日语作为必修课并聘请翻译担任日语教员。❷ 同样的情形，日伪时期的山东省立济南模范小学（济南制锦市小学），从三年级起开设日语课，每周二至三节，其中三、四年级两节，五、六年级三节。❸ 伪山西省公署教育局亦规定，日语为必学课程，"各新立学校均派有日本教员教授日语"。❹ 山西沦陷区各地谨遵山西日伪诏令，其下属冀宁道（今山西太原）"设有日语讲习班，并举办了日语征文、日语试验，按成绩给奖"；河东道（今山西西南部）要求"各级学校一律加授日语，并于县立各级学校附设民众日语讲习班"；上党道（今山西长治）也在"该道各县属各级新民小学校一律加授日语课程，并普遍举办日华语讲习班，现在学习人数，已达一千余人。日语推进运动，成绩颇佳"❺。

"七七事变"后，华北沦陷区的高等教育机关尤其是平津地区的大专院校多数被日军摧毁，整个华北高等教育事业完全陷于停顿。为了奴化华北学子、培植知识汉奸，随着伪华北临时政府的成立及其教育行政机构的组建，日伪开始对华北的高教机构着手"恢复"和创办。与华北沦陷区的中小学课程安排

---

❶ 王永斌. 老北京五十年［M］. 北京：华艺出版社，2012：59.

❷ 任鸿昌，任书章. 辉县人民抗日斗争史［J］. 辉县市老区建设促进会，2003：82.

❸ 中共济南市委党史研究室. 济南党史研究·专题资料集之一 2008 年（第 2 辑总第 38 辑）［M］，2008：134.

❹ 国民党战地党政委员会编印倭寇之奴化教育（1942 年 10 月 31 日）［G］//历史档案馆. 中华民国史档案资料汇编（第五辑）. 南京：江苏古籍出版社，1997：614 – 615.

❺ 中国第二历史档案馆. 伪山西省治运本部长冯可直编送第五次冶运工作汇总报告（1943 年 2 月 20 日）［G］//中华民国史档案资料汇编（第五辑）. 南京：江苏古籍出版社，1997：526 – 527.

一致，华北地区的高等院校也以日语、日文课程为最重要的部分。早在 1938 年，北京大学工学院便处处尽显"日本化"，力图使学生处在"日本学校"的环境下生活和学习，除了课程设置中强行将日文作为第一外国语且是必修课外，在课程的教学过程中，几乎全是清一色的日本术语。❶1939 年，北京大学为免除学生与日本人交往"种种之不便"，即规定各学院所用之"一切讲义""以日本语为中心"，并强调"首由医学院实施"。❷ 到 1943 年时，日伪为了"确立华北决战教育体制"，不仅强令各高校"入学试验科目中设日本语一科"，而且为了"树立日本语彻底教育方针"，学生入学后"侧重于日本语教育"，伪华北教育总署还于当年 6 月 5 日下令，过去各校所定的日语选修科自本年度起列入必修科。❸1943 年 9 月，伪华北教育总署呈请伪华北政务委员会，制定和颁布《选定师范学校设置日语专修科办法》，规定华北各省市自 1943 年秋季学期开学起，各选定师范学校一校，设置日语专修科。

　　除了在普通高校开设将日语作为必修课，华北日伪当局还专门设有日语学校与日语培训机构，集中进行日语课程的教学与培训。河北省新城县（今高碑店）"利用城内封锁之学校，每晚二小时……以少年为对象，施以日语教授，造成小学校之基础"❹。

　　1938 年 3 月 9 日，日伪曾以伪华北临时政府教育部（后改为"伪华北政务委员会教育总署"）"直辖"的名义，在北平设立了一所"外国语专科学校""专为造就通晓外国语文之人才"❺。该校在培养"精通日语文的经济的外交的人才"的宗旨指导下，除专修课日语外，也开设有法、德、英、意等语的选修课，其他相关课程则非常简单，其性质"颇与昔之肄学馆相似"。❻1943 年，由"华北日本语普及协会"创办的"太原日本语专科学校"正式成立。该校校址在太原东缉虎营，到 1944 年由伪山西省公署接收改组为"山西省立日语

---

❶ 苏闻. 华北伪组织之工程教育 [J]. 东方杂志，1944（40）：14.

❷ 北京大学各院所用之讲义将以日语为中心 [N]. 盛京时报，1939 – 11.

❸ 佚名. 北京各大学校入学考试科目设日本语 [N]. 盛京时报，1943 – 6 – 13（5）；华北政委会令各校日语列必修科 [N]. 申报，1943 – 6 – 12（第 1 卷第 2 号）.

❹ 佚名. 新城县指导部工作计划 [N]. 新民会报，1938 – 12 – 15（18）.

❺ 一年教育实施之回顾（伪教育部张心沛局长讲）[N]. 新民报，1939 – 1 – 4（3）；在北京开设外语专门学校 [N]. 盛京时报，1938 – 3 – 21（1）.

❻ 任远. 今日之华北 [N]. 申报，1938 – 12 – 24（第 2 卷第 7 号）.

专科学校""以期达到内容充实之目的"。❶ 1943 年 9 月 6 日，据《河南民国日报》报道，"开封伪中央日语学院，近设日语讲习班"❷。实际上，这还是以奴化、迷惑华北沦陷区内的民众为目的，妄图培养高级亲日知识汉奸。

由于日伪在华北沦陷区大力推广日语课程的教学，导致日语教师的严重短缺，于是伪政权加紧筹设"日语教员养成所"，积极"造就"为其侵略服务的日语教员。为此，从 1940 年 9 月 11 日开始，日伪逐步设立了冀东日伪教员养成所、河北省立日语教员养成所、省立女子日语养成所、省立津海道（今天津）日语教员养成所、保定道（今河北保定）日语教员养成所等机构，学员培训期满后派往各县属中小学充任日语教师。如冀东日语教员养成所，设置的教学科目主要包括教员须知、日本语、日本情事、日语教授、实习日语教授等。一年培训期满合格后，受训人员分派至各校担任日语教员。1943 年，伪冀南道（今河北邢台）成立日语养成所及试用小学教员训练所，学员数高达六百一十二人。在山西省文水县，小学教师必须上"日语训练班"，三个月一期，每期五六十人。❸ 山东日伪为了培训更多日语教师，除要求各县选派年青的教员到省日语讲习会培训外，还要求采取各种措施就地培训。如宁阳 1941年暑假（7 月 20 日—8 月 17 日）的日语讲习会，抽调小学教员三十六人参加，除讲授日语外，还有新民操、教育行政、东方思想、反共兴亚精神讲话等。❹

二、封建复古课程

在华北沦陷区的学校中，出现了一股严重的封建复古逆流，主要表现在课程设置上。日本侵略者故意曲解中国史地，大肆宣扬"恢复东方固有的文化道德""提倡中国固有的自治精神"，假借中国的旧道德，来反对一切新的、进步的、抗日的思想。华北日伪政权规定，沦陷区的中、小学要"偏重于古代的课程"，尤其是以六经为主。小学读《孝经》，初中读《诗经》，高中读《孟子》，因为"惟六经才能使他们成圣人"。也就是说，要用培养封建士大夫的那一套来教育沦陷区的青少年。为此，伪临时政府教育部要求各中小学增加

---

❶ 第五次教育行政会议山西省教育状况报告书（1945.6.）［J］. 伪华北教育总署档，2021（2）/51.

❷ 陈传海，徐有礼，刘海涛. 日军祸豫资料选编［M］. 郑州：河南人民出版社，1986：374.

❸ 王兆祥. 华北教育的近代化进程［M］. 天津：天津社会科学院出版社，2008：201.

❹ 中国人民政治协商会议山东省泰安市委员会. 泰安文史资料（第三辑）［M］. 泰安：泰安市政协文史资料出版社，1988：92.

修身课教学时数，令各中学酌情添加经学讲读。❶

1941 年，遵从伪华北教育部的规定，伪山东省教育厅通令山东境内各级学校增授"经学"课。该通令内容中写道："处兹异说蜂起之际，欲期挽人心、息学说，非提倡经学，从修、齐着手不为功。查本省各级学校，自本年秋季起，一律于修身、国文科目中，添授经学教材……藉以昌明经学、闸扬圣孔，培植青年纯正观念，养成兴亚健全分子，以资表率，而便效法。"❷ 据此，山东各级学校增授论语、孟子等复古课程，较为典型的是山东济宁中学与宁阳中学。济宁中学的课程设置依据山东省教育厅通令，增设经学，讲的是原本的"四书""五经"及《左传》，要学生以古圣先贤尧、舜、禹、汤、文、武、周公作为典范，以家训（朱子家训、曾文正公家书）、格言作为金科玉律。课程还设有修身，专门辑录了一些古代圣人言行事迹、典范故事以及忠臣、孝子、义士、节妇等风范人物，作为楷模，要学生学习。❸ 山东宁阳中学亦根据伪山东省公署教育厅的通令设置了相关经学课，其中一年级设论语，二年级设孟子，大力提倡尊孔读经。除课堂讲授经学之外，该校还在办公室悬挂孔子像，春秋两季在孔庙举行隆重的祭孔活动，全体师生都要参加，美其名曰培植青年"纯正观念"，以"挽心说""息邪说"。凡此种种，都是为了以中国的传统礼教思想来笼络人心，束缚人们的头脑，削弱人们的民族之恨和爱国之心。❹ 山西沦陷区亦跟随华北各地"复古"教育的脚步，按照伪山西省公署教育厅的指示，整个太原市学校也增设"修身"课程，推出孔孟，提出闸扬圣教，尊崇孔子，并且修理文庙，举行了孔子圣诞祭祀，妄图使我广大人民成为其驯服工具。❺ 由上述可见，华北伪政权在对复古课程设置方面完全遵从侵略者旨意，所设复古课程名称虽不尽相同，却都无一例外地将"涵养国民德性，修炼国民精神"放在教育的首位。

❶ 中共中央党史研究室科研管理部. 纪念中国人民抗日战争暨世界反法西斯战争胜利 60 周年学术研讨会论文集（下）［M］. 北京：中共党史出版社，2006：1080.

❷ 中国人民政治协商会议山东省济宁市委员会文史资料研究委员会. 济宁文史资料（第一辑）［M］. 内部交流本，1985：101 - 102.

❸ 政协山东省济宁市市中区委员会文史资料研究委员会. 济宁市市中区文史资料（第六辑）［M］. 内部交流本，1990：150 - 151.

❹ 宁阳县政协文史资料研究委员会. 宁阳文史资料（第四辑）［M］. 内部交流本，1990：198.

❺ 中国人民政治协商会议山西省太原市委员会文史资料研究委员会. 太原文史资料（第三辑）［M］. 山西：山西人民出版社，1985：113.

伪临时政府教育部还在华北沦陷区一些日伪开办的学校中，将原来的国民道德、历史、地理、自然等课取消，变为综合性"国民课程"，主要宣传"东北非中国领土""满族非中华民族，日本和满族是父子的从属关系"，以消除学生国家观念，抹杀民族意识。比较具有代表性的是在 1938 年，华北日伪政权在河北青龙县开设的中小学校的课程设计及所开展的教学活动，"为使青少年从小就忘记中华民族固有反抗的革命精神，不学中国历史而学日本史，特别宣扬明治维新以来逐渐走向侵略的扩张史。地理课也是其为侵略服务的内容，为了迎合封建士大夫的思想，大搞尊孔活动，五年级以上设论语课。春秋时祭孔，学生教师和相关人员都参加"[1]。

除此之外，华北沦陷区各级各类学校中不仅文化课受波及，连艺术学科也受"复古"思想影响。如华北伪临时政府统治下的一些中小学音乐课程，规定日本国歌、《卿云歌》（伪临时政府"国歌"）、《新民青年歌》《大圣孔子赞歌》等为学生音乐课程必学必唱的歌曲。在河北乐亭的一些学校，学生们上音乐课要唱《满洲姑娘》《日本国歌》《兴亚进行曲》《上海少奶奶》，并严禁传唱一切进步歌曲。[2] 如此一来，课堂上，校园里，到处弥漫着复古、亲日的气氛。[3] 另外，在课外作业方面，除日常各科作业之外，尚有孔道课外研究、日语课外研究、事实研究、"新民主义"研究及反共治安征文等。中等及以上学校，设"国民道德科"，把历史、地理、自然等课"共期归于国民道德"，其主要内容有驯服中国人民的《学生之本分》《报恩感谢》等。后期，为了适应战时体制，更将"国民道德"改为"建国精神科"。所谓的"建国精神科"，不过讲些"日满一德一心""民族协和""日本亲邦""王道乐土""大东亚共荣"之类的内容。说到底，其教育的奴化性、欺骗性依然不变。

三、军事训练课程

日伪政权在学校开设军事训练课程，主要是以适应殖民占领为需要的。伪华北临时政府北平教育局就曾规定，学校除了开设体育课外，每周又开设两节

---

[1] 刘秋松. 解放前后龙关教育事业的对比［G］//王用斌，刘茗，赵俊杰. 晋察冀边区教育资料选编（续集）. 北京：北京师范大学出版社，1991：623.

[2] 呼景山. 耕野笔录［M］. 北京：中国物资出版社，2007：59.

[3] 中共天津市委党史研究室，天津市档案馆. 日本帝国主义在天津的殖民统治［M］. 天津：天津人民出版社，1998：478.

青训课，派专人来学校对学生进行军事训练。伪山东省公署教育厅也做出相关指示，规定各级学校各班每周开设军训课，其中泰安道从完全小学起开设军训课，推行"新民体操"，培养绝对服从的武士道精神。出操训练时，学生动作稍有怠慢或疏忽，便遭拳打脚踢。❶ 1936 年 9 月，伪冀东政权规定冀东各中小学实行训育，并制定了《冀东中小学训育标准》。❷ 1938 年 1 月前后，日伪在北平开设"新民学院"。这是一所典型而地道的汉奸培养机构，与"新民会"脱胎于伪满洲国的"协和会"一样，它是依照伪满洲国的"大同学院"创办起来的。❸ "新民学校"以"收容贫苦失学或超过学龄的儿童为主"，开设日语、经学和军训等课程。军训是新民学校的重头课，也是日寇进行奴化教育、强化法西斯统治的另一手段，大部分被"收容"来的青少年经过一段时间的"训练"后，被强制送到日伪军队，新民学校实际上变成了日伪后备兵员的养成所。1943 年，伪河南省公署设"大日本"高等学校一所，旨在收容日本青年，主要授以军事教育及中学课程。❹ 对于这类"军训"课程的实际教学，山东济宁的李祜诒在《日伪时期的济宁中学如是我见》❺ 中写道：

> 学校在每星期六下午设有军训课，由日本军部派人训练，用日语喊操，要求很严酷，在操场上任意毒打学生。有一个学生掉了鞋子也不敢拾，一直赤着脚上完了一堂军训课。后来日本侵略军因战事紧张，人员不敷需求，改由兖济道警察教练所的警官担任军事训练，在对待学生上比日本军人稍好些。
>
> 为了威慑镇压学生，日伪当局强行在暑假中进行军事训练，为期两个星期，高中学生全部参加。找了一个绥靖军的中尉连长叫陈雨轩的担任教官（此人来路不明，后来到处流窜，也不知如何离开伪军的），陈身着军服，拿着指挥刀指挥训练。他指挥学生每天早五点从校门口（院门口，今二中后门）跑步到面粉厂，然后再唱着军歌回来。军歌中有"中日提携""建军主义"，歌词有："黄沙万里不见人，微闻战斗声，去时宫殿成

---

❶ 中国人民政治协商会议山东省泰安市委员会. 泰安文史资料（第三辑）［M］. 内部交流本，1988：90.

❷ 赵捷民. 冀东沦陷区奴化教育的实况［J］. 教育杂志，1940（1）；冀东防共自治政府之全貌. 内政改善之现状［N］. 盛京时报，1937 – 7 – 10.

❸ 余子侠，宋恩荣. 日本侵华教育全史（第二卷）［M］. 北京：人民出版社，2011：285.

❹ 陈传海，徐有礼，刘海涛. 日军祸豫资料选编［M］. 郑州：河南人民出版社，1986：374.

❺ 政协山东省济宁市市中区委员会文史资料研究委员会. 济宁市市中区文史资料（第六辑）［M］. 内部交流本，1990：152 – 153.

焦土，只剩自由魂……"七点至九点为术课，全副武装在烈日下操练，有的受不了这种苛虐，当场晕倒。九至十一点在课堂上学习军事知识。

日伪实行的军事训练课程无处不透露着奴化思想，充满残暴与恐怖氛围。不仅如此，1938年5月16日，日伪当局为了控制广大青年，成立"中央青年训练所"，之后各地又成立了地方青年训练所。其旨趣为："集各地有为之青年，施文武合一之教育。出则捍卫乡里，扫荡匪贼，为地方之干城。入则恭敬桑梓，指导新运，为自治之中坚。本：奉公之精神，修齐治平之程序，以达'止于至善'、王道天下之理想。"❶青年训练所是宣传汉奸理论、培养所需人才的"最佳场所"，利用其开设的各种训练课程毒害青年思想。河北定县青训所训练课程安排如表11-1所示❷。

表11-1　河北定县青训所训练课程安排

学科课程	精神科	术科	学科	课外讲话	见学其他	合计
时间数（分）	75	30	135	20	35	295

由表11-1可知，精神科、学科和课外讲话占去了总时间的78%。所谓精神科，是指"东洋提携之必要、中日事变之意义、新民精神、青年团之使命、青年运动"。说到底，这就是一种奴化教育的训育课程。打着"军事训练""文武合一之教育"的旗号，对青年训练所的广大青年施以"洗脑"，使之精神麻痹，丧失民族意识。1940年下半年，伪山东省公署政权成立了山东学校少年团总团，规定年龄在十二岁以上者有加入少年团的义务。随即道县成立了少年团，各城镇完全小学组成少年分团，分团下设大、小队。少年团以"顺应东亚新秩序的建设"为宗旨，以实施"团体训练、纪律训练"及"反共精神"为目标，培养忠于"王道"的思想。少年团的训练内容有四项，即精神训练、生活训练、服务训练、国防训练，其中精神训练与河北定县青训所设置的精神科课程如出一辙，无外乎是一种充斥奴化思想的训育课程。少年团的训练方式包括升旗、早操、早会、周会等训话，军事、勤务、劳作等武士道式的操练演习，还有个别谈话，自肃自戒和警告训斥等。❸至1943年，华北伪政

❶ 新民会青年训练所旨趣［G］//刘敬忠. 华北日伪政权研究. 北京：人民出版社，2007：186.
❷ 陈佩. 河北省定县县事情［M］. 中华民国新民会中央指导部，1939：29.
❸ 中国人民政治协商会议山东省泰安市委员会. 泰安文史资料（第三辑）［M］. 内部交流本，1988：90-91.

权出台《三十二年度华北教育施策要纲》及其实施方案，其中第二条规定："以往各级学校虽均注重训育，但对集团训练则颇多忽视。兹当大东亚战争展开之际，为补救上项缺点，并养成具有实践力及建设中国之基本人才起见，特将高小及初中学生组成少先团，高中以上各校学生组成青年团，严格实施集团训练，除锻炼坚强体格外，并清除一切不良思想，涤荡旧染，完成心理之建设。"❶ 因此，日伪将高小及初中学生组成少年团，将高中及专科以上学校学生组成青年团，实施严格训练。

总之，华北沦陷区学校开设的这些训育、集团训练等极富于欺骗性的军事训练课程，标榜着"为训练学生之体格并养成其服务精神起见"，却依旧不能掩盖其对青少年实施奴役、驯化为核心的实质。

四、农业职业课程

日寇不仅在华北地区进行赤裸裸的资源抢夺，还打着培养初中级专业人才的幌子，在各级各类学校开设农业职业课程。实际上这些所谓的农业技术训练，只是为提供源源不断战争物资的军需服务的。根据日寇旨意，华北日伪政权规定，华北地区的中学和师范学校均应开设劳作课程，主要"授以关于农艺及工艺"之技能。及至太平洋战争爆发后，日伪为了加强华北沦陷区的"战时体制"下粮食生产和侵略战争食粮供应基地的建设，伪华北教育总署的"农事教育设计委员会"规定：自1942年暑期后，于中等教育层次中"选定中等学校增设农业课程"，其目的是"为养成学生勤劳习惯，并使其略具农业知识及技能，待其毕业后能实际从事农村工作"。于初等教育层次中"选定小学校附设农业补习班"，其目的在于"培养多数实际从事农业工作之基础人才"。❷ 开始时，所谓的"农业补习班"仅在河北、山东、河南、山西、京、津、青四省三市共选十八所学校实施。到1943年时，整个华北沦陷区开办这种"农业补习班"的小学多达四十校。❸ 譬如日伪河南省教育厅在农林学校举办由全校师生参加的农业训练班，其内容包括学习农业知识，讲授"大东亚

❶　伪华北教育总署检送1943年度华北教育施策要纲及其实施方案呈［G］//中国第二历史档案馆．中华民国史档案资料汇编·附录上·第五辑第二编．南京：江苏古籍出版社，1997：633
❷❸　教育总署三十一年度施政概况（1942）、教育总署三十二年度施政概要（1943）、华北政务委员会教育总署施政辑要（民国三十三）（1944），中国第二历史档案馆藏：伪华北教育总署档案，全宗号2021（2），案卷号5.

战争必胜""美帝必败"等，美其名曰是为了学好农业，支援"大东亚战争"❶，实际就是在掠夺河南的生产生活资料。到1944年时，在此基础上，各省市"继续增选"其校数。这实际上是随着抗日战争进入后期，日寇在前方因受抗日军民的打击而战争吃紧，为补给战争消耗，加快掠取华北农业资源的铁证。

除此之外，日伪华北当局还以"矫正以往学校教育偏重智育漠视劳动之积习"为由，强制大、中、小学学生实施"勤劳作业"训练课程。这是一种供日伪驱使奴役的义务劳动强制训练，对青少年的身心产生危害，称之为"勤劳奉仕"。在北平，中、小学生的"勤劳奉仕"劳动，从1940年就大范围地展开了。1941年，伪华北政务委员会教育总署制定的《三十二年度华北教育施策要纲》中规定之一便是协力食粮增产运动。❷ 至1943年2月19日，在伪华北政务委员会教育总署《检送一九四三年度华北教育施策纲要及实施方案》中，明文规定"各级学校学生利用休假、课余，于不妨碍健康之范围内，实施勤劳服务"，并指示"本年度学生勤劳服务之重点，暂以协力食粮增产为中心工作"。据此，1943年3月伪华北总署强迫华北百万学生为日寇从事粮食生产，规定每学期每个学生必须到耕地劳动一百小时，大学生男生每人耕地五厘，女生每人四厘；中学男生每人三至四厘，女生每人三点五厘；小学生集体耕种。所需耕地由学校自选，春假放假一周，全部下地耕种。这种高强度的农业体力劳作，时间多、强度大，不顾城乡及产业结构差别，仅仅是为了适应日伪侵略后方供需的战争需要才强制实施的。这种有违教育精神、损害儿童身心、破坏系统知识课程学习的教育，是赤裸裸的教育殖民主义与文化帝国主义的行径。由此可见，到了战争后期尤其邻近日寇全面投降之前夕，华北沦陷区的学子已经不再是在校以"学"为主，而是以"劳"为主的日伪"苦力军"了！❸

五、课外活动

课外活动与课堂教学共同支撑起一个完整的课程系统。课外活动是课堂以

---

❶ 王日新，蒋笃运，李文成，介新副．河南教育通史（中册）［M］．郑州：大象出版社，2004：428.

❷ 中央教育科学研究所．中国现代教育大事记［M］．北京：教育科学出版社，1998：507.

❸ 余子侠，宋恩荣．日本侵华教育全史（第二卷）［M］．北京：人民出版社，2011：308.

学科为中心教学组织的必要补充，二者相互作用，相辅相成。在课外活动方面，日伪华北当局强迫学生参加各式各样的、带有奴化性质的文体活动等，起到了课堂教学延伸和补充作用，也带有综合活动课程的部分教育因素，这对日伪奴化教育产生了稳定、强化乃至多种形式结合的作用。

　　日伪政权还要求各校举办各种有关之"研究会""演讲会""特别讲演"等。所谓"演讲会"，亦称"学术讲座"，所聘"专家""学者"，大多为日伪"学术名流"，然而所"讲"内容无非是"演绎"日本"大东亚共荣圈"的"理论要义"。1942 年暑假，伪华北教育署举办"各校院毕业生特别演讲会"，邀请日本学术界"名流们""莅会演讲"。1943 年暑假也举办类似"演讲会"，所讲内容主要是对学生"就职之趋向"予以"指导"和对他们进行"思想之肃正"。❶ 1943 年 6 月伪华北教育总署教育局召开"第三次教育行政会议"时，通过"提案"的形式，要求"华北各级学校应利用星期日讲述孔孟道义"。该提案通过后，教育总署即刻命令各校"每周日上午或下午须举办特别演讲"，所有学生必须出席。对于演讲内容的规定是：高中、大学以"诗、书、礼、易、春秋等书以及中外历史与重要事实问题为范围"；小学、初中则以"四书、孝经、孔子家语等书为范围"，同时要求每学期期末，由学校按讲演内容命题，"使学生发表个人之感想，以观其成效"。❷ 同年 12 月，伪华北教育总署又根据日寇"谋大东亚战争之最后胜利以完成东亚民族之全体解放"的"宣传主题"，训令各校院分别设置"大东亚学术讲座"，以此"启发青年阐扬学术""借文化之发展以图战略之增强"。于是，华北各高校纷纷行动起来。❸ 如此繁复的"文艺"课程安排，实质上不过是给奴化教育披上了"艺术"的外衣而已。

第三节　华北沦陷区奴化教育教科书的审编活动

　　日伪在沦陷区设计服务于殖民统治及侵略战争需要的奴化教育体系，其根

---

❶　教育总署三十二年度施政概要（1943）[J].伪华北教育总署档案，2021（2）/5.

❷　华北教育总署教育局关于利用星期日讲述孔孟道义及有关训育的提案（1943）[G]//中国第二历史档案馆.中华民国史档案资料汇编·附录上·第五辑·第二编.南京：江苏古籍出版社，1997：641.

❸　余子侠，宋恩荣.日本侵华教育全史（第二卷）[M].北京：人民出版社，2011：306.

本目的在于泯灭中国人民的民族意识与爱国情感，培养服从于日本侵略者的顺民和为其掠夺中国资源服务的劳动力，以效忠日本天皇为核心的军国主义文化取代中华文化，妄图使中国永远沦为日本侵略者的殖民地。而教科书是实施教学的主要工具，它对实现教学宗旨关系极大，因而得到日伪当局的特别重视。为此，日本侵略者对沦陷区学校教科书的处理方式主要有两种：一是对原有教科书进行审定，就其中不符合"亲日""反共"奴化教育方针的部分大肆删减篡改；二是编写发行符合奴化教育需要的教科书，并强迫沦陷区学校使用。

一、华北伪政权审定教科书

为了贯彻奴化教育的方针，日伪对教学内容的取舍及教科书的审定也确定了具体的标准与措施。"七七事变"爆发后，日本侵略者把整顿教育、恢复学校教学秩序放在重要地位。为此，在还未能来得及编写教科书的情况下，日本侵略者把原来学校使用的教科书进行严格审定、删改后付诸使用。

"七七事变"后，伪天津治安维持会社会局就成立了临时审定教科书委员会，先后议订"删正中小学教科书实施规则"。[1] 1937 年 8 月 6 日伪北京市政府成立，伪警察厅通令所属学校，取消党义课程，并将小学教科书中所有有关爱国教育的内容全部删除。[2] 8 月 17 日，"北平地方治安维持会"下属伪社会局成立了"中小学教科书审定委员会"。8 月 29 日，伪北平市维持会开始着手对北平各学校教科书加以"调整"，并专门成立文化组，对中小学教科书进行审定，删除其中有关民族主义与爱国主义教育内容。对于删改课本，日伪曾用了极大精力来进行此项工作。早在日寇刚进入北平后，由于教科书一时无法更换，伪政权的相关机构便采用商务出版的"复兴教科书"，只是把课本中所有涉及反侵略、抗日以及一切有关民族意识、爱国思想的教学内容一律删去。其方法是：全张的撕去，一面的贴上，一课里面认为只有几句或几段不妥的，则用浓墨涂掉。据此，当时在北平师大第二附小读书的史分先生回忆，日本侵略者占领北平那年秋天开学时，学校按照上面的命令，让同学们把高小国文第三册课本上"中华民族""精忠报国""自强""奋斗"等字样，都用黑墨一块

---

❶ 中共中央党史研究室科研管理部. 纪念中国人民抗日战争暨世界反法西斯战争胜利 60 周年学术研讨会论文集（下）[M]. 北京：中共党史出版社，2006：1080.

❷ 刘晓云. 近代北京社会教育发展研究 1895—1949 [M]. 北京：知识产权出版社，2013：197.

块涂掉，还撕掉《岳母刺字》《阎典史传》等课文。❶

伪北平地方维持会对学校教科书的审查不可谓不严格，层层把关，其中还规定了审定标准，即删除"各种课本有妨碍邦交的文字"。据《新民报》载，日伪进一步确立了教科书的删改方针，"扫除一切抗日思想，排除三民主义""从历史来证明日满支共存共荣的连环关系"。❷ 1937 年 9 月 22 日，伪北平社会局委任朱述安、吕能书分别为第一和第二社会教育区民众教育馆馆长，侯家镜为暂任第四教育区民众教育馆馆长，并通令市私立各社会教育机关，一律使用《市民三字课》教科书，按伪北平维持会审定之删改表，将一切"有碍邦交及宣传党治并既含赤化之篇页"逐一删除。❸ 至 10 月中旬，华北日伪又要求凡大、中、小学开学，学校课本均需修改，增加日语及"四书""五经"等课程。对此，伪北平地方维持会进一步提出《各级学校教科书改订案》规定："修身科用书，初中有《大学》《中庸》《诗经》；高中有《礼记》《左传》；专门学校以上有《书经》《易经》《周礼》。"❹ 如此奴颜婢膝，唯恐放掉一丝一毫对日寇献媚的机会。

1937 年 11 月 21 日，伪北平地方维持会又与天津市地方治安维持会紧接着联合成立了"京津教科书审订委员会"，开始全面修改中学和小学教科书，主要删除"有碍中日邦交"的内容。

1938 年 1 月，北平日伪为了更好地完成教科书审核一事，又在北平专门成立了"中小学教科书编审局"，主持局务的是日本人藤水葛治，该局的唯一任务是"修订"中小学教科书，将所有关于"三民主义"和爱国思想的材料，都加以"有碍邦交"和"荒谬"的借口予以删除。同期在河北沦陷区的唐山乐亭县，亦规定将学校旧中国初、高小课本中的"孙中山""三民主义""帝国主义侵华"等词语全部删去。❺

紧接着，伪"中华民国临时政府"采取"京津教科书审订委员会"的工作要求，也颁布各种教科书审查规定，以实际行动"报效"日本殖民统治者。1938 年 3 月 1 日，伪临时政府教育部成立以教育总长汤尔和为委员长、由周

❶ 邓菊英，高莹. 北京近代教育行政史料［M］. 北京：北京教育出版社，1995：85.

❷ 魏宏运. 中国现代史稿（下册）［M］. 哈尔滨：黑龙江人民出版社，1981：81.

❸ 耿中，等. 北京近代教育记事［M］. 北京：北京教育出版社，1991：304.

❹ 邓菊英，高莹. 北京近代教育行政史料·北京教育工作报告［M］. 北京：北京教育出版社，1995：274.

❺ 呼景山. 耕野笔录［M］. 北京：中国物资出版社，2007：57.

作人、鲍鉴清等二十六人组成的"教科书编审委员会""教科书编审会"议定以清除"排日""三民主义"等内容,倡导"日满华亲善""复兴"中国固有道德及儒教,鼓吹实学等为"编纂方针"。❶

伪北平《市政公报》1938 年第 10 期颁发《训令市、私立各中小学补习、民众、聋哑学校为奉教育部令各中小学教科用书不得再用未审定之各项课本》。同年 5 月,伪华北临时政府教育部颁布了《教科图书审查规程》,规定各学校"不得再行沿用未经修正审定之各项教科书"❷。8 月,华北"教科书编审委员会"又规定旧课本一律禁用,并饬令各地伪教育当局"随时注意抽查取缔之"。❸对此,伪河北等省市公署严格遵照上级日伪政权指令,成立了"检查禁书审定委员会",对于那些包括有抗日言论、共产主义等内容的图书一律查禁。日伪在山西沦陷区成立了各级各类学校之后,开始推行的主要奴化教育措施之一便是废除日军侵入山西前印发的各类教科书,并在伪山西省公署设立"图书审查委员会",负责审查各类学校教学书目。❹此后凡不利于日伪统治的教科书和其他图书均被查禁。

由上述可知,华北日伪对教科书的控制已经到了何等残酷的地步,他们不间断地颁布各项指令规程,以实现对奴化教育的绝对控制。至 1938 年 9 月 8 日,又公布了《修正教科图书审定规程》,其中规定"学校用之教科图书,依本规程须经临时政府教育部之审定,其未经审定者不得发行或采用,但小学教科书应完全采用编审会自行编纂之课本"。❺除此之外,为了严格控制学校学生思想,华北日伪还规定各校购买图书必须先呈报伪各省公署审核,并随时派员对学校严加视察,照章严行监督。调查的内容包括学校是否有违背教学规程或新教育方针、学生思想倾向、主要教职员的服务精神、谈话内容,及学校是否采用编审会所编纂之新教科书等,如有违背,即采取果断措施。❻

此外,除了华北日伪下属的伪教育部执行对学校教科书的审定,华北汉奸组织"新民会"也承担起一定的职责。为了控制学校教员和学生的思想,对青

❶❸❺ 中共中央党史研究室科研管理部. 纪念中国人民抗日战争暨世界反法西斯战争胜利 60 周年学术研讨会论文集(下)[M]. 北京:中共党史出版社,2006:1080 – 1081.

❷ 邓菊英,高莹. 北京教育工作报告[G]//北京近代教育行政史料. 北京:北京教育出版社,1995.

❹ 山西省地方志办公室. 民国山西史[M]. 太原:山西人民出版社,2011:375.

❻ 关捷. 近代中日关系丛书之三·日本对华侵略与殖民统治(上册)[M]. 北京:社会科学文献出版社,2006:479.

少年推行奴化教育，"新民会"专门成立了"新民青年实施委员会"（简称"青施会"）。"青施会"其中一项职责便是负责审定学校的教科书，查禁抗日书籍。❶

二、华北伪政权编写教科书

华北日伪认为，教科书对于能否贯彻好奴化教育关系重大，因此宣布废除事变前印发的各类教科书，不论删改与否，一律禁止使用。而改用按日方旨意、由新民书馆独家印行的、华北政务委员会的汉奸编写的教科书，强令教学中使用，并定期不定期地加以监督、检查。其中算术、自然等课的教科书，内容大体上是由商务印书馆或是中华书局读本改头换面抄来的。而其他课本的内容则重新编写，其选材及思想被日伪肆意编造、歪曲。

华北沦陷区伪政权一向与日本侵略者的图谋野心及殖民方略在行动上保持一致，采取"亲日防共"的奴化教育是其惯用伎俩。1937 年 9 月 16 日，依照"中学课本审委会审查会议"最后"定本月十六日再开会作最后之决定"要求，伪北平社会局召开中小学教科书审定委员会中学组第三次全体审查委员会会议。会议决定在中学教育中改"公民科"为"修身课"，规定与该课程中实施经学教育，同时制定经学科的"标准课本"采用"万国道德总会"的印行本。继 1938 年年初，伪华北临时政府成立后，伪教育部 2 月正式组署办公，随之于当月 17 日命令伪北平市社会局转饬北平中、小学各校，无论公立还是私立，都必须使用新编的内容亲日的教科书。❷据《市政公报》第 8 期报道，1938 年 2 月 28 日伪北平特别市公署社会局局长张水淇发布《市、私立中小学决定在中小学教科书未印制就以前课务进行办法》规定，"查本学期现已开学，惟中小学各级教科用书前由编审局承印，现时尚未齐全，关于临时课务进行不得不先行筹划"，其中"修身科继续讲述《孝经》《论语》《孟子》"❸。紧接着 3 月 1 日，伪临时政府教育部接管"教科书审定委员会"，并公布《教育部直辖编审会组织规程》十四条，其中规定编审会负责"办理关于中小学教科书及各种教育刊物之编辑审查事宜"❹。

---

❶ 中共北京市委党史研究室. 中国共产党北京历史（第一卷）［M］. 北京：北京出版社，2001：77.

❷ 王永斌. 老北京五十年［M］. 北京：华艺出版社，2012：59.

❸ 邓菊英，高莹. 北京近代教育行政史料［M］. 北京：北京教育出版社，1995：694－695.

❹ 耿申，邓清兰，沈言，喻秀芳. 北京近代教育记事［M］. 北京：北京教育出版社，1991：309.

自此，华北伪政府开始了"风风火火"的伪教科书编审工作。依据伪华北临时政府教育部所定标准，编纂春季应用之初中、高中、初小、高小及短期小学、民众学校等各种课本三十八本，"以应急需"。这种"亲日教科书"到 4 月开学之初便被各初级中学使用。至 1938 年 5 月，伪华北临时政府教育部规定："小学教科书应完全采用编审会自行编纂之课本。"❶紧接着春季之后，是秋季"新课本"的编印，已被开学之初使用。到秋季开学之时，华北"教科书编审委员会"编完小学、中学及师范学校所有教科书共一百五十五种，于新学期开学时发放到各学校使用❷，其中"编审会"经过"修正"过编印的中学教科书计二十四种六十七册，其中初中教科书十四种四十册，高中教科书十种二十七册；另外审定"外来教科书"，有初高中计二十四种三十册。这些"新教科书"，不仅在平、津、青岛各市及河北、山东等省"一律遵用"，而且南伪即"维新政府"的"上海特别市"亦予采用。❸至 1939 年夏季，敌寇在华北已编辑、审定并出版了二百五十余种的中小学教科书，这些多是由日本文部省编修科科长藤本万治任主编的，其他如大学的教科书和各种参考书，也都正在积极编辑中。❹

在日伪编纂的这些"新教科书"中，特别注重将封建伦理道德的灌输和殖民理论的渗透相结合，强迫中小学生读《孝经》《论语》《大学》《中庸》等，以封建伦理道德训育青少年，并大肆鼓吹"新民"主义、"中日满亲善""共存共荣""王道乐土"等谬论，妄图泯灭中国人民的祖国观念和民族意识，把中国人民尤其是青少年塑造成服从日本殖民统治的"新民"。华北沦陷区的各级学校中都设修身课，其目的在于对青少年灌输封建礼教和"愚忠"的思想。所以，修身课的教科书是日伪精心编纂的。对于修身课教科书的编纂宗旨，必须做到"适合国情、适合时代性"。所谓当时的"国情""时代性"，就是向学生灌输"大东亚新秩序""中日亲善""东方固有文化"等殖民侵略谬论。此外，修身课的教科书要更多地增加"防共教科书"与增编"兴亚"课

---

❶ 河北省公报，第 15 号，1939 年 9 月 8 日，河北省档案馆藏，案卷号 654 - 1 - 56.

❷ 中共中央党史研究室科研管理部. 纪念中国人民抗日战争暨世界反法西斯战争胜利 60 周年学术研讨会论文集（下）［M］. 北京：中共党史出版社，2006：1081.

❸ 教育部二年来行政摘要（1939 年 11 月）［J］. 中国第二历史档案馆藏伪华北教育总署二〇二一/441；一年来教育实施之回顾（伪教育部张心沛局长演讲）［N］. 新民报，1939 - 1 - 4.

❹ 共青团中央青运史工作指导委员会. 中国青年运动历史资料（第 15 集）［M］. 北京：中国青年出版社，2002：133.

本，以迎合日寇的侵华利益需要。这种媚外的教育措施与日本侵略者的侵略言论沆瀣一气。譬如 1942 年，伪华北政务委员会教育总署编辑宣扬"大亚洲主义"的所谓《兴亚读本》，指令为中小学修身科的补充教科书。❶可见，实施"亲日""反共"教育是华北日伪政权在沦陷区推行殖民教育的精神实质。如"山东省立日语专科学校"所采用的教科书，三种日语课本系由"满洲图书文具株式会社"出版，商业、算数、商业簿记等科用书系商务印书馆出版，其他各科的教科书全部采用伪教育总署编审会所编课本。这些教科书尤其是伪教育总署编审会所编的教科书，其中充斥着封建复古的腐朽内容，其目的就是要养成"旧奴才"内容、"新奴才"形式的"洋奴才"。❷

　　华北日伪当局命令各级学校一律禁用、禁阅、禁买、禁售"七七事变"前出版的各类"教科书"，尤其是史地书，统一使用日伪当局编辑出版的"新民教科书"。❸而所谓的"新民教科书"，实质上就是一套不折不扣的亲日反共教科书，其中大量涉有"新中国的诞生""日本对华的援助""新中国政府""中国事变的意义"等牵强附会的内容，完全是日寇一派颠倒黑白的胡说，妄图以此来混淆视听，消灭沦陷区青少年的民族意识。由此，原来教科书中的民族主义、民族英雄不见了，地图上中国东北四省变成了"满洲国"的疆域。❹诸如，冀东各小学课本都是经"东亚文化协会"由"满洲国"印刷出来的，"把商务印书馆印制的课本删去带民族意识的内容后，由冀东防共自治政府专销"❺。在冀东等地各类学校的教室内不准悬挂中国地图，只能挂伪满洲国地图和日本地图。再如冀中区中小学的教科书都已经修改，其中"关于党义者自然删除，其他如地理方面便竭力避免恢复旧土意识的启发，如叙海南岛则不提琉球台湾，叙威海卫则不提旅顺大连，对东北四省更一字不提。关于历史者，则对戚继光平倭事讳而不言，或易以海盗。在国语一科更极力说明中日同

---

❶　关捷. 近代中日关系丛书之三·日本对华侵略与殖民统治（上册）［M］. 北京：社会科学文献出版社，2006：404.

❷　凌有光. 牛鬼蛇神统治下的北平（报告连载）［N］. 新华日报，1944 - 2 - 22.

❸　姚洪卓. 日本侵略华北问题探讨［M］. 天津：天津人民出版社，2012：92.

❹　中共天津市委党史研究室，天津市档案馆. 日本帝国主义在天津的殖民统治［M］. 天津：天津人民出版社，1998：478.

❺　《唐山市教育志》编委会. 唐山市教育志（1840—1990）［M］. 北京：教育科学出版社，1993：735.

文同种，并称誉日本人的美德"❶。如此一来，使得冀中学生在学校教学中对本国历史不得而知，对自己祖国和民族的情感意识也无法获悉。与山东、河北一致，山西沦陷区学校的教科书中也充斥着所谓的"新民"主义。日伪山西省公署命令山西各级学校只准许教授"新民教科书"，在山西太原市的学校教科书中，中国曾长期受过日本军国主义的侵略祸害相关史实被全部抹掉，甚至加以变化。于是侵略变成"正义"，罪恶化为"歌颂"。更令人愤慨的是把1931年制造的"九一八事变"，1937年7月7日发动的侵华战争，以"中、日、满一家""大东亚共荣圈"等荒谬绝伦的词句加以掩饰过去。❷除此之外，山西日伪还在新民主义日语教科书中大肆宣扬"工业日本，农业中国""日本至上""天皇至上"等谬论。❸

诸如此类颠倒是非、混淆事实的教科书编写实例举不胜举，如日伪在河北乐亭学校投入使用的新编教科书中，不仅将《国文》《历史》《自然》《地理》《尺牍》等书籍全面修改，甚至连《算术》也改变了。如五年级地理第二课是"我们的中国"，原文是"我国在亚细亚洲东南部。东面隔海和日本相望；南接法属安南、英属缅甸；西南接不丹、尼泊尔与印度；北界苏联；东北界满洲"。如此看来，日伪是直接将我国东北从中国地图中划了出去。在《国语》教科书中，删去了原有的民族气节部分，增添了反革命、借古讽今的内容，如《费宫人传》，"甲申3月19日，李自成破都城，王成恩走报帝，帝与后啼别，宫中之人皆环啼，后自缢，袁贵妃亦自缢，帝谓女曰：'何不幸生我家'，左手掩面，右手持剑，主亡。帝与王成恩到后山自缢归天"。在讲解的时候说，"共产党来了也要逼死人的"❹。对此，有类似亲身经历的学者愤慨地回忆并评议说："关于中国方面的是国民政府如何如何残虐可恨，中国共产党又是如何如何凶残可畏的，孔孟思想是可贵的，欧美思想是该破除的。够了，我无须多写了。总之，都是可耻的谎言，和发疯的浑话。"❺

在1942年10月31日的《国民党战地党政委员会所编印之倭寇奴化教育》

---

❶ 德讯．郑县：冀声月刊，第2卷第1—2期合订本（1942年8月31日），Z6——84，河北省档案馆藏．

❷ 中国人民政治协商会议山西省太原市委员会文史资料研究委员会．太原文史资料（第三辑）[M]．内部交流本，1985：113．

❸ 中共阳泉市城区区委党史研究室．中国共产党阳泉市城区历史（1922—2007）[M]．北京：中央文献出版社，2009：60．

❹ 呼景山．耕野笔录[M]．北京：中国物资出版社，2007：58．

❺ 于力．敌占区儿童所受的奴化教育[G]//王谦．晋察冀边区教育资料选编（初等教育分册·上）．石家庄：河北教育出版社，1990．

中记录了华北伪政权对学校教科书的篡改，"向文化比较落后之儿童注入麻醉教育，改编教科书，鼓吹'中日亲善''共存共荣'及'建立东亚新秩序'等荒谬思想"，其中伪山西教育当局迫令翼城县各村"学生课本均系新民课本"，新绛县各村设立新民学校，"其所授之课本'东亚新秩序'与中日历史上之亲善关系"❶。1945年1月28日，据《新华日报》刊登消息，河南日伪企图麻醉沦陷区小孩，小学课本中编入格物、致知，以至于治国平天下的理论。❷

日伪除了对学校教科书的编写，还向社会领域渗透奴化思想，其中开展"识字运功"是华北日伪当局在社会教育中采取的重要举措之一。日伪开展"识字运动"的实际出发点并非解决华北沦陷区民众的"扫盲"问题，而企图借助"识字运动"来收买人心，并使一些民众能略懂一些文字，以便更好地理解日伪当局的奴化政策，以供他们驱使。为此，伪临时政府宣传局专门编写了《新民识字运动课本》作为其推行识字运动的基本教科书。王长春在《识字运动与国民教化》（刊于《新民月报》）一文中提到了《新民识字运动课本》，《新民识字运动课本》主要包括以下几点："（1）关于理念者；（2）关于新国民运动；（3）关于社会知识者；（4）关于衣食住及娱乐者；（5）关于自然科学者；（6）关于工商知识者；（7）关于伟人之佳言懿行者；（8）关于国际大势；（9）关于东亚民族者。"从这九点中不难看出，除几项常识内容外，多数内容均与奴化思想有关。其中"伟人之佳言善行"指的是孔孟之道，而所谓的"国际大势""东亚民族"，则是宣扬"日本民族优秀论"与"东亚圣战必胜论"等荒谬言论。至于"新国民运动"，则是为了直接宣扬"剿共建国""增产救民""革新生活""肃正思想"等有关"新国民运动"的纲领和目标。如此看来，日伪妄图通过奴化教育之力实现其殖民统治的意图昭然若揭。

总之，华北日伪政权所编"教科书"，所鼓吹的"新民"主义，所要造就的"新民"，其实就是他们推行殖民统治所需要的驯服的"奴隶"，所谓新民教育就是奴隶教育的别称。❸

---

❶　国民党战地党政委员会编印倭寇之奴化教育（1942年10月31日）[G]//历史档案馆. 中华民国史档案资料汇编（第五辑）. 南京：江苏古籍出版社，1997：614-615.

❷　陈传海，徐有礼，刘海涛. 日军祸豫资料选编[M]. 郑州：河南人民出版社，1986：375.

❸　延安时事问题研究会. 抗战中的中国文化教育[M]. 上海：上海人民出版社，1961：37.

第四节　华北沦陷区奴化教育教科书的主要内容

课程、教科书是教育内容的载体，集中体现了教育的宗旨以及人才培养的目标取向。可以说，学校教育的育人活动是通过课程、教科书的实施及教学活动而实现的。日本帝国主义及其扶持下建立起来的伪政权对课程设置及教科书的审定、删改与编写，完全是与其奴化教育的方针政策相一致的。因此，整个沦陷区学校课程及教科书内容都体现了奴化教育要求。

一、教科书的设计以日本侵略者的意图为取向

日本侵略者及其扶持的伪政权在沦陷区所实施的教育中，其课程与教科书的设计，完全是以日本侵略者的利益需要为中心。对于这一点，华北沦陷区的日伪教育表现得尤为明显。

从世界殖民主义文化侵略的共性来看，一个国家或者民族，一旦被他国殖民地化或军事占领，一个共同问题便会出现：那就是通过教育，支配者的语言被强制性地根植于被支配者。同时，被支配者学习与使用母语的权利也被限制或禁止。这种民族文化受到侵略的非人性行径，在殖民地或占领区是常出现的。而在华北沦陷区内，这种文化侵略已到了无以复加的地步。特别是在课程设置上，日伪当局妄图依靠日语的推行来打下同化中华民族的基础，规定日语为各级各类学校的必修课程。为配合侵略需要，日伪政府还在华北沦陷区设立了一些号称"专为造就通晓外国语文之人才"的日语专修高等学校和日语教员培训机构，实际上却是以培养高级亲日知识汉奸为目的的集中营。如1938年3月，伪华北临时政府教育部在北平建"外国语专科学校"，专修日语。1943年，"华北日本语普及协会"创办的"太原日本语专科学校"等。日伪也注重对日语教员的"培养"，如1940年年底，伪河北省公署教育厅在全河北沦陷区举办小学教员短期讲习会，目的是"使担任日本语之中国教员及其他有志教员了解'兴亚'之真谛，并学习日语及教授日语之技能"。日伪政府所办的这种日语教员训练机构，不仅是为了培养传播教学日语的师资，更是为了侵略思想的渗透及奴化意识的传播。如此一来，便与日本侵略者以侵略需要为中心的教育目的不谋而合了。此外，华北日伪在课程中加入"农工艺"课程，要求学生"勤劳奉仕"训练，也是为了满足其侵略需要，将华北沦陷区

作为其食粮供应基地。

在教科书问题上，日本侵略者名义上是让华北伪政府具有自行处理的某种"独立性"，但实际上是完全按日本在华北沦陷区实施殖民统治的需要加以"设计"的。他们成立了各种学校教科书审议会，销毁书刊中一切关于抗日言论、进步思想及与其欺骗谎言不一致的内容，还亲自编撰发行以奴化教育为主要内容的教科书。例如，华北沦陷区学校使用的教科书必须删去书中爱国主义和民族主权的内容，换上"中日亲善，共存共荣""同文同种""日本皇军来解救中国人民"之类的鬼话。对于中国地理、历史，在教科书中更是加以肆意篡改，并大肆书写"满洲国是合法的独立国家"，中国人是"侵略者"等令人匪夷所思的伪造历史，虚假地理。更有甚者，日伪杜撰历史，颠倒黑白。在华北日伪编纂发行的《历史教科书》中，竟然堂而皇之地将甲午战争时日本蓄意抢占中国国土，掳掠中国财富的罪恶行径，美化为"日本自明治维新以后，国势渐渐强大，因人口众多，占地狭隘，不得不谋求向外发展"的需要。这是日本侵略者赤裸裸的恃强狡辩、蒙骗中国儿童青少年的无耻行为。

总而言之，日本侵略者及其扶植的日伪政权打着"谋教育，共发展"的旗号，对华北沦陷区学校课程与教科书的设计，是奴化教育的实质表征，也是核心部分。归根结底，这一切都是日本侵略者借助中国傀儡政权为满足其自身利益与侵略需要为目的而编制并推行的。

二、教科书充斥封建文化以加强奴化思想渗透

日本驻华北方面军的司令官冈村宁次说："要充分了解利用中国人的心理和习惯，这点很重要。"如果不能了解利用中国人的心理和习惯，"即使花费了力气也达不到效果的，这方面的诀窍，你要好好注意"[1]。

在课程方面，华北伪政权以中国封建传统文化的糟粕为基点，开设类似"修身""国民"等复古课程，大肆鼓吹封建道德伦理。所谓"修身"，就是对学生进行封建道德教育，养成他们逆来顺受、绝对服从的性格。"国民"也与"修身课"异曲同工。究其缘由，不外乎日伪殖民统治者妄图通过这些复古课程，把中国封建社会的"王道主义"与日本的"神道"结合起来，向学生灌输服从殖民侵略者，崇拜日本天皇的思想，以及卑躬屈膝、逆来顺受的思想意

---

[1]　朱德新. 日伪对冀东农民的精神侵略［J］. 民国档案（南京），1995（3）：160.

识。譬如日伪统治下的河北各中小学，把宣讲封建道德的修身课作为重要学科，占总课时的二分之一，以向学生进行"皇国之道"的教育。又如山东菏泽县模范小学校（原菏泽县华陀庙小学），其制定的修身课政治性较强，主要讲授如何做一个好"国民"。❶ 这实际上是要中国青少年忘掉国耻，心悦诚服地接受日本奴役。

日本侵华时期华北沦陷区的学校教科书也与课程设置一致，在"复兴中国固有文化"的幌子下，大肆推行封建复古主义文化，强迫中小学生读《孝经》《论语》《孟子》《大学》《中庸》等传统典籍。与中国经学教育内容所不同的是，这些儒家经典书籍的选文是经过"特意"选择删减的，其中对于儒家典籍当中积极向上的思想言论一概删除，将保留下来的封建礼教下的思想糟粕与日本所标榜的"东方文化""大和文化"结合起来。这样一来，日伪就可以"光明正大"地打着弘扬儒家思想的招牌，卖弄"愚忠""作新民"之类的汉奸理论，并辅以物质利益为诱饵，妄图一步步将中国人引入侵略者设定的思维迷宫。❷ 通过上述措施，殖民统治者妄图最终达到对沦陷区人民的奴化思想渗透。

三、教科书内容编写以日本化为取向

华北沦陷区各院校课程及教科书，基本上是违背课程设置和教科书编写的民族精神与社会和谐发展要求的。如初级小学的课程主要开设修身、国语、算术、作文、体操、音乐、日语、图画等。战时体制下强调"建国精神"、实务和"勤劳奉仕"；初中课程开设修身、经学、国文、日语、英语、数学、历史、地理、博物、理论、图画、音乐、体育等科；文科高中开设伦理、经学、伦理学、国文、国文法、国学概论、文字学、日文、外国文、算术、地理、物理、化学、生物学、文学史、文学概论、人生哲学、科学概论、社会学、政治学、法学、经济学等。单就这些课程及所组织审定、编写的教科书不可谓不全面。问题在于这些科目的设计及教科书的使用，过于"日本化"。例如，日语成为主课，其余课程除修身课、训育等奴化课程外几乎都成了附加点缀，甚至是摆设。譬如，据有关教师回忆，山东菏泽县模范小学校（原菏泽县华佗庙小学）三至六年级主要课程与节数是日语每周六节，国文每周六节，作文两

---

❶ 刘顽石. 日伪时期的奴化教育［G］//山东省菏泽市政协文史资料委员会. 菏泽文史资料第四辑纪念抗日战争胜利五十周年专辑. 菏泽：菏泽市政协文史资料委员会，1995：187.

❷ 张同乐. 华北沦陷区日伪政权研究［M］. 上海：生活·读书·新知三联书店，2012：330.

节，算术每周六节，修身每周三节，经学每周一节。❶课时对比之下，日语、修身明显成为主课。又如天津市第一中学，在总课时不变的情况下，大量增设日文课、修身、团体训话等奴化课程的课时，其他各科虽然都照常设置，但各科课时被极度压缩，甚至是形同虚设。"新学制"实施后，这些奴化课程的课时更是加倍。小学的日语课时再度提升到每周八课时，为各学科课时之最。中学的日语课每周增加到六课时，而汉语减少到每周三课时。国民道德科原来占总学时的5%，改成"建国精神科"后竟增加到12.5%。而所谓的"建国精神科"，不过讲些"日满一德一心""民族协和""日本友善""王道乐土""大东亚共荣"之类的内容。

华北沦陷区的各伪政权在日寇主使下，三令五申地取缔具有民族主义思想的教科书。各级各类学校所用的课本"也都需受伪教育部审查，审查合格方能应用"。在这一基础上，沦陷区的教育机关编出了沦陷区学校中国"日本化"的奴化教育课本。这些教科书无不彻底排除抗日救国的内容，竭力宣传亲日思想。

从学校课程结构与教科书内容上看，这是一种畸形的"日本化"教育行为。这种"日本化"的教育手段体现了殖民地教育的课程与教科书文化变异性本质，是培养目标及教育取向上奴化教育性质的必然反映，违背了学生发展的民族性及本土化原则以及课程、教科书应遵循客观性、均衡性与科学性相统一的理念。

第五节　华北沦陷区学校师生反抗日伪奴化教育教科书的斗争

随着日本侵略者及其扶植的傀儡政权不断加强对华北沦陷区进行殖民掠夺和奴化统治，作为一种必然反映，华北人民的排日、抗日情绪也随之高涨，反日斗争亦日益坚强，这在教科书领域的反奴化抗争中尤为明显。

为抵制奴化教科书的实施效果，华北沦陷区内许多被迫进入日伪学校师生，采用各种办法给日伪推行的奴化教育制造障碍。如在上日语课时故意旷

---

❶　刘顽石. 日伪时期的奴化教育［G］//山东省菏泽市政协文史资料委员会. 菏泽文史资料第四辑纪念抗日战争胜利五十周年专辑. 菏泽：菏泽市政协文史资料委员会，1995：187.

课，不参加日伪举办的各项活动，对日籍教师和汉奸教师用各种形式予以报复和惩罚等。即使在十分艰苦的条件下，华北沦陷区内的许多爱国师生仍能对日本侵略者实施的奴化教育进行积极有效的抵制，并开展爱国教育思想宣传。在华北地区的日伪开办的学校中，一些具有民族气节和爱国思想的教师们，在日伪监视不严的地方或是时间，借机给广大青年学子灌输抗日思想，传播爱国精神，让抗日的种子深深地扎根在广大青少年心中。有的教师在讲授日为教科书时，对其中有关奴化内容则进行正话反说，对敌人的欺骗和奴化伎俩予以深刻的揭露。❶ 如河北定县一个日占区村庄的学校在讲《中日亲善》的课文时，教师即问："咱们村里这半年里死了十几个人，这些人是谁杀死的？"学生答："是日本鬼子。"教师问："日本鬼子杀的是什么人？"学生答："中国人。"教师说："这就是课本中讲的'中日亲善'，你们赞成不赞成这种'亲善'？"学生答："我们反对这种'亲善'。"又如河北乐亭的一些学校进行反奴化教学抵制，日语课本发给了学生，却借口缺少日语教员而不教。地理课的中国版图，书上写的是伪满洲国，而在讲课时，却讲的是我国的东北。乐亭育英小学的教师田任民在黑板上给同学们描绘中国分省的地图，东三省是中国版图的一个组成部分。上语文课时，乐亭的许多学校印《岳飞传》《卖菜妇》《猫捕雀》等片子来作为课本，其中在《猫捕雀》中写道："窗外有枣林，雏雀习飞其下。一日，猫蔽身林间，突噬雀母、其雏四五，噪而逐猫，猫奋攫之，不胜，反奔入室。雀母死，其雏绕而啁啾，飞入室者三。越数日，犹望室而噪也。哀哉！猫一搏而得四、五雏之母，人虽不及救之，未有不恻慨于中者。而猫且眈眈然，唯恐不尽其类焉。乌乎，何其性之独忍于人哉？物与物相残，人且恶之；乃有凭权位，张爪牙，残民以自肥者，何也？"❷ 以此来影射日本帝国主义凌辱摧残亚洲人民的残暴行径。在上音乐课时，乐亭的大部分学校不教日本歌曲、伪满洲国国歌，而是教岳飞的《满江红》《苏武牧羊》《凤阳花鼓歌》《高山流水》《似水流年》《努力向前走》。❸ 此外，山西繁峙、灵丘的一些沦陷区学校，针对日伪编写的反动修身课本，编写了一本"反驳课本"，揭露日伪利用课本欺骗麻醉儿童的阴谋。如在《修身》中讲所谓的《王道乐土》时，就把日军捉住中国人灌凉水、灌辣椒水、喂洋狗、指甲上插竹签，以及日本侵

---

❶ 余子侠，宋恩荣. 日本侵华教育全史（第二卷）[M]. 北京：人民出版社，2011：588.
❷ 徐兴信. 读乐亭（九辑）[M]. 北京：中国物资出版社，2006：81.
❸ 徐兴信. 读乐亭（九辑）[M]. 北京：中国物资出版社，2006：82.

略者制造无人区等惨刑毒计都介绍出来。像这样的教科书不但教育了学生，也教育了教师自己。❶

此外，华北沦陷区与抗日民族根据地交错过渡的游击区，广大师生还创办了许多用两面政策对付日本侵略者的两面学校。由于日伪人员经常来视察，所以这些学校表面上接受日伪的领导，学校布置，包括教室里的标语口号都按日伪的规定，与普通日伪学校没有区别。但实际上这些两面学校的师生都心向祖国，教师拥有两套"班子"，学生也准备了两种课本。当日伪人员来时，学生将平时放在桌下的奴化教育课本或鼓吹封建伦理教科书摆在桌面上，接着"应敌教师"（多由识字的老年人担任）就摆摆私塾老先生的样子，教读几个字，说一些"复古经文"应付一下。但当日伪人员走后，实际上教课的抗日教师就代替"应敌"私塾老先生登场，学生也念起抗日课本。这种学校在华北沦陷区占很大一部分。不仅如此，还有一些满怀抗日救国激情的爱国知识人士，凭借个人的力量来办学救亡。如山西临汾县的爱国志士张子高先生，面对满目疮痍的家乡和纷纷失学的孩童，于1938年在日寇的枪口下创办了北刘自力中学。该校除了采用国民政府编纂的教科书外，还由张子高本人选录历史上一些富有民族精神的文章，如岳飞的《满江红》、文天祥的《正气歌》等来补充课堂的教学内容，让来校求学的学子在日寇的眼皮底下接受着抗日救亡的教育。❷又如河北乐亭亲仁小学，其校长惠易堂带领全体教师、同学抵制日语课，他向学生们说："当前有句顺口溜，叫'日本话不用学，再过三年用不着'。"到上日语课时，他让学生们把书摆在课桌上装装样子给日伪看，实际讲课时却说"咱们上《国语》"。在上历史课讲到辛亥革命时，他从书桌内取出孙中山遗像，郑重地挂在黑板上，说："这是辛亥革命的领导人孙中山先生，他是中华民国的缔造者。"当讲到伪满洲国时，他满含悲愤地说："这是日本帝国侵略中国制造的傀儡政府，满洲是中国的领土，就是东三省，将来也得归还中国。"❸

在爱国师生的带领下，不仅中小学校内展开了反对通过课程与教科书实施奴化教育的斗争，一些高等院校的爱国校长和教生也千方百计地与日伪当局斗

---

❶ 李玉非，宋荐戈．日本侵略者在华北实施奴化教育和华北人民反奴化教育［G］//张诗亚．直面血与火——国际殖民主义教育文化论集．呼和浩特：内蒙古大学出版社，2003：322 – 323.

❷ 吕九成，张九令．在日寇炮楼下创办的北刘自立中学［J］．临汾文史资料，1989（4）：11 – 15.

❸ 呼景山．耕野笔录［M］．北京：中国物资出版社，2007：60.

智斗勇。如北平沦陷之初，几乎所有高校被迫停办。但燕京大学和中法大学二校援引名义上为"美法二国之财产"，辅仁大学又与德国有特殊关系，故这三所大学受到外国大使馆的保护，勉强于 1937 年秋在北平"复课"。虽然日伪政权强迫对教学内容改弦易辙，但三所学校拒不受命，将反奴化教育进行到底，因此三校一切课程和教学均依照战前秩序进行。其中，尤以辅仁大学的抗争最让人称赞。辅仁大学的校长是近代著名的爱国史学家陈垣先生。他巧借辅仁大学名义上为教会大学，且其副校长为德国人，加之其本人的学术声誉，迫使日本人不得不装出样子在文化名都北平留下这"最后一所大学"，让辅仁大学免遭一劫。因此，辅仁大学一不挂日本旗，二不开日语课，三不用日文课本，成为整个华北沦陷区唯一不悬日伪旗帜的高等学府。❶ 还有山东省平原简易农村师范学校，在冀素铭校长任期内始终坚持抵制奴化教育，音乐教员不教唱日本歌曲而教唱"国剧"（京剧），甚至教唱《流亡三部曲》等抗日爱国歌曲。济南师范学校历史教员刘子厚，专门选择文天祥《正气歌》、岳飞《满江红》进行详细讲解，不断启发学生发扬民族正气，反对卑躬屈膝，甚至公开与日伪唱反调。❷ 这些华北爱国师生凭借着对祖国的热爱、民族的情感，顽强地与日伪进行反奴化教育斗争，在苛刻的环境中为华北教育保留一份净土、一份希望。

　　华北人民反奴化教育经历了艰苦曲折的斗争，终于在八年抗战后取得了重大胜利。历史表明：日本帝国主义及其爪牙傀儡政权妄想用学校课程与教科书为核心内容或途径实现奴化教育，使中国亡国灭种，成为日本帝国主义俯首帖耳的奴才，这一切都是徒劳和可笑的。华北人民高扬爱国旗帜，坚决同一切奴化教育行为斗争，写下了可歌可泣的历史篇章，其业绩将永存史册，其精神也将代代相传。

---

❶ 孙邦华. 身等国宝志存辅仁——辅仁大学校长陈垣 [M]. 济南：山东教育出版社，2004：256.
❷ 王兆祥. 华北教育的近代化进程 [M]. 天津：天津社会科学院出版社，2008：207.

第十二章 汪伪政权统辖奴化教育的教科书

1937 年"七七事变"爆发后，日本走上了全面侵华的道路，同时也标志着全国性抗战的开始。由于国民党政府执行"片面抗战路线"，导致东北、华东大片国土沦丧。1937 年 12 月，日本侵略者在沦陷区扶植王克敏等人成立"中华民国临时政府"（后改称为"华北政务委员会"）；1938 年 3 月又在南京建立以梁鸿志为行政院长的"中华民国维新政府"。抗战进入相持阶段后，日本帝国主义对国民政府的外交策略调整为以"政治诱降"为主，"军事进攻"为辅，最终在 1939 年成功诱使时任国民党副总裁的汪精卫公开叛国投敌，并于 1940 年 3 月 30 日在南京成立汪伪国民政府，其核心统辖区域为今江苏、浙江、安徽三省以及上海、南京两市，先前成立的"中华民国临时政府"和"中华民国维新政府"也随之被取消。

汪伪政权对在沦陷区学校实施奴化教育极为重视，在制定奴化教育政策、构建奴化教育管理体系的同时，又为各级各类学校设置课程，编写教科书，从而通过微观、具体而实质性的操作，以求实现奴化教育的目标。

第一节 汪伪政权的奴化教育方针与学校课程

汪伪政权建立后，1940 年 3 月为配合日寇对沦陷区的侵略和统治，在"中日亲善，奴化人民"的思想指导下，制定了一系列符合日本侵华政策的奴化教育方针、政策，并在沦陷区内大肆推行。与汪伪国民政府制定的其他政策不同，奴化教育政策是秉承日本侵略者的旨意而制定的，且随着日军侵略战争的需要不断修改。总体来看，汪伪政权奴化教育政策的制定，以 1940 年 12 月太平洋战争的爆发为分界点，分为前后两个阶段。在前一阶段内，汪伪政权紧紧围绕着"和平反共建国"的卖国方针制定奴化教育政策；到了后一阶段，汪伪政府完全登上了日本帝国主义对外侵略的战车，其制定教育政策的思想也由战前的"和平反共建国"迅速转变成"完成战争之使命"。前后两个阶段奴化教育政策的调整，在学校课程设置和教科书的编写及内容中深刻地打上了烙印。

一、太平洋战争爆发前的奴化教育方针与学校课程

汪伪政权作为日本帝国主义卵翼下一个最主要的汉奸傀儡政权，为适应日本侵华战争的需要，在1939年8月召开的伪国民党"六大"上，提出了"和平、反共"的卖国纲领，对国民党政纲中的教育部分进行了修改，提出"铲除狭隘之排外思想，贯彻睦邻政策之精神，决定改订教育制度，重编教科书，以适应新中国之建设"。其具体内容为：①保持并发扬民族固有之文化及道德，同时尽量吸收适于国情之外国文化；②铲除狭隘之排外思想，贯彻睦邻政策之精神；③强行纪律训练及科学研究以养成健全国民之建国人才；④改订教育制度，重编教科书以适应新中国之建设。❶单就上述文字表述而言，能体现出汪伪政府所追求的部分"独立性"，但实质上却是其亲日思想的具体化，即妄想通过学校教育促使学生不但坚决亲日，而且要积极反共。汪伪政权为阿谀奉承日本帝国主义而实施媚日、反共的奴化教育方针的丑恶嘴脸暴露无遗。

作为一个傀儡政权，汪伪政府的内外政策无不秉承日本侵略者的意旨，对于文化教育方面的政策制定也不例外。因此，为贯彻执行日军的奴化教育政策，汪伪国民政府教育部在课程与教科书方面采取了一系列措施。

（一）强迫中小学生学习日语

当日语被强化为日常交流用语，必然对学生构成巨大吸引力，进而对日语的学习产生较大的兴趣，从而将更多的精力投入日语的学习中，也就在不知不觉中被日语同化了。然而，对日语的强化也就意味着对本族语的弱化。日伪当局在中小学广泛开设日语课，企图让他们从小淡化本民族的语言与思维习惯，在不知不觉中养成用日语思维的习惯，从而接受日本的文化与价值观念，逐渐在心理上与接近日本，成为日本"顺民"，归顺大日本帝国。❷可见，日本意识到，想要使沦陷区民众真正"亲日"，就必须将日语的学习放在首要位置，

❶ 黄美真，张云. 汪伪政权资料选编——汪精卫集团投敌［M］. 上海：上海人民出版社，1984：394.

❷ 经盛鸿. 南京沦陷八年史（下）［M］. 北京：社会科学文献出版社，2005：866.

只有不断强化日语教学，才能方便日本与沦陷区人民进一步沟通交流，使沦陷区民众逐渐接受日本文化，站在日本的角度，自觉维护日本的侵略行为。

1937 年，南京沦陷时期，各学校的日语课一律以东亚同文院编纂的四卷日语教科书为教科书，课文主要宣传"大东亚秩序""爱护皇军""东亚共荣"，企图使学生养成"依赖伪政府，奠定亲日的心理"❶。汪精卫正式登台后，为标榜其一贯追求的"政治独立性"，勒令各级学校恢复到战前状态，小学的日语课自然也在取消范围之列。但这一做法有悖于日本侵略者的意图，必然会遭到一定程度的抵制。1940 年 7 月 6 日，日本派遣军总司令部致函汪精卫，要求汪伪教育部将日语列为中、小学必修课，并认为此举是对日本亲善程度与真诚的重要标志。日本兴亚院文化局局长清水董三先后以私人名义访问汪伪教育部部长赵正平，并表达上述旨意，提醒汪伪政府"改进各政宜采渐进，免致日方惊疑"❷。汪精卫为表达"亲日"的诚意，遵照日方旨意在沦陷区推行反共亲日的文教政策，批准在初中以上学校开设日语课，并列为必修课。在此基础之上，汪伪政府又出台了《小学校日语课程调整原则及过渡办法》，主要内容如下。

（1）原则。为兼筹并顾起见，拟在小学课程中不列外国语，而与课程表中附加一条说明："外国语以不教授为原则，但于大都市区域，依实际需要，高年级得于正课外补授外国语（日语或英语）"。

（2）过渡办法。针对都市小学，使其现在已授日语者得于升级之后继续授至毕业为止，其他本学期升级后，在四年级以下者，如原未授日语，在其未升入五、六年级前不得加授，且需符合"实际需要"之规定。❸

由此可见，在汪伪所辖沦陷区的小学日语课逐渐普及。在课程分配比例上，许多学校每周日语课多达六小时。

（二）严格审定各类学校教科书

汪伪政府成立之初，由于编纂教科书需要一定的时间，伪教育部乃令国立编译馆将抗战前商务、中华、开明、世界各书局所编幼、小、中学教科书

---

❶　南京市地方志编纂委员会. 南京教育志［M］. 北京：方志出版社，1998：462.

❷　中国第二历史档案馆. 中华民国史档案资料汇编（第五辑）［M］. 南京：江苏古籍出版社，1997：594.

❸　中央档案馆，中国第二历史档案馆，吉林省社会科学院. 日本帝国主义侵华档案资料选编·汪伪政权［M］. 北京：中华书局，2004：847－849.

及伪维新政府所编的小学至中学等各种教科书作为补充读本，以应急需，而又恐其中存在不合之处，下令进行审查。❶

（三）加强对中小学生的思想控制

为加强对青少年的奴化教育，1940 年 4 月 20 日，汪伪教育部通令各中小学每周必须对学生进行一个小时的"精神讲话"，宣扬"和平、反共、建国"的卖国理论。学校还规定每天早晨上课前，全校师生列队唱日本国歌和伪满"国歌"，升伪满"国旗"，之后还要面向东南方向日本东京天皇所在地行九十度鞠躬"最敬礼"，再后转面向长春向伪满皇帝行九十度鞠躬"最敬礼"。❷ 同年 10 月，汪伪教育部又颁布了《中学训育方针及实施办法大纲草案》，具体规定以训练学生反共睦邻思想，指导学生和平建国途径为训育原则，并在《修正中等学校训育主任公民教员工作大纲》中强调教员工作的具体任务就是："指导并鼓励学生参加课外活动，使党义教育及新运精神能渗透于学生全部工作之中"；"审查学生所阅读刊物及交友种类与平时之言论行动，以便明了其思想及生活，随时设法纠正"；"用各种暗示方法，警觉学生以养成其民族意识及爱中国爱东亚之观念"。❸ 这些规定实际上就是让教师运用一切机会、一切场合、一切手段向学生实施法西斯主义的奴化教育。此外，为将"和平、反共、建国"之真谛灌输于小学生脑中，汪伪政权御用教育团体"中国教育建设协会"特聘请初等教育专家顾宝梓编辑《小学和平反共建国中心教育实施大纲》。《大纲》分为"和平、反共、建国"三个单元，各单元又分高中低三级，举凡教育计划、教学要点、各科教学纲要、成绩考察、训导方针、课外活动、环境布置等，均条理清晰，罗列无遗。

（四）设置封建复古课程

汪伪政府在所辖沦陷区学校内，更多地开设封建复古课程，竭力想把青年人的思想拉回到落后的封建时代去。在汪伪国民教育部"党纲"的教育部分，就有一条宣扬"保持并发扬民族固有之文化及道德"的规定，实际

---

❶ 宋恩荣，余子侠. 日本侵华教育全史（第三卷）［M］. 北京：人民教育出版社，2005：92.
❷ 齐红深. 流亡——抗战时期东北流亡学生口述［M］. 郑州：大象出版社，2008：17.
❸ 张诗亚. 直面血与火——国际殖民主义教育文化论集［M］. 呼和浩特：内蒙古大学出版社，2006：100.

上就是恢复与发扬封建腐朽文化的代名词。汪伪的教育实质上是提倡"尊孔读经，复古忠君"的封建思想。中山久四郎曾著文说："孔子所怀有的理想和日本的道德同流合轨。"❶ 要提倡孔子的学说，从历史的、传统的、文化的关系上"促进中日关系的提携"。通过在各级学校中灌输封建道德，强迫学生读儒家经典中的封建糟粕，借此束缚沦陷区青少年学生的头脑，削弱他们的抗战意识。还通过曲解中国史地，提倡复古倒退，企图消除我国人民抗敌爱国的民族主义精神，泯灭中华民族意识。

（五）宣传汉奸理论

汪伪宣传部通过大量印行汪精卫、陈公博、周佛海等伪政府重要人物的卖国投敌言论集，编辑出版一些宣传"和平、反共、建国"思想的书籍，如《和平建国要义》《国民政府还都以后的使命》《何谓东亚新秩序》等广为散发。伪中央电台还经常播放汪精卫等伪国民政府要员的录音讲话，同时还大量编写和广泛教唱《庆祝国府还都歌》《保卫东亚之歌》《东亚民族进行曲》等宣传和平的歌曲。还经常组织剧团到沦陷区各地进行巡回演出，学校当局还利用名目繁多的各种纪念日，宣传所谓"中日亲善""建立东亚新秩序"等汉奸理论。如：3 月 30 日是所谓的"国府还都纪念日"，全校一律悬挂国旗，鼓吹"中日共同担负建设新东亚秩序"与"国府还都意义"，阐述"和平反共建国"历史使命；9 月 1 日为所谓"和平反共建国运动诸烈士殉国纪念日"，此时要讲述他们的生平"事迹"及言行，学习和发扬他们的"特殊精神"。如此种种，无疑是通过想掩盖日本侵略者的丑恶形象，欺骗广大民众，美化其形象，以期在思想上逐渐削弱民众的抗战意识。

二、太平洋战争爆发后的奴化教育方针与学校课程

1941 年 12 月 8 日，太平洋战争爆发的当天，汪精卫在《中华日报》公开宣称："为实现建设东亚新秩序之共同目的，国民政府决定与日本同甘共苦，临此难局。"❷ 1943 年 1 月 9 日，汪伪国民政府宣布"自今日起对英美处于战争状态"，表示要"尽其全力，与友邦日本协力一扫英美之残暴，以

---

❶ 齐红深. 日本对华教育侵略［M］. 北京：昆仑出版社，2005：90.

❷ 曹必宏. 汪伪奴化教育政策述论［J］. 民国档案，2005（2）：114.

谋中国之复兴，东亚之解放"❶。由此，汪伪将包括教育在内的社会各个方面都纳入战时轨道，其教育政策也围绕着"完成战争之使命"而制定，成为服务于"大东亚战争"的工具，毒化沦陷区民众尤其是青少年学生的思想，并致力于反共反英美的宣传。

为适应战时教育需要，汪伪国民政府开展了在 1941 年 11 月伪国民党六届四中全会上发起的"新国民运动"，给予日本"建设新东亚应有之协力"。并于 1942 年元旦正式公布了由汪精卫炮制的《新国民运动纲要》，提出了对"新国民"的八项具体要求，要求沦陷区人民"把爱中国爱东亚的心打成一片"，"为保卫大东亚战争""去其旧染之污"，"要有勇气来承认缺点，矫正缺点，尤其是劣点，更要有勇气来扫荡廓清"，以培植适合"大东亚战争"需要的"新国民精神"。❷汪精卫希望通过"新国民运动"来强化个人权威，进而增强沦陷区内普通民众对其伪政权的认同感。这项运动的重点之一是对加强青少年学生的训育。1942 年，汪伪教育部专门在苏州举行中学以上学校训育人员会议，会议决定"训育目标为训练学生生活一致，思想一致，行动一致，训练方法则以军事化、劳动化为两重要原则"❸。同时颁布《南京市中小学训育方针》，在小学部分规定："养成儿童有和平亲善敦睦友爱之精神，养成儿童忠恕诚实礼义廉耻之美德"等。中学部分规定："训练学生确切认识国际环境与中国地位，以和平反共为建国之基本信念"等。

在具体训育教育实行中，汪伪仿效德国和日本的模式，在青少年中广泛建立军事性的学生团体。1942 年 7 月，汪伪中央委员会通过决议，决定在沦陷区普遍成立青年团与童子军。这两个学生团体完全实行军事编制，"尊奉汪先生为最高统帅"，"决议事项最后裁判权属于领袖"。1943 年 2 月 18 日，汪伪教育部制定并公布了《中国青年团童子军思想训练纲要》，要求沦陷区各省市学校执行。其训练方针为："消极方面：革除个人自由主义、享乐主义、狭义的国家主义、共产主义、独裁主义、侵略主义……各种偏激的不正确思想。积极方面：养成其对于新时代的认识，激发其纯正的爱国家爱东亚思想，使其得

---

❶ 宋恩荣，余子侠．日本侵华教育全史（第三卷）［M］．北京：人民教育出版社，2005：101.

❷ 宋恩荣，余子侠．日本侵华教育全史（第三卷）［M］．北京：人民教育出版社，2005：104.

❸ 江苏地方志编纂委员会．江苏省志·教育志［M］．南京：江苏古籍出版社，2000：234.

到正当的发展，期于一个国家、一个领袖、一个主义原则之下，造成一个中心势力之青少年集团。"并在实施办法中规定"思想测验拟定表格，按时发给青少年填答，以鉴别其思想正确与否，至学期结束时，应举行思想总测验"❶。2月20日，汪伪国民政府发布训令："以三民主义、大亚洲主义、领袖言论、新国民运动纲要为公民教育的主要内容。"❷ 2月25日，为适应建立战时教育体制的需要，汪伪教育部又将中国青年团与中国童子军合并改组为中国青少年团，并确定该团设立的宗旨为："在使全国青少年有严密之组织，受严格之训练，发展做事能力，培育服务精神，养成良好习惯，使其人格高尚，思想纯正，常识丰富，体魄健全，成为智仁勇兼备之中国青少年，俾能共同负荷兴复中华保卫东亚之划时代之责任，以建设三民主义之中国与共存共荣之东亚。"❸

如果说，在学校内实施奴化教育是以一种较为集中、系统的奴化教育方式的话，那么，在整个社会大环境中进行奴化教育则是以一种弥散性的、潜在的方式来进行。❹ 从某种意义上可以说，由于这种教育活动存在于社会生活的方方面面，人们无时无刻不在受其影响，效果往往更大，对青少年的危害也更深。为适应战时教育体制的需要，1943年11月，根据《战时文化宣传政策基本纲要》的要求，汪伪教育部制定并公布了《战时社会教育实施纲要》，强调社会教育的重心是要"加强民众参战意识"❺。

汪伪政权实施社会奴化教育的一个重要手段，就是配合"清乡运动"开展所谓的"新国民运动"。汪精卫在《二次巡视清乡区在常熟民众大会训词》中说："清乡运动好比一个病人服药调理，新国民运动便是病去之后，将他的元气培养，使之精神强健，身体结实。"❻ 也就是"清乡先清心"，通过对沦陷区民众灌输卖国主义思想，以消除人们的抗日意识和在心理上对伪傀儡政权的抵制观念。汪精卫还多次亲临清乡现场进行所谓的实地指导，趁此机会四处兜售其卖国主义的汉奸谬论。他宣称："清乡就是协力大东亚战争。"他把这次

---

❶　汪伪国民政府文官处印铸局. 国民政府公报第458号. 1943 – 3 – 15.
❷　汪伪国民政府抄发以大亚洲主义及党义为公民教育主要内容提案及建议的训令［G］//中国第二历史档案馆. 中华民国史档案资料汇编·第五辑附录上. 南京：江苏古籍出版社，1997：638.
❸　汪伪国民政府文官处印铸局. 国民政府公报第452号，1943 – 3 – 1.
❹　吴洪成. 日本侵华时期沦陷区奴化教育形态研究［J］. 临沂师范学院学报，2008（4）：120.
❺　中国第二历史档案馆. 中国抗日战争大辞典·战时社会教育实施纲要［M］. 武汉：湖北教育出版社，1995：503.
❻　汪精卫. 二次巡视清乡区在常熟民众大会训词［N］. 中华日报，1941 – 11 – 6 .

日本发动的侵略战争说成"东亚安危所系""中国存亡所关",并煽动沦陷区人民要以其"全国力量,安定大东亚战争的后方,以人力物力源源加入,促成大东亚战争之目的之早日完遂"❶。同时也要求大小汉奸承担起"后方责任":"一是在确立治安,保持地方秩序之安全;二是在加强军力,勤求精神物质之并进;三在裕源节流,尽力于物资之增益。"❷

汪伪集团从推行"和平反共建国",强调所谓"改造国民心理",实行"亲日和平教育",到《战时文化宣传政策基本纲要》的制定,提出了一系列奴化教育政策,均是为适应日本帝国主义"以华制华,以战养战"的侵略政策和妄图建立"大东亚共荣圈"的迷梦服务的,是日本侵华政策在我国沦陷区文化教育领域的具体体现。总之,汪伪政权在其存在的五年零四个月里,在日本帝国主义的军刀指挥下,在大肆侵略中国政治主权、掠夺经济资源的同时,在沦陷区大力推行殖民地奴化教育,他们系统地炮制汉奸文化理论,实行法西斯奴化教育政策,严密控制新闻、出版事业。尤其是凭借奴化教育政策规章对学校课程内容的干涉以及对教科书的编写、审定等工作进行渗透、管理和控制,被汪伪国民政府视为推行奴化教育的一个不可或缺的手段。

第二节 汪伪政权统辖的奴化教育教科书编审状况

日本侵略者将教科书当作实行其奴化教育的重要载体,企图利用教科书向广大学生灌输殖民奴化思想。"卢沟桥事变"后,日本文部省为规范中国各沦陷区教学活动,开始着手编纂固定的教科书。"兴亚院"还设立"日本语教育振兴会",以开展出版日语教科书,研究日语教学,培养日语教师等活动。然而由于各沦陷区的政治复杂性,实际使用的日语教科书并未统一。在汪伪沦陷区内,日语始终未占据突出地位,但在一些伪政府的行文、发行的书刊及广告宣传中,常常偷梁换柱地掺杂一些日语词汇,甚至直接用日文的片假名代替汉字。日语课程试图占据主导地位的企图昭然若揭。

汪伪以"亲日反共"思想为宗旨实施奴化教育,必然与当时的"抗日统

---

❶ 汪精卫. 努力完成清乡伟业 [N]. 中央导报, 1934 - 4 - 5.
❷ 汪精卫. 告全国将士书 [N]. 中华日报, 1942 - 2 - 1.

一战线"背道而驰，因此，他们必须颠覆原有的教育内容，按照奴化教育的需要，把原有教育体系改造成新的奴化教育体系，其教育内容也显得过于追求奴化效果。学校教育由于具有计划性和系统性的信息处理功能，在人的思想形成过程中，尤其是青少年的思想形成过程中发挥着至关重要的作用。日伪对于学校教育十分重视，一直把学校教育看成实施思想奴化的重要阵地，妄图通过对学校教育的严密控制"防患于未然"，实现统治的长久稳定。❶ 汪伪政权是日本侵华战争陷入僵持状态后进行战略调整的产物，是日本政治诱降政策下扶植的傀儡政权，其存在的核心意义在于实现日本的"以战养战，以华制华"的侵略策略，因此无论其政治政策、经济政策还是文化政策都围绕着这一核心目标而展开，并随着日本总体战略的变化而发生变化。汪精卫在日本的支持下"还都南京"后，成为日本在沦陷区扶植的"中央政权"。为更有效地对沦陷区实施经济侵略和思想钳制，在教育上自然也要"一统于日本"的奴化教育思想，围绕日本的奴化教育政策——亲日、反共、消除民族思想等展开奴化教育，汪精卫对此早就心领神会。其实，早在 1935 年，汪精卫就对日本外相广田弘毅发表的"中日亲善、经济提携"等对华方针大加赞赏，并立刻宣布取消抵制日货法令，改变对日问题的宣传政策，随后又明令修改"有碍对日邦交"的教科书内容。

汪伪国民政府统治时期，各中小学教科书的编写和使用，完全是为其奴化教育的推行提供保证的，日伪政府对教科书的管理首先体现在对教科书的编审及出版发行的控制上，在沦陷区设计服务于殖民统治及侵略战争需要的学校课程、审定并修改教科书，是为了殖民奴化教育政策真正得到贯彻，以此达到险恶的对华精神奴役效果。为此，教科书自然贯彻其殖民侵略扩张中利用传统儒家文化中消极的部分，吹嘘夸大日本文化历史及思想习尚，强化法西斯军事化训练以及职业技术教育。

一、原有教科书的删改

1931 年"九一八事变"爆发后，全国各地开展了声势浩大的反日运动和收回教育权运动，国民政府的三民主义教育思想及其编纂的《国耻教科书》广为流传。汪伪上台后，所辖沦陷区内自然也受其影响，在正确历史观引导

---

❶ 张玉成. 汪伪时期日伪奴化教育研究［M］. 济南：山东人民出版社，2007：64.

下，教科书的发行、使用会产生积极的作用，集中表现在它能极大地激发广大沦陷区民众的爱国情怀和抗战意识。这种情势对于成立之初的汪伪政权显然是极其不利的，这就表明：原有教科书中三民主义思想和激发民众抗战意识的内容有碍于日本的殖民统治，必须立即禁止。同时客观上分析，教科书的各项工作难度大、见效慢，由此，编纂完全符合其奴化统治思想的教科书不可能一蹴而就，需要一定的缓冲时间。但汪伪政权不可能放弃通过教科书来宣扬其"新的国家观念"和"教育理念"的渠道。在这种两难的处境下，初期采取了对学校原有教科书进行审定与删改的措施，作为权宜之计和当务之急。因此，伪教育部命令，一面将从前各大书局发行之中小学各种教科书分别审查，其有不合时宜或不臻完善之处，用最简明之评定，标明"适用""不适用"或"修改后适用"列表后分发，一面责令编审委员会及汪伪国立编译馆迅速编纂各级教科书。

为切实贯彻奴化教育政策，汪伪国民政府教育部对原有教科书进行了删改，删除了所谓"不适当之内容"。《审定教科书标准》中提出，要排除共产主义及不纯正之三民主义，坚持东方道德精神，一扫反日精神，打破欧美残留的痕迹，期待中日"共存共荣"。这些都明显反映出汪伪政权"亲日"教育政策的精神实质，同时提出了删改教科书的原则，即"教育方针既确定在于反共，则凡各级学校的教科书上含有阶级斗争，或有足以引起阶级斗争的一切思想，皆当全部删除"；"教育方针既确定在于和平，则凡各级学校的教科书上，含有民族国家间的仇恨思想，或足以引起将来的民族国家间的仇恨思想，当加以适当修正"。❶

汪伪政府删改、重编教科书的原则，完全基于"和平反共建国"之"国策"。由于日本人把持着教科书的编纂权，汪伪教育部教科书编审委员会实际上要听从日本机关的，教科书中所选内容首先要合日本主子的胃口，正如汉奸文人周作人供认的"文化沟通、经济提携、军事合作的三原则，是日本人主编教科书的规定"❷。根据上述删改原则，汪伪教育部禁用原来的教科书，代之以贯彻奴化教育方针而删改修订过的教科书。如将小学历史教科书中《戚继光平定闽浙倭寇》一文中所有的"倭"字抹去，并为其辩护称："查明史所

---

❶ 宋恩荣，余子侠．日本侵华教育全史（第三卷）［M］．北京：人民教育出版社，2005：168．

❷ 余子道，等．汪伪政权全史（下卷）［M］．上海：上海人民出版社，2006：1032．

称倭寇，实系中国海盗"❶；为了删除"妨碍中日邦交"的内容，伪政府规定有如《高小国文读本》第一册"报国仇"等字句一律删掉；在《高小地理》教科书中，整整花了两课的篇幅宣扬日本，把它写成"亚洲东面海中有史以来巍然雄立的一个岛国，与我国成唇齿相依的形势。全国领土由日本列岛、台湾岛、朝鲜半岛及库页岛组织而成"❷，愣是把朝鲜半岛以及我国的台湾岛等说成是日本的领土。更为狡黠的是，在初中地理教科书中，竟堂而皇之地把中国的东北三省作为满洲国划分到外国地理中介绍。❸ 这反映出日伪从小学开始就注重对中国学生进行殖民理论的灌输。此外，音乐方面也是一律普及汉奸音乐教育，各级学校一律以"和运歌曲"为专用教科书，借以宣传"和运国策"等。

如此种种，利用删改教科书内容，歪曲事实，倒打一耙，推卸责任，把蓄谋已久的侵略战争美化成不得已之作，在这些教科书中体现得淋漓尽致。很显然，汪伪国民政府希望通过传授这种有意加工的历史与现实，来淡化青年学生的民族情感及抗日意识，借以缓和对日本殖民侵略者的敌对情绪。

二、奴化教育教科书的编审

汪伪政权成立之初，根据汪伪教育部长赵正平提出的"和平反共建国"的基本国策实施新的教育方针，首要的工作就是重新编印"国定"教科书。因此，汪伪政权对中小学教科书的使用实施了严格的控制，规定伪教育部下辖的教育编纂委员会负责编辑和审查中小学教科书，其附设机构汪伪国立编译馆将教科书中涉及有关进步教育思想的内容彻底删除，并由指定的书局出版，然后发行到各中小学使用；对未加以修改审查的教科书，严禁各地中小学使用。

汪伪国民政府中小学教科书的编审首先要符合"和平反共建国"的奴化教育方针。教育方针是一个国家政党根据一定的社会政治经济要求提出的，规定着教育工作的内容、方向、目的，是各级各类教育活动必须遵守的准则和宗旨。其次，中小学教科书的编审要根据学制和课程标准。关于学制问题，汪伪政权沿用前国民政府公布的"三三制"学制，课程标准也是遵照前国民政府

---

❶❷ 南京市教育志编纂委员会. 南京教育志［M］. 北京：方志出版社，1998：274.
❸ 伪教育部编审委员会. 初中外国地理（上）［M］. 武汉：中国联合出版公司，1994.

的课程标准，但鉴于汪伪政府的伪政权性质，实际上汪伪政府的课程标准在继承之前政权的基础上，又有自己的特点。因此，从教科书编审制度来说，汪伪政府审定教科书的标准体现在三个方面。①关于教科书的精神：适合国情，适合时代性，适合目前和平需要而没有消极悲观倾向的。②关于教科书的实质：内容充实，事理正确，切合实用。③关于教科书的组织：分量适合，深浅有度，条例分明，有相当的问题研究或举例说明，有相当的注释插图索引等。只有课程标准及学制确定之后，汪伪政府才着手准备重新编审中小学教科书，但在学制及课程标准确定之前，主要是向伪华北政务委员及教育总署及伪苏北行政委员及沪上各大书局包括上海商务、中华、世界、正中、大东、开明、北新、三通等各大书局直接购买中小学各科全套用书，然后再由编审委员会审查。鉴于汪伪成立之初所面临的特殊环境，小学教科用书相比中学教科用书更为急用，因此编审委员会商议后，决定先从小学教科书开始着手编审。

1940 年 6 月 20 日，汪伪第一次"全国教育行政会议"在南京举行。会上，沦陷区各省市伪政府教育局纷纷呼吁编印"国定教科书"。这次会议结束后，汪伪国立编译馆开始编审各大书局发行的教科书送审版本。但由于各级中学教学用书科目繁多，很难在短时间内迅速审定，且在审查教科书过程中发现，各大书局发行的教科书内容参差不齐，质量高低悬殊，难以体现出"体察当前时代之需要，并参照友邦各种教科书内容，为谋求邦交上之敦睦友好暨教育前途之一元化"。因此，汪伪教育部核定各级小学及初中所用教科书，均采用"国定"制度，高中、专科及以上学校教科书一律采用审定制度。

为切实贯彻落实中小学教科书编审制度，伪教育部管理部门结合各个教育阶段的实际情况采取相应的教科书具体编审要求，充分把奴化教育思想灌输到青少年心中。无论是小学抑或中学，汪伪教育部关于教科书的编辑要旨均要符合：①宣传"大亚洲主义"；②鼓吹"和平、反共、建国主义"；③鼓吹"东亚同盟四大纲要"，以政治独立、军事同盟、经济合作、文化沟通为东亚民族"共存共荣"之基本原则。各级学校教学用语均以日语代替其他外国语，教科书中但凡涉及中国历史、地理与民族文化的内容，往往受到歪曲，颠倒是非曲直，企图将中国人民的爱国意识一点点吞噬掉。

汪伪政权建立后陆续出版了中小学各科教科书，时称"国定课本"。由于各级中学用书科目繁多，中学课本的编写进度缓慢，直至 1944 年年初才编成并发行国文、公民、地理、历史、英语、日语六种教科书。此外，由于中小学教育形式不统一、教育师资的匮乏等诸方面因素的影响，致使"国定制"教科书实施并不完全，其中有相当一部分由各地民间机构或个人编写而由伪政权审查的"审定制"教科书使用。

对于小学和初中教科用书，各大书局图书发行人准备发行的图书，须在发行前呈送三份请汪伪政府教育部审定，教科书分为学校学生用书和教员用书两种，呈送时须声明，凡呈送的教科书如有应该修改之处，由教育部编审会签示要点于图书上。其有不合时宜或未臻完善之处则用最简明之评定，标明"适用""不适用"及"修改后适用"等字样，以便于各课本未出版前作为各级中小学采用课本取舍标准，并且将该"标准"列表附发各大书局。图书发行人接到教育部编审会签示要点的"标准"后，应立即将相关要点之处加以修正，再请教育部编审会复审，经复审后仍应将其修正印刷完成的范本呈送教育部编审会核校。核校无误后的教科书则在上面记明某年某月某日经"国民政府教育部审定"字样。

还需指出的是，汪伪政府教育编纂委员会在对"国定制"教科书的编审工作上，重点不是编写而是审查。编审的过程只不过是把原有教科书中包含爱国思想或民族主义与国恨家仇的内容加以删改，同时歪曲历史真相，蒙蔽儿童少年及社会民众。小学各科是最早开始重新编订的，初小教科用书于 1940 年 6 月底全部编辑完成，之后，又用一个月的时间，将高级小学各种教科用书之编辑工作于 7 月底全部完成。所有小学部分各种教科用书经编审委员会编审完毕呈伪教育部长核定，交付中华印书局印刷完成，由教育部发行，并从 1941 年春季第一学期开始陆续出版，分发沦陷区各地小学使用，包括初小之《国语》《算术》《常识》等各八册，《唱游》四册；高小之《历史》《国语》《地理》《算术》《公民》《自然》等各四册。如《新公民教科书》就包括所谓的"新中国的诞生""日本对华的援助""新中国政府""新人民党""新中国国民党""新环境的认识""新中国的缔造""中国事变的意义"等内容。该教科书用了一系列所谓的"新"，意在割裂其与原来民族国家政治及文化之间的联系，麻痹中国青少年儿童，充分暴露出日伪侵略者的险恶用心。但这套教科书在印刷及发行上存在很大的问题，各地小学开学后甚至两三年内都领不到课本，所用教科书几乎混乱不堪，因此遭到沦陷区人民的顽强抵制。

中学各科教科书的编纂虽然进度缓慢，但编写与审定大纲中强调了"和平反共"的要求，包括："对和平反共国策之认识""总理大亚洲主义之真谛""中日和平条约之内容""东亚联盟之意义""中日和平与世界和平"等内容。由于初中教科书科目繁多，加之时间紧促，一直到 1940 年 11 月才陆续完成编纂修订工作，并交付中华印书局、三通书局、中央导报发行所等印刷并销售。1942 年，汪伪教育部函请汪伪国立编译馆协助编审委员会编辑"国定"初中公民、中外史地等各科教科书。至 1943 年年初，新印制的初中《公民》《中外史地》及修订的初中第四版各教科书，总计十五种三十二册。该套初中教科书最大的特点就是封面上印有显眼的"国定教科书"字样，且署名均为"教育部编审委员会"。由于其中大量充斥着"中日亲善""和平反共""圣战必胜""帝国万岁"等美化日本帝国主义、反对共产主义运动、消除抗日思想的内容，使得这套书在印刷及发行过程中遭到了沦陷区人民的强烈抵制。日伪当局还曾一度想送到日本印刷，也终因运输等问题未能实现。

关于高中教科书，汪伪政府教育部要求各高中暂时选用各大书局教本及自编讲义补充，分下列两种办法：①高中自然科学及国文等科教本在本部订本未出版前得由各学校当局慎选各大书局及机关教本；②社会科学范围内各种科目如公民、历史、地理等科不得采用各书局成本，暂由任课教师妥拟讲义。由此可见，沦陷区内各高中学校所用教科书均由当地教育部门自由定夺，但各政府对教育的管理又流于形式，高中各科教科书基本上是由各科教员自编讲义教授。教科书版本五花八门，教学内容有深有浅，教学质量参差不齐等。然而关于高中各科教科书如何审订，"东亚文化"如何贯通，伪编审委员会此时也未有详细计划。按照伪教育部训令，规定在国定课本出版前，高中国文、社会等科仍由各校自编讲义教学；算术、理、化等科准予因地制宜选用与国策无抵触的教科书。事实上，直到汪伪垮台，也根本未能编印出一套完整的高中教科书，加之日本忙于太平洋战争，汪伪政府为其提供战争所需物资，经费紧张，使得教育"只能给战争让路了"❶。汪伪政府规定，各高中学校选用的教科书是否"适用"，由当地教育部门定夺。显然，高中教科书的选用被视为某种程

---

❶ 复旦大学历史系中国现代史教研室．汪精卫汉奸政权的兴亡 [M]．上海：复旦大学出版社，1987：240.

度的"审定制"。但无论是实行"国定制"还是"审定制",其意图都是结合当时实际情况最大程度地实施奴化教育,以达到其统治的目的。

第三节　汪伪政权统辖奴化教育教科书的主要内容

课程是教育内容的学校教学化单元组织,教科书是为实施学科课程编制的教学用书,集中体现了教育的宗旨以及人才培养的目标取向。可以说,学校教育的育人目标是通过课程、教科书为媒介的教学活动而实现的。在日本帝国主义扶植下建立起来的汪伪政权,推行奴化教育教科书中所体现的教育内容,完全是与其奴化教育的方针政策相适应的,尤其在对各级各类学校的课程设置上,重点强化日语、训育等奴化课程。此外,还设置复古课程,故意曲解中国历史,企图以封建复古思想消除人民抗敌爱国精神,泯灭中华民族意识。以下就汪伪所辖沦陷区内的学校课程及教科书内容详加分析。

汪伪政权通过学校教育向学生灌输奴化教育的思想的方式,主要是加强对学生的训育和反动的"清乡"教育,借以培养学生反共反人民的思想,维护其统治。1940 年 9 月,汪伪上海特别市教育局制定改进中小学训育方案,具体规定如下❶。

第一是训育原则。根据汪伪政府"和平反共建国"的宗旨,制定反动训育方针:训练原则应按照国民政府"和平反共建国"的宗旨为中心;人格训练应注重知识之灌输,及养成善良习惯之趋向;全校全体教职员应以身作则,共同负责以收训教合一之效;确定训育实施指标,按期对学生加以考核,其有不合格者不得升级或毕业。

第二是训育的实施。用封建的伦理道德麻痹学生思想,培养亲日的信念。目标是恢复汪伪国民政府的"固有美德",如忠、孝、仁、爱、和平等,其意图在于用虚伪的两面派做法,驱使学生违心地实施。

此外,该训育方案还规定学生的一言一行。如每日必须早晨六时起床;头面需修整,衣服应该简朴;应绝对遵守集会上与他人邀约之时间,不迟到,不早退;应绝对遵守学校命令及师长训诫,应绝对摒除一切不良习惯,并推己及人,以此改善家庭社会。

---

❶　武强. 日本侵华时期殖民教育政策 [M]. 沈阳:辽宁教育出版社,1994:177.

汪伪政权的奴化教育政策是与战时教育密切结合的，各校开设专门课程，制定教学纲要，对中、小学强化"清乡"宣传，进行反共、反人民的教育。始于1941年的"清乡运动"，覆盖江苏、浙江、安徽等省，前后持续近四年之久。为了"增强人民对国民政府之信仰"❶，汪伪政权特地在"清乡"地区大力推行"清乡特种教育"宣传教育活动。如当时制定的《清乡地区特种教育大单元设计教学纲要》中写着如下基本内容。❷

（一）实施目标

①灌输儿童国文遗教的精义；②培养儿童和平反共的观念；③教导儿童清乡工作的原理；④启发儿童编组保甲的真谛；⑤指导儿童封锁边区的要旨；⑥感化儿童"新国民教育运动"纲要的实践。

（二）实施纲要

1. 环境布置

①各该校所在地清乡特别区全图；②本区分布图；③清乡委员会上海分会组织系统表；④本区封锁管理处组织系统表；⑤本区特别区公署组织系统表；⑥本区居住证、市民证、身份证等样式；⑦运输物质须知一览表；⑧政工图及各种宣传品。

2. 教学实施

（1）国语科：主要包括"读文""作文""写字"这三门课程。其中，"读文"重点学习国父中山先生（附大亚洲主义）、什么叫保甲、清乡的目标、为什么要和平、新国民运动、封锁的解说；"作文"重点学习写信给某机关、参观某地记、清乡运动告民众书、怎么做个新国民、我对和平的信念、抄写一封检查封锁人员的意见书；"写字"重点学习写信和写标语。

（2）常识科：主要学习三民主义；保甲的沿革；清乡工作的目标；和平之根据及中、日关系之信念；新国民运动的意义；封锁意义及义务。

（3）算术科：主要学习计算本区的全面积以及户口与人口等；各国人民的比较统计；指导编组户口簿；本市第一所清乡地区，各区面积、户口、人口等比较；清乡地区与非清乡地区的商品市场比较；小量私人家庭日用品之准

---

❶　清乡委员会. 特种教育实施纲要［G］//复旦大学历史系中国近现代教研室. 汪精卫汉奸政权的兴亡. 上海：复旦大学出版社，1987：345.

❷　武强. 日本侵华时期殖民教育政策［M］. 沈阳：辽宁教育出版社，1994：178－187.

备，自由运输数量认识。

（4）工作科：主要学习绘制各校所在地形图；绘制新国民运动宣传使用的各种图画；绘制北桥区平面图；设计应征"民众画报"稿件；收集剪贴各大日报插图；仿制居住证、市民证等式样。

（5）音乐科：主要学唱（伪）救国歌曲；习唱（伪）和平歌曲；组织和运吟咏队；模仿封锁区检查工作的游戏；涉足本区各乡镇，参观清乡工作。

（三）训育实施

①举行"爱国周"活动；②举行各种集体训话。

（四）活动事项

①强化学生自治会机构；②秉承本区特别区公署命令，组织宣传队，加强清乡宣传力量；③新闻社出版"清乡"专号；④警察局实施"检查"练习，以及"封锁工作"表演；⑤举行新国民运动实施活动（检查节约等）；⑥周会内举行有关清乡之各种精神讲话。

为了强制推行"特种教育"，汪伪在清乡委员会中设"特种教育委员会"，各省教育厅则成立相应的机关，作为"特种教育"的领导机构。根据汪伪政权的规定，"清乡"区内的中小学教师"一律受特种教育短期训练"，学习"和运理论""清乡要义""三民主义"等课程。如伪江苏省公署教育厅清乡教育委员会则明确要求，清乡内取缔或限制私人学校或私塾，统制学校教科书。为了扩大"特种教育"的普及面，汪伪政权甚至要求在偏远地区建立"流动教育区"，设置"流动教员"，所学的教科书也多是"大东亚主义""领袖言论"等。

在"清乡运动"进行期间，汪精卫又发动了"新国民运动"。"新国民运动"所要塑造的领袖是汪精卫而已。汪精卫也希望通过这一运动，强化个人权威，进而增强沦陷区内普通民众对其伪政权的认同感。"新国民运动"的重点之一是加强青少年学生的训育。1942年，汪伪教育部专门在苏州举行中学以上学校训育人员会议，会议决定"训育目标为训练学生生活一致，思想一致，行动一致，训练方法则以军事化、劳动化为两重要原则。"❶ 在具体实行中，汪伪仿效德国和日本的模式，在青少年中广泛建立军事性的学生团体。

---

❶　江苏地方志编纂委员会. 江苏省志·教育志［M］. 南京：江苏古籍出版社，2000：156，234，288，1409.

1942 年 7 月，汪伪中央委员会通过决议，决定在沦陷区普遍成立青年团与童子军。这两个学生团体完全实行军事编制，"尊奉汪先生为最高统帅""决议事项最后裁判权属于领袖"。为了组建青年团，汪精卫还派专人赴日考察日本青少年组织的训练，并设立"中央青年干部管理学校"，专门培训青年团骨干，以至于"学员每当听到汪精卫三字就立刻肃立，并逐步把这种做法推向整个沦陷区"。❶

综观汪伪政权在沦陷区实施奴化教育所开设的课程有如下三个特点。

首先，日语成为各级各类学校的主课，教科书的编写符合汪伪奴化教育宗旨。

在课程设置上，日语不仅被定为必修课，而且在课时分配上也多半居于首位。许多学校每周日语课多达六小时，甚至有些小学每周也安排五小时。如简易师范新的教学时间表，日语比任何科目的时数都多；尤其是太平洋战争爆发后，日军占领上海公共租界和法租界不久，伪上海特别市政府即于 1942 年 7 月发出通令，规定原租界区域之中小学校自当年下半年起，一律添设日语课。初中每周四小时，高中两小时，高小两小时，并指令市教育局大量招聘日籍教员，分发各校任教。❷ 各级伪政府人员均须参加日语讲习班，经常举行日语考试；为鼓励学生学习日语，举办日语作文比赛、日语学会等。

学生学习日语的教科书统一使用日本东亚同文院编纂的四册《日语教科书》。这套教科书既是课本又是宣传品，经常以各种形式宣扬天照大神的无所不能，日本天皇是来自"天照大神"的祖传等。教科书中的课文主要是宣传"大东亚新秩序""爱护皇军""东亚共荣""日汪提携"等。就课文选材来看，以历代天皇、将相、武士的所谓"丰功伟绩"和法西斯等军人、刽子手的传记、故事等为基本内容。如对侵华战犯乃木大将一家，用很长的篇幅写成课文《乃木大将及夫人》编印在教科书中，要学生学习乃木大将如何忠于天皇、如何光宗耀祖等。❸ 尤其是很多内容完全是以日本侵略者的主观意志为转移，进行肆意篡改和编造。因此，学生学习的过程，也就是被灌输日本殖民意识的过程。

❶ 复旦大学历史系中国现代史教研室. 汪精卫汉奸政权的兴亡［M］. 上海：复旦大学出版社，1987：345.

❷ 余子道，等. 汪伪政权全史（下卷）［M］. 上海：上海人民出版社，2006：1029.

❸ 齐红深. 流亡——抗战时期东北流亡学生口述［M］. 郑州：大象出版社，2008：18.

日伪妄图依靠日语的推行来打下同化中华民族的基础，在强化日语教学的前提下，极力压缩其他学科——特别是国语和史地学科的课时，降低教学要求。至于那些自然学科教科书也紧紧地为经济掠夺和侵略战争服务，这种实用主义的教科书观早已使科学的思想内容面目全非了。

其次，掀起"复古"逆流，教科书中渗透封建伦理道德。日伪将扩张侵略的殖民理论与中国传统以儒家思想为核心的思想文化统一起来，以寻找在沦陷区实施奴化教育的生存空间。当然，日伪所利用的是传统固有文化中的糟粕部分，或者是根据其自身意图需要对儒学文化思想的歪曲及篡改。他们通过汉奸之口叫嚷要从根本上铲除共产主义和"三民主义"，就要学习日本实行"神道"，恢复中国"固有的伦理道德"。无数历史事实证明，日寇极力宣扬的"发扬光大"于日本的儒学和"神道"，最终披上了"忠君"和"爱国"的外衣，是为受其要挟控制的伪政权的殖民统治制造政治依据，寻找统治基础，而实质却是为其对外侵略扩张的军国主义野心服务。

在中小学使用的《修身》教科书中，日伪通过学校教学活动主要向学生灌输封建礼教和"愚忠"思想。此外，还仿效侵占东北的伎俩，将"王道主义"改为"新民"主义，并利用孔孟儒家封建思想欺骗中国人民，将《礼记·大学》中的"大学之道，在明明德，在亲民，在止于至善"中的"亲民"改为"新民"。其目的在于使沦陷区人民都能知"仁"懂"礼"，借以欺骗、麻醉中国人民，削弱中国人民的抗战意志，使其甘愿接受日本侵略者及汉奸的统治和奴役。

在课外作业及活动方面，除日常各科作业外，尚有孔道课外研究、日语课外研究、时事研究、"新民"主义研究及反共治安征文等。据江苏省政府秘书处编《中华民国三十年度江苏省政年刊》所记载：伪江苏省公署教育厅"为鼓励青年学子勇于自动学习，乐于比竞"，还制定了《江苏省中等学校学生课外阅读指导颁发》，规定学生课外读物的内容须符合下列之标准：灌输和平反共建国思想，培养爱国观念，裨益人格修养，鼓励勇敢进取，叙述中外大事。

灌输殖民理论必然需要一批经过训练的教师。1941年，汪伪教育部特别指出："和平、建国、反共、睦邻诸要义，均须教师负责输入儿童脑海，所以目前教师的责任更显重要。"教师上课时，时有敌伪特务监听，逮捕进步教师。为使教师在课堂上正确地向学生传授各种"亲日反共"思想，日伪对各级学校教师普遍实施奴化训练。训练方式除个别地区用开会的方式进行训练外，一般是进行七天或十天的训练。训练课程，政治课主要的有"兴亚"课本、"剿共"课本，宣扬东亚和平，其内容不外鼓吹"东亚共荣圈"及反共倒蒋等宣传；教育课有教育原理、教学法等，体育课则教练新民体操。在训练中，进行欺骗宣传。除强制服从外，还对受训人员进行思想"侦察"，发现有抗日意识的，则予以拘禁以致残杀。如1941年2月，伪江苏省公署南京市教育局举办的"全市中小学教职员思想测验"中，如发现尚有抗日思想者，即予停职惩办。❶ 同时用怀柔和腐化政策，麻醉、分化参加集训人员。敌伪的奴化教育使一些教师思想麻痹，甚至上当受骗。广大教师在日伪的监督下失去言论自由，不能有任何"妨害邦交"之思想，否则就会受到严厉制裁。有的教师仅仅因为对中国历史详加解释，就被汪伪宪兵队羁押数月之久。❷

为了更有效地利用课堂教学奴化青少年，日寇还派遣日籍教师来华任教，这些教师在课堂内外大肆宣扬"共同防共""经济提携""完成大东亚圣战"等强盗哲学，鼓吹封建主义的奴隶道德及所谓"东方文化"，宣讲"黄种人的共同意识"等谬论。这些所谓的"大东亚派遣教师"，一般都将日本军国主义法西斯训练方法转迁到学校教育中。他们在学校任意打骂学生，要求学生绝对服从。除了派遣日籍教师在教学活动及组织方法等过程中规范、引导学生的思想、意识之外，日伪政府要员还粉墨登场，直接到学校进行所谓的"演讲""训话"，这也是对学生进行奴化教育的重要方式。如在各中小学每周实行的一小时"精神训话"中，学校还经常请日军头目去训话，每当在这样的场合或遇到日本天皇生日之类的所谓节日，都要强迫学生喊"大日本帝国万岁""日本天皇万岁"等口号。1941年3月26日，汪伪国民政府对南京大学生八千多人进行集训，其中，林柏生、蔡培就分别发表了卖国亲日的讲话。1943年11月29日，汪精卫曾在上海对大学及高中学生发表训话，题为《光明的方向》，无非是想混淆

---

❶ 中国第二历史档案馆. 中华民国史档案资料汇编（第五辑）［M］. 南京：江苏古籍出版社，1997：613.

❷ 复旦大学历史系中国现代史教研室. 汪精卫汉奸政权的兴亡［M］. 上海：复旦大学出版社，1987：345.

视听，要求学生以刻苦耐劳、勇猛精进的精神去实现"大东亚宣言"。所有这些活动不仅起到管理教科书使用的监督作用，而且发挥潜在课程的熏陶习染及引导暗示功能，其本身与教科书的教育角色扮演有异曲同工之妙。

第四节　汪伪政权统辖奴化教育教科书的后果

汪伪政权成立后，将奴化思想贯穿到各中小学教科书的编纂中，其教育目的具有很强的现实导向性，即办教育不是为了传授知识，而是从现实的政治需要出发，向学生传递经过精心组织、选择和剪裁的内容。因此，通过这种泯灭民众意识的方式编写的教科书，在沦陷区各学校的推行过程中均遭到不同程度的抵抗，同时也给我国教育事业的发展及全民抗战带来了严重的负面影响。

一、奴役广大青少年的思想，毒害学生的心灵

在教科书编写方面，汪伪政权上台后，经过一番快速炮制，其统治区内的中小学教科书陆续出版，并分发到沦陷区各地使用。但由于沦陷区内各书局和印刷厂对汪伪政府的奴化教科书大多采用抵制态度，印刷缓慢。同时，日伪只是控制了华东、华中、华南地区的大中城市，对于为数众多的小城市无法有效统治。因此，这些教科书在印刷与发行上存在很大的问题，各地小学开学后甚至两三年内都领不到课本，所用教科书几乎混乱不堪。据国民党战地党政委员会调查，到1942年，湖北省云梦县伪政府所设之各级初等小学，"其教科书均经敌宣抚班审定，始得教授，内容多系宣传'东亚和平'，蒙蔽抗日意识之亡国论调"；广州市内共设由初级小学八十余校，主要科目为新民课本及日语；仅上海地区"限定各校一律采用伪政府审定之教科书，违者重罚"。

中学教科书的发行比较缓慢，但至1944年也陆续出版。对于初中教科书之编纂意图和方式与小学没有区别，也只是把原来教科书中含有爱国思想或是民族国家仇恨的内容加以删改。特别是对于高中教科书，尽管汪伪政府也想以"国定制"管理，但随着青少年年龄的增长，其人生观、世界观均发生不同程度的变化，难以渗透殖民教育思想。相比之下，日伪更重视小学教科书的编审，对于高中教科书的管理有所放宽，规定在遵从奴化教育政策的前提下，由

各学校慎选各大书局教本，然后由当地教育部门篡改定夺后便可使用。但各伪政府对教育的管理大多流于形式，教科书基本上是由各科教员自编讲义教授。所用教科书五花八门，教学内容深浅不一，教学质量也良莠不齐。相比之下，日伪更重视小学教科书的编审，故高中教科书仍采用"审定制"。

二、破坏我国教育事业，阻断文化进程

通过汪伪国民政府审查的中小学教科书目可见，汪伪国民政府对学生思想的控制力不只表现在泯灭"异端思想"，更表现在封杀"异端思想"可能滋生的空间。原有教科书中凡涉及抵御外辱，具有民族意识的内容全部删去，换上"中日亲善，共存共荣，建设东亚新秩序"之类的东西，要求公私各校一律采用由日伪编印的教科书。日伪不但对中小学教科书加以修改并强迫学生使用，同时还加强了对学生接触书籍的限制。日伪对于图书的查禁相当严格，其查禁图书，不仅选出有关抗日、共产党内容的书籍，还包括一般的和抗日无关的中国历史、地理、语文等初、高中教科用书。据当时上海商务、中华、世界、大东、开明五家大型书局统计，截至 1942 年 3 月，被扣押的书籍总数为 19164017 册，其中小学教科书占 15178284 册，中学教科书 1464817 册。小学教科书占据 79.2%，这充分说明了日本对小学生奴化教育的重视，任何不利于小学生"正确思想"的教科书都要被查禁。而这些被扣押的书籍均是汪伪政权成立后重新编纂的，这些教科书在重新编纂的过程中，已删除了原来的抗日文字或文章。尽管如此，日本当局还是认为改得不够彻底，无法适应他们"奴化"政策的需要而加以禁止，但在一定程度上，还是比较符合汪伪政府的用书标准的。可见，汪伪政权通过肆意篡改、删除教科书内容的方式，对沦陷区文化教育的摧残程度已达到无以复加的地步。

综上可见，汪伪政府删改中小学教科书内容严重破坏了我国教育事业，阻断了文化发展的进程。在人类历史上的历次重大战争中，没有哪一个国家的教育事业，像我国这样遭受侵略者如此严重而且蓄意的摧残，日本帝国主义对中国文化教育惨绝人寰的破坏，造成了中国教育在相当长一段时间内的落后，阻断了中国文化事业的发展进程。

三、削弱民众的抗日意识，消磨抵抗外来侵略的斗志

日伪政权把持教科书的编审权，并处心积虑地以"和平、反共、建国"

及"三民主义""大亚洲主义"等亲日之论调麻醉青少年。譬如，在教科书中以"天亮了，弟弟妹妹快站起来一起拜太阳"之类的内容，强化学生对日本国旗的崇拜和向往；《高小国文》第三册课本中"中华民族""精忠报国"和"自强""奋斗"等字样被删掉，《吴阿毛的故事》《岳母刺字》《阎典史传》等课文均被删除；伪"国定"课本中，《初中本国史》第四册第78-84页宣扬大东亚战争及"和运"；1943年1月4日版《初中外国史》下册第139-140页赞扬轴心同盟建设世界新秩序；1944年1月第9版《高小地理》第三册第36-46页将东三省地图改为伪满洲国，鼓吹中日提携；1943年1月第4版《初中公民》第二册第97页宣扬日本近卫之声明："日本之真正希望不在中国之灭亡，而在中国之兴隆；不在征服中国，而在与中国协力"，对日伪种种谬论大加鼓吹；初中教科书还编入了罗君强1940年冬天自撰的《欢迎日本众议院来华诸君》一文，其理由为"尽其反抗本国之宣传"，很好地说明了"共同努力于政治独立、经济、合作、军事同盟、文化沟通，以达到东亚各民族共存荣的目的"，这些经过日伪篡改后的教科书是对民众奴化教育的重要工具。

此外，日伪通过大肆篡改教科书实行"愚民"政策，也取得一些"成效"。一部分人在殖民统治的高压政策和愚民教育统治下，失去了应有的反抗精神，对日伪的残酷统治听之任之，他们因受压迫而被驯化，迷失了"人类意识"，把压迫看成一种命运，他们不明白导致自己处境的根源，心甘情愿地接受剥削，认为这是命中注定。一部分人被毒化，麻木不仁，只关心自己的利益，对民族的危亡及人民的痛苦漠不关心；还有一部分人丧失了民族气节，追逐权势，沦为日寇的走狗，奴颜婢膝，逢迎拍马，看强权的眼色行事，自愿为强权效劳，失去自己的人格。从这些方面来说，日伪的奴化教育在一定程度上削弱了沦陷区人民的抗日意识，打消了沦陷区民众的抗日积极性，对全民抗战产生了一定的消极影响。

汪伪政府为亲日媚外，反共反人民，制定卖国奴化教育政策，建立一系列奴化教育体制，不惜通过修订、重编教科书篡改历史、颠倒忠奸、混淆黑白，为日本侵略战争鼓吹，为日、德、意法西斯歌功颂德，为汉奸卖国贼涂脂抹粉，其甘心充当日本军国主义帮凶的丑恶嘴脸跃然纸上。日本帝国主义对中国实施的野蛮残暴的殖民统治给中国人民的身心造成了难以治愈的伤害，同时对中国各方面造成的巨大损失也是无法计算的。可以说，日本侵略者对中国人民的奴化教育史就是一部侵略史、殖民史。它不仅是中国近现代教育史中悲惨的一幕，更是我们认清日本帝国主义真实面目的一面镜子。通过对汪伪统治区的教科书研究，拓展了我国近代教育史研究领域，丰富了我国教科书的研究，具有较重要的理论价值。同时对揭露汪伪政府实施奴化教育的本质，回击日本右翼势力企图淡化、掩盖甚至美化对中国进行文教侵略的无耻言论也具有重大的现实意义。

第四编

新民主主义革命和社会主义建设时期的教科书

第十三章　革命根据地的教科书

　　1912 年 1 月 1 日，孙中山在南京宣誓就职中华民国临时大总统，中华民国宣告成立。2 月 12 日，宣统帝下诏退位。根据南京临时政府的承诺，孙中山向参议院提出辞职，参议院选举袁世凯为临时大总统，从此开始了北洋军阀对中国的统治。俄国十月革命的胜利和中国共产党的成立，使孙中山看到了中国革命的希望，逐渐认识到国共两党合作的必要。1924 年 1 月，在孙中山的主持下，中国国民党第一次全国代表大会在广州召开，标志着国共两党统一战线的正式建立。1926 年 7 月，在中国共产党的推动下，国共两党联合进行的北伐战争正式开始。这是一场以推翻北洋军阀反动统治和清除帝国主义在华势力为目标的革命战争。随着革命形势的发展，革命统一战线内的斗争日益激烈。以蒋介石为代表的国民党右派势力加紧进行篡夺领导权的阴谋活动，蒋介石逐步掌握了国民党的党权和军权。1927 年 4 月初，蒋介石召开秘密会议，制定"清党"反共计划，并于 4 月 12 日在上海制造"四一二"反革命大屠杀，残杀了大批共产党员和革命群众。同年 7 月 15 日，汪精卫在武汉召开"分共会议"，公开叛变革命，制造"七一五"反革命政变。第一次国共合作最终全面破裂，持续了三年多的轰轰烈烈的大革命失败了。

　　中国共产党人掩埋了革命烈士的遗体，踏着他们的血迹继续前进。1927 年 8 月，由瞿秋白、李维汉等主持召开"八七会议"，确立独立领导武装斗争，建立红色政权的道路。随后开展一系列革命斗争，"星星之火，可以燎原"，由农村革命根据地的建立到新民主主义道路的确立，中国共产党领导人民进行了一切推翻"三座大山"，建立新政权的伟大革命，并于 1949 年 10 月 1 日，建立了中华人民共和国。

　　1927 年至 1949 年这一历史时期，由于信仰的主义、追求的目标不同，国共两党在政治上分野明显，并且必然地在其各自统辖范围内，大张旗鼓地、全方位地实施其教育主张。中国共产党创建的中央政府，无论是中央苏区，还是后来转战到陕北延安、河北西柏坡，一直以相对独立的政权而存在，而其推行的教育则是以工农大众教育为重点的新民主主义教育，这在近现代教育史上是一种飞跃式的发展。革命根据地的学校教育采用的教科书是按照革命战争的需要和根据地的实际编写的，构成了新民主主义教育的重要方面。

第一节　土地革命战争时期的教科书

1927 年大革命失败以后，为了挽救革命，以毛泽东、周恩来、朱德等为代表的共产党人展开了武装斗争，先后发动了南昌起义、秋收起义，创建了以湘赣边界井冈山为代表的农村革命根据地，并逐步建立了以瑞金为中心的各级苏维埃政权。苏区在以土地革命为中心的工农武装割据的同时，积极开展为工农大众服务的文化教育工作，其中包括一项重要的内容，即学校教科书建设。众所周知，教科书是教师和学生据以开展教学活动的材料，教科书的有无和完善与否直接关系到教育的效果是好还是差。所以，在当时的土地革命时期，中国共产党非常重视教科书的建设工作。苏区革命根据地各类学校依据课程的设置及教学的需要，纷纷编写合适的教科书，组织教学活动。

一、农村革命根据地教科书概述

苏区革命根据地主要是在偏远的农村，交通不便，信息不灵，物质条件困难。冬天，战士还穿两层单衣，晚上只能用稻草作被子，很长时间吃不上粮食和油盐，就用南瓜、野菜充饥。伤员手术没有麻药，伤口消毒没有酒精。在艰苦的日子里，毛泽东、朱德与士兵同样穿单衣、吃野菜、喝南瓜汤。从 1930年年底到 1933 年 10 月，蒋介石先后五次发动对革命根据地的反革命"围剿"，苏区始终处于艰苦卓绝的战争状态。因此，革命根据地教育是在战争背景下、特殊形势中的战时农村教育，不可能完全如常规状态下有系统学制作为基础的正规学校教育，更主要地表现在军事教育、干部教育、工农教育以及儿童教育，大致属于学校教育、社会教育的类型或性质。这是我们在考察这部分教育相关教科书问题时需要首先明确的。

(一) 红军教育的内容与教科书

1. 红军教育的内容

1929 年红军第四军第九次党代会的决议把红军政治及军事教育内容按照不同的对象分别做出规定，如针对干部分子和一般党员的内容有：

> 一、政治分析；二、上级领导机关的通告讨论；三、组织常识；四、红军党内八个错误思想的纠正；五、反机会主义及托洛茨基主义反对派问题的讨论；六、群众工作的策略和技术；七、游击区域社会经济的调查研究；八、马克思列宁主义的研究；九、社会经济科学的研究；十、革命的目前阶段和它的前途问题。❶

再有，针对普通士兵的教育内容规定为：

> 一、目前政治分析及红军之任务与计划；二、土地革命各方面；三、武装组织及其战术；四、三条纪律建设的理由；五、早晚点名口号；六、识字运动；七、怎样做群众工作；八、红军标语之逐个解释；九、各种偏向之纠正；十、苏俄红军；十一、革命的目前阶段和它的前途；十二、红军白军比较；十三、共产党国民党比较；十四、革命故事；十五、社会进化故事；十六、卫生；十七、游击区域的地理及政治经济常识；十八、革命歌；十九、图报。❷

通过这些规定我们看出，当时红军教科书内容的编写是按照革命的任务、作战的原则等需要展开的，其主要范围包括社会政治、历史地理、识字常识、音乐及卫生保健等许多方面，尤其倾向于军事斗争和政治革命的思想与实践。

2. 红军教育的教科书

关于文化教育中的识字部分，也有专门的教科书编写工作。如方维夏同志在湘赣省苏区任教育部部长期间，亲自编写工农《识字课本》，其中第十四课《造福人》课文："造福人，不享福，雇农自己没有谷；砌匠自己没有屋；裁缝自己穿着破衣服。为什么这样，被人剥削的缘故。"语言押韵，内容浅显，既进行了识字教学，又向士兵和普通民众进行了革命的思想觉悟教育，因此受到工农大众的普遍欢迎。

---

❶ 陈元晖，等. 老解放区教育资料（一）[M]. 北京：教育科学出版社，1981：1-2.
❷ 陈元晖，等. 老解放区教育资料（一）[M]. 北京：教育科学出版社，1981：3.

（二）干部教育的内容与教科书

干部的素质能力、专业化水平、政治思想以及阶级觉悟对于根据地的革命斗争以及苏区建设将产生直接影响，直接关系到革命的前途及命运。因此，建立干部学校，设置符合其性质及特点的课程及内容，编写适宜的教科书便显得急切而严峻。苏区是如何来解决这种困难的呢？

1. 干部教育课程设置

苏维埃大学开设土地、国民经济、财政、工农检察、教育、内务、劳动、司法、外交、粮食等专业，由于任务不同，学习的课目也有区别。但主要有马列主义原理、党的建设、中国革命基本问题、工人运动、游击战争，还有一般文化课，如历史、地理、自然科学常识等。现举例证明，如1933年8月31日颁布的《创办江西省苏维埃干部学校计划书》有关的课程课目规定如下：

> 课目分三种：1. 政治课目：五次"围剿"和工农群众的任务，共产党，青年团，苏维埃土地问题，劳动问题，经济问题，红军问题，地方武装问题，肃反问题，职工会，少先队，儿童团，反帝拥苏，互济会，妇女问题等。2. 专修科目：按照各班性质另定。3. 常识科目：地理、自然、算术、唱歌、体操等。❶

由此可以看出，该课目设置显然有极强的农业专业人才培训的专业化取向，同时也兼顾了与农学相关学科的知识内容，以增强其学习深度，同时更便于提高适应性。这些学习内容的设定，都为培养根据地农业建设干部和农业技术专业人才创造了必要的条件。

中央农业学校的学习内容是：①政治常识，包括基本政治常识和苏维埃建设的实际问题；②科学常识，包括气候常识、植物生理、病理常识、简单测量和算术常识等；③农业知识，以实习为中心，学习苏区主要农作物栽培法和育种法，主要肥料的制造、保存和施用法，主要农作物病虫害的预防和消灭法，农业经营法，作物概论和土壤改良法，农产品简单制作法和保存法等。高尔基戏剧学校四个月毕业，教育内容为：前四个星期有政治、文学、舞蹈、唱歌，后十二个星期学俱乐部问题、政治常识、戏剧理论。闽瑞师范学校（瑞金列宁师范学校）开设的科目有政治、理化、算术、常识、体操、劳作、游戏

---

❶ 陈元晖，等. 老解放区教育资料（一）[M]. 北京：教育科学出版社，1981：232.

等。为了培养有专门技能的人才，中央教育人民委员部于 1934 年制定《短期职业中学试办章程》，将课程分为社会科学、自然科学、某种技术及文字课目四项。其中，生产技术课程必须占 40% 以上，社会科学占 15%，自然科学占 20%，文字语言课程占 15%，其他课程（学术、政治讲演、社会工作等）占 10%。

2. 干部教育教科书

农村革命根据地的干部教育除了采用部分合适的教科书作为教科书外，还专门编印了部分教科书。中央革命军事委员会、红军总政治部、红军学校及红军各部队十分重视部队教育中的教科书建设工作，1932 年编印出版了《红军识字课本》《红军教育与管理》《苏维埃政权》《红军中的政治工作》等多种教科书和读物，以供红军各类学校和广大红军干部、战士使用。1933 年，中华苏维埃共和国临时中央政府教育人民委员部编审局编辑出版了供干部教育使用的文化课教科书。这套教科书包括：《苏维埃公民》《地理常识》《农业常识》《自然常识》《算术常识》。这套教科书的编辑出版促进了革命根据地干部教育工作的开展。

苏区的师范学校注重教育学、教学法的训练，因此特别编写了有关的教科书。如 1930 年 8 月，闽西龙岩印刷厂印发为闽西列宁师范暑期学校采用的《教育学讲义》。这本讲义是根据中国马克思主义教育理论家杨贤江所著的《新教育大纲》一书改编和节选的。此后，杨贤江的论著就成了革命根据地师范学校的主要教学参考书。

杨贤江是中国现代马克思主义教育理论家，他撰写的《新教育大纲》是我国第一部运用马克思主义原理阐述教育基本问题的理论著作，对中国教育学的建立和发展影响很大，在现代教育史上具有重要的地位。全书内容分为三章：教育的本质、教育的进化、教育的概观。杨贤江之所以选择这三部分作为重点阐述的内容，是因为当时已经出版的教育著作只讲述一般的教育常识，让师范生及教育者去学习，然而"对于教育意义的变迁，制度的变迁，其理由何在，其作用何在，它们是不讲到的。有许多儿童受不到教育，有许多毕业生做了游民，其理由何在，其解决法何在，它们是不讲到的。教育与政治的关系何在，与经济的关系如何，它们没有说明。教育这架机器被贼偷了去，当作鸦片来毒害人，它们没有晓得。反之，它们要说教育如何神圣，如何清高，如何独立，如何公平，如何科学化，如何民众化，乃至教育可以救国，教育可以解决民生……一大堆的对教育歌功颂德的丽字美句"。[1] 杨贤江指出"教育是阶级的，是阶级斗争中的武器；从文明开始以来，只有阶级的教育，没有全人类的教育；只有对立的教育，没有统一的教育"[2]。杨贤江撇开一般教育类书籍上所谈的陈词滥调，向读者揭示一些新的见地、新的事实，所以书名冠之以"新"字。因此，《新教育大纲》虽然"是本通俗的教育书，但绝不是本充塞着腐词滥调的教育书；这儿，至少有些未经中国人道过的新说，未经中国人指摘过的事实"[3]。此书主要以有志于教育战线的青年斗士为对象，因此，只要你立志改革社会，那么通过这本书的阅读，就有希望获得新兴社会科学（马克思主义）的基本知识，得到不少新见解，从而掌握理论斗争的武器。

1933 年 1 月 8 日，湘赣省苏维埃政府文化部转发永新县寒假教师讲习所的教科书《教学法》。《教学法》的要旨是：①适合儿童的要求，坚定儿童的阶级意识；②彻底肃清国民党党化教育和其他一切反动派别的理论；③养成儿童生活团体化和行动纪律化；④适合某一时期的政治情形和我们的任务；⑤教师须加重自己所负担的任务。《教学法》的内容包括列宁初级小学校的国语、算术、常识、工艺、美术、音乐、体育和劳动实习等学科教学法以及单级教学法。《教学法》要求列宁小学的教师在教学活动中应做到：①适合儿童的心理；②利用儿童的好奇心；③发挥儿童的天真烂漫；④引起儿童的学习兴趣。这种《教学法》教科书是教师教育能力提升及技能训练的重要素材资源，同时对小学各种教科书教学中的组织、使用都有多重作用。

（三）工农群众教育教科书

五四运动以后，受"民主""科学"思潮的影响掀起的平民主义教育思潮，以平民为教育的对象，增进教育机会平等，实现民主政治。马克思主义者从制度革命及阶级斗争的理论出发，由平民主义教育引向城市无产者的工人教育与农村贫困者的农民教育，合称为工农教育，并在第一次国共合作的国民革命时期（1924 年 1 月—1927 年 4 月）达到高潮，成为国民革命的重要组成部分。中国共产党建立农村革命根据地以后，逐渐恢复发展。从教育学意义上而论，工农教育属于非制度化的教育，以补习教育或成人教育为主体，除了识

---

[1]　任钟印. 杨贤江全集（第三卷）［M］. 郑州：河南教育出版社，1995：262.
[2]　任钟印. 杨贤江全集（第三卷）［M］. 郑州：河南教育出版社，1995：263.
[3]　任钟印. 杨贤江全集（第三卷）［M］. 郑州：河南教育出版社，1995：260.

字、读书、计算等知识教育之外，十分突出思想政治教育。

中央人民教育委员部编有《成人课本》和《妇女课本》等。地方编的有《平民课本》（永新）、《群众读本》（永定）、《工农读本》（赣西南）、《初级课本》（兴国）和《工农兵三字经》（赣西南）等。其中流行最广泛的是《工农兵三字经》（1933年11月出版，大64开，石印，赣西南苏维埃政府编印）和《初级课本》（约于1933年出版，江西省兴国县苏维埃政府文化部编印。32开本，石印，封面和内页都有插图，约五千字）。

现摘录《工农兵三字经》中的部分内容如下，从中可以看出教科书展现的教学内容密切联系革命斗争实际，体裁形式多样，内容深入浅出，对群众进行了鲜明的阶级教育。如其中写道：

> 天地间，人最灵，创造者，工农兵。男和女，总是人，一不平，大家鸣。工人们，劳不停，苦工做，晨到昏。……赚红利，厂主吞，工人们，毫无分。农人苦，写不清，租税重，难生存。……有钱的，压迫人，不做事，吃现成，此等事，最不平。无可忍，团结心，入共党，组红军。打土豪，除劣绅，毙军阀，莫容情。阶级敌，一扫清。世界上，一样人，人类中，永无争。大同现，享安宁。此等事，非现成，全靠的，工农兵。❶

这些教科书中，既贯穿着阶级斗争的精神，又有高度的思想性和战斗性，通俗、生动、深刻地叙述了工农劳苦大众被统治者剥削压迫的实际情况，并指出了只有通过革命才能获得幸福和自由，才能摆脱奴隶的地位。

（四）小学教育教科书

苏区小学的学制和学校名称并不统一，因为各个根据地都处于被敌人分割包围的战争环境中，苏区的发展又是从小到大，先有基层地方政权，然后再建立苏区的以及全国的中央政权。在苏区初创时期，小学的学制无法统一，都是由各个苏区根据本地区情况自行决定的，小学学制大都实行"四二制"，即初级小学修业四年，高级小学修业二年。中华苏维埃政府成立后，1933年10月，在江西瑞安召开中央文化教育建设大会，提出统一学制。1934年2月，中华苏维埃共和国中央政府正式颁布《中华苏维埃小学校制度暂行条例》，规定苏区实行统一的学制，小学学制改为五年，其中初等小学三年，高等小学二

---

❶ 高奇. 中国教育史研究——现代分卷［M］. 上海：华东师范大学出版社，1994：191 - 192.

年。为了适应农村情况，列宁小学采用半日制和全日制两种方法，把年龄大的能参加生产劳动的儿童，编入半日制班里，让其半天来校学习，半天在家劳动。教学为了适应农业季节的需要，规定农忙放假，全年共三十天。为方便农民子弟入学，在农村分散及人口分布稠密不均的地区，设立大小规模不同的学校，或实行小学学区制，3~5华里（1华里＝0.5千米）设立一小学，尽量做到学校分布合理，便于儿童都能入学。

《中华苏维埃共和国小学校制度暂行条例》的"总纲"规定："在工农民主专政下的小学教育，是要训练参加苏维埃革命斗争的新后代，并在苏维埃革命斗争中训练将来共产主义的建设者。"❶ 在 1934 年颁布的《小学课程教则大纲》中还规定了苏维埃小学教育的性质，它"同地主资产阶级的儿童教育是绝对不同的：首先是我们的教育公开的和工人阶级及农民群众的政治斗争联系着，成为阶级斗争的一种武器，而地主资产阶级的教育表面上说'要离政治而独立'，事实上都在用一切种种方式经过教育来维持剥削制度和地主资产阶级的专政，蒙蔽和欺骗群众"。从这些规定中我们可以看出，中华苏维埃政府对根据地小学教育在各个方面都做出了积极的努力。

在中华苏维埃政府的领导下，苏区的小学教育得到了蓬勃发展，做到了乡乡有小学一所至两所以上，有些地区已村村设有小学。下面的一些数字可以说明这个问题：1933 年 12 月，毛泽东同志在《长冈乡调查》中列举了长冈乡的小学教育情况："列宁小学，四个，每村一个。……学生：共一百八十七，占全乡学龄儿童总数百分之六十五。"❷ 1934 年 1 月，毛泽东同志在第二次全国苏维埃大会的报告中列举了江西、福建、粤赣三省的统计："在 2932 个乡中，有列宁小学 3052 所，学生 89710 人。……苏区中许多地方，学龄儿童的多数是进入了列宁小学，例如兴国学龄儿童总数 20969 人（男生 12076 人，女生 8893 人），进入列宁小学的 12806 人（男生 8825 人，女生 3981 人），失学的 8163 人（男生 3251 人，女生 4912 人），入学与失学的比例为 60% 与 40%，而在国民党时代，入学儿童不到 10%。"❸

根据苏区教育方针、政策及小学教育的目的，苏区小学各学科教育分别制定了各自的教学目的和课程标准。如国语课程的目的是：使儿童分别了解普通

❶ 陈元晖，等. 老解放区教育资料（一）[M]. 北京：教育科学出版社，1981：308.
❷ 陈元晖，等. 老解放区教育资料（一）[M]. 北京：教育科学出版社，1981：11.
❸ 陈元晖，等. 老解放区教育资料（一）[M]. 北京：教育科学出版社，1981：18－19.

的语言文字及文章；养成儿童发表革命思想的能力；启发儿童的阶级意识。苏维埃政府公开宣布：苏维埃小学教育，同地主资产阶级的儿童教育是绝对不同的。"首先就是我们的教育公开地和工人阶级及农民群众的政治斗争联系着，成为阶级斗争的一种武器。"❶ 小学国语教学"目的绝不仅在于使儿童认识多少字，而在于使他们能够逐渐使用自己的语言文字，来表达自己的思想，表现自己的感情"以及"养成儿童的共产主义道德"❷。可见，小学国语教学，既要帮助学生掌握小学国语的基本知识，又要对他们进行思想道德教育，提高他们的道德觉悟，教育为政治服务的目的非常显著。

苏区明令禁止使用帝国主义、封建主义和国民党政府的教科书。1931 年 9 月 23 日，在湘鄂赣省工农兵苏维埃第一次代表大会关于文化问题的决议案中，规定了教科书，尤其是儿童教科书的编写方针。1932 年以后，在中央教育人民委员部领导下编写了系统的小学国语、算术、常识、体育、游戏等新的教科书。这些教科书就内容而言都是与当时的革命斗争、群众的实际生活及儿童生活实际紧密联系的。教科书的形式也考虑了儿童的特点，吸收了自古以来儿童教科书的韵文形式，课文的排列形式、生字的位置、插图等都很讲究，因而很受儿童欢迎。如中央教育部编的《国语读本》第三册第十四课："月光光，月光光，小孩子，上战场。土炸弹，木壳枪，开步走，瞄准放。大家时刻准备着，准备打倒国民党。"《算术教科书》第一册，采用革命战争和生产建设中的具体事例，对儿童进行算术教学。该册课本第十课："某游击队长原来共有七根快枪，现在有三个白军拖枪投诚，共有几根快枪？"这种课文就是采用革命战争和生产建设中的具体事例，对儿童进行算术教学的。

1933 年 5 月，中华苏维埃共和国教育人民委员部组织人力编写的六册《共产儿童读本》完成初稿。该书编写前四册的初稿后，曾交由徐特立审阅。徐特立审阅后提意见，认为太偏重于政治论，日常事项太少，且几册课本的内容深浅都没有什么区别。此项读本为应目前需要，用一二学期后或再行编写，或改正，当更加完善。目下可不用中央教育部审定名义。按照徐特立的意见，将书稿进行了一次修改，于 7 月付印，供各地列宁小学采用。如该课本第二册第二十一课的课文是《开会》，课文内容就和儿童的生活相关，讲了一个学生

---

❶　陈元晖，等．老解放区教育资料（一）［M］．北京：教育科学出版社，1981：315.

❷　陈元晖，等．老解放区教育资料（一）［M］．北京：教育科学出版社，1981：318.

们推选班主席的事情，现摘录课文内容如下："许多儿童，在那里开会。队长报告说：选举一个主席出来。有一个儿童说：我举队长。又有一个儿童说：我举阿三。最后队长说：举手表决。结果赞成阿三的，举手多，就以阿三当主席。"这篇课文让儿童在学习文化知识的同时，也知道了选举的过程，并且融合渗透了民主政治及权力监督的现代社会观念，这可以说是紧密联系儿童生活的典范之作。

除了文化课教科书外，苏区列宁小学还有专门的政治课及课外训练教科书。1934年4月7日，少先队中央总队部总队长张爱萍、党代表周恩来签署发布了第三号《命令》，批准发行总训练部编写的《少队读本》第一册、第二册、第三册。《命令》指出，《少队读本》是重要的政治训练材料，各级队部应依据它对队员加紧政治教育，用马克思主义武装每个队员的头脑。次日，少先队中央总队部发布第4号《命令》，批准发行总训练部编辑、中央教育人民委员部审定的《少年游戏》《少队体操》两本小册子，以供少先队、儿童团以及列宁小学学生作为游戏和体操的基本训练教科书。《命令》要求各级队部应以此为教科书，加紧对队员的教育，活泼与锻炼每个队员的体力，以适于革命战争。

二、农村革命根据地教科书的编写原则

中华苏维埃共和国临时中央政府成立后，于1932年6月13日决定，在中央教育人民委员内设立编审委员会，以徐特立为主任，关蕴秋、施洪光、蔡乾为委员，负责组织编写苏区通用教科书及审查地方苏区的自编教科书。1933年下半年，由中央教育人民委员部编写的列宁小学通用国语教科书《共产儿童读本》先后出版，共有六册，每学期一册。1934年，中央教育人民委员部又根据形势发展及教科书使用情况，重编出版第二部列宁小学国语通用教科书《国语教科书》，共有六册，每学期一册。

通用教科书编审、出版后，中央苏区及中央苏区附近的苏区小学都使用中央教育人民委员部编写的国语读本；其他与中央苏区相隔较远的苏区，因处在被敌人分割包围的战争环境中，交通被割断，运输不便，仍然采用各苏区自编的国语读本。关于小学教科书的使用问题，1934年2月临时中央政府又在《中华苏维埃共和国小学校制度暂行条例》中规定："小学教科书，凡经教育人民委员部审查过，教育可自由选用，并应随时采用带有地方性的

具体教科书，以及儿童劳动所需要的教科书，来补充书中的教科书，但不得违反中央教育人民委员部所颁布的课程和教则的内容。"❶ 总之，苏区的教科书编写情况是以"社会化、政治化、劳动化、实际化"为原则，这种要求的提出既满足了当时斗争的要求，又符合我党在那种特殊历史条件下政权建设的需要。

苏区在通用教科书之外，仍然允许各地方编写和使用地方教科书或教学补充材料，但地方教科书或补充材料要有地方性，要简明通俗。如果比较经常和普遍使用的教科书，要送中央教育人民委员部审查。❷ 此外，一些社会教育的教科书如《工农兵三字经》《识字课本》《工农读本》等，也有被用作小学国语教学读本的。

苏维埃政府文化部（教育部）设有教科书编审机构，具体组织、编写审查教科书的工作。如闽西苏维埃政府文化部编写的《劳动小学暂用课本》，湘赣省苏维埃教育部编写的《列宁小学国语读本》，湘鄂赣边境工农兵暴动委员会编写的《红孩儿读本》，湘鄂赣省苏维埃教育部编写的《列宁小学读本》，赣东北省苏维埃文化委员会编写的《列宁初级小学国语》《列宁高级小学国语》，川陕苏区政府编写的《初级小学识字课本》等。其中《红孩儿读本》是"现存最早的一种红色初级小学校的儿童读本。全书二十课，课文由浅入深，观点鲜明。读后能使儿童识字明理，提高革命觉悟"❸。

三、农村革命根据地教科书的特点

苏维埃中央政府成立后，依据苏区各级各类学校的培养目标，编写各自适用的教科书是苏区教育建设的一项迫切任务。中华苏维埃政府从中央到地方相继成立了编审委员会、出版委员会或是编审出版科，指导各级学校的教科书编写工作。在极为艰苦的条件下，苏区先后编写出了一百三十多种教科书。其中，单就针对中央苏区各级干部学校和专业学校编写的教科书而言，就达到了三十多种。教科书改革的丰硕成果基本满足了各级各类教育蓬勃发展的需要。这些教科书体现出如下特点。

---

❶ 林治金. 中国小学语文教学史［M］. 济南：山东教育出版社，1995：311－312.

❷ 江西省教育学会. 苏区教育资料选编［M］. 南昌：江西人民出版社，1981：10.

❸ 皇甫束玉，宋荐戈，等. 中国革命根据地教育纪事［M］. 北京：教育科学出版社，1989：28.

（一）反帝反封建性

苏区根据地建立在偏远落后的农村，这些地方长期以来主要受传统的封建宗法观念的影响。因此，共产党的文化动员工作主要是破除旧封建观念影响，建立一种新的以共产主义价值观为核心的新的集体认同感和价值归属。"总之，我们的敌人在进行经济剥削和政治压迫的同时，也很巧妙地运用了文化的欺骗方法来达到他们的目的，这套方法在他们手里起过很大的作用，这证明文化和教育是一种有力的武器。所以我们工农劳苦群众也要拿起这个武器来加强我们自己的战斗力。"❶

在中央苏区初创时期，新办学校没有专用教科书，只能部分使用国民党办校留下的旧教科书。如初级列宁小学的国语、算术和常识，高级列宁小学的英文、算术、地理和自然都是采用商务印书馆印行的"新学制教科书"。随着革命根据地的不断扩大和巩固，苏维埃各级政府逐步建立，教育权逐步被工农群众所掌握，废除反动旧课程旧教科书，建立新课程新教科书，成为苏区教育的主要工作内容。尽管由于客观条件的限制，苏区课本在形式和内容上无法统一和固定，但各级各类学校的教科书都十分重视教科书指导方针的反对旧三民主义、孔孟之道、各种宗教、资本主义、封建主义思想。为落实毛泽东主持起草并经"一苏大"通过的大会宣言所要求的"取消一切麻醉人民的封建的、宗教的和国民党三民主义的教育"，以及毛泽东在"二苏大"报告中作出的"苏维埃必须实行文化教育的改革，解除反动统治阶级加于工农群众精神上的桎梏，而创造新的工农的苏维埃文化"的指示，各地着手编写新教科书。

1931年7月，《鄂豫皖苏区第二次苏维埃代表大会文件》中即明确指出："审查各种教科书，严格反对三民主义的、孔孟之道的、耶稣教会的以及一切地主资产阶级思想的材料，统一教科书的内容，严格以马克思列宁主义为根据，同时编定各种模范课本，供给学生使用。"

1931年9月，湘鄂赣省政府对废除旧教科书做了以下规定：首先，"反对帝国主义基督教育"，"在苏区赤色学校禁止采用基督教书籍"；其次，"反对国民党文化教育"，"在苏区各赤色学校禁止采用国民党文化书籍"；最后，"反对复古教育"，"在苏区各赤色学校禁止采用四书五经等作教科书"。

---

❶ 中央教育学研究所. 成仿吾教育文选·鄂豫皖省苏维埃文化委员会决议案 ［M］. 北京：教育科学出版社，1984：5.

（二）鲜明的阶级性

革命者在夺取政权过程中和夺取政权的初期，需要通过教育来巩固政权。因为教育可以培养政治人才，传播政治思想。因此，中央苏区的文化教育工作是在中国共产党领导下进行的，在苏维埃政权下，苏区文化教育大权掌握在工农群众手中。它完全是站在工农阶级立场上为工农劳苦大众服务的，因而具有鲜明的阶级性。毛泽东同志在苏维埃文化教育的总方针里明确提出："文化教育为革命战争和阶级斗争服务。"❶ 表明教育的目的不是仅仅为教育而教育，是为阶级斗争服务。这一时期的教育本着为革命战争服务的精神，旨在培养"参加苏维埃革命斗争的新后代"。主要是运用马列主义的革命理论来教育各类对象，激发他们的阶级觉悟，把他们培养成为阶级立场坚定、有文化守纪律的革命战士和革命的后备军为鲜明目标的。毛泽东同志在谈到苏维埃文化教育时还指出："为着革命战争的胜利，为着苏维埃政权的巩固和发展，为着动员民众一切力量加入于伟大的革命斗争，为着创造革命的新时代，苏维埃必须实行文化教育的改革。"❷ 就是小学教育，也和革命战争有着密不可分的联系。如《中华苏维埃共和国小学校制度暂行条例》"总纲"第二条就明确规定："共产主义的文化教育是革命的阶级斗争的工具之一，必须运用实际斗争的教训和经验来施行教育，使教育与斗争联系起来。"❸ 因此，无论是从宏观上还是从微观上，当时苏区的教育都遵循着为革命战争服务、为阶级斗争服务这一特点。在教学内容上，中央苏区各级各类教育的教科书大多体现了阶级性。

例如，在中央教育部编写的《共产儿童读本》第四册第二十一课《为什么要革命》中就有这样一段师生对话：

先生说：现在革命发展了，到处的工人士兵都起来革命。

学生问道：他们为什么要革命呢？

先生说：农民耕了田，工人做了工，可是他们还没有饭吃，没有衣服穿，没有房子住。为什么这样呢？因为受了豪绅地主资本家的剥削。工人农民要饭吃、要衣穿、要房子住，所以就要起来革命。❹

---

❶ 陈元晖，等. 老解放区教育资料（一）[M]. 北京：教育科学出版社，1981：20.
❷ 陈元晖，等. 老解放区教育资料（一）[M]. 北京：教育科学出版社，1981：17.
❸ 陈元晖，等. 老解放区教育资料（一）[M]. 北京：教育科学出版社，1981：308.
❹ 江西省教育厅. 江西苏区教育资料选编 [M]. 南昌：江西教育出版社，1960：86.

川陕苏区的列宁学校的各种教科书内容主要是拥护红军、拥护党、拥护苏维埃政府，揭露封建地主阶级、国民党军阀和帝国主义对劳动人民的剥削压迫，启发儿童的阶级意识，提高他们的阶级觉悟。教科书语言，通俗易懂，文字押韵，符合当地人民群众的语言习惯。如列宁初级小学识字课本❶：

第一课　人

第二课　耳鼻口

第三课　手能做工

第四课　足能走路

第五课　口能说话吃饭

第六课　山上有田河里有鱼

第七课　工人农民士兵

第八课　世界上有两种阶级，一种是剥削阶级，一种是被剥削阶级

这本教科书既是儿童识字、学文化的课本，又是无产阶级革命道理宣传工具，具有鲜明的阶级性，它是为无产阶级政治、军事斗争服务的。

（三）**强烈的实践性**

教育与生产劳动相结合，是马克思主义关于教育的基本原理。为了使苏区各级各类教育培养出来的学生适应革命斗争的需要，党和苏维埃政府在各级学校的实践教学中新增了生产劳动实践的内容，将教育与生产劳动相结合。另外，教师上课的内容多为与学生日常生活联系较密切的知识，将课本教学与生活实际相结合。在中央苏区，毛泽东把"教育与劳动联系起来"作为苏维埃文化教育总方针的一项重要内容。1934 年 2 月中央政府颁布的《中华苏维埃共和国小学校制度暂行条例》规定：小学教育必须"运用实际斗争的教训和经验来施行教育，使教育和斗争联系起来"，"要用教育提高生产劳动的知识技能，使教育和劳动统一起来"❷。同年 4 月，中央教育部又在《小学课程教则大纲》中具体阐述了劳动在教育工作中的意义和苏维埃坚持教育与劳动联系的目的"是要从培养绝大多数的工农的知识分子，进到将来完全消灭智力劳动和体力劳动之间的分别，要教育极广大的劳动群众的子弟，使他们成为有

---

❶ 访通江板凳公社伏兴德记录、访巴中李家厚记录，见川陕苏区革命史调查综合资料，1959.

❷ 江西省教育厅. 江西苏区教育资料选编 [M]. 南昌：江西教育出版社，1960.

能思想的头脑，有能劳作的两手，有对于劳动的坚强的意志的完全的新人物。"❶苏区教育由于摒弃了旧教育制度，走上结合工农实际、结合革命斗争、结合生产劳动的新道路，从而获得丰富生动的内容，受到广大劳苦群众的热烈拥护。党和苏维埃政府从实际出发，务求实效，将教育与生产生活实践相结合。这是立足革命斗争的需要，要求各级学校能够在尽可能短的时间内教授给学生最要紧的知识，使学生能尽快运用所学本领从事革命实践活动。

在政治教育方面，为"使教育和斗争联系起来"，教科书紧密结合当时政治斗争的实际，开展针对性强的教育。小学教育与革命实践相结合是苏维埃政府的中心工作。教育是一种强大的思想武器，小学教育应与政治相联系、与革命相结合。中央苏区政府坚持在教学内容上与革命思想相结合，提高学生的政治觉悟，培养学生的共产主义道德，从而使学生从小明白为什么要革命，革谁的命，红军好、白军坏这些道理，认识到无产阶级的光荣使命。例如，中央教育部编写的《共产儿童读本》第三册第十二课《这是什么人》中，有如下对话：

> 有一天，我同爸爸走到墟市上，看见几个人，牵着一个戴高帽的，拿着宣传旗帜。我问爸爸："这个是什么人?"爸爸说："这个是白军军官，被红军俘虏来的，我们要他说蒋介石进攻我们的事。他说：'用白军来打红军，来杀群众，封锁苏区，不准运盐运布进来销售'。"❷

由于这些课程紧密联系了当时革命斗争的实际，宣传了革命道理，不仅丰富了学生的政治知识，而且提高了学生的文化水平。

在生产教育方面，为"使教育和劳动统一起来"，教科书在内容上广泛传授理化、生物等生产劳动知识，同时教学结合到田间、工场去参加生产实习。1933 年 10 月，中央教育人民委员部颁布的《小学课程与教则草案》规定："知识、技能、身体要达到能满足目前斗争和一般生活最低限度的需要，同时要准备将来学习专门知识和技能最低限度的基础。"❸这就要求小学教育应与劳动实践相结合。在学习之余要求学生重视劳动实践，不忘强身健体，培养学

❶ 江西省教育学会. 苏区教育资料选编（1929—1934）［M］. 南昌：江西人民出版社，1981.

❷ 江西省教育厅. 江西苏区教育资料选编［M］. 南昌：江西教育出版社，1960.

❸ 江西省教育科学研究所. 江西苏区教育资料汇编（1927—1937）（第五册）［M］. 内部交流本，1985：5.

生勤学习、勤锻炼的生活习惯。在教学内容上，要求小孩学习力所能及的牧牛、大扫除、拔草等劳动，培养学生吃苦耐劳的品质。在课程安排上，强调课外的劳作实习及社会工作，培养学生艰苦奋斗的精神。在教科书编写上，尽量配合每个年级的学习程度加入国语、算术等科目的内容，培养学生钻研教科书的良好习惯。如"小学劳作实习的教授方法，使得学校与附近的农场（红军公田及一般农田）或者市墟的工场发生密切联系，有计划地领导学生参加生产劳动"。同时要把劳作实习的材料加入国语、算术等科目中，作为教科书。

红军干部的教育主要是结合战争的需要，以实战为教科书的主要内容。红军中各纵队的青年队，除采用通用的政治、文化、军事课本外，还结合青年特点编写了《战争与青年》《反帝运动与青年》《苏维埃与青年》《共产青年团》等讲义。工农红军长征后，在三年游击战期间，项英、陈毅主持编写的政治、军事、文化教科书还有《红色指挥员必读》《红色战士必读》《群众工作者必读》《反对十大坏现象》等。

（四）浓厚的实用性

正规学校教育需要一个和平稳定的环境。苏区各地时期战事频繁，当时的教育经费紧张，办学条件有限，没有一个和平的环境和优越的条件来建立一套长期正规的教育系统。受教育的对象包括各个年龄阶段，而且能力水平各不相同。所以为了培养革命干部和接班人，苏区在简陋的条件下，办了各种形式的短期教育、速成教育。教育方向和内容也各有侧重，但都以培养实用人才为目的教育教科书内容体现了实用性。如1933年春，川陕省苏维埃政府在通江县苦草坝永安街上办了一所工农中学，学生为七至十八岁的贫雇农和一般中农的子女，学生八十多人。地方干部和工厂工人持政府介绍信并经批准后，可以作为旁听生。由于学生的情况复杂，有红军干部或战士，有工农群众，有青少年，也有一些儿童，年龄参差不齐，而且文化程度也相差悬殊，学校便把学生编为甲乙两班，分开上课。课程分为政治、军事和文化几类。政治课教科书包括《革命三字经》和《红色战士丛书》等。内容主要讲述工农武装起义的时间、地点，以及何人领导；还要讲述农民怎样受穷等。政治课主要讲红军的三大任务、三大纪律和八项注意等。

又如川陕苏区的童子团站岗课本，第一册，五字一句，全书一百〇六句，五百三十字。既有识字的教育功能，同时还将站岗放哨应注意的事项予以说明。

我们童子团，放哨要戒严。

穷人分田地，富人不心甘；

派些反动派，进来当侦探。

试图探消息，破坏我政权。

时时要注意，岗哨要加严。

就是亲父母，盘问也要严。

无票不准走，有票才能过。

……

查票的时间，特别要注意。

莫当行人路，自己莫偷闲。

日子先看好，姓名也重要。

期间过没有，哪天发的票。

好好看印章，恐防有假造。

真正是坏人，送到苏维埃。

若是他不去，忙报苏维埃。

莫贪他东西，莫贪他金钱。❶

文字押韵，浅显易懂，容易背诵，便于实行。教科书内容斗争性强，宣扬了革命道理和革命方法。

（五）强烈的科学性

苏区教育还积极探索教科书设置与内容的科学性。尤其是小学教育，大多数小学生因年龄较小的原因，其记忆力、理解力、观察力较低，自觉性、自制力较差，创造性却较强，性格正处于被塑造和尚未定型的阶段。针对小学教育教学对象的这些特点，教科书设计既要符合儿童的年龄特征，又要教授自然科学和社会科学的知识。因此，中央苏区政府十分重视教科书建设的革命性、科学性、实用性和通俗性。中央苏区小学教育从特殊的战争环境和从当地实际情况出发探索教科书的科学性。首先，在教科书设置方面，中央苏区根据少年儿童身心发展的规律，从儿童年龄特征出发，分为不同年龄阶段：八至十岁为第一阶段；十一至十二岁为第二阶段；十二至十四岁为第三

---

❶ 历史文献选编委员会 . 川陕革命根据地历史文献选编（下）［M］. 成都：四川人民出版社，1979：691-692.

阶段。将小学教育规定为五年，分初级小学和高级小学，其中初级小学为三年，高级小学为两年。并根据各个阶段儿童身心发育的特点，确定了初级小学和高级小学所要达到的教育目标。其次，在教学内容方面，中央苏区摒弃了原来背诵"四书""五经"的做法，坚持以共产主义思想为指导，废除了帝国主义的奴化教育、封建主义的复古教育以及国民党的党化教育，取消了学校原来开设的"党义"课程，开设了具有苏区特色的课程，如国语、算术、乡土地理、自然、革命历史、体育、画画、音乐、手工等新课程。这些新内容的增加，极大地丰富了教科书内涵，增强了趣味性、科学性。例如，在中央教育部编写的《共产儿童读本》中包括关于候鸟、月亮、雾、云等有关动、植物和自然现象的科学常识，这种反对迷信的课文所占比例不少。这些教科书，不仅遵循儿童身心发育规律，还按照不同年龄儿童的身心发展规律，确立了各个学年学习的内容和深度。这些教科书大多是由苏维埃政府和教师自编的，教科书的内容大多与学生的生活实际紧密相连，极大地激发了学生的学习兴趣。而且，这些小学教科书在编排上为吸引学生的注意力也着重加强了图文并茂的形式与生动活泼的语言，使教科书更加通俗易懂。

湘鄂赣省苏维埃也注重根据儿童身心发展的阶段和进程来安排教科书内容，1931年对新教科书的编写原则提出了六条要求：

（1）以实施阶级教育为原则；

（2）采用社会的实际材料，适合儿童、青年、成年的生理和心理；

（3）字句应尽量简短，不要冗长，带有一定的鼓动性；

（4）意义须明显，不要隐晦，应含有充分的阶级斗争意义；

（5）生字及教科书的配合，要有一定的标准；

（6）注意马克思列宁主义以及苏维埃状况的介绍。

同时，注重安排自然科学知识的内容。各类课本都十分注意把自然科学常识编入教科书之中。在干部教育中专门编写了《自然常识》《理化常识》《地理常识》等课本，苏维埃大学还编写了《生物常识》课本。

（六）形式的多样性

苏区的各级各类学校教科书编写符合所属年龄阶段的特点，课文形式多样，通俗生动，以各种群众喜闻乐见的形式体现革命道理、党的政策、无产阶级道德的教育。苏区教科书，特别是小学国语课文形式多样，有问答、对话式，对比式，童话、故事式，歌谣、韵文式等，文字生动活泼，读起来顺口，听起来悦耳，记起来也很容易，且能引起学生的学习兴趣。如鄂豫皖苏区文化教育委员会为增强教科书的可读性和趣味性，规定了扩大教科书的选择范围，增加下列一些内容：①无产阶级化的文学；②有趣的诗歌；③有趣的游戏；④有趣的劳动；⑤无产阶级的历史；⑥儿童界的故事。❶ 这就使教科书的内容丰富多彩。

安徽六安六区文化委员会印制的《苏区儿童课本》第一课的内容是："苏维埃是什么？苏维埃是工农兵的代表会议。苏维埃代表哪些人的利益？代表工农群众的利益。苏维埃是哪些人的政权机关？工农自己掌握的机关。"以问答的形式体现苏维埃政府的性质和阶级立场。《工余课本》是以短句的形式说明教育的对象，如第三课课文："工人们要读书，农人们也要读书，士兵们也要读书。"第四课课文："工农兵和学生都是一家人，武装起来是士兵，读起书来是学生。"❷ 为加强记忆，苏区的教科书内容十分简练，朗朗上口。

另外，还有以三字经的形式，揭露敌人罪行，歌颂苏维埃政府的教科书。如川陕苏区的少先队课本中有《革命三字经》，三字一句，共一百七十二句，五百一十六字。其中，有"擒刘湘，邓李罗。灭田杨，除众恶。赤化了，全四川，享太平，乐安然。"❸ 这些生动形象的语言叙说了工农劳动人民受剥削压迫的苦楚，控诉了国民党军阀、资本家，以及封建地主的种种罪恶；鼓动穷人起来抗租、抗捐、抗税，组织游击队参加红军，在共产党领导下开展土地革命；也给广大工农群众描绘了革命胜利后的美丽图景，从而激发起他们的革命热情。又如《消灭刘湘三字经》❹，共一百五十八句，四百七十四字，叙述了刘湘的种种罪恶，号召全苏区军民，消灭刘湘，保卫苏维埃政府。

《列宁学校读本》第一册，则是以七字一句，共一百二十八句的形式，讲述了穷人在国民党统治时的痛苦生活，歌颂了红四方面军的伟大战绩，同时宣扬了中国共产党的十大纲领和政策，提出人们应该为自身的翻身解放和土地革命而战：

> 说起穷人真是苦，又冷又饿住茅屋。
>
> 吃没吃顿好饭菜，穿没穿件好衣服。

---

❶　霍文达，王如，刘卫东. 鄂豫皖苏区教育史［M］. 开封：河南大学出版社，1988：213.

❷　安徽省金寨县教育委员会. 金寨县教育志［M］. 内部印刷，1992：40.

❸　历史文献选编委员会. 川陕革命根据地历史历史文献选编（下）［M］. 成都：四川人民出版社，1979：700 – 701.

❹　历史文献选编委员会. 川陕革命根据地历史历史文献选编（下）［M］. 成都：四川人民出版社，1979：580 – 581.

　　一年四季做活路，牛马畜牲都不如。

　　忙来忙去忙个死，算起账来百事无。

　　……

　　这次西征到四川，只有红四方面军。

　　入川不到两个月，通南巴州均占领。

　　……

　　款子免除田来分，穷人踊跃入红军。

　　自己为的是自己，莫让敌人再翻身。

　　……

　　跑出去的快回家，回家分田好安身。

　　生意人家快开门，公买公卖交易均。

　　莫吃鸦片中里毒，中毒之人快戒尽。

　　春天已经来到了，快拿种子快耕耘。

　　……

　　不纳款子不交租，有吃有穿享太平。

　　但有一句要紧话，加紧武装做斗争。

　　要想田地分得稳，只有坚决干红军。

　　要想军阀打倒好，只有坚决干红军。❶

　　课本紧密联系穷人的切身利益，结合当时革命斗争的实际情况，具有很强的现实性和教育性。

　　总之，党和苏维埃政府在领导中央苏区的教育建设过程中，培养造就了大批不但有理论知识而且善于实践、勇于创新的优秀革命人才，极大地推动了中央苏区的各项建设。

第二节　抗日民主根据地的教科书

　　1937 年 7 月 7 日，"卢沟桥事变"爆发，全国性的抗日战争开始。中国共产党领导下的八路军、新四军在敌后开辟战场，先后在全国创建了陕甘宁、晋

---

❶　历史文献选编委员会.川陕革命根据地历史文献选编（下）［M］.成都：四川人民出版社，1979：707 - 710.

察冀、鄂豫皖等十九个抗日民主根据地。各个抗日民主根据地纷纷发展抗战教育，编写或采用适合的教科书，为伟大的抗日战争服务。

一、陕甘宁边区的教科书

陕甘宁边区是在土地革命战争时期的陕甘宁苏区基础上发展起来的。在抗日战争时期，以延安为中心的陕甘宁抗日民主根据地，是各抗日民主根据地的后方基地和指导中心，又是模范的抗日民主根据地。陕甘宁边区地处西北高原，地瘠民贫，人民生活十分艰苦，文化教育十分落后。1935 年，中共中央到达陕北后建立了陕甘宁边区，使边区的教育事业得到迅速发展，并成为各抗日民主根据地民主教育的楷模。抗战教育在陕甘宁边区的教育事业中有显著的地位，教科书的编写也更具典型性。

（一）陕甘宁边区主要教科书类型

陕甘宁边区学校教育的结构及水平均优于农村革命根据地，尤其是在课程与教科书的编写、选用方面表现更为明显。

1. 小学教科书

抗日战争爆发后，为使边区教育能适应抗战建国的需要，党和政府明确了小学教育的目的，并确定了新的学制和新的课程，为小学教科书的编审活动提供了预设前提。

1938 年 3 月公布的《陕甘宁边区小学法》规定小学修业五年，前三年为初小，后二年为高小，合称为完全小学，初小得单独设立。此外个别地区，如绥德地区仍然实行修业六年的四二学制。边区的小学招收八至十四岁之学龄儿童，不分性别、成分，修业年限一般为五年。当时，初级小学的数量较多，后来，边区政府对高级小学的发展给予了特别的政策，促进了高小的同步发展。

边区小学的课程，在 1938 年以前没有统一的规定。1938 年年初，边区教育厅在《抗战时期小学应该注意的几个工作》的通告中指出：边区小学的课程，首先应该注意到统一战线和抗战政治的教育，使学生对抗战的形势和抗战工作有初步的了解，主要是防空、防毒、反奸、反土匪等。因为这些都是抗战环境所迫切需要的常识，假若不注意到这些课目，是不能应付抗战环境的。1939 年 8 月公布的《陕甘宁边区小学规程》规定，初小课程为国语、算术、常识、美术、劳作、音乐、体育七门；高小课程为国语、政治、算术、自然、历史、地理、美术、劳作、音乐、体育十门。社会活动、生产劳动列入正式课程。1941 年 2 月教育厅修正公布了《陕甘宁边区小学规程》，其中规定初小课程为国语、算术、常识、美术、音乐、体育六门；高小课程为国语、算术、政治、自然、卫生、历史、地理、美术、音乐、体育十门。与之前的课程相比，增加了健康教育的部分，即增设卫生课程。

边区创建后，由于国统区的教科书不能适应抗日战争形势的发展，不能适应边区民主政治建设以及培养抗日建国人才的需要，所以，必须编订新教科书。在编辑人员和参考书缺乏的情况下，小学课本统由边区政府教育行政部门编写。边区政府成立了教科书编辑室，负责编辑和审定新教科书。

1938 年 2 月，陕甘宁边区教育厅编审科编撰有"初小国语六册，初小算术六册，初小政治常识一册，高小历史两册，高小地理一册，另有图画一册、劳作一册、唱歌一册"❶。我们可以以政治教科书的编写为例初步了解这时期的教科书编写情况，如在陕甘宁边区，小学的政治课教科书就是由董纯才编写、边区教育厅印发的《常识》，其内容包括政治、社会、战时科学三个部分，共计有十一章七十课。其中政治、社会部分共七章四十三课，分章讲述了我们的边区、中国怎样变成半殖民地、中国革命运动、日本怎样进攻中国、抗日民族统一战线、持久战、人类社会的进化七个题目，都属于政治课的教科书。其余的是战时科学部分。小学的国语课包括政治。❷

与农村革命根据地学校教科书特点相一致，边区新编小学教科书的主要特点是能够注意联系抗日战争，联系边区和儿童实际，注意教科书的思想性，内容力求精简和实用。如刘御编著的《初小国语》第一册有：我国真是个好地方、我国有些什么省、我国的气候和农业、庄稼和土壤、我们的老家和老祖先、"红豆腐"、做菜的讲究、吃完东西漱漱口、井的卫生、牛和羊、骡马和驴、人体的自卫作用、人工杀菌、传染病和预防、止血和治刺伤、铁、煤、车、灯、印刷术的进步等二十多篇文章。在边区除统编教科书外，还有地方和学校自编的乡土教科书。如延安完小就自编了以边区为内容的自然和地理合编的综合补充教科书以及边区革命史。再如延安杨家湾村北郊乡办小学教员陶端予就曾根据农事活动编出教科书："四月里来早发芽，家家户户种棉花，温水泡子柴灰拌，向阳川地把种下"；"三伏荞麦开红花，绿豆地里带芝麻，多种

---

❶ 皇甫束玉，宋荐戈，等. 中国革命根据地教育纪事（1927.8—1949.9）[M]. 北京：教育科学出版社，1989：135.

❷ 高谦民. 中国小学思想品德教学史 [M]. 济南：山东教育出版社，1995：319.

苜蓿作草料，杂田也好种庄稼。"

2. 冬学教科书

陕甘宁边区重视和推行教育的一个重要途径就是大力推进冬学运动，"西北的冬季非常寒冷，在冬季里群众多不生产，这正是我们进行教育的好机会"❶。当时担任陕甘宁边区教育厅督学的吕良同志在其文章《边区的社会教育》中对当时开展的冬学运动有这样的描述：

> 十月间教育厅提出建立四百个冬学计划后，全边区便迅速地响遍了"为完成四百个冬学而斗争"的口号，各区乡村庄都纷纷召集群众大会，成立冬学委员会，宣传、解释、动员、组织，在上下一致努力下，不但完成而且大大地超过了原定计划，计成立了五百九十五处冬学：学员九千八百八十二名，成人青年约占一半，起初动员是非常困难的，但经我们耐心地解释，在各组织上动员，干部先起模范作用，才逐渐地发展起来。❷

教师根据群众的需要编写的或群众自己编写的教科书，内容密切联系生产和斗争实际。"如群众需要识字，就教日用杂字；需要记账，就教珠算；需要应酬门户，就教写信、写条据、写契约、写对联；需要健康，就教卫生常识；等等。所用的教科书不是固定的课本，实际生活就是教科书内容的源泉，民小教师根据实际生活的事物随编随教。"❸ 因此，当时各科教科书的编写就是根据这些要求进行的："陕甘宁边区在 1944 年第三次编写的国语课本，其中反映游击战争、防奸自卫、战斗英雄、锄奸英雄的课文约占七分之一，反映生产知识、生产劳动及劳动英雄的课文约占五分之一。其他各科教科书也是密切联系抗日战争和生产劳动。"❹ 这样的例子非常多，如孟平四区对王村在自己开办的冬学里，就曾发挥集体的力量编出"村情三字经"，内容生动又贴近实际，受到群众的广泛欢迎，部分课文如下：

> 到阎村，去赶集，买米面，和布匹，驮上米，背上布，往回返，走大路。
> 附近村，要认清，来往事，都有用。说咱村，是典型，作模范，出英雄；梁文耀，是青年，现担任，指导员；学习组，搞得活，各组员，都加

❶❷　陕西师范大学教育研究所. 陕甘宁边区教育资料社会教育部分（上）［M］. 北京：教育科学出版社，1981：16.

❸　董纯才. 中国革命根据地教育史（第二卷）［M］. 北京：教育科学出版社，1991：333.

❹　陈元晖. 老解放区教育简史［M］. 北京：教育科学出版社，1982：112.

紧，六七人，三个月，三百字，认下啦，简单信，都能写。

参政模，梁春莲，当抗属，成英雄，优待粮，她不收，给代耕，她不用，英雄言，自更生，力虽弱，却耐心，从黎明，到黄昏，伙变工，打先锋，创记工，真公平，女工半，男一工。

崔秀女，是老妇，养家畜，有技术，喂一口，老母猪，每一日，喂四遍，夏喂凉，冬喂暖，喂得好，肥又胖，在今天，下三窝，论数目，三十多，二斗米，换一个。

民办校，成立起，校里事，大家管，选校长，请教师，自报名，不强迫，油和柴，自己买。❶

抗战初期教科书极端缺乏，边区的一些学校仍使用商务印书馆编印的旧小学课本。如陇东华池县五乡、水泛区三乡的小学，到 1938 年仍在使用传统《三字经》《百家姓》进行教学。1938 年上半年，陕甘宁边区政府教育厅编出了小学课本，开始向各地发放，并规定全边区学校一律采用这种统一教科书。在课本数量少的情况下，师生采用抄写的办法加以解决。到 1939 年，陇东老区各县基本上都采用边区教育厅编印的统一课本进行教学。对当时的私学，政府虽有新课本的规定，但大多数仍然传授古书，注重背诵，打骂体罚学生的现象普遍存在。在办私学的过程中，边区政府注意对私学的改造，边区文教大会前后，对私学的改造工作得到了进一步的加强。1944 年，陇东镇原县召开了部分私学教师联席会，宣传解释新民主主义教育方针和改造私学的必要性。此后各私学陆续改用边区新课本，改革教学方法，实行民主管理。如林伯渠在1944 年的边区政府委员会第四次会议上做报告说："坚持各学校由分区直接领导的原则，教育厅则注意总结经验，提出一般指导，供给一般教科书。"❷ 而许多边区的教育工作就是这样开展的，绥德分区在开展国民教育时，明确提出："在国文课上，旧有的教材仍被选用，但要编订实际的新的教材。"❸ 私学过去教授的是《三字经》、"四书""五经"之类。改革以后的私学，不教授古书，改为教授边区新课本，普及珠算、笔算、应用文。废除"顺口溜"背诵的办法，注重讲解、默写，教学生学习用词、造句、作文、记日记。如当时的

---

❶ 陈元晖，等. 老解放区教育资料（二·下）［M］. 北京：教育科学出版社，1986：150－151.

❷ 陈元晖，等. 老解放区教育资料（二·下）［M］. 北京：教育科学出版社，1986：27.

❸ 陈元晖，等. 老解放区教育资料（二·下）［M］. 北京：教育科学出版社，1986：354.

陕甘宁边区教育厅代厅长周扬在给教育厅的指示信中明确提出："作文，学国语主要的是为养成自由发表思想的能力，须一律采用白话。作文内容应与实际生活联系。……最好将学生知道的'秋收''自卫军'等题材去告诉他们，让他们自由创作。"❶

3. 中等教育教科书

抗日战争初期，各级各类学校遭受彻底破坏，千百万青少年儿童失学。抗日民主根据地建立后，恢复各地的小学校，解决少年儿童学习问题，成为各边区民主政府的一项重要任务。但教师短缺是一个迫切需要解决的问题。抗战爆发前的教师，大多已参加其他革命工作。要恢复小学就急需培训大批小学教师。因此，抗战初期抗日民主根据地的中等教育的培养目标主要就是为小学培养师资。中等教育的建设重点就是建立师范学校，甚至恢复和新建的普通中学也负担着培养小学教师的任务。另外，由于战争形势严峻，抗日根据地急需高素质的革命干部，中等教育的另一个任务是为根据地的建设和战争的需要培养干部，并培训提高现有的地方干部。从现有资料看，成人教育的部分内容也应属于中等教育的范围内。

陕甘宁边区学校的教科书建设一直受到边区政府的关注，边区的教育改革也大多从课程教科书入手。但由于受人力、物力等客观条件的制约，边区教科书的编写异常艰难。为此，边区各级政府及相关部门通过一系列政策法规规范教科书的编写。

1937年8月洛川会议通过的《抗日救国十大纲领》提出："改变教育的旧制度旧课程，实行以抗日救国为目标的新制度新课程。"❷ 1938年5月在中共胶东特委的领导下成立了"国防教育委员会"编写国防教育课本。1940年，中央宣传部在《关于提高陕甘宁边区国民教育给边区党委及边区政府的信》中规定：中小学教科书重新编订，初中和初师也编订课程标准，然后编订教科书须充实地方性，因为师资关系暂时不能采用综合教科书但须使各科之间内容取得互相的有机的联系和配合。

1940年，陕甘宁边区教育厅在《边区教育宗旨和实施原则》（草案）中规定了各级各类教科书编写的总体原则即"以民族独立，民主自由，民生幸

---

❶ 陈元晖，等. 老解放区教育资料（二·下）［M］. 北京：教育科学出版社，1986：301－302.

❷ 皇甫束玉，宋荐戈，等. 中国革命根据地教育纪事（1927.8—1949.9）［M］. 北京：教育科学出版社，1989：127.

福的理论为中心"。该草案规定中等教育的教科书编写原则：教科书内容在政治上着重抗日战争和基本理论的研究，养成青年分析政治的能力，指示青年以正确的政治方向；社会科学方面，应以唯物辩证法的观点，叙述社会进化的规律及将来的发展方向；历史应以唯物史观叙述中华民族解放运动与世界革命运动的经验与教训，以养成青年革命的民族主义与国际主义精神；国文要能激发抗战的情绪，提高民族的觉悟，注意理论的正确和实际的应用，以养成青年写作能力；军事方面应注重游击战术的研究和组织的军事化。● 此外还在中学和师范学校设置临时教科书编审委员会，规定边区各中等师范的教科书由各校自行编辑。由于受到主观主义与教条主义的影响，边区学校在各科教科书选编时都犯了教科书内容严重脱离边区生产实际的需要的毛病。整风运动、边区教育改革之后边区各学校又重新编订了教科书。1941 年 3 月，国防教育委员会改称国防教科书编辑委员会，编写小学、民众、妇女课本。

当时根据地建立不久，周围局势极不太平，敌人对根据地蠢蠢欲动，因此，中等教育没有条件按部就班地安排学时。为培养战争和边区建设的人才，学校开设的课程都追求经济性，带有很大的速成性，因此在课程设置和教学内容的安排上，既要尊重普通中学的特点，重视语文、算术等文化课程的学习，更要根据抗战的需要，设置政治、军事、群众工作及根据地政策等课程。即既要满足不同阶层家长们对子女学习文化、增加知识的要求，更要重视战斗化革命化的锻炼和生活能力与工作能力的培养。在教科书方面，以少而精为原则，要求废除一些不急用的知识，同时注重与当前局势紧密联系，与干部群众工作生活紧密联系。

（二）陕甘宁边区教科书编写的主要特点

与农村革命根据地相比，陕甘宁边区的教科书有革命战争时期农村山区办教育对教科书的共性要求，但也有一定程度的差异性。

1. 贯穿学以致用

教科书是根据实际需要选用和编写的。学生学了之后，就能在实际工作中加以运用。陕甘宁边区政府提出教科书的实用性要求："在征粮时，编写了关于征粮的教科书；在宣传卫生时，配合进行了卫生教育；每五天读一次报，进行时事教育，报纸来不到时就讲讲故事。"❷ 这也体现在算数教科书的编写中，

---

❶❷ 陕西师范大学教育研究所. 陕甘宁边区教育资料（社会教育部分）（下）［M］. 北京：教育科学出版社，1981：260.

如"新编的算数教科书内容精简，主要是数学实用的知识，对那些与边区实际脱离的实用价值不大的内容尽量少学或不学。笔算的内容，除加减乘除四则的基本算法，着重讲旧账的记法、新式簿记的用法、面积的算法，以及度量衡的实际知识，教群众记账用的炭码字。"❶徐特立曾经说过："抗战时期，有一抗战算术，它可并不是抗战的内容，不过是把内容特别精简罢了，是为了节省时间。就如同工程师只有一本手册就成了。换句话说，我们现在要学的是实际应用的东西，而不是仅为外表的。"❷据此，延安的政治理论刊物《解放日报》"社论"指出：

> 既然根据地群众的生活基础是家庭和农村，我们的群众教育，无论是对儿童、对成人、对妇女，就应该时时刻刻照顾到家庭和农村，家庭生活农村生活中所实际需要的知识，就应该成为教育的主要内容或全部内容……既然根据地干部的中心任务是战争和生产，我们的干部教育，无论名目过去是叫作中学、师范、大学、学院或训练班，就应该把指导战争和生产所实际需要的知识来列为课程，来部分地或全部地代替那些为升学考试而存在、为所谓正规化而遗留的课程。❸

2. 符合教育对象的认识特点

学校根据不同教学对象，各有侧重地安排了不同的课程，教科书编写中注意了内容的深度和广度，分量较适中，因而便于学生接受。这些要求具体体现在1944年4月7日《解放日报》的《根据地普通教育的改革》社论中："（根据地）群众教育和干部教育，应该有其现在和将来，其将来是每个劳动者都要懂得高等的数学、物理学和化学，其现在却是群众要懂得如何参加游击战争和组织劳动力，如何取得最必要的文化知识，干部则要懂得如何加以指导。"❹

为了解决这个问题，课程的设置和教科书的编写就要进行必要的调整，即"根据地的普通教育系统，就应该按照现在的群众教育和干部教育的这种需要，而进行全部的重新调整"❺。

3. 教师依据教学情况灵活调整教科书

与传统的教育不同，陕甘宁边区教育主要与群众的生产生活实际联系紧

---

❶　王权. 中国小学数学教学史［M］. 济南：山东教育出版社，1995：273.
❷　湖南省长沙师范学校. 徐特立文集［M］. 长沙：湖南教育出版社，1980：519.
❸❺　陈元晖，等. 老解放区教育资料（二·上）［M］. 北京：教育科学出版社，1986：31.
❹　陈元晖，等. 老解放区教育资料（二·上）［M］. 北京：教育科学出版社，1986：30.

密，知识强调实用性。所以对教科书不是按部就班地学习，教师会根据实际情况的需要灵活调整。如杨家湾小学教师结合教科书内容，因地制宜，结合现有条件，利用各种游戏如"吹粉笔""除草问答""识字积木""联句"等进行教学。

另外，陕甘宁边区各级各类学校在学习教科书时，教师注重引导学生独立思考，鼓励学生主动学习，提倡争论研究。学生有了问题或疑难，教师总是启发引导帮助学生自己去解决。"我们对学生思想中存在的问题不是采取压制的办法，而是采取引导的办法，是通过民主讨论的教育方法来解决的。用民主讨论和科学分析的方法对青年进行教育，更有成效，更适合青年的特点……也只有引导他们畅所欲言，自由讨论，独立思考，激发其探求真理的科学民主精神，并养成这一好的学风，才能收到好的教育效果。"❶ 政治、国文、历史等课多采取座谈、问答、讨论等方式进行，学生对所讲内容可以发表不同的意见，经过大家讨论，最后由教师进行系统的回答。有的问题师生反复争论，得不到统一的意见，就留在以后逐步解决，或在实践中解决。

中共中央于 1940 年 3 月发出的《关于在职干部教育的指示》中指出："必须使所有在职干部了解，学习的成效，主要靠自己的努力。因此努力自学是基本的方法。"❷ 讲授辅导固然很重要，但干部要想对所要学习的问题有一个透彻理解，就必须养成独立思考的习惯，通过自学来获得知识和提高认识水平。陈云在中央组织部领导的一个学习小组是当时自学的典型。这个小组坚持一本本地读原著，在自学中弄懂原著，然后小组召开讨论会，每次指定一位同志作为报告人，对学习内容进行讲解。"在热烈的讨论中，年岁大的同志往往能联系他们在白区、苏区的实践斗争，讲得生动活泼，而像我们这样的年轻人，只能联系自己的思想实际，讲起话来难免有点'学生腔'。"❸ 在讨论中，干部不仅学到了书本上的知识，同时在思想火花的碰撞中，认识得到了提高。

4. 教科书编写贯穿政治教育内容

从中国共产党建立革命根据地之初，就极为重视教育的社会职能，始终贯彻教育为政治服务的宗旨。土地革命时期以来制订教育方针的依据就是教育必

---

❶ 刘端棻. 回首延安——边区教育生活十二年 [M]. 西安：陕西人民教育出版社，1990：173.

❷ 陕甘宁边区教育资料 [M]. 北京：教育科学出版社，1981：35.

❸ 任宏，高梅. 精神的魅力：延安时期生活往事 [M]. 济南：济南出版社，2005：18.

须为党的总政策总路线服务，教育必须与政治经济的发展相适应。当中国革命从土地革命转入抗日战争的历史阶段，"抗日救亡"成为中华民族最大的政治，中华民族同日本帝国主义之间的矛盾上升为社会的主要矛盾。这时的教育必须担负起建立中华民族抗日统一战线的重任，即"伟大的抗战必须有伟大的抗战教育运动与之相配合"❶。抗战开始后不久，毛泽东在《反对日本进攻的方向、方法和前途》一文中首次提出了实施"国防教育"的口号，当时的"国防教育"就是抗战教育，因为在那时"政治上、军事上、经济上、教育上的国防准备，都是救亡抗战的必需条件，都是不可一刻延缓的"❷。1937 年 8月，毛泽东同志在《为动员一切力量争取抗日战争胜利而斗争》的"十大救国纲领"第八条中提出了党在抗日战争时期教育的总方针："改变教育的旧制度、旧课程，实行以抗日救国为目标的新制度、新课程。"❸ 这一总方针提出了彻底改革教育的目的和要求。1938 年在中国共产党六届六中全会上，毛泽东代表党中央做了《论新阶段》的报告。在报告中，毛泽东明确指出"全民族的当前紧急任务"之一就是"实行抗战教育政策，使教育为长期战争服务"。他说："在一切为着战争的原则下，一切文化教育事业均应使之适应战争的需要。"❹

陕甘宁边区教科书注意与政治局势紧密结合。抗日战争期间，教科书的内容主要是以国防教育为主旨，以抗战建国为中心。史地和政治课的教科书内容主要是讲革命史与解放区的地理形势、减租减息、清算斗争和抗日的形式和任务。如在边区中学的政治课讲的是关于抗日民族统一战线等政治常识，如何建立革命的人生观、道德观。政治课程的参考教科书主要有："中国现状"的参考书有毛泽东著的《中国革命与中国共产党》《新民主主义论》《论联合政府》；"社会常识"的参考书有解放社编印的《社会发展简史》，吴黎平、杨松等编著的《社会科学概论》；"人生观"的参考书有整风文献，刘少奇论著《共产党员的修养》等。国文教育中政治论文部分从《解放》《新中华报》上选材，记叙文多选自胡风主编的《七月》和茅盾主编的《文艺阵地》等杂志

❶ 中央档案馆. 中共中央文件选集（第 11 册）（1936—1938）［M］. 北京：中共中央党校出版社，1991：617.

❷ 毛泽东. 毛泽东选集（第 1 卷）［M］. 北京：人民出版社，1991：256.

❸ 毛泽东. 毛泽东选集（第 2 卷）［M］. 北京：人民出版社，1991：356.

❹ 中央档案馆. 中共中央文件选集（1936—1938）［M］. 北京：中共中央党校出版社，1991：616.

中反映抗日战争题材的文艺作品，以提高学生的抗战积极性。

各级各类学校在课程设置上，都将政治课（政治类课程）放在重要位置。在各级各类的教科书编写中，糅进了不少抗战政治教育的内容。比较典型的是边区教育厅编写的流传很广的《民众课本》，其中讲毛泽东《论持久战》的一段：

> 毛主席，真英明，讲政治，论战争，想得到，说得通，句句话，有证明。
>
> 中国大，出产丰，多人口，多士兵。日本小，出产穷，少人口，少士兵。
>
> 我抗战，是进步，全世界，多帮助。敌侵略，是野蛮，求帮助，难上难。
>
> 看事实，讲道理，打到底，我胜利。讲缺点，我也有，敌发达，我落后。
>
> 飞机少，火炮旧，枪不足，弹不够。我落后，多困难，要胜利，持久战。
>
> 持久战，三阶段，求进步，克困难。一阶段，敌进攻，抢我地，夺我城。
>
> 我中国，大觉醒，兵和民，齐斗争。二阶段，相持中，敌想进，无力攻。
>
> 我中国，大振兴，又建设，又练兵。三阶段，我反攻，好消息，天天听。
>
> 收失地，除奸凶，驱日寇，回东京。

这段课文采用了传统《三字经》的形式，通俗易懂又朗朗上口，在识字教育的同时宣传了抗战，同时也宣传了中国共产党的政治主张。

5. 教科书的内容根据边区农村群众的需要设计

1938 年以前，关于小学的课程教科书，边区教育厅虽然做了统一规定，但各个小学仍可参照各自的具体情况做适当的变更，"特别是民办小学，我们尊重人民的意见，在课程教科书等方面都不加严格限制"❶。

---

❶ 陕西师范大学教育研究所.陕甘宁边区教育资料（小学教育部分）（上册）［M］.北京：教育科学出版社，1981：164.

1943 年，陕甘宁边区小学教育整风运动拉开帷幕，开始了小学教育改革，通过整风运动，纠正边区教育脱离实际、脱离群众的主观主义。1944 年，边区政府发布了《提倡研究范例及试行民办小学》的指示信后，各地根据"民办公助"的方针创办了形式多样的民办小学。这些学校的教学和课程设置灵活，根据群众的需要，废除一些暂时不急需的科目。比较适合边区农村分散的环境，可以使学生不脱离生产劳动，又紧密地与家庭生产生活结合起来，深受人民群众的欢迎。教科书方面，群众自选教科书，可以采用政府编的教科书，也可以自编教科书。

教科书内容编写避免简单化、程式化，脱离儿童生产生活的实践，注重增加日常生活实际的政治常识和生产知识，以说服教育、引导群众将民主、科学的知识教给儿童。以民办小学试点之一的裴庄小学为例，教科书以家长的意愿和实用相结合为原则，内容编写注重以实用知识为主。如写本人的姓名、家长的姓名以及日常生活生产中常用的刀、菜、尺、农具和各种便条、信件等，算术以珠算为主笔算为辅，规定上午两小时识字一小时自习，下午学习珠算和劳作，一星期上两次秧歌练习，按照老百姓的节日和农忙时节放假。教科书不仅包括科学文化知识的传授，还与劳动知识和劳动技能相结合。杨家湾小学的识字教科书与个人、家庭的名字，边区的名称，牲畜、农作物的名称以及度量衡单位等有关，如"我姓张，名叫来娃，今年十三岁，陕甘宁边区佳县人，现住在延安市北区北郊乡杨家湾村，爸爸张才义，现在杨家湾开磨坊……"，"杨家湾，好平川，前流水，后有山，一年打粮百余石；男上山，女纺线，自家织布做衣穿；牛成群，猪满圈，日月太平勤生产"❶；算术就从日常用的数字学起，如先拿尺子量布，然后教学生写出丈量的数字出来，实地学习过种、插秧、丈布、认票子等；应用文则学习路条、收条、借条和购物发票等；自然常识课就结合刮风、打雷、下雨等自然现象进行教授；唱歌课就把读书的好处与好好劳动、尊敬父母的内容编成歌教给学生。

陕甘宁边区教科书还与群众生活紧密联系。抗日战争时期，陕甘宁边区卫生条件较差，由于人们不良的卫生习惯，导致人畜死亡率极高，疫病横行。卫生课的教科书内容主要是关于保持个人卫生清洁，清扫垃圾，不要随地吐痰、

---

❶　陕西师范大学教育研究所．陕甘宁边区教育资料（小学教育部分）（上册）［M］．北京：教育科学出版社，1981：205.

大小便，要洗脸刷牙，不喝生水，人畜分开等。此外，还增加了青年基本医疗常识的内容，如清洗伤口、包扎伤口，以及妇女保健知识等。算术是一项基本生活技能，抗战时期，陕甘宁边区各中等学校和小学都将算术常识作为青年文化教育的重要内容。最初中等学校的算术课教科书内容是乡村的简单记账等。1943 年，中等学校进行改革，规定算术教育内容难度有所提高，包括四则运算、分数、比例及其应用、简易代数、几何及其应用等。具体要求学生要掌握加法、减法、乘法、除法的具体计算法则，综合算数里的加减乘除运算；分辨分数的三种类型——真分数、假分数、带分数，分数的计算类别——分数加减法和分数乘除法；数量之间的对比关系；几何、三角形、正方形、长方形、圆等。这些内容涉及土地丈量、计算亩产等与生产生活密切相关的活动。

陕甘宁边区的各类学校教育重视培养学生的劳动观，改变旧式学校鄙视劳动的观念，加强生产劳动教育，教科书的编写与使用体现了教育改革的需求。"绥德分区为革新小学教育，提出学校与劳动、社会、家庭结合的方针。"❶ "与劳动相结合：提倡教职员及十二岁以上的学生都参加生产。男生捻毛线、种瓜菜、种棉、砍柴，女生捻毛线、做针线。"❷ "与社会结合，提倡小先生制，学校给老百姓写信写路条，帮助解决文化上的困难问题，在教学内容中讲授政府的政策法令，使学生对革命的三民主义政权有清楚的认识，并随时帮助政府推动工作。去年帮助政府宣传实行农业累进税，自卫备荒、发展生产、拥军、拥政、爱民等政策法令。"❸ "与家庭结合。学生回家后要帮助家庭担水、扫地、算账。有的学生还要督促家庭生产，家长说'究竟学校里教的娃娃比家里好，一回家就做事'。"❹ 学校教科书的内容及体裁改变过去脱离实际和群众需要的弊端，受到群众家长热烈拥护。

二、其他抗日民主根据地的教科书

抗日战争时期，同陕甘宁边区一样，其他抗日边区、根据地的各类学校在党和抗日民主政府的领导下，克服了重重困难，编写或采用相应的教科书，适应了人才培养的需要。

---

❶❷❸❹ 陕西师范大学教育研究所. 陕甘宁边区教育资料（小学教育部分）（上册）［M］. 北京：教育科学出版社，1981：165.

（一）晋察冀边区的教科书

抗日战争爆发后，中国共产党根据敌强我弱的形势，建立敌后抗日根据地，开展游击战争，打击敌人。1937 年 9 月 26 日，在中共中央北方局的指示下，中共晋察冀省委在阜平县建立。10 月 22 日，八路军总部决定第 115 师的一部在副师长兼政治委员聂荣臻的率领下，以晋东北五台山为中心，在晋察冀边界地区创建敌后抗日根据地。11 月 7 日，晋察冀军区成立，标志着晋察冀边区抗日根据地初步形成。1938 年 1 月 10 日，在阜平县第一完小隆重召开晋察冀边区军政民代表大会，选举产生了晋察冀边区临时行政委员会，边区政府正式成立，第一块敌后抗日根据地正式形成。晋察冀边区抗日根据地是中国共产党领导的八路军最早建立的一块敌后抗日根据地，是当时各敌后根据地建设的模范，被中共中央誉为"敌后模范的抗日根据地及统一战线的模范区"。晋察冀抗日根据地确定形成的行政区域为同蒲路以东，正太、石德路以北，张家口、多伦、宁城、锦州一线以南，东临渤海，以山西东北部和河北的冀中、冀东为主，包括察哈尔、热河、辽宁三省的一部，行政上划分为北岳、冀中、冀察、冀热辽四个区。以下依据晋察冀边区的教育事业，探讨其中的学校教科书编印活动。

1. 对根据地学校教科书的高度重视

晋察冀地区的教育在抗日战争爆发以前发展极不平衡。热河、冀东、察北抗战前为敌伪统治，实施日本奴化教育。冀中东北部、冀西山地、晋东北、雁北多属农村地区，多以封建教育为主。平汉路两侧各县虽然经济发达，学校众多，但贫困子弟被拒门外。"七七事变"后，国民党不抵抗政策导致政权旁落，社会秩序混乱，教育事业几乎陷于停顿状态。

晋察冀边区成立后，对边区教育事业的恢复和发展给予了高度重视。成立之初，便通过了《文化教育决议案》，规定了边区文化教育的发展原则和计划，并相继建立起教育行政系统，以加强对各级教育工作的领导与管理。在教育上注重与边区抗战和生产相结合，得到了边区广大人民群众的支持和拥护，为教育事业的发展奠定了坚实的群众基础。到抗战胜利前，边区在小学教育、社会教育和干部教育方面均取得了很大成效。

在硝烟弥漫的战争环境下，教育经费不足，很难满足广大学生对教科书的要求，再加上日寇的故意破坏，根据地建立之初，边区没有自己的教科书。教科书短缺问题成为边区教育中亟须解决的一个重大问题。各地只能在教学过程中根据实际情况使用当地教科书，有的用战前民国政府编的教科书，有的用联大编写的教科书，有的用传统封建教科书。随着实力不断增长，根据地开始着手编写和改编教科书。由于边区教育面向穷苦大众，各级各类教育众多，学生数目激增，而且敌人采取封锁战略，边区条件恶劣，材料紧缺，因此，少数印刷工厂亦远远不能满足民众对教科书的需要。为此，边区政府和广大群众发挥才智采用各种办法印刷教科书。除了由边区政府组织和联系一些商业性的组织统一印刷外，在某些地区还通过人工抄写课本或油印的方式来解决一部分教科书。尤其在游击区教科书难以运到，便设立地下印刷工厂，"在地洞里用油印或木刻印刷课本，这办法在冀西三专区及冀中部分地区都曾取得不少的成绩。在三专区更有一些老师和在乡知识分子，为了解决小学课本的困难，整天整夜在地洞里教学生抄书"。❶ 另外，为解决教科书运输不便的问题，边区采取了高度分散的印刷方式。边区政府提供样本，各县教育科附设印刷室，随时翻印小学教科书。根据样本自行翻印。个别无条件翻印的地区，由边区印刷机关供给。由于条件限制，各地印刷课本的方法是多种多样的，有铅印、石印、油印、木板印和手抄等。为防止敌人"扫荡"对教科书印刷的破坏，边区教育处创造了一种巡回印刷的方法，就是将刻好了的课本木版用驮骡分运各地，在纸厂附近印刷，印制一定数量后，又整理好木版，转至别处印刷。在日本帝国主义军队扫荡晋察冀抗日根据地之后，小学的教学设施被严重破坏，大印刷厂无法存在，油印机也被毁坏了，在冀中地区，人们发挥自己的聪明才智，自制"简易油印机"，仍旧可以印讲义。❷ 为解决教科书原料不足问题，在实践中边区发明了"胶泥制版"的方法，减少了铅印课本的许多困难。有大部分是用糊窗户纸刻印的。教科书印刷除了铅印、油印、石印、木板印、手抄这五种方法外，对于不能完全解决教科书问题的地方，学生两人或几个人共用一本教科书。❸ 边区委员会发出了保存图书的指示："学生领到课本，只有使用权，无所有权，每一课本讲完，再发新课本时或中途退学者，应将旧课本交回，由教育委员会保管，以便另发新生使用。"并规定学生要爱护课本，不得添抹，妥善保管，

---

❶ 王谦．晋察冀边区教育资料选编（方针政策·上）［M］．石家庄：河北教育出版社，1990：246.

❷ 刘皑风．冀中抗日政权工作七项五年总结（1937.7—1942.5）［M］．北京：中共党史出版社，1994：213.

❸ 晋察冀边区教育资料选编（初等教育分册·上）［M］．石家庄：河北教育出版社，1990：53.

遗失赔偿等。● 灵寿县还颁布过《爱护课本公约》，倡导一本课本，哥哥姐姐用过后，由学校统一收购，再分发给下届学生。❷ 这些做法基本克服了根据地初期教科书使用混乱的问题，解决了课本的供给问题，逐渐有了统一的教科书。

2. 主要学校类型的教科书

（1）小学教科书。根据地小学教科书最初编辑是十分混乱的，各行其是。许多地区是教师自编教科书，以解燃眉之急。《赤城县教育志》曾记载："当时都是以救国抗日思想教育和识字为主，没有毕业班，也没有规章制度。在战争环境里也没有教科书，四三年以后有边区的暂编教科书，也不多，主要是老师写，学生抄。"❸ 一些抗日小学以抗日传单、《解放日报》为教科书，并自编开设语文、算术、唱歌等课程。❹ 有的教师编写的教科书，内容是以《抗敌报》上选择一些，或教师自己以《抗敌报》为根据编写一些。多是除奸反特抗日救国方面的。诸如"哥哥使木刀，弟弟用木枪，拿上刀枪杀敌人"，后来增加了《时事手册》《毛泽东选集》单行本。

针对这种情况，边区政府教育科规定，发行各种国民教育的教科书，应有专人与机关负责编辑审查出版教科书与参考书并力求其完备与统一。❺ 还规定广泛地搜集各地教师自己创作的临时课本，对油印小报、黑板报上刊登的故事、农谚、儿歌等加以分析研究，作为主要的参考资料，同时参看邻区的课本和抗战前的旧课本。最初教科书的编写是按以下大纲来进行的：①配合政府法令；②解释申述抗战建国工作；③注意儿童需要；④启发群众的国家民族观念；⑤认识国际情势；⑥侧重政治训练。❻ 1938 年春，边区教育处为解决无教科书的燃眉之急，曾组织人赶编了临时小学国语课本六册，每册三十课，前三册以供初级小学学生使用，后三册供高级小学学生使用。❼ 这套临时教科书的取材，主要是由救亡歌曲以及一部分当时的抗战故事综合编成的，初步代替了

——————————

❶　《边区教育》九、十、十一合刊，1940－6－16.

❷　刘松涛. 华北抗日根据地用革命办法办学的几点体验［J］. 人民教育，1951（2）.

❸　河北省晋察冀边区教育史编委会. 晋察冀边区教育资料选编［M］. 北京：北京师范大学出版社，1991：631.

❹　孙维华，胡尔森，《平谷县志》编纂委员会. 平谷县志［M］. 北京：北京出版社，2001：486.

❺　河北省社会科学院历史研究所，等. 晋察冀抗日根据地史料选编（上册）［M］. 石家庄：河北人民出版社，1983：248.

❻❼　李公朴. 华北敌后——晋察冀［M］. 上海：生活·读书·新知三联书店，1979：139.

国民党不肯"侈言抗日"的旧有小学国语课本，鼓舞了教师学生日益高涨的抗日情绪。但是这套课本编纂仓促，内容太少，课文内容不适合儿童年龄特点，因此难以取得预期效果。1939 年冬，教育处克服之前教科书的缺点，编辑了抗战时期初小国语和常识课本各八册。这套课本内容由浅入深、由简而繁，采取循序渐进的原则，知识面较广泛，但也存在与现实斗争联系不够，以及部分课文政治化的倾向。

1940 年夏，边区政府为贯彻加强抗战教育，又重新修订了初小全套国语、政治常识课本。这次编辑的宗旨是：提高儿童文化政治水平，培养抗战意识，增强抗战知识和革命道德品质。❶ 1941 年，边委会颁布的《边区小学校暂行办法》规定小学教科书的编审由教科书编审委员会组织进行，该委员会由边区教育处、群众团体、抗大、联大、干校等多方人士组成，编写的指导思想是："教育内容从复古的、武断的和迷信的，改变为革命的、战斗的、民族的、民主的、科学的、大众的。学校生活，由压迫儿童、青年思想的专制制度，读死书、死读书的制度，改变为民主的、活泼愉快的实际抗战工作联系起来的生活。"❷ 编写原则是"分组编辑，集体审查"。在华北联大的协助下，边区教育处编写出边区高小国语、算术、历史、地理、自然、政治常识等一套战时抗日课本，由边区政府石印了二十二万两千册❸，各县也翻印，基本解决了教科书的困难。同时，各行署为了解决课本问题，也编印教科书，比如冀东行署就编印了新课本发行使用。1942 年 1 月，边区委员会决定初高级小学均由秋季入学改为春季入学，教科书一律采用联大改编课本，但因一时难以满足整个边区需要，因此决定算术仍用旧教科书，国语、常识等使用联大改编新教科书。至1945 年抗战胜利时，这套教科书前后修订了四次。

这套教科书"绝不同于抗战以前任何的旧有的初小国语课本。旧有的初小国语课本，最大的毛病是思想贫乏，这些新课本却是思想丰富，它是从劳动人民出发，体现了新时代的新精神，体现了新民主主义社会在艰苦斗争时代的实践"❹内容以结合农村现实生活为主，目的是要让学生"读活书，活读书，读书活"。边区政府授权各级省县政府编发补充教科书，或是删去课本不适应当地情况的部分，开创了灵活编写和使用教科书的先例，打破了旧

---

❶❹　刘松涛. 对七部小学国语课本的检讨 [J]. 人民教育, 1950 (6).

❷　延安时事问题研究会. 抗战的中国文化教育 [M]. 上海：上海人民出版社, 1961：202 – 203.

❸　居寅. 晋察冀边区中小学教育初探 [J]. 河北学刊, 1985 (1).

时代使用教科书死板教条的倾向，很受儿童及家长的欢迎。但是即使编辑出了统一的教科书，由于处在战争环境，交通困难，有些地区的课本很难送到教师学生手中，即使送到，数目也是非常地少，只给教师，学生用书无力解决。❶ 地理、历史、唱歌、体育等多种课程更是没有课本可言，仅有名目而已。比如 1944 年阜平县小学除语文、数学有课本外，其余都是谁教谁编。❷

初等教育内容将抗日教育作为教育的主题，坚持一切为了抗战的原则，将与抗战相关的内容编入小学课本。如初小课本《国语》第二册共有三十六课，其中十三课是有关抗战的内容：第五课《不让鬼子来破坏》、第十七课《加紧除奸》、第二十课《参加儿童团》、第三十一课《拿枪干一场》、第三十五课《八路军与新四军》等。❸ 算术课本也与抗日内容紧密相连："16 个日本鬼子让八路军杀了 7 个，还剩几个？"国语课文内容多涉及抗日英雄故事，同时在教学过程中也选取《晋察冀日报》《北岳日报》上关于抗战方面的重要文章或社论作为学生的课外阅读内容。教科书不仅与抗战联系紧密，同时也体现了政治性，如《小学常识》第六册中选编了《晋察冀边区是怎样来的？》《边区是个怎样的地方？》《陕甘宁边区》《我们的国家》等；《国语》第三册中的《刘连长开荒》《刘老太太缝袜子》《狼牙山五壮士》《报告学校开展生产运动的信》等。❹

小学教科书的编写考虑了儿童的心理特点。首先，编写教科书时，十分注重用儿童的口气，便于儿童接受。坚持"儿童怎样说，我们怎样写；儿童说什么话，我们写什么句"❺。尤其是国语课本，力求适合儿童的需要，适合儿童的心理，尽量选择与搜集儿童身边的生活题材与故事。其次，采取生动活泼的方式编写教科书。无论是国语教科书，还是抗战常识，多采用讲故事和典型事例的形式来展现。如：历史部分要编入重要的革命故事与革命纪念日，给学生以深刻记忆；抗战常识课本，包括《日本为什么要侵略中国》《打日本救中国》《好男儿上前线》《帮助抗日军和鬼子拼命》《自卫队》《肃清汉奸》《慰

❶ 静海县编修委员会. 静海县志［M］. 天津：社会科学院出版社，1995：593.
❷ 王谦. 晋察冀边区教育资料选编（回忆录分册）［M］. 石家庄：河北教育出版社，1990：10.
❸❹ 抗战时期高级小学适用课本《国语》第三册［M］. 晋察冀边区行政委员会，1940.
❺ 李南屯. 现阶段的小学教材编辑法［J］. 边区教育，1939，1（1）.

劳伤兵》《优待抗战军人家属》《执行坚壁清野》等内容。❶ 为吸引儿童注意，加强记忆，每篇课文下面均配有图画，如《慰劳伤兵》课文中，就画有男女学生拿着水果、毛巾等在和伤兵谈话；《执行坚壁清野》课文中，画有农夫在破坏敌人的桥梁、埋藏粮食等。

由于课本中有大量抗日的内容，在抗日两面小学，学生都是有两套教科书，一套是对付敌伪的教科书《国语》《算术》《修身》等，上学的时候带到学校，放学回家后放到桌子上、炕头上，用于敌人扫荡时。另一套是边区编写的用于真正教学中的抗日教科书，放学之后要把这些书隐藏起来。中国抗日战争正是在这种艰苦条件下，通过人民不屈不挠的精神，取得最终的胜利。

（2）中学教科书。边区中等教育既包括学校教育，也包括干部教育。首先，学校教育。边区教育处对各中学提出选择教科书所遵循的基本原则：一是适合社会需要的原则。教科书的内容，必须适合社会的需要，并与社会生活密切相关。二是适合时代的要求。中学教科书内容，要紧跟时代步伐，适合当时抗战救亡的时代要求。三是适合本地的需要。中国幅员辽阔，南北差异较大，东西特色各异，城乡区别明显，因此选择教科书时，应充分考虑到边区农村的生产与生活实际。四是适合学生的生活经验。教科书所讲内容，必须适合学生所积累的生产与生活经验，这样才有利于学生理解教科书内容。❷ 边区政府要求教科书要切合农村生产实际，如讲到物理"标杆"时，不是通过列举天平的例子，而是通过农村常见的水斗子、剪刀、推磨子等现实例证来解释。讲授动物、植物、矿物时，主要选择农村常见的蔷薇科、菊科、禾本科等作为标本。同时，讲授社会科学课程时，要密切关注当时的政策法令、形势战局以及生产斗争实践，不能只讲政治名词和空洞政治口号。❸ 其次，干部教育。干部教科书尤为缺乏，无现成资料可供参考。教师们开始自己动手编写教科书。教师们一般白天上课，晚上熬夜编写教科书，如军区军政干部学校的教师自己整理编写教科书，晚上学员们都已进入梦乡，他们还在研究工作，伏案备课。❹ 还有教师创造条件编写教科书。如白校的张禄增老师教解剖学，因为没有参考资料，他就发动学员同他一起到乱葬岗挖回尸骨，经过泡制，作

❶ 克寒. 模范抗日根据地的晋察冀边区·崭新的边区教育 [N]. 新华日报，1938 - 9 - 3.
❷ 申国昌. 晋察冀边区中等教育研究 [J]. 河北师范大学学报：教育科学版，2011（3）：9.
❸ 刘奠基. 北岳区文教工作应努力的方向 [J]. 教育阵地，1943（2）.
❹ 王谦. 晋察冀边区教育资料选编（回忆录分册）[M]. 石家庄：河北教育出版社，1990：206.

为骨骼标本，然后他看着标本编写讲义，一举两得。❶

（3）民众教育教科书。边区政府也极为重视民众教育。1938 年 1 月，晋察冀边区第一次军政民代表大会通过了《文化教育决议案》，明确提出"提高一般民众的文化水准，并增进他们的健康"❷。民众教育的主要形式就是冬学。中共晋察冀边区政府每年利用农民比较有闲暇的冬季，把广大分散的毫无文化基础的农民动员起来，组织他们学习文化，学习政治，进行抗战。首先，教科书体现抗日的内容，不仅告诉人们如何抗日，还告诉人们抗日的意义。1942 年，晋察冀边区就根据当时"大扫荡"的严峻形势，编写了《不告诉敌人一句实话》《坚壁东西》《送情报》等课文。其中，《坚壁东西》这课的内容是："敌情紧急，坚壁东西，离村要远，还要秘密，许多东西，不要坚壁在一起。"又如 1941 年晋察冀边区印发的北岳区文教会编印的冬学教本：第一课《日军毁灭边区的大阴谋》，揭露敌人的"治安强化"运动；第二课《晋察冀边区永远是我们的》，教育民众坚定胜利的信心；第三课《我们为什么能够胜利》；第四课《当前边区的形势和我们的任务》。在识字教育的教科书中，也时刻渗透爱国主义的思想，特别是注意有计划地解决当前斗争中存在的实际问题，如"敌人的新花样""当心敌人放毒菌"等；同时为了打破所谓"囚笼政策"，自力更生，加强反封锁斗争，在课本中又编进《不给仇敌粮食》《不买敌人货》《不用汉奸票子》等课文。最后，教学内容结合了他们的生活实际，讲些和他们身边有关的事。如在讲《生产课本》中《谁逃荒谁倒霉》这一课时，就是这样的：

> 1942 年晋察冀边区遭遇大旱灾，这一课是为着劝止有些人向敌区逃荒而写的。内容叙述曲阳县南家庄村五十多岁农民王轻子，虽经村干部和街坊借些粮食给他又劝他不要逃荒，他不听，偷偷带着老婆和两个女儿逃出去了。结果两个女儿先被伪军侮辱，后来大女儿被日本鬼子抢去，敌占区也要不到饭吃，只有把二女儿卖掉，剩下老两口跑回来，向乡邻沉痛地报告他们经历的具体事情，沉痛地说他对不起自己的孩子，见不得人，使劲打自己的脸。因为情节细致逼真，故事紧张沉痛，在易县高士庄冬学

---

❶ 曹剑英. 晋察冀边区教育史［M］. 石家庄：河北教育出版社，1995：116.

❷ 王谦. 晋察冀边区教育资料选编教育方针（政策分册·上）［M］. 石家庄：河北教育出版社，1990：1.

里，宣讲这个课文的时候，听众中有些老太太不约而同地失声哭起来，其中一个也正是逃荒出去才回来的，和王轻子家的情形正好相似。后来教师又让这个老太太讲了她们逃荒的情形，听讲的人好多都感动得掉下泪来，有的就说："过去我们真是'人在福中不知福'啊！"本来准备逃荒的人，也作了检讨，这以后，村上再没一家逃荒了。林县元康冬学教师李炎昌，特别叫从"胡掠队"（伪军）来的人讲敌占区的悲惨情况，以亲身经验的人讲亲身经历的事情，给学员们深刻的印象，提高了大家的学习兴趣。❶

"冬学运动的文化课不是单纯地讲一些大道理，而是根据当时当地生产生活的需要编写补充教科书。在新教科书中不仅包括了日常用字，还增加了拨工互助以及选种、浸种、耕作方法、防除病虫害等与群众日常生产生活相关的内容。此外，还向农民讲授改良生产的科学知识，教育广大农民因地制宜地有计划、有组织地进行生产。"❷ 另外，边区政府利用冬学，对干部进行短期集中培训，将各种政策法令编成通俗教科书，进行教育。

这一时期，晋察冀根据地的教科书无论初等教育、中等教育，还是干部教育、社会教育，均紧紧围绕抗战救国这一中心任务进行，将抗日教育作为教育的主题。初等教育通过儿歌、故事等形式让儿童了解什么是抗日战争。中等教育开设政治和军事课，政治课教科书主要讲抗战建国纲领、统一战线、论持久战，军事课教科书包括基本操练、行军、射击、野外演习、游击战术、地方卫戍、后方勤务、防空防毒常识等内容。干部教育以培养抗日干部为主要目标，从教育管理、课程设置、教学实践等方面都围绕抗战，教科书主旨是提高政治素质和实战本领。社会教育也是为抗战救国服务，开办冬学、民众学校、识字班、宣讲组等，教科书编写旨在动员他们投身到抗战的伟大实践之中。如晋察冀边区行政委员会教育处供给初小一年级学生使用的教科书：

第三课《小日本》：小日本，太可恨，又放火，又杀人。烧了很多小娃的家，杀了很多小娃的爸，杀了很多小娃的妈，还来捉小娃。可恨可恨太可恨，我们要去打日本。❸

同时，教科书编写与生产生活相联系。各地均根据当地孩子们生活实际编

---

❶ 教育科学研究所筹备处. 老解放区教育资料选编［M］. 北京：人民教育出版社，1959：154.

❷ 刘茗. 晋察冀边区教育史稿［M］. 北京：解放军出版社，2005：275.

❸ 王用斌，等. 晋察冀边区教育资料选编［M］. 北京：北京师范大学出版社，1991：643.

写小学教科书，课文中所讲内容均是当地学生最熟悉的与现实生活相关的内容。种土豆的地方，就在课本中增加与土豆相关的知识；种棉花的地方，就增加关于棉花方面的知识。五台县为农村小学编写的语文教科书中，就包括了各种各样的农村应用文体写作，如写路条、开收据、记账、写信、写契约、写日记、写报告、写对联、写通知等基本常识；各地小学还根据当地生产与生活实际，采用"四言杂字""三字经"等编写补充教科书。❶ 常识课本中还介绍了一些抗战和生活的知识，如"简单包扎法""简单的防毒法""火药的制造法""白乾土作粉笔""黑豆汤染灰布"等。❷

另外，教科书还注重与各地情况相联系。教科书中选取事例时，尽量选本区本地的抗日英雄人物和事迹，作为激励学生进步的素材。这一方面可以调动学生的学习积极性，学习自己身边的环境与事物；另一方面可以增进热爱家乡的情感。让学生了解自己家乡的地理环境、生态环境、物产资源、风俗习惯、历史传统，特别是了解当地日本侵略者的据点位置、边区政府相关设置情况等。各地开展各种运动，也是教科书内容的一部分。坚持"做什么学什么"的原则，将教育与实际生产活动紧密结合。如开展大生产运动时，就在常识中讲解"耕三余一""防旱备荒"等知识；植树时，就讲"植树法"。

在艰苦的战争年代，晋察冀边区政府为夺取抗日战争和人民解放战争的最后胜利，恢复发展小学教育，创办中等教育和高等教育，广泛开展社会教育，对根据地的建设和发展做出了巨大贡献。

（二）晋冀鲁豫抗日根据地的教科书

晋冀鲁豫边区是抗日战争时期中国共产党领导的敌后抗日根据地，位于同蒲路以东，津浦路以西，陇海路以北，正太、石德路以南的广大地区。包括太行、太岳、冀鲁豫、冀南四个区。1937 年 10 月，八路军一二九师进入太岳和太行山区，根据党中央和毛泽东关于创建以太行山为依托的晋冀豫抗日根据地的指示，一面打击日寇，一面与晋冀豫省委配合，创立晋冀豫抗日根据地。1938 年 4 月，成立了晋冀豫军区。1938 年 5 月，一二九师主力进入冀南，徐向前亲手建立冀南抗日根据地。1938 年 8 月 14 日，成立冀南行政公署，统辖

---

❶ 檀凤栖，刘子芳. 晋察冀边区教育资料选编（回忆录分册）［M］. 石家庄：河北教育出版社，1990：96.

❷ 刘松涛. 革命战争中对儿童进行爱国教育的点滴经验［J］. 人民教育，1950（3）.

三十余县。位于高邑、安阳、禹城、东光之间的冀南根据地基本形成。1939年2月，八路军一一五师一部进入冀鲁豫地区，与地方党组织建立冀鲁豫、鲁西、湖（微山湖）西三个抗日根据地。1941年以后，日寇更加残酷地进攻我党我军。两年内，日寇五次推行"强化治安运动"，对晋冀鲁豫根据地"扫荡"五百三十四次，实行绝灭人性的"三光"政策，使根据地遭到严重摧残。加上国民党军队的进攻和经济封锁，一些地区又遭灾荒，财政经济发生严重困难。根据地军民以武装斗争为中心，展开全面对敌斗争，给敌人以沉重的打击；同时实行减租减息，发展生产，精兵简政，减轻人民负担，终于渡过了难关。1941年7月18日，晋冀鲁豫边区政府成立，统辖太行、太岳、冀南、晋豫四个行政区。随后，鲁西、冀鲁豫、湖西根据地则合并为冀鲁豫根据地。这样，位于郑州、徐州、禹城、安阳之间的冀鲁豫根据地即全部形成。8月20日，中共晋冀鲁豫中央局和晋冀鲁豫军区宣布成立，与抗战时期成立的晋冀鲁豫边区政府同驻河北省涉县，后迁至邯郸市。

如同其他抗日革命根据地一样，晋冀鲁豫根据地面临的条件更为严峻，外有日寇的"三光政策"，内有国民党的经济封锁。因此，教科书质量差，字迹模糊，开本大小不一，纸张多为毛边纸，大部分为自绘、木刻或由刻字工人刻成木版上机印刷。甚至同一本书由几种杂色纸印成。即使这样，也难以做到学生人手一册，只能尽力保证教师教学使用。抗战以来，日本帝国主义在占领地内推行奴化教育，企图篡改历史，奴化广大儿童，使之忘掉祖国。晋冀鲁豫根据地大部分被日本占领，所以根据地的重要任务除了坚决抵抗日本的军事侵略，还要将教育作为抗日的另外一种重要形式，这也是根据地文化建设的中心工作之一。教科书作为国民教育的重要内容，在反击敌人的奴化教育，抵抗殖民文化、汉奸文化的泛滥，推动根据地各项文化教育事业工作的全面开展，无疑起到了非常重要的作用。

1. 小学教科书

教育是各种文化教育的中心与基础，教育的发展，能够推动各种教育的前进。小学教育是"培养、教育、训练社会各阶层广大民众的儿女的一个公共的园地，也就是培养整个中华民族的后一代来继承抗战建国大业的堡垒"❶。

---

❶ 中央教育科学研究所. 老解放区教育资料（下册）·恢复与开展山东小学教育［M］. 北京：教育科学出版社，1986：456.

因此，根据地对小学教科书的编写十分重视。根据地建立之初，各种类型的教科书充斥学校，旧教科书不适用，适合敌后抗战需要的新教材，仍在青黄不接的状态，即使有人编写，但由于在技术条件上受到重大的限制，故各地有的沿用旧课本，甚至有的还读古文、诵"四书"。针对这种情况，各地根据自身情况颁布了一些规章制度，如山东省在"战时工作推行委员会"成立后，大力号召在根据地普遍建立抗日小学，改革学制，统一抗日教科书。1941 年 2 月 5 日，根据抗战建国纲领及山东省战时国民教育实施方案之规定，对外公布了《战时小学课程标准总纲草案》，提出：教科书编写主旨是"启发儿童之民族意识""提高儿童的民族自尊心和自信心"，使儿童树立"新民主主义的政治基础"。❶

　　1943 年始，晋冀鲁豫边区教育厅编审委员会审定出版了一套以"战时"领衔的教科书，统称"战时新课本"，它由国语和常识合编而成，多由华北书店出版。该套教科书的突出特点就是封面都有"战时新课本"几个大字。由于物资缺乏，印刷册数少，"为了不致书本用得过火被损坏了，故分为第一册（上）与第一册（下）"。❷ 所以这套教科书前几册每册都分上下两册。

　　由于这套书是"战时教科书"，编写目的主要是出于抗战的需要，因此，编写内容以抗战为主，其本质追求就是宣传抗战。教科书绝大多数内容围绕为什么要抗战、如何抗战、抗战的结局、谁来抗战等主题展开。有些分册的抗战课文高达 80% 以上。❸ 教科书的编写者还考虑到受教育者的年龄特征，多用儿童喜闻乐见的形式和语言来阐述抗战的意义。以讲故事的形式说明抗日重要性。如初小第三册第八课是《一·二八》，课文主要是抨击了国民党政府在"九一八事变"等战事中的不抵抗政策。紧接着后面的课文以动物为故事主角为引喻，从正反两方面来表述面对强敌应该采取的态度，第九课是《不抵抗的猪》，第十课是《野牛抗敌》。说明不抵抗，死路一条，不抵抗的猪被吃了；而抵抗就能够胜利，抵抗的牛、马都安全了。第十一课是《鹬蚌相争》，目的是说明国共两党应团结抗日，才能取得胜利，否则只能是同归于尽，国土沦丧。第十二课课文是《折箭》，说明团结抗敌的重要性。编写者还运用童谣的

❶　山东社会科学院历史研究所. 山东革命历史档案资料选编（第六辑）·战时小学课程标准总纲草案［M］. 济南：山东人民出版社，1982：279.

❷　晋冀鲁豫边区教育厅编审委员会. 战时新课本·初级第一册·下·封三［M］. 内部交流本，1944.

❸　石鸥，刘毕燕. 课本抗战之根据地《战时新课本》［J］. 中国教师，2015（18）：13 – 14.

形式来宣传抗日，如第四册第四课《小孩放哨》：

> 小孩小，也放哨。
>
> 不怕冷风如刀割，不怕烈日如火烧。
>
> 手拿红缨枪，路口查路条。
>
> 小孩小，也放哨。
>
> 不怕冷风如刀割，不怕烈日如火烧。
>
> 小人做大事，来把家乡保。

抗日根据地的范围主要是农村，所以教科书的内容还非常注重农村实际，关注农村急需的生产知识的传授。在《战时新课本》中，有的分册农村生产内容甚至超过抗战内容。如第二册共八个单元，与农村实际结合的占五个单元，抗战的三个单元。第三单元共五课：《秋风凉》《秋收》《打场》《秋菜》《挖菜》。第四单元三课：《人财两旺》《神说瞎话》《村庄卫生》。第六单元五课：《牛羊猪》《小羊儿乖乖》《小猪儿乖乖》《牲口卫生》《放牛》。课文注意教给学生掌握基本的生产劳动方面的知识，让学生对本地的社会发展状况有一定了解，知道如何合理利用本地资源来科学地发展生产。可以说，教科书对边区的生产和经济发展起了重要的指导作用。学生在校接受教育后，回到家里能直接帮助家长或独立解决实际问题。这样做，既服从了抗战需求，也赢得了大众欢迎。事实上，服务于农村生产的最好举措，是"战时新课本"本身，因为该教科书把《国语》和《常识》合二为一了。❶

2. 中等教育教科书

由于中国共产党制定了"干部教育第一，国民教育第二"的方针。中等教育的重要作用是承担着向党、政、军源源不断地输送知识干部的任务。在这一方针的指导下，干部教育迅猛发展起来，为抗日战争培养了大批德才兼备的干部，极大地满足了抗日战争的需要。由于战争时期，形势紧张，各级组织对干部的需要非常迫切，所以教科书编写选择最急需和最主要的内容。学员离开学校，走上工作岗位就可以用所学的东西来为抗战建国努力奋斗。从一本濮阳地区的手写教科书中发现，当时边区干部教科书有如下特点。首先，政治教科书以书籍、文件、政策规章为主。"现存内文第八页题目'整学风文化课'，

---

❶ 石鸥，刘毕燕. 课本抗战之根据地《战时新课本》[J]. 中国教师，2015（18）：14－15.

与延安整风运动的三大主要内容一致。延安整风运动以 1941 年 5 月毛泽东发表《改造我们的学习》为开端","冀鲁豫边区结合实际情况,于 1942 年上半年进行整风运动,起初只是在机关干部中学习中央文件"。说明当时对于政治的学习没有专门教科书,以党的建设、政治工作教育为中心,学习相关文件。其次,武器操作教科书,以介绍新式武器为主。军事教科书的部分内容,以"七一"式掷弹筒的使用为主题,通过四千九百字的篇幅,分四节介绍了武器构造、炮弹种类、射击瞄准、弹道研究、故障排除、零件名称等详细内容。文中有两幅手绘图,绘制了掷弹筒立射、坐射、卧射工事的构筑方法及尺寸;两张数字图表、两张数轴曲线图表,介绍炮身仰角与炮弹初速、射程、射高、落地爆炸时间等参数;两张手绘图演示掷弹筒平地攻高处目标、高处攻平地目标的筒身仰角、目标距离的关系。教科书还介绍故障名称、原因及解决方法。最后,军事战术教科书以进攻战、游击战、夜战为中心,以文字表格的形式,记录了小部队教育实施(班排干部及战士的军事教育),讲授内容包括"宿营""警戒""行军""高苗地作战特点""高苗地警戒""高苗地遭遇战斗""对敌人骑兵的战斗""村落伏击战斗""村内袭击""封锁沟内的伏击"等作战方法及干部应掌握的重点。❶

针对学员文化程度参差不齐的情况,中等学校教员根据教科书,采取各种灵活的形式(如座谈会、讨论会),互相启发,集体研究,使学员之间互相帮助,共同提高。

3. 冬学教科书

作为群众教育的主要形式之一的冬学在抗日战争的严峻形势下,发挥了巨大作用。晋冀鲁豫边区的冬学运动取得了巨大的成就,包括提高了群众的思想觉悟、文化水平和卫生水平,以及培养出了一大批适应当时的现实需要的人才,密切了党群关系,促进了抗战的动员工作,农民生活也得到了相应的改善。成为动员广大群众巩固抗日根据地,坚持抗日战争到最后胜利,建立新民主主义的新中国的强大思想动力来源。

冬学开设课程主要是识字课和政治课,"政治课和识字课常识课教科书由晋冀鲁豫边区政府供给,此外冀南行署也编制了自己的补充教科书,内容主要是生产救灾、群众运动、反特务、除奸等。在创办之初,各根据地对冬学并不

---

❶ 张彩玲. 八路军战士手迹 [N]. 中国文物报, 2015 - 9 - 4 (4).

了解，许多地方干部还弄不清楚冬学究竟要干什么。即使弄清楚了暂时也没有能力去编写教科书。因而"一切课本均由教育部发给，根据地的情况来决定采取哪一种。"❶ 1939 年前后，为了冬学和民校的巩固和发展，各边区都开始编印课本。晋冀鲁豫边区 1941 年编印了《冬学政治教科书》。1944 年，晋冀鲁豫边区总结说道："过去全区统一发教科书，往往形成不能切合下情，因此今年不统一编发教科书，关于时事及民主教育内容，将拟写教育提纲，供各地参考，各地可依据提纲精神，结合本县区的具体情况，编写教科书或其他秧歌、小调形式。"1944 年，山东根据地也要求，"各地最好能以根据地具体情形自编补充教科书"❷。山东冬学的政治教科书有《大众日报》编的两种：《今年打败德国，明年打败日本》和《农民读本》。❸ 文化教科书，当时的课本稿本主要有日用杂字、庄稼杂字、识字课本等。鲁西北"文救会"专门编写了统一的冬学教科书《抗日冬学课本》《民众识字课本》。

冬学教科书将识字、政治、生产以及群众生活需要融为一体，语言生动、简单明了。《人山报》的总编程光远在报社驻地曹庄办冬学，还自编了课本，他把课本编成像"三字经""百家姓"那样合辙押韵的短句，又把"九九歌"写好，交文印科印成课本。❹ 山东的模范冬学——袁家岩冬学，将本村三十个姓氏编成五字经：

> 彭李赵公王，
>
> 谢傅胡高藏，
>
> 陈魏杜袁杨，
>
> 孟田门刘张，
>
> 孙麻钱周江，
>
> 焦祖熊马黄。

还将本村地名编成识字教科书："岳岭、西岭、胡家岭；东沟、西沟、弯弯角；小桥、小并、小南汪；灰窑、石汪、小枣行。"❺ 这些教科书一般都是

---

❶ 中央教育科学研究所. 老解放区教育资料·二·下［M］. 北京：教育科学出版社，1986：2.

❷ 中央教育科学研究所. 老解放区教育资料·二·下［M］. 北京：教育科学出版社，1986：273.

❸ 一九四二年山东全省冬学运动方案［N］. 大众日报，1942－11－7.

❹ 宋复光. 请从《人山报》看冀南艰苦抗战［M］. 石家庄：河北人民出版社，2005：105.

❺ 董纯才，张腾霄，皇甫束玉. 中国革命根据地教育史（第二卷）［M］. 北京：教育科学出版社，1991：470.

易懂易记、学以致用，很受学员欢迎。

冬学教科书配合党中央精神，具有针对性。如积极配合参军任务的教科书内容："好爹娘送儿上前线，好妻子送丈夫把军参"；"民兵担架去出征，听指挥、听命令、勇敢向前冲"。1941年，晋冀鲁豫边区政府编印的《冬学政治教科书》突出了锄奸教育、公民誓约和爱护八路军三个内容。1943年，太行专署适时编印了以时事教育和除奸反特教育为主题的《冬学政治补充教科书》。

冬学教科书与生产劳动等实际相结合，具有实用性，较为全面地迎合了广大群众的学习需要。结合生产，具有实用性的，还有"鬼子快完蛋，赶快垒猪圈，喂猪积肥多生产""一粒粮食一颗子弹""自己动手克服困难"等。也有结合生活实际需要的，如在《劝冬学》中有这样的口诀：

> 冬学好、冬学好，
>
> 冬学的好处数不了；
>
> 学算盘、学上账，
>
> 开条认票不上当。
>
> 冬学好、冬学好，
>
> 不出钱、不作难，
>
> 忙时干活，闲时候念；
>
> 学识字，学本事，
>
> 男女老少都有份。

上述口诀将冬学形式、内容、任务都十分贴合实际地表现出来。识字教科书中包括存、尺，升、斗，斤、两，鸡、鸭、牛、羊、马，1、2、3、4、5，一、二、三、四、五等，还有一些关于生产常识方面的知识，如山东省编的二十四节气和选种、浸种，防治病虫害以及肥料的种类和效用等。[1]

农业二十四节气是这样讲的：

> 一年四季，春夏秋冬，要想收成好，节气要弄清。
>
> 一月有两节，一节十五天，立春天气暖，雨水脱衣衫。
>
> 惊蛰快耕地，春分地不干，清明杨柳嫩，谷雨种大田。
>
> 立夏天不短，小满花种完，芒种吃新麦，夏至不穿棉。

---

[1] 冀鲁豫边区革命史工作组. 冀鲁豫边区革命史［M］. 济南：山东大学出版社，1991：462.

小暑不真热，大暑锄不闲，立秋草结子，处暑动刀镰。

白露要打枣，秋分麦种欢，寒露不算冷，霜降变了天。

立冬水结冰，小雪河冻严，大雪十一月，冬至换长天。

小寒快买办，大寒贺新年。❶

还有一些传授耕作经验的教科书，如关于上粪、犁地锄地的：

咱这里，是买卖地，人哄地，地哄人。

要想庄稼旺，多把粪来上，地是铁，粪是钢。

粪性不同，啥庄稼喜啥粪，都得研究。

羊粪烘性大，棒子最喜他，鸡粪最好插北瓜。

出猪圈掏灰坑，草粪性长上麦子，灰土大粪上花生。

粪多又上巧，犁耙又赶早，军民粮食有依靠。

送完粪，要犁耙，牛驴两晌不在家。

先豁好，地耐干，犁耙细匀地发松。

俗话说："深犁浅耕，庄稼旺"。

花地耙八遍，才能开成绒线蛋。

地性打成好，见苗三分收。

热苗不让晌，一滴汗，一粒粮。

夏天地锄一层皮，强似冬天犁一犁。❷

1944年晋绥边区行政公署编印的《冬学识字课本》共四十篇课文，每课学习三到五个生字，内容有姓名、村名、种地、记账、写信、写租约、开路条等。而《太行区冬学文化课教科书》，则采取了字、词、句的编写方式，以方便群众的学习。这些教科书文字朴素、语言浅近、道理明晰、易于掌握，因而容易为群众接受。

冬学使广大群众在学习的同时获得能实际应用的读写算能力，便于从事各种抗战工作。在教科书编写宣讲上，避免使用农民不易理解的政治术语，尽量用农民群众自己的话；尽可能选用真人真事或根据他们完全能够理解的事实，

---

❶ 山东老解放区教育史编写组．山东老解放区教育资料汇编（第五辑）［M］．内部交流本，1985：186.

❷ 山东老解放区教育史编写组．山东老解放区教育资料汇编（第五辑）［M］．内部交流本，1985：184.

写成生动的短篇故事，把大道理溶解在他们的日常生活中，便于更好地启发他们的抗日觉悟和斗争情绪。在内容上，也是紧密结合根据地实际，采取学与用一致、教育与生产相结合的方针，使群众能直接将所学转化为所用，以此提高他们的积极性。同时，通过冬学帮助群众树立依靠共产党、八路军和广大人民自己的力量，坚持斗争，克服困难，争取最后胜利的坚强信心。

此外，中国共产党领导下的其他抗日根据地，如鄂豫、两淮、浙东、东江、琼崖等，也结合抗日战争的形势与任务以及各省的实际情况，编写了一些学校教科书，限于篇幅限制不再——描述。

第三节　解放区的教科书

抗日战争胜利后，国内阶级矛盾上升为主要矛盾，国际民族矛盾下降为次要矛盾。蒋介石发动内战的方针早就定了，但是为了进一步赢得准备内战的时间，欺骗人民，他接连三次打电报邀请毛泽东到重庆商谈国内和平问题。1945年8月，毛泽东在周恩来、王若飞的陪同下，到达重庆，同国民党进行谈判。1945年10月10日，国共双方代表签署了《政府与中共代表会谈纪要》，即"双十协定"。1946年7月，蒋介石全面发动内战，中国共产党制定了正确的政治方针和军事原则，并于1947年7月转入反攻。1949年10月1日，成立了中华人民共和国。在解放战争期间，解放区的教科书通过调整得到了发展。

在解放战争时期，中国共产党领导下的解放区不断扩大，大致有两种不同的类型：一类是我党在解放战争中新创建的，如东北解放区；另一类是在原来的抗日根据地基础上发展壮大起来的，更多的解放区属于这种类型，如华北解放区、陕甘宁解放区、山东解放区、中原解放区等。解放区教育的发展是随着解放战争和解放区的发展而发展的，并且随着战争、土改和生产的需要而不断进行调整、改造与提高的。❶ 如1947年晋冀鲁豫边区政府第三次全体委员会关于文化教育工作的决定要求：

在群众参战参军，练兵练武等武装斗争的行动中，进行反对美帝国主义对华侵略、反对蒋介石卖国、独裁、内战的时事政治教育，要求普遍深入宣传解释蒋介石卖国的新国耻及其勾结美帝国主义坚持独裁、内战与人

---

❶ 董纯才. 中国革命根据地教育史（第三卷）[M]. 北京：教育科学出版社，1991：16.

民为敌的政策,即坚定非打败蒋介石不可的决心;宣传蒋占区之黑暗统治事实,解放区力量之壮大与蒋占区人民之民主斗争等,以提高必胜之信心;宣传艰苦斗争,爱护子弟兵,支援前线,争取自卫斗争的胜利,并注意提高大众参战参军武装斗争的热情。❶

1946 年 12 月 10 日,陕甘宁边区政府发布《战时教育方案》指出:"各级学校及一切社教组织亦应立即动员起来,发挥教育上的有生力量,直接或间接地为自卫战争服务。一切教育工作者都应成为保卫边区的宣传员和组织者。目前教育工作的中心任务就是配合军事、政治、经济、文化等工作,争取人民自卫战争的胜利。"❷ 1947 年 1 月,晋冀鲁豫边区太岳行署发布《1947 年文教卫生工作计划》,要求各级政府应加强群众教育,对学校教育加以整顿,做到对文教卫生工作的有效指导,具体体现在几个方面:"在群众教育方面,要求老区着重进行参军参战及粉碎蒋阎军进攻的教育、翻身教育、群众性的生产教育,在新区着重进行不给蒋阎军当兵支差、不买美货、参加民兵及参战教育。新老解放区都要结合生产进行文化教育。在学校教育方面,应深入进行爱国自卫战争教育,主动参加当地土地改革,也要进行生产教育。"❸

总之,中国共产党边区政府开展的文化教育工作在不断改进的教育理念指导下持续向前发展,也就使解放区学校的教科书带上了鲜明的时代特征。由于篇幅所限,笔者仅从教育的不同层面来选取几个具有代表性的解放区来描述解放区学校教科书的编写和使用情况。

一、普通教育的教科书

土地革命与抗日战争时期根据地的学校教育存在许多不足,如分散、不系统,甚至出现方针上的错误,但是开创了农村革命根据地兴办教育的先例,为之后的解放区教育甚至新中国的教育建设提供了宝贵的经验。抗日战争胜利后,不仅解放区的面积扩大,同时解放区的教育也获得了迅速发展。新形势对解放区教育的要求有所提高,学校数量增加,要求教学质量提高,教科书质量水平提升。解放区开始重视教育正规化问题。1946 年 3 月苏皖边区、8 月山东

---

❶ 陈元晖,等.老解放区教育简史 [M].北京:教育科学出版社,1982:129.

❷ 陕西师范大学教育研究所.陕甘宁边区教育资料·教育方针政策部分·下 [M].北京:教育科学出版社,1981:531.

❸ 皇甫束玉,宋荐戈,等.中国革命根据地教育纪事 [M].北京:教育科学出版社,1989:341.

解放区、1948 年 7 月晋察冀边区的冀中区行署、8 月华北中等教育会议及东北第三次教育会议等，都在总结过去经验、肯定成绩的基础上，先后提出了向新型的正规化教育方向发展的问题。1946 年 12 月，陕甘宁边区政府公布了《战时教育方案》，提出战时教育要坚持四个原则：社会教育与学校教育相结合，时事教育要与文化教育相结合，教育内容与战争生活相结合，要根据不同地区采取不同的方式。❶ 1948 年华北、东北召开会议，讨论小学教育正规化问题，随后华北人民政府制定《华北区小学教育暂行办法》，指出小学教育的实施目标是"培养具有文化知能、健康身体、进步思想、劳动习惯、爱人民、爱国家的新民主主义国家的公民"❷。各地根据自身情况对学校教育改革的工作重点各不相同，陕甘宁、晋察冀等老解放区小学教育，继续实行"民办公助"；东北等新解放区着重改造与普及小学教育。新的历史形势及教育转型需要学校教科书的相应调整及变动。

（一）苏皖边区的教科书

1945 年 12 月，苏皖边区政府教育厅成立中小学教科书编审室，半年内编有中学国文、数学、历史、地理、物理、化学课本和小学数学、政治教科书。❸ 这些教科书既有在旧有教科书基础上改编的，也有重新编写的；既有编审机构直接编定的，也有通过应征与奖励方式征集审定的。1946 年解放战争爆发，边区政府依据战时教育的要求，制定颁布了《战时教育方案》，该方案规定"教育内容与战争生活相结合，以战时各种生动范例做活的教科书去教育广大群众，加强课外活动与社会活动以充实课堂教学"。1947 年 7 月，边区政府又对学校的教科书选编做出了规定，要求教学内容应根据战时需要加以伸缩。政治课以报纸及战时各种生动的实例为教科书来进行时事教育，以此提高学生的胜利信心与仇敌情绪；文化课以国语为主配合教一些战时常识（防空、看护、站岗放哨），课外应进行生产与群众工作，从群众中学习各种实际知识。时隔不久，边区政府在对老区教育的恢复和新区教育的改造中指出，边区各课程教科书（国语、历史、地理）必须采用边区政府教育厅编印的课本。在教科书未全面完成前，算术、自然可选择较好的旧课本，但必须删改其不切

❶ 李桂林，等. 中国现代教育史教学参考资料［M］. 北京：人民教育出版社，1987：179.
❷ 李桂林，等. 中国现代教育史教学参考资料［M］. 北京：人民教育出版社，1987：186.
❸ 皇甫束玉，宋荐戈，等. 中国革命根据地教育纪事（1927.8—1949.9）［M］. 北京：教育科学出版社，1989：304.

合实际的内容；政治与常识课暂时从《群众日报》或解放区出版的其他书报上选材；传统公民课本一律禁止。从以上边区政府颁布的一系列法规政策的规定中不难看出，边区教育是时时刻刻服务于战时需要的。课程教科书的选编都以战时和边区建设需要为出发点，课程内容与边区生活紧密地联系在一起，课程内容体现出了强烈的政治化色彩。

（二）陕甘宁边区的教科书

抗战结束，全面内战爆发，之前抗战期间改编的课本已无法适应当时的斗争发展的形式。1946年，边区教育厅开始着手修订了一套新的小学课本。这套课本既注意为政治服务，又体现了学科的特点。把阶级斗争的观点以及劳动的观点和科学知识的教育渗透到生动活泼的课文中去，尤其是强调劳动观点的培养，如小学语文课本第二册第五课《妈妈喜欢》、第二册第二十三课《小英雄》、第四册第二十三课《十个娃娃的一天》，这些课文形式灵活，语言生动活泼，使学生在接受文法训练的同时获得情感的陶冶和劳动思想的教育。

这套课本同时强调通过课文传授一般文化科学知识。如第二册四十篇课文，有关家庭和学校生活知识占七课时，度量衡和四季、四方知识占三课。这些课文在写法上与常识课不同，既力求儿童化故事化，又有很强的科学性和文艺性。如《两个铁球同时着了地》《在火车刚发明的时候》《赖特兄弟》《发明轮船的故事》《电子巨子爱迪生》等课，既是传记文，又是科技说明文。与前三套课本相比，这套课本的编排体系更加科学，更加符合语文教科书编排的要求。

1945年5月，陕甘宁边区出版发行由胡乔木同志主持编制的初中《中等国文》全书共六册，每册三十课，每五篇课文为一个教学单元，每单元前四课是读文，其后一课是语文规律的说明。这部教科书的选文注重将语文规律价值与政治价值和一般知识的价值结合在一起，而不是单单着重于某一方面。在"课文说明"这部分还提到"除了着眼于国文教学的价值即语文规律的价值外，同时着眼于政治价值与一般知识的价值，这是任何一篇文章的三个方面，国文教学的基本目的是在第一个方面，但对后两个方面决不应忽视"。为了开拓学生的视野、扩充知识量，这套教科书将各种体裁的文章都收录进来。如外国王尔德的《安乐王子》、古代《桃花扇》的《哀江南》、小说《三国演义》的《隆中对策》等。教科书还注重学科的科学性。整套教科书从全书到各分册、各单元，均各有其整体构思并使课与课之间、单元与单元之间、册与册之间都有某种联系，并循序渐进。1946 年，陕甘宁边区教育厅编制的《初中国文课程标准草案》就是根据《中等国文》的单元编制的。❶

（三）晋察冀边区的教科书

1945 年 8 月日本帝国主义投降以后，国共两党之间的矛盾已上升为中国社会的主要矛盾。随着中小城市被解放，国民党对解放区发起更为疯狂的进攻。随着国内斗争形势的变化，1943 年由华北联合大学教育研究室所编的小学课本已经无法满足社会现实的需要。1945 年 10 月，晋察冀边区行政委员会公布了《关于课本、群众读物、儿童读物的征集与奖励办法》，指出应征和受奖的读物，其内容必须符合新民主主义的文化教育方针，反映与指导边区人民的实际斗争，适合人民日常生活的需要。形式和题材要通俗易懂。❷ 边区政府在 1945 年 12 月开始又重新为解放区小学编订了课本，晋察冀解放区教育厅组织黄啸曾、张德甫、皇甫束玉、张逸园、彭文、王同民、王力民等人编写新教科书，其中包括初小新课本国语常识合编一套，高小算数、历史、地理、自然课本各一套。❸ 这些人长期以来参与革命根据地教育建设、教科书编写与政治宣传工作，对提高解放区教科书的编写水平大有帮助。这套课本由边区行政委员会教育处审定，至 1946 年 6 月相继出版。主要由新华书店晋察冀分店出版发行，由于外界各种条件的制约，由新华书店印行的书籍无法满足边区教育发展的需求，于是各地书店大量翻印。这套教科书最大的特点就是与农村实际紧密结合，比如增加了识别票子、路条、收据、契约、书信、算工账、日记、报告、对联、通知、记账、介绍信等农村迫切需要的应用文写作。数学中多讲斤两换算、田亩计算等边区现实的问题。常识中介绍边区特色、农作物种植等方面的知识。

这套教科书写于国共两党签订"双十协定"期间，对蒋介石"假和平，真内战"的认识不足，对国共合作抱有幻想。同时，对美帝在中国的侵略本质缺乏清醒认识，这些都在教科书中有所体现。残酷的现实，很快就将这些幻想的泡沫戳破，这套教科书因此失去了教育意义。1947 年春天，整个解放区

---

❶ 李亚洲. 陕甘宁边区语文教育研究［D］. 兰州：西北师范大学，2002.

❷ 皇甫束玉，宋荐戈，等. 中国革命根据地教育纪事（1927.8—1949.9）［M］. 北京：教育科学出版社，1989：299.

❸ 皇甫束玉，宋荐戈，等. 中国革命根据地教育纪事（1927.8—1949.9）［M］. 北京：教育科学出版社，1989：337.

开始了土地改革运动，因此到 1948 年 1 月，边区政府开始对教科书进行改编。在这套新编教科书中，首先删减了抗日战争的材料，如《五十九个殉难者（一）》《五十九个殉难者（二）》《小老韩（一）》《小老韩（二）》《鲁迅爱孩子》《两个疑问》《左权的话》《转移》《练习四》❶，同时还删去了对国民党和美帝国主义认识不清的内容，揭露了国民党反动派的真面目。比如在国语课本中，有《卖国贼蒋介石》一文，通过对国民党反动派的描写来对学生进行思想教育。又如在常识课本第一课《七七事变》：

> 当时驻在那里的中国士兵，非常愤恨，坚决保卫卢沟桥。七月八日共产党发表宣言，号召"全国军民动员起来，保卫华北，不让日寇侵占一寸土地"。全国人民眼看着就要做亡国奴了，都一齐响应起来，要求对日抗战。可惜最初政府没有抵抗决心，仍想让步求和，不做抗战准备……日本又向上海进攻，人民更加愤恨，政府才决心抵抗，爆发了全国的抗战。

第二课《皖南事变》：

> 这是国民党反动派定下奸计，阴谋消灭抗战坚决为国为民的新四军……反动军队立刻四面包围，猛烈地打起来。新四军毫无防备，措手不及，结果九千多人大部被消灭，真是凄惨极了……反动派做的坏事还多着呢！发动过三次反共高潮。❷

课本通过加入这些内容，使儿童对于国民党的反动本质有了更深的认识，也培养了儿童分辨真伪的能力以及对共产党的热爱之情。

其次，教科书增加了介绍无产阶级政权和人民解放战争的内容。为坚定儿童对无产阶级政权的和共产主义革命的信念，课本中增加了《我们的政府》和《发扬民主作风》。为了激励儿童的革命信念增加了《斯大林》《中国儿童在苏联》《幸福的苏联农民》等内容，为儿童畅想未来美好的无产阶级社会。在面对现实的斗争环境方面，课本增加了展现解放战争中我党军队的故事如《朱德总司令和营长》《一碗豆芽》，以增强儿童对解放战争必胜的革命信念。

最后，配合土改运动，增加了关于土地改革的内容。无产阶级的教育要为无

---

❶ 晋察冀边区行政委员会教育处审定. 初级小学国语课本（第七册）[M]. 新华书店晋察冀分店，1948：目录页.

❷ 张腾霄，高岱. 初级常识课本（第四册）[M]. 新华书店晋察冀分店，1948：1–3.

产阶级服务，体现在课本内容上要与当前根据地政治活动相一致。当时根据地正进行轰轰烈烈的土改运动，课本增加了相关内容，选入了大量关于农民生活改变的内容，如《种地》《山下有人家》《翻了身的家》《请毛主席到我家来》《农民大翻身》等课文。国语课文《翻身谣》：

> 高山流水哗哗响，以前日子好凄凉：没有地，没有房，一年四季饿肚肠。乌云散，出太阳，出了救命的共产党，领导群众把身翻，打倒地主和魔王。有了地，有了房，一家大小喜洋洋。自己的地，自己的房，自己的庄稼自己耪，多流些汗儿多打粮！❶

这篇课文通过土改前后人民生活的对比，以歌谣的形式歌颂党的领导，表现了共产党的土地改革是得民心的。另外，课本还增加了在边区进行土改斗争后，边区社会发展、人民思想进步和对儿童的思想修养进行教育的内容，如初级小学国语课本第七册的《分工合作》《不和懒惰做朋友》《蜜蜂和胡蜂》《梨树回家》《毛主席在戏院里》《练习六》。❷

（四）晋冀鲁豫边区的教科书

为适应新形势需要，1945 年晋冀鲁豫边区开始着手编写适合的教科书。当年 5 月完成了由谢丰编写、华北书店出版的小学五六年级下册历史教科书共两本。1946 年 5 月、9 月完成了由彭文编写、裕民印刷厂出版发行的小学五六年级上册历史教科书共两本。这套历史教科书强调"各册内容，以详今略古原则"。以彭文编写的小学历史教科书为例，各册内容编写分布为：第一册远古至"五四运动"以前，共计二十课；第二册"五四运动"到"七七事变"共计二十课；第三册从"七七事变"直至争取和平民主的过渡阶段共计二十课。"前事不忘，后事之师"，为使学生了解和认识抗日战争的真相，不忘这段刻骨铭心的历史，课本注重对抗日战争的详细描述。第三册用了十八篇课文来描写抗日战争：第一课"七七事变"，第二课"平型关大捷"与南京失守，第三课敌后根据地，第四课汪精卫投敌，第五课"十二月政变"与反摩擦斗争，第六课百团大战，第七课皖南事变，第八课敌后极端苦难时期，第九课第三次反共高潮，第十课抗战中的经济（上），第十一课抗战中的经济（下），

---

❶　刘松涛，黄雁星. 高级国语课本（第三册）［M］. 新华书店晋察冀分店，1948：1－2.

❷　晋察冀边区行政委员会教育处审定. 初级小学国语课本（第七册）［M］. 新华书店晋察冀分店，1948：目录页.

第十二课抗战中的政治，第十三课抗战中的教育与文化，第十四课抗战中的外交，第十五课豫湘桂战役与大后方民主运动，第十六课敌后的胜利，第十七课日本投降，第十八课"双十协定"。❶ 同时，为激发学生们的革命热情，历史教科书紧跟形势，引入当下发生的历史事件。如第三册发行于 1946 年 9 月，课文内容包括了"双十协定"签订的概况，课文中写道："根据这个会谈，又有今年一月停战命令的颁布，和政治协商会议的召集。以及政协决议的产生。"❷ 课文后附上了"政协决议"的具体内容。教科书内容还注重借古喻今。教科书在《民族英雄岳飞》一课写道，"华北完全沦陷敌手了，不愿做奴隶的人们，纷纷组织起来，抗击敌人……岳飞正是南宋抗战将军之一，他一直把收回失地，驱逐金人为自己责任，他联络华北的游击队进军郾城"❸。

（五）华北解放区的教科书

1948 年 9 月，由于政治形势的需要，晋冀鲁豫边区与晋察冀边区合并为华北解放区，土地改革也基本完成。两个地区各种制度逐渐统一，在小学教育方面需要一套统一的课本，于是两区交流了编辑小学课本的经验，以原晋察冀边区的课本为基础，又重新编写了一套统一的课本，由华北新华书店出版发行。

1949 年 4 月，华北人民政府教育部成立了教科书编审委员会，"是作为中央政府的教科书编审机构的基础而成立的"❹，叶圣陶为主任委员。华北人民政府教科书编审委员会修订一套中小学教科书，基本保证了 1949 年秋季开学使用。

（六）东北解放区的教科书

为了切实贯彻落实东北解放区教育工作总方针，东北局、东北行政委员会十分重视各级各类学校的教科书编写工作。1946 年 11 月初，东北行政委员会决定成立教科书编审委员会，由董纯才、何礼、智建中、朱丹、王修、吴伯箫、张如心、张松如、阎培礼等人组成，董纯才任主任委员。以后该委员会又增聘吕骥、邵凯等十余人。教科书编审委员会的主要任务是集中力量组织编写新教科书，用以代替反动的旧教科书。教科书编写的指导思想与原则是：①在

---

❶ 彭文. 高级小学适用历史课本（第三册）[M]. 裕民印刷厂，1946.

❷ 彭文. 高级小学适用历史课本（第三册）[M]. 裕民印刷厂，1946：33.

❸ 彭文. 高级小学适用历史课本（第一册）[M]. 裕民印刷厂，1946：14.

❹ 中国出版科学研究所，中央档案馆. 中华人民共和国出版史料（1949 年）[M]. 北京：中国书籍出版社，1995：170.

提高民族意识、增强民族自信、表现民族感情的前提下，唤醒阶级意识的活力；②将新民主主义的政治理论和通俗的表现形式相结合；③用活的人民群众斗争的故事，特别是东北抗日联军的英雄史实教育儿童青少年，使教科书有浓郁的地方色彩和乡土感情，借以启发青年爱国主义的思想与民主斗争的热情。当时决定中学教科书由东北大学编写，依据东北青年的特点，特别注意充实国文和历史的内容。国文课本以胡乔木1945年在延安编的《中国国文》为蓝本。历史是以叶镬生编的《中学历史课本》为蓝本改编的。小学教科书由董纯才亲自组织人力编写。小学语文教科书，是以延安和其他老解放区的教科书为蓝本，结合东北当时的情况，由董纯才、葛殿玉编写的。这套教科书的特点是语文和政治结合。根据1947年12月《东北政委会教育委员会档案资料》可知其政治内容包括：解放战争、土地改革、生产建设。据统计，在一年时间里，编委会共编写小学教科书十四种四十册，发行五百三十二万余本；编写中学教科书九种九册，社会教育课本两种两册，发行量也都很大。这些教科书，是东北解放区编出的第一批反映新民主主义革命内容的教科书。

由于条件限制，各解放区虽有统一出版的教科书，但各地同时也有自编的教科书。各解放区在各自行政区域范围内使用自编的教科书，但由于相邻解放区的教科书编写质量高，或直接拿来用，或稍加改编使用。如晋绥等解放区的教科书改编自陕甘宁根据地教科书，东北解放区改编自晋察冀解放区教科书。1948年以后，解放战争形势发生了巨大的变化，东北解放区已解放，华北解放区等根据地已连成一片，解放区教育发展突飞猛进，中小学教科书供不应求。为此，1949年华北人民政府教育部成立了编审委员会，编制了一套中小学教科书，第一次在全国范围内使用。

二、干部教育与社会教育的教科书

在中国共产党领导人民开展新民主主义革命战争时期，干部教育与社会教育始终是十分突出的教育类型，其中就有相应的教科书编写及使用问题。

（一）干部教育的教科书

经过我党在边区多年的经济建设和文化教育建设，边区的局面有了很大的改观，但仍存在一些问题。1946年9月1日，晋察冀边区行政委员会在制定出来的今明两年的教育工作方案中谈道："我们以往（抗战期间与抗战以后）对于干部的培养教育注意不够，加以我区形势与工作的急剧发展，因此形成当前各种干部的严重缺乏，许多工作在方针计划决定以后，因为干部缺乏，组织工作跟不上，多未能贯彻执行全部完成。同时在九年的战争期间，我边区数万干部，艰苦战斗，辛勤工作，在斗争中均大大地提高了政治觉悟，获得了不少的工作经验；但由于文化知识的缺乏与反攻以后提拔得很快，致使这些干部，在总结经验、掌握领导、贯彻政策上感到很大困难。他们迫切要求与需要学习文化与精通政策，以便能够提高一步，对于自己所担负的任务更能胜任愉快。"❶ 所以据此也可以看出，在当时的教育工作中，"干部教育"仍然是各项工作的重点。

华北解放区继续贯彻党的"干部教育重于群众教育""干部教育第一"的指导方针，在根据地大力推行干部教育。1946 年 5 月，晋察冀边区行政委员会在《关于目前教育工作的指示》中指出："加强在职干部教育，健全学习制度，各级机关领导上，应视为重要任务之一。县级以上机关应指定或特设专人负责组织在职干部教育与学习，使之能掌握政策，精通业务，以提高其政治认识与工作效率。在机关比较集中的中小城市，各机关可联合举办业余公学或补习学校，政府应予以必要的帮助。"❷

东北解放区也非常重视干部教育的问题，1948 年 10 月，东北局发表社论文章《进一步加强在职干部学习》，明确指出："各级领导干部，必须真正将加强学习领导，列为经常领导任务之一，并当成思想领导中的重要组织部分。"❸

陕甘宁解放区是我党较早开辟的解放区，政治基础深厚，所以在干部教育方面，陕甘宁边区直接继承和发扬抗日战争时期延安干部教育的经验，提出很多新的方法。干部教育的内容、方式与方法都有许多新的特点，即进一步和土地改革、参军参战等结合起来，在实际中学习书本知识；特别是深入学习党的各种政策，并提到理论的高度来认识，使新老区的工作不受或少受损失。❹

各解放区干部教育的内容主要是马列主义理论和中国革命各种具体政策，多属于政治学习。如东北解放区干部教育的学习内容首先是中央新规定的

---

❶ 王谦. 晋察冀边区教育资料选编教育方针·政策分册·下［M］. 石家庄：河北教育出版社，1990：24.

❷ 王谦. 晋察冀边区教育资料选编教育方针·政策分册·下［M］. 石家庄：河北教育出版社，1990：184.

❸ 东北日报社论［N］. 东北日报，1948－10－3.

❹ 董纯才. 中国革命根据地教育史（第三卷）［M］. 北京：教育科学出版社，1991：192.

《共产党宣言》《社会主义从空想到科学》《帝国主义论》《左派幼稚病》《国家与革命》《列宁主义基础》《社会发展史》《政治经济学》《联共党史》《马恩列斯论中国》《思想方法论》《马恩列斯论社会主义经济建设》等。其次是学习中央与东北局有关的指示文件，定期组织各种政策问题的专题报告，如政治形势、财政经济、工业建设、公安保卫、政权、城市职工教育等。❶ 所以使用的教科书更多的是马列主义名著和我党的重要文件。又如陕甘宁边区的延安大学分校对干部教育所使用的教科书也多为毛泽东同志的著作，如《新民主主义论》《中国革命和中国共产党》《论联合政府》《目前形势和我们的任务》等。通过这些规定书目的学习，提倡养成我党干部如果在实际工作中遇到解决不了的理论问题时，要学会经常翻阅马恩列斯的著作和中央文件、毛泽东著作的习惯。这既是我党干部教育工作的要求，也是根本目的。

除了政治学习外，根据学员水平层次的差别，在各解放区的干部教育层面还有文化教育的内容。所以针对那些文化水平低的干部必须要为他们补习文化知识。各级党委和机关都应开办干部文化补习学校或业余文化补习学校，动员、组织他们参加文化学习。课程以语文、数学为主，也可设置史地、自然或社会发展史。学习方法以听课与自习为主，并实行作文习字与定期考试。❷ 此外，各解放区还编制了不少用于成人进修的语文教科书，其特点是实用、通俗、浅近，如抗大中级班曾经使用的《中级国文选》《延安文化课本》《干部识字课本》《干部文化课本》等。此外，各地还编写了一些辅助材料，如《边区民众课本》《新百家姓》《儿童作文》《儿童日记》等。❸ 这些都成为进行干部教育非常有效的文化知识教科书。

（二）社会教育的教科书

解放战争时期，各解放区社会教育规模尤其是冬学运动的规模大大超过抗日战争时期。这主要是因为继承和发扬了抗战时冬学教育行之有效的经验，内容和形式上遵照自愿、需要的原则，调动了群众学习的积极性和自觉性。这一时期的政治思想教育成为冬学的重要任务，主要围绕自卫战争、生产运动和土

---

❶ 董纯才.中国革命根据地教育史（第三卷）［M］.北京：教育科学出版社，1991：166.

❷ 陈元晖，等.老解放区教育简史［M］.北京：教育科学出版社，1982：141.

❸ 王松泉.中国语文教育史简编［M］.北京：社会科学文献出版社，2002：138.

改三大中心任务进行。

1945 年，陕甘宁边区运用简练精粹的长短句编成了《识字课本》《日用杂字》《庄稼杂字》。这些教科书最突出的特点就是内容上把识字、政治、生产以及群众生活需要融为一体，打破小学课本的编法，根据成年人的特点编成。另一突出特点就是旧瓶装新酒，采用经典式、谚语式，以求"用简练精粹的词句表达丰富深刻的内容，使学生既无生字太多的困难，也不感觉到内容的浅薄"❶。延安整风促进了教育改革，将生产和教育揉为一体，学校成了全村的文化堡垒。这种新形式一诞生便显示出它无比强大的生命力。陕甘宁边区政府在 1946 年 10 月 13 日的指示信中规定：各县、市完小、初小、民教馆附设冬学班。到 1946 年年底，差不多二分之一的学校都兼办社教工作。学校变成了推动社会教育的核心。

1945 年 10 月 2 日，晋察冀边区行政委员会冀晋区行署发出《关于全面深入开展冬学运动的指示》，指出"冬学运动在根据地与新解放区，普遍实行政治为主，文化为辅的方针"，"继续贯彻'民办公助'的精神，与生产运动相结合广泛开展群众性的学习运动，进一步提高群众的政治文化水平"❷，同时对政治课包括时事教育和政策教育的内容与比重提出要求："根据地政治课 60%（时事教育占 3/5，政策教育占 2/5），文化课 40%，新解放区政治课 70%（时事教育占 2/5，政策教育占 3/5），文化课 30%。"❸ 1946 年 10 月，太行行署、冀鲁豫、冀南都分别发出冬学指示，要求"贯彻时事、翻身、生产教育"❹。教科书与农民日常生活紧密相连。如简单的计算、打算盘、记账本、开路条等。通过冬学，许多不识字的农民学会了打算盘、记账。涉县白芟村虽地处偏僻地区，但在干部、教员的努力下，该村三百六十余人参加冬学，并"有三十二人会写路条"❺。1947 年，武安县野河村冬学中，"有五十个人会认路条，十三个人会写路条"❻。

冬学教科书内容与共产党的政策密切相关。冬学时事教育和文化学习中贯穿了实际斗争的内容。教科书内容多为政策法规，不仅提高了农民的文化水

❶ 辛安亭. 陕甘宁边区教育资料·社会教育部分·上 [M]. 北京：教育科学出版社，246.

❷❸ 冀晋区行署. 关于全面深入开展冬学运动的指示 [G]. 河北省档案馆藏，卷宗号 110 - 1 - 60 - 2.

❹ 太行行署发出冬学指示 贯彻时事翻身生产教育 [N]. 人民日报，1946 - 10 - 4 (2).

❺ 石峰. 密切结合翻身运动 太行冬学深入山庄 [N]. 人民日报，1947 - 2 - 7 (2).

❻ 野河冬学推动村工作 [N]. 人民日报，1947 - 3 - 28 (2).

平，还同时提高了思想觉悟。如 1948 年安平县兴贤村冬学"在结束土改、整党工作中，提高了群众政策认识"，因而"群众自发地查出了按土地法应没收而尚未没收的地主一户，错订中农为富农的三户"❶。1947 年太行各地冬学中，要求冬学须服务于"当前实际斗争"，进行"打倒蒋介石，刨老根"等战争观念的教育，"扫除群众冬季生产中思想上存在的障碍"，在时事教育中"提高群众，支援大反攻"❷。

科学文化知识是冬学教科书的重要内容。农民思想长期受封建迷信的控制，为破除封建迷信，冬学用科学知识解释一些鬼神现象，打破迷信的基础。如 1942 年冬学运动中，磁武县（今河北磁县）召开的"为什么"座谈会，会上解答了"为什么有磷火（火团上下跑为什么)？""世界上是不是有鬼呢？""为什么有的女人一胎生三子或二子？""为什么石灰见水就发热？""为什么刮风、下雨、下雪、下雹？""怎样消减蚜虫？"❸ 等二十五个有关自然科学、生理知识的问题，通过向农民进行解释、辩论，打破了他们的愚昧思想，进行了科普知识的宣传。

各地教科书的编写形式、体例丰富多样，力求出新。许多地区自编教科书，充实、丰富了教学活动。河北省政府早在 1949 年冬学计划中就规定：冬学课本由华北人民政府编印，印发后，"各县切实组织发行到村"，并"保证冬学课本的及时供给"，还要求"应根据工作需要（如生产救灾、时事政策）编印补充教科书"❹。

三、解放区教科书的特点

解放战争时期，各解放区根据当时的形势和学校教育的目的、任务，重新拟定学校教学计划，调整课程体系，编写或修订教科书。这时在教科书的内容及编写的手法上显示了自身的特点。

---

❶ 河北省教育厅社会教育处. 河北省社会教育工作总结：1949.7 ［G］. 河北省档案馆藏，卷宗号：1025 - 1 - 11 - 3.

❷ 太行各地筹开冬学 服务当前实际斗争［N］. 人民日报，1947 - 12 - 20 (2).

❸ 磁武县. 磁武县冬学义务教员训练工作总结：1942.11.18 ［G］. 河北省档案馆藏，卷宗号：520 - 1 - 125 - 1.

❹ 河北省人民政府. 关于一九四九年开展冬学运动的几点意见：1949 ［G］. 河北省档案馆藏，卷宗号：864 - 1 - 7 - 7.

（一）密切联系革命战争的实际

教育是革命战争中一条必不可少的有力武器，更是发挥革命精神、加强抗战力量，对敌进行思想战争的有力工具。只有从思想上获取正确的认识，才能彻底与旧思想告别，在任何时候坚持党的领导和无产阶级革命的道路。所以，共产党在发展教育过程中，一直坚持密切联系革命和阶级斗争的方法，用思想政治教育来提高群众的政治觉悟、促进人民思想真正解放。

进行解放战争、开展土地改革就成了当时边区乃至全国人民的主要政治任务。因革命形势发展很快，原先教科书这方面的内容缺少，不能适应形势发展的需要，为此必须充实。为了保证小学学生对课本的要求，边区教育厅要求在一年内完成新的小学教科书的编印工作，并出版教育参考书和儿童读物。通过这些措施的逐渐施行，边区公办小学的质量得到了提高。❶

1948 年 1 月，晋察冀边区在编订的初小国语课本前页中注明："改编时特别注意以明确的阶级观点。"❷ 在编写教科书时重视培养儿童的革命信念。在国语课本中有课文用一个个英雄人物，歌颂党歌颂军队。如《小红军》《红军的妈妈》《刘志丹和小平》，用一个个鲜明生动的人物为儿童树立无产阶级革命榜样。同时，还通过国统区社会底层人民的悲惨境遇，揭露其黑暗统治，如《河边村的老汉》《一个逃兵的话》。

教科书还揭露国民党在抗日期间不抵抗、反人民、与无产阶级根本对立的反动本质。如在晋察冀边区，初级小学国语课本第六册《娘亲的话》一课内容：

> 晚上，小玲和娘、弟弟在房上乘凉，小玲问娘说："今天老师给我们讲七七事变的故事，那年的事，娘还记得吗？"娘摸着小玲的头说："我怎么不记得？那年你三岁，你弟弟才一岁生日。听说日本兵快过来啦，还没听见炮响，中央军就成千上万往南跑开了，有的把枪炮也扔掉了。一天，退到咱们村，见人就抓，要白面、要鸡。你爹给军队抓去了，咱家的驴，也被拉走了。那时我抱着你们姐弟俩，跑到野地里去，秋风吹着，你们两个不住地哭，我也暗暗地掉泪。后来，军队好不容易退完，家里东西

---

❶ 董纯才. 中国革命根据地教育史（第三卷）[M]. 北京：教育科学出版社，1991：211 - 212.

❷ 晋察冀边区行政委员会教育处审定. 初级小学国语课本（第五册）[M]，晋察冀新华书店，1948：序言.

也抢光了。幸亏你爹偷跑回来，才从地里弄了些粮食。不几天，更可怕的日本强盗就过来了。"娘讲到这里，月亮已经出来了。映着月色，看见小玲眼里含了莹莹的泪。娘说："你难过什么？现在八路军在这里，我们再也不会过那样的日子了。"❶

以上课文通过一个母亲的亲身经历来向孩子们描述抗战期间人民群众的悲惨生活，同时对比了共产党领导当下的幸福生活。

在解放战争激烈时期，广大师生纷纷参军参战，或组织战后支援团，而后方解放区也经常受到敌人的骚扰，为减少不必要的伤亡，满足师生服务战争前线的需求，在教科书中还教给学生一些基本救护知识，如在自然课本中增加了防空、卫生、救护等知识，如"毒气和防毒法""假死和人工呼吸法""外伤和止血法""怎样看护病人"等，有力地提高了边区儿童和群众的自我保护和救助能力。

（二）知识内容与生产劳动相结合

解放区多位于农村，各级各类教育对象多为劳动者，所以教科书的内容或多或少都与生产劳动有关。如晋察冀边区在 1945 年编写的小学国语课本中就有《压绿肥》《抗蝗卵》《选种歌》《浸种》《什么庄稼上什么粪》《秋耕》《锄地》等课文，反映的都是在农村的生产生活中特别需要的知识。

在其他教科书中也都贯彻了有关生产劳动的内容。在数学课程内容选取方面，1946 年由晋察冀报社出版的初级小学算术课本的前言里如是说："数目字的大小都和群众的生活需要有距离。我们这次改编是尽力使它实际化，带上农村的特点。"❷ 因此，在晋察冀边区的算术课本中有关计算的内容，都是取材于农村日常生产。初级小学算术课本第五册的四则运算题："吴英家过年割 4 斤 12 两猪肉，10 斤 13 两羊肉，共几斤几两？""猪肉比羊肉少几斤几两？"❸ 第六册的算术题："王老五今年卖白菜 424 斤，卖葡萄 686 斤，那么共计多少斤？""王家庄 7 户人家过年，计划杀二口猪，每户平均分 14 斤，还剩 12 斤慰劳子弟兵，问这口猪共杀多少斤肉？""张金贵由蔚县运到张家口细麻 35487

---

❶ 晋察冀边区行政委员会教育处审定. 初级小学国语课本（第六册）［M］. 新华书店晋察冀分店，1946：1 - 3.

❷ 察哈尔报社. 初级算术课本（第五册）［M］. 1946：前言.

❸ 晋察冀边区行政委员会教育处审定. 初级小学算术课本（第五册）［M］. 新华书店晋察冀分店，1946：1.

斤，卖出 12458 斤，还剩下多少斤？"❶ 这些算术题与受教育者日常生产生活有密切的关系，既解决了实际问题，又能引发受教育者的学习兴趣。

在高小自然课本中也对与农业生产有关的科学知识进行了详细介绍，如讲"果树的接木"：

> 用种子播种出来的果树，常常会把品种好的变成了劣种，而且生长很慢。要想保持果树优良的性质，或改良它的品种，使它能很快地生长起来，开花结果实，就得用人工接木法。
>
> 接木法是把优良品种的枝条（刚生一年的嫩枝最好），接在品质较劣的枝干上。甲树的枝条，叫作接种；乙树的枝干，叫作砧木（也叫台木）。接木的时候，做砧木的部分，无论横断或切断面，要十分平滑，使它能够和接种的断面互相接起来，然后把外面捆住，再涂上些黏土，经过一个时期，便能生叶、开花、结出果实来。❷

教育与生产劳动紧密相连，不仅提高了人民知识水平，还能学以致用，提高人们学习的积极性。

（三）深化学生的知识基础与生活经验

抗战胜利后，各解放区总结抗战期间的小学教科书，在教科书编写时注意避免过去内容中以偏概全，大量讲述成人生产劳动知识的偏向。教育与边区儿童的实际生活相结合，教科书编写注重建立在儿童的生活经验基础之上。例如，面对国共两党内战、土地改革，即使是十几岁的青少年对于战争、土改斗争的大道理也是不容易理解的。因此，在教科书内容的选择上，编者特别注意深入浅出，多选择群众常见的事物，尤其是选择当地儿童熟悉和关注的事件，在初小阶段的课本编写中，更是如此。如在晋察冀边区初小国语课中《我是边区的小学生》《打飞蝗》《几个能干的孩子》《一个模范小学生》《翻了身的家》《小红军》《春打六九头》《美丽的蝴蝶》《学记账》《吃饭》《烧火》《小田放牛》等课文，以儿童的口吻来进行编写，内容都是小学生在日常生产生活中所经历的一些事情，使读者能够感同身受，深化认识。在初小常识课本中，

---

❶ 晋察冀边区行政委员会教育处审定. 初级小学算术课本（第六册）[M]. 新华书店晋察冀分店，1948：54.

❷ 晋察冀边区行政委员会教育处审定. 高小自然（第一册）[M]. 新华书店晋察冀分店，1948：20－21.

诸如《怎样种棉》《城市和乡村》《我国的西北》《大豆和高粱》等课本内容都离不开当地儿童日常生活所常见的事情。为儿童树立英雄榜样时，都是当地群众耳熟能详的人物，如《朱总司令的故事》《小红军》《刘志丹和小平》《小老韩》《狼牙山五壮士》等课文。在讲授这些当地群众熟悉的人物和事件的过程中鼓舞了学生对反抗国民党反动统治的信心。

在教科书的表达形式方面，紧密结合儿童的生活进行编辑，将科学性和生活性放到同等重要的位置。既强调从儿童的生活经验出发，运用儿童喜爱和可以接受的内容、语言，同时又注意循序渐进地尽可能与社会需要、科学知识相结合，要求有一定程度的、有益而深入的内容，对内容的表达形式和语言，又要做到深入浅出，简明易懂。比如在初小国语第一册中的课文《猪狗没有手》：

> 猪儿没有手，
> 狗儿没有手，
> 有手不动手，
> 好比猪和狗。❶

该文用寥寥数语，表达了深刻的思想内容，即让儿童认识到自己动手劳动的重要性。语言形象生动，以儿歌的形式表现，朗朗上口，符合儿童的心理特点，容易接受和记忆。

（四）培养学生的劳动习惯和道德品质

各边区政府普遍认为不能死读书，读死书，教育的目标是培养能运用到生产实践的人才。所以教科书的编写着意培养儿童的劳动意识和习惯。在1945年晋察冀边区政府所编写的小学国语课本中，有关劳动的观点、生产知识的内容就占到全部内容的37%。这些课文的突出特点就是强调了劳动观点的教育。边区教育对象为广大劳动人民的子弟，所谓"穷人的孩子早当家"。在农村儿童一般很小就能承担家庭责任，适当参加一些家庭或田间的劳动。因此，小学一年级的课本就有对儿童进行劳动观点的教育，鼓励儿童在家中做一些自己力所能及的事情。如晋察冀边区国语课本第一册就写道："太阳出来了，我起来

---

❶ 晋察冀边区行政委员会教育处审定. 初级小学国语课本（第一册）［M］. 晋察冀新华书店，1948：21.

了，妈去做饭，我帮妈去做饭。"❶《几个能干的孩子》《选英雄》《小劳动英雄的条件》等课文，都是从正面表现"劳动光荣"这一思想。为了体现"不劳动可耻"，课本同时又从反面说明不爱劳动的人是最可耻的，如《一个懒孩子》《一个懒婆娘》等课文。

为了将理论与实际相联系，进一步培养学生的劳动观念，很多学校根据自然环境、学生的年龄特点以及教学时间的不同，组织了各种各样的生产劳动实践。如在四专区，就有开荒、种菜、打柴、养鸡、采药等课程活动。边区灵活的课时安排也便于学校将学生组织起来进行农业生产。譬如在讲《什么庄稼上什么粪》时，不仅是在课堂内给学生讲述书本知识，而且利用学校春耕运粪的时机，教师在休息时间结合课本上所讲的知识，现场为学生分析各种肥料的成分，哪种土壤适宜于哪种肥料，使学生在掌握有关肥料的基本知识的同时，也有助于提高其学习兴趣，形成爱劳动的思想。

总之，解放战争期间的教科书是在经历了土地革命、抗日战争、土地改革的洗礼之后一步步积累而成的。解放区的教科书编辑者们克服各种困难，在极端艰苦的条件下，不仅从未中断教科书的编辑工作，更将解放区各级各类教育的发展推到了新的历史高度，奠定了新中国成立后教科书编辑的基础，同时为我们今天的教育改革提供了有益经验和借鉴。

---

❶ 晋察冀边区行政委员会教育处审定．初级小学国语课本（第一册）［M］．晋察冀新华书店，1945：12.

第十四章　新中国成立初期的教科书

　　新中国成立初期（1949—1956）是我国探索建设中国特色社会主义教育的开端，广大教育工作者在中国共产党的领导下，不辞辛劳地探索教科书发展之路，先后经历了除旧布新的改革、选编遗留教科书、自主编写教科书；而后又积极学习苏联经验，开发新教科书。在此期间所积累的教科书编写经验，对于新中国的教科书建设具有极大的意义。

　　1949—1956 年，是共和国由成立到巩固的七年，是国民经济由恢复到有计划地发展的七年，是基本完成社会主义改造的七年。中国共产党领导全国各族人民有步骤地实现了从新民主主义到社会主义的过渡，全国绝大部分地区基本上完成了对生产资料私有制的社会主义改造，国民经济迅速恢复，并开展了有计划的经济建设。同时，这七年也打开了我国探索建设中国特色社会主义教育的新局面，一批批教育工作者们不断深化和完善教育实践，加强对社会主义教育本质和功能的认识，逐步探索社会主义教育建设的发展规律。其中，教科书建设是提高教育教学质量的关键之一，是教育工作中的一项重要工程。正如现代教育家、出版家陆费逵所言，"立国根本，在乎教育。教育根本，实在教科书"❶。

第一节　新中国成立初期教科书的编写背景

　　20 世纪上半叶，中华民族经历了有史以来最深刻的社会变革。1949 年 10月，新中国诞生在世界的东方。正如《礼记·学记》中谈道："建国君民，教学为先。化民成俗，其必由学。"教育问题是关系一个国家繁荣衰落、成败得

---

❶ 宋原放，汪家熔，等. 中国出版史料·近代部分［M］. 武汉：湖北教育出版社，2004：159.

失的关键，教科书是课程内容的表达样式、文化科学知识的承载媒介，更是国家意识形态的重要体现，因而新时期教科书的发展建设刻不容缓。

一、巩固新政权的时代呼唤

灾难深重的中国人民，在中国共产党的领导下，推翻了帝国主义、封建主义、官僚资本主义"三座大山"，取得了伟大的胜利，创建了由人民当家做主的国家政权——中华人民共和国。新中国的成立，标志着一个新时代的到来，意味着国家在诸多方面都面临着巨大的转型与拓展：政治领域，当时已经取得不小成就，大陆地区基本得到解放，建立了统一的国家政权，新的政治体制和治国策略方针亟待广大人民群众的接纳和认可；经济角度，通过没收官僚资本，建立了社会主义的国有企业，高度集中地统一了全国的财政经济，国家经济正有条不紊地走向计划经济的轨道；意识形态方面，随着新民主主义革命的基本胜利，马列主义和毛泽东思想得以广泛传播和学习，国家的新主流意识形态需要更深入的播散和传递给广大人民群众。

然而在新政权成立之初，新旧社会交替之际，旧的政权是不会甘心直接退出历史舞台的，因而此时"新"与"旧"两种不同势力的斗争是十分激烈的：无论是城市还是农村、新解放区还是老解放区，新生的人民政权都面临政治稳定、经济恢复以及文化教育重构等问题。其中，如何通过宣传中国共产党政权的合法性，培养广大人民群众的国家认同感和民族责任心，更显得迫切与急需。而这种认同感与责任心主要是通过学校教育，特别是教科书中特定的思想教育来传播和灌输的。所以此时亟待重新整理和编写教科书，通过发展人民教育事业，巩固新生的人民政权。

二、教育发展的自身诉求

在新中国成立之前，全国适龄儿童的入学率仅仅为 20%，全部人口中，有 80% 以上的人是文盲。❶ 不仅如此，在当时的教育条件下，还呈现出了学校发展规模大、速度快，但基础教育质量差，师资队伍、校舍设备等跟不上需要的被动局面，加之各地师生参加社会活动过多，导致学校出现了不同程度的忙乱、混乱现象，严重影响了教育教学质量的提高。

---

❶ 高书国. 中国扫盲工作的成就与经验［J］. 基础教育参考，2014（7）：12.

为保持教育的稳定性，新生的人民政府对学校教育提出了"维持现状、立即开学"的要求。各地中小学按照惯例于 1949 年 9 月 1 日左右开学，然而就当时的教科书使用而言，出现了版本不一、繁杂交错的紊乱局面。当时所使用的教科书大致出现了三种情况：一是继承和改编老解放区的教科书（主要指陕甘宁边区、东北解放区、晋察冀边区、山东解放区等自编的教科书）；二是沿用和改造民国时期的教科书（主要是指由商务印书馆、中华书局、开明书店、世界书局、大东书局等出版的教科书）；三是引进和编译苏联的教科书（以东北地区为代表）。为了教育事业的持续健康发展，在规范学校教育的同时，编写科学化的教科书势在必行。

第二节 新中国成立初期教科书的发展概要

新中国成立初期，广大教育工作者在中国共产党的领导下，为探索教科书发展之路，进行过多种有益尝试：选编遗留教科书、自主编写教科书，而后又积极学习苏联经验，改造旧教科书、开发新教科书，积累了大量的教科书编写经验。

一、除旧布新，积极探索

中国共产党十分重视教科书的组织和编写工作，1949 年新中国成立后，迅速组织和成立了教科书编审委员会，紧锣密鼓地进行着教科书的准备工作。解放战争的快速发展，对教科书的编写工作也提出了更为迫切的要求：新的解放区在哪里开辟，教科书就送到哪里；哪个地方得到解放，哪里的学校就用适当的教科书。教科书领域的这种积极努力，一方面旨在尽量剔除封建主义和资本主义思想的影响，另一方面旨在弘扬社会主义的意识形态。

新中国成立之初，百废待兴，在教科书的择取上，暂时"还不能另起炉灶，只能修修补补"❶。同时，为了维持教育的稳定性，保障全国的中小学校教学秩序，教育部决定让教师和学生暂时使用在旧式教科书基础上加以修订的过渡教科书。民国时期的教育出版业存在多种教科书的编写方式和出版单位。就编写方式而言，有些教科书是由民国教育部专门成立的教科书编辑委员会编

---

❶ 叶圣陶. 出版情况［M］. 北京：人民教育出版社，1951：1 - 2.

写、国民政府国立编译馆校订的；还有一些教科书由教育家、文学家、科学家等私人及社会团体机构编著，著名的如何炳松（历史学家）、周作人（文学家）、叶圣陶（文学家、教育家）、吴研因（教育家）、顾树森（教育家）、杜亚泉（科学家）、叶楚伧（诗人）、田兆梓（语言学家）等人主持编写，并署名"国立编译馆主编、教育部审订"的字样。这些教科书大多会在"说明"部分提到已遵照了教育部某某学科的课程标准。如《开明国文读本》就是由教育名家叶圣陶先生编写的，在封面、扉页及"前言"中就有上述信息内容。至于出版单位，更是不胜枚举。在北平（北京）、上海、南京等大城市分布有众多的出版社，仅在上海就有中华书局、商务印书馆、开明书店等十多家出版机构。但各类教科书编写水平参差不齐，并且部分书中含有宣扬国民党政治观点的内容，与新形势下的教育目标不相吻合，极不适合青少年儿童学习和使用。因此，必须经严格修改后方能暂时选用。

各解放区所使用的教科书大多由当地的人民政府组织编写，并由正规印刷机构或新华书店印刷发行。这类教科书又分为两部分：一为根据地自主编写的教科书，来源于华北、华东和西北解放区；二为借鉴并使用当时苏联的教科书，典型的如东北解放区。下面以各解放区小学语文教科书的情况作为具体案例加以阐释。

1. 陕甘宁边区

解放战争时期，陕甘宁边区教育厅编写了两部小学语文教科书。第一部于1946年出版，含初级小学《国语》课本六册，高级小学《国语》课本四册。教科书内容侧重反映抗日战争胜利后的形势，注意体现整风运动和反对"党八股"。由于教科书内容难以及时反映解放战争形势变化的需要，1948年出版了第二部小学《语文》教科书，含初级小学《国语》六册，补充教科书一册；高级小学《国语》四册，补充教科书一册。其中编印的国语补充教科书，全部反映的是解放战争时期解放区的土地改革运动，与正式的国语教科书配合使用。❶

2. 晋察冀边区

1938年春，晋察冀边区行政委员会在河北阜平成立，不久冀西、冀中各

---

❶ 朱绍禹. 国际中小学课程教材比较研究丛书：本国语文卷［M］. 北京：人民教育出版社，2001：407－408.

地小学就逐渐恢复和建立起来。为了解决学校教科书的匮乏，边区政府教育处从 1938 年 2 月至 1948 年 9 月，先后六次编写和修改了小学语文教科书，即 1938 年 2 月出版的《初小国语读本》，1939 年 12 月和 1940 年 7 月出版的《抗战时期初小国语课本》，1943 年 1 月出版的《初小国语课本》，1945 年 12 月和 1948 年 1 月出版的《国语课本》。1948 年 9 月华北人民政府成立，又在原晋察冀边区的初级《国语课本》的基础上，于 1948 年 11 月重新编写了一次，1949 年春季始业。❶

3. 华东解放区

华东区学校教科书的编写也有很好的成绩，主要体现在由上海编写的教科书成效显著。随着解放战争的胜利开展，华东解放区先后成立苏南行政公署（1949 年 4 月 27 日成立于无锡）、南京市人民政府（1948 年 4 月 28 日）、皖南行政公署（1949 年 5 月成立于屯溪）、上海市人民政府（1949 年 5 月 28 日）、浙江省人民政府（1949 年 8 月 19 日成立于杭州）、福建省人民政府（1949 年 8 月 25 日成立于福州）等。这些地方政府在短短几个月里编写了部分适应本地需要的小学教科书。华东解放区的教科书多由华东新华书店出版，由上海联合出版社（出版）印行，也有三联书店出版的。小学各科教科书则由"上海临时课本编委会"编写或修订，或与上海联合出版社合作编写，上海版学校教科书大多印有"临时课本"字样。❷

4. 东北解放区

1946 年 9 月，东北行政委员会第五次会议讨论通过了"关于改造学校教育和开展冬学运动的指示"，规定国语、政治常识等为初等教育暂时课程。会议决定在东北行政委员会、教育委员会中成立教科书编审委员会，小学教科书由董纯才组织人力编写。在一年多的时间里，共编写出小学国语等各类教科书十四种十四册。这是东北解放区编写出的第一批反映新民主主义革命内容的学校教科书。封面上署名"东北政委会编审委员会编"（东北行政委员会教科书编审委员会）。由于革命形势发展较快，1948 年后，东北行政委员会又组织和编写了一套教科书。单册于 1948 年年底出版，春季开学使用；双册于 1949 年七八月间出版，秋季开学使用。当时，东北地区使用的学校教科书大多是由东

---

❶　朱绍禹. 国际中小学课程教材比较研究丛书：本国语文卷［M］. 北京：人民教育出版社，2001：408－409.

❷　石鸥，吴小鸥. 中国近现代教科书史（上）［M］. 长沙：湖南教育出版社，2012：578－579.

北行政委员会编审委员会共同编写的，但受交通不便、教科书不能很好地适应开学急需等诸多现实困境的影响，东北地区的教育工作者们在旧有教科书或新编教科书的基础上给予适当改动，自主编写了一些新的学校教科书。如合江省（存在于 1945—1949 年，后并入黑龙江省），在 1946 年秋季开学就用上了省教育厅编的初小国语第二、第四、第六、第八册，高小国语第二、第四册。❶

　　各解放区教科书的优点在于学科分类齐全，结合了青少年儿童的认知发展规律和心理变化特点，年级划分较为得当。但由于正处于战争年代，受军事状况和地域特点的影响，编写过于仓促，水平参差不齐；更关键的是，教科书中的文本选择、观点阐述、编写体例和内容特点各地都不尽一致，过于分散，导致了学校教科书的使用无法统一，缺乏统一要求的参照标准。

　　1949 年 9 月 21 日至 30 日，中国人民政治协商会议第一届全体会议在北京举行，会上一致通过了《中国人民政治协商会议共同纲领》。10 月 1 日，中华人民共和国正式成立。毛泽东主席发布政府公告：中央人民政府一致决议，接受《中国人民政治协商会议共同纲领》为本政府的施政方针。《共同纲领》第五章"文化教育政策"中明确地规定了新中国教育的性质、任务："中华人民共和国的文化教育为新民主主义的，即民族的、科学的、大众的文化教育。人民政府的文化教育工作，应以提高人民文化水平，培养国家建设人才，肃清封建的、买办的、法西斯主义的思想，发展为人民服务的思想为主要任务。"❷这一规定为教育工作的进一步开展指明了方向，规范了中小学学校教科书编写的任务、性质以及阶段特点，为中小学学校教科书的建设提供了坚实的基础。

　　新中国第一次全国教育工作会议于 1949 年 12 月 23 日至 12 月 31 日举行。会议指出，在今后一个相当长的时间内，发展教育应以普及为主，着重为工农服务，使普及与提高正确结合。会议还讨论并决定：集中一批干部，并组织一部分有经验的教员编辑与改编中小学教科书。❸ 这一方案的提出，对保证教科书编写沿着正确方向前进有极为重要的指导意义。

　　随后，中央人民政府出版总署设立了编审局，集中老解放区和原开明书店的部分骨干编辑人员，开始中小学文、史、地教科书的编审工作。1950 年 7

---

❶ 石鸥，吴小鸥. 中国近现代教科书史（上）［M］. 长沙：湖南教育出版社，2012：574 - 577.

❷ 有林，等. 中华人民共和国国史通鉴（第一卷）［M］. 北京：当代中国出版社，1993：426.

❸《中国教育年鉴》编辑部. 中国教育年鉴（1949—1981）［M］. 北京：中国大百科全书出版社，1984：683 - 685.

月 5 日，中央教育部、出版总署联合发布《1950 年秋季中小学教科书用书表》，指定中小学各科教学可以采用的教科书，供各大行政区教育行政部门为本地区的中小学选用合适教科书，这一举措解决了各地中小学教科书版本不一、供应混乱等问题。此后，每年 3 月和 9 月都由教育部、出版总署下达中小学春秋两季《教科书用书表》。但最初还没有共和国自己编写出版的用书，上述教科书的编写及使用工作策略，起到了学校教育过渡期维系及调适的积极作用。如 1950 年小学语文、政治、史地和中学语文、历史等科使用的都是老解放区的课本；中学数学、物理、化学、自然、生物等科则大部分选用的是开明书店、商务印书馆编辑出版的旧课本，这是一种临时的应急办法，只能是暂时的，而不能长久持续如此。

1950 年 9 月，出版总署召开全国出版会议，确定了中小学学校教科书全国统一供应的方针：由出版总署和中央教育部共同组建人民教育出版社，承担编辑出版中小学教科书的任务。1950 年 12 月 1 日，由毛泽东主席亲笔题写社名的人民教育出版社成立，出版总署副署长、著名教育家叶圣陶兼任社长、总编辑，教育部司长柳湜兼任副社长。❶ 从此，以学校教科书编审、出版为目的的全国性权威代表机构正式诞生，成为新中国教科书史上的重大事件。

二、以俄为师，充分借鉴

1945 年，毛泽东在《论联合政府》中提出："苏联创造的新文化，应当成为我们建设人民新文化的范例。"❷ 苏联是世界上第一个社会主义国家，为创建以马列主义为指导的新文化、新教育，进行了艰苦的努力，积累了大量的经验。刘少奇在 1949 年 10 月 5 日中苏友好协会召开的大会上明确指出："我们要建国，同样也必须'以俄为师'，学习苏联人民的建国经验"；"苏联有许多世界上所没有的完全新的科学知识，我们只有从苏联才能学到这些科学知识。例如：经济学、银行学、财政学、商业学、教育学等。"❸ 同年 12 月 30 日，教育部副部长钱俊瑞在第一次全国教育工作会议上的总结报告中，首次向全国

---

❶ 《中国教育年鉴》编辑部. 中国教育年鉴（1949—1981）[M]. 北京：中国大百科全书出版社，1984：483.

❷ 毛泽东. 毛泽东选集 [M]. 北京：人民出版社，1951：984.

❸ 中央教育科学研究所. 中华人民共和国教育大事记（1949—1982）[M]. 北京：教育科学出版社，1983：4.

教育工作者们明确提出要积极借鉴苏联教育经验，把学习苏联教育经验作为建设教育事业的新方向。

在 20 世纪 50 年代的中国，凯洛夫的教育理念被看作苏联教育思想的代表，因而其著作《教育学》风行一时。《教育学》系统地总结了苏联 20 世纪二三十年代的教育经验，批判地吸收了教育史上进步教育家的先进思想，对新中国教育事业产生了不可低估的影响。

1951 年 2 月，经政务院文化教育委员会批准的《1951 年出版工作计划大纲》规定："人民教育出版社开始重编中小学课本，并于本年内建立全国中小学课本由国家统一供应的基础。"❶ 同年 3 月 19 日，教育部召开了第一次全国中等教育会议，会上倡导普通中学的教科书改革原则：要尽力研究中国以往的学校教科书，尤其是中国共产党领导下的根据地教科书，汲取其中的精华及合理因素，并参考苏联社会主义学校教科书的编写体例、内容及组织方式，甚至以苏联所使用的中小学教科书作为参考蓝本，编写完全符合中国教育实际的教科书。❷ 会上还讨论了普通中学政、语、史、地、数、物、化等学科的课程标准草案，继而公布了《中小学各科教学大纲（草案）》。5 月 18 日，政务院批准了教育部所发出的《1951 年全国教育工作的方针和任务》，主张积极参考苏联的教科书，改编数、理、化、生等自然科学类的教科书，并且还提出要编写师范学校相关的《教育学》和《教科书教法》等书，于是各地开始纷纷参考借鉴，并且效仿学习苏联的教科书编写经验。❸

同年，人民教育出版社组织编写了共和国成立后的第一套十二年制中小学学校教科书。这套教科书除了中学数学、物理、化学课本及小学算术、自然课本的部分内容以苏联教科书为蓝本加以改编外，其他都是以老解放区和新中国成立前国民党统治区出版的两类教科书为基础，进行改编或重编。教科书的指导思想来自《共同纲领》中的相关规定，具体要求依据《小学各科课程暂行标准（草案）》（1950 年 8 月）和《中学暂行教学计划（草案）》（1950 年 8 月 1 日）两个教育政策文件，这是新中国成立以来第一套全国通用的中小学教科书，具有过渡的性质和作用。从 1951 年秋季起，这套中小学教科书陆续供

---

❶ 课程教材研究所．教材制度沿革篇（上册）[M]．北京：人民教育出版社，2004：2.

❷ 刘英杰．中国教育大事典（1949—1990）（上）[M]．杭州：浙江教育出版社，2004：143.

❸ 中央人民政府教育部关于一九五零年全国教育工作总结和一九五一年全国教育工作的方针和任务的报告 [J]．江西政报，1951（8）：130 – 131.

应全国，适用学制为小学六年、初级中学三年、高级中学三年，共十二个年级。

　　1953 年，毛泽东指示：教育部宁可把别的摊子缩小点，必须抽调大批干部编出社会主义教科书。❶ 也就是在这个时候，教育部发现编辑出版的第一套中小学教科书中有些内容已经不适应国家建设和发展的需要，有的甚至还包含许多缺点和错误，存在不少旧的思想和观点。特别是对劳动教育重视不够，关于劳动教育方面的材料很少。为此，教育部责成人民教育出版社立即调整编辑出版计划，加强编审力量，以编辑初、高中及"四二制"小学教科书为重点，在学科上以编辑语文、历史、政治、地理等教科书为重点，从 1954 年起着手编写第二套中小学教科书。第二套教科书依旧学习并吸收了苏联先进的教育思想和教育理念。到 1956 年，第二套中小学教科书出齐，其中包括教学大纲三十种三十册，课本四十一种九十七册，教学参考书二十三种六十九册。在这套学校教科书中，理科教科书大多以苏联新版的教科书为模板，思想体系与基本内容未做大的变动，只对其中不适合中国实际情况的部分材料做了适当更改或补充；文科教科书如语文、历史，是在大量吸收苏联编写经验的基础上自主编写而成，地理教科书则基本上是在苏联教科书的基础之上改编而成。在编写过程中，大部分教科书能够初步运用马克思主义的立场和观点阐述自然及社会现象，吸收借鉴最新的科学成就，注重给予学生系统的科学知识，为社会主义政治服务的思想更加明确。❷ 这套教科书无论在科学性、系统性还是思想性方面，都比以前出版的教科书有很大进步。

第三节　新中国成立初期典型教科书的比较分析

　　在新中国成立初期的教科书事业中，上述由人民教育出版社组织编辑出版的两套教科书是其中的亮点，属于标志性成果。以下从纵向比较与内容分析两个维度，对之加以叙述或解读。

一、教科书的编写意旨

　　第一套教科书以苏联教科书为蓝本，旨在肃清"封建的、买办的、法西

---

❶❷　《中国教育年鉴》编辑部 . 中国教育年鉴（1949—1981）［M］. 北京：中国大百科全书出版社，1984：482.

斯主义的思想"，以"马克思列宁主义毛泽东思想教育青年和儿童一代"，通过"划定教科书的知识范围、容量和进度，给学生以系统的、巩固的科学文化基础知识"，发展"为人民服务"的思想❶，为他们参加国家建设或升入中等专业学校与高等学校打下坚实的知识基础。

第二套教科书吸取了当时先进的科学成果，意图以"马克思列宁主义的立场、观点和方法来解释各种问题"，用"辩证唯物论和历史唯物论的观点来阐明自然现象和社会生活规律"❷，使学生在学习教科书后能够起到"理论与实际结合""教育与生产劳动结合"的效果，争取将科学的定律和法则同我国的工农业建设和革命斗争相结合。

二、教科书的编写内容

第一套教科书的编写时间较为仓促，编写经验也不够充足，大多借鉴了原有教科书和苏联教科书，总体来说，对各科课本进行了以下变革。

小学国语课本主要采用的是原上海临时课本编审委员会编审的国语课本，在儿童识字量方面由新中国成立前的三千五百字缩减为两千八百字。初、高中《国文》课本更换了课本名称，改为《语文课本》，各六册，共十二册；数学教科书的编写主要依据1950年6月教育部颁发的《数学教科书精简纲要（草案)》，在对照解放区的算术课本和当时通用的旧课本的基础上进行删减和改编，最后形成了富有代表性的《初级中学平面几何课本》《初级中学代数课本》《高级中学解析几何课本》《高级中学立体几何课本》；外语教科书在新中国成立初期并没有得到规范，人教社在这一时期未进行统一编写，各地根据具体情况选择开设俄语或者英语课程，因而课本也呈现出了多样化；历史教科书在借鉴苏联教科书的编写内容和经验上，进行了大量改编；物理教科书的编写主要依据了《中学物理教学大纲（草案)》，不仅修改了当时初中的物理教科书，同时还重新编写了高中三册物理教科书；体育教科书是在参考苏联十年制学校体育教科书的基础上编写而成的；自然教科书的教学大纲是以苏联小学的自然教学大纲作为参考合力编订的，并在此大纲的指导下，教育工作者们编订而成了《自然》上、下两册教科书。

---

❶❷ 《中国教育年鉴》编辑部. 中国教育年鉴（1949—1981）［M］. 北京：中国大百科全书出版社，1984：484.

　　这套教科书中，中学语文教科书的内容变革最为突出。《初级中学语文》是在新华书店 1950 年出版的《初级中学语文》基础上修订而成的，共六册。这套教科书不再沿用旧时"国文""国语"的课本名称，而是创新性地改称为"语文"。整套教科书条理清晰，重点突出，文中附有作者介绍、生僻词语、方言诠释及相关字的注音，文后配有难点提要，在穿插语法练习的同时，注重培养学生听、说、读、写各方面的综合能力。❶ 但是，囿于当时各方面的客观条件，教科书编写仍有一些缺陷，出现了诸如总体分量轻、未足够重视语文基础知识和训练、文章编排混杂等问题。

　　人教社出版的第二套教科书较之第一套教科书有了一定的发展，开始自主探索，在很大程度上摆脱了苏联模式的束缚。语文教科书在增强思想性和阶级性的同时，关注了知识的基础性、独立性和系统性；数学教科书改进了编写体例，将例题和习题分开编写，分为准备题、例题、习题和复习题几个板块，同时将局部细节进行了调整，如选用市制和公制的计量单位、大九九乘法口诀表等；英语课程在 1952—1956 年经历了设置、取消、恢复设置的过程，仍未出现全国统一的英语教科书；历史教科书以马列主义为指导，内容丰富，同时还配有相应的插图和地图；化学教科书主要参考了苏联的教学大纲和教科书，精简了部分教学内容，知识性和系统性大大加强；生物教科书在这一时期得到了精简，如将《达尔文主义基础》上、下两册经过精简合并为一册；音乐教科书在欣赏民谣乐曲的基础上，增选了很多革命歌曲，注重培养学生的革命情感和革命精神；体育类参考书以体操和游戏为主，关注国民体质的增强；图画类参考书主要以美术作品的鉴赏和创作为主，主要介绍美术形式及伟大领袖，培养学生欣赏绘画艺术及工艺美术的能力，图画练习多以命题、图案和写生画为特色。

　　其中，数学教科书和体育教科书的变革最为显著。第二套数学教科书摆脱了苏联教科书的束缚，改进了教科书的编写体例，将原教科书中例题和习题混编的形式，改编成例题和习题分编的形式，主要分为准备题、例题、习题、复习题等几个板块，整数的教学主要划分为 20 以内、100 以内、多位数和整数四个循环圈；小数和分数的内容采取直线式编排方式，多位数的认识由三位数一下子扩展到了九位数。第二套体育教科书是在原有教科书试行经验的基础上

---

❶　方成智，汤用莎. 第一套全国通用中小学教科书的诞生及分析［J］. 湖南师范大学教育科学学报，2009（9）：17.

进行编写的，删繁就简，从我国实际出发，强调体育教学要有效地增强学生体质，并将我国传统体育项目"武术"列入正式教科书。❶

三、教科书的编写组织

第一套教科书是人民教育出版社编写的首套全国通用的中小学学校教科书，当时人民教育出版社刚刚成立，全社只有三十多名编辑人员，因而大多是对已出版的和受好评的各个版本的教科书进行改编和修订，并且教科书的门类开设不够齐全。

人民教育出版社编写第二套教科书时召集了各方教育人士，形成了一个庞大并且极具权威性的教科书编写群体，真可谓名流荟萃。不仅如此，这套教科书还是新中国教科书编写史上唯一一套在各册教科书的封底版权页上详细标注主编和具体编写人员的教科书。较之第一套教科书，第二套教科书编写上注重了规范，从内容到体例强调了基础知识及基本技能的教学与应用（"双基论"的课程模式），无论是科目还是种类都较为详细具体。

四、教科书的封面设计及排版样式

第一套教科书就封面设计情况而言，各学段呈现出不同的特点。小学教科书的封面设计整体而言色彩丰富：除《算术》课本采用了横式构图外，大多课本均采用竖式构图，封面上标明了初级小学或是高级小学"某某课本"，"某某课本"用较大号的字体标出，位列课本中央；在文字周围附有与课本内容相关且生动形象的各式图像，如天安门城楼、人民志愿军、小学生一起读书、祖国的大好河山等，富有朝气而又不失童趣，利于激发少年儿童的学习欲望。相比小学课本，中学课本没有丰富多彩的图画设计，而采用白底彩字，总体来说显得更为朴素大方。其中文、理科课本的设计重点略有不同，在竖式构图的前提下，文科课本延续了小学课本的标注方式，清晰显著地标明了初级中学或高级中学"某某课本"，而理科则重点突出了学科名称，多标注为"初级中学课本某某学"或者"高级中学课本某某学"。

第二套教科书除《汉语》和《文学》这两类课本的封面上未出现插图、

---

❶ 《中国教育年鉴》编辑部 . 中国教育年鉴（1949—1981）［M］. 北京：中国大百科全书出版社，1984：508.

只是点缀了些许印花外，其余类型的课本均出现了封面插图，使课本显得更为美观。封面从上至下依次排列有：适用学段、课本名称、使用年级、第几册、配套插图、出版社这几个内容。更值得一提的是，课本中增加了很多彩色插图，一改严肃凝重的编写特点，使课本增添了不少趣味性。

在教科书排版样式方面，两者表现出差异性，体现出教科书形式的变化。第一套教科书在这一时期多采用竖式排版方式，《算术》课本除外。第二套教科书则全部采用了从左至右的横式排版方式，并且课本是从右往左进行翻页的。竖式排版是中国传统典籍的体例及印装格式，往往是繁体字、文言文的素材，标点也不完备。对阅读及现代科学文化传播颇有不便之处，但传统习惯势力强大，新中国成立伊始马上都改过来是有挑战的。但第二套教科书就已全部改订到位，表明了编辑人员的现代传播意识明显，人教社的高度负责态度同样令人称赞。

五、教科书的编写意义及编写价值

人教社编写的第一套教科书，是新中国第一套全国通用的中小学教科书，改变了新中国成立之初各地教科书各自为政的混乱状态，其编写和发行充分渗透了国家意志，是教科书领域国家教育政策的集中体现，标志着中小学教科书"国定制"的开始；同时，这套教科书还为新中国后期教科书的编写提供了经验借鉴，在新中国教科书发展史上具有里程碑式的意义。

较之第一套教科书，人教社第二套教科书的编写更具科学性和系统性。这套教科书的编写深受苏联教育模式的影响，教育部先后颁布了各学科的教学大纲，使教科书的编写有了相对科学的依据，开启了新中国"一纲一本"的教科书编写新时代。课本的学科门类开设更为齐全，中小学各科课程所对应的教科书和参考书，在这一时期几乎全部推出，是新中国成立后教科书编写史上的一大进步。教科书编写完成后，采用了先试验再推广的发行模式，践行了教科书"科学化"的编制规律。

第四节　新中国成立初期教科书的编写特点及基本经验

新中国成立初期的教科书经历了积极探索和充分借鉴的演变过程，以下从其中所涉及的相关问题，探索教科书的主要特点和教科书编写的基本经验。

一、教科书编写的主要特点

新中国成立之初，新的领导阶级的政治路线和思想路线急需以一种合理并且得体的方式快速传递给人民大众，以赢得民心。毋庸置疑，教科书是传递国家意志的重要载体，教科书的编写主要呈现如下特点。

（一）政治色彩鲜明

新中国成立初期，我国取消了众多国民党设置的课程（如"党义""童子军"等），在中学开设了新的政治课程，并印发了新的教科书，进行思想政治教育和国民公德教育，培养学生的爱国主义情感。新编写的教科书摒弃国民党的政治立场和观点，颂扬中国共产党的英明领导，指明新中国各项事业发展的社会主义方向，从而深深打下社会主义国家政治观念与意识形态的烙印。

（二）深受苏联模式影响

在 20 世纪四五十年代的国际形势下，我国没有建设社会主义国家的经验可循，所以只能向社会主义的"老大哥"苏联"取经"，参考苏联的教育模式，以此来发展我国的各项教育事业，教科书也不例外。新的教科书在编写过程中借鉴了苏联大量教科书，有的将内容稍加改动，有的按原著进行编译，还有的甚至选择直接翻译，并将原有文本内容全部照搬过来。例如，小学算术教科书的编写，以苏联教科书为蓝本，主要学算术中的整数，分数、百分数都学得很少，不学繁分数、比例、最大公约数和最小公倍数；分数加减法部分，只学同分母和分母有倍数关系的部分，不学异分母的加减部分；不仅学习内容减少，习题也减少了，而且取消了较复杂的题目。按此体例及要求，1953 年至1958 年期间，小学算术程度大体上比以前降低了一年的水平。❶

除此以外，在文科类教科书的编写过程中，凡涉及外国题材的选用时，总是优先选用苏联的题材，并且分量很重。例如，外国史教科书就选择编自《苏联现代史》教科书，从"伟大的十月社会主义革命""外国武装干涉和国内战争时期的苏维埃共和国""苏维埃共和国国民经济的恢复""苏维埃国家的社会主义改造""苏联人民的伟大卫国战争"和"从社会主义向共产

---

❶ 毛礼锐. 中国教育通史第六卷［M］. 济南：山东教育出版社，1989：100.

主义过渡的苏联"❶ 这六个章节来论述苏联的现代史，体现了当时我国教科书受苏联模式影响很深。

（三）由国家集中管控

1. 制定教育方针

教育方针，是从一定时期社会政治形势和经济发展的要求出发，以教育政策文件形式规定教育宗旨或目的，从社会国家的意志方面对培养人才的规格和质量提出要求，尤其是强调与政权利益一致的政治思想与道德规范准则，因此指引和规范了教科书的编写。

新中国成立前夕召开的中国人民政治协商会议通过了具有临时宪法作用的《中国人民政治协商会议共同纲领》，其中第四十一条确定了我国的教育方针："中华人民共和国的文化教育为新民主主义的，即民族的、科学的、大众的文化教育。"❷ 1951 年 3 月，时任教育部部长的马叙伦在第一次全国中等教育会议中提出："普通中学的宗旨和教育目标必须符合全面发展的原则，使青年一代在智育、德育、体育、美育各方面获得全面发展，使之成为新民主主义社会自觉的、积极的成员。"❸ 1952 年 3 月，教育部又颁发了《中学暂行规程（草案)》和《小学暂行规程（草案)》，规定对学生实行智、德、体、美全面发展的教育。此后，国家又在不同文件中提到了全面发展的教育理念。至此，我国的教育思想逐步转变为全面发展的教育方针，因而我国教科书的编写理念也发生了相应的变化。

2. 建立统一的专业机构——人民教育出版社

1949 年 10 月 19 日，中共中央宣传部部长陆定一在全国新华书店出版工作会议闭幕词中指出："教科书要由国家办，因为必须如此，教科书的内容才能符合国家政策，而且技术上可能印刷得好些，价钱也便宜些，发行也免得浪费。""教科书对于国计民生，影响特别巨大，所以非国营不可。"❹

根据陆定一讲话的精神，出版总署在 1950 年 9 月召开的全国出版工作会议上确定中小学教科书由全国统一供应，并决定成立专门的出版社。同年

---

❶ 李纯武. 苏联现代史［M］. 北京：人民教育出版社，1953.

❷ 有林，等. 中华人民共和国国史通鉴（第一卷）［M］. 北京：当代中国出版社，1993：426.

❸ 有林，等. 中华人民共和国国史通鉴（第一卷）［M］. 北京：当代中国出版社，1993：87.

❹ 中央教育科学研究所. 中华人民共和国教育大事记（1949—1982）［M］. 北京：教育科学出版社，1983：5.

12 月 1 日，人民教育出版社正式成立，出版总署副署长叶圣陶兼任社长、总编辑，副社长、副总编辑由教育部视导司司长柳湜兼任。毛泽东亲自为出版社题写了社名。人民教育出版社成立后，按照教育部编定的小学各科课程标准暂行草案和中学各科教学大纲草案，修订和重编中小学各科课本，并从 1951 年秋季起陆续供应。由此，我国建立了由国家统一编辑、出版、供应中小学教科书的新制度。

3. 确定教科书编审制度

为了保证中小学教科书编订工作的顺利进行，加强出版社内部的联系和互相配合，人民教育出版社根据实际工作的需要，于 1952 年制定了《编辑施工计划暂行办法》。

《编辑施工计划暂行办法》规定，凡准备新编、重编或修订的中小学教学大纲、教科书，均制定编辑施工计划，以一本书为单位，由负责编辑草拟，编辑室讨论，室主任核转副总编辑批准，作为编辑工作的依据。其主要内容包括：编写或修订教科书的原则，拟定教科书的章节目次，教科书的编写步骤，教科书编写所需的人力和具体分工，教科书编写各项工作的速度和具体日程，教科书编写中必须进行的工作（如参观、座谈、约请审读者等），教科书编写过程中出版社内相关部门的配合以及编写教科书所需的主要参考资料等。❶ 这个"施工计划"对于教科书编写工作的规范化具有保证作用。

1954 年 6 月，人民教育出版社提出了新编中小学教科书的总编辑方针和各科教科书的编辑方针、原则和体系。编辑方针指出，数学及自然科学教科书在编写时应以苏联最新出版的教科书为蓝本，注重汲取先进的编写成果，结合中国的实际情况予以适当改编；而语文、历史、地理等教科书则必须自编。人民教育出版社还确立了严格的中小学教科书编辑、审查制度。编辑制度包括：编辑人员必须严格遵照编辑方针，根据教学大纲和编写教科书确定的原则进行工作；编写教科书时要不断吸取最先进的科学成果；必须聘请专家参加教科书的编写工作；在教科书编写过程中汲取优秀教师的意见；为了避免教科书内容不必要的重复，一般采取直线前进的原则，必要时可采取螺旋式上升的原则；各科教科书内容相互联系，上下年级相互衔接。审查制度包括：三次文字、内

---

❶ 《中国教育年鉴》编辑部. 中国教育年鉴（1949—1981）［M］. 北京：中国大百科全书出版社，1984：485.

容把关成为定稿；经过政治、文字、插图、照片及地图等方面的审查，送交教育部批准；最后，进行严格的出版技术审查。新版的中小学教科书在编写前后要广泛征求意见，并在少数学校试教，然后才可以普遍推广使用。很显然，这种严格的中小学教科书审查制度对于提高教科书的质量起到重要的保障作用。

4. 统一全国教科书的售价及供应

1950 年 7 月 5 日，教育部和出版总署共同发布了《关于 1950 年秋季教科书减低并划一售价及供应办法的决定》，其中规定：教科书售价全国划一，教科书一律用人民币定价（东北用东北币定价）。各地出售给学生及学校的课本，一律按照书面标明的货币价格计算，不得根据任何理由，加成或加价出售。❶

教育部联合出版总署于 1951 年 4 月 18 日和 10 月 29 日相继发布了《对教科书供应情况报告的指示》《关于改进 1952 年春季教科书供应工作的决定》这两个通知，有效规范了全国教科书的供应及发行。

二、教科书编写的基本经验

学校教科书体现教育的功能、作用、内涵和本质问题，一方面作为个体成长和发展的重要手段，另一方面也是国家、社会巩固和稳定的基石。同时，教科书既有继承中的创新，更有本土化基础上的对外开放与吸收。上述种种，在教科书的编写中有所体现，也作为重要的编写经验提供课程与教学、实践与理论的有益资源。

（一）思想政治教育与学科基础教育相结合

中小学各科教科书的编写应坚持以辩证唯物论和历史唯物论为指导，用多种方式方法渗透社会新时期的思想政治教育，将思想政治教育寓于科学文化知识的教育之中，结合本学科的特点和各个年龄层次学生的认知能力，对学生进行生动具体且富有感染力的正确引导及教育，确立学生坚定的社会主义政治方向，塑造其崇高的思想品格，奠定富有积极思想的人生理念。语文课本可以多收录一些文质兼美的优秀作品，激发学生热爱国家、热爱党的思想感情；数学课本可以多引进一些科学的计算和解题方法，培养学生的学科思维能力，树立

---

❶ 中华人民共和国教育部办公厅. 教育文献法令汇编（1949—1952 年）·关于 1950 年秋季教科书减低并划一售价及供应办法的决定［M］. 北京：高等教育出版社，1958：220.

科学的世界观；艺术类课本，可通过革命和民族歌曲、栩栩如生的美术作品、传统的中国武术等学科内容，培养学生的民族自豪感和审美情操。

（二）知识的逻辑结构与学生的身心发展特点相统一

教科书的职责不只是将科学知识浓缩并呈现于眼前，更多的应该是把编排合理、思路清晰的课本内容高效传递给学生群体，因而要将知识的逻辑结构与学生的身心发展特点相统一。如何统一呢？首先，根据学生的年龄特征来组织知识的构建和技能的学习，形成一个完整的学科体系，切不能盲目照搬；其次，协调好教科书中各部分内容的分布，如图片、文字、实验、习题的位置和作用，使教科书主次分明，配合得当。例如，新中国成立后所使用的初中英语教科书，一改用语法知识作为编写脉络来设计教科书内容的方式，而是开始从语言的应用环境和实际意义出发，增添相对浅显易懂的生活对话，适应学生的形象性、情境性认知特点。无独有偶，新编写的地理教科书改变原来以地方志为编写体例的传统方式，而是引入了人与自然的关系，贴近学生的生活实际，更加符合教育教学的客观规律。

（三）学习借鉴与自身情况相适应

新中国成立后，我国百业待举，当时各个领域建设并不完善，尤其是教科书的编写更显仓促并缺乏基础，所以这一时期我国的教科书编写呈现出了"以俄为师"，借鉴学习的新对策。但遗憾的是，在学习和借鉴苏联教科书编写的过程中出现了盲从现象，带有教条主义的偏差。例如中学语文科，由于机械套用苏联俄语和文学分科的教学经验，从1953年开始就酝酿汉语和文学分科教学，1956年下学期开始实行分科教学，其结果是把语文课教成文学课，削弱了作文教学。《文学》课本编成纯粹培养小文学家、小文艺评论家的课本。选材范围只限于"纯文学"，政论文、应用文全排斥在外。学习重点只放在分析历史背景、作者生平、文学形象和艺术手法等方面，结果助长了学生夸夸其谈，文字表达能力未得到严格的训练。1956年编的文学课本，长课文非常多，平均每篇字数在六千五百九十字左右，万字以上的有三篇，其中一篇达三万八千字，显然不适合作教科书。❶

从客观上讲，借鉴外国教育经验本身就有一个认识、实践、再认识、再实

---

❶ 卓晴君，李仲汉．"中华人民共和国教育史丛书"中小学教育史［M］．海口：海南出版社，2000：83．

践的过程。孤立地就教育论教育，孤立地对外国教育经验做出评价或轻易地作为学习的模式，就会犯教条主义错误。从主观上讲，我们在使苏联教育经验与中国实际相结合方面所做的努力是不够的，较多地停留在表面上。要把外国教育经验同中国实际结合，既需要对外国教育经验做全面、深入的考察、了解和研究，又需要吃透本国的国情和实际情况，通过试点，总结经验，逐步推广。

　　新中国成立初期（1949—1956）的教科书建设经历了除旧布新的改革，广大教育工作者们在坚持教育方针的指导下，借鉴老解放区和苏联的教科书编写经验，注重中小学教科书内容系统性、科学性及思想性的结合，将教育理论同生产劳动和生活实际相联系，强调通过教科书对学生基本知识和基本技能的培养。尽管也存在有些教科书在编写过程中表现出偏差或闪失的现象，但总体而言，仍以成效为主，总结其中的宝贵经验，对于新中国中小学教科书建设走向仍具有重要的意义。

第十五章 探索社会主义
建设道路时期的教科书

　　1956—1966 年，中华人民共和国进入了经济和社会发展的第二个历史阶段，中国共产党领导全国各族人民探索全面建设社会主义的道路，为我国的社会主义现代化建设奠定了前期的基础。1956 年 4 月，毛泽东在《论十大关系》的讲话中提出了要以苏联在建设过程中暴露出来的问题为鉴戒，认真总结自己的经验，结合中国实际，探索适合中国国情的社会主义建设道路。同年 9 月，中国共产党在北京召开第八次全国代表大会，提出了一系列新的思想理论和路线方针。大会指出，由于生产资料社会主义改造基本完成，社会主义制度在中国已经基本建立起来，国内主要矛盾发生变化，决定了全党和全国人民的主要任务是集中力量发展社会生产力，尽快地把中国从落后的农业国建设成为一个先进的工业国，逐步满足人民日益增长的物质和文化需要。1958 年，作为八大路线的继续和发展，毛泽东提出要把党和国家的工作重点转移到技术革命和社会主义建设上来。在这期间，党在社会主义建设工作的指导思想上出现了"左"倾错误，特别是 1958 年"大跃进"运动的重大失误。但通过贯彻中共中央提出的"调整、巩固、充实、提高"的方针，1963 年国民经济出现了全面好转迹象。到 1965 年，国民经济调整任务基本完成，工农业生产得到全面恢复和发展，标志着我国即将进入一个新的发展时期。同样，此期我国社会主义教育也进入了一个全面建设和探索的新阶段，教科书根据社会形势和教育需求进行大胆探索和革新，取得了丰硕的成就。本章拟分为几个阶段对此加以探索。

第一节　独立探索编写教科书

1956—1966 年是我国探索社会主义建设道路的时期。随着我国社会主义建设高潮的到来，教育也进入了一个全面建设和探索的新阶段。广大教育工作者在总结前一阶段教科书改革经验的基础上进行大胆探索和革新，打破旧教科书的编写框架，下放编写权力，教科书开始了独立自编的探索。

一、编写教科书的社会背景

1956 年，正当我国开始进行社会主义全面建设的时候，国际和国内都发生了一些重大事件。

从国际上看，其一是 1956 年 2 月，苏联共产党二十大指出，斯大林在领导苏联社会主义建设中有严重错误，并且全盘否定斯大林。这在世界各国引起了极大的震动。西方国家乘机掀起了反共反社会主义的浪潮，给国际共产主义运动的发展带来了巨大困难，在人民群众中造成了一定程度的思想混乱；同时这打破了长期以来人们对苏联社会主义模式的迷信和对斯大林的个人崇拜，引起了人民群众对怎样坚持社会主义道路和如何建设社会主义的重新思考。其二是 1956 年 2 月和 10 月，波兰和匈牙利先后发生了严重骚乱，进一步暴露出了社会主义国家内部存在诸多问题。

而在我国国内，由于在经济建设中缺乏经验，出现了诸如基本建设规模过大，财政收支失去平衡，产生了赤字，以及市场紧张、物资短缺等问题，引起了部分群众的不满。

上述事件引起了以毛泽东为首的中共中央领导人的警醒，认识到在借鉴国外经验进行社会主义建设的同时，应注重从中国实际出发，探索适合中国国情的社会主义建设道路。这种经验教训也折射和反映在教育领域，因而在这一时期，我国教科书的建设走上了一条独立探索、自主编写的发展道路。

二、教科书嬗变概述

中共中央宣传部于 1956 年 5 月 28 日至 6 月 1 日在北京召开了部分省、市委宣传（文教）部长座谈会。在这次座谈会上，中共中央宣传部部长陆定一批评了有些地方和单位生搬硬套苏联教育经验的做法。他明确指出："学习苏

联是很重要的，但是绝不能一概照搬过来。苏联的某些经验就不一定很好。"❶
这次座谈会后，教育系统开始集中研究和着手解决教育工作中统得过死和集中
过多的问题，同时教科书的建设问题也引起了社会各界的关注。

1957 年，毛泽东根据马克思主义基本理论、社会主义教育发展规律以及
共和国成立后在教育实践中积累的经验，在《关于正确处理人民内部矛盾的
问题》一文中指出："我们的教育方针，应该使受教育者在德育、智育、体育
几方面得到发展，成为有社会主义觉悟的有文化的劳动者。"❷ 这一教育方针
的提出，奠定了教科书设计与编写的总方向。具体来说，这一时期教科书的演
变主要表现在如下四个方面。

（一）改革教科书的管理制度

1958 年 8 月，中共中央和国务院发布《关于教育事业管理权下放问题的
规定》。规定中指出，今后教育部的任务之一是"组织编写通用的基本教材、
教科书"，"各地方根据因地制宜、因校制宜的原则，可以对教育部和中央主
管部门颁发的各级各类学校指导性教学计划、教学大纲和通用的教材、教科
书，领导学校进行修订和补充，也可以自编教材和教科书"❸。9 月，教育部发
出通知：今后各地可以自编教科书，教育部不再颁发教学用书名目细表。在这
种形势下，全国各地的教育部门和学校结合自身实际情况，掀起了自编教科书
的热潮。例如 1958 年后，上海市教育局组织各方力量采取删、补、改等方式
对原人民教育出版社编写的通用教科书进行修订，集中编写了小学语文、算
术、乡土小学歌曲集等八类教科书，共三十三册。

（二）强化教科书中的政治教育

1957 年 3 月，毛泽东就中学政治课问题写信给周恩来、陈云、彭真、陆
定一等同志，信中提出："要恢复中学方面的政治课，取消宪法课，要编写新
的思想政治课本。"❹ 8 月 17 日，《教育部关于中学、师范学校设置政治课的通
知》指出，将原课程总称为"政治课"。初中部：一、二年级开设"青年修

❶ 陆定一. 陆定一文集［M］. 北京：人民教育出版社，1992：622 - 623.
❷ 毛泽东. 毛泽东同志论教育工作［M］. 北京：人民教育出版社，1992：269.
❸ 中央教育科学研究所. 中华人民共和国教育大事记（1949—1982）［M］. 北京：教育科学出版社，1984：228.
❹ 中央教育科学研究所. 中华人民共和国教育大事记（1949—1982）［M］. 北京：教育科学出版社，1984：192.

养"课程，三年级开设"政治常识"课程；高中部：一、二年级开设"社会科学常识"课程，三年级开设"社会主义建设"课程。

同年 11 月，教育部发出了《关于中学和师范学校社会主义教育课教科书目录》的通知，对各个年级开设社会主义教育课的目的、内容、原则及方法做了较为详细的说明，供各地参考使用。根据教育部的规定，中学《社会主义教育课教科书》分初中一、二年级，初中三年级，高中一、二年级，高中三年级四种，供一学年教学之用。随后，各省市教育行政主管部门据此编撰了"社会主义教育课"课本，如山西省教育厅编写的《社会主义教育课教科书》在"说明"部分就明确写道："中等学校设立社会主义教育课的目的，是要提高学生的社会觉悟，破除资本主义思想对学生的影响……目前，反右派斗争虽然已经取得了决定性的胜利，但是，这并不是说，学生头脑中的资产阶级的政治思想影响，已经完全清除了。"❶

社会主义教育课教科书仅存在短短一年左右时间，随着 1959 年《中等学校政治课教学大纲（试行草案)》的颁布，社会主义教育课被取消。

（三）加强农业教科书的编写

1958 年 3 月，第四次教育行政会议在北京开幕，会上决定在一切学校必须把生产劳动列为正式课程。由于各地区农业生产情况不同，要编写全国适用的教科书是较为困难的，但为了规范小学的农业常识教科书，教育部于 1957 年颁布了《小学农业常识教学要点》，供全国各地编写参考。至于中学的农业教科书则由各地参照初级中学实验园地实习教学大纲的精神，结合当地实际情况自行编写。❷ 例如，1958 年 10 月由湖南省教育厅编辑和出版的高级中学课本《农业知识》，便是在初中《农业基础知识》的基础上加以改进编写的，包括农业气象、土壤、肥料、农作物选种和良种繁育、农作物病害防治、农作物虫害防治、森林经营、畜牧兽医八个专题知识。

（四）重视乡土教科书的开发

乡土教科书，是以本地方的地理、历史、政治、经济、文化和民族状况等

---

❶ 山西省教育厅. 社会主义教育课教材（初中，初师，三年级适用）[M]. 太原：山西人民出版社，1957.

❷ 中华人民共和国教育部办公厅. 教育文献法令汇编（1957 年）[M]. 北京：高等教育出版社，1958：47 – 62.

为内容的教科书。我国教育工作者们在反思和学习苏联教科书的同时，已认识到我国地域辽阔、各地不同的特殊情况，因而 1958 年 1 月，教育部发出了《关于编写中小学、师范学校乡土教科书的通知》，要求各地自主编写乡土教科书。这一时期全国各地都广泛编写了乡土教科书，如甘肃省教育厅编、甘肃人民出版社出版的甘肃省中学乡土教科书《语文》，湖南省教育厅编、湖南人民出版社出版的《湖南省地理》《湖南近代现代革命史简编》。乡土教科书补充了统一教科书的不足，为更好地适应我国地域辽阔、民族众多的国情发挥了重要的作用。

我国学校教科书所经历的上述发展历程，不仅是这一时期教科书发展变革的过程，同时也是教科书特色化的过程。这一阶段的教科书发展呈现出了多样化、科学化及群众化的特色。

多样化指的是这一时期教科书在编写的过程中出现了不同层次、不同类型的特点。1958 年 8 月，中共中央和国务院发布《关于教育事业管理权下放问题的规定》，指出在课程体制上，"各地方根据因地制宜、因校制宜的原则，可以对教育部和中央主管部门颁发的各级各类学校指导性教学计划、教学大纲和通用的教材、教科书，领导学校进行修订补充，也可自编教材和教材"❶。教育政策是国家制定并颁发的关于教科书建设与发展的大政方针，是教科书多样化的实践依据。这一时期出现了社会主义教育课教科书、政治常识（代用教科书）、农业知识、农业基础知识等各式教科书，使教育同生产劳动相结合，丰富了我国教科书的构成体系。

科学化指的是教科书在编写过程中既要考虑到如何使某一门学科的知识形成一条系统、完整的知识链，又要考虑到需在所有学科之间形成一个有机的知识网络，还要考虑到各教育者在不同年龄阶段的生理、心理特征和认识规律。这一时期的学校教科书，在内容处理上注重将科学知识同学生的实际需求相结合，简洁明了，通俗易懂。1960 年，湖南省委教学改革委员会编写了湖南省五年制中学数学课本，共十册，每册供一学期使用。以《中学数学》第一册为例，全书包括因式分解、分式和分式方程、实数、方根和近似计算五章内容，吸取了当时适用教科书的优点，参考了辽宁黑山和本省教学实践的经验，按知识的内在联系，归类集中编排，去掉了陈腐落后和重复烦琐的内容，适当

---

❶ 刘英杰. 中国教育大事典（1949—1991）［M］. 杭州：浙江教育出版社，1993：374.

地提高了难度，便于教师精讲、学生多练。

群众化指的是教科书在编写过程中，吸纳各方编写力量，进行集体写作、快速出书的编写方式。1958 年，在中国共产党"八大"二次会议通过的"鼓足干劲，力争上游，多快好省地建设社会主义"总路线的指引下，全国开始了国民经济的"大跃进"。教育战线同其他各条战线一样，掀起了一场全国范围内声势浩大的教育"大跃进"，也称为"教育革命"。"教育革命"时期采用了群众化的教科书编写方式，一方面，迎合了"大跃进"时期强调的"多快好省"的时代要求；另一方面，集思广益，激发了人们的创造力，锻炼了教育队伍，培养了编写人才。例如，上海市中小学课程革新委员会在"大跃进"期间，从十所高等学校抽取部分师生、四十八所中小学校选取部分优秀教师，组成了一个七百多人的专门编写队伍，奋战四十多天，新编了一百一十六册共计八百九十五万字的全套中小学教科书；再如，西南师范学院中文系中小学语文教学改革小组，会同四川师范学院（今四川师范大学），组织一部分师生，仅用三个月的时间，就编写出了十年制汉语拼音课本和一年级至十年级二十册共约三百五十万字的语文课本。

学校教科书是启迪人类智慧的精神食粮，它作为反映人类生产和生活的知识载体，凭借通俗晓畅的形式，阐述着人类的文明。从课程教科书建设来说，多样化的特点是教科书编写的必然选择，教育的对象是一个个独特的个体，在各自生存的环境中形成不同的认知结构，并且有着不同的发展需要。教科书编写的多样化，是对学生多元需求的正视，有利于学生的全面发展。教科书编写的科学化特点，是教科书编写的本质要求。切实关注并关怀受教育者的身心发展特点，才能收到循序渐进、春风化雨的教育效果。群众化的教科书编写方式，大大拓宽和丰富了编写思路，激发了创新思维的火花，同时群策群力的编写方式也有助于教科书编写的高效进行。

第二节　调整提高统编教科书

"教育革命"轰轰烈烈地展开着，做出了一定的成绩，但由于受到"大跃进"运动中以高指标、瞎指挥、浮夸风和"共产风"为主要标志的"左"倾错误的影响，也日渐出现了浮夸风、"共产风"、命令风、瞎指挥风和干部特殊风❶，并由此造成了教育比例失调、教育质量下降等严重失误，主要表现为：教育事业的过快发展占用了过多的劳动力，加重了国家的财政负担，加剧了物资供应的紧张状况；教育事业过快发展，影响了教育质量的提高；教育事业的过快发展造成了学校布局和专业设置的不合理。

同样，教科书存在的诸多质量问题也日渐暴露。为了保证教科书的质量，中央于 1959 年在北京召开了教育工作会议，会上指出：普通中小学教科书应该保证全国必要的统一性和应有的水平，由教育部制订教学大纲，编写统一的教科书供各地使用，各地可因地制宜地适当变动。1960 年 2 月，教育部相继在天津、北京召开普通教育会议，主要讨论学制、课程和教科书等问题，并提出学制改革，由十二年调整为十年，并且部分课程逐级下放，教科书要大改和小改并举，至此又掀起了教科书建设的热潮。这一时期教科书建设在多个方面有改进，以下从全国与地方两个维度加以举证分析。

一、第三套全国通用的教科书

人民教育出版社在建国初期的 1949 年至 1956 年编辑出版的第一、第二套教科书，基本上能够运用辩证唯物主义和历史唯物主义的观点阐述自然现象和社会现象，大部分教科书注意吸收了最新的科学成果，但广大师生普遍反映这两套教科书"要求高，分量重，内容深"。为了克服这两套教科书已暴露出的缺点和适应教学改革的需要，1960 年，教育部着手组织力量编辑了一套包括课本和教学参考书的十年制新教科书。教科书包括课本二十六种七十七册，教学参考书二十二种七十二册（未编历史、地理、生物），于 1961 年编成，程度上已达到当时十二年制的水平。从 1961 年秋季开始，在全国实验十年制学校中的小学一年级和初中一年级试用。以下拟从不同维度对该套教科书加以分析和解读。

（一）编写方针

这套教科书坚持以毛泽东思想为指针，用马克思主义的立场、观点及方法阐述自然现象和社会现象；力求避免因强调联系实际而出现削弱基本知识的缺点，注重基本知识和基本训练的加强；力求克服"少慢差费"的现象，适当反映科学技术的新成就；力求避免因程度过深而出现难教难学的毛病，注意深

---

❶ 何东昌. 中华人民共和国重要教育文献（1949—1975）［M］. 海口：海南出版社，1998：1023.

浅安排得当，切合当前教学实际。在编辑自然科学教科书方面，坚持贯彻"百家争鸣"的方针，注意执行国家的保密制度，把适合学生接受能力的现代科学文化知识传授给学生，重视科学文化知识教育同政治斗争、生产建设实际相结合。❶

（二）编审情况

为了有效开展教科书的编写活动，1960 年 10 月，教育部组织成立了教科书编审领导小组，重新确立了编审制度，小组由辛安亭、彭文、刘松涛等成员组成，戴伯韬任小组长。编辑人员根据已批准的编辑方针和要求，采用集体讨论、分工负责的办法进行编写。编写人员要有全局观点，将各学科之间密切联系，谨防同一学科各册课本之间的重复和脱节。在教科书审查工作方面，教育部建立了三审制度（编辑部内的正副编审初审，教育部专门审查组复审，教育部主管副部长终审，重大问题请示中央），重点审查教科书中的政治问题，同时对选文及事例的科学性和程度深浅等问题也要给予充分注意。审查后的教科书要进行集体讨论，有争论的问题由领导做出结论。

为了加强对教科书编审工作的领导，教育部决定组成以戴伯韬为组长的教科书编审领导小组。这个领导小组在中共中央宣传部副部长张磐石和教育部副部长董纯才的领导下进行工作，同时还聘请一批专家为审查小学各科教科书的顾问。

（三）内容变革

这一时期学校教科书的内容日渐现代化，教科书中删掉了不符合现代科学观点的知识，逐级下放了原有教科书的内容，方便了学生的理解和掌握，同时也适当提高了课程的理论水平。具体到各科教科书来看，分别有如下变革或改动。

新编语文教科书较之旧教科书有以下两个特点：一是课本中选文的总量减少，文言文所占的比例有所降低；二是教科书大多选编的是赞美"大跃进"和人民公社的时文作品，除鲁迅以外，现代作家的作品收录较少。算术教科书在内容的选择上进行了大胆的革新，将口算和笔算相结合，加、减法 20 以内以口算为主，100 以内则主要以笔算为主；降低了复合应用题的难度及要求，

---

❶ 《中国教育年鉴》编辑部 . 中国教育年鉴（1949—1981）［M］. 北京：中国大百科全书出版社，1984：484.

适当进行了简化；同时还增加了循环小数、比例分配等内容。这套教科书的改革方向具有教育学、心理学的科学依据与规律性认识，在实际的教学运用中取得了较好的效果。小学阶段英语教科书并未组织编写，中学阶段分别编写了十年制学校初中课本英语（试用本）第一、二、三册和十年制学校高中课本英语（试用本）第一、二册。从1961年秋季起，这些英语课本在全国一些条件好的十年制实验学校中开始试用推行。中学历史教科书是在"左倾"思潮的影响下编写而成的，"厚今薄古"，减少了很多古代史知识，增添了不少当代史的知识，甚至将"大跃进"和人民公社化运动写入了历史教科书，这套教科书曾受到史学界的严厉批评。地理教科书共分为两册，第一册主要讲的是地球的基础知识和中国地理，第二册主要讲的是世界地理。在教科书编写方式上，先摘录马、恩、列、毛等人经典著作中有关地理的名言，当作理论武器，然后探讨存在争议的地理问题。在内容设计上，删除空泛的议论和难度过高的理论观点，增加中、外主要城市的基本地理知识，选编大量和我国关系友好的国家的相关地理知识，使学生了解"东风压倒西风"的大好形势，进一步加强思想政治教育。新编的化学教科书中适当补充了一些化学基础知识，实际生产知识、工农业生产中化学操作内容的应用占据了突出比例。中学生物学通用教科书在第二套生物教科书的基础上编写而成，于1961年相继出版。论其深浅程度，生物学第一、二、三册课本依次相当于各学段学生之前所使用的《植物学》《动物学》以及高中《生物学》课本。学校所使用的美术教科书主要是为政治服务的，所收作品将教育与生产劳动相结合，深刻反映现实生活，意图通过作品的鉴赏与创造加强学生的思想政治教育。新编写的体育教科书与旧教科书相比，形式上略有不同，内容上都旨在加强学生的体质和体魄。新教科书的编写注重从体操、田径、武术和游戏中选取内容，并且将劳卫制和民兵训练相结合，既考虑到了学生的心理和生理特征，还注重了教科书的教育性和实践性。

特别值得一提的是，这一时期语文教科书和历史教科书的发展变革浸透着强烈的政治气息。

1. 语文

以上海市五年制中学二年级第一学期所使用的《语文》（试用本）❶（上

---

❶ 华东师范大学. 五年制中学课本语文（二年级第一学期）［M］. 上海：上海教育出版社，1960.

海教育出版社 1960 年版）为例，选取此教科书的部分目录：

第一课 西江月（井冈山）【毛泽东】

第二课 大跃进的锣鼓【选自《雨花》，1958 年 6 月号】

第三课 茅屋为秋风所破歌【杜甫】

第四课 铁窗里【罗广斌、刘德彬、杨益言】

第五课 神灯【选自《新观察》，1959 年 11 月】

第六课 三峡笑迎毛主席【选自《建设长江的人们》】

第七课 西湖美，西湖公社更美【选自《旅行家》，1960 年 3 月】

第八课 嵖岈山飞出了金凤凰【选自《少年文艺》，1959 年 12 月】

第九课 毛主席向着黄河笑【臧克家】

第十课 童山的时光【华山】

第十一课 追寻英雄的足迹【刘白羽】

第十二课 我们的力量所在【魏巍】

第十三课 桥梁远景图【茅以升】

第十四课 喜看绿叶成牡丹【张春桥】

第十五课 为了党的伟大事业刻苦学习【郝建秀】

从上列目录中我们可以发现，这一时期语文教科书收录的课文类型大多是以下几种：或是以毛主席命名，如《三峡笑迎毛主席》《毛主席向着黄河笑》；或是直接选录毛主席的文章，如《西江月（井冈山）》；或是缅怀革命先烈，如《追寻英雄的足迹》；抑或选择"大跃进""总路线"等现实题材来反映社会主义建设，这样的课文有《大跃进的锣鼓》《我们的力量所在》。教科书政治气息浓厚，不仅反映了时代的发展潮流，同时充满着革命的激情和勇往直前的精神，兼具时代性和革命性的统一。

2. 历史

高中历史教科书在"左倾"思想的冲击下，发生了诸多变化。形式上，人教社历史室在《高级中学课本中国历史》（四册）第四册的基础上，修改成了高级中学课本《中国现代史》一书；在高级中学课本《世界近代现代史》下册部分内容的基础上修改成了高级中学课本《世界现代史》一书。内容上，"左倾"思想更加明显，突出了政治内容，强调了中国共产党对中国革命的领导作用。例如，新课本的第一编为"中国共产党的成立"，相比之前课本中选用的"中国新民主主义革命的开始　第一次国内革命战争"这一编,极大突出了中国共产党的历史地位;有关"五四运动"的这一章节,删去了之前课本中"文学革命运动""革命文化的发展"等内容,取而代之的是"马克思列宁主义在中国的传播"这一板块。最显著的是,这一时期的历史课本突出了毛泽东和毛泽东思想的历史作用,比如在教科书的第一编"毛泽东同志革命活动的开始"的开头添加了"中国人民的伟大领袖毛泽东同志"这一句,并且在最后指出:"毛泽东同志对马克思列宁主义的认真钻研和创造运用,他对革命斗争的正确的领导和他同群众的密切联系,使他很快成为中国杰出的马克思主义者。"❶

1961年,这套教科书的供应结束了1958年以来各地自编教科书的局面。这套教科书较之前一套教科书有了很大的进步,编写时坚持了马克思主义的立场和观点,重视了"双基"(基础知识和基本技能)的学习和练习,使学生在领略祖国科技文化发展的同时,学到了知识,掌握了本领。但这套教科书由于编写时间较短,未能完全避免系统性差、理论多、材料少的缺陷,仍相对粗糙。

二、各地自编补充教科书和乡土教科书

1960年2月,教育部在普通教育工作座谈会上提出:教科书可以大动与微调并举,除基础知识外,也必须充分反映地方的特点。❷据此,各地除采用全国通用的学校教科书外,还编写了一定数量的补充教科书和乡土教科书。

补充教科书一般由县级以上教育行政部门组织专人编写,主要编写农业常识之类的补充读物。这些教科书的特点是同地方实际结合得比较紧密,能够更好地适应我国地域辽阔、各地经济和社会发展的不同特点。根据教育部的有关规定,乡土教科书的编写必须富有教育意义,以中小学语文、历史、地理、农业、音乐等学科为主,符合学生的年龄特征和接受能力,分量不能太多,以免造成学生的过重负担。选材范围,小学要以县、市或专区为重点,中学要以省、市为重点,遵循这些指导原则,各地自编乡土教科书的工作都取得了不同程度的进展。乡土教科书的编写弥补了通用教科书的不足,使学生了解

---

❶ 人民教育出版社. 中国现代史(高级中学课本)[M]. 北京:人民教育出版社,1960.

❷ 中央教育科学研究所. 中华人民共和国教育大事记(1949—1982)[M]. 北京:教育科学出版社,1984:267.

了家乡，并激发了学生热爱家乡的思想感情，是教科书建设中的一项重要工程。

1961 年 4 月 24 日，教育部发出通知，提出农村半日制初中教科书以各省、市、自治区自编为宜，或者选用其他省、市编写的适当教科书。当时，教育部已委托江苏省教育厅在湖南省教育厅的协助下编写出半日制初中语文、数学、物理、化学、历史、地理教科书的初稿，但是根据中央文教小组的意见，认为这类教科书还是由各省、市、自治区自己编写为好。此后，由各地自编的半日制初中教科书就成了当地学校采用的正式教科书。

第三节　稳步调整编写教科书

1960 年，我国出现了国民经济困难的局面。其主要表现是：国民经济发展比例严重失调；国家财政支出大幅增加，物价上涨，通货膨胀；人民群众的生活水平下降，粮食和农副产品严重短缺。为了实现国民经济的好转，扭转国民经济严重困难的局面，中共中央于 1960 年 7 月在北戴河召开工作会议，研究了如何调整国民经济的相关问题。9 月 30 日，中共中央转发了《关于 1961年国民经济计划控制数字的报告》，报告中首次提出了"调整、巩固、充实、提高"的八字方针，要求各地参照执行。❶ 教育事业的"调整、巩固、充实、提高"是整个国民经济"调整、巩固、充实、提高"工作中的重要组成部分。

中共中央文教小组指示：在总结过去教科书编写经验的基础上，重新编写一套质量较好的全日制十二年制学校教科书。据此，教育系统也按照"调整、巩固、充实、提高"的八字方针对学校教科书进行了调整和改革。从 1961 年6 月开始，人民教育出版社开始研究新中国成立前的教科书和外国教科书，总结了共和国成立以来教科书编写的经验，提出了改进编辑工作的意见，统一了编辑人员的认识，于 1962 年夏初开始编写工作。教科书初稿于 1962 年秋季在少数学校尝试使用，第二年秋季，各科教科书的第一册在全日制十二年制小学一年级和初中一年级正式试用。这套教科书只出版了教学大纲十四种十四册，教科书和教学指导书十九种四十六册，其余教科书并未得到出版发行。以下拟从不同维度对该套教科书加以分析和解读。

---

❶ 何东昌. 中华人民共和国教育史（上卷）［M］. 海口：海南出版社，2007：260.

一、教科书的编写设计

人民教育出版社在编写这套教科书之前，花费了大量的时间进行研究和讨论，有一大批编辑亲力亲为，深入农村和工厂，调查当地的教育状况和教科书需求；还有一大批人员被分成了两拨，一拨负责收集和整理我国自清末"废科举、办学堂"以来各科教科书的发展情况，另一拨则主要搜集马克思主义经典作家的相关论述，为学校教科书的编写建构理论依据。

二、教科书的编写理念

这套教科书的编写力求按照党的教育方针，结合我国教育的优良传统和社会主义建设的实际，合理吸收外国的有益编写经验。在具体的编辑工作中，编者注意加强了语文、数学、外国语等几门主要学科的编写力度，在一定程度上反映了科学技术的新成就。

三、教科书的编写特点

在实际的编写过程中，编者力求将社会主义建设实际同我国优良的教育、教学传统相结合，重点加强了主要课程的编写力度，强化了教科书中"基础知识"和"基本训练"这两部分内容，适当反映了科学技术的新成就，摸索出了一条将毛泽东教育思想同学生的实际生活相切合的教科书编写道路。

四、教科书的内容变革

新编写的语文教科书严格遵循了"语文是学好各门知识和从事各种工作的基本工具，中学语文教学，要使学生具有现代语文的阅读能力和写作能力，具有初步阅读文言文的能力；作文要文理通顺，用词确切，正确使用标点符号，字写得端正，不写错别字"❶ 的编写指导方针，注重培养学生的读写能力，体现了语文的工具性。如在选文方面，题材众多且涉猎宽广，力求文质兼美；又如在编排方面，新教科书以培养学生的阅读能力和写作能力为主要线索，由浅入深，并且根据循序渐进的原则安排了读写训练，符合少年儿童的认

---

❶ 《新中国中学语文教育大典》编写组 . 新中国中学语文教育大典［M］. 北京：语文教育出版社，2001：551.

知规律，有效培养了学生的阅读和写作能力；再如在课后习题方面，更是增设了许多对应习题，使学生加深并有效地巩固了课本内容的学习。

数学教科书在这一时期获得了发展，《小学算术》课本是按照《全日制小学算术教学大纲（草案）》进行编写的，重新编入了1959年"四二制"暂用课本，并删除了1961年《十年制学校小学课本算术（试用课本）》中不当的课本内容。如部分运算定律和性质、最大公约数的求解方法、圆锥的体积等，同时也增加了一些与初中衔接的知识，如棱柱、棱锥的体积、初步的记账知识等，这些内容紧密联系了学生的生产和生活实际，突出了基础知识和技能的学习和练习。最值得一提的是，这套小学算术类教科书首次提出了要培养学生空间观念的要求，这是十分进步的。中学的数学课本，特别重视了学生逻辑推理能力的培养，具体可分为四个阶段：判断、推理、分析和逻辑，同时也合理充分地添加了许多插图帮助学生理解例题，还配备了足够数量的"练习题"和"复习题"，锻炼学生的思维能力。

外语教科书的编写渐渐受到了重视，封面运用彩色图片，并且图文并茂，内容主要是单词、句型和课文，穿插有语法教学，选文多为歌颂党、歌颂国家的题材。新编历史教科书采用了唯物史观的编写视角，极大地去除了"左"的思想和影响，在编排上调整了古代史和近现代史的内容比例，内容上注重了基础知识的讲解和重大历史事件的叙述，客观地分析和看待了历史人物，可以认为这是新中国历史教科书中编写较为成功的一套。中学政治教科书的编写经历了初稿、试验、最终定稿的过程，书中选用了大量政治性的文章，如试用教科书《做革命的接班人》一书，就是由毛泽东语录、中共中央的报刊、材料和文献等编辑而成的，这体现了新时期国家政权对年青一代的思想维度和价值观念主观塑造和培养的强烈愿望。化学教科书在编写过程中主动参考和借鉴了中、外教科书的编写经验，结合当时的中国实际，适当调整了化学基础知识的分配，将课本内容同自然界、工、农业生产和生活相联系，强调了辩证唯物主义思想方法的培养，增加了化学基础知识的篇幅和基本技能的训练。初高中化学课本合起来共四套，受到了广大师生的好评和欢迎。

生物教科书主要是参照《全日制中学生物教学大纲（草案）》进行编写的，相比前一套学校教科书，更加注重了基础知识的教学和基本能力的训练。美术教科书主要是围绕"爱祖国、爱人民、爱劳动、爱科学、爱护公共财物"这"五爱"进行编写的，选用了《欢乐的节日》《园地劳动》《浇花》等具有思想品德教育性质的作品，反映了人们对美与善之间的沟通，加深了对艺术的认识，激发了对实践的渴望。

其中，历史教科书和政治教科书在这一时期取得了重大的成就和突破。

（一）历史

《十二年制学校高级小学课本历史（试教本）》（1962年版）❶共有四册，第一、二、三册为"中国史"，内容截至中华人民共和国成立；第四册为"世界史"，内容截至第二次世界大战结束，但因社会形势的变化，只印了前三册。较之之前教科书，这套教科书的突破性首先表现在重视了少数民族的发展史，编写了"北魏孝文帝迁都洛阳""女真的兴起""成吉思汗和忽必烈""清朝前期的强盛"等内容，正面讲述了少数民族的发展史，对少数民族建立的王朝（如元朝和清朝）给予了一定程度的肯定，不再完全持否定态度。其次注重了少数民族的文化史，如在第一册中就有七课是以文化为主题的，如"司马迁""造纸术""三大发明""北京的营建"，占了将近五分之一的内容，对"左倾"思想有所克服。同时采用了"红线串珠"的写作手法，将诸多历史文化名人都收录在了教科书之中，包括统治阶级中有作为的帝王和将相。

《十二年制学校初级中学课本中国历史（试教本）》（1962年版）❷四册书共计十五编，一编至七编为原始社会到明清朝鸦片战争以前的中国古代史部分，八编至十编为1840年鸦片战争开始至1919年"五四运动"前夕的旧民主主义革命时期的历史，十一编至十五编为1919年"五四运动"开始至1949年10月中华人民共和国成立的新民主主义革命时期的历史。从编排方式上看，这套教科书体现了人类社会的发展规律，按"原始社会""奴隶社会""封建社会"划分，同时也兼顾了中国历史的特色，将各社会类型按朝代细分夏商、战国秦汉、三国两晋南北朝、隋唐等，适当处理了社会发展的规律和王朝体系的关系。这套教科书还正视了历史人物的作用，对我国历史上曾产生了积极作用的"帝王将相"，著名的政治家、军事家、改革家都做出了科学的肯定。如秦始皇、汉武帝、唐太宗、清圣祖康熙等，其中秦始皇的正面功绩写了整整五页。

---

❶❷ 人民教育出版社. 十二年制学校初级中学课本历史（试教本）[M]. 北京：人民教育出版社，1962.

（二）政治

中学政治课本《做革命的接班人（试用教科书）》选用毛泽东语录、中共中央文献和中央报刊文摘以及相关具体材料编辑而成，是学校教科书政治思想曲线上扬的直接反映。目录如下❶：

一、旧中国反动统治下劳动人民的悲惨处境

毛主席语录

材料：

（一）罪恶的地主庄园

（二）活人的墓碑

（三）童工的地狱　八间房

（四）表的故事

二、新中国的成立，是无数革命前辈的英勇奋斗和流血牺牲换来的

毛主席语录

材料：

（一）记"二七"罢工斗争

（二）跟毛主席上井冈山

（三）万水千山

（四）刘胡兰

三、千万不要忘记阶级斗争

中共中央文件节录

毛主席语录

关于过渡时期的阶级斗争（《人民日报》编辑部、《红旗》编辑部文章摘录）

材料：

（一）一场严峻的考验

（二）千万不要忘记

（三）身居闹市　一尘不染

（四）反动的地主分子、富农分子复辟野心不死

---

❶　人民教育出版社. 做革命的接班人（试用教材）［M］. 北京：人民教育出版社，1964.

四、热爱生产劳动，艰苦奋斗，用自己的双手建设富强的社会主义祖国

毛主席语录

只有热爱劳动，才能永远革命，永不变质（中国共产主义青年团中央委员会向第九次全国代表大会的工作报告摘录）

下乡种地，是否"丢人""没出息"？（《人民日报》社论摘录）

材料：

（一）吃大苦，耐大劳，做永不生锈的螺丝钉

（二）虎头山上插红旗

五、努力学习，刻苦钻研，掌握科学文化知识

毛主席语录

材料：

（一）毛主席关怀警卫战士学文化

（二）打笔直井

（三）科学实验开了花

六、立雄心壮志，做革命的接班人

毛主席语录

培养和造就千百万无产阶级革命事业的接班人（《人民日报》编辑部、《红旗》编辑部文章摘录）

材料：

（一）雷锋的生平

（二）雷锋的故事

（三）雷锋日记摘抄

这套教科书最突出的一个特点便是由毛主席语录统领各章节内容，这一形式成了"文革"时期教材编写的滥觞。这套教科书，可以说是新中国成立以来人民教育出版社投入最多、耗时最长编写出的一套高质量的学校教科书，既适当提高了语文、外语、数学等几门主要课程的难度，又注重了"双基"知识与能力的加强，同时还注意切合当前的教学实际，适当反映了科学技术的新成就。

第四节　持续平缓重修教科书

1964 年前后，"教育革命"的宣传工作与实践运动波澜再起。随着在阶级斗争问题上"左倾"思想的发展，毛泽东做出了"资产阶级知识分子依然统治着我们学校"的估计，导致阶级斗争又重新受到了强调。

1964 年 2 月 13 日，毛泽东主席召开了甲辰年春节座谈会。会上，毛主席指出，"课程多，压得太重，是摧毁人的。学制、课程、教学方法、考试方法都要改"，"我看课程可以砍掉一半"。❶ 教育部基于一些地区反映这套教科书内容深、任务重、教学困难的情况，遵照这一指示，于当年 5 月发出了《关于精简中小学各科教科书的通知》，开始进行教科书的精简工作。

1964 年 9 月，《人民教育》的社论《教育革命的一项根本措施》中指出："教育……是进行阶级斗争的一种强有力的武器。"❷ 同年 10 月，毛泽东又提出了"阶级斗争是一门主课"的思想。在"极左"思想的指导下，各地中小学校纷纷组织学生学习毛泽东思想及著作，大量参与建设社会主义的教育活动及体力劳动，强化了思想政治教育，忽视了正规的文化知识教育。

在这种形势下，人民教育出版社在中宣部副部长张磐石和教育部党组的领导下，根据毛泽东关于"学制要缩短，教育要革命"的春节讲话精神，由社里的干部带队深入到工厂、农村进行大规模调查，并在调查的基础上拟出各科教科书改革方案，修改或重编刚刚使用不到一年的全日制十二年制学校教科书。修改了的教科书精简方向正确、思想性强，有效贯彻了"少而精"的原则，减轻了学生负担，并且在联系生产和生活实际方面有了较大的改进。新教科书于 1965 年 4 月修订完毕，本来想赶在 9 月出版使用，但中宣部指示再推迟一年。利用这一年的时间，人民教育出版社的教科书编写者们广泛调研，征求意见，再次进行了认真修改。

1965 年夏天，毛泽东同志对《北京师范学院一个班学生生活过度紧张、健康状况下降》材料做了批示（著名的"七三指示"）："学生负担太重，影响

---

❶ 中央教育科学研究所. 中华人民共和国教育大事记（1949—1982）［M］. 北京：教育科学出版社，1984：353.

❷ 佚名. 教育革命的一项根本措施［J］. 人民教育，1964（9）.

健康，学了也无用。建议从一切活动总量中，砍掉三分之一。"❶《人民日报》也发表社论，要求所有的教科书要贯彻"少而精"的原则，减轻学生的负担。人民教育出版社据此对教科书又做了一次全面的检查和修订。这套教科书花费近两年的时间重新编写和修订，但由于这时已经是 1966 年上半年，"文化大革命"的暴风骤雨即将到来，因而这套修改后的教科书不可能也没有必要出版了。

这一时期教科书的发展一直处于持续平缓状态，仅仅是对前期的教科书进行了部分删改和修订，并没有得到较大的发展，教科书建设在成败曲折中艰难前进。

第五节　探索社会主义建设道路时期
教科书的编写特色及启示

1956 年至 1966 年是新中国成立以来我国历史上十分重要的十年。在此期间，教科书建设也和全国的发展形势一样，大胆探索，曲折前进，先后经历了自主编写、恢复统编及适时重编等几个阶段，呈现出了以下几方面的编写特色，从中可以揭示若干有价值的启迪。

一、教科书的编写特色

经历新中国成立初期教科书的探索，在新的社会形势和要求下，教科书的编写逐渐体现对我国教育自身特点的认识与经验总结，对外来教科书编写的比较研究也突破了单一的苏联教育模式，更具开放性。根据教育理论研究的成果，教科书的编写体例及设计方案带有明显的科学化因素。

（一）教科书的变革紧密联系中国的社会实际

在这一阶段，由于对苏联教育模式的重新审视，在新的国际教育背景下，我国开始了独立探索全面建设社会主义教育体制的新征程。在教科书编写过程中，注重同中国社会实际相结合，废除了不能反映我国生产建设成就和现代科学技术发展水平的知识及思想内容，在充分体现中国社会特点及要求的背景

---

❶ 中央教育科学研究所. 中华人民共和国教育大事记（1949—1982）［M］. 北京：教育科学出版社，1984：382.

下，广泛吸收人类的科技文明成果，并编入教科书之中。在教科书建设过程中，广泛吸纳了社会各方的编写力量，尤其是发挥了教师在教科书建设中的积极作用，将教科书内容同学生的身体特点、学业成就差异及生活实际紧密结合。

（二）打破教科书编写的旧框架

受"大跃进"教育思潮的影响，旧教科书的编写框架已不符合"多快好省"的精神，是改革教科书的障碍，因而在教科书编写过程中打破了原有的编写框架，这一点在多部教科书中均有体现。例如在小学算术中，将欧几里得几何体系打破，改变了四则运算和代数截然分开的状态；在地理教科书中，将自然地理知识与经济地理知识相联系，打破了各自为政的知识体系，建立起了新的学科系统。

（三）教科书编写权力下放

1958 年以来，在党的领导下，各地坚持群众路线的基本方针，在目标一致的前提下，编写了不少符合当地实际的新教科书，取得了较大的成果。有的教科书增加了近代科学技术成就的学习，有的教科书加强了对实验实习的重视；还有的教科书减少了案例循环，避免了内容重复。这些举措对教科书改革起到了很大的推动作用。

二、教科书的编写启示

这一时期教科书顺应了时代潮流的不断变革和发展的要求，同时也为教学改革与发展带来一些现实启示。

（一）教科书编写应处理好政治和教育之间的关系

青少年处于人生发展中的黄金时期，要使他们成长为促进社会发展和进步的力量，不但要有知识，而且还要有坚定的政治方向和良好的思想品德。教科书的编写既反对单纯的传授科学文化知识，忽视思想政治教育，同时也反对脱离教科书内容，牵强附会地编写空洞的政治口号。应该将政治思想教育寓于各科教科书的学习之中，润物无声，培养学生坚定的政治立场和社会主义信念。

（二）教科书编写应将知识传授与能力培养相结合

知识传授与能力培养是相辅相成、相互促进的，知识是培养能力的基础，能力的发展又有利于知识的再次获取。在编写教科书时，要注意根据社会及学生的需要，选择适合学生并且难易适度的知识点，力求做到社会需求、学科特点和学生身心发展三者的统一。在加强基础知识的同时，要重视培养学生独立思考、自主学习及动手创造的能力。

（三）教科书编写应将理论知识与生活实践相结合

基础教育传授的是科学文化知识，但学习这些知识的目的是实际应用。因此，教科书的编写要贯彻好理论联系实际的原则，使学生在理解掌握基础知识的同时，逐步学会把所学知识应用到实践中去。只讲理论不讲实际，学生很难理解和应用知识；只讲实际不讲理论，学生所学到的知识难成体系，从而支离破碎。

（四）教科书的编写应该将专家、教师、群众各方力量相结合

教科书的编写者既要有专业的学科理论，还要有教育学和心理学的相关知识，更需要有深入浅出的文字表达能力。编写教科书时要相信人民群众的力量，进一步征求广大一线教师、学生和有关部门的意见，以保证所编教科书的质量。

全面建设社会主义时期的学校教科书建设，虽然在编写过程中出现了政治气息过浓、意识形态夸大、主观愿望过盛等问题，但它实现了我国教科书建设史上的几项突破，将新中国成立以来的教科书建设工作推向了高峰。令人遗憾的是，经过十年苦心经营建立起来的这一切教育成果，在"文化大革命"中遭到了冲击，由此我国的教科书建设工作也进入了新中国成立以来最为艰难曲折的时期。

第十六章 "文化大革命"时期的教科书

1964 年 12 月 21 日至 1965 年 1 月 3 日,第三届全国人民代表大会第一次会议在北京召开,国务院总理周恩来在会上提出了"把我国逐步建设成为一个具有现代农业、现代工业、现代国防和现代科学技术的社会主义强国"❶ 的"四个现代化"目标,使全国人民极为振奋,我国社会主义建设事业出现了欣欣向荣的局面。然而,这一进程却被"文化大革命"的爆发所打断。

"文化大革命"是"无产阶级文化大革命"的简称。1966 年 5 月开始至 1976 年 10 月结束的"文化大革命"是由毛泽东亲自发动和领导的。他发动这场"大革命"的出发点是防止在中国出现资本主义复辟,维护中国共产党的纯洁性并寻求中国自己的社会主义道路,于是提出了"无产阶级专政下继续革命理论"。由于毛泽东对形势的估计和他所运用的理论、政策、方法都是错误的,并为林彪、江青两个反革命集团所利用,结果只能事与愿违,导致了长达十年之久的全国内乱,使党和国家遭受了新中国成立以来最为严重的挫折和损失。

这场"大革命"之所以冠以"文化"二字,是因为它是从文化领域的"批判"开始的。由于教育与文化的密切联系,也由于当时毛泽东对教育形势的错误估计,教育领域成为"文化大革命"的首发区,大体上经历了"停课闹革命""复课闹革命"、开展"斗、批、改"和开展"教育革命"的过程,使教育事业受到了严重的摧残和破坏。学校教科书,作为传递学校教育内容的文本载体和国家意志的体现,在这场"文化大革命"中无疑成了政治气息最浓郁、时代烙印最鲜明的样本。以时间顺序作为教科书的嬗变脉络,这一时期

---

❶ 何东昌. 中华人民共和国重要教育文献(1949—1975)[M]. 海口:海南出版社,1988:1336 - 1337.

的教科书先后经历了"不断探索，政治统帅""各地自编，百花齐放""教育整顿，重修教科书"和"批林批孔，开门编书"这四个阶段，以下将做详细的阐述。

第一节　编写教科书的新探索

这一时期的教科书由于受到风起云涌的政治运动影响，总体来说是处于一种混乱的局面，教科书的内容随着政治形势的发展要求而不断删改变动，但始终坚持了思想政治教育的统帅地位。

1966 年年初，毛泽东针对当时中国的政治发展形势，形成了新的认识，他认为：在中国已有相当一部分的领导权落入了"走资派"手中，对于干部参加劳动的问题亟待有效落实。正当毛泽东考虑如何解决这一问题时，5 月 2 日，林彪给毛泽东寄来了一份总后勤部关于进一步搞好农副业生产的报告。毛泽东看过这个报告后，肯定了报告中的做法和想法，并产生了更深远的考虑，于是 5 月 7 日给林彪回复了一封信，这就是著名的"五七指示"。指示中写道："学生也是这样，以学为主，兼学别样，即不但学文，也要学工、学农、学军，也要批判资产阶级。学制要缩短，教育要革命，资产阶级知识分子统治我们学校的现象，再也不能继续下去了。"❶ 这一指示在政治层面上对知识分子整体做出了"资产阶级"的定性，否定了新中国成立以来的教育成就和原有学校教科书应有的文化价值，同时也为"文化大革命"时期的教育发展指明了根本方向：以毛泽东思想为指导，突出无产阶级政治的学校教科书，并以学习毛主席著作为主。

同年 5 月 16 日，中共中央政治局召开的扩大会议通过了毛泽东起草的《中国共产党中央委员会通知》，也就是《五一六通知》，较为彻底地批判了文化领域中教育、学术、新闻、出版、文艺界的资产阶级反动思想，要求夺取相应的领导权。《五一六通知》的发出，标志着"文化大革命"在全国范围内的全面展开，它有力冲击了现有教育文化领域的社会秩序，震荡了当时的各类型教育，被认为是一个"砸烂旧世界"的思想武器。这一纲领性文件，同时也

---

❶ 何东昌. 中华人民共和国重要教育文献（1949—1975）［M］. 海口：海南出版社，1998：1396.

预示着"文革"时期的教育将与新中国成立十七年来的"传统教育"做一场疾风暴雨式的作别。

1966 年 6 月 13 日，中共中央、国务院在《关于 1966—1967 学年度中学政治、语文、历史教科书处理意见的请示报告》中谈到了以下几个方面的内容：教育部应当积极组织各方力量，重新编写中、小学各科教科书；初小或高小都要学习毛主席著作，以此来提高学生的思想政治觉悟和语文水平，初小主要学习毛泽东语录，高小的学习以"老三篇"为主，即《为人民服务》《愚公移山》《纪念白求恩》。批示同时还提到了，中学使用的教科书应以毛泽东思想挂帅，突出无产阶级政治和毛主席关于阶级斗争的学说，遵循新的教育方针。中学历史课暂停开设；政治和语文合并，以毛主席著作作为基本教科书，选读"文化大革命"的文章和革命作品。❶

中共中央在 1966 年 8 月 8 日召开的八届十一中全会通过了《中共中央委员会关于无产阶级文化大革命的决定》，即"文革十六条"。在第十条"教学改革"中提到："学制要缩短。课程设置要精简。教科书要彻底改革，有的要首先删繁就简。学生以学为主，兼学别样。也就是不但要学文，也要学工、学农、学军，也要随时参加批判资产阶级的文化革命的斗争。"❷ "文革十六条"是对"五七指示"内容的进一步政策化，涉及学校教科书要进行彻底改革，指明了学校教科书的改革方向。

1966 年下半年新学期伊始，中、小学在党中央的号召下陆续开展了许多以毛泽东著作为学习材料的教学活动，如学习《毛泽东著作选读》《毛泽东语录》等。

江西省在这一时期发行了《毛泽东著作选读》（乙种本）❸ 作为学校教科书供广大学生学习和使用。该书收录了"老三篇"《为人民服务》《愚公移山》《纪念白求恩》，还收录了《中国社会各阶级的分析》《反对本本主义》《中国的特点和革命战争》《改造我们的学习》《〈在延安文艺座谈会上的讲话〉引言》《继续保持艰苦奋斗的作风》《论人民民主专政》《注意发挥青年人的力量》等优秀文章。不得不说，直接将毛泽东的著作选文当作语文教科书使用，

❶　中华人民共和国教育部. 关于 1966—1967 学年度中学政治、语文、历史教材处理意见的请示报告［R］. 内部交流本，1966：6，8.

❷　中国共产党中央委员会关于无产阶级文化大革命的决定［N］. 人民日报，1966 - 8 - 8.

❸　毛泽东. 毛泽东著作选读（乙种本）［M］. 北京：中国青年出版社，1964.

这在中国语文教科书史上是绝无仅有的。

随着以中、小学为主体的红卫兵运动的发展蔓延，全国的学校呈现出学生虽然上学但不上课的发展势态。紧接着 1966 年 9 月 5 日，中共中央、国务院发表了《关于组织外地高等学校革命学生、中等学校革命学生代表和革命教职工代表来北京参观文化大革命运动的通知》，掀起了全国范围内学生"串联"运动的高潮。大、中、小学基本进入了停课闹革命的状态，为数不少的学校甚至把部分课本当作"四旧"粉碎、烧毁。当时，教育部被夺权、人教社被解散，社会处于极度混乱的状态，因而新课本的编写和出版发行都处于无人负责、无人打理的破败状态。

1967 年 2 月 4 日，中共中央发出《关于小学无产阶级文化大革命的通知（草案）》，表明了停止"串联"运动的目的和要求；同年 2 月 19 日，又出台了《关于中学无产阶级文化大革命的意见》。两个文件下达后，学生于 3 月 1 日开始重回学校，学习党中央关于"文化大革命"的文件，在学习必要工农业生产和社会生活所必须知识技能的同时，积极参与革命运动，批判带有资产阶级性质的教学制度和文化教科书。在农忙期间，还组织大量师生向贫下中农学习，积极下乡参加农业劳动。

这一时期颁发的各类指示和相关文件，是对毛泽东关于社会主义国家教育应如何发展的理念蓝图的系统论述，但由于社会局面的混乱，中共探索社会发展与教育改革的经验不足，此时国家的相关教育部门还并不明确应该编写什么样的课本，学生应该具体学些什么内容。

第二节　自编教科书的活动

经过一年多的无产阶级"文化大革命"，当局者认为无产阶级已经取得了决定性的胜利，各个学校完全可能和需要由"停课闹革命"转入"复课闹革命"，广大革命师生应当集中力量进行本学校的"斗、批、改"。❶ 于是这一时期各教科书编写小组秉承毛泽东"学制要缩短，课程设置要精简。教科书要彻底改革，有的首先要删繁就简"的指示，展开了以服务生产、培养普通劳动者为宗旨的学校自编课本工作：自订方案、自定课程、自选内容、自编教科

---

❶ 佚名. 大、中、小学都要复课闹革命 [N]. 人民日报社论, 1967 - 10 - 25.

书,形成了百花齐放的学校教科书编写局面。

1967年3月7日,《人民日报》专门写了社论《中小学复课闹革命》,号召全国的中小学革命师生,一定要坚决执行毛主席提出的这个伟大任务。"社论"指出:"复课闹革命,复的是毛泽东思想的课,上的是无产阶级革命的课。上课,主要是结合无产阶级'文化大革命',认真学习毛主席著作和语录,学习有关无产阶级'文化大革命'的文件,批判资产阶级的教科书和教学制度。"❶ 1967年下半年,由于全国性的红卫兵派别内部斗争和造反的运动还在继续和升级,同年10月14日,中共中央、国务院、中央军委、"中央文革"小组联合发出了《关于大、中、小学校复课闹革命的通知》❷,要求学生全部返校复课,边上课边闹革命。这个通知发布后,自11月起,大部分中、小学生陆续回到课堂,新生也开始入学。自此之后,全国性的社会运动主流渐渐成为中、小学生的"复课闹革命"运动,各地中、小学陆续复课,但当师生重返课堂时,却面临了另一个问题,就是没有合适的教科书可以使用。造成这种局面的原因是多方面的:从学校教科书自身来说,旧式的教科书内容被认为宣扬走资产阶级路线,已遭彻底否决不能再使用;从编写情况来说,此时人教社编写已被禁,教科书编写权力下放,党中央要求各地自行编写学习毛主席思想的教科书,大多地方均为第一次接触教科书的编写工作,不知从何下手,更谈不上高效速成。因此,当时的众多学校只好从党务报刊中选择一些阶级观点正确的政论性文章或有价值的文件作为教学资料来学习。

1967年到1968年,全国各级行政单位纷纷设立中、小学教科书编写小组,其组织形式一般有两种:一是各地区多成立专门编写课本的中小学教科书编写组,如河北省承德地区革委会教科书编写组,石家庄地区中学教科书编写组,西安市教科书编写组;二是由本地区的文教科或宣传组、政工组负责组织编写,如长沙市革命委员会政治部文教组、湘潭县文教科。

这一时期各地自编教科书主要分为暂用和试用两个阶段。

一、暂用教科书阶段

党中央发出要求中、小学生"复课闹革命"的号召后,由于小学生此时

---

❶ 佚名. 中小学复课闹革命 [N]. 人民日报, 1967 – 3 – 7.
❷ 课程教材研究所. 教材制度沿革篇(上)[M]. 北京:人民教育出版社, 2004:256.

大多没有外出参加"串联"运动，所以在 1967 年下半年基本完成复课，中学生 1968 年下半年才陆续复课，晚于小学近一年时间。因而，此时各地小学课本的编写和印刷出版时间集中在 1967 年至 1968 年，中学课本则主要集中在 1968 年至 1969 年。由于各地都是初次编写教科书，大多缺乏经验参考和借鉴，所以这一时期编写的教科书大都冠以"暂用"的名称作为过渡。

这一时期的暂用课本主要包括以下几类：小学课本主要有《语文》《算术》和《科学常识》三种；中学课本主要有《语文》《数学》和《工农基础知识》三种，个别少数地区还编写有《革命文艺》这一类课本。

由于这一时期各地编写学校教科书缺少借鉴、经验不足，因而中小学暂用课本的类型设置都较为单一，并且编写思路极为相似，所以此处不将中、小学两个学龄段课本的变革内容分开论述，而是通过分类，主要以学科分类教科书的变革视角，来具体分析这一时期课本编写的发展状况。

（一）《语文》教科书

此时期教科书编写的主导思想是以"政治挂帅"为中心的，《语文》教科书作为基础教育中的重点教科书，更要坚持"政治第一"的原则。

1. 文本内容

与新中国成立十七年来的语文教科书相比较，此期语文教科书的选编内容是有很大变化的：选择收录了很多具有"批判性"的文章，政论文占据多数篇章，成为此期语文在文本内容上的最大特点。各地编写教科书的组织纷纷将目光集聚在了毛泽东的诗词作品、思想语录以及形势政论文上，意图用毛泽东诗词陶冶情操、用毛泽东语录启迪心灵、用形势政论文分析时事，全力推进无产阶级思想的传播。

例如，上海市小学教科书编写组编写的小学暂用课本《语文》（第一册）❶，本册教科书共三十二篇课文，其中第一至六课，主要提出了许多政治口号；第七至十一课、第十三课、第十四课热情歌颂了毛主席；第十二课、第十五至二十课、第二十四课、第二十六课、第二十七课收录了毛主席语录；第二十一至二十三课，呼吁人民群众打倒内外敌人；第三十至三十一课，颂扬为人民服务；第二十五课、第三十课倡导做革命的尖兵。涉及毛主席的课文有十

---

❶ 上海中小学教材组. 上海市小学暂用课本·语文（第一册）［M］. 上海：上海革命教育出版社，1968.

九篇，占到了全部课文的将近百分之六十。

再如上海市中学教科书编写组出版的中学暂用课本《语文》（第二册）❶，其中，第二、三、四、六课歌颂了毛主席；第八、十、十二、十三、十五、十六、十九、二十一课为毛主席文论；第十一、十八课为毛主席诗词。本册教科书共二十三篇课文，与毛主席相关的有十四篇，占到了全部课文的百分之六十还多。

语文教学任务的政治转向，使语文教科书整体而言选材范围狭窄，教学内容极端服务于当时的政治形势，严重忽视了语文作为一个学科的内在逻辑联系、忽视了学生的认知规律，语文教科书基本沦为了政治教科书，已基本丧失识字和文学教育的功能。

2. 编排体例

受教科书文本内容的制约，教科书的体例形成了以毛泽东思想为核心的编排形式，或将《为人民服务》《愚公移山》《纪念白求恩》这三篇文章放在语文课本的最前面，用"老三篇"来统领学生的世界观和人生观，用毛泽东思想武装青少年；或将课文分成若干个单元部分，每一部分以毛泽东著作或指示作为主题课文，单元内其他课文为辅助课文。

例如，山东省小学暂用课本《语文》（第五册）❷，"阶级斗争"单元的主题课文为《炮打司令部（我的一张大字报）》、"学工学农学军"单元的主题课文为《毛主席对全国全军的伟大号召》、"为人民服务"单元的主题课文为《为人民服务》、"打倒帝国主义"单元的主题课文为《帝国主义和一切反动派都是纸老虎》。单元内的其他课文作为学习主题课文的辅助文进行学习。

3. 编写方法

这一时期暂用课本的编写主要采用的是"破中立"的编写方法，先批判旧时反对宣传毛泽东思想的论点，然后在批判中确立具有无产阶级思想的教学目的，同时也变革了语文教学的具体学科目标及任务。

例如，陕西学校教科书编写组编的《中学语文教学大纲》中对旧《语文》课本的批判有详细的论述：

旧课本打着选材要"文质兼美"的幌子，直接反对毛主席"以政治

---

❶ 上海市中学教材组. 暂用课本·语文（第二册）［M］. 上海：上海人民出版社，1968.

❷ 山东省中、小学教材编辑组. 山东省小学暂用课本·语文（第五册）［M］. 济南：山东人民出版社，1968.

标准放在第一位，以艺术标准放在第二位"的正确指示，把资产阶级所欣赏的反动之"质"、腐朽之"文"，奉为经典，为牛鬼蛇神泛滥大开方便之门，大量的封、资、修黑货，贴上所谓"素有定评""脍炙人口"的标签，塞入语文教科书。❶

"破"后就"立"，确立无产阶级的语文教学目的：

> 通过语文教学，教育学生无限忠于毛主席，无限忠于战无不胜的毛泽东思想，无限忠于毛主席的无产阶级革命路线；树立阶级斗争观念，提高两条路线斗争觉悟，树立"面向农村、面向边疆、面向工矿、面向基层"的雄心壮志，坚决走毛主席指引的与工农兵相结合的道路，学习和掌握毛泽东文艺思想，树立正确的文艺观点，有一定的辨别香花与毒草的能力。❷

此外，为了更好地学习毛泽东思想，各地纷纷编写了毛泽东思想的辅助教科书供学生们学习。例如，1968 年上海市中学教科书编写组出版的《毛泽东思想哺英雄》，封一为红旗下毛主席指引着我们，青年学生高举《毛泽东选集》，封二为"敬祝毛主席万寿无疆"板块，课本主要介绍了各个英雄人物的事迹。以《伟大的战士雷锋》一课为例，正文在介绍雷锋事迹之前还附有《最高指示》，倡议要向雷锋同志学习毫无自私自利之心的精神，做一个高尚、纯粹、有道德、脱离低级趣味的人。

（二）《算术》《数学》教科书

较之以往的同类教科书，此期的《算术》和《数学》教科书删除了很多基础知识，取而代之的是毛泽东的思想语录和林彪的题词，主要是为了使广大青少年适应生产和生活实践所编写的。即使是理科类教科书，其内容编排的哲学基础仍然是毛泽东思想，这表明教科书中"红色性质"的体现格外明显。

例如，1967 年上海革命教育出版社出版的小学五年级《算术》暂用课本，第一页写有《最高指示》"好好学习，天天向上"；每一章节大标题的下面编写有"毛主席教导"或者"林彪同志说"作为教学内容的引入；课本的最后仍有一个《最高指示》："我们能够学会我们原来不懂的东西，我们不但善于

---

❶❷ 陕西中小学教材编写组. 中学语文教学大纲（试用稿）［M］. 西安：陕西中小学教材编写组，1968：3.

破坏一个旧世界,我们还将善于建设一个新世界。"❶ 还附有编写说明,指出此课本是具有过渡性的临时课本。

又如辽南专区二年级第一学期使用的小学暂用课本《算术》,教科书中典型例题和练习题的编写就是紧密贴合生产实践的,常以公社产粮、工厂制作、农村废物利用等主题作为数学题的背景,提倡用毛主席的教导来观察社会。在"万以内数的认识、读法、写法"这一节中写道:工人响应毛主席"抓革命、促生产"的伟大号召,今年水稻亩产量达到一千三百斤。红旗公社旭日升大队广大贫下中农,由于贯彻了毛主席提出的农业"八字宪法",玉米亩产量达到九百斤。❷

(三)《工农业基础知识》《科学常识》教科书

《工农业基础知识》紧紧围绕"阶级斗争""生产斗争""科学试验"三大革命运动而编写,此教科书的出现取代了原有的物理、化学和生物课本,是典型的活学活用毛泽东思想的典范。教科书把实践提到了第一位,密切联系了工、农业生产实际,不仅增强了学生的感性认识,同时也提高了学生从事生产与斗争的能力。更富特色的是该教科书以"实践论"和"矛盾论"的思想贯穿始终,注重培养学生们运用毛主席提倡的唯物辩证法思想去分析和解决实际问题的能力。

各地关于《工农业基础知识》这一教科书的编写各具特色,其共同点首先是这本书不分初、高中使用,并且都是由工业和农业两大部分组成的:工业课本的第一部分为毛泽东论述社会主义的工业建设、工业要学大庆等文章,第二部分为机械、化学、电工等基础知识;农业课本也包括两大板块,一是讲述红太阳照亮了我国农业发展的道路,毛主席的一些农业理论和农业学大寨,二是阐述农业"八字宪法",即"土、肥、水、种、密、保、管、工";其次是每本书的封面都写有毛主席的《最高指示》:"我们的教育方针,应该使受教育者在德育、智育、体育几方面都得到发展,成为有社会主义觉悟的有文化的劳动者。"❸ 不同点则主要体现在封皮内容的设计上:以上海市《工农业基础知识》暂用课本和广州市《工农业基础知识》暂用课本比较来看,广州市工

---

❶ 毛泽东. 毛泽东选集(第四卷)[M]. 北京:人民出版社,1991:1439.

❷ 辽南专区小学暂用课本(二年级第一学期)·算术 [M]. 营口:辽南专区小学教材编选组,1968.

❸ 毛泽东. 毛泽东同志论教育工作 [M]. 北京:人民教育出版社,1992:269.

业和农业两个分册课本的封面上方写有毛主席语录，颜色较为单一朴素；上海市的课本则大有不同，农业课本封皮为白底红字，绘有红色的毛主席头像，写有《最高指示》，彩页为毛主席站在田野里，工业课本绘有绿色的毛主席像，下面是以工业高炉、蒸馏塔、高压线塔等图案组成的背景，再下面是红旗的海洋，并且衬托着一条《最高指示》，彩页为毛主席站在天安门城楼上。

《科学常识》主要是为适应提倡"学生也是这样，以学为主，兼学别样，即不但学文，也要学工、学农、学军，也要批判资产阶级"❶的具体要求编写的。《语文》课本重在学文，《科学常识》则主要负责学工、学农、学军，因而其内容也主要是包括工业、农业和军事知识这三个方面。

以内蒙古自治区小学暂用课本《科学常识》❷为例，工业知识包括：工业学大庆，我国工业战线上的新成就，电和用电常识，简单机械、机器。农业知识包括：毛泽东思想照亮了五亿农民前进的道路，人民公社好，农业学大寨，农业"八字宪法"，农业气象，农村是一个广阔的天地。军事知识包括：向解放军学习，步兵常用武器，原子武器，人民防空，战地救护。

由于各地《科学常识》的编写除封皮外，选编内容都较为相似，所以笔者在这里不再赘述。

总的来说，这一时期教科书的编写有以下几方面特色。

从教科书的外部装订来看，各地教科书都有着较为统一的格式，充斥着极强的政治色彩：学校教科书的"封一"印有毛主席画像、毛主席语录、红太阳、红旗、工农兵形象等；"封二"则是毛主席画像和语录；"封三"分为两大部分，一部分介绍"党中央的最高指示"，另一部分是"说明"，介绍课本的性质；"封底"都是版权介绍专属页。

从教科书的编写体例来看，一是极富政治性，最突出的表现是一切知识点都是先从毛泽东思想或者语录来引入，课本中内容的解释是通过毛泽东思想或者语录来论证的，最后总结升华，突出无产阶级政治的优越性，凸显毛泽东思想的正确性和指导性。简言之，就是用毛泽东思想来引起、论证和解释一切问题。二是生产实用性，这一特色是紧密贴合毛泽东提出"教育必须与生产劳动相结合"这一教育方针设计的，课本一方面从生产实践环节导入，另一方

❶ 何东昌. 中华人民共和国重要教育文献（1949—1975）[M]. 海口：海南出版社，1998：1396.
❷ 内蒙古自治区小学暂用课本科学常识 [M]. 呼和浩特：内蒙古教育出版社，1969.

面强调如何将文化知识应用于生产实践中,学生们掌握了生产实践本领,能更好地适应"阶级斗争""生产斗争"和"科学试验"这三大革命运动的发展要求、解决生活生产中"学与用"的现实问题。

从课本的内容建构来看,主要是以"社会为中心"来选编课文及知识素材的。旧时的教科书确实不同程度地存在"脱离基层""脱离群众""脱离实际"的落后性:书本上学种田、黑板上学开机器、教师讲原理学生背定义。所以各地重新编写的"红色课本"开始注重与生产、生活实践相结合,致力于发现问题和解决问题。

二、试用教科书阶段

1969年下半年起,中小学教学秩序开始逐渐稳定,毛主席号召学制改革,将小学六年、初中三年、高中三年的"六三三"学制,改为小学五年、初中两年、高中两年的"五二二"学制。由于学制的改革和日益变化的政治风向,各省纷纷开始对前一阶段的各科教科书进行修订或者重编,这一时期新编写的教科书被称为"试用教科书"。与暂用教科书相比,中小学试用版在课本类型、文本内容等方面都显得更为丰富,教科书体系逐渐完善。

(一)《语文》教科书

小学《语文》试用教科书较之暂用教科书,政治气息更浓,并倾向于一定的政治宣传作用,兼具"政治思想性"和"工具致用性"的统一。出于坚持毛泽东思想"挂帅"的要求,教科书的编排依旧突出"政治第一"的方向,大部分选用毛泽东著作,意图用毛泽东思想武装青少年头脑,哺育青少年成长,同时其工具致用性也主要体现在对毛泽东思想的学习和宣传上。当时浙江省的小学《语文》试用课本"说明"就对新教科书的编写目的做了如下陈述:"新编语文教科书,是学习、宣传、贯彻、捍卫毛泽东思想的工具,是'团结人民、教育人民、打击敌人、消灭敌人的有力的武器'。"❶ 小学《语文》试用课本的《最高指示》板块也有了变化,部分增添了这样内容:"实现无产阶级教育革命,必须有工人阶级领导,必须有工人群众参加,配合解放军战士,同学校的学生、教员、工人中决心把无产阶级教育革命进行到底的积极分子实行

---

❶ 浙江省中小学教材编辑室. 小学试用课本:语文(第七册)[M]. 杭州:浙江人民出版社,1969:62.

革命的三结合。工人宣传队要在学校中长期留下去，参加学校中的政治运动，并且永远领导学校。在农村，则应由工人阶级的最可靠的同盟者——贫下中农管理学校。"❶ 这一指示，指出了学校"教育革命"的方向和道路。

此期中学《语文》暂用教科书的编写过分致力于用灌输思想政治，忽略了知识的传授和能力的培养，因而新的试用教科书在编写任务上有了新的方向，即在突出无产阶级思想政治的前提下，增强学生语文知识和说、读、写能力的培养，使其学到必要的科学文化知识。总体来看，语文试用版教科书的内容有较大变化：首先，课文内容以政论文为主，毛泽东思想著作作为基本教科书，毛泽东诗词和部分古文、典故作为辅助学习教科书；其次，课本设计注重学用结合，课本中每篇课文或单元后都附有"学"板块和"用"板块，将文化知识与生产、生活实践相联系；最后，这一时期的试用课本增加了语法和习作知识。上述特色是这一动荡混乱背景下语文教科书编写积极探索所取得的进步。

（二）《毛泽东思想教育课》

1969 年中共九大会议召开之后，我国进一步确立了"毛泽东思想挂帅"的国家党政方针，号召"要深入开展活学活用毛泽东思想的群众运动，继续办好各种类型的毛泽东思想学习班，按照毛主席一九六六年的'五七指示'，把我们全国真正办成毛泽东思想大学校。"❷ 此后，各地着手编写正式的《毛泽东思想教育课》课本。

小学的《毛泽东思想教育课》在小学教科书体系中位列核心，教科书中的基本内容为毛泽东著作和毛泽东语录，多以"老三篇"为主，辅助教科书则主要是以宣扬工农兵要活学活用毛泽东思想的一些文章组成，并且每本书都配有"学和用"这一板块。各地所选编的内容各有不同，如上海市学校教科书编写组出版的《毛泽东思想教育课——立志做无产阶级革命事业接班人》（五、六年级使用）❸ 选择了《在斗争中活学活用毛泽东思想》《全心全意为人民服务》《团结大多数人一道干革命》等文章作为课本内容，同样为五年级学生所使用的山

❶ 姚文元. 工人阶级必须领导一切 [J]. 红旗，1968（2）.

❷ 中共九大政治报告（一九六九年四月一日报告，四月十四日通过）[EB/OL]. http://www.360doc.com/content/10/0901/13/391890.50369527.shtml.

❸ 上海市中小学教材编写组. 毛泽东思想教育课——立志做无产阶级革命事业接班人（五、六年级使用）[M]. 上海：上海人民出版社，1969.

西省编写的《毛泽东思想教育课》❶ 则主要收录了《毛主席语录》《炮打司令部（我的一张大字报）》《中国共产党第九届中央委员会第二次全体会议公报》等文章。

中学《毛泽东思想教育课》课本的扉页大都有毛泽东思想运动的发起人林彪的题词，诸如"大海航行靠舵手，干革命靠毛泽东思想"；每章结束后还附有"学用建议"，指引学生将书本知识与生活实际相结合；课本内容依旧是紧紧围绕毛泽东思想设计编写的，如这一时期山西省高中一年级所使用《毛泽东思想教育课》❷ 第一章题为"毛主席是中华人民共和国的缔造者"，并以"毛主席是我们的伟大领袖，是全国全军的最高统帅"和"毛泽东思想是全国一切工作的指导方针"作为标题，凸显了毛泽东思想的重要地位。

（三）《历史》教科书

1969 年 8 月 19 日，《人民日报》刊登了《劳动人民是历史的真正主人，对编写历史课教科书的几点意见》一文，拉开了历史新教科书编写的序幕。文章批判了旧时违背毛泽东思想的历史教科书，倡导坚持毛主席的立场和观点，编写符合无产阶级自身需要的历史教科书。新的《历史》教科书，是以阶级斗争为线索、毛泽东阶级斗争学说为指导编写而成的，突出了农民起义和农民战争，凸显了中国共产党的英明领导。在研究方法上采用马克思主义的阶级分析法，将教科书分为原始社会、奴隶社会、封建社会、资本主义社会、社会主义社会这五种不同的历史阶段，强调以阶级斗争为纲来建构历史发展的框架。

例如，黑龙江省中学课本《中国古代近代史》❸，以原始社会、奴隶社会、封建社会、近代中国人民的反帝反封建斗争作为主线，描述了中国历史的发展轨迹。第一章"原始社会"包含了"劳动创造了人""无产阶级的原始公社"；第二章"奴隶社会"包含了"阶级和国家的产生""奴隶起义"；第三章"封建社会"包含了"封建社会的农民战争""我国古代劳动人民的发明与创造"；第四章"近代中国人民的反帝反封建斗争"包含了"反对英国侵略的鸦片战

---

❶ 山西省中小学编写组. 毛泽东思想教育课 [M]. 太原：山西人民出版社，1971.

❷ 山西省中小学教材编写组. 高中试用课本：毛泽东思想教育课 [M]. 太原：山西人民出版社，1971.

❸ 黑龙江省中小学教材编写组. 中学课本：中国古代近代史 [M]. 哈尔滨：黑龙江省新华书店，1970.

争""太平天国农民革命战争""十九世纪末中国人民反帝斗争""义和团反帝反封建革命运动""资产阶级辛亥革命""中国无产阶级的产生和壮大"。

（四）《算术》《数学》教科书

小学《算术》在封面和内容上都发生了变化，进行了改良，但同样可见浓厚的政治烙印。教科书的封面大多出现了红旗下红小兵们手捧课本或者红小兵拿着课本和工具参加生产实践的形象，内容上不仅有毛泽东语录、《最高指示》，还以图文并茂的形式引导学生认数，图画多为学习毛泽东思想、进行生产实践或祝愿毛主席万岁的图式，就连每章的总结性话语也是紧紧围绕毛泽东思想的。例如，陕西省小学《算术》第一册试用教科书写到："贫下中农家里办起毛泽东思想学习班，1 家、2 家、3 家、4 家、5 家、6 家、7 家、8 家、9家、10 家……家家学习毛泽东著作，人人斗私批修。"❶

中学《数学》试用版教科书较之暂用教科书无较大变化，主要坚持以毛泽东思想为统帅，突出无产阶级政治，贯彻理论联系实际和"少而精"的原则，重在指导学生学习和掌握三大革命运动中所必需的数学基础知识，培养学生成为有社会主义觉悟的、有文化的劳动者。例如，山东省中学试用课本《数学》就在"勾股定理"这一章节中选用了如下例题："在工农业生产中经常遇到直角三角形，如房屋的梁架中就有直角三角形（见图 4-1）。木工在制造梁架时，如果确定了立柱和横梁的尺寸。由图 4-1 可以看出，梁架构成了两个直角三角形，要解决这个问题，就需要研究直角三角形中三边之间的关系。在三大革命运动的实践中经常用到勾股定理，例如，木工师傅要加工一根截面是矩形的梁，长为 16 厘米，宽为 12 厘米，遵照毛主席'要节约闹革命'的教导，计算一下选用多大梢径（木材小头直径）的木材最省？"❷

（五）《科学常识》《工农业基础知识》

小学《科学常识》试用教科书延续了暂用教科书"政治挂帅"的原则，思想政治内容依然被摆放在突出位置，并在学工、学农和学军内容的基础上增加了关于地理、自然等多方面的科学文化知识。如山东省小学《科学常识》课本增加了第一单元地理单元、第二单元自然单元、第七单元卫生单元、第八

---

❶ 陕西省中小学教材编辑组. 数学（第三册）［M］. 西安：陕西人民出版社，1970：11.

❷ 山东省中小学教材编辑组. 中学试用课本：数学（第二册）［M］. 济南：山东省中小学教材编选组，1970：1-2.

单元历史单元这几块内容。《科学常识》教科书遵循了"政治与业务"的统一，"理论与实际"的统一，将常识学习与生活实践相联系，为小学生以后学习数理化知识及解决生活问题提供了学科性质的基础建设。

试用版中学《工农业基础知识》教科书分成《工业基础知识》和《农业基础知识》两册，主要围绕三大革命运动和生产生活实际，重生产性而忽视了学科的基础性，所选用的教科书事例都比较浅显易懂。较之暂用教科书，更为进步的地方是尊重学生的年龄特点和认识规律，将教科书分为初中段和高中段，明确了使用对象，依据各学龄段学生的接受能力，选编适合各学龄段学生的知识内容，教科书体系逐渐走向成熟。例如，河南省1970年所使用的《工业基础知识》教科书一共分七册，初中部分分为三册，分别是化工、机械和电工部分；高中部分分四册，分别是化学、机械、电工和光学与原子物理部分。

（六）《卫生》

《卫生》教科书是随着中小学教育秩序日渐恢复，各地纷纷开设卫生课之后诞生的教科书。新课本在之前的《生理卫生》课本基础上做了很多修改，去除了部分人体解剖知识内容，增添了许多防病和治病的知识，具有较强的实用性。各地《卫生》教科书的编写继续坚持"政治第一"的原则，但又呈现出了不同的编写特色和内容。如河北省使用的《卫生》教科书在文本介绍前以毛泽东语录引领，收录了毛泽东的《送瘟神》一词，在介绍具体的人体疾病分类前特别指出要用唯物辩证法来看问题，外因是通过内因而发生作用的。山西省的《卫生》教科书在内容上更是坚持和贯彻毛泽东思想，甚至在插图中都有体现，如一幅插图的标题为"解放军靠毛泽东思想打开聋哑禁区"，可见这一时期对毛泽东思想的崇拜已然将卫生学政治化了。

（七）艺术课本

小学阶段所使用的《革命文艺》教科书主要是由原来的《美术》和《音乐》合并编写而成，突出了文艺的革命性与政治功能。其中，贯穿的中心思想是：文艺是为革命实践服务的，是为生产生活服务的，是为无产阶级服务的。教科书以毛泽东思想为指导，紧密联系生产和生活实际，将政治理念与文艺学习相结合，在陶冶学生情操的同时强化政治思想的教育。

1971年江苏省盐城专区学校教科书编写组编写的《革命文艺》极具典型

性。以绘画这部分为例，教科书主要以这一时期的常用标语、英雄人物、生产工具等简笔画作为临摹对象；漫画则主要选用了"打倒新沙皇"和"打倒刘少奇"这两幅图片；临摹、仿写艺术字也主要学习毛泽东语录和当时的政治口号。可以说，艺术教科书也成了政治革命的传声筒。

总的来说，这一时期各地自编红色教科书，在所谓"以政治内容统帅知识体系"号召下，建立了一套为生产、实践和革命服务的学科教科书，基本构成了一个特色鲜明、功能各异的"红色"教科书体系，尤其是其中所发挥的思想政治功能得到了扩大及延伸。

第三节　编写教科书活动的整顿

中共九大以后，全国混乱不堪的局面有所好转，教育领域也逐步恢复了基本秩序。这时，中小学虽然基本上宣布了复课，学生也回到了学校，但仍面临着大量亟待解决的问题。高等学校由于1966届至1970届毕业生均已离校，仅剩下了教职工和四万余名因各种原因不能毕业的学生还留在校园里，出现了无法复课的情况。

在这种形势下，1971年召开了全国教育工作会议。会上强行通过的《全国教育工作会议纪要》❶ 提出了"两个估计"和开展"教育革命"的任务。"两个估计"：一是新中国成立后十七年，"毛主席的无产阶级教育路线基本上没有得到贯彻执行"，在教育战线上是"资产阶级专了无产阶级的政"；二是原有教师队伍中的大多数，"世界观基本上是资产阶级的"，是资产阶级知识分子。这两个估计是完全错误的。"教育革命"的任务这一部分着重对"教育革命"做了全面的安排，规定了所要完成的十项任务。其中第六项指出了教科书要彻底改革："对原有教科书要根据不同情况，加以分析、批判、改造，推陈出新。适当编选一些反面教科书，供批判用。"同时要积极编写新教科书。编写新教科书要有工农兵参加。

1971年，"九一三事件"后，各级各类学校率先开始了教育整顿。整顿的第一炮对准了文化课教学、基础理论教育等教育质量方面的问题。❷

---

❶ 王瑞璞，孙启泰. 中华人民共和国国史通鉴（1966—1976）（第三卷）［M］. 北京：红旗出版社，1994：864.

❷ 程晋宽. "教育革命"的历史考察：1966—1976［M］. 福州：福建教育出版社，2001：418.

1972 年，国务院发出《关于新建人民教育出版社的通知》，人民教育出版社才又逐步承担起编辑和出版教科书的任务。1972 年 10 月，国务院教科组在北京召开了教科书编写工作座谈会，会议决定分大区进行教科书编写经验的交流，并组织协调教科书编写工作。紧接着同年 11 月起至第二年，分别召开了东北、华东、中南、华北、西北和西南六大教科书改革试验区的经验交流会。

国家再次重视教科书编写并提出要进行重新整顿，是因为前期各地自行组织编写的教科书普遍存在以下几个突出的问题。

首先，在教科书中大量直接引用毛泽东著作或语录。以语文教科书为例，每个单元都必须选择编写一至两篇毛泽东著作，以此来统帅其他课文和语文基础知识。即使是小学低年级的课本，也大量的以"毛主席万岁""毛主席万寿无疆"等革命口号和毛泽东语录为课文内容。其他科目的教科书也大量出现了加贴政治标签的现象，不管是否与章节内容相关，都要冠以类似"千万不要忘记阶级斗争"等政治语录。

其次，教科书原有的科学体系被打破了。各地自编的教科书大多从简单和实用的角度出发，未考虑教科书原有的科学体系，忽视了基础知识的教学。如部分《工农业基础知识》课本中，《工业基础知识》按照电工、化工等工业的部类编写，导致合并入此课的原有的物理和化学知识体系被打乱。《农业基础知识》舍弃了很多内容，主要讲拖拉机、柴油机、电动机、水泵这"三机一泵"和水稻、小麦、玉米、高粱这"四大作物"，使原有的化学和生物知识体系被打破。

最后，违反了学生的认识规律。各地自编的教科书不仅课程内容过度浓缩、学科结构不清，并且知识点间跳跃很大，缺乏内在联系和过渡，为教师的教学和学生的学习都带来了很大的不便。例如，原来的中学数学教科书中含有定理、公理和概念近四百条，而新编的教科书中只涉及了八十至一百条，删除了大量过渡性知识，学生自己很难看懂，更谈不上理解和掌握。不仅如此，上海市无论是低年级还是高年级的语文教科书，都大量选用了马克思、恩格斯、列宁、毛泽东等的文章，多为难懂的政论文，在学生连简单的记叙文写作都不能过关的情况下就去啃读如此深奥的政论文，这与学生的认知顺序是不相协调的，不利于学生知识技能的学习与理解，并影响了教学质量的提升。

在加强文化课教学、加强基础理论教育、提高教育质量的教育整顿的呼声和行动中，教科书也随之发生了变化，坚持了革命的政治内容和尽可能完美的艺术形式的统一。

一、《语文》教科书

整顿后的小学《语文》教科书在内容编排和单元组织上都具有了一定的灵活性，将思想政治内容和语文基础知识进行了有机的结合和统一，主要呈现出以下几个特点：第一，重视思想政治教育，并以思想政治主题设置单元；第二，加强了语文基础知识和技能的训练，在练习题中增设了规范标点符号、提升阅读能力、增强口语表达的多方面要求；第三，收录课文的选择面扩大了，类型增多，文章体裁和作品风格比较丰富，结合学生年龄特点，较多选取了易读易懂的记叙文、诗歌、寓言故事等。

中学《语文》教科书遵循毛主席教导的"革命的政治内容和尽可能完美的艺术形式的统一"❶ 思想，将《语文》课本稍加艺术化，选录了许多报刊精彩评论、工农兵优秀作品和一定数量的政论文，避免了过度的政治化。同时，这一时期的中学《语文》保持了思想性和知识性的统一，在保证诸如"阶级斗争教育""爱国主义教育""毫不利己专门利人"等思想政治教育的前提下，编排了许多语文专题知识，学习语法、修辞、写作等多方面的知识后，一定程度上有利于提升学生的文学素养。

二、《历史》教科书

自 1972 年始，各地都纷纷恢复编写或者重新编写了中学《历史》教科书，新的《历史》教科书在以下几个方面得到了改良。首先，选编内容得到了扩充，大多数课本分类编写了中国历史和世界历史两大板块，中国历史重点突出了农民起义和战争以及新民主主义革命的历史贡献，世界历史则着重宣扬了世界各国人民反帝反压迫的斗争精神；其次，运用了历史唯物主义的观点，分别从政治、经济、文化等多方面阐述了社会历史的发展和变迁，这是历史类教科书编写上的一大创新，同时还以大量的篇幅热情洋溢地赞颂了劳动人民，认为人民群众是生产斗争和社会进步的决定性力量，肯定了人民群众的伟大作

---

❶ 毛泽东. 在延安文艺座谈会上的讲话［G］//毛泽东. 毛泽东选集（第三卷）. 北京：人民出版社，1991：826.

用；最后，在历史人物的评价上采用了阶级分析法，既肯定了这些"英雄们"在历史上的成就，同时也指出了他们的局限性。

就拿"合理运用了历史唯物主义观点"这一特点来看，在湖南省中学所使用的《历史》课本就有生动体现。较之1970年版《中国历史》，1972—1973年陆续出版的湖南省中学《历史》教科书，同样是按照阶级斗争的线索编写，但内容篇幅大量增加，历史体系更为完整，特别是在编写课本中突出了一些理论章节，如"从无阶级的原始公社到阶级的产生""中国封建社会的形成和专制主义的中央集权制的封建国家的建立""中国无产阶级的产生和壮大""毛主席开辟的农村包围城市武装夺取政权的革命道路"等，运用了历史唯物主义的观点来阐述社会历史的发展，对学生进行思想政治教育，试图让学生学会用历史唯物主义理论的分析方法来分析历史，这正是此套课本最大的改进之处。

三、外语教科书

1972年后，随着中苏关系的恶化和中美关系的缓和，中学外语课程的开设也发生了极大的变化，大多数地区开设了英语课程，只有极少数地区仍然在讲授俄语课程。总的来说，这一时期外语教科书与前期的显著差异在于课本的内容发生了改变，增添了许多生活化的词汇和内容，使教科书不再是以前单一的"政治语言课本"，而成了在政治思想统领下的语言及社会生活课本。

统观全国1970年左右出版的旧式《俄语》教科书，课文内容紧紧围绕"毛主席万岁""东方红""革命思想""革命口号"等内容，并未形成一个外语学习的体系，学生在并未涉及单词学习的情况下就开始学习长句的表述，极大地违背了学生的认知特点和接受能力，新编写的《俄语》课本将字母纳入了第一册课本的学习之中，并且选录了许多家庭生活场景中常用的对话，一改以往枯燥乏味的学习内容，增添了趣味性和实用性。

旧式《英语》课本只有极少数发达地区的学生在使用，也只有少数教科书编写组织在使用。虽为外语课本，但这些教科书同样体现着课本的"红色性质"。以上海市编写的中小学《英语》课本❶第六册为例，课本的第一页为毛主席语录，指引学生思想前进的方向；在每节课的文本内容上方写有与本课

---

❶ 上海市中小学教材编写组. 英语（第六册）［M］. 上海：上海人民出版社，1973.

相关的毛主席语录；图文并茂；课本多编写和收录具有思想政治性的英语文章，如《提高警惕，保卫祖国》（*Heighten Our Vigilance，Defend the Mother-land*），又如《英雄的阿尔巴尼亚》（*Heroic Albania*）。新编写的《英语》教科书摒弃了以往纯粹政治词汇的编写模式，增添了简单并且贴近学生生活的单词和长句。选文题材内容方面也得到了扩充，涉及家庭生活和学校生活的方方面面，并将政治思想融入简单的对话之中，巧妙地强化了学生政治思想教育的途径及方式。例如，1973年甘肃中学所使用的《英语》（第一册）教科书，除了《毛主席万岁！》《我们是红卫兵》这些政治思想比较浓郁的课文外，还有《这个地图》《我的家庭》《书和钢笔》《我们的好老师》《我们的教室》《好医生》等关注学校和家庭生活的课文。

四、数学教科书

数学教科书呈现出毛泽东思想教育和数学基础知识并重的编写特色。在思想政治教育方面，取消了完全的形式主义编排方式，开始用唯物主义的观点和规律分析数学问题，例如，广东省一年级小学《算术》教科书❶中"求比一个数多（少）几的数""乘法意义""称斤两与丈尺寸的认识"等内容，就是运用实践第一的观点去讲解概念和数理的，引导学生认识这些知识来源于实践又服务于实践。此期的数学教科书也不再以单纯重复政治口号的方式进行说教，而是在例题、练习或者插图中引入具有思想性的内容。仍以广东省小学《算术》教科书为例，其应用题的选编就涉及了阶级教育和路线教育、为人民服务、走"五七"道路、勤俭节约、工农业生产、学生参加文体卫生活动等内容，通过做数学题引导学生参加有教育意义的活动和关心国家大事。

五、《物理》《化学》和《农业基础知识》

1971年始的教育整顿，主要强调的是对学科知识体系的复归，因而原《工农业基础知识》教科书中的《工业基础知识》分册被《物理》教科书和《化学》教科书所代替，《农业基础知识》教科书被继续保留，但也稍有变化。

此时《物理》教科书和《化学》教科书仍是在无产阶级政治统帅的思想下编写的，结合使用马克思主义和毛泽东思想，坚持正确的哲学立场与观点和

---

❶ 广东省中小学教材编写组．小学课本算术［M］．广州：广东人民出版社，1972.

方法，把思想政治教育同物理及化学知识结合起来。新的《物理》教科书和《化学》教科书更重视基础理论的学习，各地教科书大多补充了"机械运动基础知识""光的基本知识""电离基本知识""高分子化合物"等学科内容。例如，1972年河南省革命委员会教育局学校教科书编写室编写的高中《物理》教科书，根据"物理学的研究对象是力的、热的、声的、电的、光的现象，原子和原子核的运动变化，以及它们的实际应用"❶，按照"力、热、声、电、光、原子"科学的编排体系取代了原来的"三机一泵"的生产编写方式。又如湖南省中学所使用的《化学》教科书❷，一至三册的知识构成体系是依照化学学科基础知识的线索编写的：第一册以分子－原子论为基础知识理论，第二册以元素周期律、原子结构为基础理论知识，第三册以化学结构为基础的知识体系。依据"删繁就简"的原则，删去大量的化学基本概念和化学用语、基本定律等，相对完善了化学基础知识体系。

《农业基础知识》教科书为何在这时没有被分化或去除呢？原因有以下几个方面：第一，这一时期国家把工作重心转移到了以农业为基础的轨道上来，并且号召各行业都支持农业的发展；第二，学习农业基础知识是知识青年"上山下乡"的需要，所以需要掌握一定的农业基础知识，更好地为人民服务。此期的《农业基础知识》更加重视了基础理论知识的阐述，如广东省学校教科书编写组编写的中学《农业基础知识》教科书，在初中部分增加了植物形态解剖知识和动物解剖生理知识，高中部分增加了细胞新陈代谢、遗传变异、自然选择和人工选择等基础知识。教科书为学生学习农作物栽培和饲养动物打下一定的基础，可帮助学生更好地理解有关农业措施。

六、艺术教科书

艺术教科书出现了学科门类的分化，单独编写的《音乐》和《美术》（小学为《图画》）教科书替代了原来的《革命文艺》，这反映出学科建设中政治和学术两种力量之间的一种新平衡：政治对教科书干预或控制力量有所抑制，而学术力量有所恢复。艺术教科书的编写目的仍是帮助学生在确立为工农兵服务思想的前提下，学习、掌握一些音乐和美术的基础知识和基本技能。

---

❶ 河南省革命委员会教育局. 物理（上册）[M]. 郑州：河南人民出版社，1972：1.
❷ 湖南人民出版社编写组. 化学 [M]. 长沙：湖南人民出版社，1972.

《美术》教科书依旧包含了许多政治题材，如"高唱东方红""毛主席万岁""大寨红花遍地开"等，同时也新设了体现现实生活类的内容，比如练习画滑梯、画办公桌、画课余活动等，其目的是让学生掌握美术的基本技巧，同时在学习与训练中接受思想政治教育。例如，上海市小学一年级第一学期所使用的《美术》教科书❶，不仅有"红旗""铁锤""镰刀"这样的课文，还有"爱清洁"（描画）、"滑梯"（添画）、"课余活动"（创作）等极富生活情趣的课文。

《音乐》教科书的编写强调思想政治教育的主旋律，内容主要有歌曲和乐理知识两部分，所收录歌曲大多为进行思想教育的革命歌曲，意图使学生们在掌握声乐知识技能、提高歌唱能力的同时，增强他们的民族情感和阶级情感。例如，长沙市教育局中学音乐辅导站编写的中学《音乐》教科书❷，包括了革命歌曲和音乐基础两个部分。通过学唱革命歌曲培养学生的阶级感情和阶级意识，通过音乐基础知识培养学生为工农兵服务的音乐知识和能力。

总之，通过教育整顿，中、小学教科书编写机构调整了原有的教科书编写方式，重视了学科体系的构建，增加了教科书中基础理论知识的分量。这一时期的教科书编写呈现出了文科教科书"政治与业务相统一"、理科教科书"理论与实际相联系"的特点。

第四节　"开门办学"编写教科书

"批林批孔"运动是这一历史时期中的重大事件，对教科书的内容及编写方式带来了一些变化。受此时期贫下中农管理学校、工宣队进入学校、知识青年"上山下乡"接受贫下中农再教育以及学校教育与田间劳作和工厂生产联系结合等多方面的影响，出现了开门编写教科书的活动，让更多的社会力量参与到这一教育活动的领域之中，这不失为一种富有创意的举措。

一、"批林批孔"运动

1972年11月，《文汇报》陆续发表了几篇批判"基础风""理论风"

❶　上海市中小学教材编写组 . 美术（一年级第一学期）［M］. 上海：上海人民出版社，1973.

❷　长沙市教育局中学音乐辅导站 . 中学课本：音乐［M］. 长沙：长沙市教育局中学音乐辅导站，1972.

的文章,如《马克思主义哲学是最基础的理论》《这样提问题是否妥当》《打什么基础理论》等,认为提倡基础知识和基础理论是"资产阶级右倾回潮",在社会上引起了较大反响,逐渐拉开了"反右倾回潮"的序幕。在"反右倾回潮"的同时,"批林批孔"和"评法批儒"的政治运动也在全国蔓延,教育领域成了这些运动的主战场。

1973 年 9 月 8 日至 11 日,国务院教科组召开了教育领域内批判孔子问题的座谈会,提出把"批孔"与"批林"相结合,提出把"批林批孔"与"批判修正主义"的教育路线统一起来。同年 12 月 28 日至第二年的 1 月 7 日,国务院科教组又在北京组织并且召开了北京、天津、上海、辽宁、河北、江苏、广东、陕西、四川等省市中小学教育革命座谈会。会议指出,在教育领域的主要危险仍然是修正主义问题,要对有资产阶级性质和剥削性质的意识形态展开进攻,打退来自资产阶级右倾势力的疯狂进攻。1974 年 2 月 5 日至 8 日,国务院教科组再次组织召开了"批林批孔"问题的座谈会,会上传达了国家机关关于"批林批孔"动员大会的具体精神,宣传了《林彪与孔孟之道》这份材料,并且介绍了"批林批孔"的经验,进一步推进了学校内"批林批孔"活动的展开。❶

"批林批孔"运动是教育界"儒法斗争"的延续,主要批判了"右倾教育路线",使"智育第一"的编写方针再次妥协于"政治第一"的口号,导致各地的教育界纷纷陷入了政治批判的阴影之中。

二、"开门办学"

"批林批孔"时期的主要观点是认为教育领域需全面贯彻的,是理论与实际相联系的无产阶级教育方针,要求教育要与生产领域相结合,于是"开门办学"的主张应运而生。其实,"开门办学"的思想早在"五七指示"中就有指出,即要"学工、学农、学军",也就是说要学真正能为三大革命斗争服务的知识,在实践中学,反对"关门办学",主张"开门办学"。1974 年 9 月 29 日,国务院教科组与财政部联合发布了"开门办学"的通知,指出:开门办学是上层建筑领域的一次深刻变革,更是无产阶级教育革命所诞生的新生事物,要把转变学生思想放在开门办学方针的首要位置,通过多种形式办学,与

---

❶ 程晋宽. "教育革命"的历史考察(1966—1976)[M]. 福州:福建教育出版社,2001:463.

中小工厂和农村相联系。

随后，各省市紧紧围绕"批林批孔"和"开门办学"两大主题进行教育改革，遵照毛主席关于"教育要革命""教科书要彻底改革"的指示，对现行教科书进行了限期检查、修订，并且重新编写了部分教科书。部分省市在专业课正常设置的基础上，增设了许多地方性课程，由于各地情况不统一，所编教科书也各式各样。但这一时期，全国的教科书编写呈现出两个共同的特征：一是在内容上，增加了"批林批孔"的主题单元或专题文章；二是在形式上，秉承了革命实践的需要和走群众路线的要求，逐步发挥中央和地方两方面的积极性，开门编写学校教科书。

"批林批孔"运动与"开门办学"思想主张被认为是无产阶级和资产阶级两种阶级路线的斗争，渐渐渗透于教育领域，直接影响了学校教科书的编写。此处选取部分有代表性的教科书进行分类说明。

（一）《语文》教科书

作为学校最基础的教科书，中小学《语文》课本的思想政治教育特色最为显著的是增添了"批林批孔"的内容，某种程度上也可以说《语文》成了"批林批孔"主阵地。

语文教科书中增设了大量的"批林批孔"教学单元。例如，1975 年山东省学校教科书编写组编写的中学《语文》课本第一册[1]，全书共收录了十四篇课文，其中四篇"批林批孔"的课文组成了一个"批林批孔"单元群，统摄于"认真写字"这部分内容之下，这四篇课文分别是：第三课《工农兵批林批孔短文篇》，包括《历史的车轮决不能倒转》《卑贱者最聪明》；第四课《官禄布风波——洪秀全砸孔子牌位的故事》；第五课《论衡二则》，包括《孔子不能先知》《人死不能为鬼》；第六课《〈三字经〉批注》选。

同时，语文教科书还热情扶植和大力推广"革命儿歌"这一新文体，这在"批林批孔"运动中是一个创造。1974 年北京市学校教科书编写组编写的小学《语文》课本第三册课文《祖国建设跨骏马》[2] 一文就把"批林批孔"运动作为诗的内容，主要讲述了"小记者"到大庆和大寨后，看到了祖国发展的丰硕成果，于是越看越高兴，提笔写下"批林批孔结硕果，祖国建设跨

---

[1] 山东省中小学教材编选组 . 语文（第一册）［M］. 济南：山东人民出版社，1975.

[2] 北京市中小学教材编写委员会 . 语文（第三册）［M］. 北京：人民出版社，1974.

骏马"的激情话。

(二)《数学》教科书

这一时期的数学教科书增加了数学知识在生产实践中的应用，如河南省革委会教育局学校教科书编辑室于 1975 年编写的河南省高中试用课本《数学》❶，就与三大革命实践相联系，首先是在课本内容上增编联系实践的内容，如第一册第一章的"直线方程的应用"，第二章中的"应用对数和计算尺进行计算"，以及第三章"统筹法"都是联系生产实践的内容。"统筹法"是一种为生产建设服务的数学方法，它的适用范围极为广泛，在国防、在工业的生产管理中和关系复杂科学实验的组织和管理中，皆可应用。教科书选编"统筹法"，主要是为了为提高工农业生产的管理水平服务。

(三)《工业基础知识》教科书

为了开门办学及迎合三大革命运动的发展需要，河南、上海等地区恢复编写已经在教育整顿时期被取消的《工业基础知识》课本。如 1975 年河南省所使用的《工业基础知识》教科书，就是在"批林批孔"运动中重编的，共分六册，初、高中机电部分各两册，化工部分各一册。此套教科书的编写从工农业生产实践需要出发，并且编选范围超过了复课时期"三机一泵"的内容，补充了部分基础知识，比如增添了"氧气""石灰""水泥""农药"等内容。

当然，也有不少地区，如山东、湖南、吉林、江西等地仍采用《物理》《化学》课本名，但课本内容完全不同于教育整顿时期重视讲清基础知识，而是类似《工业基础知识》的内容，讲授典型生产和设备，如湖南中学所使用的 1975 年版《物理》教科书的第五、第六册，根据生产实践编写课本，主要介绍了工农业生产中的电工器件如"交流发电机""变压器""电动机""无线电广播""农村有线广播"等。

(四)《英语》教科书

围绕"批林批孔"运动，外语类教科书也紧跟时代步伐，增设了"批林批孔"的学习内容。例如，1974 年上海市学校教科书编写组编写的《英语（批林批孔教科书)》❷，就收录了许多与运动相关的英语课文供学生学习，典

---

❶ 河南省革命会教育局中小学教材编辑室. 数学［M］. 郑州：河南人民出版社，1975.
❷ 上海市中小学教材编写组. 英语·批林批孔教材［M］. 上海：上海人民出版社，1974.

型 的 有 *Expressions Used in Criticizing Lin Biao and Confucius*，*Slogans*。同时，课本中还补充了一些与"批林批孔"运动相关的词语和对话，对学生们渗透思想政治教育。如 1974 年广东花县新华中学英语组先后编写了《狠批"克己复礼"》（*Sharp Criticism of "Restraining Oneself and Returning to the Rites"*）；《向黄帅、辛若愚学习》（*Learn from Huang Shuai and Hsin Jo - yu*）、《洪秀全》（*Hung Hsiu - Chuan*）三篇补充教科书。其中《洪秀全》一文，"是配合全校师生到洪秀全故居所在地，与贫下中农一起批林批孔而写，主要是使学生通过对洪秀全这位中国近代的劳动人民反孔旗手的英雄史迹的了解，学习历史上劳动人民反孔斗争的革命精神，深入开展批林批孔运动"❶。

（五）其他教科书

"批林批孔"运动展开后，很多省市将《历史》课本更名，换为更具政治特色的书名。例如，这一时期浙江省所使用的历史类学习课本的名称为《反儒和尊儒斗争史话》。也有很多省市延续了原有《历史》课本的编写，如湖南省学校教科书编写组在编写完《中国历史》和《世界历史》后，还结合中国近代史与"批林批孔"运动编写出了《中国近代史学习资料选编》。

小学《常识》教科书的名称和内容也发生了变化，名称大多改为了《反孔和尊孔斗争的故事》，内容上也不再是以前的生活、生产知识技能类基础知识，而成了一个个"批林批孔"的故事。例如，1974 年北京出版社出版的北京市小学常识课本《反孔和尊孔斗争的故事》❷ 主要收录了《吃人的奴隶制度》《王充伐孔》《刘六、刘七捣孔庙》《太平天国的反孔斗争》等文章，供学生们学习"批林批孔"精神。

《卫生》教科书中添加了部分"批林批孔"的学习内容，巧妙地将斗争精神与文本思想相结合。例如，湖南省湘潭县盐埠中学所编写的《青春期生理卫生课本》中《劳动使你苗壮成长》一课，犀利地指出并且批评了林彪反党集团妄图使青年学生培养成为"四体不勤、五谷不分"的"贵族"的反动思想。

艺术教科书的变化尤以《音乐》课本最为典型，课本中选择编写了大量

---

❶ 花县新华中学英语组．英语课加强思想教育的几点做法［J］．教育革命参考资料，1974（7）：30 - 31．

❷ 北京市小学常识课本．反孔和尊孔斗争的故事［M］．北京：人民出版社，1974．

革命歌曲,高唱"批林批孔"赞歌。这一时期在各省《音乐》课本中广为收录的曲目有《批林批孔战歌嘹亮》。

三、"批林批孔"时期教科书的编写特点

总的来说,这一时期各地贯彻落实"批林批孔"运动,中小学大搞开门编书活动,取得了丰硕成果,此时期的教科书编写归纳起来有以下几个特点。

(一)手段上依靠人民群众

"开门编书"广泛地发动了人民群众的积极参与,有的省市还把编写权力下放,邀请各个区、县的编写机构和有兴趣从事教科书研究的人员纷纷参与进来,实现了专业编写、业余编写和活跃的人民群众三个编写群体的有机统一,调动了各方的编写积极性。例如,山西省所使用的《工业基础知识》和《农业基础知识》课本,就是邀请了有经验的工人、贫下中农,以及专业的编写人员和积极参与的师生共同完成的编写。

(二)内容上坚持"走出去"与"引进来"相结合

"走出去"指的是所编课本不能仅仅涉及基础知识的学习,文本内容还要与生产实践相联系。例如,这一时期江苏省各个中学所使用的《数学》课本,就是编写小组从三个革命的实践经验出发,编写了"一元二次方程在工农业生产中的应用""统计法"和"优选法"等内容,将基础数学知识与生产、生活实际紧密相连。

"引进来"指的是把具体的生产生活实践内容引进并且融入课本的编写之中,形成具有生产或生活性质的学科课本。例如,此时的上海松江县数学编写小组就编写了《农业数学》一书,专门学习农业中的数学问题。又如广东省也曾编写过一套乡土教科书——《农村常用数学》,服务了生产实践,也服务了学生学习。

"批林批孔"运动是推动教科书变革的动力,"开门编书"是实现教科书发展的方式,坚持在教育实践中进行教科书改革,才能使教科书适应社会主义建设的需要,更好地为无产阶级服务。

"文化大革命"是一场长达十年之久的浩劫,对我国社会主义建设事业的破坏是持续的、全方位的,特别对教育事业的破坏尤为突出。由于长时间失去党对教育事业的正确领导,因而各级教育行政部门和各级各类学校长期处于瘫

痪或半瘫痪状态，不能行使或不能正常行使教育职能，国家的教育方针被歪曲，教育思想被搞乱，就连教科书在这一时期也不能幸免。此期的教科书是新中国教育发展的一个极端时代的产物，经历了一个不断颠覆"为资产阶级服务"的旧课本、诞生"为无产阶级服务"的新课本的嬗变过程。它不仅是一片历史的印记、一个时代的见证，更是一笔宝贵的精神财富，具有极大的研究价值。

第十七章　社会主义建设新时期的教科书

粉碎"四人帮"，结束"文化大革命"以后，中国共产党调整战略方针，领导中国人民走上了以改革开放和经济建设为中心的社会主义新时期。随着一系列教育体制的调整与改革，教科书开始进入恢复和探索时期。

第一节　改革开放初期的教科书

旷日持久的"文化大革命"结束后，教科书建设基本处于停滞瘫痪的状态。1978 年党的十一届三中全会后，邓小平从"反击右倾翻案风"的阴霾中重新走上领导岗位，开创了拨乱反正、探索改革开放以经济为中心的社会主义建设时期，立足于"发展经济必须发展教育"❶ 的基本观点，邓小平高度重视教育的战略地位，发出指示要重视中小学教育，而关键是教科书的建设，并且强调"教科书要反映现代科学文化先进水平，要符合我国的实际情况"❷。我国教育界广大师生及教育研究工作者倍受鼓舞，重新点燃建设教育现代化强国的热情，投身于学校教育的改革与发展宏伟事业之中。教科书的编写进入了一个辉煌的历史新阶段。

一、教科书建设的背景分析

在改革开放的社会主义建设初期，教科书的建设与教育的其他领域一样，都在拨乱反正的基础上开展，存在的严峻问题与社会建设发展新形势的严重落差，成为现实工作的起点与背景依托。

---

❶ 董纯才. 积极开展科学研究——在中国教育学会第三次常务理事扩大会议上的讲话［J］. 中国教育学会通讯，1981（2）：3.

❷ 中共中央文献研究室. 邓小平论教育（第二版）［M］. 北京：人民教育出版社，1995：38.

（一）教科书建设的紧迫性

1. "左倾"思想的阻碍

20世纪70年代，经过十年浩劫，中国教育受"左"的思潮的影响处于百废待兴的状态，毛泽东的一些思想被林彪、江青一伙歪曲利用。"两个估计"❶压得知识分子喘不过气来，它将几百万、上千万知识分子一棍子打死，成为"四人帮"撼动教育战线的有力武器，其后制造的一系列谬论都是由此派生，影响最深，危害最大；搞"两个凡是"实际上是"打着拥护毛泽东同志的旗帜"，"换个面貌来坚持林彪、'四人帮'那一套"。❷思想上的混乱导致教科书整体上仍处于无理无序的状态：教科书内容以赞扬伟大的领袖为主流，将毛主席的著作作为教科书来源，内容具有很强的政治性，片面强调联系实际，比如"上海、辽宁等地，取消了物理、化学、生物课程，改成了'工业生产知识'和'农业生产知识'等；物理教科书简化为'三机一泵'❸，生物教科书简化为'三大作物'等，教科书的编写成了任意行为。"❹

不良思想的扩散给共和国的教育理论、教育思想以及教育政策等方面带来了极大的混乱，将党和国家正确的教育指导方针推到了荒谬的地步，也严重阻碍了教科书的恢复和发展。

2. 不良风气的蔓延

"文化大革命"还严重破坏了对知识分子的政策，挫伤了知识分子的积极性，造成了"读书无用"的不良社会风气。教师是发展教育的主干力量，而在"文化大革命"时期，对教师的迫害最为深重，把教师作为"资产阶级知识分子"，强制"改造"，致使学校的领导和教师特别是学术上的一些学者、教授受到严重的迫害，身心遭受巨大折磨。没有一线教师和教育学者的参与，教科书的编写质量受到严重影响，导致了教育的畸形发展。共和国的普通教育尤其是中学教育，一味地宣扬走"五七道路""智育第一"的道路，学生学习文化课的时间不到60%，教科书内容单纯是为阶级斗争服务，将大部分宝贵

---

❶ "两个估计"是在"四人帮"一伙1971年炮制的《全国教育工作纪要》中提出的，指"文化大革命"前十七年教育战线是资产阶级专了无产阶级的政，是"黑线专政"；知识分子的大多数世界观基本上是资产阶级的，是资产阶级知识分子。

❷ 邓小平. 邓小平文选（第二卷）［M］. 北京：人民出版社，1994：192.

❸ 指拖拉机、柴油机、电动机、水泵。

❹ 宗世哲. 新中国教育出版60年［J］. 编辑之友，2009（10）.

时间浪费在"批判资产阶级"活动当中，导致学生普遍缺乏开阔的视野和先进的科学文化知识，贻误并毒害了一代青少年。"从 1966—1976 年，至少为国家少培养了 100 多万大专毕业生和 200 多万中专毕业生。"❶

人才的断层、知识的落后，将我国教育事业引入歧途，成为制约我国进行社会主义现代化建设的绊脚石，而同一时期恰恰是一些国家和地区抓住国际形势相对稳定的有利环境和现代科学技术迅速发展的机遇，加快本国经济发展的时期。在如此悬殊的差距下，教育体系的改革、教科书的升级刻不容缓。

3. 出版事业的破坏

"文化大革命"时期，全国出版机构和出版工作基本处于瘫痪状态，编辑人员被下放劳动，大量出版社的撤销以及合并严重影响了教育的发展，教科书的编写工作被迫叫停，全国各地处于知识中断的状态。改革开放初期，也仅有人民教育出版社一家专业出版社，出版的教科书基本上还是按照国家统一制定教学大纲和教学计划而编写的，已经不适应时代的需要。之后虽有大批出版社逐渐恢复，而且一些地方出版社和大学出版社也开始萌芽，但由于不能立刻步入正轨，教育事业仍在原地踏步。

（二）教科书发展的推动力量

前后历史阶段的衔接与转换加剧了教科书恢复的紧迫性，而改革开放后的一系列有利因素成为教科书建设工作的可靠保障。

1. 思想转变

改革开放初期对"两个估计"和"两个凡是"的批判使教育界在思想上真正地做到了正本清源、上下一心，从真正意义上解除了对教科书在思想上的束缚。例如，为了适应"四个现代化"的要求，1981 年 3 月教育部颁发《全日制五年制小学教学计划（修订草案）》，指出必须加强小学《自然》的教学，把原先只在后两年开设的自然课程提前于三年级开设，1982 年编写的五年制小学课本《自然》（试用本）教科书，摈弃了以往仅仅以传授知识为中心的指导思想，重视通过"双基教学"来培养儿童利用科学的能力及对大自然和自然科学的热爱。其面貌与以往教科书的不同之处在于：①表达模式有变化。着重科学研究过程，一般观察、实验在前，概念和规律在后；②教科书内容的变化。教科书内容围绕学生这一主体，主要选择那些易于学生观察和操作的材料

---

❶ 方晓东，等. 中华人民共和国教育史纲 [M]. 海口：海南出版社，2002：299.

（动物的生长发育、植物标本等）和那些容易引起学生兴趣的材料（日月星辰、虫鱼鸟兽等）作为主要内容；③插图和作业的变化。插图更倾向于形象性和启发性，启发思维和动手操作的作业较多。❶

在解除"两个估计"和"两个凡是"思想枷锁的大好形势下，教科书编写淡化了阶级斗争的口号，开始重新树立了马克思主义路线。例如，由中小学通用教科书政治编写组编写的《全日制十年制学校小学政治教科书（试用本）》，开始注重多元化教育：①道德品质方面的教育，强调以共产主义思想教育学生；②政治常识方面的教育，使学生了解新中国成立前人民所受的压迫和侵略；③革命理想方面的教育，使学生明白我们的最高理想是共产主义，我们进行社会主义建设和实现共产主义的根本保证就是坚持四项基本原则；④思想方法方面的教育，简单地使学生了解一些正确看待问题的思想方法。❷

推翻"两个估计"和"两个凡是"，意义非凡：它为教育战线的全面拨乱反正、整顿教育教学秩序以及教科书的顺利恢复和发展奠定了思想和理论基础，初步澄清了教育指导思想上的混淆，形成了对知识分子的正确认识，开启了思想解放的先声，从根本上为教育逐渐步入正轨打开了新局面。

2. 社会风气的改善

改革开放初期，一股"尊师重教"的社会风气迎面扑来。首先是高考制度的恢复，开启了教育领域的拨乱反正的先声，对整个教育事业以及社会的发展有着举足轻重的影响，不仅打破了当代教育界死气沉沉的僵局，鼓舞了广大青年学习的积极性，使读书学习蔚然成风，最重要的莫过于激发了广大教师以及教育者的热情，焕发了教育事业的生机和活力。

其次就是教师队伍的重建。1978 年，邓小平在全国教育工作会议上提出："我们要提高教师的政治和社会地位。不但学生应该尊重教师，整个社会都应该尊重教师。"其中最重要的措施就是实施教师职务制度、恢复教师培训工作，以此肯定了教师的能力和地位。1983 年 3 月 13 日，胡耀邦指出："在社会主义建设的伟大事业中必须尊重和依靠知识分子，犹如我们必须尊重和依靠

---

❶ 人民教育图书馆. 人民教育出版社书目（1950—1999）·教科书卷［M］. 北京：人民教育出版社，2000：108.

❷ 人民教育图书馆. 人民教育出版社书目（1950—1999）·教科书卷［M］. 北京：人民教育出版社，2000：30.

工人和农民一样。"❶ 我们要营造尊重知识分子的社会风气，并采取有力措施尽量提高他们的生活条件和完善他们的工作条件，这是"最基本的基本建设"❷。这标志着党的知识分子的政策重新回归到了马克思主义的正确道路。

最后是出国留学。1978 年，邓小平高瞻远瞩，立足于民族发展的高度做出了扩大派遣留学生的重要指示，其中，团长周培源做了基调发言："从本学年开始，我们将派遣大批科技人员和留学生出国进修和学习。……1978—1979年派遣的总数 500 名"；"1979—1980 学年派遣的人数将大于 1978—1979 学年，如果两国关系正常化，派遣人数将会有更大的增长。"❸ 由此打破了中国历时十年的封闭局面，是教育改革的一项重大措施。出国留学的价值是重大的：一来可以打开人们十年封锁的思想，接受新事物，真正了解出国的含义；二来可以使那些渴望了解外部世界的知识分子抓住机会、开阔视野，以便于更好地致力于教育现代化而奋斗；同时，东西交流可以博采众长，促进经济、文化等领域的多元化。

高考制度的恢复、对教师地位的认可以及出国留学是国家"尊重知识，尊重人才"政策的体现，全国上下弥漫着高涨的学习热情，打破了教育界往日的"沉默"，对于扭转当时教育的不良局面有着不可估量的作用，同时对教科书的体系与质量提出更高的要求。

3. 编审制的改革

受前期政治运动的影响，大多数出版人员早已发配到基层。改革开放后，随着教学计划的改进和课程设置的调整，教科书方面也需要进行整顿，亟待组织力量重新编写和审查教科书，重新恢复编审制成为必然。

1977 年 12 月 20 日至 28 日，教育部和国家出版事业管理局联合召开了全国教科书出版发行工作会议。会议讨论和制定了 1978 年度学校教科书出版计划。会议确定，学校教科书今后由教育部负责统编，暂无统编教科书的课程仍由地方参照统编教科书的编写大纲编写出版；乡土教科书和补充教科书由各省、自治区、直辖市自行编写出版；少数民族文字教科书，参照原有的蒙古、

---

❶ 中共中央组织部，中共中央文献研究室．知识分子问题文献选编［M］．北京：人民出版社，1983：9.

❷ 中共中央组织部，中共中央文献研究室．知识分子问题文献选编［M］．北京：人民出版社，1983：10 – 11.

❸ 教育部国际合作与交流司，《神州学人》编辑部，国家留学基金管理委员会秘书处．出国留学工作 20 年［M］．北京：高等教育出版社，1999：206.

藏、维吾尔、哈萨克、朝鲜五种民族文字协作区，分别协商组织编写和翻译出版；会议还提出，教科书出版发行工作要做到"按时""定量"供应学校，实现"课前到手，人手一册"的要求。1978年4月3日，国务院批转此次会议的报告。从此，恢复了教科书编审体制和出版发行办法。❶

在编审制的审查和监督下，我国教科书有了可喜的变化，例如，于1978—1980年由人民教育出版社陆续出版的全日制十年制学校小学课本《数学》（试用本），进行了由小学算术到小学数学的改革：①教科书对传统的算术内容进行了精选，删除了繁难内容，并把珠算内容编入数学课本；②增加了几何和代数的部分内容；③渗透了函数、集合和统计等数学思想和方法。经过两年的使用，人民教育出版社根据1980年数学教科书改革第二次座谈会纪要和1981年颁发的《全日制五年制小学教学计划（修订草案）》对上述教科书进行了修改，改编成五年制小学课本《数学》共十册，1981年出版，供全国五年制小学使用。这套教科书与试用本的不同之处在于：①删减部分内容。例如，删去了试用本第十册中正负数的内容；②难学知识后移。例如，低年级难学的计量知识后移；第七册中的"丈量土地"移到第八册；第八册中的"正方体和长方体"移到第九册；第九册中"圆的周长和面积"移到第十册，以减少教学中的困难。这套教科书由于各册分量均匀和符合我国教学实际的优点，直到1998年才换成义务教育教科书，这是新中国成立以来使用时间最长的一套小学数学课本。❷

再如，1978年出版的全日制十年制学校初中课本《化学》（试用本），内容仍以描述化学为主，但是书中加强了对物质结构的初步认识，增加了碱金属和卤素两个典型的元素族，并用科学知识充实教学内容。根据1978年教育部颁布的《全日制十年制学校中学历史教学大纲（试行草案）》编写的全日制十年制学校初中课本《中国历史》（试用本），这套教科书是粉碎"四人帮"后全国统编的第一套中学历史课本，初步清除了"四人帮"的余毒，分别从古代史部分、近代史部分、现代史部分进行阐述，教科书经过多次修改、补充，

---

❶ 方晓东，等. 中华人民共和国教育史纲［M］. 海口：海南出版社，2002：312.

❷ 人民教育图书馆. 人民教育出版社书目（1950—1999）·教科书卷［M］. 北京：人民教育出版社，2000：72.

1981 年被日本霍布尔出版公司翻译成日语并在日本出版发行。❶ 根据 1978 年教育部制定的《全国十年制英语教学大纲（试行草案）》编写的全日制十年制学校初中课本《英语》（试用本），开始重视语法和句型的练习，入门阶段重视学生的语音练习，先学习字母、拼读规则，后学习国际音标，语法教学采用句型练习及归纳规则的方法，配合课本另编有教学参考书及教学挂图。❷

编审制还打破了我国在过去很长的一段时间里都实行"一纲一本"的课程政策和人民教育出版社垄断的现象，为全面恢复教育教学秩序和教育的深度发展和改革奠定了良好的制度保障。

4. 政策的支持

改革开放初期，以邓小平为首的领导人高度重视恢复和加强教科书建设，并给予政策的支持。邓小平在 1977 年 7 月 29 日与方毅、刘西尧谈教育工作时指出："要大力搞好教科书建设。要进口一批外国教科书（自然科学的），要进口日本的、英国的、美国的、法国的、联邦德国的自然科学教科书。要结合本国的国情编写教科书，要组织一个很强的班子，编写大、中、小学教科书。结合我们自己的实际编好教科书，以后就按新教科书来上课。今年实行起来有困难，从明年招生开始……要编写几种教科书，以供选择。"在上述讲话几天以后的"八八讲话"中，邓小平再次强调："关键是教科书。教科书要反映出现代科学文化的先进水平，同时要符合我国的实际情况。"❸ 1977 年 8 月召开的科学和教育工作座谈会指出："我们国家要赶上世界先进水平，要从科学和教育着手，一定要把教育办好。要重视中小学。"受政治运动的影响，全国基础教育课程教科书体系濒临瘫痪多年，尤其在自然学科领域，应该选择什么内容进入教科书成为一个难点。邓小平明确指出："要引进外国教科书，吸收有益的东西。"并且从紧张的国家外汇储备中拨出十万美元专款，让我国驻美国、英国、联邦德国、法国、日本等使领馆，协助选购一大批各国最新的学校教科书，并尽快空运回国。依据邓小平的指示，人民教育出版社在我国驻外使馆的协助下，从美国、英国、联邦德国、法国、日本等国家选购了大批教科

---

❶ 人民教育图书馆. 人民教育出版社书目（1950—1999）·教科书卷［M］. 北京：人民教育出版社，2000：126.

❷ 人民教育图书馆. 人民教育出版社书目（1950—1999）·教科书卷［M］. 北京：人民教育出版社，2000：153.

❸ 邓小平. 邓小平文选（第二卷）［M］. 北京：人民出版社，1994：55.

书，供我国编写教科书参考。至 1978 年 2 月，我国进口的外国教科书达二千二百册，其中小学教科书占 15%，中学教科书占 20%，大学教科书占 65%。❶邓小平一系列有关教育的论述和讲话，指引和推动了中国社会主义教育事业的胜利转折和继续前进。❷ 在党和国家的政策关怀下，我国教科书的发展开始步入正轨。

二、教科书的恢复和编写探索

政治运动结束后，各部门开始着手拟定新的教学计划并编写教科书。为了加强学校教科书的建设，经教育部批准成立了很强的编写教科书的领导班子，制定了严格的教科书编写方针和原则，聘请了周培源、叶圣陶等四十五位颇有学识的专家为学科教科书顾问，极大地提高了教科书的编写质量。由于篇幅有限，在此主要论述改革开放初期的第五套（1977）与第六套（1981）教科书的编写情况。

（一）第五套教科书的编写情况

由于中小学急需先进的教科书，教育部在借鉴以往的教育经验和教训的基础上于 1978 年 1 月颁发了《全日制十年制中小学教学计划试行草案》，对课程的主要内容和教学要求做了简单的说明，为提高中小学的教学质量提供了重要的基础。随着中小学教学计划的稳定，同年九月教育部开始组织全国中小学各科通用教科书的编写工作。主要由人民教育出版社编辑和出版的第五套全国通用的十年制中小学教科书于 1978 年秋季开始供应。这套教科书包括"教学大纲十五种十五册，教科书三十二种一百零六册，教学参考书二十七种九十册"❸。这套教科书在编写的过程当中立足于国际教科书改革的经验和教训，进行了教学内容的现代化改革，用先进的科学知识充实教学内容（中学数学增加了微积分、概率统计、逻辑代数等的初步知识，中学物理增加了电子技术基础应用知识，中学化学加强了以物质结构的初步知识为主要理论来认识和研究物质的内容等），打破了前期以阶级斗争和毛泽东思想为中心的格局，初步划清了与"四人帮"的界限，尤其突出基础知识的选择以及对学生智力、能

---

❶ 金铁宽. 中华人民共和国教育大事记（二）[M]. 济南：山东教育出版社，1995：1020.

❷ 何东昌. 中华人民共和国教育史（下卷）[M]. 海口：海南出版社，2007：4.

❸ 于述胜，等. 中国教育三十年：1978—2008 [M]. 成都：四川教育出版社，2008：11.

力和接受力的重视。这套教科书的使用扭转了以往教学要求混乱的局面，保障了正常的教学秩序，提高了全国的教学水平。

但是，由于条件的限制，教科书也暴露了一些不可避免的缺点，造成教科书内容"深、难、重"的现象，导致教师无法完成规定的教学任务，学生难以掌握该学的知识，如理科性的教科书对于传统的内容与先进的科学知识无法统一。文科教科书以高中《世界历史》为例加以说明，《世界历史》的"深、难、重"主要体现在三个方面，一是教科书史实抽象。例如，在讲英国资产阶级革命的内容中，经过不懈的斗争终于确定了君主立宪制，可是并没有说明君主立宪制的具体内涵，局限于历史学科单纯下定义是不可能的，但是可以在历史故事或史料当中表明。二是部分内容机械简单化。这里的意思不是与具体对立，具体史实（经济制度、战争经过等）应该以简驭繁，如果复杂内容简单罗列就会出现混乱，"法兰西第一帝国的兴旺"就是这样一个例子。三是教科书头绪不清楚，在讲解"拉丁美洲独立革命"中"西属拉美殖民地独立战争的经过多而又叙述简单。因为叙述简单，很容易放过关键环节，抓不住关键环节，更理不清头绪"❶，这三个方面在无形中加剧了教与学的难度。除此之外，由于教科书中的一些"文化大革命""左"的思想还有残余，以至于文科教科书缺乏现代社会生活的气息以及对过往历史的扭曲，科学性明显不足。

（二）第六套教科书的编写情况

根据"降低难度，减轻负担"的精神，人民教育出版社依据教学计划改革后的要求，在对教科书进行修订的同时着手编写了第六套十二年制教科书，并于1982年（中学）和1984年（小学）秋季陆续供应。它在一定程度上具有进步意义，相比较第五套教科书来看，逐步肃清了文科教科书当中残余的"左"的思想，在避免后者不足的基础上更加强调"双基"（基本知识与基本技能）的训练。比如在1983年，教育部根据"基本要求"和"较高要求"两种教学要求，对数学、物理、化学、生物、外语教科书重新做了调整，并根据教学纲要编写了"较高要求"的甲种本和"基本要求"的乙种本。❷虽然在一定程度上还原了教科书本身的意义，但依旧未能克服以往教科书的缺点，即偏

❶ 李纯武.高中世界历史·上册修改说明［J］.历史教学，1982（4）.
❷ 人民教育图书馆.人民教育出版社书目（1950—1999）·教科书卷［M］.北京：人民教育出版社，2000：112.

离了教科书使用地本身发展的正常轨道。比如教科书内容缺乏可读性、启发性，不利于调动学生自学积极性；理科性的教科书单纯为了升学的需要，仍然摆脱不了深且难的现象，严重束缚了学生学习的热情；教科书结构出现诸如单科知识缺乏融会贯通性、学科之间缺乏必要的联系、教科书知识与现实生活出现脱节现象等一系列问题。

三、新教科书的特色

这两套教科书虽然本身不可避免地出现了一些缺点，但是，我们不能因为它们的一些不足而否定了其在当时条件下的价值意义：基本肃清了十年动乱时期出版的教科书中许多谬误内容，改正了在理论与实践等问题上一些不适当的处理方法，反映了国家试图挽回十年浩劫对人才培养造成的重大损失的强烈愿望，反映了广大教育工作者把教育迅速搞上去以兴国图强的迫切要求。在一定程度上挽救了水深火热的教育，为教科书以后的编写和发展奠定了良好的基础。这两套教科书和十年"文化大革命"期间编写的教科书相比较而言，具有以下特点。

（一）新教科书始终遵循的指导思想：彻底贯彻党的路线方针，始终围绕"现代化"服务

受历史环境的影响，我国一直坚持"以阶级斗争为纲"，而忽略了教育事业在社会主义现代化建设中的重要地位。党的十一届三中全会之后，我国的工作重点转移到社会主义现代化建设上，教育在经济建设中的战略地位逐步受到重视。"尊重知识，尊重人才"的提出，标志着国家建立了社会主义现代化建设的新知识观、新人才观，教育作为社会主义现代化建设的基础工程，教学大纲和教学计划以及教科书内容既要为国家社会和政治的稳定，坚持社会主义制度培养可靠的接班人，还要为20世纪90年代和21世纪初的现代化建设服务，主要体现在以下几个方面。

1. 领袖淡出教科书

"文化大革命"时期，毛主席的著作是基本教科书，教科书的编写始终以毛泽东思想和阶级斗争为原则，中小学通过学习毛泽东著作和毛主席语录这一途径进而提升政治思想素质，如高小课本中必须学习"老三篇"❶，选读符合

---

❶ "老三篇"是指毛泽东的三篇著作：《愚公移山》《纪念白求恩》《为人民服务》。

政治运动需要的文章，对于没有遵循这一原则的教科书内容统统删除，并发动师生进行批判，甚至有的学校从全日制普通中学变为半工半读学校之后，每周的二十四节课中一半为毛泽东思想课。1978 年，党的十一届三中全会的召开，开启了"睁眼看世界"的新纪元，在这个开放的年代，我们走出了封闭式的思维，教科书也开始接纳新世界，《华主席在太阳升起的地方》等类似的内容曾在"文化大革命"结束后短暂地占据了教科书的版面，但之后教科书中领袖逐渐成了配角，并以一种人性化的形象走进教科书，不再是一种单纯的"红色"。

1978 年的这套课本目标是肃清"四人帮"的流毒和影响，更重要的是"进行了教学内容的现代化改革"。1982 年教育部提出"思想政治教育必须根据语文课的特点进行"的要求，这些改革措施的推行，使领袖形象逐渐淡出教科书，标志着教科书回归本质，也标志着中国人民思想的转变，"政治"这一长时间压制人们思想的词汇开始远离。

2. "外国人"走进教科书。

开放的中国使中国的教科书也逐渐"睁眼看世界"，"臆想中的敌人"开始走进中国的教科书，曾经表现西方阴暗的文章被剔除在外，《凡卡》《卖火柴的小女孩》在教科书中给出新的解读。《泰坦尼克号》这种对外国灾难报道的文章也被编入了初中语文教科书。至此，初中英语教科书中的外国人形象也更加清晰。

（二）注重基础知识和基本能力的训练

在科技与教育双手抓的背景下，"双基"是学习现代科技和实现教育现代化的前提和保证，这一方向的转变预示着教育从思想内容"灌输"到逐渐注重学生的内心体验，注重学生的发展能力和现有水平，注重启发性教育的应用以及对学生智力和能力的重视。

1978 年教育部颁布了全国统一的教学大纲，如制订了《全日制十年制学校小学语文教学大纲（试行草案）》，这部大纲既是对教育事业拨乱反正、语文教学正本清源的结果，又是对新中国成立二十八年来语文教学经验的初步总结。其中对生字提出两种不同要求、课文分为三类，两三课之后安排基础训练的教科书编排方法注重教给学生识字方法，培养识字能力，注重培养学生自学能力和良好的学习习惯的教学思想，体现了对学生的"双基"要求。而在教学内容的处理方面方法比较稳妥，切合实际，明确指出必须遵循两条原则：一是学习现代科学技术所必需的，二是学生能够接受的。即把需要与可能结合起来。

1978 年全日制十年制《中学语文教学大纲（试行草案）》对语文的教学目的任务是这样规定的："用马克思主义的立场、观点和方法指导学生学习课文和必要的语文知识，进行严格的读写训练，使学生……能够正确理解和运用祖国的语言文字，具有现代语文的阅读能力和阅读浅易文言文的能力……"❶ 1982 年，人民教育出版社根据 1981 年教育部颁布的《全日制六年制重点中学教学计划（试行草案）》，编写了一套供重点中学使用的中学语文实验教科书。根据对学生基本知识基本能力的要求，1982 年到 1985 年编出试教本《阅读》《写作》，1986 年到 1989 年修订为试用本《阅读》《作文·汉语》。这套教科书有计划地设计了课文练习，尤其是对阅读训练系统做了深入的研究，初步建立了写作、阅读和汉语知识的教科书体系。❷ 教科书体系由浅入深，充分照顾了学生的接受水平，着重培养了基本能力。

（三）实事求是

毛泽东于 1968 年 7 月 21 日发表了著名的"七二一指示"❸："要从有实践经验的工人农民中间选拔学生，到学校学几年以后，又回到生产实践中去。"❹ "文化大革命"时期，江青、林彪两个反革命集团对毛泽东的实践理论加以歪曲利用，以至于"七二一工人大学"❺ 由 1972 年的六十八所到 1976 年上半年已经猛增到三万三千三百七十四所，而且还实行所谓的"开门办学"，实际上是片面机械地强调直接经验和实际相结合的作用，通过"走出去"（到工厂、农村、部队向工农兵学习）、"请进来"（请工农兵上讲台）❻ 等办法对以课堂教学为主的方法进行否定。在"开门办学"中，文科院校要"边斗边学"，结合斗争任务进行教学。例如，担任讲师的工人师傅结合工厂斗争实际组织讲学，贫下中农在田间地头进行授课。除了这些所谓的"实践"教学外，平常上课的教科书无一例外地学习"毛主席语录、'老三篇''三大纪律八项注

---

❶ 王贵寅. 我国中学语文教科书的演变及其发展趋势［J］. 辽松学刊，1987（1）.

❷ 顾振彪. 人民教育出版社教科书沿革［M］. 北京：人民教育出版社，2004.

❸ 1968 年 7 月 20 日，陈伯达、姚文元给毛泽东送上新华社、文汇报记者的调查报告《从上海机床厂看培养工程技术人员的道路》的清样。调查报告的编者按语中引用了毛泽东一段话，经毛泽东修改后，于 7 月 22 日在《人民日报》公开发表。因 7 月 21 日晚已广播，故称为"七二一指示"。

❹《人民日报》1968 年 7 月 22 日.

❺ 上海机床厂作为贯彻执行"七二一指示"的样板，于同年 9 月创办了"七二一工人大学"。

❻ 方晓东，等. 中华人民共和国教育史纲［M］. 海口：海南出版社，2002：236.

意'，学习十六条，学唱革命歌曲"❶，严重与生活实际情况脱节，曲解了教育与生产劳动相结合的思想，忽略了科研在广度和深度两方面的拓展，违背了教育规律，教学秩序被搞得支离破碎，教学质量严重下降。粉碎"四人帮"后，教科书领域开始拨乱反正，教科书内容中实践经验成为主要前提。就连高考制度恢复后，选拔条件也发生了重要的变化，由以前注重成分开始向实践转变。考试制度主要是了解学生基本知识的掌握以及分析问题和解决问题的能力。

实事求是反映在新教科书尤其是历史课本中主要表现为尊重客观历史，以历史唯物主义和辩证唯物主义的角度分析问题。"四人帮"大搞实用主义，伪造历史，对一大批古人扣上"法家"和"儒家"的帽子，历史大纲和课本坚持实事求是，客观评价，即使"'四人帮'贬之为儒家，我们也要予以肯定，对历史起过反对作用的历史人物，即使'四人帮'褒之为法家，也必须予以否定"❷。课本中对于农民起义和农民战争领导集团中产生的分歧和矛盾也都按照历史事实叙写，只是对于一些有争议的话题比如农民战争领导集团内部是否坚持"两条路线"斗争，课本则保持中立，不表达看法。

小学思想品德教科书中是通过教科书内容的平实化和体裁多样化来表现的。例如，1986 年 6 月颁发的《全日制小学思想品德教学大纲》编写的小学教科书《思想品德》（试用本），其教科书内容安排大约占本学科教学总时数的四分之三，课文的选材范围涉及颇广，除了选取革命英雄、革命领袖以及模范的事迹外，更多的取材来源于小学生周边的真实生活。低年级夹图夹议，其中以图画为主，文字最多不超过三百字；中年级五百字左右；高年级一千字左右。课文的体裁多种多样，如低年级主要以童话、寓言、儿歌和小故事等体裁为主，高年级开始通过具体事例来讲道理。课文中设有练习。❸ 这种接近学生周围实际生活的知识才能更好地被学生掌握并加以运用，课文体裁和教学方式也一改以往僵化模式，逐渐"人性化"。除此之外，教科书中越来越多地出现一些"平民"事迹，使我们感觉教科书越来越贴近真实生活。

---

❶ 金铁宽. 中华人民共和国教育大事记（二）［M］. 济南：山东教育出版社，1995：848.

❷ 苏寿桐. 介绍新编中学历史教学大纲［J］. 历史教学，1979（1）.

❸ 人民教育出版社. 人民教育出版社书目（1950—1999）·教科书卷［M］. 北京：人民教育出版社，2000：30.

（四）为德智体美劳全面发展服务

1979 年 4 月 22 日至 5 月 7 日，教育部在北京召开了全国中小学思想政治教育工作座谈会，这次会议指出思想政治教育的任务是：保证党的教育方针的贯彻执行，使学生在德、智、体三方面都得到全面发展，把青少年培养成为热爱社会主义祖国、忠于无产阶级革命事业，有远大革命理想，有共产主义道德品质的一代新人。

德育指的是思想品德和政治素质，中小学思想政治教科书的重要内容，就是要对中小学学生集中地进行坚持社会主义道路，坚持无产阶级专政，坚持党的领导，坚持马列主义、毛泽东思想的四项基本原则的宣传教育，并结合进行革命理想和共产主义道德品质教育。教育学生做到"三好"即思想品德好、学习好、身体好。1980 年由教育部委托华东师范大学编写的全日制十年制学校初中课本《青少年修养》（试用本）于 1981 年首次出版后又根据《青少年修养教学大纲（试行草案)》做了修订，全书分为上、下两册共十六课。内容包括体育、美育方面的修养及思想、文化修养等，其主要以思想修养为主。1982 年正式颁布了《小学思想品德课教学大纲（试行草案)》，规定小学思想品德课的主要内容："进行以'五爱'为中心的社会公德教育、理想纪律教育、浅显的政治常识教育，培养学生良好的思想品德和行为习惯。"❶ 由此，中小学思想政治教育工作的面貌有了明显变化。

1979 年 5 月，针对在粉碎"四人帮"后，很多学校重视智育的提高而忽视了体育、卫生等工作，为了正确处理德智体三者之间的关系，教育部颁发了《中、小学体育工作暂行规定（试行草案)》《中、小学卫生工作暂行规定（草案)》。这里主要针对卫生方面和劳动技术方面进行略述。

为了加强卫生方面的教育，根据 1981 年 4 月教育部颁发的《全日制六年制重点中学教学计划（试行草案)》和《全日制五年制中学教学计划试行草案的修改意见》编写了初级中学课本《生理卫生》（试用本）。全书包括绪论和十二章内容：①人体的概述；②皮肤；③运动系统；④循环系统；⑤呼吸系统；⑥消化系统；⑦新陈代谢；⑧泌尿系统；⑨内分泌系统；⑩神经系统；⑪生殖系统；⑫传染病。本书的主要特点：①教学内容相对比较充实；②形态结构知识较详细；③生理知识比较系统；④学生实验类目增多。

---

❶ 何东昌. 中华人民共和国教育史（下卷）［M］. 海口：海南出版社，2007：603.

在重视劳动技术教育方面，邓小平在 1978 年全国教育工作会议上深刻阐述了教育与生产劳动相结合的必要性，指出必须研究在新的历史条件下要更好地贯彻这个方针，广大教育工作者要提高对教育与生产劳动相结合的重要性认识。自 1981 年开始，相继在《全日制五年制小学教学计划（修订草案）》《全日制六年制城市小学教学计划（草案）》《全日制六年制农村小学教学计划（草案）》《全日制六年制重点中学教学计划试行草案》《全日制五年制中学教学计划试行草案的修改意见》等书中提到要编写劳动技术类教科书，开设劳动课，培养和教育学生继承中华民族的优秀传统，确立正确的劳动观念，尊重劳动、尊重劳动人民，磨炼坚强的意志品质，树立艰苦奋斗的精神。

开设劳动课程是中小学进行劳动教育的主要形式。1981 年 3 月 13 日《全日制五年制小学教学计划（修订草案）》规定：四五年级开设劳动课，组织学生参加公益劳动或简易生产劳动。1984 年《全日制六年制小学教学计划（草案）》规定：从四年级开始参加一些力所能及的服务性劳动，农村小学六年级增设农业常识课。1981 年发布的《关于制定全日制六年制重点中学教学计划试行草案的几点说明》中首次提道："中学阶段开设劳动技术课，进行劳动技术教育，使学生既能动脑，又能动手，手脑并用，全面发展。"❶ 通过开展劳动课程不仅使学生懂得了劳动光荣的道理，而且还增强了体质，锻炼了思维能力和创新能力，养成了劳动习惯，陶冶了情操，促进了学生的健康发展。

此外，为了加强音乐、美术教育，培养学生高尚的审美情操，教育部制定了音乐、美术教育大纲，编写了音乐、美术教科书。例如，1984 年根据易教易学的特点，人民教育出版社编写了符合我国教学实情的全日制小学《美术》课本，课本降低了美术知识和作业的要求，增加了美术工具和材料的训练以及美术欣赏课，从而拓宽了实用性，加强了审美教育。1986 年在此基础上编写了农村版的小学《美术》课本，结合农村的需要编排了一些乡土题材，这套课本填补了农村儿童不能接受美术教育的空白。

（五）教科书编排方式趋于完善

"文化大革命"时期，由于全国没有统一的大纲和教科书，导致教科书内容单调，编排结构随意。相比较而言，新教科书的编排结构更为实用和成熟。以 1978 年出版的语文科目加以说明：课文编排由易到难，由浅入深，循序渐

---

❶ 方晓东，等 . 中华人民共和国教育史纲［M］. 海口：海南出版社，2002：324.

进，层次分明；初中的文章以深浅为序，以说明文和记叙文为主；高中以时代先后为序，以复杂的记叙文和议论文为主；古代作品编排在最后，充分照顾了学生的主体需要；课文中计划性地、系统性地穿插一些简单易懂的语文常识（修辞、写作和文学常识等）以便于结合到教学当中，根据学生的实际情况更好地为培养读写能力服务；课文附有注释，注释针对年级和课文特点深浅不一，力求更好地帮助学生理解和领会课文；课文后面安排具有启发性的思考和练习，具有实效性。❶

1976—1986 年，学校教科书的恢复和探索，始终以提高基础知识和基础能力为中心，以现代化服务为目标，在此基础上进行不断探索与实验。教科书的编写、审查、出版、发行工作的恢复和加强、社会风气的改善、政策的重视等都对学校教育工作的正常开展，对提高教育教学质量，对组织教师和专家队伍及调动他们的积极性，对学校教育以及整个教育事业以后的改革和发展，起到了重要的促进作用。

第二节　改革开放大发展时期的教科书

随着世界经济的全球化和科技的深度发展，民族素质和创新能力日益占据国家持续发展的主导地位，世界各国逐渐认识到能力比知识更为重要，纷纷进行教育改革来培养符合未来社会发展的全面型人才，并且把普及义务教育作为实现教育平等的一项基本国策，以此来提高综合国力，增强市场竞争力，"谁能抓住历史机遇，加快培养高素质劳动者和创新型人才，提高全体人民的素质和国家创新力，谁就能在未来激烈竞争的国际竞争中赢得主动权，抢占制高点"❷。我国由于受政治运动的影响，在教育制度、教育系统、教育资源等方面受到挫折或损失，在 1977—1986 年我国教育系统的恢复重建过程当中，虽然有极大的进步和可喜的变化，但是整个教育基础过分倾斜于应试方向，教育体系功能严重失调，在一定程度上制约了经济的发展和社会的进步。为此，我国相继出台了一系列改革措施进行调整，其中"党的十二大把教育确定为'经济发展的战略重点之一'，党的十三大提出'百年大计，教育为本'的指

---

❶　教育部国际合作与交流司，《神州学人》编辑部，国家留学基金管理委员会秘书处．出国留学工作 20 年［M］．北京：高等教育出版社，1999：206.

❷　于述胜，等．中国教育三十年：1978—2008［M］．成都：四川教育出版社，2008：202.

导方针"❶，党的十五大明确规定了"教育的目的或全部工作，就在于提高受教育者的素质"❷。世纪之交，在国际潮流和国内形势的双重推动下，素质教育已经成为不可逆转的教育改革潮流。

素质教育的核心就是根据社会发展和实际需要全方位地提高国民素质，形成健全人格，而要把解题运算的单一型人才转变为全面发展的综合性人才，教科书的编写质量是一个重要因素，以往的课程设置和教科书内容显然已经不能更好地为社会现代化服务。因此，教科书的新一轮改革势在必行。

一、教科书的发展走向

从 1986 年到 1992 年，是我国社会主义教育全面改革与发展的时期，也是我国教科书事业全面改革发展的时期。在这段时期，通过对教科书的整顿与改革，形成了不同层次的教科书体系，教科书供应呈现前所未有的丰富和繁荣景象。

（一）第七套教科书的发展变化

1986 年 9 月，国家教委按照"适当降低难度，减轻学生负担，教学要求具体明确"的原则，组织优秀专家和教师，对中小学各科教学大纲进行了重新修订。同年 12 月，教育部颁布了新教学大纲。根据新大纲精神，对教科书又进行了一次较大的修订。这套教科书于 1987 年秋季陆续供应，这就是第七套全国通用的学校教科书（以下称为 87 版）。为了突出 87 版教科书的进步性，在此以中学化学教科书为例对 87 版和 78 版两个版本教科书进行对比（因为 87 版化学教科书是 82 版的修订本，二者差异不太明显，所以选择了年代距离合适的 78 版教科书进行对比）。前者和后者相比，具有以下突出特点：①科学素养成为重要组成部分。20 世纪 80 年代以来，科学素养是世界各国教育的发展目标，美国的《普及科学——美国 2061 计划》把"科学、数学和技术"作为"教育今日儿童面对明日世界的基础"❸，英国的《国家课程中的科学》把科学素养作为人才的必备质素。我国在 20 世纪 80 年代课程改革中，也开始将科学素养提上日程，并逐渐成为教科书的重要组成内

---

❶　于述胜，等. 中国教育三十年：1978—2008 ［M］. 成都：四川教育出版社，2008：191.
❷　王策三. 教育论集 ［M］. 北京：人民教育出版社，2002：419.
❸　于述胜，等. 中国教育三十年：1978—2008 ［M］. 成都：四川教育出版社，2008：189.

容，87 版化学课本中出现科学素养内容的次数为一百三十三次，而 78 版为一百一十九次，尤其是专门设置的"化学与生活""化学与社会"等主题。科学素养在课本中以不同的形式呈现，有助于学生加深对科学精神和科学方法的理解，让学生更容易将知识与生活巧妙地联系起来，这开启了从以书本为中心向以提高学生能力为中心的转变历程。②实验地位越来越受重视。化学课本中的实验有三种，分别是学生实验、随堂实验和家庭实验，78 版教科书中实验总数为一百〇六个，87 版教科书实验总数为九十个，虽然实验数目有所下降，但实验内容却是增加的，较多的综合性实验越来越多地出现在新版本中。比如在物质的分离和提纯实验中，78 版教科书是以随堂实验的形式出现的，而 87 版教科书则以学生实验为主，实验形式和数量变化明显表明我国开始注重在教师的主导作用下，最大限度地发挥学生的主观能动性，有效地将知识和能力结合起来。③插图数量的增长。"初中教科书的学科内容一般涉及基础理论、化学实验、拓展知识三类"❶。据统计，78 版教科书插图总数量为一百零九个，87 版为一百二十一个，随着版本的更新，教科书插图的数量逐步增长，说明我国开始意识到并重视插图的教育功能，这也标志着国家对教科书开始深层开发。

综上所述，我国的教科书逐渐由"双基"转向"四基"❷，科学素养逐渐占主导地位，越来越注重学生的内心体验，教科书开始由单纯的知识传授向多方面的素质培养过渡。

（二）第八套教科书的改革趋势

1986 年以后，为了更好地贯彻九年义务教育，国家教委开始着手制订九年义务教育小学以及初中各科教学大纲以及教学计划，并以 1988 年颁布各科教学大纲（初审稿），对中小学各科教科书进行了修订，修订后的教科书于1991 年秋季陆续供应，这就是第八套全国通用的学校教科书。与前面编写的教科书相比，这套教科书最突出的特点就是由教科书承载的社会本位的价值取向开始由"显性"向"隐性"转变，并渗透在内容编排、课后练习以及教育理念等环节。

以下以人教版 1979 年的语文教科书与 1988 年语文教科书选文的变化为例加以说明。

---

❶ 张世勇，闫淑惠. 改革开放以来我国中学化学教科书发展特点［J］. 教育学术月刊，2014（2）.
❷ "双基"指基本知识和基本技能，"四基"指基础知识、基本技能、基本思想、基本活动经验。

1979 年版语文教科书中的《日月潭》，大体内容是这样描述的，首段为："日月潭是我国台湾省的一个大湖。"中间部分是一些景物描写，结尾是这样的："我爱美丽的日月潭，我爱祖国的台湾岛。"1988 年教科书有所变化，首段改为："日月潭是我国台湾省最大的一个湖。它在台中附近的高山上。那里群山环绕，树木茂盛，周围有许多名胜古迹。"中间部分加入了更加细致的景物描写，而结尾发生了很大的变化："日月潭风光秀丽，吸引了许许多多中外游人。"

再比如《赵州桥》，选文的末尾也发生了很大的变化。1979 年版《赵州桥》是这样结尾的："赵州桥表现了劳动人民的智慧和才干，是我国宝贵的历史遗产。过去反动政府却一点也不重视，到新中国成立的时候赵州桥已经十分残破。人民政府派专家去修复了赵州桥，今天不但赵州桥明显傲然横跨在洨河上，全国各地还仿照赵州桥的形式，建起了许多大桥和渡槽。"1988 年版的《赵州桥》只是简单地保留了结尾的首句。

相比之下，书中原先显性激扬的爱国主义情调开始回归于平淡，明显的政治宣传开始弱化，而更加注重孩子学生自身的体会和视觉的想象，一篇文章在不同的时代背景下代表了不同的社会意识形态。

除了课文外，语文教材课后问题的设置也出现了很大的变化。以《幸福是什么》为例，1979 年版的课后问题为："三个孩子用什么办法弄明白幸福是什么"；"为什么那位告诉他们'幸福是什么'的姑娘是智慧的女儿。"1988 年版的课后问题是这样设置的："幸福是什么？""怎样才能得到幸福？"以及"十年后，三个牧童对幸福的体会？"前者问题围绕"幸福要靠劳动，要靠很好地尽自己的义务，做出对人们有益的事情"这一中心主题，后者相比前者更具开放性，更具思维发散性，弱化了教科书对学生思想观念的束缚，价值观从标准化开始走向多元化。

（三）劳动教科书的出现

我国这段时期首次增加了劳动课教科书，这是教科书改革的亮点，在此着重阐述一下。

1987 年《全日制普通中学劳动技术课教学大纲（试行稿）》指出："劳动技术教育是全面贯彻教育方针的需要，是中学教育不可缺少的组成部分。"于是 20 世纪 90 年代开始编写劳动技术教育等教科书，如义务教育三年制四年制初级中学教科书（实验本）《劳动技术·电子技术》，还有义务教育三年制四年制初级中学教科书（实验本）《劳动技术·缝纫》等。义务教育三年制四年制初级中学教科书（实验本）《劳动技术·缝纫》根据国家教委1992年颁布的《九年义务教育全日制初级中学劳动技课教学大纲（试用）》编写的，书本注重学生学以致用的能力，主要向学生介绍：①一些手缝和机缝的基本知识，学习家用缝纫机的操作和使用方法；②学习一些量体、识图等基本知识以及家用缝纫机的保养和一些常见故障排除法；③使学生掌握手缝和机缝的基本操作法，能学习并制作一些护袖和围裙等小物品；④本教科书要求讲授的知识和实际操作的时间为1:2。❶ 劳动课的目的是培养学生养成良好的劳动习惯，形成热爱劳动的思想意识，并初步具备一些关于生产劳动的基本知识和基本技能。

此外，为了满足中学职业技术教学的需要，人民教育出版社还组织编写了初级职业技术教育教科书《小型动力机械》《服装缝制基础》《机械识图》等七册。

二、教科书的创新——"八套半"教科书的出现

"文化大革命"时期，我国的基础教育受到严重挫折，落后的教育状况已经不能适应社会现代化建设的需要。1985年5月27日《中共中央关于教育体制改革的决定》指出："我国基础教育还很落后，这同我国人民建设富强、民主、文明的现代化社会主义国家的迫切要求之间，存在尖锐矛盾，决不能任其继续，现在，我们有必要也有可能把实行九年制义务教育当作关系民族素质提高和国家兴旺发达的一件大事。"在这种背景下，我国站在社会主义命运的高度上，本着"三个面向"的基本精神，明确规定实施九年制义务教育，义务教育的实施标志着我国中小学教育开始由应试教育向素质教育的转变，也为建设适应社会需要的新教科书提出了更高的要求。随着改革的不断深入，教育部指出现行的教科书编审制度已经不适合现实的需要，要在统一要求审定下，实行教科书的多样化，从一纲一本到一纲多本，从"国定制"到"审定制"，克服了以往教科书内容"深、难、多"、过度脱离生活实际的缺点。编审制的改革标志着教科书的建设开启了一个新的纪元，"八套半"教科书的编写由此拉开帷幕。

---

❶ 人民教育出版社图书馆. 人民教育出版社书目（1950—1999）·教材卷［M］. 北京：人民教育出版社，2000：185.

（一）“八套半”教科书概述

在“一纲多本”和“多样化”的精神指导下，教育部委托人民教育出版社等多家单位和地区编写不同风格、不同层次的“八套半”❶九年义务教育教科书，即八套九年义务教育教科书以及一套小学复式班教科书，分别为：提供全国使用由人民教育出版社编写的“六三制”教科书和“五四制”教科书、北京师范大学编写的“五四制”教科书；提供沿海地区使用的由广东省教育厅和华南师范大学编写的沿海版教科书；提供内地地区使用的由四川省教委、西南师范大学（今西南大学）编写的内地版教科书；提供全国复式学校使用的由河北省教育科学研究所编写的农村复式教科书；提供上海使用的由上海市教育局编写的发达城市类型的教科书；提供浙江省地区使用的由浙江省教委编写的综合课程类型的教科书。这套教科书的组成除了课堂教科书以外，还包括系列的辅助性教科书，如教师用书、课外读物、录像带等。这样设计不但可以统一教学要求和规范教科书秩序，为学生打下坚实的基础，而且可以根据各地特色因地制宜和因材施教。

经过实验、送审后，从 1993 年秋季起在全国小学一年级、初中一年级全面选用“八套半”教材，以适应全国不同地区的需要。这在很大程度上弥补了统编教科书的不足，深受广大教育者的青睐。

（二）“八套半”教科书编写的总指导思想和原则

教科书的改革是教育改革的核心和关键，“八套半”教科书作为九年义务教育教科书的先锋，它的教育对象是 20 世纪 90 年代的小学和初中学生，是未来 21 世纪的建设者和接班人，因此教科书质量的好坏直接影响我国下个世纪的国民素质。以下是“八套半”教科书编写总的指导思想。

（1）以马列主义、毛泽东思想和建设有中国特色的社会主义理论为指导，努力贯彻“三个面向”指导方针，坚持教育为社会主义现代化服务。

（2）按照教学大纲的要求，着眼于全国大部分地区和学校，大面积提高教学质量，培养社会主义建设者和接班人。

（3）全面体现义务教育的性质、要求和任务，为全体公民的发展打好基础，全面提高国民素质。

---

❶ “半套”是指河北省编写的农村复式教材。

教科书遵循大纲的要求，为全体公民打下了扎实的基础。此外新教科书编写遵循了以下基本原则。

(1) 贯彻全面发展教育方针，为提高国民素质奠定良好的基础。

(2) 加强思想政治教育，寓思想教育于各学科教学之中。

(3) 重视"双基"教学，正确处理传统知识同现代科学知识的关系。

(4) 正确处理传授知识和培养能力两者相互依存和促进的关系。

(5) 正确处理知识的逻辑顺序和学生生理、心理发展顺序的关系。

(6) 贯彻理论联系实际的原则，使二者有机结合。

为了更好地理解在指导思想和原则下编写的九年义务教育教科书，下面以小学的《思想品德》和初中的《代数》简单地加以说明。

由人民教育出版社政治室和北京市教育局教学研究部合编的《义务教育六年制小学教科书思想品德（实验本）》是根据 1990 年制定的《九年义务教育全日制小学思想品德课教学大纲》编写的，这套教科书具有以下特点：①在内容安排上充分考虑到学生外层思想现状和内在心理发展规律；②在课文体裁上，根据年级的不同采取不同的形式；③内容表现形式上讲究图文并茂，生动活泼，全部彩印，注重将趣味性、知识性、思想性与实践性有机地结合起来；④注重学生学以致用的能力培养，课后练习的设计着重于学生运用道德知识去分析事物并指导自己的行动。

人民教育出版社数学室编写的《义务教育三年制初级中学教科书（实验本）代数》是在研究国内外初中数学课程发展的基础上，根据国家教委颁发的《九年制义务教育全日制初中数学教学大纲》和《义务教育全日制小学、初级中学教学计划（试行草案）》的精神，汇集当时使用的《初级中学课本代数》的优点编写而成的。这套教科书的编排特点如下：①每章前带有插图的引言，为学生提前预习奠定了基础，也为教师导入新材料提供了方便；②每小节前都提出了学习本小节的基本要求；③课本中穿插了"读一读"和"想一想"等思考性小栏目；④每章都安排"小结复习"和"自我测验题"。书中的习题部分分为 A、B 两组，A 组属于基本要求范围，B 组带有一定的灵活性，学有余力的学生可以选用。

(三)"八套半"教科书的主要特点

"八套半"教科书以五四学制和"六三"学制为主，其中人教版教科书包括小学初中二十二个学科共三百三十八种教科书；北师大版教科书包括小学八科，初中十三科以及其他教科书；上海版教科书分为必须课程教科书十九种两百八十一册，选修课程教科书一百余册；内地版全套教科书二十二个学科。在遵循义务教育总的原则和指导思想的基础上，该套教科书有以下主要特点。

1. 多样性

一是编写方式的多样性。虽然教科书是面向全国的，但是各地可根据实际情况进行弹性改变。比如初中的语文课文分为教读、自读、选读三部分，教学设备好的学校可以将自读课文当成教读课文。而教学设备差的学校，为了保证教读课文的足够时间，可以将自读课文作为课外阅读，供有能力的学生阅读。至于练习，可在达到教学大纲的基本要求基础上，自由安排。"沿海版教科书开始追求从知识中心走向素质教育中心。如其初中生物教科书以生命现象为主线安排知识内容，改变了过去将植物学、动物学和生理卫生分别讲授的传统，在全国率先实现学科内部的'小综合'，简化了教学内容，提升了整个学科的教学境界。"❶

二是编辑队伍的多样性。第一种是国家权威出版社——人民教育出版社组织编写队伍，"人民教育出版社参加九年制义务教育教科书编写工作的有四百余人，其中专职的编写人员和教科书专家两百余人，另外聘请有教学经验的教师和学科专家两百多人，各学科设主编、顾问"❷。第二种是省级教育行政机构组织编写队伍，如"浙江版则由浙江省成立义务教育教科书编委会，成员包括教研员、中小学教师、大专院校教师和编辑人员共一百六十多人，并聘请了一批学科专家担任学科编委会或审稿工作"❸。第三种是省级教育行政机构和高校合作编写队伍，如"四川内地版则聘请了中小学高级教师、教育科研人员、高等师范院校专家教授共两百五十多人组成'三结合'编写队伍"❹。最后一种是高校单独或者联合组织编写队伍，如"八院校版"以及"北师大版"等。

2. 科学合理的教学内容

一是注重在遵循学生心理发展特征的基础上激发学生的学习兴趣。如

---

❶ 高凌飚，庄兆声，于进利. 关于义务教育教材的创新与特色问题的思考——沿海版教材建设的经验与启示［J］. 教育研究，2000（4）.

❷ 人民教育出版社组织编写的九年义务教育"六三"学制和五四学制两套教材［J］. 学科教育，1992（6）.

❸ 田慧生，曾天山. 中小学课程教材改革与实验［M］. 成都：四川教育出版社，1997：216.

❹ 四川省教委和西南师范大学共同组织编写的九年义务教育教材［J］. 教育学报，1992（6）.

"上海版《中国历史》第一册，把彩页设计为绪论的形式，以连贯的画面，叙述历史是什么，为什么要学历史，以及怎样学历史。《大泽乡起义》《黄花岗七十二烈士》《开国大典》三幅彩图反映中国人民不怕牺牲、前仆后继的奋斗历程。《黄帝陵》《长城》等十一幅画面展示了中华民族五千年来的灿烂文明。而由《孔子》《屈原》等十二张人物邮票构成整幅彩页则显示我国人才辈出，各领风骚。最后还以《老师讲课》《参观殷墟》五张照片呈现了学习历史的各种途径。这样的设计更能激发学生的学习积极性。"❶

二是在"双基"的基础上进行能力的培养。各种版本都注重"双基"的夯实，并在此基础上挖掘学生的智力和能力。如"沿海版初中生物教科书从学生熟悉的生物现象入手，引发学生积极思考。然后按照从具体到抽象、从现象到本质的认识规律，引导学生逐步认识生物的形态、结构、功能，理解生物学概念和原理，得出科学结论。这样使得学生的观察能力、分析能力和综合概括能力大大提高。另外，这套教科书共安排了三十八个实验，非常有利于培养学生的科学实验能力和操作能力。"❷

三是爱国主义情感贯穿始终。各科教科书都根据自身特点将爱国主义教育贯穿其中。比如"北师大版小学语文第一册，其课文选择从《我爱爸爸妈妈》《我爱老师同学》《我爱五星红旗》《我爱万里长城》到《我最爱伟大的祖国》，通过从学生身边最亲近的人和物谈起，逐步培养学生的爱国主义情感。"❸

四是学科种类以及课时的重新调整。活动教科书和部分综合教科书的增设，如劳动技术教科书的增设，从此实现了由学科单一化向综合化的转变；课时的合理化，如语文数学主科类的课时相对减少，音乐、美术的、劳动课时由原来的21%增加到25.5%，有利于学生德智体美的全面发展。

3. 统一基础上突出特色

各套不同版本教科书在统一基本要求和贯彻"三个面向"的思想前提下，根据各地具体条件量身打造教科书，使各地教科书在内容和编排上都突出自己

---

❶ 刘善龄. 历史教材编写的新思路——九年制义务教育历史教材（上海版）《中国历史》第一册介绍［J］. 历史教学，1992（1）.

❷ 广东省教育厅，福建省教委，海南省教育厅和华南师范大学共同组织编写的九年义务教育教材［J］. 教育学报，1992（6）.

❸ 北京师范大学组织编写的九年义务教育五四学制教材［J］. 教育学报，1992（6）.

的特色，为学生的全面发展打下坚实的基础。

（四）"八套半"教科书的意义以及对今后教科书建设的启示

1. "八套半"教科书的意义

"八套半"教科书的出现在教科书建设史上留下了绚丽的一页，对教科书的审定、编写和出版都有着重要的意义。

第一，"我国中小学教科书从一枝独秀向百花齐放转变，各地区各学校可以根据各自情况选用不同层次的教科书，改变了我国不同地区的中小学生使用同一套统编教科书的局面"❶，为九年义务教育的顺利实施奠定了基础。

第二，教科书审定制的改革为教科书提供了一种有序的、规范的、公正的评价环境，为教科书编写严格把关，最大限度地提高了教科书的质量。

第三，教科书的多样化需要众多的教育专家、优秀教师和学者的参与，也极大地激发了各地编写教科书的热情，锻炼了和培养了一大批高质量的教科书编写队伍。

1988 年后，除"八套半"教科书进行改革外，地方教科书❷的编写如雨后春笋一般发展起来，"到 1990 年，不少省、地、县编写了乡土地理教科书，有的省编写了乡土历史教科书，少数民族较多的省、自治区编写了少数民族地区的乡土教科书"❸。地方教科书的多样化使教科书种类繁多，推动了教科书建设竞争机制的形成。

2. "八套半"教科书对今后教科书建设的启示

首先，教科书建设必须与当今社会的需求相一致。"八套半"教科书立足于各个地方实际情况，抓住社会需要，进行详细的调查与研究，然后再进行科学化编写。我国地域辽阔，各个地方的经济情况、风俗文化更是千差万别，这就提醒今后教科书编者在编写之前需要对当地教育资源、教育配置等情况进行充分的把握，并积极借鉴别国教科书编写的有益之处。还要注意的是，社会更新换代快，教科书作为社会价值的承载体，内容要与时俱进，紧跟时代的步伐。

其次，教科书编写必须遵循"以人为本"的基本思想。"八套半"教科书

---

❶ 杨英法. 显示问题式教材编纂法构想［J］. 人大复印资料·教育学，2010（3）.

❷ 包括乡土教材、劳动（劳动技术）课教材和本地需要补充的教材。

❸ 何东昌. 中华人民共和国教育史（下卷）［M］. 海口：海南出版社，2007：657.

的出发点是全面提高学生的基本素质，所以编写过程中删繁就简，减轻学生学习负担，增加插图，激发学生兴趣，提高学生学习主动性。但是由于当时特殊的社会背景，"以人为本"的思想未能充分体现。如今，新一轮的课程改革核心理念就是"以人为本"，学生才是学习的主体，学生主动性的高低直接关乎课堂质量的好坏，因此教科书的编写无论从内容的选择、结构的安排还是问题的设置、思想感情的传递都应遵循学生身心特点，了解学生个性差异，尊重学生尊严价值。

最后，要完善教科书建设程序。"八套半"教科书建设是我国义务教育教科书建设的开端，基本上遵循编写、试验、审查、选用、评价等程序，但是由于经验不足，不可避免会出现一些问题。编写方面，虽然支持人员的多元化，但是为保证编写权威性，还是要以专家、研究人员为主，在以后的教科书编写上，设置一定的资格准入制度还是比较可取的；试验方面，要寻找一些典型学校或者班级进行试验，以获得较为可靠有效的反馈；审查方面，审查是保证教科书质量的一种有效方式，如今教科书审查制度并不是以法律的形式出现，换言之，就是教科书审定的法律体系有待完善；教科书选用评价方面，应当利用网络规范教科书选用、评价制度，完善教科书管理信息体系，这样才能使教科书选用、评价更加公开化、透明化。

三、九年义务教育教科书新突破

过去每一套教科书使用后，有相当多的教师和学生都会感觉到内容深、难、重。造成这种情况的原因是多方面的，如教科书本身的问题、教育思想问题，还有就是教学大纲的问题。过去大纲中只对知识的传授和技能培养方面做出详细的规定，而对教科书的深度和广度不做规定，导致教科书的编写比较随意。实施九年义务教育后，全国中小学教科书审定委员会扩大会议审查当时各科新修订的教学大纲时，发现并探讨了这个问题，并对各科教学大纲做了修改。例如，中学数学把教学内容分为四种要求：第一是了解、认识；第二是理解、弄懂；第三是掌握、熟悉；第四是牢固掌握、熟练掌握、灵活运用。再如，中学的物理要求学生说明对气体定律的微观解释，是为了加强对内容的理解。以下就社会和数学两个具体学科教科书进行具体说明。

人民教育出版社根据1988年国家教委颁布的《九年制义务教育小学社会教学大纲（初审稿）》（后来又颁布了《九年制义务教育小学社会教学大纲

（试用）》，这两套大纲内容基本一致），编写了新中国成立后的第一套社会教科书——义务教育五年制六年制小学教科书（实验本）《社会》，这套教科书分别供五年制小学三、四、五年级和六年制小学四、五、六三个年级使用，全书遵循大纲基本指导精神，内容简单，主要让学生在认识的基础上循序渐进，慢慢掌握，最后养成教科书所要求的行为意识。这套教科书内容大致分为四个部分：①认识周围社会，主要是家庭、学校、社区以及周边环境的必要社会常识；②认识祖国，包括祖国的地理风貌、历史发展历程；③认识世界，主要介绍世界先进的科学技术和特色文化以及我国与世界的交往常识；④了解法律常识教育，包括义务教育法、环境保护法、未成年人保护法等。❶

人民教育出版社根据1988年国家教委颁布的《九年义务教育全日制小学、初级中学教学计划（试行草案）》和《九年义务教育全日制小学数学教学大纲（初审稿）》编写了《义务教育五、六年制小学数学教科书（实验本）》。1992年，国家教委又进一步对大纲进行修订，根据修订后的大纲和教科书实验实况对五、六年制小学数学教科书（实验本）进行了修改，1992年起陆续出版了《九年义务教育五年制小学教科书数学》第一至第十册以及《九年义务教育六年制小学教科书数学》第一至第十二册，从1993年起供全国五、六年制小学选用。这两套教科书是在总结通用教科书和实验教科书的基础上编写的。一方面借鉴了上述两种教科书的成功经验，另一方面又根据义务教育的性质、儿童的认知规律以及科学技术的发展对教科书内容的安排上又做了进一步的调整：①精简了大数目的计算和比较复杂的四则混合运算；②应用题注意联系学生的实际生活，降低了应用题的步数和难度的要求；③加强了中、高年级的口算训练；④把整数数学从四段改为五段，把整数教学中比较抽象和概括性的内容从三年级调整到四年级以适应学生的思维发展水平；⑤为了便于因材施教，教科书还增加了选学内容、选做题和思考题，以适应不同学生的接受能力。教科书注意体现素质教育的要求，促进学生的全面发展，使学生在理解和掌握数学基础认识的同时，发展智力、培养能力；结合数学的学科特点对学生进行思想品德的教育。

1986—1992年这段时期在社会主义教育史上意义深远，我国以教育体制

---

❶　人民教育出版社图书馆. 人民教育出版社书目（1950—1999）·教材卷［M］. 北京：人民教育出版社，2000：145.

的改革为切入点，逐步推进教育教学事业的全面发展。通过"地方负责、分级管理"的基础教育改革，逐步开展义务教育的实施，充分调动全社会关心教育的积极性，从而使整个教育的发展进入了一个全新的阶段。"百年大计，教育为本"，教育是增强国家综合国力、提高国民素质的重要保障，教科书作为学校教育之本，担当着知识传承的重任。"八套半"教科书是我国"一纲多本"政策的产物，是学校教科书百花齐放格局的开端，为我国基础教育的改革和发展奠定了坚实的基础，形成了优胜劣汰的教科书编写竞争机制，为加大教科书的现代化建设力度，创造出具有中国特色的教科书体系奠定了基础，为1992年以后我国进入深化改革的新阶段做好了准备。

第十八章　社会主义改革与
发展新时期的教科书

20 世纪 80 年代末 90 年代初，是党和国家发展的一个紧要关头，面临着重大抉择。国际上两极格局解体，世界开始出现多极化趋势，这对于我们发展中国家来说，既是机遇又是挑战。当此严峻的世界背景下，以邓小平为核心的党的第二代中央领导集体认识到我国亟须调整发展政策，深化政治经济体制改革，重视创造，重视科技，重视人才，我国由此走向深入的改革和发展阶段。

第一节　社会主义改革与发展新时期的教科书

1992 年，邓小平赴武昌、深圳、珠海和上海等地视察，沿途发表了重要的"南方谈话"。提出发展才是硬道理，要抓住有利时机，集中精力把经济建设搞上去。他强调发展经济必须依靠科技和教育，"要进一步解决科技和经济结合的问题"❶，实现科技与经济相衔接。邓小平的"南方谈话"和党的十四大召开标志着我国社会主义改革开放和现代化建设进入了新阶段。自此，我国开始建设社会主义市场经济，经济体制改革带动了包括教育在内的一系列配套制度的改革。1997 年召开的党的十五大高举邓小平理论伟大旗帜，把建设有中国特色的社会主义事业全面推向 21 世纪，对我国跨世纪的现代化建设事业做出了战略部署，要求我国经济体制改革要有新突破，政治体制改革要继续深入，精神文明建设要切实加强，同时把发展教育作为社会主义文化建设的基础工程。

---

❶ 中共中央文献研究室. 十二大以来重要文献选编（中册）[M]. 北京：人民出版社，1986：656.

一、教育政策的嬗变对教科书的影响

在社会主义改革和发展的新阶段，党中央结合我国教育发展的实际情况和国际教育发展的新特征，制定了科教兴国的重大战略方针，并陆续出台了一系列纲要文件。教育政策建设取得重大成就，建立和完善了执法监督系统，使我国逐步走上了依法治教的道路。为适应社会主义市场经济的发展，我国逐步开始进行教育体制改革。各级各类教育在社会主义教育改革和发展的新阶段都呈现出一派欣欣向荣的局面。随着教育政策的变化，作为学校教学的基础和课程的载体，这时期的教科书也体现了时代特征，国家的教育目的、教育方针、教育制度、课程标准等的调整，也促使学校教科书在内容、呈现方式、科目增减等方面做出相应的调整和改革。

（一）确立科教兴国战略

党中央在深入分析我国国情和时代特征的基础上，认识到科学技术对一个国家的发展和民族兴旺的关键作用，认为应将发展重点放在科技和教育的创新和提高上。邓小平同志反复强调，"不抓科学、教育，四个现代化就没有希望，就成为一句空话"❶，"我们国家国力的强弱，经济发展后劲的大小，越来越取决于劳动者的素质，取决于知识分子的数量和质量"。❷邓小平同志认为全党全国工作重点的转移，还应当转移到教育上。这一重要论述，奠定了我国优先发展教育、实行科教兴国的理论基础。

以江泽民同志为核心的党的第三代领导集体，全面继承和发展了邓小平的教育思想，对教育工作给予了高度的重视。"各级领导干部必须充分认识，大力发展教育，加快培养社会主义现代化建设人才，提高全民族的思想道德素质和科学文化素质。"❸在 1995 年党中央召开的全国科技大会上，做出了《中共中央关于加速科学技术进步的决定》（以下简称《决定》），第一次明确提出了科教兴国战略。《决定》对科教兴国战略做出了清晰的界定："科教兴国，是指全面落实科学技术是第一生产力的思想，坚持教育为本，把科技和教育摆在经济、社会发展的重要位置，增强国家的科技实力及向现实生产力转化的能

---

❶ 邓小平．邓小平文选（第二卷）［M］．北京：人民出版社，1994：68.

❷ 邓小平．邓小平文选（第三卷）［M］．北京：人民出版社，1994：120.

❸ 江泽民．江泽民文选（第一卷）［M］．北京：人民出版社，2006：370.

力，提高全民族的科技文化素质，把经济建设转移到依靠科技进步和提高劳动者素质的轨道上来，加速实现国家的繁荣强盛。"❶ 1996 年 3 月，江泽民同志在第八届全国人大第四次会议上与上海代表团座谈时指出："实施科教兴国战略，对于实现我国的现代化和两个根本性转变是极重要的。"❷ 正如江泽民同志强调的，实施科教兴国战略具有重要意义，这是党中央立足我国国情做出的明智选择。我国虽然地大物博，但由于人口众多，所以资源的人均占有率很低，这就必须依靠教育和科技，把科教兴国作为国家的基本国策和一种新的发展战略，变"人口大国"为"人口强国"，提高人口的质量，从而有效带动整个国家的进步。实践证明，实施科教兴国战略，是我国社会主义现代化建设的必然选择，是中华民族的振兴之路，必须坚定不移地走下去。

科教兴国战略的实施，使我国从中央到地方对教育的重视空前加强。根据科教兴国的精神，结合 1992 年国家教委颁布的《九年义务教育全日制小学、初级中学课程计划》，各级各类学校的教学内容开始逐渐增加科学技术的比重并加强科教兴国意识的培养。"科教兴国也要抓好基础建设。编辑出版高质量的科普图书，就是一项基本建设，对于提高全民族的科学素质，是很有意义的。"❸ 除了增加科普读本和阅读手册，教科书作为课程实施的蓝本，在第七次课程改革的进程中，教科书内容的改革、体例的变化和形式的更新等方面也都体现了科教兴国的精神。如九年级《思想品德》（人教版）第二单元第四课"了解基本国策与发展战略"这一节，以及九年级《思想品德》（鲁教版）第三单元第七课的第一部分，都加入了科教兴国的相关内容。在科教兴国战略的指导下，我国基础教育的课程和教科书改革如火如荼地开展起来，并呈现一片欣欣向荣的新局面。

（二）推行教育法制建设

教育法制建设，包括教育立法、教育行政执法、教育执法监督等诸多要素，是国家法制建设的重要组成部分，也是规范教育事业的可靠保证。新中国成立以来，我国虽然制定了大量的教育方针和规范性文件，但法制建设仍缺乏经验，各项立法薄弱，且未受到足够重视，表现为教育法制的制订和实施过程

---

❶ 中共中央国务院. 中共中央关于加速科学技术进步的决定［Z］. 1995.
❷ 何平，于绍良，何加正. 江泽民同上海团共商发展大计［N］. 人民日报，1996 – 3 – 9（2）.
❸ 江泽民. 江泽民文选（第二卷）［M］. 北京：人民出版社，2006：491.

中的一系列问题，"教育法规、配套法规滞后，可操作性差；教育法规的执行力度不够；社会各方面依法治教的意识仍然淡薄等等"❶。要实现依法治国、依法治教，我们还有很长的路要走。

改革开放以来，各级人大和政府高度重视教育法制建设，努力创造依法治教的条件。全国人大、国务院及国家教育行政部门依据宪法所确立的基本原则，制定并颁布了一系列教育法律，形成了以宪法为依据，《教育法》为基本法，包括教育专项法律（《中华人民共和国学位条例》《中华人民共和国义务教育法》《中华人民共和国教师法》《中华人民共和国职业教育法》《中华人民共和国高等教育法》等）、行政法规及规章（如《幼儿园管理条例》《残疾人教育条例》《高等教育自学考试暂行条例》《教师资格条例》等）三个层次❷，内容全面、数量适当的教育法律体系的框架，以确保教育事业的优先发展。此外，地方各级人大和政府依据国家相关法律，结合本地实际，制定了大量的地方教育法规，以促进当地教育的发展。

进入 20 世纪 90 年代后，在党中央、全国人大和国务院的领导，有关部门密切配合以及教育界和法律界共同努力下，教育法制建设也进入了发展的新阶段。至 1999 年，全国人大及其常委会制定法律两百五十项，通过有关法律问题的决定一百零六个，国务院制定行政法规八百三十个，有关地方人大及其常委会依据法定职权制定地方性法规四千多个。❸ 教育法制建设作为民主法制建设的重要组成部分，也取得了长足的进步，初步形成了有中国特色的教育法制体系，基本建立教育法制运行机制，我国逐步走上依法治教的道路。

通过教育法制建设，国家保障了教育优先发展的战略地位，规范了教育行政部门的管理行为，保护了受教育者的合法权益。此外，国家重视法制建设，也有助于形成全民懂法、知法、守法的社会氛围。普法教育要从小抓起，在社会主义改革和发展新阶段，培养中小学生的法律意识，完善中小学生的法律知识，形成正确的法律行为势在必行。从 1992 年开始，国家陆续出台了中学生法制教育读本、小学生法制教育读本、青少年法制教育读本等法制教科书供各类中小学校使用。除了编写专门的法制教育读本，全国学校教科书审定委员会还审议通过了在教科书中增加基础法律知识的相关决定，如在九年级全一册

❶ 中华人民共和国教育部. 共和国教育 50 年［M］. 北京：北京师范大学出版社，1999：154.
❷ 李国钧，王炳照. 中国教育制度通史［M］. 济南：山东教育出版社，2000：483.
❸ 李国钧，王炳照. 中国教育制度通史［M］. 济南：山东教育出版社，2000：479.

《思想品德》（人教版）第六课"参与政治生活"、七年级下册《思想品德》（鲁教版）第 7 单元"学会依法保护自己"、八年级下册《思想品德》（北师大版）第 3 单元"感受法律权威"中都增加了依法治国的相关内容。

（三）深化教育体制改革

党的十四大正式提出建立社会主义市场经济体制的目标，加快了我国政治、经济、科技体制改革的步伐，我国进入了由计划经济向社会主义市场经济过渡的阶段。此时的教育在总体上仍很落后，不能适应改革开放和现代化建设的需要，如在教育事业管理权限的划分上，政府有关部门对学校统得过死，导致学校缺乏活力，以及在教育结构、教育内容和方法上都存在不同程度脱离经济和社会发展需要的问题。因此，要想让教育更好地适应并促进社会主义现代化的建设，对办学体制、管理体制、投资体制、招生和就业制度等方面的改革就必须放在首要地位。

为了贯彻党的十四大和邓小平同志视察南方重要讲话的精神，中共中央、国务院于 1993 年 2 月 13 日印发了《中国教育改革和发展纲要》。《中国教育改革和发展纲要》指出本次体制改革的方针和目的："教育体制改革要采取综合配套、分步推进的方针，加快步伐，改革包得过多、统得过死的体制，初步建立起与社会主义市场经济体制和政治体制、科技体制改革相适应的教育新体制。"❶《中国教育改革和发展纲要》的提出为我国 20 世纪 90 年代的教育体制改革和教育事业的发展指明了方向。

教育体制改革首先在于建立多渠道的办学体制。20 世纪 90 年代后，我国的办学体制的改革，主要是改变我国长期以来单一的由政府包揽办学的格局，解决好政府和社会之间的关系，鼓励多渠道、多形式的社会集资办学和民间办学以及利用外资办学，发挥社会各界的办学积极性，逐步地建立起以政府办学为主体，公立学校和民办学校共同参与办学的新体制。在这种历史背景下，出现了一大批适合不同层次人才的职业技术学校、成人学校、中专学校及各种类型的培训学校和专修学校，相应地需要补充适合各类学校教学内容的配套教科书。国家高度重视这方面教科书的配套工作，拨付专项资金用于各类社会学校教科书的编写工作。"截至 1994 年年底，全国社会力量办学举办的各级各类学

---

❶　中共中央文献研究室．中国教育改革和发展纲要［G］//教育部法制办公室．中华人民共和国教育法律法规规章汇编上．上海：华东师范大学出版社，2010：23．

校达 5 万余所。"❶ 采用社会力量办学，公立、民办相结合的多渠道办学体制，拓宽了办学的路子，弥补了国家办学的不足，为社会培养了大批人才，有力地支持了社会经济建设对多层次人才的需求。

另外，教育体制改革在于建立基础教育地方负责、分级管理体制。《中国教育改革和发展纲要》第 17 条规定："深化中等及中等以下教育体制改革，完善分级办学、分级管理体制。"❷ 该规定允许地方政府在遵循国家规定的教育方针基础上，根据当地教育的实际情况，发挥本地的教育特色，实现了统一性与多样性的有机结合。《中国教育改革和发展纲要》规定："省、自治区、直辖市政府有权确定本地区的学制、年度招生规模，编制本地区的教学计划，选定教科书和审编教科书等"；"中小学教科书要在统一基本要求的前提下实行多样化。提倡各地编写适应当地农村中小学需要的教科书。"❸ 根据《中国教育改革和发展纲要》规定，地方教育部门和各级各类学校开始着手制定适合本地及本校的课程计划，编制地方教科书和校本教科书，配合国家"一纲多本"教科书编写的工作，共同促进了我国学校教科书的多样化。

（四）增加教育经费投入

早在 20 世纪 80 年代，邓小平同志在中央召集的干部会议上对比国内外教育情况时，就认识到我国用于教育的投资严重不足，"科教文卫的费用太少，不成比例。甚至有些第三世界的国家，在这方面也比我们重视得多。印度在教育方面花的钱就比我们多……总之，我们要大力增加科教文卫的费用不可"❹。他认为我们要改变"剩下来钱办教育"的思想，增加教育经费。1986 年，他在会见海外华人同胞时曾说："总收入要更多地用来改善人民生活，用来办学。"❺ 两年后，他再次提出："我们要千方百计，在别的方面忍耐一些，甚至牺牲一点速度，把教育问题解决好。"❻ 邓小平关于优先发展教育、增加教育投资的战略思想，成为党中央确立我国教育优先发展战略的理论基础。20 世纪 90 年代，随着社会主义市场经济体制的逐步确立，为了保证教育经费稳定、

---

❶ 李国钧，王炳照．中国教育制度通史［M］．济南：山东教育出版社，2000：207.

❷❸ 中共中央文献研究室．中国教育改革和发展纲要［G］//教育部法制办公室．中华人民共和国教育法律法规规章汇编上．上海：华东师范大学出版社，2010：23，27.

❹ 中共中央文献研究室．邓小平论教育［M］．北京：人民教育出版社，1995：101.

❺ 邓小平．邓小平文选（第三卷）［M］．北京：人民出版社，1993：162.

❻ 邓小平．邓小平文选（第三卷）［M］．北京：人民出版社，1993：275.

持续地增长，解决好国家、社会、集体和个人合理分担教育经费的问题，党和政府加大了对教育投资体制改革的力度。

《中国教育改革和发展纲要》关于教育经费部分明确指出："逐步提高国家财政性教育经费支出（包括：各级财政对教育的拨款，城乡教育费附加，企业用于举办中小学的经费，校办产业减免税部分）占国民生产总值的比例，本世纪末达到4%。"❶ 1995 年公布的《中华人民共和国教育法》规定："国家建立以财政拨款为主，其他多种渠道筹措教育经费为辅的体制，逐步增加对教育的投入。"在实践过程中，我国在解决教育经费方面实现了由政府一元化投入向国家、社会、个人多元化投入的转变，并开辟了一条多渠道筹措教育经费的新路子，在影响面广泛的基础教育领域实现了"地方负责、分级办学、分级管理"的新体制，多渠道利用财、税、费、产、社、基的教育经费筹措模式——以财政性拨款为主，辅之以征收用于教育的税（费）、对非义务教育阶段学生收取学费和对义务教育阶段学生收取杂费、发展校办产业、支持集资办学和捐资助学、建立教育基金。❷ 采用这种教育经费模式，可以极大地调动地方办学的积极性，促进办学经费来源多样化，保证了教育的持续健康发展。

教育经费的持续投入，扩大了教育规模，在物质上保障了课程改革及教科书建设的顺利进行。一方面，对基础教育经费的投入，保证了各级各类学校有条件购置丰富的配套教科书，促进基础教育的顺利开展，并为之后免除学杂费和提供免费教科书的政策实施奠定了物质基础。另一方面，在教科书建设过程中，学校教科书的配套教科书愈加丰富，除了纸质版参考用书，还有音像教科书、视听教科书、电子网络教科书以及教学仪器设备等，且教科书质量不断提高。

二、教科书的调整和改革

伴随着改革开放的持续进行，尤其是进入 20 世纪 90 年代以后，党和国家领导人意识到在知识经济时代的背景下，科学与教育在一国综合实力中的关键作用。江泽民同志在全国教育工作会议上曾强调："社会主义现代化建设要依靠科技进步和提高劳动者素质，真正把教育摆在优先发展的战略地位，努力提

---

❶ 中共中央文献研究室. 中国教育改革和发展纲要［G］//教育部法制办公室. 中华人民共和国教育法律法规章汇编上. 上海：华东师范大学出版社，2010：29.

❷ 中华人民共和国教育部. 共和国教育 50 年［M］. 北京：北京师范大学出版社，1999：132.

高全民族的思想道德和科学文化水平。"[1]科学的进步靠人才，人才的培养靠教育，随着科技的发展和国际局势的变化，我国的教育方针政策及内容需适应时代背景，适时做出调整和改革。进入社会主义改革和发展新阶段，我国开始有条不紊地深化教育体制改革以及课程改革。

教科书作为课程计划和教学内容的载体，在每一轮新的课程改革中都面临着更新和调整。教科书的建设作为课程改革的重要组成部分，历来受到历届领导人的重视。1983年7月教育部党组批准成立"课程教科书研究所"，与人民教育出版社合署办公。邓小平同志非常关心学校教科书建设与改革事业，于百忙之中亲自为研究所题写所名，这是唯一一所由邓小平亲自题名的教育研究机构，充分体现了以邓小平同志为核心的、党的第二代领导集体对教育尤其是学校教科书建设和改革事业的重视和支持。进入20世纪90年代以后，随着科技的发展和国际局势的变化，我国的教育方针政策、教学内容以及课程标准适应时代背景，做出了适当调整和改革。

（一）由"国定制"走向"审定制"

新中国成立后，国家教育部门根据《中国人民政治协商会议共同纲领》提出的教育方针——中华人民共和国的文化教育是新民主主义的，即民主的、科学的、大众的文化教育，集中了一批有经验的干部和教师开始教科书的编审工作。1950年3月，教育部、出版总署联合发出《一九五零年秋季中小学教科书表》，以解决各地学校教科书版本不一、供应紊乱等问题，并就教科书降低和统一售价及供应办法做出决定。[2]此后，我国一直延续"国定制"，统一使用由人民教育出版社编辑、出版的教科书。这在我国计划经济时代发挥了重要作用，统一的教学大纲和教科书内容有利于有效地传达国家的政策和精神，保证了社会主义建设人才的培养。

然而，在"国定制"教科书使用的过程中，暴露出不少问题。由于我国地域辽阔，不同地区的经济状况、自然状况、文化环境等存在很大的差别，统一的教科书并不符合不同地区教学的特色，影响了各地教育的有效开展和进步。如有些教科书偏于"城市中心化"，教科书内容中提到的"公园""名胜古迹""计算机"等，可能经济落后的山区学校学生根本无法接触到，因此也

---

[1] 《中国教育年鉴》编辑部. 中国教育年鉴 [M]. 北京：人民教育出版社，1995：2.

[2] 王腾腾. 从国定制到审定制：中小学课本变身之路 [N]. 南方日报，2014（11）.

就不能深入理解所讲知识内容。

1985 年公布的《中共中央关于教育体制改革的决定》明确规定："要改革同社会主义现代化不相适应的教育思想、教育内容、教育方法。"❶ 根据党中央精神，不少地方为了解决教科书与当地经济文化发展水平和教育水平不相适应的问题，自编了一些学科的实验教科书和地方乡土教科书，取得了一定成效。为了在已有教科书的基础上，编出适应不同地区需要的、不同风格的教科书，实现教科书多样化，国家教委决定改革现行教科书的编审制度，把教科书的编和审分开。1985 年 1 月，教育部颁布《全国中小学教科书审定委员会工作条例（试行）》，指出："今后中小学教科书建设，把编写和审查分开，人民教育出版社负责编，省、自治区、直辖市教育部门也可以编，有关学校、教师和专家也可以编，教育部成立全国中小学教科书审定委员会负责审，审定后的教科书，由教育部推荐各地选用。"❷ 同年 9 月，首届全国学校教科书审定委员会和各学科教科书审查委员会正式成立，聘请了专家、教师和教育行政领导干部二十余人任审定委员，二百余人任学科审查委员。《教科书审定标准》规定："在达到教学大纲基本要求的前提下，可以编写不同风格、不同程度的教科书，以适应不同地区、不同学校的需要。"❸ 鼓励各个地方、高等学校、科研单位、有条件的专家、学者、教师、个人编写教科书。编写的教科书，在内容选择和体系安排上可以有不同风格，包括适应不同地区的民族教科书、乡土教科书等。规定所有公开发行供小学大面积教学使用的教科书、教学参考书、试听教科书，都要经该教科书审定委员会审定后才能提供学校选用。这标志着我国学校教科书制度由"国定制"改为"审定制"，是我国教科书制度史上一个重大的转变。

（二）教科书编写实行"一纲多本"

全国学校教科书审定委员会成立后，决定改革统一的教科书制度，在实现教科书编写和审定分离的基础上实现教科书的多样化。于是，国家教育委员会开始着手组织义务教育教科书的编写，并于 1988 年 5 月召开义务教育教科书

---

❶ 中共中央. 中共中央关于教育体制改革的决定［Z］. 1985.
❷ 国家教育委员会. 中华人民共和国现行教育法规汇编（1949—1989）［M］. 北京：人民教育出版社，1991：974 – 975.
❸《中国教育事典》编委会. 中国教育事典（初等教育卷）［M］. 石家庄：河北教育出版社，1994：264.

规划会议。同年 8 月颁布了《九年义务教育教科书编写规划方案》（以下简称《方案》），指出："根据我国地域辽阔、人口众多、经济文化发展不平衡的国情，九年制义务教育的教科书，必须在统一基本要求、统一审定的前提下，逐步实现教科书的多样化，以适应各类地区、各类学校的需要。"❶《方案》提出要用四五年的时间逐步完成四种不同类型的教科书编写。

根据《方案》，国家教育委员会根据人民教育出版社等单位报送的教科书编写方案开始着手组织义务教育教科书的编写。1989 年，国家教委批准人民教育出版社编写面向全国大多数地区，适合一般水平的"六三制"和"五四制"两种类型的教科书（人教版），这两套教科书较以往做出了重大调整和改革。1990 年秋季从小学、初中一年级开始，陆续供全国各省市部分学校试用，经过三年的实验研究，该教科书于 1992 年经学校教科书审定委员会审查通过，1993 年在全国发行正式通用本。全套教科书包括小学八个学科，初中十二个学科。❷ 除教科书外，还有教师用书、挂图、幻灯片、录像带、录音带、练习册、课外读物等系列配套教科书，满足了各地区根据地区和学校特色及学生水平差异开展教学的需要。

实施教科书多样化方针的这二十多年来，教科书建设的成绩是显著的。"一纲多本"的教科书模式改变了以往对教科书统得过严、过死的状况，允许不同地区、不同学校可以根据本地、本校的具体发展状况选用不同层次的教科书，适应了当地教育教学的发展状况，有利于各地各校发挥自己的教学特色，调动了各地教学的积极性。

（三）尝试编写综合课程教科书

长期以来，我国一直实行的是分科教学，将课程按所属知识类别进行有条理的分类，在一定程度上有利于学生牢固掌握学科课程知识。但随着社会的发展和科学的进步，对人才的创造性思维和创新能力要求越来越高。传统的分科教学模式倾向于对学生进行知识讲授及理解，各科内部系统严谨，但缺乏各科之间的有效联系，使学生只是一味接受，而无法将所学知识应用于认识和解决社会问题。伴随着科学对于各领域知识出现深度综合的趋势，学科之间的互相交叉与渗透已是瓜熟蒂落，综合学科的出现实是题中之意。在国际上，发展综

---

❶ 国家教育委员会. 九年义务教育教材编写规划方案 [Z]. 1988.

❷ 于述胜. 中国教育三十年 [M]. 成都：四川教育出版社，2008：211.

合课程的重要性已广为人们所认识，并为各教育先进国所实验及尝试。

综合课程是指打破传统分科课程的知识领域，组合两个或两个以上的学科领域构成的课程。根据学科综合的程度不同，分为相关课程、融合课程、广域课程和核心课程。综合课程较传统课程有诸多优点，它打破了学科界限，有利于学生对知识的整体把握；在课程实施过程注重实践，有利于发挥学生的动手能力；同时，综合了多种课程，减轻了学生的课业负担。这在我国是一种开创性的学科类型，综合课程的实践和探索对于我国的课程改革具有极大意义。

对于综合课程教科书的开发是其中的核心部分，根据组织形式，综合课程的教科书可以分为多种类型：学科体系型、问题中心型、发生型、主体型、混合型、统摄型等。❶ 其中，比较有代表性的学科体系（即将相近的几门学科融合成一门新的学科，自成体系），如日本的综合理科教科书，该教科书囊括了物理、化学、生物、地学等知识内容，形成一套完整的知识体系；问题中心型是以问题为中心，调动学生利用各科知识去解决问题，如美国小学"水—自然环境"的课题教科书中，需要综合数学、语文、自然、科学等知识。综合课程教科书的编写无论在内容选择、编排组织还是表达方式方面都存在一定难度，为适应社会主义改革和发展新阶段的教育改革要求，我国的教科书编写工作者开始了探索和尝试。

上海学校教科书改革委员会率先进行了实验，尝试设置综合教科书——《社会》，该教科书打破了原有传统的政治、历史、地理等学科模式，融入经济学、伦理学、社会学等知识要素，构建全新的、完整的知识体系。在社会课程中，学生可以从整体上把握自然环境、人类社会、历史文化等知识关系，提高其综合分析和应用能力，更有利于学生逻辑思维和创造力的发展。与社会课程相配套的教科书包含了历史、政治、地理、经济、生物甚至逻辑、哲学等学科的知识，通过各门学科知识的交叉与融合，构成了一个囊括丰富知识内容的大体系。

在课程综合化理念的指导下，2001 年，我国开始尝试综合艺术课程的开发。新的艺术课程包含了音乐、美术、舞蹈、戏剧、表演等多个艺术门类，目的在于促进学生艺术心理机能的综合开发，实现其艺术素养和人文情怀的和谐发展。据调查，首批有二十二个国家级实验区参与了艺术课程与教科书的实

---

❶　范树成. 综合课程教材简论［J］. 课程·教材·教法，1997（12）.

验，目前比较集中的实验区有江苏省苏州市、山东省青岛市、湖南省长沙市开福区、内蒙古自治区乌海市以及广东省佛山市南海区、重庆市北碚区等。❶ 实施综合艺术课程以来，成效甚好，其配套教科书的开发，满足了学生的兴趣和能力成长的要求，有利于学生在艺术与文化、科学、生活、情感的相互交融中完善自己的人格。

三、教科书演变的主要特点

社会主义改革和发展新阶段的学校教科书改革不仅是在科教兴国战略下进行的，更是在国际上对科学和教育日益重视的背景下展开的。从学校教科书具体学科教科书内容的变化到国家各项教育政策法规的调整，都体现了新的时代特征。对这一时期学校教科书特征的把握，有助于我们从整体上了解教科书发展历史及嬗变的趋势。

（一）注重科学技术教育资源的挖掘

20 世纪末，人类社会的经济发展进入了知识经济时代。随着各国科技与经济的不断革新与进步，人们对经济的认识和了解也在不断地加强，特别是逐渐认识到经济与知识、经济与教育之间的关系，发现了教育、知识在经济发展中的重要作用和价值。随着知识、教育在经济生活中的作用日益增强，"知识经济"的概念开始出现在人们的视野中，并日益成为人们谈论的热点话题。1990 年，在联合国有关文件中首先出现了"知识经济"的提法。1996 年，国际经济合作与发展组织在专门文件中把"知识经济"正式定义为"以现代科学技术为核心，拥有、分配、生产和着重使用知识的新经济模式"❷。

知识经济时代的出现不断冲击着人们原有的教育观念，并逐步形成一种产出大于投入，教育为经济服务、快速、高效的理念。在以往教育观念中，教育是为修身养性，重在培养人的道德修养及人文情怀，所谓"学而优则仕"，教育的最终目的是培养为国家服务的政治人才。而在知识经济时代，教育培养的重点则转变为高科技专门人才和高素质劳动者。在当今的劳动力市场中，不仅需要有创造力的高科技人才，更需要大量的应用型技术人才和熟练的劳动者，这就对教育系统提出了新的要求。为了满足社会对未来就业者的要求，当下的

---

❶ 杨立梅. 综合艺术课程与教学探索［M］. 北京：高等教育出版社，2003.

❷ 童兰英. 浅谈知识经济对企业发展的影响［J］. 现代企业文化，2015（15）.

基础教育就必须开展对受教育者的科学技术知识的培养与科技能力的塑造。教科书承载着教育目标的更新以及教学内容改革的媒介，教育领域重点的变化与革新首要的就是体现在教科书内容的改革上。

改革开放以来，我国与世界各国的交流逐渐加强，国外的教育观念已逐渐为我们所认识和理解。尤其是在知识经济时代的背景下，科学技术受到了各国的普遍重视。邓小平在 1977 年针对教科书和课程内容改革问题曾强调指出："教育制度中有很多具体问题。一个是学制问题。是否先恢复小学五年，中学五年，以后再进一步研究。现在意见还不一致，这关系不算太大。关键是教科书。教科书要反映出现代科学文化的先进水平，同时要符合我国的实际情况。"❶ "看来，教科书非从中小学抓起不可，教书非教最先进的内容不可，当然，也不能脱离我国的实际情况。""我们要在科学技术上赶超世界先进水平，不但要提高高等教育的质量，而且首先要提高中小学教育的质量，按照中小学学生所能接受的程度，用先进的科学知识来充实中小学的教育内容。"❷ 为了支持我国教科书的改革，使之更好地反映现代科学技术的先进水平，邓小平还专门指示拨款十万美元来购买经济比较发达、科学文化先进的国家的相关教科书（数学、科学、物理、化学等），以供编辑人员参考。

（二）体现社会主义市场经济体制的要求

1992 年 10 月，党的十四大在历史上第一次明确提出了建立社会主义市场经济体制的目标。把社会主义基本制度和市场经济结合起来，建立社会主义市场经济体制，这是我们党的一次伟大创举，也是建设有中国特色的社会主义的重要步骤，在政治、经济、外交、文化、科技等方面都产生了巨大的影响。社会主义市场经济体制的确立，是我国经济领域的一场深刻的变革，而教育作为一种基础性的、先导性的产业，所受到的冲击和压力远比其他产业要大得多。在社会主义市场经济的体制下，我国 20 世纪 90 年代的教育改革也开始进入了深化和不断完善的新时期。

社会主义市场经济体制在客观上要求建立相应的教育运行机制，无论是在高等教育还是基础教育中都要有所体现。因此，在学校教科书的内容和方法上

---

❶ 邓小平 . 关于科学与教育工作的几点意见［G］//何东昌 . 中华人民共和国重要教育文献 1976—1990. 海口：海南出版社，1998：1573.

❷ 中共中央文献研究室 . 邓小平论教育［M］. 北京：人民教育出版社，1995：69.

也开始反映以社会主义市场经济为基础的社会生活，如在小学《思想品德》教科书中新增了"致富"的相关内容，不同于计划经济时代的要求，体现了对自由市场的鼓励和开放；由小学思想品德和中学思想政治教科书编写组编写，全日制普通高中教科书《思想政治》（必修）高一上册（人民教育出版社1997年12月第1版）开篇第一课便是商品和商品经济，随后讲述了社会主义初级阶段的经济制度和社会主义市场经济，并专设章节讲解了市场的主体——企业。同时，通过在思想政治教科书中引入市场经济的概念和运行模式（成本、价格、收益、利息、价值规律）等相关知识，可以使学生有效地适应不断变化的市场经济社会。

（三）加强信息时代知识技术内容的更新

随着第三次科技革命的展开，科学技术已经渗透到各行各业，整个国际社会进入一个新的信息时代。教育作为社会发展的先锋，也开始向信息化方向转变。1983年，邓小平为北京景山学校题词："教育要面向现代化，面向世界，面向未来。"[1] 邓小平提出的"三个面向"，为我国面对信息时代的教育改革提供了方向，对我国顺利开展教育改革起到了重要的指导作用。他认为教育应该根据学生的年龄和心理特点，在教科书中适当增加可以适应现代化生活和社会主义现代化建设需要的、反映现代科学技术发展以及基础知识应用方面的内容。如无线电常识、原子结构、原子能、能源的开发和利用，以及半导体、超导、激光的应用、火箭等方面的选学内容。同时重视对能源问题、环境问题等重大问题的讨论。[2] 1984年，邓小平视察上海少年宫时曾说："计算机的普及要从娃娃抓起。"他深刻认识到科学技术在基础教育中的重要性，认为教育要做到"三个面向"，就需要改革教学方法，更新学校教科书，这是学习世界科学技术最新进展和成果的重要途径。邓小平非常重视各级学校的教科书编写工作，"关键是教科书。教科书要反映出现代科学文化的先进水平，同时要符合我国的实际情况"[3]。按照邓小平同志的指示，我国教育委员会一直致力于教科书内容的改善和革新，以适应社会改革和发展的需要。

自新中国成立至今，为了适应社会发展的需要，我国已经进行多次课程改

---

[1] 邓小平. 邓小平文选（第三卷）[M]. 北京：人民出版社，1993：35.

[2] 张治本. 义务教育阶段初中物理课程教材改革[J]. 物理通报，1994.

[3] 中共中央文献研究室. 邓小平论教育[M]. 北京：人民教育出版社，1995：38.

革，伴随的是教科书内容的不断更新。以小学语文教科书为例，对于小学阶段的学生来说，教科书内容所表达的意义只有在某个特定社会环境中才能体现出来，并为学生所领悟。因此，在之前的语文教科书中通过讲述红军、八路军、毛主席的优秀故事来对学生的道德观和价值观进行熏陶的作用已日渐削弱。随着 1996 年第八次课程改革的实施，在随之改革的教科书中开始适当增加可以反映中国和世界优秀文明成果及信息时代科学技术知识的内容，来提高学生对当代社会的适应能力，启发学生热爱国家的精神。小学语文教科书（人民教育出版社）删减了《挑担茶叶上北京》《小八路》《刘胡兰》《我们也要当红军》等课文内容，增加了《太空生活趣事多》《农业的变化真大》《我家跨上了"信息高速路"》《电脑住宅》《飞船上的乘客》等反映信息时代社会变化的新内容，更贴近学生的生活环境，使学生容易接受和理解。

再如，在信息时代的背景下，随着科学技术的不断进步，对学生科技知识的培养和应用能力的提高显得异常重要，根据国家教委 1992 年颁布的《九年义务教育全日制初级中学化学教学大纲（试用）》，1994 年出版使用的《初中化学》（人教版）编入了许多与日常生活、生产、科技和社会相联系的内容，新的科技知识以及大量的实验与习题。❶ 在信息时代，要展开研究，对数据的收集、分析和整理显得越来越重要，而在计算机的辅助下，对人们制图、制表的要求逐渐降低。因此，在数学新教科书中，增加了统计知识的比重，重在培养学生掌握如何使用计算机及网络来有效地收集和整理数据，并对其进行科学的操作和分析，来为科学研究以及生活服务。

（四）教科书呈现形式丰富多样

教科书是供教学用的资料，如课本、讲义等。广义的教科书指课堂上和课堂外教师和学生使用的所有教学材料，凡是有利于学习者增长知识或发展技能的材料都可称为教科书。狭义的教科书即教科书，教科书是作为课程的核心教学材料，在教科书结构中居于中心地位。教科书发展到 20 世纪 90 年代，已经不仅指狭义上的教科书，即课堂上讲授所用的纸质素材或资料了，还包括多种教学材料，形式不断丰富，呈现多样化、现代化的特点，促进了教学效果的进一步提升。

---

❶ 人民教育出版社图书馆. 人民教育出版社书目（1950—1999）·教材卷［M］. 北京：人民教育出版社，2000：100.

随着改革开放的深入发展，我国的科学技术日新月异、发展迅速，尤其是音像和电子产业欣欣向荣、朝气蓬勃。信息时代的到来，不仅推动了学校教科书体例、内容的变化，还对教科书的形式、教学组织方法产生了深刻的影响。此时的学校教科书已不限于文字教科书和课本了，除了后来补充的教学参考书、练习册、课外读物、教学挂图及图册等纸质教科书，还出现了幻灯片、投影片、录音带、录像带等试听音像教科书，以及 CD、CD－ROM、VCD、DVD、CAI 课件和计算机软件等电子教科书。教科书作为各种教科书的核心，各种系列化和立体化的教科书与教科书相辅相成、相得益彰，形成一套完整的教科书体系。

以初中一年级人教版新课标实验教科书《生物》上册为例，该教科书以全面提高学生的科学素质为宗旨，重在培养学生的创新精神、自主探究及实践能力。通过改革传统教学模式，变被动接受式学习为主动探究式学习，相应的配套教科书也做了调整，以符合教学方式的改进和学生的发展。配套品种包括教师教学用书、探究活动报告册、教学投影片（人民教育电子音像出版社出版发行）、教学挂图、生物模型、实验设备、教学录像光盘、教学设计与案例（与延边教育出版社联合出版）、网上资料（人教网生物栏目，华人教育网）、教学素材光盘、多媒体教学软件等，分别适用于生物课堂探究活动的不同环节——观察与思考、探究、资料分析、演示实验、课外实践、模拟探究、模拟制作等。此套教科书的编写，语言力求生动，以图代文，减少文字，且增加了学生活动情景的图片，版面更加生动活泼。配合多种形式的教科书，让学生在做中学，增加了对学生不同感官的刺激，有利于激发学生的探究欲望，强化其学习动机，促进学生的自主学习。通过丰富的教学素材光盘和网上资料，还可拓展教师和学生的知识面，使教学内容更加丰富立体。

（五）注重社会公民思想意识的渗透

公民一般是指相对于国家而言的独立个体。随着社会的发展，政治民主化的深入开展与进步，无论是对于国家还是公民个体而言，都开始逐渐意识到了公民自身权利的重要性，认识到公民应该积极地参与到社会建设中来，而教育是实现增强公民意识这一目的的重要依托。目前，在学校教学内容中开始逐渐增强公民教育的比重，重在唤醒人的公民意识、提升人们的公民素质，这在中学的思想政治教科书中，体现得尤为明显。

根据《中学思想政治课改革试验大纲》，在 1990 年的高中教科书试用本第3版的《政治常识》（全一册）的结束语中明确指出，学习政治常识的目的在于初步懂得马克思主义关于国家、民主制度、政党制度、民族、宗教、国际关系等问题的基本观点，对当代社会（国内和国际）主要的政治现象有一定的了解，并且学习到一些观察和分析社会政治现象的科学方法。所有这些，都体现了国家希望公民增加对国家政党制度、国家政策、世界局势等的了解，以期培养公民参与国家政治实践及现代化建设的能力。

在政治制度不断改进的背景下，国家亟需培养能够为国家服务的现代公民，为了扩大公民教育的影响，开始将公民教育与道德教育结合起来。其重要标志即1995年国家教育委员会颁布了《中学德育大纲》，其中明确规定："中学德育工作的基本任务，是把全体学生培养成为热爱社会主义祖国的具有社会公德、文明习惯的遵纪守法的公民。"

中学思想政治中对公民意识的强调，还体现在培养公民了解自身的社会经济地位上。根据国家教委1996年6月印发的《全日制普通高级中学思想政治课课程标准》编写的高中思想政治教科书在一年级主要讲述与公民的经济生活密切相关的社会主义市场经济基础知识。由小学思想品德和中学思想政治教科书编写委员会编写的高一《思想政治》（必修）（人民教育出版社1997年版），第五课是财政税收和纳税人，其中第二节就讲道："税收是国家财政收入的基本形式，依法纳税是公民的义务"；"依法纳税的同时，还应懂得依法维护自己的合法权益，行使纳税人的权利"。虽然并不是每个公民都作为纳税人，但作为国家的公民，人人都应该有纳税人意识，一旦成为法律规定的纳税人，就必须自觉履行纳税人的义务，行使纳税人的权利。❶ 因此，在新的教科书尤其是义务教育课程标准下的教科书中，在公民生活的各个方面都渗透着公民教育，力图培养公民为参与国家建设，为国家的繁荣和复兴而贡献自己一分力量的意识和精神。

四、教科书内容、体例的调整

随着国家对教育重视程度的逐渐提高，教育优先发展的意识和科教兴国战略思想已从中央到地方为人们所认识和领悟，并付诸实践。伴随着1992年第

---

❶　迟艳杰. 改革开放以来我国中学《思想政治》教科书中公民教育的分析［J］. 当代教育与文化，2013（3）.

七次课程改革的启动，各级各类学校和教育机构不断探索适合新课程标准的教科书，在教科书内容、编排体例、课时安排、效果评定等方面做出了不同的调整，以配合国家制定教育方针和目的。下面以中、小学德育教科书内容的调整和中学历史教科书体例的新设计为例，说明社会主义改革与发展新阶段教科书嬗变的历史趋势。

（一）中小学德育教科书内容的调整

德育工作是国家教育工作的一个核心部分，《中共中央关于进一步加强和改进学校德育工作的若干意见》指出："现在和今后一二十年学校培养出来的学生，他们的思想道德和科学文化素质如何，直接关系到 21 世纪中国的面貌，关系到我国社会主义现代化建设战略目标能否实现。"❶ 人才科技水平的高低决定着我们教育质量的优劣，而其思想道德水平的高低则决定了我们的教育是否成功。

邓小平同志多次提到我们在建设社会物质文明的同时，也要重视精神文明的建设，坚持两手都要抓，两手都要硬。他认识到教育在整个精神文明建设中的重要地位，提出："改善社会风气要从教育入手。"❷ 然而，我国在很长一段时间里，在埋头建设经济的同时，忽视了道德建设的重要性。尤其是在"文化大革命"时期，我国中小学的德育工作遭到了极大的破坏，课程目标混乱，更没有统一的德育教科书，学生的政治教育缺乏，思想不统一。1986 年冬，极少数人到一些大学进行煽动，鼓吹挑动学生闹事。针对这种情况，邓小平同志尖锐地指出："几个学生上街影响不了大局。问题在于我们思想战线上出现了一些混乱，对青年学生引导不力。这是一个重大失误。"❸ 为此，邓小平对社会主义精神文明建设的目标和思想政治教育的重点给予了精确阐释，他认为学校德育的内容应该是多方面的，"要加强各级学校的政治教育、形势教育、思想教育，包括人生观教育、道德教育"❹，为我国中小学的德育工作指明了方向。

进入 20 世纪 90 年代之后，在我国建设社会主义市场经济的过程中，社会上各种思想和价值观开始充斥人们的头脑，鱼龙混杂。对于没有成熟分辨能力

---

❶ 《中国教育年鉴》编辑部. 中国教育年鉴［M］. 北京：人民教育出版社，1995：40.

❷ 邓小平. 邓小平文选（第二卷）［M］. 北京：人民出版社，1994：144.

❸ 中共中央文献研究室. 邓小平论教育［M］. 北京：人民教育出版社，1995：189.

❹ 邓小平. 邓小平文选（第二卷）［M］. 北京：人民出版社，1994：369.

的中小学生来说，非常容易受到社会不良风气的影响，对他们身心的健康成长极为不利。党和国家认识到中小学的德育建设迫在眉睫，江泽民同志指出，科教兴国需要全面提高人的素质，在各种人的素质中，"思想政治素质是最重要的素质"❶；"建设有中国特色社会主义，必须着力于提高全民族的思想道德素质和科学文化素质……培育适应社会主义现代化要求的一代又一代有理想、有道德、有文化、有纪律的公民"。❷ 通过持续的改革和发展，我国的德育工作在课程建设、活动组织、政策制定、环境创设等方面均取得了显著的成效，尤其是德育教科书的改革和统一，由无到有，由不完善到比较完善，评估方式更加科学化、规范化。

自党的十一届三中全会以来，党中央为加强和改进学校德育工作，陆续下发了《中共中央关于改革和改进学校思想品德和政治理论课教学的通知》《中共中央关于改进和加强高等学校思想政治工作的决定》《中共中央关于改革和加强中小学德育工作的通知》等文件，要求各级党委、政府和教育部门认真贯彻执行。为推动《中共中央关于进一步加强和改进学校德育工作的若干意见》的贯彻落实，国家教育委员会于 1994 年在全国学校德育工作座谈会上提出："各级教育部门要统筹规划学校德育体系，使小学、中学、大学德育目标和内容相互衔接，要根据《意见》和中央印发的《爱国主义教育纲要》精神修订、制定各教育阶段的德育大纲。"❸ 德育教学大纲和课程目标的调整，集中体现在两个方面，即中小学日常行为规范的更新和德育教科书的调整，其中德育教科书主要包括小学的《思想品德》《社会》，中学的《思想政治》等教科书。

1994 年 2 月 28 日，国家教育委员会发出《关于正式颁发〈中学生日常行为规范〉的通知》，主要包括"自尊自爱，注重仪表""真诚友爱，礼貌待人""遵规守纪，勤奋学习""勤劳俭朴，孝敬父母""严于律己，遵守公德"五个方面。❹ 新颁发的行为规范重在培养学生良好的行为习惯，促进身心健康发展。通知还规定学校在贯彻实施规范时，要尊重学生身心发展的阶段性和顺序性，循序渐进，分步实施，并认真做好品德的评定工作。在评选先进道德方

---

❶　江泽民. 江泽民文选（第二卷）［M］. 北京：人民出版社，2006：332.

❷　江泽民. 江泽民文选（第二卷）［M］. 北京：人民出版社，2006：33.

❸　《中国教育年鉴》编辑部. 中国教育年鉴［M］. 北京：人民教育出版社，1995：106.

❹　《中国教育年鉴》编辑部. 中国教育年鉴［M］. 北京：人民教育出版社，1995：148.

面，天津市的教育工作比较有代表性，其中 1994 年一年之内，评选出了三所中小学为市级贯彻日常行为规范示范校，市级三好学生七千六百〇三人，优秀学生干部一千一百七十一人，模范班主任一百〇二名。❶ 针对评价对象的道德意识和实践及爱国主义精神等方面的内容，评价方式相对综合化，已形成了一套完整的评价体系，有效地促进了全市教育界德育工作的顺利展开。

在德育教科书的改革方面，除了强调思想道德素质的培养外，重点是加强爱国主义教育。1991 年，国家教育委员会根据江泽民同志关于对青少年加强"两史一情"和爱国主义教育的指示精神，制定了《中小学加强中国近代史、现代史及国情教育的总体纲要（初稿）》（以下简称《纲要》）及思想政治、语文、历史、地理等学科的教育纲要，并据此修订了教学大纲，编写了九年义务教育的新教科书和各年级的思想政治课教科书及与之配套的音像教科书、挂图、课外读物等。《纲要》规定："要使学生了解我国古代文化成就，了解帝国主义列强对中国的侵略，了解中国人民在中国共产党领导下的反帝斗争，了解中华人民共和国成立后的历程、变化及前景，了解我国社会主义初级阶段的基本国情，了解我国人口、资源、环境、民族等方面的国情和国策。"❷ 一些地方还编写了乡土教科书，形成了以"两史一情"教育为基础，贯穿于各年级、各学科之中的比较规范的爱国主义教育序列。❸ 1994 年 8 月，中共中央印发了《爱国主义教育实施纲要》，指出要把爱国主义教育贯穿到幼儿园至大学的教育教学中去。此后，爱国主义教育成为党中央一直密切关注的问题。

1991 年冬，国家教育委员会开始组织全国力量编写新教科书，在分析研究了多年来思想政治课通过分列课程名称来设置课程的利弊以及实际教学效果之后，决定从 1992 年 9 月开始，将中学的各门政治课统一称为《思想政治》，促进了课程内容的综合化，同时在教科书内容和组织方式上进行了一些调整。1995 年国家正式颁布了《中学德育大纲》，结合国内和国际形势，将德育工作以教学大纲的形式，从教学目标、教学内容、教科书建设到教学方法、教学评价和管理等方面都做出了详细的规定，促进了中小学德育工作的科学化和规范化。

---

❶ 《中国教育年鉴》编辑部. 中国教育年鉴 ［M］. 北京：人民教育出版社，1995：334.

❷ 中华人民共和国国家教育委员会. 中小学加强中国近代现代史及国情教育的总体纲要（初稿）［Z］//人民教育出版社书目（1950—1999）·教材卷. 北京：人民教育出版社，2000：2.

❸ 《中国教育年鉴》编辑部. 中国教育年鉴 ［M］. 北京：人民教育出版社，1995：148.

以 1990 年 1 月由人教社出版的高中课本（试用本）《科学人生观》（上、下册）与 1997 年 12 月由人教社出版的高一上册《思想政治》（必修）做比较。前者上册重在阐述科学世界观，下册以马克思主义哲学为基本内容，版式虽较以往丰富，但是教科书观点表述过于直白，知识内容平铺直叙，很难激发学生兴趣。后者内容则更贴近学生生活，彰显了时代性，摒弃了旧教科书中的资本主义部分，而增加了消费者权益、职业道德、市场公平等经济内容，有利于学生结合生活情境把握教科书内容。当然，新的教科书仍然存在重理论灌输、轻实践能力培养的现象，素质教育理念在德育工作中的实现仍是一个需要不断探索的过程。

（二）中小学历史教科书体例的新设计

教科书的体例体现了整个教科书的整体结构和框架，是对教学内容的组织方式，作为编写教科书的着手点和关键步骤，教科书体例的改革和完善是教科书改革的突破点和难点。在新中国成立初期，由于我国教科书资源的缺乏，所有教科书基本上都是参照苏联的章节体教科书编写方式。20 世纪 80 年代以后的教科书改革，开始对教科书体例进行更新和完善，使之更加科学化，更加适合我国学生的认知特点以及社会发展进步的要求。其中，历史教科书体例的变化尤为突出，变动幅度较大，开始由单一模式走向多样化模式，这里就以历史教科书体例变化为例来说明我国教科书体例变化的状况。

记言、记事是中国历史编撰的两种最早的形式，两种形式相互结合，不断发展，衍生出各种不同的体例。在历史上出现较早的是编年体，即以时间为中心组织史事，古代的《春秋》《左传》等皆是编年体。开创纪传体模式的是司马迁的《史记》，其主要特点是以人物为中心组织史事，比编年体有更大的容量。南宋史学家袁枢的《通鉴纪事本末》则开纪事本末体之先河，它是以事件为中心记载史实。编年体、纪传体、纪事本末体这三种体例分别以历史的三个基本要素，即时间、人物、事件为中心组织历史内容，各有所长，成为历史编纂的三种基本构架。

清末新政时期，一批留学生把西方章节体的编辑体例引入中国，后经过我国史学家的不断改进和完善，沿用至今，成为编辑的主要模式。其特点是按照历史发展的不同阶段划分"编""章"，根据经济、政治、文化等不同历史内容设立"节""目"。这样，把历史的发展线索和具体内容通过编、章、节、目的框架有机地组织在一起，纵横交织，既是一个链式结构，又是一个网状结构，兼顾了历史时间、空间、人物、事件诸要素。因为这个特点，它逐渐成为历史撰述的主要体例，并被借用到历史教科书的编撰上来。

近一个世纪以来，我国历史教科书一直采用章节体通史的体例。外部以编、章、节、目组织史事，内部结构分中外历史分别编写，都采用通史的形式。然而，这种单一的编撰体例其实属于历史著作的编纂体例，并不适合历史教科书使用。前者是史学家探索历史规律的成果，后者是向学生普及历史知识的载体。要把科学体系转变为学科体系，还须按照教学论加工改造，以教育学、心理学的理论为指导，对历史材料进行选择、组织和表述，才能使学生易于理解和接受。章节体通史还有一个缺陷在于，将中外历史分开编写，割裂了中外历史的联系，不利于学生完整地掌握历史。

针对上述问题，中小学教科书审定委员会指示历史教科书编写组进行调整和改革，改变原来的历史教科书体例模式，创建新的编撰体例。经过多方长期的沟通与实践，进行了以下两个方面的改革。

一方面，新版教科书尝试以"单元－课"的组织方式取代章节体。此次改革由人民教育出版社带头组织，将初中历史教科书作为实验样本，改变原来编章节目的结构体系，以"课"为单位，每课中包含三方面要素：事实、概念、原理，相互关联的几篇课文构成一个单元。划分单元时既要考虑内容之间的相关性，又要考虑学生思维活动的阶段性。如人民教育出版社版七年级下册历史教科书以课为单位，具体目录如下：

第二单元　经济重心的南移和民族关系的发展

第 9 课　民族政权并立的时代

第 10 课　经济重心的南移

第 11 课　万千气象的宋代社会风貌

第 12 课　蒙古的兴起和元朝的建立

第 13 课　灿烂的宋元文化（一）

第 14 课　灿烂的宋元文化（二）

另一方面，新版教科书实现中外历史的融合。以浙江省的初中历史教科书和上海的高中历史教科书为例。浙江版的历史教科书以人类历史发展进程为主线，将中国史和外国史有机地结合起来，教科书中展现了二者相互影响的过程。上海版高中历史教科书以 15 世纪以来的世界历史进程为线索，将中国历史放在世界历史发展的大背景中叙述，让学生从总体上把握 15 世纪以来中国和其他国家的关系变化，以及中国在世界上的地位和作用。此种体例加强了中外历史的联系与比较，有利于历史知识的横向贯通。如上海市一期课程改革高一上册历史教科书目录节选如下：

第十四章　19 世纪 50 至 70 年代的亚洲
第一节　太平天国运动和第二次鸦片战争
第二节　中国资本主义的产生
第三节　日本明治维新
第四节　印度民族起义（选学）

各省的教科书编写组充分发挥其积极性，在教科书体例的改革上也是各有特色。北师大版和沿海地区版坚持原有章节体的写法，保持了体例上的延续性，并做出了适当的改革；四川版将章节体改为章目体，对原有体例做了改进；人教版一改原有做法，而采用了课题体，并在结构上做了巨大的变动。每个课题下设有：课前提示、课本正文、阅读材料、格言、警句、插图、地图、注释，以及思考题、练习题十个栏目，展现了新的风采。❶ 各省编写的历史新教科书体例上的调整和实践，体现了国家对教科书政策的支持和开放态度，也是"一纲多本"教科书改革的体现，推动了我国教科书建设的不断进步。

20 世纪 90 年代是一个风云变幻的年代。国际上，苏联解体导致政治局势由两极化走向多级化，为各国的发展带来了机遇与挑战，为抢夺经济发展先机，各国开始重视科技和教育的战略地位。在国内，以邓小平为核心的、党的第二代中央领导集体认识到在新的国际背景下，我国亟须调整经济与教育政策，重视科技和创造，重视人才与教育，开始带领我国走向社会主义改革和发展新阶段。新阶段的中小学教材建设从编写、审定以及综合教材尝试等方面都体现了多样化趋向，在内容选择、体例组织方面也做出了相应的调整和新的设计努力，在信息时代背景下教材形式日益丰富，在为中小学的教学工作提供便利的同时，大大提高了教学效率。但事物总是在曲折中不断获得发展的，此期中小学教材建设虽取得了明显成效，但仍存在部分不足。一方面，教材编写工作尚未形成成熟的理论体系，导致教材的肤浅化和不确定性，易随政策波动。

---

❶ 张显传. 新时期新特色新标准——义务教育新版历史教科书述评 [J]. 历史教学，1995（4）.

另一方面，中小学教材中初步加入新科技和新信息知识内容，但略显机械和刻板，未实现与教学和学生心理的有效融合来提高学生创新能力和应用能力的效果。此上种种，还需在 21 世纪的中小学教材建设中逐渐完善和解决。随着市场竞争机制开始引入教材的编写和出版工作，加之国家政策的刺激和扶持，各方中小学教材编写组织的积极性大大提高，促进了中小学教材整体质量的提升，这就更能适应中小学教育深入发展的需要。我国中小学教材工作取得的成效及问题的反思都为进入 21 世纪后教材建设以更高的水平及方式展现其教育力量奠定了基础，这一切预示着中小学教材充满活力和朝气的优质发展时代已经到来。

第二节　21 世纪教科书的演变及展望

21 世纪是知识经济的时代，也是多变的时代，经济全球化的势头已经蔓延到世界各国，国际竞争日益激烈，改革的浪潮已将各国推到风口浪尖，只有改革才有进步，只有进步才能发展，才能在国际舞台上站稳脚跟。江泽民同志在出席中国科学院第九次大会时强调："世界各国都在抓紧制定面向新世纪的发展战略，争先抢占科技、产业、经济的制高点。面对这个态势，我们必须顺应潮流，乘势而上。"❶ 在科教兴国的战略背景下，国家的改革和进步，一方面对教育的改革和发展提出了新的要求，另一方面也为其提供了良好的契机和强大的动力。中国教育的改革和发展在取得累累硕果的同时，也将实现跨越式发展。在世纪之交的转折点上，中国的教育将经历一场深刻的变革，架起通向未来的宏伟桥梁。

一、教育变革对教科书的影响

以江泽民同志为核心的、党的第三代领导集体重视教育在人类和国家中的重要地位，认为"教育是知识创新、传播和应用的主要基地，也是培育创新精神和创新人才的重要摇篮"❷。同时也认识到我国的教育事业虽经过了 20 世纪 90 年代的调整和改革，然而状况并不乐观。"面对当前国际国内的新形势，我

---

❶　江泽民. 江泽民文选（第二卷）［M］. 北京：人民出版社，2006：132.

❷　江泽民. 江泽民文选（第二卷）［M］. 北京：人民出版社，2006：331.

们的教育思想、教育体制和结构、教育内容和方法，同社会主义现代化建设的需要不相适应的矛盾已经和正在日益显露出来。"❶ 党的十五大确定了 21 世纪社会主义现代化建设的宏伟目标，提出了跨世纪教育事业发展和改革的主要任务："要切实把教育摆在优先发展的战略地位……重视受教育者素质的提高，培养德智体等全面发展的社会主义事业的建设者和接班人。"❷ 对于我国基础教育的教育内容、教学方法、培养目标等方面都提出了新的要求，客观上需要对教学大纲和教科书进行相应的调整和完善。在这继往开来的关键时刻，党关于教育改革政策的制定对于我国 21 世纪的稳步发展，具有重要意义。

（一）全面推进素质教育

1999 年党中央在第三次全国教育工作会议上，从社会主义现代化建设全局的高度，对我国面向新世纪的教育改革和发展做出了重要部署。江泽民同志动员全党和全国人民，以提高民族素质和创新能力为重点，深化教育体制和结构改革，全面推进素质教育，振兴教育事业，实施科教兴国战略，为实现党的十五大确定的社会主义现代化建设宏伟目标而奋斗。在这次会议上，中共中央、国务院做出了《关于深化教育改革全面推进素质教育的决定》，提出了全面实施素质教育的一系列重大举措。

《关于深化教育改革全面推进素质教育的决定》将素质教育提高到事关国家发展大局的战略地位，指出："实施素质教育，就是全面贯彻党的教育方针，以提高国民素质为根本宗旨，以培养学生的创新精神和实践能力为重点，造就'有理想、有道德、有文化、有纪律'的德智体美等全面发展的社会主义事业建设者和接班人。"《关于深化教育改革全面推进素质教育的决定》对实施素质教育的方法和途径进行了清晰的规定，强调实施素质教育要在教育体制、教育结构、教师队伍建设，尤其在课程教科书、考试评价等方面的教学领域进行突破。提出素质教育应贯穿于学前教育、基础教育、职业教育、高等教育，横向上包括学校教育、家庭教育、社会教育等方方面面，实现德育、智育、体育、美育、劳动教育的有机结合，抓好重点，全面兼顾。此次《关于深化教育改革全面推进素质教育的决定》的颁布和推行，对于我国全面开展素质教育具有重大的历史意义，也对我国中小学的教学工作提出了新的要求。

---

❶　江泽民．江泽民文选（第二卷）［M］．北京：人民出版社，2006：332.
❷　江泽民．江泽民文选（第二卷）［M］．北京：人民出版社，2006：34.

要实现素质教育，就要在总的教育理念的指导下，研究如何调整学校的教学计划、教学内容、教学方式、评价制度以及如何改革教科书内容和呈现方式，来适应素质教育的要求。早在 20 世纪，邓小平同志就强调："编好教科书是提高教学的关键。"❶ 在编写教科书时，要注意在提高学生智力水平的同时，重点培养学生的道德、体质、美感等的各方面能力，并实现各种素质培养的有机结合。

（二）建设创新型国家

"创新是一个民族进步的灵魂，是一个国家兴旺发达的不竭动力。"❷ 尤其是进入 21 世纪以来，随着世界新科技革命发展势头的越发迅猛，一个国家的科技创新能力已经成为其综合国力和国际竞争力的重要组成部分。中国特色社会主义的建设必须选择创新，必须坚持科学发展观，建设创新型国家。这是时代赋予我们的使命，是我们这一代人必须承担的历史责任。教育作为知识传播、人才培养的摇篮，是实现科技创新、人才创新的重要基地。江泽民同志在庆祝北京师范大学建校一百周年大会上指出："必须不断推进教育创新。教育创新与理论创新、制度创新、科技创新一样，是非常重要的，而且教育还有为各方面的创新工作提供知识和人才基础。"❸ 科技的创新靠人才，人才的培养靠教育，创新型国家的建设呼唤着教育领域的创新。

1999 年 1 月 13 日，国务院发布了教育部制定的《面向 21 世纪教育振兴行动计划》，将"整体推进素质教育，全面提高国民素质和民族创新能力"当作我国目前重要和紧迫的任务。2006 年 1 月 9 日，胡锦涛同志在全国科技大会上向全党全社会宣布："中国要在 2020 年建成创新型国家。"教育作为国家创新体系的重要组成部分，既是知识创新的主要基地，又是培养创新精神和创新人才的摇篮。创新型国家建设对新时期的教育提出了新的任务和要求。今天的中国教育如何为社会发展培养合格的创新型人才，这不仅是高等教育要面对和解决的问题，也是基础教育必须应对的挑战。

教育创新一方面在于改革教育内容，正如邓小平同志所强调的："教科书要反映出现代科学文化的先进水平，同时要符合我国的实际情况。"❹ 教科书编写

---

❶ 邓小平. 邓小平文选（第二卷）[M]. 北京：人民出版社，1994：424.
❷ 江泽民. 江泽民文选（第二卷）[M]. 北京：人民出版社，2006：132.
❸ 江泽民. 江泽民文选（第三卷）[M]. 北京：人民出版社，2006：499.
❹ 中共中央文献研究室. 邓小平论教育 [M]. 北京：人民教育出版社，1995：38.

组的主要任务在于，以新的科学技术知识为基础，对原有陈旧的、不符合现代社会要求的内容进行更新或增补，如在学校教科书中增加计算机科学、新材料技术、新能源技术、生物技术、航空航天技术、电子通信等高新技术的基础内容。

教育创新另一方面在于改革教学方法和手段，传统教育注重满堂灌，传授的知识机械、呆板，学生死记硬背，高分低能。新的教育方法应注重学生创新能力的培养，提高学生的独立思考能力和发现问题、解决问题的能力，鼓励学生的发散思维，多采用启发式教学。这对教科书的设计提出了更高的要求，要在满足课堂教学内容的基础上，在新课导入及内容讲授中增加有意义的提问，并在课堂小节中设计一些有价值的材料和问题，鼓励学生动手实践和小组合作。以七年级上册《地理》（人教版）为例，书中在绪言部分以三个层递式提问开头："地理课学习些什么？学习地理有什么用？怎样才能学好地理？"鼓励学生主动思考，引起学生的好奇心和求知欲。接着，列出一些学生感兴趣的话题："为什么地球上发生沧海桑田的变化？""为什么亚洲的大河多呈放射状分布？"引导学生提出更多问题，并鼓励学生在课下主动寻找并发现问题的答案，培养学生探索问题、解决问题的创新意识。虽然目前我国学校教科书在这方面设计还有所欠缺，但相信在各级各类教育部门的努力下会越做越好。

（三）实施人才强国战略

1995 年，党中央在《中共中央国务院关于加速科学技术进步的决定》中首次提出实行"科教兴国"战略，保证了我国教育优先发展战略的稳步推进。进入新世纪，面对知识经济和经济全球化带来的机遇和挑战，人才在综合国力竞争中的作用越来越明显。江泽民同志强调："我国要跟上世界科技进步的步伐，加快科技创新和知识创新，必须有一批又一批的优秀年轻人才脱颖而出。"❶ 2000 年，中央经济工作会议首次提到制定和实施人才强国战略。2001年 3 月 15 日，第九届全国人民代表大会第四次会议批准的《中华人民共和国国民经济和社会发展第十个五年计划纲要》专列"实施人才强国战略，壮大人才队伍"一章，把人才问题提到了战略高度。次年，中共中央、国务院对大力实施人才强国战略进行了部署，制定下发了《2002—2005 年全国人才队伍建设规划纲要》，首次提出"走人才强国之路，是增强我国综合国力和国际竞争力，实现中华民族伟大复兴的战略选择"，标志着我国的人才工作进入一

---

❶　江泽民 . 江泽民文选（第三卷）［M］. 北京：人民出版社，2006：40.

个新的发展阶段。2004 年，人才强国战略作为专章，列入"十一五"规划纲要。2007 年，人才强国战略作为发展中国特色社会主义的三大基本战略之一，写进了中国共产党党章和党的十七大报告。自此，人才强国战略的实施进入了全面推行的新阶段。

从科教兴国到人才强国战略的转变，反映了党和国家对人才的高度重视，是党中央为应对日益激烈的国际竞争和顺应时代发展潮流做出的战略部署，对于我国从人口大国迈向人力资源强国具有十分重要的意义。实施人才强国战略，是我们党在新世纪新阶段国际国内形势发生深刻变化的形势下做出的重大战略决策。世纪之交，中国教育的历史性跨越将会为中国的现代化建设和国民经济的发展产生重大而深远的影响。

（四）全面普及义务教育

在科教兴国和人才强国的战略背景下，我国开始有条不紊地发展基础教育事业，弥补了长期以来我国的义务教育落后于其他国家的局面，义务教育在21 世纪取得了长足发展。自 1985 年《中共中央关于教育体制改革的决定》提出"我们完全有必要也有可能把实行九年制义务教育当作关系民族素质提高和国家兴旺发达的一件大事"，有步骤地实施九年制义务教育，到 2000 年我国实现了"基本普及九年义务教育和基本扫除青壮年文盲"的奋斗目标，再到2008 年在城乡全面实施免费义务教育，义务教育的发展硕果累累。"两基"人口覆盖率从 2000 年的 85% 到 2007 年进一步扩大到 99%，义务教育事业的快速发展，使我国由一个人口资源大国转变为人力资源强国，这得益于党和国家的高度重视和社会各界的大力支持。

义务教育普及过程中最重要的工作在于对农村教育管理体制的改革，加大中央和各级政府的财政转移支付力度，办学主体由乡村转到县级，经费来源主渠道由农民转到财政。2005 年 12 月 24 日，国务院印发了《关于深化农村义务教育经费保障机制改革的通知》，指出"全部免除农村义务教育阶段学生学杂费，对贫困家庭学生提供免费教科书并补助寄宿生生活费。免除杂费后，中央和地方补助公用经费"（简称"两免一补"），使农村义务教育的实施落到实处。但由于中西部地区享受免费教科书的覆盖面不足，很多家庭经济困难的学生无法享受到国家的资助。为此，国家决定从 2007 年秋季开始，中央财政增加支出一百三十亿元，将免费教科书覆盖范围扩大到全国农村义务教育阶段的所有学生，同时地方课程教科书要从 2008 年春季起免费提供，所需资金由地方财政负担。为节约资源，保护环境，国家还建立了部分教科书循环使用制度，并适时补充更新。从 2008 年春季开始，中央财政对免费教科书年补助标准，从生均小学七十元、初中一百四十元，提高到小学九十元、初中一百八十元。❶ 至此，国家基本上完善了对农村义务教育财政支持的政策改革。

2008 年 8 月 12 日，国务院下发了《关于做好免除城市义务教育阶段学生学杂费工作的通知》，决定从 2008 年秋季学期开始，全面免除城市义务教育阶段学生学杂费。这标志着中国实现了全部免除城乡义务教育学杂费的宏伟目标。2015 年 11 月，国务院总理李克强主持召开国务院常务会议，提出："从 2017 年春季学期开始，统一对城乡义务教育学生（含民办学校学生）免除学杂费、免费提供教科书、补助家庭经济困难寄宿生生活费。"❷ 至此，我国实现了从农村到城市义务教育的全面普及，在基础教育阶段的学生不仅可以免除学杂费，还可以使用免费教科书，从经济上保障了学生的受教育权利。相信在不远的将来，在国家的支持和各级教育部门的努力下，可以为中小学生提供更加丰富全面的、免费的配套教科书。

（五）开展基础教育课程改革

我国的中小学课程自新中国成立至 20 世纪 90 年代中期经历了七次改革。面对不同的社会背景，每个阶段的课程改革重心和任务各有不同，但都在不同方面促进了我国基础教育的进步。自 2001 年起，教育部决定大力推进基础教育课程改革，正式启动了第八轮基础教育课程改革。从此，中国基础教育课程改革以前所未有的速度在全国范围内推广。

新一轮基础教育课程改革在理念方面较以往有了较大的突破，主要目的在于改变以往灌输式教学模式，培养学生积极主动的学习态度。在培养学生"两基"的同时，更加注重养成学生正确的世界观和价值观。在课程结构上，改变学科过于繁杂、缺乏整合的状况，"整体设置九年一贯的义务教育课程，小学阶段以综合课程为主，初中阶段设置分科与综合相结合的课程"，并增加综合实践课程的比重，实现课程结构的均衡性和综合性；在课程内容上，缩减原来的繁、难、偏、旧的知识内容，更加贴近学生生活，增加与现代科技和社会的联系；在教学方法上，改变学生死记硬背的机械学习模式，增加学生动手

---

❶ 《中国教育年鉴》编辑部. 中国教育年鉴 2008 ［M］. 北京：人民教育出版社，2008：183.

❷ 郭莹. 全国将统一城乡义务教育经费 ［N］. 京华时报，2015.

参与活动的机会，培养学生分析和解决问题及交流与合作的能力；在课程评价上，重视对学生的形成性评价，使评价的目的由选拔转向促进学生发展；在课程管理上，实行国家、地方、学校三级课程管理，充分发挥地方学校和教育机构对课程管理的主动性和实践性。这几部分内容构成了课程改革的基本框架，相互衔接，环环相扣，基本囊括了我国基础教育的各个方面。

《基础课程改革指导纲要》还对 21 世纪教科书开发提出了具体的要求："教科书改革应有利于引导学生利用已有的知识与经验，主动探索知识的发生与发展，同时也应有利于教师创造性地进行教学。"以此为指导，使教科书内容在满足课程标准的基础上，符合学生身体发展的阶段性特征及社会发展的要求。在编写主体上，"鼓励有关机构、出版部门等依据国家课程标准组织编写学校教科书"，实现教科书的多样化。在教科书的出版和发行方面，试行公开竞标，促进教科书走上市场化，配合政府采购，在提高教科书质量的同时，保证了教科书市场价格的稳定。《基础课程改革指导纲要》还提出国家要完善教科书的管理制度，"教育行政部门定期向学校和社会公布经审查通过的学校教科书目录，并逐步建立教科书评价制度和在教育行政部门及专家指导下的教科书选用制度。改革用行政手段指定使用教科书的做法，严禁以不正当竞争手段推销教科书"。《基础课程改革指导纲要》的施行为 21 世纪的教科书改革指明了方向，促进了我国学校教科书建设走向科学化和正规化。

在基础教育课程改革的深入开展和稳步推进的这十几年里，成果丰硕。至 2007 年，使用新课程的学生累计总数达一亿五千万，普通高中新课程实验省份扩大到十六个。❶ 学生的学习质量和综合素质明显提高，教师的教学观念不断更新，课堂生活充满民主和生机，评价体系更加合理。以学生发展为本的理念是新课程的基本价值取向，尊重学生在教学活动中的主体地位是新课程的指导思想，人文精神是新课程的主线。我们要继续深化基础教育课程改革，不断反思和解决前进中的问题，促进基础教育质量的不断提高，为我国的高等教育和社会建设源源不断地提供高质量人才。

二、21 世纪教科书的新特征

在当前国际发展趋势对人才要求越来越高的背景下，我国开展的新一轮课

---

❶ 《中国教育年鉴》编辑部 . 中国教育年鉴 2008 ［M］. 北京：人民教育出版社，2008：27.

程改革更加注重创新，提高学生的素质，发展学生的个性，同时注意增强学生的民族荣誉感和自豪感，鼓励激发学生将来为祖国贡献的精神和信心。国家教育政策的调整和课程改革的试行都是以教科书的调整和改革为开路先锋，教科书作为开展教学必不可少的工具，在日新月异的 21 世纪呈现出新的特征。

（一）注重创新能力的培养

创新是人类社会发展与进步的永恒主题，也是教育面临的首要任务。创新人才的培养在于创新教育，创新能力和实践能力是当今国际人才竞争所需的重要能力，也是一个国家发展进步的不竭动力。1999 年，《中共中央国务院关于深化教育改革全面推进素质教育的决定》明确提出素质教育"以培养学生创新精神和实践能力为重点"，要激发学生独立思考和创新意识，培养学生的科学精神和创新思维习惯。在 1999 年第三次全国教育工作会议上，江泽民同志为我国的创新教育工作提出了具体的要求："每一所学校，都要爱护和培养学生的好奇心、求知欲，帮助学生自主学习、独立思考，保护学生的探索精神、创新思维，营造崇尚真知、追求真理的氛围。"[1] 2007 年，胡锦涛同志在党的十七大报告上指出："进一步营造鼓励创新的环境，努力造就世界一流科学家和科技领军人才，注重培养一线的创新人才，使全社会创新智慧竞相迸发、各方面创新人才大量涌现。"[2] 在全面推进素质教育的背景下，创新能力的培养和发展在科技快速发展的国际背景下显得尤为重要。

21 世纪的教科书充分体现了素质教育的要求，在教科书内容及要求等方面注重培养学生的创新能力以及社会实践能力，注重学生个性的发展。如在 2004 年高中新课程改革之后，高中新的政治课程标准更加注意学生知、情、意、行的结合，课本提供了大量素材，创设丰富的情境，重视安排多种形式的实践活动，以锻炼学生的行为能力，培养他们的行为习惯。教科书改革之后更加注重开放性和实践性，有利于学生个性的全面发展，为学生实践能力和创新能力的提高提供了更广阔的空间。

对学生创新能力的培养在小学教科书中体现得越来越明显。九年义务教育新课程标准的教科书除了不断更新《科学》的教学内容，在小学语文教科书

---

[1]　江泽民. 江泽民文选（第二卷）[M]. 北京：人民出版社，2006：334.
[2]　胡锦涛. 高举中国特色社会主义伟大旗帜，为夺取全面建设小康社会新胜利而奋斗——在中国共产党第十七次全国代表大会上的报告 [R]. 北京：人民出版社，2007.

中也开始渗透创新思想，力图启发学生的创新意识和求异思维。如在 2003 年审议通过的义务教育课程标准实验用书（人教版）小学三年级《语文》中增加了《一次成功的实验》《想别人没有想到的》等课文内容，通过对课文中主人公善于思考、敢于质疑的故事分析，来培养学生从小就有独特的创新意识和精神。

（二）融入社会主义核心价值观

新的教育方针逐渐将社会主义核心价值体系融入教育当中，对德育的重视不断加强。教育部制定的 2007 年教育工作计划，把社会主义核心价值体系融入国民教育全过程，提出："进一步加强和改进中小学思想道德教育，完成中小学德育课程标准修订工作……深入开展理想信念教育，继续开展弘扬和培育民族精神月宣传教育活动。广泛开展多种形式的社会主义荣辱观教育活动，引导中小学生将'知荣明耻'变成日常的自觉行为。"[1] 党的十七大报告进一步提出要"建设社会主义核心价值体系，增强社会主义意识形态的吸引力和凝聚力"[2]。社会主义核心价值体系的基本内容包括马克思主义指导思想、中国特色社会主义共同理想、以爱国主义为核心的民族精神和以改革创新为核心的时代精神、"八荣八耻"为主要内容的社会主义荣辱观。当今世界，各国合作频繁，既相互融合又相互竞争，科技的发展增加了人们了解世界的渠道。不同的文化在各国之间的传递与激荡，时刻冲击着人们的价值观、国家观念和民族认同感。因此，在基础教育的过程中很有必要加强对学生世界观、价值观的培养，增强学生的民族自尊心、自信心和自豪感势在必行。

思想政治课是培养学生人生观、价值观的重要课程，在新的课程标准中，对政治教科书的内容进行了调整，增加了社会主义核心价值观的相关内容。以小学《品德与生活》（人教版）教科书为例，在二年级下册（2007 年版）中增加了"我爱家乡山和水""我们的大地妈妈"两节内容，意在培养小学生对祖国大好河山的热爱之情。2010 年出版的《品德与社会》（人教版）六年级上册第二单元设计为"不屈的中国人"，让学生在感受先贤顽强精神的同时，激发起自身的民族自尊心和自豪感。社会主义核心价值观在中学教科书中也有

---

[1] 《中国教育年鉴》编辑部. 中国教育年鉴 2008［M］. 北京：人民教育出版社，2008：101.

[2] 胡锦涛. 高举中国特色社会主义伟大旗帜，为夺取全面建设小康社会新胜利而奋斗——在中国共产党第十七次全国代表大会上的报告［R］. 北京：人民出版社，2007.

明显体现，在 2013 年出版的七年级下册《思想品德》（人教版）教科书中，增加了"了解祖国，爱我中华""融入社会，肩负使命""满怀希望、迎接明天"三个单元，加强学生的中华文化和民族精神的培养，坚定了祖国新一代为实现共同理想而努力奋斗的坚强决心以及投身社会主义精神文明建设的意识。

（三）教科书呈现形式科学化

21 世纪教科书的改革除了满足国家对教育的要求与社会对教育的期待之外，开始考虑从学生个体的角度来合理安排教科书，使教科书内容更加科学，呈现的方式更加符合学生的年龄特征和心理发展特点。2011 年 7 月，国家教育部制定了《全日制义务教育语文课程标准》，在教科书"编写建议"中指出："教科书应符合学生身心发展特点，适应学生的认知水平，密切联系学生的经验世界和想象世界，有助于激发学生的学习兴趣和创新精神。"❶ 为适应不同年龄阶段儿童的认知特点，在设计的体例和呈现方式上应灵活多样，避免呆板生硬，以激发学生的学习兴趣。在课文选材时，要包涵多种题材风格的文章，难易适度，增加适当的体验性活动和实践，保障内容的充实性，满足不同程度和兴趣的学生学习需求。

根据最新教科书编写要求，21 世纪的教科书在组织和结构方面，其内部逻辑知识体系更加规范、系统、科学；形式的展现也开始从现代教育心理学角度出发，考虑适应学生的年龄特点，注重知识的内在联系和学生的认识规律，由易到难、由近及远、由具体到抽象，符合儿童的年龄特征。如小学一二年级的德育教科书名为《品德与生活》，内容以图为主，而且多是彩图，能有效地吸引学生的注意力，激发学习兴趣；三至六年级则名为《品德与社会》，书中夹叙夹议地摆事实讲道理，通俗易懂。所有小学教科书中，均配有大量的插图、练习、说明、阅读材料等，组织形式丰富多样。

教科书呈现形式上的变化，不仅在文科类教科书中表现明显，如增加了大量课外补充的生活常识和诗歌、童话、散文等生动的叙述性文字，在理科类教科书中也有所展现，其形象由呆板转为活泼，表达方式也丰富多样，有单元引言、每课引言、正文、小栏目、课目标、单元目标等，其中既有对概念、原理

---

❶ 中华人民共和国教育部. 全日制义务教育语文课程标准［S］. 北京：北京师范大学出版社，2011.

的讲解和分析，也有对自然现象、科学知识的联系，还将儿童喜欢的卡通形象引进教科书，增加了学习的趣味性。如八年级上册《物理》（人教版）教科书的第一章引言部分，配有一张人乘坐滑翔机与鸟儿"比翼齐飞"的图片，引起学生的好奇心，通过滑翔机的工作原理引出第一章的教学内容——机械运动。这时期的教科书形象虽然活泼明艳，但也存在版式过于花哨，知识内容过于零散和稀疏的问题，还需不断地改进和调整以促进教科书呈现方式更加科学实用。

（四）教科书内容贴近现实

在科学发展观的背景下，21世纪的教科书编写力求寻找学科中心、儿童中心和社会中心三者的最佳结合点，以促进教学活动更加科学化、人性化，贴近社会现实与儿童的生活。那么，如何处理和协调学科体系、学生发展和社会需求这三方面的关系，就成了课程教科书编写的一个重要任务。

在教科书内容的选择方面，新时期的教科书改变了以往只注重对科学和真理的讲解，而忽视知识的情境性的问题。我国著名教育家陶行知曾提出"社会即学校，生活即教育，教学做合一"的生活教育思想，提倡在教育过程中将学生的学习与社会和生活联系起来，给予我们很大启发。新时期的教育工作者认识到，只有让学生在生活中学习，才能在生活中得到进步，因此教科书内容要尽量贴近学生、贴近生活、贴近实际。教科书内容的选择主要包括由近及远的两大部分，一部分在于关注学生的现实生活，帮助解决生活中困惑，提出适当的建议；另一部分在于国情教育、社会时事、科学技术、国际关系等方面，引导学生将自己的个人生活与社会的政治、经济、文化生活联系起来，培养其责任感和正确的道德观、价值观。另外，在个别教科书中还适当渗透了职业技术教育内容，增强了学生学习内容的实用性。从小处看，培养了学生动手操作的实践能力；从大处看，满足了经济和社会发展对实用人才的需要。目前，职业教育类课程在中学课程设置中一般有10%～25%的课时❶，职业技术教科书作为补充教科书，成为我国教科书建设不可或缺的重要组成部分。

在教科书内容的设计和编制方面，要注重学科知识以更加科学合理的方式，与社会生产及学生生活实际联系起来。一方面，要改变以往只注重学科知识逻辑的严密性和系统性，而与生活和生产实际联系不够的现象；另一方面，

---

❶ 吕达，张廷凯. 面向21世纪中小学课程教材改革的研究与实验［J］. 课程·教材·教法，1996（7）.

也要防止学科与生活生产联系的机械性，导致知识的完整性被割裂。在教科书内容的设计和承接过渡中要注意知识与知识、知识与生活有意义的联系，有利于学生在生活中的练习和实践，这项工作并不容易，还需教科书编写工作者拿捏好分寸，在实践中不断进步。

以数学教科书为例，在应用题练习部分，为了使教科书中的数学知识和问题更加真实化、实用化，开始在应用题的素材中加入当下很多的时事问题，如奥运会、世博会、全球变暖等事实。同时还增设了"提出问题""补充条件"等练习，使教科书内容更加多样化。另外，根据时代进步对数学要求的变化，在数学统计初步知识中降低了制图表的技能要求，着重提高学生收集和分析数据的能力。

三、未来教科书改革的展望

当下，随着科技竞争日益激烈，各国的科学技术日新月异，层出不穷，一国的科技实力已成为其国际竞争力的关键。科学技术的发展水平，说到底还是人才在起决定作用，人才的培养关系到党和国家的兴旺发达和长治久安。江泽民同志在庆祝北京师范大学建校一百周年大会上强调："教育是培养人才和增强民族创新能力的基础，必须放在现代化建设的全局性、战略性的重要位置。"❶中小学教育是培养人才的基础，一直以来，党和国家投入大量人力、物力、财力发展基础教育，普及义务教育，推广"双基"，多次开展课程改革，并重视学校教科书的编写和开发的多样化。21世纪以来，我国学校教科书建设在国际交流日益加强的背景下，大胆改革，将呈现出新的面貌和特征。

（一）校本教科书的开发

校本教科书的内涵一般是以学校的校长和教师为主体，为了有效地实现校本课程目标，达到教育学生的目的，对教学内容进行研究，并共同开发和制定一些基本的教与学素材，作为校本课程实施的媒介，这些素材构成了校本教科书。在新课改的背景下，教科书作为课程的基础工具和实施媒介，在教育教学中的重要性日益凸显。然而在具体教学实践中发现，现有教科书设置已不能更好地适应学生的发展，只有开发出连续性、趣味性、系统性更具特色，适合学

---

❶　江泽民．江泽民文选（第三卷）［M］．北京：人民出版社，2006：499.

校课程的教科书，才能够更好地促进教学效果的提高。特别是学校，更要制定出适合自己的校本教科书，根据学生实际、学校情况，选择好适合学生发展的信息技术校本教科书。

我国在探索校本教科书建设的这几年里，虽然效果不是非常显著，但在实践中发现了校本教科书相较于国家统一教科书的优势之处。作为国家统一教科书的有益补充，校本教科书可以有效地实现三个结合：首先，实现宏观与微观的结合，学校在开发校本教科书的过程中，可以切实地研究学校的教育教学实际、教师的教学能力和特色，把上级的宏观要求与学校的具体情况有机结合起来；其次，达到长期目标与短期目标的结合，学校可以通过利用校本教科书，分阶段地、有序地实现本校的课程目标、培养目标，从而逐渐地向国家的教育目的和教育方针靠拢；最后，实现学校内部研究与外部学习的有机结合，学校在接受上级统一管理和指导的情况下，通过校本教科书的开发，仍可以自主地开展校本研究，开发校本课程，体现了新时代下的教育民主化。

2001年2月，国务院批准《基础教育课程改革纲要（试行）》，标志着我国基础教育课程改革的全面启动。根据《基础教育课程改革纲要（试行）》要求，21世纪教科书的编写应更加重视素质教育，培养学生的个性，展现学校、教师的特长，发挥地方教育特色。校本教科书的开发，适应了课程改革的这一要求，根据本校办学特色和需要，以学生的学习实际需求为基础，尊重教育规律，科学地收集、整理、归纳各种教学资源，有目的、分阶段地实施编写，在新课程改革背景下，为学校的教育教学注入了新的内容。

自我国政府鼓励开发校本教科书以来，在国家政策的指导和资金的支持下，各级各类学校发挥自身的积极性和创造性，编写出一批又一批优秀的校本教科书，值得各地学校借鉴学习。如哈尔滨师大附中编写出版了《宇宙探奇》等二十八本校本教科书；哈尔滨六中编写的《多媒体作文》、吉林毓文中学编写的《唐诗宋词欣赏》、吉林油田高中编写的《科技发展史》、吉林一中编写的《道德活动课读本》、长春十一中编写的《键球运动读本》、长春五中编写的《汉字文化解码》等二十本优秀校本实验教科书，也相继由吉林教育出版社等公开出版；东丰猴石中学根据当地的特色——猴石和农村的实际需求，还编写了农村中学校本教科书《猴石地理》《猴石历史》以及《农作物栽培》等乡土教科书。❶ 2000 年年初，教育部委托人民教育出版社新编一套中小学《汉语》教科书，供西藏、青海、云南、甘肃、四川五省区以藏语教课为主、单科加授汉语的藏族中小学生使用。❷ 这套教科书兼顾了汉语和藏语的特点和精髓，既科学又实用，还考虑到偏远少数民族地区学生的差异，增加了教科书的弹性，适应了该地区学生学习第二语言的需求。以上这些教科书，既结合了当地的实际情况，又突出了自身特色，较好地适应了当地教育教学需求，教科书内容也易于学生理解。通过校本教科书的开发、编写与实验，不仅适应了新课程背景下的教学改革，更重要的是调动了学生学习的积极性，提高了学生的多方面能力和水平，符合素质教育的要求。

然而，我国各地校本教科书的开发水平仍然参差不齐，关于校本教科书的研究大多缺乏统一的规划和指导。具体表现为：第一，各学校对于校本教科书的研究仅仅局限于某一科目或者某一阶段的具体研究，缺乏连贯性、统一性和宏观性。如福安市实验小学课题组《关于语言文字的规范化校本教科书的开发与研究》只是单一的对语言文字规范化的具体研究，难以从宏观上把握语言和文字发展的历史和规律。第二，对于校本教科书的研究缺乏实效性。如江苏常州实验小学"十一五"课题研究《小学陶艺教育校本教科书开发研究》，仅仅是就课程开发教科书，而没有根据学生学习的实际需要，因此对小学生进行的陶艺教育很难达到实际效果。第三，某些地区为了经济利益而在政府组织下开发校本教科书，并不是出自本校课程改革和教学的实际需求。如湖北咸丰县《新课程背景下校本教程（教科书）开发研究》，是在县政府组织下进行的宣传教科书，脱离了教育的本来目的。

校本教科书的开发任重道远，需要国家、社会、学校、教师以及广大教育工作者的共同努力。虽然在开发的过程中存在一些问题和困难，但随着校本课程的深入展开，校本教科书的开发已成为一股不可逆转的潮流。要想编写出高质量的校本教科书，不仅需要学校对统一教科书及本校校情和学情展开深入研究，还要求有一支高质量的教科书编写队伍，这都需要国家和政府的大力支持。通过各级教育行政工作者的协同合作、资源共享，校本教科书的开发定会渐渐步入健康发展的轨道。

---

❶ 沈呈民. 面向 21 世纪中国基础教育课程教材研究报告［J］. 现代中小学教育，2001（3）.
❷ 专家座谈新编藏族中小学《汉语》教材［J］. 中国教育报，2002（1）.

（二）教科书经营趋向市场化

近年来，随着我国基础教育课程改革的深入开展，学校教科书的编、审、用制度也随之发生深刻变革，教科书编写和使用采用"一纲多本"，促使教科书进一步走向多样化和市场化。但目前我国教科书无论是在开发、选用还是出版方面，都尚未形成完善的制度，还处在由旧制度向新制度转型的过程当中。转型期的教科书仍存在较多问题，须引起我们的重视。

一方面，教科书选用制度的民主性尚不完善。经过20世纪80年代的教科书管理制度的改革，学校教科书由"国定制"走向"审定制"，"一纲一本"被"一纲多本""多纲多本"代替，教科书的编写和选用从国家主宰走向地方、学校和国家共同协调控制。这些改革措施虽然在一定程度上赋予了地方教育行政部门和学校相应的教科书选用权利，但目前仍停留在表面，并没有相关法律法规对地方权利如何使用做出具体的安排。在实践过程中，甚至出现个别地方和学校的教科书选用权利集中于校长的现象，导致一种新的权利垄断。这说明，在国家、地方和学校选用权利之间还缺乏充分的联系。

另一方面，在教科书改革的过程中，相应配套措施的改革相对滞后，并未跟上教科书改革的步伐，导致改革效果不佳。这首先在于考试制度仍采用传统方式。统一的选拔性考试导致各学校都愿选用统一的教科书，以保证学生的所有精力都用在预备考试，保证考试成绩和学校排名。尤其是高中阶段，受高考这个大风向标的影响，各学校使用的基本都是人教版教科书。其次在于教科书管理市场混乱。受地方保护主义的影响，一些省、市教育行政部门在选用教科书的过程中眼界狭隘，并不考虑选用的教科书质量如何，是否适合本地的教育发展，而是着眼于能为当地产生多少经济利益，这些做法严重影响了教科书经营市场化的健康发展。

教科书经营市场化是21世纪教科书改革的新潮流，市场化进程不可阻挡，随着多套教科书的审查通过并试用，优胜劣汰的市场竞争机制已经开始在教科书经营中发挥作用。教科书只有在竞争中才有可能不断地改进质量，不断地进步和发展。因此，我们必须改变教科书经营中不适应市场化趋势的因素，促使其投入市场竞争之中，才能不断进步，满足我们在新时期教育教学的要求。在教科书出版发行市场逐步放开的背景条件下，教科书的经营和管理要合理运用市场规则和手段，积极面向编写出版与征订发行两个市场，在教科书品种开发与出版、教科书生产经营与管理、教科书征订发行与售后服务三个环节实施全方位的市场化经营模式。具体应从以下三方面着手。

第一，完善教科书开发的竞争机制。21 世纪以来，国家教育部逐渐放开教科书编写市场，鼓励任何单位和个人参与编写教科书，实行编审分开。这一政策促使教科书开发市场进一步激活，并走向多元化。在教科书市场转型的过程中，国家要逐步放开教科书出版专营权，鼓励地方和个人把握教科书编写和出版的市场资源，直接参与教科书的组织和编订，扩大教科书品种开发的行为主体和利益主体。在国家鼓励开发校本教科书的背景下，突出区域特色的地方教科书必然广受欢迎，利用这种优势，可以大力开发地方教科书，并鼓励发行，提高地方教科书的市场竞争力，以作为教科书出版新的经济增长点。

第二，国家参与教科书经营管理工作。由于教科书品种纷繁复杂，经营者和购买者需求多样，在市场上教科书生产和经营成本不断攀升，教科书质量与价格的矛盾愈演愈烈。教科书作为中小学生的必需品，决定了其经营市场的特殊性，鉴于市场调控的缺陷，教科书必须实行国家定价原则，执行保本微利的低价格政策。国家介入教科书经营的管理工作，将教科书的生产经营与出版相分离，有利于教科书编写单位集中精力开发教科书，做好教科书的选题策划、编辑出版工作，提高教科书内容和印刷质量，避免市场的浮躁和不正当竞争对教科书开发工作的不良影响。

第三，精简产品流通环节，降低运营成本。教科书的质量和价格除了受教科书的编写和开发成本的影响，很大一部分还取决于营销者的营销方针、策略及服务内容。教科书的征订与发行是整个教科书经营工作的重要承接点，在当下教科书出版市场化的过程中，教科书的征订与发行的流通环节需要精简和改革，以解决征订难、发行迟缓等问题，提高发行时效性和征订工作质量，从而减少教科书运营成本，促进教科书质量的提高。

目前，教科书经营市场化在我国虽然并不完善，但它是一个不可逆转的趋势，教科书出版市场作为出版部门最重要的市场资源之一，牵涉到各方利益，牵一发而动全身，我们只有顺应教科书经营市场化不断深入的潮流，从中央到地方配合市场化发展需求，采取积极的应对措施，利用好市场这个优势资源，才能促进教科书开发和发行工作的不断完善。

我国的学校教科书建设，在党中央的关照下，在政府、地方、各级各类学校和教育部门的协同配合下，经过长期的努力，取得了相当大的成就，无论是在教科书内容的改革还是形式的调整方面，都进行了大胆的尝试，促进了中小学教学改革从理念到实践的深入发展。21 世纪的学校教科书性质开始发生变化，其政治色彩将会淡化，越来越由强化意识形态话语体系向强化科学话语体系转变，非知识性要素如创造力、情感态度、价值观等素养的培育将在教科书中日益凸显。同时，在互联网时代背景下，教科书知识与非教科书知识的界限逐渐模糊，越来越多的人可以从不同渠道获取教科书传播的知识，教科书的权威性和标准性逐渐瓦解，并开始向生成性和批判性发展，这对 21 世纪的学校教科书建设来说是一种挑战。

目前，教科书改革的一个薄弱环节在于教科书评价。教科书评价是课程评价的重要组成部分，也教科书建设的重要环节。对于教科书既要做终结性评价，更要进行形成性评价。同时，建立一套科学合理的指标体系，是教科书评价的关键：一方面指标应具有可测性、可比性；另一方面应全面完整，但不宜太多太细太烦琐，否则将影响权重分配，削弱每项指标的权重值，以致降低评价结论的价值。此外，还要注意，学校教科书改革在渗透现代化的同时也要关照其实践性和有效性；对国外先进的课程内容、课程组织以及教学方法应加以借鉴，但更要注重创新；同时，要实现课程教科书改革与教师培训的协调发展。总之，学校教科书的改革并非易事，这需要从中央到地方的有关教育部门和工作者有效配合和共同努力，并结合我国实际，脚踏实地地稳步进行。伴随着新一轮课程改革的进行，我国的教科书建设将以更加崭新的姿态呈现在我国及国际舞台面前。

参考文献

[1] 陈学恂. 中国近代教育文选 [M]. 北京：人民教育出版社，2001.

[2] 璩鑫圭，童富勇. 中国近代教育史资料汇编·教育思想 [M]. 上海：上海教育出版社，1997.

[3] 高时良，黄仁贤. 中国近代教育史资料汇编·洋务运动时期教育 [M]. 上海：上海教育出版社，2007.

[4] 罗新璋. 翻译论集 [M]. 北京：商务印书馆，1984.

[5] [美] 费正清，刘广京. 剑桥中国晚清史（1800—1911 年）（上卷）[M]. 北京：中国社会科学出版社，1985.

[6] 张静庐. 中国近现代出版社史料（近代初编）[M]. 上海：上海书店出版社，2003.

[7] 教育部教育年鉴编纂委员会. 第一次中国教育年鉴（戊编）[M]. 上海：开明书店，1934.

[8] 教育部. 第二次中国教育年鉴 [M]. 北京：商务印书馆，1948.

[9] 陈暑磐. 中国近代教育史 [M]. 北京：人民教育出版社，1985.

[10] 李兆华. 中国近代数学教育史稿 [M]. 济南：山东教育出版社，2005.

[11] 《中华教育历程》编委会. 中华教育历程 [M]. 北京：光明日报出版社，1997.

[12] 陈学恂. 中国近代教育史教学参考资料（上、中、下册）[M]. 北京：人民教育出版社，1986—1987.

[13] 王建军. 中国近代教科书发展研究 [M]. 广州：广东教育出版社，1996.

[14] 舒新城. 近代中国教育史料（第二册）[M]. 北京：中华书局，1928.

[15] 吴洪成. 中国学校教材史 [M]. 重庆：西南师范大学出版社，1998.

[16] 宋原放. 中国出版史料（近代部分，第三卷）. 武汉：湖北教育出版社，2004.

[17] 陈学恂. 中国近代教育大事记 [M]. 上海：上海教育出版社，1981.

[18] 李桂林，等. 中国近代教育史资料汇编·普通教育 [M]. 上海：上海教育出版社，1995.

[19] 贺圣鼐. 最近三十五年之中国教育（下编）[M]. 北京：商务印书馆，1931.

［20］张静庐．中国近代出版史料（二编）［M］．北京：中华书局，1953.

［21］璩鑫圭，唐良炎．中国近代教育史资料汇编·学制演变［M］．上海：上海教育出版社，1991.

［22］中央教科所教育史研究室．中华民国教育法规选编（1912—1949）［M］．南京：江苏教育出版社，1990.

［23］刘英杰．中国教育大事典［M］．杭州：浙江教育出版社，2001.

［24］中国第二历史档案馆．中华民国史档案资料汇编·教育（一）·第五辑［M］．南京：江苏古籍出版社，1994.

［25］李杏保，顾黄初．中国现代语文教育史［M］．成都：四川教育出版社，2004.

［26］延安时事问题研究会．抗战中的中国文化教育［M］．上海：上海人民出版社，1961.

［27］陈立夫．战时教育行政回忆［M］．北京：商务印书馆，1973.

［28］毛礼锐，沈灌群．中国教育通史（第五卷）［M］．济南：山东教育出版社，1983.

［29］田正平，肖朗．世纪之理想：中国近代义务教育研究［M］．杭州：浙江教育出版社，2000.

［30］宋原放．中国出版史料（近代部分·第二卷）［M］．武汉：湖北教育出版社，2004.

［31］张静庐．中国近现代出版史料（现代丁编）［M］．上海：上海书店出版社，2003.

［32］周予同．中国现代教育史［M］．上海：良友图书公司，1934.

［33］宋荐戈．中华近世通鉴·教育专卷［M］．北京：中国广播电视出版社，2000.

［34］罗新璋．翻译论集［M］．北京：商务印书馆，1984.

［35］李家驹．商务印书馆与近代知识文化的传播［M］．北京：商务印书馆，2005.

［36］熊月之．晚清新学书目提要［M］．上海：上海书店出版社，2007.

［37］肖东发，杨虎．插图本中国图书史［M］．桂林：广西师范大学出版社，2005.

［38］钱炳寰．中华书局大事纪要［M］．北京：中华书局，2002.

［39］中华书局编辑部．回忆中华书局［M］．北京：中华书局，1987.

［40］俞筱尧，刘彦捷．陆费逵与中华书局［M］．北京：中华书局，2002.

［41］澳门中央图书馆．刘羡冰女士赠书目录［M］．澳门：澳门中央图书馆，2002.

［42］郑航．中国近代德育课程史［M］．北京：人民教育出版社，2004.

［43］周振鹤．晚清营业书目［M］．上海：上海书店出版社，2005.

［44］陈德华，徐品芳．中国古算家的成就与治学思想［M］．昆明：云南大学出版社，2007.

［45］李瑞良．中国出版编年史（上、下卷）［M］．厦门：福建人民出版社，2004.

［46］商金林．叶圣陶年谱长编（第一、第二卷）［M］．北京：人民教育出版社，2004.

［47］江毓和．中国近现代音乐史［M］．北京：人民音乐出版社，1994.

［48］冯春龙．中国近代十大出版家［M］．扬州：广陵书社，2005.

［49］叶楚伧．新中国教科书·初级中学国文（三）（五）（六）［M］．南京：正中书局，1943.

［50］魏庚人．中国中学数学教育史［M］．北京：人民教育出版社，1987.

［51］邹振环．晚清西方地理学在中国——1815 至 1911 年西方地理学译著的传播与影响中心［M］．上海：上海古籍出版社，2000.

［52］郭双林．西潮激荡下的晚清地理学［M］．北京：北京大学出版社，2000.

［53］李孝迁．西方史学在中国的传播（1882—1949）［M］．上海：华东师范大学出版社，2007.

［54］何芳川．中外文化交流史稿（上卷）［M］．北京：国际文化出版社公司，2008.

［55］吴洪成．历史的轨迹——中国小学教育发展史［M］．重庆：西南师范大学出版社，2003.

［56］湖南教育史办公室．湖南教育史（第一卷）［M］．打印交流稿，2001.

［57］周其厚．中华书局与近代文化［M］．北京：中华书局，2007.

［58］高小方．中国语言文字学史料学［M］．南京：南京大学出版社，2005.

［59］吴洪成，张阔．从巴国到清代的重庆教育研究书系·重庆的学校［M］．重庆：西南师范大学出版社，2008.

［60］王松泉，王柏勋，等．中国语文教育史简编［M］．北京：社会科学文献出版社，2002.

［61］蔡寿福．云南教育史［M］．昆明：云南教育出版社，2001.

［62］杨新益，梁精华，等．广西教育史——从汉代到清末［M］．桂林：广西师范大学出版社，1997.

［63］璩鑫圭．中国近代教育史资料汇编·鸦片战争时期教育［M］．上海：上海教育出版社，1990.

［64］朱有瓛．中国近代学制史料·第一辑［M］．上海：华东师范大学出版社，1983.

［65］田正平．中国教育史研究·近代分卷［M］．上海：华东师范大学出版社，2001.

［66］吴洪成．中国教会教育史［M］．重庆：西南师范大学出版社，1998.

［67］汤志钧，陈祖恩，汤仁泽．中国近代教育史资料汇编·戊戌时期教育［M］．上海：上海教育出版社，2007.

［68］陈景磐，陈学恂．清代后期教育论著选［M］．北京：人民教育出版社，1997.

［69］吕达．中国近代课程史论［M］．北京：人民教育出版社，1994.

［70］丁致聘．中国近七十年来记事［M］．南京：国立编译馆，1934.

［71］周振鹤．晚清营业书目［M］．上海：上海书店出版社，2005.

［72］庄俞，贺圣鼐．商务印书馆创立三十五年纪念刊·最近三十五年之中国教育［M］．北京：商务印书馆，1931.

［73］商务印书馆．商务印书馆九十年——我和商务印书馆［M］．上海：商务印书馆，1987．

［74］中央教育科学研究所．中国现代教育大事记［M］．北京：教育科学出版社，1988．

［75］宋恩荣，章咸．中华民国教育法规选编（修订版）［M］．南京：江苏教育出版社，2005．

［76］华东师范大学教育系．中国现代教育文选［M］．北京：人民教育出版社，1989．

［77］李华兴．民国教育史［M］．上海：上海教育出版社，1997．

［78］李杏保，顾黄初．中国现代语文教育史［M］．成都：四川教育出版社，2000．

［79］陈元晖．老解放区教育简史［M］．北京：教育科学出版社，1982．

［80］皇甫束玉，宋荐戈，等．中国革命根据地教育纪事［M］．北京：教育科学出版社，1989．

［81］陈元晖，等．老解放区教育资料［M］．北京：教育科学出版社，1981．

［82］王谦，等．晋察冀边区教育资料选编［M］．石家庄：河北教育出版社，1990．

［83］姚福申．中国编辑史（修订本）［M］．上海：复旦大学出版社，2004．

［84］肖东发．中国图书出版印刷史论［M］．北京：北京大学出版社，2001．

［85］宋恩荣，余子侠．日本侵华教育全史（第二卷）［M］．北京：人民教育出版社，2005：549．

［86］齐红深．日本侵华殖民地教育研究——第三次国际学术研讨文集［M］．沈阳：辽宁人民出版社，2000：68．

［87］张诗亚．直面血与火——国际殖民主义教育文化论集［M］．呼和浩特：内蒙古大学出版社，2006．

［88］齐红深．日本对华教育侵略［M］．北京：昆仑出版社，2005．

［89］张玉成．汪伪时期日伪奴化教育研究［M］．济南：山东人民出版社，2007．

［90］张同乐．华北沦陷区日伪政权研究［M］．北京：生活·读书·新知三联书店，2012．

［91］任钟印．杨贤江全集（第三卷）［M］．郑州：河南教育出版社，1995．

［92］董纯才．中国革命根据地教育史（第二卷）［M］．北京：教育科学出版社，1991．

［93］《中国教育年鉴》编辑部．中国教育年鉴（1949—1981）［M］．北京：中国大百科全书出版社，1984．

［94］有林，等．中华人民共和国国史通鉴（第一卷）［M］．北京：当代中国出版社，1993．

［95］中央教育科学研究所．中华人民共和国教育大事记（1949—1982）［M］．北京：教育科学出版社，1983．

［96］何东昌．中华人民共和国重要教育文献（1949—1975）［M］．海口：海南出版社，1988．

［97］于述胜，等．中国教育三十年：1978—2008［M］．成都：四川教育出版社，2008.

［98］中共中央文献研究室．邓小平论教育［M］．北京：人民教育出版社，1995.

［99］《中国教育年鉴》编辑部．中国教育年鉴2008［M］．北京：人民教育出版社，2008.

［100］方晓东，等．中华人民共和国教育史纲［M］．海口：海南出版社，2002.

后　记

经过一段时间的艰辛劳作，本部书稿基本告一段落。回想成书历程，辛酸与宽慰、收获与磨炼各种感受体验交织，难以言状。用悲凉恐怕过于酸楚，而用喜悦未免自我张扬。本书稿的内容多年来一直为我所关注，并一直在做整理与搜求工作，但完成写作的整体工作则有赖于多方力量的支持与配合。这让我深深感悟到团队精神的重要，协作创新的力量之于复杂工程的完成以及科技探寻的突破，诚为不可缺少的组织方法。

为使本书的核心用词能有更为明确清晰的界定，有必要对"教科书"和"教材"的概念加以特别的说明。

"教材"和"教科书"是教育实践和教学理论中的基本术语。其中，"教材"的概念较为宽泛，凡根据学科任务及实际需要，为师生教学而组织及选编的材料，都可称为教材，如讲义、讲授提纲、参考资料等。"教科书"一词是西方自然科学知识引入及教育理念传播的衍生物，《西方教育词典》中将教科书定义为"一门所学课程的主要思想所基于的，或从中引证例子、研究事例和习题等的一本书"。由此看来，教科书的概念比较窄，是教材的主要载体。

明清学校教育类型主要以官学和私学为主，因而此时期的教材大多是依托于不同类型的学校教育而加以编订的。1840 年鸦片战争的爆发拉开了中国近代史的帷幕，西方近代教育理念及教育模式的冲击，引起教育领域的变革，教材建设开始趋于精准化和科学化，并逐渐演变成为关于一门学科知识的图书，因而在这一时期大多使用"教科书"作为所学课本的代称。但由于本书主要记述的是近现代教科书史，所以不用"教材"一词，而以范围和资源更为明确的"教科书"一词，以有别于古代中国的教材发展历史。对中国古代教材的编写与嬗变历程及内容分析，作者将另外组织书稿出版。

如上所述，本书是一项合作研究的成果，笔者对合作者的无私奉献、任劳任怨、积极配合，以及由此所获得的初步成就，深表谢意。他们在繁忙的读研过程中抽出时间完成承担的任务，实在不易。本书主要章节分工合作的情况如下：第一编的第一章、第二章、第四章、第五章由吴洪成（河北大学教育学院教授）、田谧（河北地质大学社会科学部讲师、河北大学教育学院博士研究生）撰写；第三章由吴洪成、李晨（河北大学教育学院硕士研究生）撰写。第二编的第六章、第八章由吴洪成、田谧撰写；第七章由吴洪成、李文慧（新疆大学教务处主任科员）撰写。第三编的第九章由吴洪成独立撰写；第十章由李阳阳（河北大学教育学院硕士研究生）、吴洪成撰写；第十一章由吴洪成、王培培（河北大学教育学院硕士研究生）撰写；第十二章由吴洪成、郭春晓（河北大学教育学院硕士研究生）撰写。第四编第十三章由吴洪成、田谧撰写；第十四章、第十五章、第十六章由李晨、吴洪成撰写；第十七章由刘春苗（河北大学教育学院硕士研究生）、吴洪成撰写；第十八章由王亚平（河北大学教育学院硕士研究生）、吴洪成撰写。此外，田谧提供了第一编、第二编的其他部分素材，李文慧提供了第二编第六章的部分素材，特此说明。

本书由河北大学高等教育与区域发展研究中心资助出版，在此对支持本书出版的河北大学教育学院有关领导表示由衷的谢意。同时，对知识产权出版社，尤其是江宜玲编辑一直以来对我校教育史学科的建设和教育学专业研究生的培养的大力支持深表敬意。江编辑为此书的编辑和出版备尝艰辛，工作极其负责，勇于为作者分忧，为读者负责。这种责任担当与职业精神，让我深为感动，并愿从中汲取其优秀品质，转换为个人努力的热情，并在行动中有所体现，为京津冀协同发展中河北高等教育的创新贡献力量。

吴洪成
于京南名城保定河北大学主楼 607 办公室
2017 年 8 月 9 日